FRASES CELEBRES Y CITAS

SOPENA

FRASES CELEBRES y CITAS

12.000 frases y citas literarias, dichos, adagios, máximas, pensamientos, aforismos y otras lecturas de

2.000 autores: pensadores, reyes, papas, santos, teólogos, filósofos, políticos y demás personajes de todos los tiempos

EDITORIAL RAMON SOPENA, S.A.

PROVENZA, 95   08029 **BARCELONA**

© EDITORIAL RAMÓN SOPENA, S. A.
MCMLXXXVIII
Depósito Legal: B. 21.176 - 1988
Impreso en Gráficas Ramón Sopena, S. A.
Barcelona (80.100)
Printed in Spain

ISBN 84-303-1060-6

PRÓLOGO

Cuando Isaac Asimov dice en la presentación de una de sus obras «soy poco visual. Yo soy hombre de palabras» está reflejando la condición de una gran parte, al menos, de nuestra generación, pese a que los medios visuales han irrumpido con vehemencia en nuestras vidas y en nuestros hogares. Y se comprende esta actitud posicional de apreciación del valor de la palabra. Porque representa más dinamismo que la contemplación pasiva de las imágenes. El placer de la palabra escrita o hablada sigue satisfaciendo a muchos en los momentos de ocio con la lectura, en los momentos de asueto con la conversación.

Un diccionario de citas y frases célebres tiene mucho que ver con ese placer de la palabra. Como recopilación de sabiduría, pensamiento y palabra, nos trae una muestra del quehacer de la humanidad en épocas pasadas y presentes para deleite del hombre de hoy. Y eso es bueno. Un diccionario de este género no es una exposición de la sabiduría, pero es una muestra; no es el pensamiento filosófico, humanista y moral de los pensadores, filósofos y moralistas, pero es una muestra. Como muestra expositiva de citas y frases célebres es un elemento al que hay que recurrir con relativa frecuencia. Siempre habrá en la vida una circunstancia para sacar a colación entre amigos, entre contertulios o familiares, la frase docta, magistral, aleccionadora, ingeniosa, sagaz o humorista de un personaje de las letras o de las ciencias, de las armas o del mundo de la política.

Y siempre habrá un espíritu curioso que desee saber por placer intelectual lo que dijeron en su día los que son tenidos por autoridades en el campo del pensamiento.

Y siempre habrá —¿cómo no?— el que por estudios, cargo, oficio o menester profesional, necesite de corroborar su idea, apuntalar las paredes de su razonamiento con la cita de una autoridad traída con mesura, a pequeñas dosis y con oportunidad.

En este Diccionario de citas y frases célebres *hemos bus-cado la variedad como cualidad distintiva del mismo. Una variedad cronológica, geográfica e histórica.*

Por variedad cronológica entendemos el abanico tempo-ral que va desde los tiempos de la antigua Grecia de los siete sabios y los casi míticos poetas de la China milenaria a los personajes que son hoy autoridad y tienen nombradía. Esta variedad ensancha también los distintos modos de pen-sar a través del tiempo.

Por variedad geográfica entendemos la dispersión nacio-nal de los autores citados. No nos hemos limitado a traer a escritores de nuestro entorno geográfico ni siquiera de nuestro entorno cultural como pudieran ser españoles, his-panoamericanos, franceses, ingleses y alemanes, por ejem-plo. Nuestra variedad acoge a pensadores y escritores indios, árabes, nórdicos, persas o mahoríes siempre que ha valido la pena.

Por variedad histórica entendemos la carga cultural e histórica de los autores citados. No nos hemos contentado con arañar en las obras de literatura, con su carga cultural, o en los filósofos, tan apropiados por su habituación a la síntesis y al paradigma. Traemos el pensamiento o la frase feliz de oradores, militares, políticos, hombres de estado, reyes y papas y, sobre todo, los libros citables por excelen-cia: la Biblia, el Corán y los libros religiosos hindúes. Con esta triple variedad creemos haber enriquecido notablemente el contenido de citas y frases célebres de buena parte de los grandes hombres de todas las culturas.

El sistema seguido en la presentación de tan vasto ma-terial es el siguiente:

Cada autor va ordenado alfabéticamente para la fácil búsqueda de un autor determinado. Cada autor lleva una o más citas numeradas. Estas citas no llevan orden de ningún género, pero con la numeración facilitamos el recordatorio de una frase para una búsqueda posterior. Añadimos unas páginas en blanco dispersas a través de la obra para que cada uno, en un momento dado, apunte sus citas preferidas o sus propios pensamientos. Un somero pautado ayudará a que nuestras líneas no desdigan de la pulcritud tipográfica de nuestro Diccionario de citas y frases célebres, *que ya es el suyo, lector.*

EDITORIAL RAMON SOPENA, S. A.

INTRODUCCIÓN

No es la palabra un privado edén de placer si no se comunica. El viento no siembra la palabra si no es en la inteligencia para que el hombre pueda decir «si muero, no moriré del todo».

De Grecia a nuestros días, el valor de la palabra ha sido de exquisiteces tales que se la ha comparado a la miel y al oro y ha servido de delicias al gurmet de la cultura, el hombre. De Grecia acá, la cultura de la palabra se impone en nuestra civilización, que hemos convenido en llamar civilización de Occidente porque el nombre de Cristiana parecía partidista y el de Grecolatina, geográficamente lejano cuando Occidente emprendió el vuelo por más allá del Océano y parecía robar un tanto el carácter sajón de los nuevos centros de expansión de las ideas.

La cosa es que la cultura de la palabra es fruto, emblema y distintivo de la civilización occidental, como de la civilización de Oriente lo es el silencio y la reverencia: su gran espectáculo.

El gran espectáculo de Oriente no es tan sólo sus muchedumbres, que ya a los griegos les parecían capaces de ocultar el sol con sus lanzas en la batalla de las Termópilas, que hizo exclamar a Leónidas: «mejor, así pelearemos a la sombra». Ni sus templos, coronados de rotundas cúpulas multicolores o áureos pináculos. Lo es, sobre todo, su rosario de monjes silenciosos, ascetas y sencillos, que han hecho del silencio su ascesis como los anacoretas cristianos en los desiertos de la Tebaida. No se concibe cabalgar en Oriente a toda brida con estruendo de tubas y gritos guerreros entre la paz silenciosa de los monasterios, los templos y los palacios, donde sólo el murmullo y el eco del gong rompen el silencio verde de las colinas y de las selvas. La llamada de Oriente no es a la guerra, sino a la reverencia, al protocolo, al recogimiento, a la meditación, al susurro: a la cultura del silencio. Hay una exteriorización de estas formas silenciosas en la reverencia, que pregona hasta qué punto el Oriente histórico, el cercano y lejano Oriente —el actual es un mundo ya de otra galaxia— encarnaba la cultura del silencio.

Por el contrario, la cultura de Occidente es la cultura de la palabra, del *logos,* del *verbum.* Y se encarna en el ágora y la academia, el pórtico y el foro, el púlpito y la tribuna, la arenga y el mitin, la sala y el teatro, la tertulia y el café, el diálogo y la discusión... y hasta en la conversación, que empieza en retórica y acaba en griterío: Es la cultura de la palabra, modelada a través de los siglos en el espacio geográfico del *Mare Nostrum.*

Grecia fue el pórtico de la palabra, del *logos,* de la civilización, de la cultura: de la cultura de la palabra. Puerta de Oriente y Occidente, en el centro de esa cruz de brazos iguales que marca los dos extremos del mundo. Por eso participa de las dos culturas. Del boato y la ceremonia orientales en su liturgia, de la palabra en su vieja y clásica cultura occidental.

La palabra —el *logos*— como cultura nació en Grecia, en los verdes campos del idioma griego en la cosecha ubérrima del siglo de Pericles. La cultura de la palabra es fuente que brotó en el ágora, donde los sofistas buscaban argumentos verbales y los oradores se esforzaban por la elegancia de la palabra.

La cultura de la palabra es hija de la brisa y de la espuma del mar heleno y de los rosicleres del Olimpo, no fruto de la niebla y la bruma del pensamiento nórdico, de la charca y el bosque nebuloso a la hora de los anocheceres. La cultura de la palabra navegó por los mares, apacible como la nave de Ulises, y se expandió por la Magna Grecia, se refugió de la canícula entre los pórticos donde los filósofos impartían sus pláticas de pensamiento y sus juegos retozones de palabras que los sofistas llevaban a extremos alarmantes. Sócrates y los aristotélicos esclavizarán el pensamiento al rigor de la palabra, a veces a la cadena del silogismo, sin que les valiera a los sofistas afilar sus argumentos en la piedra molar de sus discusiones públicas. Todo se hacía palabra —*logos*— en la Atenas política y cultural. Demóstenes levantaba el monumento a la palabra más alto que el monumento a la libertad de la patria. Poetas y trágicos hacían encaje de bolillos al conjuro del ritmo y del diálogo.

Y no sé si en el mundo cultural el *logos* se transformó en *verbum* de labios de los soldados vencedores de Actium o de labios de los libertos griegos que hacían alarde de sabiduría en las vías del Imperio. Roma no discute en las plazas públicas. Roma es vehemente y apasionada. Rinde culto a la palabra en el foro y en la tribuna y, si acaso, paseando la albura de sus túnicas los patricios romanos en sus villas de Ostia o en la cálida Pompeya. Hasta la vida acabará trágicamente entre los pliegues rojos y de luto de la palabra en César, «tu quoque, fili mii?» (¿tú también, hijo mío?); o en Nerón «Qualis artifex pereo!» (¡Qué gran artista perece!).

Grecia y Roma son su arte, su filosofía, su ejército y su derecho, pero sobre todo su *logos* y su *verbum:* la cultura de la palabra, retrasándose, como el sol, de Grecia a Roma.

La cultura de la palabra de la civilización occidental que era brillante y razonadora, se torna dulce y acariciante cuando se hace conversación y diálogo bajo los tilos o en la academia, ante la puerta abierta a los peregrinos a imitación de los patriarcas bíblicos cuando a la puerta de sus tiendas hablaban con los ángeles mientras las mujeres, como en el caso de Sara, preparaban las tortas sobre el rescoldo o en las piedras calientes prestando oído atento con sonrisa maliciosa a las palabras proféticas de los recién llegados.

Cayó el Imperio y el imperio de la palabra quedó en pie. No se elevó sobre las almenas de los castillos medievales, ni la espada le abrió paso por las tierras en trance de resquebrajamiento, cada vez más occidentales. La cultura de la palabra se refugió en los templos. En las iglesias románicas, envueltas en penumbra; en las catedrales góticas entre la sinfonía multicolor de las vidrieras y el murmullo del gregoriano. La palabra buscó el monasterio y el templo.

Los «apóstoles» del cristianismo, de Irlanda a Bulgaria, no pretendían ser ciceronianos, calificativo en cierto modo opuesto al de cristiano —reciente aun el «ciceronianus es tu» de San Jerónimo—. Predicaban con la sencillez que será proverbial en Francisco de Asís, para el que todas las criaturas son hermanas —hermano sol, hermana luna, hermano lobo—; bebían la doctrina en Agustín de Hipona y la elegancia en Juan Crisóstomo, boca de oro —lengua de oro, diríamos nosotros—, cuyas palabras eran dulces y elegantes pero fustigadoras de la vanidad, la injusticia y el poder, que hablaba a las reinas con la bíblica ira de los profetas, atreviéndose a citar a la emperatriz Eudoxia las salomónicas palabras del «matayotes matayoteton kai panta matayotes» («vanidad de vanidades y todo vanidad»).

La cultura de la palabra en la Edad Media se acoge al derecho de asilo de los templos y monasterios, donde la Orden de Predicadores hará de ella misión apostólica, y dogma y teología los dominicos y franciscanos en las celdas humildes de Alberto Magno y Tomás de Aquino, de Duns Escoto y Buenaventura. Y se hace docta y sagrada en las aulas universitarias de la Sorbona, de Pisa y Salamanca, toma hábitos y profesa en los conventos y sólo tímidamente sale, profana y pastoril, a las cortes de amor provenzales, a la calle y a la plaza donde los pobres *ostiatim* enseñaban a Juan Ruiz, arcipreste de Hita, y al marqués de Santillana el habla popular y picaresca de pastoras y truhanes.

Dicen que el Renacimiento acabó con la peste y la incultura medievales. La cultura de la palabra encerrada en la clausura medieval no se dejó enclaustrar con cilicio de por vida y saltó, atrevida, al palacio renacentista —cortes elitistas de ingenio, puñal y pócimas— donde la miel de la palabra exudaba su sabor dulzón de intrigas y halagos a los oídos todopoderosos de capitanes, señorías y *condottieri*.

El beso y el puñal ponían el colofón de una palabra, aunque fuera en los labios moribundos de Romeo y Julieta. Y los murmullos *sotto voce* en los jardines cardenalicios y en las reuniones de los Borgias, y el cóctel de la amenidad conversacional en los salones de duques y reyezuelos se mezclaban con el habla picaresca de los patios de Monipodio, de las ventas y los caminos. Desacralizada la palabra se volvió pagana y desvergonzante en el *Decamerón*, mundana en las conversaciones tabernarias de los *Cuentos de Canterbury*, picaresca en el *Lazarillo*, soez en el *Buscón* y ramera en la *Lozana*.

Y cuando la ira de Dios mueva los cimientos de los templos, cuando se atreva a salir a la plaza pública a denostar los vicios y el paganismo de las costumbres, será quemada en la hoguera en la persona de Savonarola y de Servet.

La cultura de la palabra está ahora con los tiempos, a caballo entre la Reforma y la Contrarreforma, enriqueciendo las literaturas nacionales, girando el rumbo del mundo hacia otros mares con los descubrimientos geográficos; hacia otras tierras, con la vehemencia de las guerras de religión en el centro de Europa.

Y siempre la cultura de la palabra en medio. Como estandarte en los primeros que abrieron América a la palabra de Occidente, como bula en labios de Lutero para romper con Roma los lazos que le unían a la palabra. El luteranismo es una cultura que se vehicula con la lectura. La palabra es sólo música. Él, que venció con la palabra, quiso ahogar la palabra entre los acordes de los cantos litúrgicos, por eso no tendrá oradores pero le sobrarán músicos. El luteranismo ha hecho apología del canto y de la lectura, de la lectura bíblica, olvidando la cultura de la palabra. Su fruto, la invención de la imprenta.

En cambio Roma sigue atenta al culto de la palabra —la cultura es ahora culto de la palabra— y hace de sus predicadores los prototipos de sus grandes hombres y de sus santos como el apóstol de Andalucía, como Fray Luis de Granada, como Bossuet y Fenelon. El púlpito se convirtió en la tribuna de los oradores sagrados que rendían más culto a la palabra que a la doctrina: como Paravicino, predicador real, por lo que saldrán los denostadores de las hueras prédicas de tantos fray Gerundio de Campazas. El ardor santo que era reflejo del «celo por la casa de Dios» se había convertido en la relajación por la estética y la frase bien construida. Una vez más tenían razón los angélicos azotes del «ciceronianus es tu». Y, como siempre, la relajación no conoce la revitalización ni el resurgimiento. El culto a la palabra, como una pobre herejía, se deshizo con el paso del tiempo. El culto a la palabra, sí; pero la cultura de la palabra, no. Porque para esta época —estamos ya en el siglo XVIII— la Ilustración estaba buscando fórmulas para separar la Iglesia del Estado y desacralizar la palabra misma. Era el ateísmo teórico que buscaba la cultura de la palabra pero renegaba del púlpito y de la sacristía. El Despotismo Ilustrado buscaba en las sociedades y en los clubes, en los salones lujosos y en los jardines dieciochescos todo el esplendor que no le podía dar la alargada sombra de los campanarios. Y nació así la tertulia literaria. En ella vertió Voltaire toda la acidez de su espíritu cáustico y mordaz, en ella las damiselas adormecían sus males de amor al son de la palabra culta de filósofos y literatos; en ella la masonería hacía prosélitos sigilosamente, los sabios pregonaban sus nuevas teorías seudocientíficas y la buena sociedad elegante y cultural mostraba su espíritu tolerante conversando con el ateo y besando el anillo al obispo cortesano.

La cultura de la palabra llegó al siglo de las luces. ¡Venturoso siglo XVIII, brillante de casacas, pelucas, sedas y porcelanas!... Y en la palabra, la palabra neoclásica. La palabra que ha dejado el diálogo por la conversación, el sermón por el discurso y el púlpito por la tertulia. Y que a medida que se erguían los cedros de la industria nacían los cipreses del obrerismo que darían pie al naturalismo decimonónico, hijo de la cultura de la palabra, sucia esta vez por el carbón de las minas y el polvillo de los talleres, ensordecedores con el ruido de las máquinas que para no ahogar la palabra —muerta la conversación y el cuchicheo— engendró el mitin, hijo de la taberna y la miseria.

El siglo XIX surgía de las revoluciones con la cara hambrienta y los mantos rotos, consecuencia agónica de las luchas de clases, pero la palabra llenó los ámbitos ciudadanos de una sociedad hética. El carro dionisiaco, al que históricamente habían subido sátiros y ninfas, era conducido ahora por revolucionarios —hijos de la palabra airada y violenta— y novelistas que llevaban las morbidèces de tantas «damas de las Camelias» a las corrientes de las aguas para que los pintores atrevidos las pintaran en su desnudez jugueteando a la luz del día. Los moralistas se habían encasquetado sus capuchas y paseaban en los claustros monacales sin atreverse a salir al ruedo de la nueva cultura científica moderna.

La novela sustituye a la conversación en esta cultura de la palabra que embarga la historia de Occidente. Incluso la novela es la conversación a solas, un entretenimiento lúdico que retratando a la sociedad, pregonando reivindicaciones humanas de la sociedad más depauperada, no despertaba más que suspiros de los pechos solitarios y alguna que otra lágrima de las señoras de las clases pudientes. La cultura de la palabra se hallaba encerrada ahora en salitas coquetonas, en mesas camilla con terciopelos y florero de china. Y cuando salió, subió al podium y a las tablas con fuerza desesperada. Era el mitin ante las fábricas, era la arenga ante las grandes batallas que se avecinaban. Y fue oración en los labios de las madres que veían la partida de los hijos camino de los campos de batalla o camino de la emigración. Era la cultura callada, hambrienta, denostada y perseguida de la palabra, catacumbas decimonónicas cuyo grito desesperado será reivindicación social y ¡abajo las armas!

La diosa Razón estaba por las masas. Callaron los intelectuales su voz impresionante y se refugiaron en el café. La charla de café se levanta con la batuta de la cultura de la palabra. La charla de café es acientífica, burlona, entretenida, tiene cabida en ella la anécdota y el chascarrillo, la ocurrencia y la provocación, el descarrilamiento mental y la irreverencia, el ejemplo y la experiencia. La cultura de la palabra ha dejado de repicar todas las campanas para oír tan sólo el tintineo de las tazas entre los vapores olorosos del exótico café. La cultura de la palabra es ahora espontaneidad, ensayo literario, charla sin trascendencia y poco más. Y es, entonces, cuando se adormece el sabueso del ingenio y decae la gracia de la conversación, cuando surge la cita y la frase célebre como píldora capaz de librar del sueño al aletargado auditorio, ferviente aunque pequeño y leal al estilo del maestro. La conversación así se viste del saber ajeno, de la erudición de la autoridad de los antiguos. Y no es que ellos inventaran el sistema. Ya en nuestro Siglo de Oro tenemos ejemplos del abuso de citas de personalidades, criticado fervientemente por Cervantes; ya la oratoria sagrada se revestía de los adornos de los santos padres y de los oropeles de citas sin sustancia.

El método y el sistema no era nuevo. Pero ni siquiera ahora es viejo. Hay que acudir a la cita y a la frase de las autoridades de los hombres célebres. Tenerlas recopiladas es siempre importante porque la cultura de la palabra está viva todavía aunque se quiere que seamos ya hijos de la civilización de los operadores turísticos y de la técnica cibernética.

Somos hijos de la cultura de la palabra. Incluso la generación actual, amiga del ruido y de la noche, es hija de la cultura de la palabra, aunque ya se ven los tentáculos de la cultura visual como sustituto en los tiempos inmediatamente próximos. La cultura visual ha hecho culto y estética de la imagen. La cultura visual bebe de la fuente de cinco caños que son el cine, el vídeo, la televisión, el ordenador y el cuerpo; éste, en su exhibición, ha saltado de las revistas gráficas y de las luminarias de los espectáculos nocturnos al anuncio, a las luces estroboscópicas, a la playa y al naturismo. La cultura visual empieza ya a barrer todos los viejos esquemas paradigmáticos de la cultura de la palabra, a la que vivirá asida como lapa. Los conocimientos expresivos de la imagen dicen que cargan las tintas de la fantasía, del juego hormonal y el recuerdo de las pupilas, pero alimentan poco la mente, el pensamiento y la espontaneidad. Por el contrario, los que mirando al futuro ven la única tabla de salvación en la cultura visual y de la imagen dicen que las respuestas lógicas de la mente responden mejor a los mecanismos de la imagen que a la entrada memorizable de la palabra.

De todas formas, parece próxima —¿o no estamos ya inmersos en ella?— la sociedad del *software* y de la robótica. Los sociólogos se preguntan si será o no falsa la felicidad del hombre robotizado. Dicen que la humanidad —perdón por confundir a la humanidad con los países ricos— camina hacia la cultura robotizada que es el summum de la cultura visual y de la imagen.

Y dicen los sociólogos que será entonces más adelantada, pero más feliz no. Es la cultura visual y de la imagen.

Y es que la humanidad, que ha sufrido a través de toda la historia los dolores de parto de la felicidad sin ver más que el malogrado fruto de su deseo, viene confundiendo últimamente felicidad con progreso. Aconseja apearse en las estaciones del bienestar, abre las ventanillas para los billetes del desarrollo y se olvida de estampillar vidas y hacienda con el sello de la felicidad. Por eso dicen algunos que peinan canas que «la vida que nos toca vivir es absurda y tan desazonante y presurosa que no nos deja tiempo para estudiar y es muy posible que dentro de unos años ni siquiera nos deje tiempo para vivir». ¿Será la prisa, la desazón y el estrés, fruto de nuestra nueva cultura que está naciendo ya y que es la cultura visual o de la imagen?

No sé si debemos admitir aquí aquella evolución social según el pensamiento de Juan Bautista Vico cuando afirma que la vida social camina en círculo volviendo periódicamente a sus puntos de partida. Si es así, ¿esperamos nosotros que la sociedad vuelva algún día no lejano de la cultura visual a la antigua cultura de la palabra? ¿O esperaremos verlos a los dos uncidos al mismo yugo tirando no sólo del carro dionisiaco, sino principalmente de la carroza de Atenea?

Esperemos el reencuentro de las dos culturas: la de la palabra y la de la imagen y que la sociedad de la posmodernidad alcance los mejores logros.

* * *

La cultura de la palabra está aún entre nosotros. Este diccionario de citas y frases célebres es el respigo de veinticinco siglos de cultura de la palabra.

Las frases célebres y las citas clásicas son las estrellas de ese cielo acharolado y limpio de los clásicos y de los hombres de letras, de los hombres de ciencia y de los sabios, de los científicos y de los intelectuales. La cultura de la palabra brilla aún entre nosotros.

Esta es una muestra, recogida acá y allá como, tiempos ha, en las parameras castellanas las respigadoras recogían una a una las espigas de los rastrojos. Una muestra sin valor documental y apodíctico o, como dicen ahora, paradigmático del bien decir y del bien pensar. Es sólo una muestra. Para tomarla en pequeñas dosis como la medicina cara, a sorbitos como el licor precioso. Sin el apresuramiento y el ansia del primer plato, sino a pequeñas raciones como el aperitivo. Es sólo una muestra.

Para que no sea la palabra un juego de bolillos de metáforas e imágenes, para ayudar a que no se propague la corrupción por la palabra, que dice Julián Marías, sino a marcar la dirección del viento y a sembrar la semilla de la palabra en el terreno fértil de la cultura de la palabra. Porque, queramos o no, somos hijos, incluso la generación actual —amiga del ruido y de la prisa—, de la cultura milenaria de la palabra.

LÁZARO SÁNCHEZ LADERO

ÍNDICE ALFABÉTICO
DE AUTORES

XXXII

ÍNDICE DE AUTORES
POR ACTIVIDADES

Cualquier clasificación que se quiera realizar para encuadrar las actividades profesionales y aquellos aspectos espirituales que se manifiestan en obras literarias, artísticas, económicas, religiosas o deportivas, es un encasillamiento estanco inevitablemente convencional y subjetivo. No obstante, y pese a las limitaciones ofrecidas por todo convencionalismo, ofrece también el enriquecimiento que todo agrupamiento y catalogación conlleva. Por consiguiente, si en este índice de autores por actividades no se ha podido soslayar siquiera la carga de subjetividad, tampoco hemos querido que le faltara ese cúmulo de virtudes enriquecedoras que se derivan de ofrecer todo un catálogo de personalidades agrupadas por aquel o aquellos aspectos en que descollaron en la vida inmortal por la que han pasado a la historia. Y los hemos catalogado así, dentro de estas coordenadas.

ARTISTAS:
  Cineastas
  Escultores
  Pintores

CIENTÍFICOS:
  Astrónomos
  Naturalistas

ECONOMISTAS:
  Industriales

ESCRITORES:
  Críticos
  Dramaturgos
  Ensayistas
  Fabulistas
  Literatos
  Novelistas
  Oradores
  Periodistas
  Poetas

ESTADISTAS

FILÓSOFOS:
  Humanistas
  Pensadores

HISTORIADORES

INVENTORES

LIBROS SAGRADOS:
  Ania
  Biblia:
  —Deuterenomio
  —Epístolas de San Pablo
  —Evangelio de San Juan
  —Evangelio de San Lucas
  —Evangelio de San Mateo
  —Génesis
  —Hechos de los Apóstoles
  —Levítico
  —Libro de Ezequiel
  —Libro de Job
  —Libro de los Proverbios
  —Libro de los Salmos
  —Libro de Tobías
  —Libro del Eclesiastés
  Corán
  Mahabharata
  Panchatantra
  Talmud
  Tao-Te-Chin

MARINOS, NAVEGANTES,
VIAJEROS

MÉDICOS

MILITARES

MONARCAS

MÚSICOS

POLÍTICOS:
  Diplomáticos

RELIGIOSOS:
  Fundadores
  Místicos
  Papas
  Predicadores
  Reformadores
  Santos
  Teólogos

OTROS PERSONAJES
FAMOSOS:

  Deportistas
  Humoristas
  Letrados
  Moralistas
  Mujeres célebres
  Pedagogos
  Psicólogos
  Sabios de Grecia
  Sociólogos
  Toreros

XXXIV

ARTISTAS
Arnould, Sofía
Asquerino, María
Braque, Georges
Buñuel, Luis
Correggio, Antonio Allegri, llamado el
Chaplin, Charles
Dalí, Salvador
Delacroix, Ferdinand Victor Eugène
Detouche, E.
Dietrich, Marlene
Fernández "El Indio", Emilio
Fields, W.C.
Ford, Glenn
Haydon, Benjamin Robert
Hugué, Manuel
Kokoschka, Oskar
Marx, Groucho
Miguel Ángel
Mondrian, Pedro Cornelio
Monroe, Marylin
Picasso, Pablo Ruiz
Reynolds, Jushua
Rietchel, Ernst
Rosa, Salvatore
Rusiñol, Santiago
Sansovino, Jacobo Tatti
Sinatra, Frank
Vinci, Leonardo de
West, Mae
Whistler, Jacobo
Wirchow, Rudolf

CIENTÍFICOS
Agassiz, Alexandre
Arquímedes
Born, Max
Bunsen, Roberto Guillermo
Copérnico, Nicolás
Curie, madame
Darwin, Charles Robert
Edison, Thomas Alva
Einstein, Albert
Fabre, Jean-Henri
Franklin, Benjamín
Galileo Galilei
Harvey, William
Humboldt, Alejandro
Huxley, Thomas Henry
Kastner, Georg Friedrich
Laplace, Pierre-Simon
Lubbock, sir John
Montesinos, José Fernández

Müller, J. von
Newton, Isaac
Pitágoras
Plinio el Viejo
Poincaré, Henri
Ramón y Cajal, Santiago
Ray, John
Reichenbach, Heinrich
Ritter, Karl
Rusell, Bertrand
Vinci, Leonardo de

ECONOMISTAS
Azcárate, Gumersindo de
Boulton, Mathew
Ford, Henry
Gioia, Melchiore
Lemesle, Charles
Mirabeau, Víctor Riquetti, marqués de
Rothschild, Mayer A.
Sismondi, Juan Carlos Leonardo de
Smith, Adam
Stuart Mill, John
Whateley, Richard

ESCRITORES
Abd Allah
About, Edmond
Abrantes, Saura Permon, duquesa de
Acevedo, Evaristo
Ackermann, Luisa
Acton, lord John
Acuña, Hernando de
Achard, Marcel
Addison, Joseph
Agoul, María de Flavigny, condesa de
Aguétant, P.
Alcázar, Baltasar del
Alceo de Mitilene
Alemán, Mateo
Alembert, Jean le Rond d'
Alexandri, Vasile
Alfieri, Victor
Alomar, Gabriel
Alvar, Manuel
Amicis, Edmundo d'
Amiel-Lapeyre, madame
Anaxilao
Annunzio, Gabriele d'
Anouilh, Jean
Antífanes
Anzengruber, Ludwig
Aparisi y Guijarro, Antonio

Blümenthal, Oscar
Blüthgen, Víctor
Boccaccio, Giovanni
Bodenstedt, Friedrich
Boecio, Amicio Manlio Severino
Boerhave
Boghen, Emma
Bohn, H. G.
Boileau, Nicolás
Boissieu, A. de
Boileau, Nicolás
Boito, Arrigo
Böll, Heinrick
Bonnard, Abel
Bonnefon, Jean de
Bonnin, C. J. B.
Bontempelli, Máximo
Bordeaux, Henri
Borel, P.
Borges, Jorge Luis
Borgese, Giuseppe Antonio
Börne, Ludwig
Borrow, Jorge
Boscán, Juan
Bosquet, P. F. Q.
Boss, J. H.
Bossuet, Jacques-Benigne
Boswell, J.
Botta, Carlo
Boufflers, Stanislas
Bourget, Paul
Bouterweck, I.
Brantôme, Pedro de Bourdeilles
Brecht, Bertolt
Bremer, Federica
Brentano, Clemente
Breton, André
Bretón de los Herreros, Manuel
Briesen, Fritz von
Brillat-Savarin, Anselmo
Brodskey, Joseph
Broome, Williams
Brougham, Henry
Brown, Norman
Browning, Robert
Brueys, David Agustin de
Bruix, caballero de
Brulat, P.
Bruyère, Jean de la
Buck, Pearl S.
Buero Vallejo, Antonio
Bunge, Carlos Octavio
Bunin, Yván

Bunyan, John
Bürger, Gotfried August
Burke, Edmund
Burns, Robert
Burroughs, John
Burton, Robert
Busch, Moritz
Busch, Wilhelm
Butler, Samuel
Byron, Lord
Cadalso y Vázquez, José
Calderón de la Barca, Pedro
Calímaco
Camba, Julio
Camoens, Luis de
Campbell, Thomas
Campmany, Jaime
Campoamor, Ramón de
Camus, Albert
Canetti, Elías
Capek, Karel
Capote, Truman
Carducci, Giosué
Carnegie, Dale
Caro, Annibbale
Carrere, Emilio
Carroll, Lewis
Casona, Alejandro
Castelli, Ignaz Franz
Casti, Giovanni Bautista
Castiglione, Baltasar
Castro, Guillén de
Castro, Rosalía de
Catalina y del Amo, Severo
Catulo, Cayo Valerio
Cela, Camilo José
Céline, Louis-Ferdinand
Celso
Cendrars, Blaise
Centlivre, S.
Cernuda, Luis
Cervantes, Miguel de
César, Julio
Cibber, Colley
Cicerón
Clarasó, Noel
Clarín (Leopoldo Alas)
Claudel, Paul
Claudiano, Claudio
Claudius, Mathias
Climent Terrer, F.
Coeuilhe, E.
Cocteau, Jean

XXXVII

Dusch, J. Jak
Dyssord, J.
Ebers, George
Ebner-Eschenbach, Maria von
Eça de Queiroz, José María
Eckermann, Johann Peter
Echegaray, José de
Edgeworth, María
Eguilaz, Luis de
Ehrenburg, Ilya
Eliot, George
Eliot, Thomas Sterns
Eluard, Paul
Ellis, Henry Havelock
Emerson, Ralph Waldo
Encina, Juan del
Ense, Barnhagen von
Epicarmo
Erasmo de Rotterdam
Ercilla, Alonso de
Esopo
Espinel, Vicente
Espronceda, José de
Esquilo
Eurípides
Fagus, Jorge Eugenio Fayet, llamado
Fargue, Léon-Paul
Farquhar, George
Faulkner, William
Favart, Carlos Simón
Feijoo, fray Benito Jerónimo
Ferlinghetti, Lawrence
Fernán Caballero
Fernández, Lucas
Fernández Ardavín, Luis
Fernández de Andrada, Andrés
Fernández de Moratín, Leandro
Fernández de Moratín, Nicolás
Fernández Flórez, Wenceslao
Festo, Sexto Pompeyo
Feuerbach, Anselm
Field, N.
Fielding, H.
Figgia
Fircks, Karl von
Fitzgerald, Francis Scott
Flaubert, Gustave
Flemming, P.
Fletcher, John
Florian, Jean-Pierre Claris
Focílides
Fontane, Theodor
Fontenelle, Bernard Le Bouvier de

Ford, John
Fortoul, Hipolyte
Foscolo, Hugo
Foxá, Agustín
France, Anatole
Fresni, Charles Rivière du
Freytag, Gustavo
Fritsch, H.
Frost, Robert
Fuller, Thomas
Fuzûli
Gabriel y Galán, José María
Galiani, Ferdinando, llamado el abate
Gallego, Nicasio
Gallienne, R. Le
Ganivet, Ángel
García de la Huerta, Vicente
García Lorca, Federico
Gascoigne, George
Gautier, Teófilo
Gavarni, P.
Gay, John
Geibel, Emmanuel de
Gellert, C. Fürchtegott
Genlis, Estefanía I. Ducrest de Saint Aubin, condesa de
Geoffrin, madame
Geraldy, Paul
Gerardin, E. de
Gerfaut, Filippa
Gide, André
Gil Vicente
Gilbert, William
Gioberti, Vincenzo
Girardin, E. de
Girardin, madame de
Giraudoux, Jean
Giusti, Giuseppe
Gläser, F.
Godin, E.
Godínez, Felipe
Godwing, William
Goethe, Johann Wolfgang von
Gogol, Nicolai Vasilievich
Goldschmidt, Moritz
Goldsmith, Oliver
Goltz, Bogumill
Goncourt, Edmond y Jules
Gondinet, Edmond
Góngora, Luis de
González López, Emilio
Gordon, Adán Lindsay
Gorki, Máximo

XXXIX

Iriarte, Tomás de
Irving, Washington
Isidoro de Sevilla, San
Isócrates
Jacob, Max
Jacobs, Federico
Jacoby, Leopoldo
Jaloux, Edmundo
Jardiel Poncela, Enrique
Jarnés, Benjamín
Jeffries, Richard
Jenofonte
Jerome Klapka
Jerrold, Douglas William
Jiménez, Juan Ramón
Joceline, Eliz
Jodelle, Esteban
Johnson, Ben
Johnson, Roberto U.
Johnson, Samuel
Jokai, Mauricio
Jolyot de Crévillon, Claudio Próspero
Jones, Henry Arthur
Jony, Víctor José Esteban
Jouhandeau, Marcel
Jovellanos, Melchor Gaspar de
Juan Manuel, don
Jungmann, Josif
Junius
Juvenal
Kafka, Franz
Kaiserberg, J. Geiler von
Kalidasa
Kana, H.
Kapff-Essenther, J. von
Karadja, princesa
Karr, Alphonse
Kaus, Gina
Kearsley
Keats, John
Keller, Gottfried
Kératry, A. I.
Khayyam, Omar
Kierkegaard, Sören
King, William
Kingsley, Charles
Kinkel, Gottfried
Kipling, Rudyard
Kleist, Heinrich von
Klinger, Frederich M.
Knigge, Frederich
Knorr, madame de
Knowles, Jacobo Sheridan

Kohl, J. G.
Konody, J.
Körner, Theodor
Kotzebue, Augusto
Kropotkine, Pedro
Kümelin, Gustav
Kuprin, Alexandr Ivanovich
La Beaumelle
La Bruyère
La Fontaine, Jean de
La Grasserie, H. R.
La Harpe
La Lozère, Pelet de la
La Rochefoucauld, François, duque de
Labouise-Rocheforte, G.
Laboulaye, Edouard
Lacretelle, Jacobo de
Lagerlof, Selma
Laín Entralgo, Pedro
Lalou, Renato
Lamartine, Alphonse de
Lamb, Carlos
Lambert, Marquesa de
Landon, Leticia Elisabeth
Lange, Carl
Lansdowne, George Greenville
Landor, Gualterio Savage
Lang, Andrew
Langbridge, Federico
Langland, William
Larra, Mariano José de
Larreta, Enrique Rodríguez
Latzarus, Louis
Laudron, L.
Laurent, Jean
Lawrence, David Herbert
Leyner, G. von
Lemière, Antonio Marino
Lenoir, M.
Lenclos, Ninon de
Lenormand, Enrique Renato
León, Fray Luis de
Leonard, Joseph
Leopardi, Giacomo
Lerberghe, Carl van
Lerma, Fray Juan de
Lesage, Alain-René
Lespinasse, Julia Juana Eleonora de
Lessing, Cotthold Ephraim
Lewald, Fanny
Leyis, Pedro Marcos Gastón, duque de
Lichtwer, Magnus Gottfried
Ligendes, Juan de

Índice por actividades

Moratin. *Véase* Fernández Moratín
Moravia, Alberto
More, Hannah
Moreas, Jean
Moreno, Miguel
Moreto y Cabaña, Agustín
Mórike, Eduard
Morin, Edgar
Moritz Arndt, Ernst
Morley, Christopher
Morley, John
Morris, William
Morrow Lindberg, Anne
Mosca, Giovanni
Multatulí
Müller, Wilhelm
Müller-Oxford, Max
Mundt, Th.
Munthe, Axel
Murger, Henry
Murphy, Arturo
Muslih al Din Saadi
Musset, Alfred de
Nadaud, Gustavo
Narrey, Charles
Nassau, Adolph von
Nebrija, Antonio de
Necker-Sausure, madame
Nervo, Amado
Nestroy, Juan
Newman, J. Henry
Nicolai, L. H.
Nicole, Pierre
Nieto Peña, Roque
Nietzsche, Friedrich W.
Nievo, Hipólito
Nin, Anaïs
Noailles, condesa de
Nodier, Charles
Norman, Jacobo
North, sir Thomas
Nöthing, Theobald
Novalis, Friedrich
Núñez, Hernán
Núñez de Arce
Oertzen, Georg, V.
Oeser, C.
Oesterheld, Erich
Oettinger, Eduardo María
O'Neill, Eugène
Orosio, Paulo
Ors, Eugenio d'
Ortega y Gasset, José

Orwell, George
Ossorio y Bernard, Manuel
Otway, Thomas
Ouida (Luisa de la Ramée)
Overbury, Thomas
Ovidio
Pailleron, Edouard
Paine, Thomas
Palacio, Manuel del
Palacio Valdés, Armando
Pananti, F.
Panzini, Alfredo
Papini, Giovanni
Pasternak, Boris
Payne, John Howard
Paz, Octavio
Peele, George
Péguy, Charles
Péladan, Joseph
Pelet de la Lozère
Pellico, Silvio
Pemán, José M.
Pemartín, Julián
Penn, William
Pereda, José María de
Pérez de Ayala, Ramón
Pérez Galdós, Benito
Persio
Pessoa, Fernando
Petit-Senn, J.
Petöfi, Alexander
Petrarca, Francisco
Petronio
Pfeffel, Conrad
Phelps, E. J.
Phillips, Wendell
Pibrac, Guido de Facer de
Pichler, Adolfo
Pigault-Lebrun, Charles
Pignotti, Lorenzo
Pindar, Peter
Píndaro
Pirandello, Luigi
Pitigrilli, Dino Segre
Pla, Josep
Plauto
Pleaten, August Graf von
Plinio el Joven
Poe, Edgar Allan
Pollock, Channing
Pomfret, John
Pope, Alexander
Portoriche, G. de

Saint-Pierre, Jacques-Henri Bernardin
Salis-Seewis
Salinas, Pedro
Salm, Constanza María de Theis
Samaniego, Félix María de
Sánchez de Bercial, Clemente
Sánchez Ferlosio, Rafael
Sand, George
Sanders, Daniel
Sanial-Dubay, J.
Santeuil, Juan de
Saphir, Moisés
Sardou, Victoriano
Sarmiento, Domingo Faustino
Satz, Mario
Saurin, Bernardo José
Savage Landor, Walter
Say, Jean Baptiste
Scarron, Paul
Scott, Walter
Scudéry, Madeleine de
Scharrelmann, Enrique Luis
Schefer, Leopoldo
Scheffel, José Víctor
Scherer, Guillermo
Scherr, Juan
Schiller, Friedrich
Schlegel, August Wilhelm
Schlegel, Friedrich
Schmitt-Hartlieb, Max
Schneider-Arno, J.
Schönthan, Franz von
Schubert, R.
Schücking, Cristóbal Bernardo Lewin
Selden, Juan
Sem Tob
Sénac de Meilhan, Gabriel
Séneca, Lucio Anneo
Setantí, Joaquín
Setlembrini, Luis
Seume, Juan Godofredo
Sévigne, Marie de Rabutin Chantal,
    marquesa de
Shaptesbury, Anthony Ashley Cooper,
    conde de
Shakerley, Maimion
Shakespeare, William
Shenstone, Guillermo
Sheridan, Richard Brinsley Butler
Shorthouse
Sidney, Philip
Sieyes, Manuel José, conde de
Sinclair, Upton

Smiles, Samuel
Smith, Horace
Smith, W. C.
Smith, Sydney
Smollet, Tobías George
Sófocles
Soler, Bartolomé
Solís y Rivadeneyra, Antonio de
Somerville, Guillermo
Sommery, mlle. de
Sonlages, G.
Southey, Robert
Spielhagen, Federico
Staël, madame de
Stahl, Arthur
Starkey, Tomás Alberto
Stassart Coswin, José Augusto de
Stedmann, Edmundo Clarence
Steele, Richard
Stendhal, Marie Henri Beyle
Sterbini, César
Sterne, Laurence
Stevenson, Robert Lewis
Storm, Teodoro
Strassburg, Gottfried von
Strindberg, August
Strobach, F. von
Swetchine, Ana Sofia Soymonoff de
Swift, Jonathan
Swinburne Algernon, Charles
Tagore, Rabindranath
Tamayo y Baus, Manuel
Tarchetti, U.
Tasso, Torcuato
Tate, Nahum
Tawney
Tennyson, Alfred
Teócrito
Terencio
Teresa de Jesús, Santa
Tertuliano
Thackeray, William Makepeace
Thiandière, Edmundo
Thom, H.
Thomson, Janos
Thoreau, Henri David
Thurelon, Gabriel, conde de Oxensherm
Tibulo, Albio
Tiedge, Cristóbal
Tillier, Claude
Tissot, Víctor
Tolstoi, León
Tommaseo, Niccoló

Boecio, Amicio M. Severino
Bolingbroke, Henry Saint-John, vizconde
de
Casiodoro, Magno Aurelio
Cavour, Camilo, conde de
César, Julio
Cisneros, Francisco de
Cromwell, Oliver
Chatham, lord
Chesterfield, Philip
Díaz, Porfirio
Disraeli, Benjamín
Ensenada, marqués de
Franco, Francisco
Franklin, Benjamín
Guicciardini, Francesco
Humboldt, Wilhelm von
Jovellanos, Gaspar Melchor
Lenin, Nikolai
Mao-Tse-Tung
Maquiavelo, Nicolás
Masaryk, Tomás Garrigue
Maura y Montaner, Antonio
Mazzarino, Julio
Mussolini, Benito
Plinio el Joven
Quevedo, Francisco de
Richelieu, Cardenal
Roosevelt, Franklin Delano
Tayllerand, Carlos Mauricio
Walpole, Robert
Wilson, Thomas Woodrow

FILÓSOFOS Y PENSADORES

Agustín, San
Alain, Emile
Amiel, Henri Frédéric
Anaxágoras
Aretino, Pietro
Aristipo de Cirene
Aristóteles
Averroes
Bacon, Francis
Balmes, Jaime
Bayle, Pierre
Bergson, Henri Louis
Boecio, Amicio Manlio Severino
Bolingbroke, Henry Saint-John, vizconde
de
Bonald, Luis Gabriel
Bonghi, Ruggiero
Boudet, Numa
Bouterweck, I.

Bradley, Francis Herbert
Braston, Oliver S.
Bronson Alcott, Amos
Brooks, Phillips
Büchner, Ludwig
Cellarius Palatinus, Andrés
Comte, Augusto
Confucio
Congreve, William
Costa, Joaquín
Cumberland, Richard
Chartier, Alain Emile
Chuang-Tse
Demócrates
Demócrito
Demófilo
Descartes, René
Diderot, Denis
Digby, Kenelm
Diógenes
Diógenes Laercio
Djami
Donoso Cortés, Juan
Emerson, Ralph Waldo
Engel, Johann Jakob
Epicarmo
Epicteto
Erasmo de Rotterdam
Espinosa, Benito
Feuchteisleben, E. von
Feuerbach, Ludwig
Fichte, J. G.
Fischart, J.
Galiani, Ferdinando, llamado el abate
Gazali, Abu-Hamid Mohamed ibn Amed
Gracián, Baltasar
Grasserie, Raúl Guerin de la
Guarini, Battista
Guyau, Juan María
Hall, Bishop
Han Yu
Hartman, Carlos Eduardo
Harvey, William
Hegel, Georg Wilhelm Friedrich
Heidegger, Martin
Helvetius, Claudius Adrien
Heráclito
Herder, Johann Gottfried von
Hobbes, Thomas
Hoffman, Abbie
Holbach, barón de
Hume, David
Hutcheson, Francis

Índice por actividades

Álvarez de Toledo, duque de Alba
Azaña, Manuel
Azcárate, Gumersindo de
Azeglio, Massimo Taparelli, marqués
Beaconsfield, lord
Beaumarchais, Pierre Augustin Caron de
Blum, León
Bolívar, Simón
Bonnin, C. J. B.
Borne, Ludwig
Bougeard, A.
Bright, John
Brougham, Henry
Burke, Edmund
Cabanillas, Pío
Calomarde, Francisco Tadeo
Calonne, Carlos Alejandro de
Canalejas, José
Cánovas del Castillo, Antonio
Carpenter, Edward
Castelar, Emilio
Castelldosrius, marqués de
Castro, Fidel
Catalina y del Amo, Severo
Catón, Marco Porcio
Clemenceau, Georges
Cleveland, Grover
Cobbett, William
Cortezo, Carlos María
Chesterfield, Philip
Churchill, Winston
Disraeli, Benjamin
Den Xiaoping
Ensenada, marqués de la
Espartero, Baldomero
Fouché, Joseph
Fox, Charles
Franco, Francisco
Gambetta, León
Gandhi, Mahatma
Gaulle, Charles de
Gioberti, Vincenzo
Gladstone, William
Granville, George Landsdowe, lord
Guerrazzi, Francisco Domingo
Hitler, Adolf
Jefferson, Thomas
Juan de Austria, don
Kennedy, John Fitzgerald
Kératry, A. I.
Kossuth, Lajos
Landsdowne, George Greenville
Leyis, Pedro Marcos Gastón, duque de

Lincoln, Abraham
Lip-King
Loustalot, Eliseo
Madariaga, Salvador de
Malesherbes, Chrétien-Guillaume de
    Lamoignon de
Mao-Tse-Tung
Mazzini, Giuseppe
Mendoza, Bernardino de
Mirabeau, Victor Riqueti, marqués de
Monroe, James
Montalvo, Juan
Moret y Prendergast, Segismundo
Morley, John
Pemartín, Julián
Pérez, Antonio
Petiet, Augusto Louis
Pi y Margall, Francisco
Pibrac, Guido de Facer de
Pitt, William
Prat de la Riba, Enrique
Prim, Juan
Quintana, Manuel José
Robespierre, Maximilian
Romanones, conde de
Romero Robledo, Francisco
Roosevelt, Franklin Delano
Ros de Olano, Antonio
Rosebery, lord
Russell, Bertrand
Ruiz Zorrilla, Manuel
Saavedra Fajardo, Diego
Sagasta, Práxedes Mateo
Saint-Just, Luis Antonio León de
Salmerón, Nicolás
San Martín, José de
Sarmiento, Domingo Faustino
Sièyes, Manuel José, conde de
Silvela y Le Villenze, Francisco
Smith, W. C.
Solón
Stalin, José
Stassart Goswin, José Augusto de
Talleyrand, Carlos Mauricio
Tavera, cardenal
Tomás Moro, Santo
Venizelos, Eleutherios
Vasconcelos, José
Vázquez de Mella, Juan
Washington, George
Watts, J.
Weloster, Daniel
Wellington, Arthur Colley W., duque de

LI

OTROS PERSONAJES CÉLEBRES

Aixa
Alcott, Amos Bronson
Arconville, Madame d'
Benítez, Manuel "El Cordobés"
Biante
Bías de Priena
Caxton, William
Caylus, conde de
Clausevitz, Carl von
Cleóbulo
Coke, Edward
Constant, Benjamín
Corbusier, Le
Cornelia
Cornuel, Madame
Châtelet, Madame de
Chilón
Cholmondeley, Mary
Dardenne, Madame
Danton, Georges Jacques
Dell'Oro I
Demóstenes
Desmoulins, Camilo
Domat, Juan
Du Barry, madame
Espartero, El
Fangio, Juan Manuel
Flexner, Abraham
Foción
Gallo, El
Genlis, Estefanía I. Ducrest de Saint Aubin, condesa de
Geoffrin, madame
Gerfaut, Filippa
Girardin, madame de
Grasserie, Raúl Gerin de la
Guibert, Jaime Antonio Hipólito, conde de
Habsburgo, Sofía de
Haliburton, Thomas Chaudler
Ingersoll, Robert Green
Isócrates
John, Federico Luis
Joubert, José
Lassay, Marqués de
Le Bon, Gustavo
Lenclós, Ninon de
Leyis, Pedro Marcos Gastón, duque de
Lespinasse, Julia Juana Eleonora de

Lewald, Fanny
Ligne, Carlos José, príncipe de
Liliencron, Detlev, Barón de
Lubbock, sir John
Maintenon, Francisca de Aubigné, marquesa de
Maistre, conde Joseph de
Manuzio, Aldo
Mead, Margaret
Montagu, Maria Wortley
Morrow Lindberg, Anne
Necker-Sausure, madame
Ouida (Luisa de la Ramée)
Parra, José Adán de la
Paulo, Julio
Periandro de Corinto
Pitaco de Mitilene
Pontich, E.
Posada, Adolfo
Prisco, Nerazio
Pyusieux, madame
Raillie, Joanna
Remusat, madame de
Rieux, madame de
Rivarol, conde de
Roland, madame
Sablé, Magdalena de Souvre, marquesa de
Saldaña, Quintiliano
Salm, Constanza Maria de Theis
Scudery, Madeleine de
Scharrelmann, Enrique Luis
Schmitz, Rudiger
Ségnier, Antonio Juan Mateo
Selden
Shaftesbury, Anthony Ashley Cooper, conde de
Simmel, Jorge
Stël, madame de
Tardieu, Emilio
Torrejón, Andrés
Torres, Ricardo, "Bombita"
Ulpiano, Domicio
Vasconcelos, José
Vauvenargues, marqués de
Wallace, Lewis
Warens, Luisa Leonor de la Tour du Pil, baronesa de
Wells, Herbert George
Weisweiler, Hennes

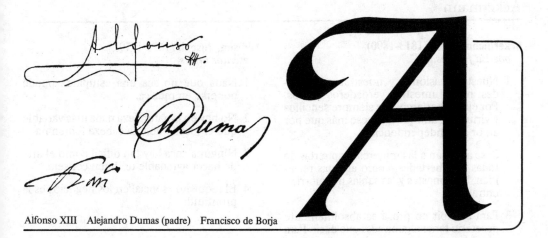

Alfonso XIII   Alejandro Dumas (padre)   Francisco de Borja

Abd Allah (s. XI),
rey de Granada y escritor.

1 El que está presente en una cosa ve más que el que está ausente.

2 La guerra es puro ardid: si no puedes vencer, engaña.

About, Edmond (1828-1885),
escritor francés.

1 Desde hace mucho se ha observado que los jurados no sienten compasión por los ladrones y en cambio son indulgentes con los infanticidas. Es una cuestión de interés: el jurado teme que le roben, mientras que ya le pasó la hora de morir víctima de un infanticidio.

2 Un joven de cierta casa noble abofetea al insolente que osa poner en entredicho la virtud de su madre; él mismo da a entender que su abuela tuvo algunos caprichos; en cuanto a la bisabuela, tiene a gala el que obtuvo los favores de Luis XV. De este modo la vergüenza de nuestras mujeres se transforma en gloria a medida que se aleja de nosotros.

Abraham de Santa Clara (1644-1709),
predicador alemán.

1 ¿Qué es el demonio? Un cordelero que hace muchos miles de redes.

2 Si el orador se limita a fustigar los vicios, la iglesia será siempre el cuartel de las viejas.

Abrantes, Saura Permon, duquesa de
(1784-1838), *escritora francesa.*

1 Dejad las mujeres perplejas: tendréis siempre su curiosidad a vuestro favor.

2 La adulación es una moneda falsa que empobrece al que la recibe.

3 La vanidad de las mujeres llega a tal grado, que por parecer amadas dejarían gustosamente de serlo.

Acevedo, Evaristo,
humorista español contemporáneo.

1 Sólo nos damos cuenta del valor del idioma cuando tenemos que poner un telegrama.

Ackermann, Luisa (1813-1890),
poetisa francesa.

1 Nuestras pasiones y nuestras necesidades: he ahí nuestros verdaderos tiranos. Por ello deberíamos ser siempre sencillos y virtuosos, aunque no fuese más que por amor a la independencia.

2 Si se abrieran a las mujeres las puertas de todas las libertades, como algunas reclaman, las honestas y las sabias no querrían entrar.

3 Para escribir en prosa es absolutamente necesario tener alguna cosa que decir. Para escribir en verso, ello es indispensable.

Acton, Lord John (1834-1902),
escritor inglés.

1 El poder tiende a corromper y el poder absoluto corrompe absolutamente.

Acuña, Hernando de (h. 1520-1580),
poeta español.

1 Un monarca, un imperio y una espada.

2 Yo [la fama] soy la que levanto de la sepultura al hombre, y con mi voz puedo tanto, que hago inmortal el nombre de los famosos que canto.

Achard, Marcel (1899-1974),
comediógrafo francés.

1 Un secreto del éxito puede ser dirigirse al corazón más que al oído; porque todo el mundo tiene corazón y no todo el mundo tiene oído.

2 Nada equivale a todo.

3 El amor es de los que piensan en él.

4 No solemos decir la verdad. Ya sabéis mi fórmula: la verdad sale de los pozos.

Addison, Joseph (1672-1719),
escritor inglés.

1 Nada que no sea una estupidez puede ponerse en música.

2 No hay en la naturaleza nada más variable que el tocado de una cabeza femenina.

3 Ninguna cosa hay tan difícil como el arte de hacer agradable un buen consejo.

4 El requisito esencial en los negocios es la prontitud.

Agassiz, Alexandre (1835-1910),
naturalista suizo.

1 No puedo perder tiempo en ganar dinero.

Agoul, María de Flavigny, condesa de (1805-1876), *escritora francesa.*

1 Lo que falta esencialmente al espíritu de las mujeres es el método. De ahí la gran intervención que tiene la casualidad en sus razonamientos y, muchas veces, también en su virtud.

2 Ése es mi libro: un libro de tres años revolcándose sobre la alfombra.

Agricola, Johannes (1494-1566),
teólogo luterano.

1 El que quiere gobernar debe oír y no oír, ver y no ver.

Aguesseau, Henri François d' (1668-1751),
estadista francés.

1 El más precioso y raro de todos los bienes es el amor al propio estado. Nada desconoce tanto el hombre como el bienestar de su propia condición.

Aguétant, P.
poeta francés contemporáneo.

1 La felicidad puede cometer bajezas; el dolor, en casos raros.

Agustín, San (354-430),
padre de la Iglesia.

1 Con el amor al prójimo el pobre es rico; sin el amor al prójimo el rico es pobre.

2 No corre el tiempo en balde, ni pasa inútilmente sobre nuestros sentidos.

3 Cree y comprenderás; la fe precede, la inteligencia sigue.

4 Creo, a fin de poder comprender.

5 Nos has hecho para ti, y nuestro corazón está inquieto hasta que no descanse en ti.

6 Roma ha hablado, la causa ha terminado.

7 Nosotros, los que hemos nacido y hemos pasado nuestra adolescencia en medio de las tierras, nos hemos hecho una idea del mar a la sola vista de un poco de agua en una pequeña copa.

8 Se comprende mejor la Divinidad ignorándola.

9 Semel in anno licet insanire (Una vez al año es lícito hacer locuras).

10 Sero te amavi, pulchritudo tam antigua et tam nova! (¡Tarde comencé a amarte, oh hermosura siempre antigua y siempre nueva!)

11 La paz constituye un bien tal, que no cabe desear otro más preciado ni poseer otro más útil.

12 La soberbia no es grandeza, sino hinchazón; y lo que está hinchado parece grande, pero no está sano.

13 Lo que sabemos decimos bien que lo creemos, pero no todo lo que creemos lo sabemos.

14 El amor es como la unión unificante de dos seres, al menos en deseo.

15 El número de locos es tan grande, que la prudencia se ve obligada a ponerse bajo su protección.

16 El presente existe, pero no perdura y, en cambio, el pasado y el futuro tienen duración, pero no existencia.

17 En lo necesario, unidad; en la duda, libertad, y en todo, comprensión.

18 Cuando estés en Roma, compórtate como los romanos.

19 Entra en tu conciencia e interrógala. No prestes atención a lo que florece fuera, sino a la raíz que está en la tierra.

20 Lo que sobra a los ricos es patrimonio de los pobres.

21 Mi peso es mi amor, él me lleva doquier soy llevado.

22 Dios es tal, que todo lo que él hizo, comparado con él, es como si no existiese.

23 Errar es humano; perseverar en el error es diabólico.

24 Dios quiere hacerte igual a él y tú, en cambio, te esfuerzas en hacer a Dios igual a ti.

25 Nadie niega, nadie ignora y la misma naturaleza lo denuncia, que Dios es el creador de todas las cosas.

26 Hablar de un amigo como mitad del alma es hablar de modo excelente.

27 Ama y haz lo que quieras. Si callas, callarás con amor; si gritas, gritarás con amor; si corriges, corregirás con amor; si perdonas, perdonarás con amor.

28 Hay que hacer cosas útiles más bien que cosas admirables.

29 Hoc morbo cupiditatis (Esta enfermedad de la curiosidad).

30 La ignorancia es madre de la admiración.

31 La medida del amor es amar sin medida.

32 Por el que voy [el amor] dondequiera que voy.

33 La verdad es lo que es.

34 Lo creo porque es absurdo.

35 La costumbre es una segunda naturaleza.

36 ¡Ay de mí, que no sé ni aun aquello que sé!

37 Muchos que arden en las llamas son adorados en los altares.

38 La necesidad no conoce leyes.

39 La ciudad de Dios está hecha por el amor de Dios llevado al desprecio del yo; la ciudad terrenal, por el amor del yo llevado al desprecio de Dios.

40 Nadie que obra contra su voluntad obra bien, aun siendo bueno lo que hace.

41 La virtud es el arte de vivir bien y con rectitud.

42 La razón, apoyándose en el testimonio de los ojos, advirtió que le placía la belleza; y en ella, las figuras; y en ellas, las dimensiones; y en ellas, los números.

43 Se puede ser cruel al perdonar, y misericordioso al castigar.

Aixa (siglo XV),
madre de Boabdil.

1 Haces bien en llorar como mujer, ya que no has tenido valor para defenderte como hombre.

Alain, Emile (1868-1951),
filósofo francés.

1 Un loco que en pleno día grite a toda voz que es de día, no por esto será menos loco.

2 Sólo hay una forma de resistir bien el frío y es estar contento de que haga frío.

3 Poner en verso lo que previamente se ha pensado en prosa, es ingenioso, pero no es poesía.

4 La belleza está también en la materia; cualquier reproducción en cemento armado de una escultura bella, es fea.

5 El hombre que tiene miedo sin peligro, inventa el peligro para justificar el miedo.

6 La gran fuerza de las mujeres consiste en retrasarse o en estar ausentes.

7 Todos pedimos que se aplique la ley, y todos tratamos de eludir el cumplimiento de alguna.

8 Se demuestra todo lo que uno quiere, pero la verdadera dificultad consiste en saber lo que uno quiere demostrar.

9 Aprender a no pensar ya es una parte, y no la menor, del arte de pensar.

Alas, Leopoldo. Véase **Clarín.**

Alcalá Zamora, Niceto (1877-1949),
político español.

1 En la muerte violenta de un régimen político no hace falta autopsia. Ha sido siempre por suicidio.

2 Las pasiones de amor más intensas fueron siempre las que sabían ser primeras y las que creían ser las últimas.

3 Pensando en la magnitud de la perversidad humana, se comprende la infinitud de la misericordia divina.

4 Las gentes más nobles son las que agradecen un intento frustrado para favorecerlas.

5 Ningún esfuerzo moral, aun frustrado y desconocido, es inútil; si fue grande, nos salva; si pequeño, nos acostumbra.

6 Si sólo se permitiera el matrimonio a los capaces moralmente para contraerlo, casi toda la humanidad sería familia ilegítima.

7 Ninguna vida termina aquí su obra. Solamente la corta.

8 Convendría que los pensamientos felices y las máximas nobles fuesen anónimos: a muchos les daña su autor.

Alcázar, Baltasar del (1530-1606),
poeta español.

1 Si es o no invención moderna,
Vive Dios, que no lo sé,
Pero delicada fue
La invención de la taberna.

2 Esto, Inés, ello se alaba;
no es menester alaballo.

3 Si te casas con Juan Pérez,
¿qué más quieres?

Alceo de Mitilene (620-580 a.C.),
poeta griego.

1 Quien dice lo que le agrada, oye lo que le
desagrada.

2 Viendo a una serpiente prisionera de una
tortuga, cierto cangrejo exclamó: «Si mi
prima la serpiente no hubiera hecho tantos rodeos y tortuosidades, la tortuga
nunca hubiera logrado prenderla.» Lo
mejor que siempre cabe hacer es caminar
en línea recta.

Alcott, Amos Bronson (1799-1888),
pedagogo estadounidense.

1 Un buen libro es aquel que se abre con
expectación y se cierra con provecho.

Alejandro Magno (356-323 a.C.),
general griego.

1 El sol no se pone en mi imperio.

2 Mis generales me harán funerales sangrientos.

3 Si no fuera Alejandro, quisiera ser Diógenes.

4 —Yo aceptaría, si fuese Alejandro.
—Yo también si fuese Parmenio.
(Tras la derrota en el valle del río Pinaros,
Darío hizo a Alejandro Magno grandes prome-
sas si desistía de llevar a cabo sus conquistas; le
ofreció 10.000 talentos y toda el Asia Menor.
Yo aceptaría, si fuese Alejandro, le dijo Parme-
nio. Yo también si fuese Parmenio, respondió
Alejandro.)

5 ¡Mi padre no me dejará nada por hacer!
(exclamación de Alejandro al ver las hazañas
de su padre).

6 La tierra no puede admitir dos soles.

Alemán, Mateo (1547-1614),
escritor español.

1 Consejo sin remedio es cuerpo sin alma.

2 Gloria falsamente alcanzada poco permanece.

3 El socorro en la necesidad, aunque sea
poco, ayuda mucho.

4 La contraria fortuna hace a los hombres
prudentes.

5 Paciencia y sufrimiento quieren las cosas,
para que pacíficamente se alcance el fin de
ellas.

6 La gente villana siempre tiene a la noble,
por propiedad oculta, un odio natural.

7 Presto me pondré galán y en breve volveré a ganapán.

8 Lo bien ganado se pierde, y lo malo ello y
su dueño.

9 Terrible vicio es el juego; y como todas las
corrientes de las aguas van a parar al mar,
así no hay vicio que en el jugador no se
halle.

10 Quien no tiene necesidades propias, mal
se acuerda de las ajenas.

11 Quien quiere mentir engaña y el que quiere engañar, miente.

12 La traición place
y no el traidor que la hace.

13 El alma triste en los gustos llora.

14 Bien gobernar, y no mucho bailar.

15 Tiempos hay en que un real vale ciento y
hace provecho por mil.

16 La naturaleza siempre favorece a los que desean salvarse.

17 Quien propias necesidades no tiene mal se acuerda de las ajenas.

18 Muchas livianas burlas acontecen ser pesadas veras.

19 Algunos hay que pican y... se llevan el cebo.

Alembert, Jean le Rond d' (1717-1783), *enciclopedista francés.*

1 La naturaleza del hombre, cuyo estudio es tan necesario, es un misterio impenetrable para el mismo hombre cuando no le ilumina sino la razón.

2 El arte de la guerra es el arte de destruir los hombres, como la política es el arte de engañarlos.

Alexandri, Vasile (1819-1890), *poeta rumano.*

1 Educación es el arte de limitar la propia libertad, para no perjudicar a los demás.

Alfieri, Victor (1749-1803), *poeta italiano.*

1 Tener con quien llorar aminora el llanto de muchos.

2 Opiniones, cuantas se quieran; individuos ofendidos, ninguno; costumbres respetadas, siempre. Éstas fueron y serán siempre mis leyes; no hay otras que pueda admitir racionalmente, ni respetar.

3 ¡Oh rara y celeste dote la del que sepa razonar, a la vez que sentir!

Alfonso V (1396-1458), *rey de Aragón.*

1 Prueba de la inmortalidad del alma es la ruina que adquiere a los cuerpos la continuación de los años, cuando, al contrario, cultiva y perfecciona los entendimientos.

Alfonso X el Sabio (1221-1284), *rey de Castilla.*

1 El mucho hablar faze envilescer las palabras.

2 Los que dejan al rey errar a sabiendas merecen pena como traidores.

3 El vino y las mujeres, cuando mucho lo usan, hacen a los sabios renegar de Dios.

4 No da Dios nobleza sino a los nobles, ni honra sino a los honrados, ni da reino sino al que lo merece.

5 Así como el cántaro quebrado se conoce por su sonido, así el seso del hombre es conocido por su palabra.

Alibert, Jean Louis (1768-1838), *médico francés.*

1 El entusiasmo logra en un día lo que la razón no consigue en mucho tiempo.

Alomar, Gabriel (1873-1941), *escritor español.*

1 La revolución es el hipérbaton de la sociedad.

2 Hay que acomodar la acción a la palabra y la palabra a la idea.

Altamira, Rafael (1866-1951), *historiador español.*

1 Las gentes suelen decir, como quien revela una falta: «Es usted muy discutido».

Eso, por el contrario, es el mejor elogio de un hombre; a los canallas y a los tontos no se les discute; se les condena o se les compadece.

Álvar, Manuel,
escritor contemporáneo español.

1 Dios da el talento; lo que nosotros ponemos es el trabajo.

Álvarez de Castro, Mariano (1749-1810),
general español.

1 ¡Al cementerio!
(Célebre contestación al jefe de la fuerza que le preguntaba a dónde se retiraría si el enemigo le atacaba.)

2 Es igual morir en un campo abierto que en una ciudad cerrada, con tal de morir con honra.
(Palabras del general Álvarez de Castro, al comenzar el segundo sitio de Gerona, a quienes le censuraban que se encerrase en la plaza por no hallarse ésta en estado de defensa.)

Álvarez de Toledo, duque de Alba (1507-1582),
militar y hombre de Estado español.

1 Así debe ser: los soldados, pidiendo pelear siempre; los generales, cuando convenga.

2 ¿Pensáis que es un escuadrón de aves, para pasar a vuelo el Mosa?
(Palabras del duque de Alba al ser informado que el enemigo no se encontraba al otro lado del río.)

3 Decid al rey que es el único monarca de la tierra que tiene vasallos que desde la cárcel salgan a darle otra corona.
(Desterrado en Uceda, el de Alba fue llamado por Felipe II para que se pusiera al frente de las tropas que iban a la conquista de Portugal.)

Ambrosio, San (340-397),
arzobispo de Milán.

1 El mismo temor de Dios si no es según el buen criterio, de nada aprovecha, incluso es muy perjudicial.

2 El que pregunta con mala intención, no merece conocer la verdad.

3 La naturaleza es la mejor maestra de la verdad.

Amiano, Marcelino (330-400),
historiador romano.

1 Huir del humo para caer en las llamas.

2 Donde se cuida demasiado la comida, se cuida poco la virtud.

Amicis, Edmundo d' (1846-1908),
escritor italiano.

1 La inspiración y la norma de las más delicadas cortesías vienen del afecto.

2 Una casa sin libros es una casa sin dignidad.

Amiel, Henri-Frédéric (1821-1881),
filósofo y poeta suizo.

1 Mira dos veces para ver lo justo, no mires más que una vez para ver lo bello.

2 Dime lo que crees ser y te diré lo que no eres.

3 El talento consiste en hacer fácilmente lo que resulta difícil para los demás; hacer lo que es difícil para el talento, eso es el genio.

4 El verdadero matrimonio es una devoción, es un culto, es la vida que se convierte en religión.

5 Un error es tanto más peligroso cuanta más verdad contiene.

6 Saber envejecer es obra maestra de la sa-

biduría, y una de las partes más difíciles del gran arte de vivir.

7 Los grandes espíritus no aspiran más que a cosas grandes. Las mezquinas intrigas parecen vergonzosamente pequeñas a quien vuela por el infinito.

8 La madre representa el bien, la providencia, la ley: es decir, la Divinidad bajo la forma accesible a la infancia.

9 Hay que saber dejarse engañar. Es el sacrificio que el espíritu y el amor propio deben hacer a la conciencia.

10 El tiempo no es sino el espacio entre dos recuerdos.

11 Para la conducta de la vida los hábitos tienen mayor trascendencia que las máximas, por cuanto el hábito es una máxima viva convertida en instinto y carne.

12 El ensueño es el domingo del pensamiento.

13 La mujer es la salud o la perdición de la familia. Ella lleva el destino de la misma en los pliegues de sus vestidos.

14 Ser incomprendidos por los mismos seres que amamos representa el cáliz amargo de nuestra vida. Por ello los hombres superiores tienen sobre sus labios esa sonrisa dolorosa y triste que tanto nos maravilla.

15 La vida no es más que un tejido de hábitos.

16 El pudor es siempre el indicio y la salvaguardia de un misterio.

17 No desprecies tu situación. Ahí es donde debes emplearte, sufrir y vencer.

18 Nada se parece tanto al orgullo como el desaliento.

19 Hay dos grados de orgullo: uno, en el que uno se aprueba a sí mismo; otro, en el que no puede aceptarse. Este último es probablemente el más refinado.

20 Respetar en cada hombre al hombre, si no el que es, al menos el que podría ser, que debería ser.

21 Hay una manera laboriosa de no ser nada, es serlo todo; de no querer nada, es quererlo todo.

22 Mientras la mayoría de los hombres no sea libre, no se puede concebir al hombre libre.

23 El matrimonio tiene que ser una educación mutua e infinita.

24 La necedad es dinámicamente el contrapeso de la espiritualidad.

Amiel-Lapeyre, madame,
escritora contemporánea francesa.

1 Rezar es abandonar la tierra.

2 El amor que llama al amor no oye muchas veces más que su propio eco.

3 Cuanto más vacío está un corazón, tanto más pesa.

4 «Yo» es una palabra bien pequeña para contener nuestro egoísmo, que es tan grande.

Anaxágoras (500-428 a.C.),
filósofo griego.

1 Si me engañas una vez, tuya es la culpa, si me engañas dos, la culpa es mía.

2 De todos aquellos a los que se tiene por dichosos, no hay uno que lo sea.

3 Todo está en todo.

4 El espíritu gobierna el universo.

Anaxilao (s. V a.C.),
poeta cómico griego.

1 El más soberano privilegio de los monarcas es que nadie pueda excederlos en las generosidades.

Ania,
antiguo libro indio.

1 Un hombre bueno no sólo debe perdo-

nar, sino también desear el bien a su enemigo, de igual manera que el árbol del sándalo, una vez fue abatido, baña con su perfume el hierro que le hirió.

Aníbal (247-183 a.C.),
general cartaginés.

1 Hallaré un camino o me lo abriré.

Annunzio, Gabriel d' (1864-1938),
poeta italiano.

1 La voluntad se templa con el dolor.

2 La justicia de los hombres no me concierne. Ningún tribunal de la tierra sabría juzgarme.

3 La vida es una sonrisa; el amor es un rayo fecundo.

4 Pero el alma humana no vive sino de su esfuerzo incesante para grabarse sobre todas las cosas como sello imperial...

5 Todo individuo alimenta en sí mismo un sueño secreto que no es la bondad ni el amor, sino un deseo desenfrenado de goce y egoísmo.

6 La grandeza heroica tiene el privilegio de dejar vestigio en el aire que ya no ocupa, así como en el suelo en que fue abatida.

7 Como el aire, el agua y el fuego, el oro constituye un peligroso elemento, al que no faltan sus tempestades, sus torbellinos y sus relámpagos.

8 ¿Quién ha dicho que la vida es sueño? La vida es un juego.

Anónimos

1 Todas las mujeres son actrices innatas, y todas ellas saben representar perfectamente el papel de... ingenua.

2 No desconfíes de los que padecen la gota; los malos nunca sufren esta enfermedad.

3 Todos los hombres que no tienen nada importante que decir hablan a gritos.

4 No es cierto que los casados vivan más que los solteros; es que les parecen más años.

5 Un libro sin índice es casi como una brújula sin aguja, que nos confunde en lugar de señalarnos el punto a que se quiere llegar.

6 No es posible imaginar el encanto que llega a ejercer una palabra de reconocimiento o de ánimo que los superiores puedan dedicar a sus subordinados.

7 No hay nada que pese tanto como un secreto, y llevarlo lejos resulta difícil para las mujeres; pero, en este aspecto, conozco muchos hombres que son mujeres.

8 Una mano lava la otra, y las dos la cara.

9 Voluntariamente no deberíamos causar mal a nadie, porque esto ya acontece con harta frecuencia sin que lo sepamos.

10 La juventud es una joya que no está en venta.

11 No niegues tu pan al pobre
que de puerta en puerta llama,
que ese te enseña el camino
que puedes tomar mañana.

12 Nos gusta que un hombre diga francamente lo que piensa, cuando coincide con nuestra opinión.

13 Para conocer la calidad de un vino no es necesario beberse todo el tonel.

14 Para nuestros propios defectos somos topos; para los ajenos, linces.

15 La pobreza es para los ricos una ley de la Naturaleza.

16 Por cada cosa mala que existe bajo el sol puede o no puede existir un remedio; si lo hay, decídete a buscarlo; en caso contrario, resígnate y no hables más de ello.

17 Porque sólo tengo un mal barco me llaman pirata; y porque tú tienes una gran flota te llaman conquistador.

18 El hombre fue creado cuando la naturaleza se hallaba todavía en su aprendizaje; la mujer, en cambio, cuando la naturaleza era ya una hábil maestra en su arte.

19 El hombre nació solamente para la alegría. Si no puede felicitarse por su propia belleza... celebra indudablemente la fealdad de los demás.

20 Primero un beso y después las uñas: así lo hacen todas.

21 El mejor abogado es una buena causa.

22 Procura reconocer tus propios defectos, porque los que bien te quieren no te los señalarán para no causarte disgusto, y los que te quieren mal se alegrarán de tus faltas.

23 Puede confiarse en la fidelidad del perro, hasta su muerte; en la fidelidad de la mujer, hasta la primera ocasión.

24 ¿Qué es ser rico? Un quebradero de cabeza más que me gustaría tener.

25 La peor mentira es la que se fabrica con la verdad envenenada.

26 El ocio crea la vergüenza y la miseria; por el contrario, la diligencia, el honor y el pan.

27 El ocio es el yunque sobre el cual se forjan todos los pecados.

28 ¿Qué tenemos de la felicidad? La esperanza y el recuerdo.

29 Se arrepiente uno siempre cuando no triunfa.

30 Ser feliz significa ver el mundo como se desea.

31 Si el artista sólo copiara la naturaleza, el mejor artista sería el espejo.

32 Aunque las espinas me pinchen, quiero coger la rosa. Quien pretenda arrancar la rosa no debe preocuparse de los pinchazos.

33 Si el dinero va delante, los que marchamos detrás tenemos la puerta abierta.

34 El avaro es un imbécil capaz de morirse de hambre con tal de que no le falte para vivir.

35 Si los hombres estuvieran tan satisfechos de la propia felicidad como de sí mismos, la mayoría serían felices.

36 Si no existiera el mal, no se podría decir que lo que quedara fuera el bien.

37 Si queréis que vuestros labios no yerren, observad atentamente estas cinco cosas: a quién habláis, de quién habláis y cómo, cuándo y dónde.

38 Si quieres subir al cielo,
tienes que subir bajando,
hasta llegar al que sufre
y darle al pobre la mano.

39 Si te mantienes sobrio entre diez embriagados, ellos te considerarán borracho a ti.

40 Entre los más importantes esfuerzos de la educación figura el de mantener el ánimo favorable mediante la ocupación de los niños, así como la alegre disposición de los mismos.

41 Las mujeres aprecian mucho en los hombres la discreción, porque saben mejor que nadie lo difícil que es callar.

42 Las mujeres son las malas,
en el hombre no hay engaño
en sacudiendo la capa
salta el polvo y queda el paño.

43 Es cierto que no te quiero tanto como cuando éramos novios; pero es que a mí nunca me han gustado las mujeres casadas.

44 Si te tiran barro, no contestes. Tendrías que agacharte y te mancharías dos veces de barro.

45 El rico siempre tiene sed, aunque le sobre el agua.

46 Hay ciertas cosas en las que una mujer ve siempre con mayor precisión que cien ojos de varón.

47 La educación no consiste solamente en la doctrina, el ejemplo y el ejercicio, sino también en el castigo.

48 Hay dos cosas por las que se siente mucha aversión: el trabajo y la falta de trabajo.

49 ... Siempre el traidor es el vencido
y el leal es el que vence.

50 Siete ricas ciudades se disputaron a Homero muerto; pero Homero, en vida, mendigó el pan.

51 El árbol se queja del hacha porque no ve al leñador.

52 Hasta la leña en el monte
tiene su separación:
una sirve para santos
y otra para hacer carbón.

53 ¿Adónde no se descenderá para subir?

54 Bienaventurado el que comienza por educarse antes de dedicarse a perfeccionar a los demás.

55 El señor Don Juan de Robres,
con caridad sin igual,
mandó hacer este hospital;
pero antes hizo los pobres.

56 El verdadero valor comienza generalmente con el miedo.

57 En el matrimonio, cada uno de los contrayentes conoce al dedillo los deberes del otro.

58 En la guerra, como en la lotería, nunca se sabe quién ganará.

59 En política vale más prometer que dar; la esperanza obliga más que la gratitud.

60 Buena cosa es tener amigos, pero mala el tener necesidad de ellos.

61 Cada día hay menos respeto, se dice. No; cada día hay menos cosas respetables.

62 Comercio es el arte de abusar de las necesidades del prójimo.

63 Considerar ingratos a los hombres es un buen pretexto para no hacerles favores.

64 El hálito ponzoñoso de la miseria destruye mucha felicidad, y en especial la de la vida familiar.

65 Hay hombres de mal corazón que creen reconciliarse con el cielo cuando dan una limosna.

66 La salud es un estado provisional que nada bueno presagia.

67 La verdadera causa de la degradación de un hombre es su ignorancia.

68 Solamente los espíritus valerosos saben perdonar. Un ser vil no perdona nunca; no está en su naturaleza.

69 Somos demasiado precipitados cuando juzgamos que la naturaleza nos ha negado esto o aquello. Un poco más de aplicación y resulta lo contrario.

70 ... tanto desear de que pase el tiempo... y con él se nos va la vida.

71 Cuando hay dos personas que simultáneamente empiezan a amarse, es una gran felicidad. Pero todavía es mayor felicidad cuando los dos cesan de amarse a un mismo tiempo.

72 Cuando la voz de un enemigo acusa, el silencio de un amigo condena.

73 De músico, poeta y loco
todos tenemos un poco.

74 Di a la mujer una sola vez que es hermosa y el diablo se lo repetirá diez veces cada día.

75 Dos signos menos distan mucho de hacer un signo más.

76 La educación es lo primero que se pierde cuando no se tiene.

77 El despecho, la envidia y el malhumor nos proporcionan ocasión de comprobar hasta qué punto hemos progresado en nuestra educación y en el dominio de nosotros mismos.

78 La vida de la mujer puede dividirse en tres fases: sueña el amor, practica el amor y llora el amor.

79 El cúmulo de nuestros deseos turba la verdadera estabilidad de nuestra felicidad.

80 El desorden es un mal hijo de la libertad.

81 El diablo no puede sujetar la lengua de una mujer.

82 El amor es una gota celestial que cayó en el cáliz de la vida para atenuar la amargura de su contenido.

83 A través de una lente de aumento se miran las buenas dotes de las personas queridas y los defectos de los que no se aman.

84 La cortesía entre los esposos es la tabla de salvación de muchos matrimonios.

85 La arrogancia es el disfraz de la bajeza.

86 La casualidad es el Dios chico de los hombres.

87 Las reformas políticas y sociales son tanto más difíciles cuanto más necesarias.

88 Lo peor de algunos hombres ilustres es su biografía.

89 Lo terrible es cuando son los embusteros los únicos que dicen las verdades.

90 Los ángeles que marchan a vuestro lado y adornan vuestra juvenil cabeza con los laureles de la vida son el trabajo, la verdad y la fidelidad recíproca.

91 Los débiles se apasionan por los hombres; los fuertes, por las ideas.

92 Los ingleses comienzan siempre una colonia con un banco, los españoles con una iglesia y los franceses con un cabaret.

93 Los franceses y las mujeres pueden vivir sin pan, pero no sin palabras.

94 Los pasos de una mujer joven y hermosa no son observados con tanta atención y severidad por nadie, como por las feas.

95 Es pueril seguir todas las costumbres; es ridículo ir contra todas.

96 Si quieres subir algún peldaño, ¡arrástrate!

97 Generalmente, los hombres se casan por sentar la cabeza; las mujeres se casan por levantarla.

98 Hace falta toda una vida para aprender a vivir.

99 La flauta no oye ni entiende la melodía que con ella se toca.

100 La gloria es bebida demasiado fuerte para las cabezas jóvenes.

101 La honradez y la hombría de bien no necesitan parabienes.

102 Más mata una mala lengua
que las manos de un verdugo:
el verdugo mata a un hombre,
y una mala lengua a muchos.

103 Quien canta su mal espanta,
y aquel que llora lo aumenta.
Yo canto por divertir
penillas que me atormentan.

104 Me agrada el trabajo; incluso me fascina. Puedo sentarme y contemplarlo horas enteras. Gozo con tenerlo cerca de mí: y la idea de librarme de él casi me rompe el corazón.

105 Mis amigos me desprecian
porque me ven abatido:
todo el mundo corta leña
del árbol que está caído.

106 Muchas mujeres no cuidan de ser amadas; se conforman con ser las preferidas.

107 Muy pronto pierde quien desconfía en ganar.

108 Nadie diga en este mundo:
de esta agua no beberé;
por muy turbia que la vea,
le puede apretar la sed.

109 El matrimonio es el deseo de ser dos y el miedo de ser tres.

110 Las bayonetas son buenas para todo menos para sentarse sobre ellas.

111 Las desgracias y los paraguas son fáciles de llevar cuando pertenecen a otro.

112 Antes queda dispuesta una embarcación que una señora que se prepara para salir.

113 Arrojar la cara importa
que el espejo no hay por qué.

114 La mayor parte de los que hablan con toda franqueza se callan la mitad.

115 La necesidad es la madre del deseo; pocos de estos hijos satisfacen a su madre.

116 Cásate y échate a dormir; la mujer cuidará de despertarte.

117 Cuando lances la flecha de la verdad, moja la punta en la miel.

118 Cuando un médico recomienda a un enfermo que cambie de aires es que no sabe qué hacer con él.

119 Dando gracias por agravios, negocian los hombres sabios.

120 El amor es ciego, pero el matrimonio le devuelve la vista.

121 El amor es como el fuego, que si no se comunica, se apaga.

122 El amor es un jardín florido; y el matrimonio es el mismo jardín, en el que han
nacido ortigas.

123 El amor que se alimenta de regalos siempre está hambriento.

124 El matrimonio es como una plaza sitiada;
los que están fuera quieren entrar y los
que están dentro quieren salir.

125 El olvido es la planta que florece a orillas
de las tumbas.

126 Es más fácil predicar y alabar la pobreza,
que soportarla.

127 La belleza sin gracia es como un cebo sin
anzuelo; atrae pero no retiene.

128 La enfermedad viene cabalgando y se va a
pie.

129 Las mujeres donde están sobran; y donde
no están, faltan.

130 Lo mismo te hace perder la salud un médico mediocre, que un cura mediocre te
hace perder la fe.

131 Mala cosa es la guerra, que mata a los
hombres buenos y deja vivos a los malos.

132 No se ahorca a los hombres por robar
caballos, sino para evitar que más caballos
sean robados.

133 Remedio caro hace siempre bien, sino a
quien lo compra, a quien lo vende.

134 Se conoce el valor de la sal cuando ya no
queda, y el valor de un padre después de
su muerte.

135 Tragar el medicamento y descuidar la
dieta, es la forma de hacer fracasar la medicina.

136 Un buen soldado sobre todo debe pensar
en tres cosas: en la patria, en Dios y en
nada.

137 Un médico no es un buen médico si
nunca ha estado enfermo.

138 Alguno habría logrado su bienestar, si hubiera sabido que el agua también apaga la
sed.

139 El cubo vacío siempre está encima.

140 El estiércol no es ningún santo, pero hace
milagros.

141 La felicidad y el arco iris nunca se ven
sobre la casa propia, sino sobre la ajena.

142 La tontería y la soberbia crecen de un
mismo tronco.

143 Es cosa bien sabida que cuanto más se
remueve el estiércol, más apesta.

144 Los necios escriben sus nombres en todo
lugar.

145 Al perro que tiene dinero se le dice:
«Señor perro».

146 El hombre no puede saltar fuera de su
sombra.

147 La primera luna después del matrimonio
es de miel y las que siguen de amargura.

148 No te fíes de tres cosas: del rey, del caballo
ni de la mujer. El rey atormenta, el caballo
huye, la mujer es pérfida.

149 Para gozar es necesario comenzar por olvidar.

150 Vístete con las ropas de la generosidad.

151 Vive sobriamente y serás tan rico como
un rey.

152 El hombre discreto nunca se enfada.

153 Hembra o dama sin compañero, esperanza sin trabajo, es navío sin timón; nunca
pueden hacer cosa que sea buena.

154 Libro cerrado no saca letrado.

155 Lo que basta, nunca es poco.

156 Lo que no pasa en un año, pasa en un
instante.

157 Mal ajeno, da consejo.

158 Más vale bien casado que mal aclerigado.

159 Nadie es más que nadie.

160 Nunca me arrepentí de lo que no dije.

161 Para equivocar, un sabio;
para corregir, un necio.

162 Por la mucha risa se conoce al necio.

163 Quien larga vida vive mucho mal percibe.

164 Quien tiene mujer, tiene lo que ha menester.

165 Cuando conocemos a una persona tan sólo conocemos su rostro, pero no su corazón.

166 El mayor de los enemigos es aquel que vence al adversario sin descargar un golpe.

167 El error de un cabello, en el arco, representa una inmensidad en el blanco.

168 Una imagen vale más que mil palabras.

169 La mujer ocupa la mitad del cielo.

170 Los chismorreos no cuecen el arroz.

171 Sed como el sándalo que perfuma el hacha de quien lo hiere.

172 Vendedor de abanicos, y se abanica con las manos.

173 Viviendo conjuntamente largo tiempo, los animales acaban por amarse y los hombres por odiarse.

174 El jefe del rebaño es un animal como los otros.

175 Si dejáis al gallo entrar en casa, pronto le veréis subido en la mesa del comedor.

176 La mujer ríe cuando puede y llora cuando quiere.

177 Se desposa con una mujer, se vive con otra y no se ama en realidad más que a sí mismo.

178 La vida constituye un don de la naturaleza; pero una vida bella es un don de la sabiduría.

179 La vejez empieza cuando los recuerdos pesan más que las esperanzas.

180 Con la primera copa el hombre bebe el vino; con la segunda, el vino bebe vino; con la tercera, el vino bebe al hombre.

181 ¿El infierno después de la muerte? De manera alguna. El infierno llega, al terminar el año, cuando os halláis en situación de no poder pagar vuestras deudas.

182 Existe una puerta por la que puede entrar la buena o mala suerte; pero sois vosotros quienes tenéis la llave.

183 ¡Oh, hermosa doncella! Sé recatada. La flor que despliega su belleza junto al borde del sendero, con harta frecuencia es devorada por los animales que pasan comiendo.

184 Si llevas suelto el zapato, guárdate bien de inclinarte y tratar de atarlo mientras atraviesas un campo de melones: los que te ven podrían creer otra cosa.

185 Da dos veces quien da pronto.

186 El médico cura, pero la naturaleza es quien sana.

187 Guardaos del perro que no ladra, y del agua mansa.

188 La barba no hace al filósofo.

189 La fortuna es de vidrio: resplandece, pero es frágil.

190 Para los vagos, siempre es fiesta.

191 Quien bien ama, bien castiga.

192 Si quieres vivir en paz, escucha, observa y calla.

193 No existe un solo ser humano sin desazones; y si existiera no es un hombre.

194 La palabra que tienes dentro de ti es tu esclava; la que dejas escapar es tu dueña.

195 El valor crea vencedores; la concordia crea invencibles.

196 Al hombre que hace su fortuna en un año habría que ahorcarlo al cabo de doce meses.

197 Fueron mis esperanzas
como el almendro:
florecieron temprano,
cayeron presto.

198 Saber demasiado es envejecer antes de hora.

199 Se necesita más de un día para dar la vuelta a un hombre.

200 Calla, sufre y ríe: la paciencia lo supera todo.

201 Lágrimas de mujer, fuente de malicia.

202 Las mujeres dicen la verdad, pero la dicen a medias.

203 Assem habeas, assem valeas (ten un as y valdrás un as).

204 El corazón, limpio, y la cabeza, alta.

205 No camines detrás de un animal que no conoces.

206 ¿Quieres ser Papa? Mete esa idea en tu cabeza.

207 Que la peste caiga sobre el que me alaba cuando estoy presente y me censura en la ausencia.

208 La curiosidad es la fuerza de los cobardes.

209 Caer está permitido. ¡Levantarse es obligatorio!

210 El dolor cuenta las horas; el placer las olvida.

211 Lo que comes se torna podredumbre. Lo que das se convierte en una rosa.

212 La arena del desierto es para el viajero fatigado lo mismo que la conversación incesante para el amante del silencio.

213 La amante que te concede su cuerpo y no su corazón, te regala rosas sin espinas.

214 Si quieres la paz, prepara la guerra (si vis pacem, para bellum).

215 Médico, cúrate a ti mismo (Medice, cura te ipsum).

216 El águila no caza moscas (Aquila non capit muscas).

217 De gustos y de colores no hay que discutir.

218 El amor hace pasar el tiempo. Y el tiempo hace pasar el amor.

219 No despertéis al león cuando está dormido.

220 Conócete a ti mismo (Nosce te ipsum).

221 Tira en pleno Nilo al hombre afortunado, que volverá a salir con un pez en la boca.

222 Quien se excusa, se acusa.

223 Aquel a quien ayudas llevándole sobre la espalda tratará de subir encima de tu cabeza.

224 El hombre borracho puede hablar con los dioses.

225 Harto le cuesta al almendro el hacer primavera del invierno.

226 En larga jornada, la leve carga es pesada.

227 Dijo el perro al hueso: «Si tú estás duro, yo tengo tiempo».

228 El errar es maestro del no errar.

229 Camino del cementerio
se encontraron dos amigos:
¡Adiós!, dijo el vivo al muerto;
¡Hasta luego!, el muerto al vivo.

230 Los pájaros cazan por las patas. Los hombres, por las palabras.

231 No puede impedirse que beba al que inventó los pozos.

232 No seas demasiado dulce; te tragarán. Pero no seas demasiado amargo, te escupirán.

233 Se ha sembrado la palabra mañana, pero no ha brotado todavía.

234 La crítica es una lima que pule lo que muerde.

235 La vejez es por sí misma una enfermedad.

236 ¡Dichoso el médico que llega cuando el mal declina!

237 Si quieres llegar a viejo, vive como tal.

238 Un trago de vino aplaca el hambre.

239 El abuso no es uso, sino corruptela.

240 La utilidad pública debe prevalecer sobre la privada.

241 El destino suele poner dos dedos sobre los ojos del hombre, dos en sus orejas y el quinto sobre su boca, y le dice ¡cállate!

242 Cuando es necesario permanecer firme, conviértete en una montaña.

243 El vergel de una mujer pobre se oculta bajo su corpiño, y su hacienda, bajo su delantal.

244 Todo está carísimo, ¡hasta la virtud!

245 Lo peor no siempre ha de ser cierto

246 El cinismo es un escudo para poder hacer o decir cosas vergonzosas.

247 Entre Paco el *Largo* y Paco el *Lento,* a nadie tienen contento.
(Frase que se hizo popular durante la guerra civil española, referida a Francisco Largo Caballero y a Francisco Franco, cuya lentitud en sus decisiones ponía a muchos muy nerviosos.)

248 Entre el sí y el no de la mujer no podría hacerse pasar la punta de una aguja.

249 El hogar no se construye sobre el suelo, sino sobre la mujer.

250 La prisa sólo es buena para el mal torero y los delincuentes.

251 No hay mañana que no deje de convertirse en tarde.

252 ¿Diste tu palabra? Manténla. ¿No la diste? Manténla también.

253 En la primera guardia todos velan; en la segunda sólo vigila el yogui; en la tercera el ladrón.

254 Si hubiera de ponerse un candado en cada una de las bocas, el mejor oficio de este mundo sería el de cerrajero.

255 La necesidad es la madre de las invenciones.

256 El hombre debe honrar su propia fe, pero nunca debe injuriar la fe de los demás. Porque sólo de este modo no ofenderá a nadie.

257 El que obra así fortalece su propia fe y socorre la de los demás.

258 El que obra en sentido contrario, debilita su propia fe y daña la de los otros.

259 Tu casa puede sustituir al mundo, pero nunca el mundo a tu casa.

260 Esta losa cubre a mi esposa, para su paz y la mía.

261 Haz que te pongan medias suelas en los zapatos en lugar de ir a buscar píldoras en la farmacia.

262 Ten por cierto que una de estas horas es la tuya.

263 No me saques sin razón ni me envaines sin honor.

264 Los viejos me dicen que los tiempos son peores cada día, pero yo afirmo que no es así; porque es más certero decir que los tiempos son como siempre fueron; lo que empeora es la gente.

265 Si muere tu hijo predilecto, no te aflijas. Los niños son flores que coge el Padre Eterno.

266 Todas las horas hieren; la última, mata.

267 Cuando todos los odios han salido a la luz, todas las reconciliaciones son falsas.

268 Lo ajeno, dondequiera que esté, clama siempre por su dueño.

269 Solamente se ve abrumado por el trabajo el que no acierta a comprender que en la abundancia de trabajo se esconde también sumo placer.

270 Dime lo que lees y te diré cómo piensas.

271 El buen libro, de las penas es alivio.

272 ¿Para qué te sirven el amor, la fortuna, la instrucción y la riqueza, si no te concedes el tiempo de gozarlos a tu gusto.

273 Toda obra de arte es un espejo mágico en el cual se ve embellecida la propia alma.

274 Nada requiere tanta ficción como un "matrimonio feliz".

275 La libertad es la juventud eterna de las naciones.

276 El que mete las narices en todo acaba por no saber donde está el mal olor.

277 Quien va mal vestido, por nadie es honrado.

278 Los hombres se valoran no por lo que son, sino por lo que parecen ser.

279 El que quiera llegar a la cima de una escalera debe subir, pero no saltar.

280 Las mujeres quieren por curiosidad, por vanidad, por espíritu de imitación y, con suma frecuencia, por aburrimiento; pero también en ciertos casos quieren por amor.

281 Las circunstancias jamás hicieron que obrara bien el hombre que no obró bien a pesar de ellas.

16

282 El mundo es un tirano; solamente le obedecen los esclavos.

283 No hacer nada es el camino para no ser nadie.

284 El público es un personaje que lo sabe todo y no sabe nada.

285 Solamente el dolor penetra en el alma bastante para hacerla más grande. Él despierta en ella sentimientos hasta entonces insospechados. Hay en el alma lugares muy encumbrados donde duerme la vitalidad, y adonde sólo el dolor puede llegar.

286 El matrimonio es como una almendra; por ello no se puede saber si es dulce o amargo antes de haberlo gustado.

287 El amor hace pasar el tiempo y el tiempo hace pasar el amor.

288 Tan sólo cuando damos más alto valor al carácter que al saber y al pensar, cultivamos el suelo en el que crece una auténtica cultura.

289 Donde hay verdadero valor encuéntrase también verdadera modestia.

290 Un armario cerrado con siete llaves causa respeto a la gente, aunque esté vacío... Esto lo saben los astutos que se envuelven en el silencio.

291 Sólo las personas de segunda categoría pretenden ser superiores constantemente, en todas partes y sobre todo.

292 El hombre fue siempre un hombre, lleno de imperfecciones.

293 Las estatuas se admiran. Las cruces se veneran.

294 La mayor parte de las mujeres comprenden mejor que se casen sin amar que el amar sin casarse.

295 La agricultura no es, en verdad, un negocio; es una ocupación.

296 Cuanto más alces la voz, mejor cantarás; pero cuanto más te lamentes, más aumentará tu desdicha.

297 Ofrecer amistad al que busca amor, es dar pan al que se muere de sed.

298 La mentira, como la verdad, solamente lo es cuando se conoce.

Anouilh, Jean (1910-1987), *dramaturgo francés.*

1 Yo sólo amo una cosa: hacer bien lo que tengo que hacer.

2 Lo que hay de terrible en cuanto a Dios, es que no se sabe nunca si no es un truco del diablo.

3 Es bueno para los hombres creer en las ideas y morir por ellas.

4 A uno que tenga hambre, dale primero de comer y después háblale de lo que sea; si empiezas por hablarle, sea de lo que sea, fracasarás, no lo dudes.

5 ¡Dios haya recibido su alma! A Dios, después de todo, le será más útil que a nosotros.

6 A veces nos molesta darnos cuenta de que los otros también piensan.

7 Es inútil seguir manteniendo un diálogo entre sordos, en el que ninguno de los dos interlocutores escucha.

8 Nada es verdad excepto lo que no se dice.

9 ¡Salvar Francia! ¡Salvar Francia! Y entretanto, ¿quién guardará mis vacas?

Antífanes (388-311), *comediógrafo griego.*

1 ¡Cómo! ¿Que se ha casado? ¡Y pensar que lo dejé gozando de tanta salud!

Anzengruber, Ludwig (1839-1889), *dramaturgo alemán.*

1 No conozco nada mejor que una mujer fiel a sus deberes. Cuando estamos lejos, poder pensar en todo lo bueno, amable y mejor que existe y, al volver al hogar, hallar que nuestro pensamiento es verdadero, que cada uno de nuestros sueños se da en la realidad: eso es felicidad.

Aparisi y Guijarro, Antonio (1815-1872),
orador español.

1 El pueblo es una bestia aparejada sobre la que monta el más osado o el más fuerte.

2 A mí no me cuesta trabajo levantar un poco el corazón para que pasen por debajo de él las injurias, sin rozarle siquiera.

3 Gran cosa es la elocuencia sirviendo a la verdad.

4 Aquí hace falta un hombre.

Apiano (siglo II),
historiador griego.

1 La imprudencia suele preceder casi siempre a la calamidad.

Apollinaire, Guillaume (1880-1918),
escritor francés.

1 Y tú bebes este alcohol ardiente como tu vida, tu vida que bebes como si fuera aguardiente.

2 Solo la religión se ha mantenido nueva.

3 Los meses no son largos
ni los días ni las noches.
La guerra es la que es larga.

4 Mi amor es como el Fénix: todas las noches se apaga para al alba renacer.

5 Esta romanza cantaba
en mil novecientos tres.
A la sazón yo ignoraba
que mi amor es como el Fénix:
todas las noches se apaga
para al alba renacer.

Apuleyo, Lucio (123-180),
escritor latino.

1 La filosofía no sólo me ha enseñado a amar a quien me hace bien, sino también a quien me causa un mal; a compartir los bienes, más que a conservarlos para mí solo; a desear mejor lo que es útil a todos que aquello que puede serme útil a mí únicamente.

2 Ars aemula naturae (El arte, rival de la naturaleza).

3 El primer vaso corresponde a la sed, el segundo a la alegría, el tercero al placer, el cuarto a la insensatez.

Aragon, Louis (1897-1982),
escritor francés.

1 La poesía es el espejo enturbiado de nuestra sociedad. Y cada poeta sopla sobre este espejo: su aliento lo empaña de modo diferente.

2 Es más fácil morir que amar.

3 Es hora de instaurar la religión del amor.

4 El porvenir es lo que está más allá de la mano tendida.

5 Un libro no es escrito de una vez por todas. Cuando es verdaderamente un gran libro, la historia de los hombres viene a añadir su propia pasión.

Arbuthnot, John (1667-1735),
escritor escocés.

1 Todos los partidos políticos mueren destrozados por sus propias mentiras.

Arcipreste de Hita. Véase **Ruiz, Juan.**

Arconville, Madame d' (1720-1805),
escritora francesa.

1 Los hombres admiran la virtud femenina, más es la coquetería la que los subyuga.

2 Si los hombres estuvieran verdaderamente convencidos de su fe, todos serían santos.

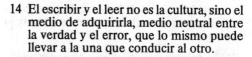

3 Somos unos verdaderos filósofos solamente en aquellas cosas que nos interesan poco.

Arenal, Concepción (1820-1893),
escritora española.

1 El castigo pierde toda su eficacia si se ve que la pasión anima al que lo impone.

2 El bello ideal de la caridad es que no haya dolores; el de la beneficencia, que no se vean.

3 La capacidad de sufrir crece sufriendo.

4 La compasión, buena siempre, es en muchos casos la celestial precursora de la justicia.

5 La docilidad no ha de ser ciego servilismo, sino razonable obediencia.

6 El culpable no es sólo un hombre malo, sino un mal calculador.

7 El dolor, cuando no se convierte en verdugo, es un gran maestro.

8 La democracia, como la aristocracia, como todas las instituciones sociales, llama calumnias a las verdades que le dicen sus enemigos, y justicia a las lisonjas de sus parciales.

9 La felicidad escucha mal las amonestaciones de la prudencia; es demasiado ciega, sobrado arrogante para ver precipicios bajo las flores que cubren su camino, ni razón donde no hay alegría: ella posee la ciencia de gozar y desdeña todas las otras.

10 Que es difícil, te lo juro, ser como el arroyo puro y ser grande como el río.

11 Si la honradez no fuera un deber, debería ser un cálculo.

12 El dolor es la dignidad de la desgracia.

13 El dolor es una caverna cuyas profundidades no conocemos, porque es raro que al asomarse a ella no nos haga retroceder la pena, el terror o el egoísmo.

14 El escribir y el leer no es la cultura, sino el medio de adquirirla, medio neutral entre la verdad y el error, que lo mismo puede llevar a la una que conducir al otro.

15 Siempre que el hombre es despreciable, se le desprecia; siempre que se le desprecia, se le oprime; siempre que se le oprime, se le explota.

16 La fortuna, como una madre imprudente, sacrifica muchas veces a los hijos que mima.

17 La fuerza, ni hoy, ni mañana, ni nunca está en el número, sino en la razón, en la inteligencia y en la moralidad para hacerla valer.

18 Sustituir el amor propio con el amor de los demás, es cambiar un insufrible tirano por un buen amigo.

19 El hombre aislado se siente débil, y lo es.

20 El hombre resiste mejor al dolor que a la tentación.

21 Toda culpa es un compuesto de muchas culpas.

22 La igualdad, a consecuencia de depresiones injustas, pide nivelaciones imposibles.

23 La ingratitud no creemos que sea tan común en el mundo como dicen algunos que tal vez no han hecho mucho bien.

24 Todas las cosas son imposibles mientras lo parecen.

25 Un rico que da todo lo que tiene, se queda pobre; un sabio que enseña todo lo que sabe, aumenta el caudal de sus conocimientos. ¡Divino privilegio el de la inteligencia multiplicarse por el tiempo y el espacio, ser inagotable y casi infinita, como Aquél de quien es destello!

26 La injusticia, siempre mala, es horrible ejercida contra un desdichado.

27 La ley es la conciencia de la Humanidad.

28 No hay mentira mayor que la felicidad de los malos.

29 No hay nada que endurezca como ser tratado con dureza.

30 La miseria es dura por desgracia, no por culpa suya; los dolores que no son compa-

decidos ni consolados, encallecen el corazón, como encallece las manos un trabajo rudo.

31 La palabra que acusa es la chispa arrojada en un polvorín: la reparación, una antorcha que cae en el agua.

32 El mérito, como todos los objetos materiales, no se ve bien cuando está demasiado cerca.

33 El odio, que es uno de los elementos esenciales de la guerra, es una de sus más persistentes consecuencias.

34 La verdadera fuerza de una idea está, no en lo que vale, sino en la atención que se le presta.

35 La victoria más difícil sobre nosotros mismos no es la más grande, sino la primera.

36 La virtud de los hombres no ha de medirse por la ausencia de mal que no pueden hacer, sino por aquel de que se abstienen y por el bien que voluntariamente realizan.

37 El que discurre con pocas ideas es fácilmente avasallado por una.

38 No hay que acusar a las buenas teorías de las malas prácticas.

39 No hay que creer en la infalibilidad de las mayorías, ni en sus aciertos, cuando no tienen elementos para juzgar lo que deciden.

40 La virtud purifica los lugares que visita, lejos de mancharse en ellos.

41 Las cadenas se rompen con ideas y no a bayonetazos.

42 En caso próspero o adverso,
no echarás nunca en olvido
que es elogio el más cumplido
la censura del perverso.

43 En la vida nadie se para, y no hay más que dos caminos: una hacia el bien y otro que conduce al mal, y es preciso marchar por uno de ellos.

44 Las convicciones firmes están en los extremos, y en medio la duda. El que no sabe nada y el que sabe mucho, afirman; el que sabe un poco, duda.

45 Por desgracia son más fáciles de contar los que recuerdan los beneficios que los que los olvidan.

46 Las emanaciones de la ira, como el humo de la pólvora, no permiten ver claro a los combatientes.

47 Proteger el trabajo es proteger la virtud, es apartar escollos contra los cuales se estrella tantas veces: proteger el trabajo es enjugar lágrimas, consolar dolores, arrancar víctimas al vicio, al crimen y a la muerte.

48 No se pierde el tiempo que se emplea en procurar hacer bien.

49 Las fuerzas que se asocian para el bien no se suman, se multiplican.

50 El que escucha sin horror al criminal, sépalo o no, ha dado el primer paso en la carrera del crimen.

51 Puede decirse, en general, que hay leyes que combaten el delito: las que son justas; leyes que cooperan al delito: las que son injustas.

52 Las malas leyes hallarán siempre, y contribuirán a formar, hombres peores que ellas, encargados de ejecutarlas.

53 Ley, derecho, honor, gloria, de todo esto se habla mucho en la guerra, como de la salud en casa de los enfermos.

54 En los males del alma, como en los del cuerpo, se tiene en más la terapéutica que la higiene, se da más importancia a la receta que pretende curar una enfermedad que al precepto que la hubiera evitado.

55 Nunca el hombre parece tan grande como cuando confiesa su pequeñez, ni para nada se necesita más fuerza que para ser humilde.

56 En muchos casos hacemos por vanidad o por miedo lo que no haríamos por deber.

57 El que por error o por descuido va cometiendo faltas pequeñas, allana el camino a las grandes.

58 Lo más fácil de todo es hacer mal; tan fácil, que se hace solo.

59 Los consuelos de los infelices son como las gotas de agua que caen sobre una superficie candente: se evaporan al instante.

60 Los grandes malvados no tienen remordimientos: si los tienen, no son grandes malvados, aunque a primera vista lo parezcan.

61 Los reglamentos y los códigos pueden clasificar los holgazanes como quieran; pero moralmente hablando, vago es el que pudiendo no trabaja, vaya cubierto de harapos o de pieles.

62 No es manera de corregir a los hombres, degradarlos.

63 Entre los que son igualmente malos no hay paz, si no es la impuesta por el miedo de alguno, que es peor.

64 El que trabajando sufre, es porque no está sano, lo mismo que quien padece cuando come, bebe o respira.

65 No hay medio más eficaz para hacerse bueno que hacer bien.

66 El ruido de las carcajadas pasa; la fuerza de los razonamientos queda.

67 Para el espíritu, como para el cuerpo, el que limita la acción menoscaba la energía.

68 El tiempo es el error que se rectifica, la verdad que se aprende y que se enseña, el mal que se evita, el consuelo que se da, la aptitud que se adquiere para la plenitud de la existencia; el tiempo es virtud que se robustece, el sentimiento que se purifica, la inteligencia que se dilata; el tiempo es la perfección, la vida.

69 La palabra, que se nos ha dado para decir la verdad y consolar el dolor, no debe permanecer muda ante la injusticia, el error y la desgracia.

70 Para que una cosa difícil se haga imposible, no hay como pintarla fácil.

71 La política internacional en la diplomacia, sinónimo de astucia, de engaño, de abuso hipócrita de la fuerza, de abandono del amigo leal, de alianza con el enemigo odioso, todo a impulso de pasiones ciegas o cálculos egoístas.

72 La prisión que no corrige, deprava.

73 La sociedad paga bien caro el abandono en que deja a sus hijos, como todos los padres que no educan a los suyos.

74 Pureza no hay más que la primera, y cuando se pierde, se perdió para siempre.

75 Es más difícil no hacer mal que hacer bien.

76 Gobiernos que han abusado de la fuerza contra el derecho se sienten débiles, y se asombran de serlo, porque no saben que toda violencia injusta abre una brecha en el poder que a ella recurre.

77 La utilidad se entiende mal siempre que se atiende a ella sola o primeramente.

78 La verdad es como el deber; se impone, manda en absoluto, y sea fácil o difícil, dulce o amarga, siempre es buena.

79 Hay empresas que con sólo intentarlas se hace la buena obra de dar un buen ejemplo.

80 Hay tanta justicia en la caridad y tanta caridad en la justicia, que no parece loca la esperanza de que llegue algún día bendito en que se confundan.

81 El interés es bueno como subordinado, pero malo como jefe.

82 El lujo tiene refinamientos y la miseria angustias que no conocían las sociedades menos civilizadas.

83 El llanto es a veces el modo de expresar las cosas que no pueden decirse con palabras.

84 El mejor homenaje que puede tributarse a las personas buenas es imitarlas.

85 Absurdo sería pedir al cálculo lo que puede dar la abnegación.

86 Así como la confianza obliga, la sospecha es como incitación al que necesita pocas para hacer el mal que se le atribuye.

87 Aspiración generosa, instinto depravado, impulso ciego, deseo razonable, sueño loco; bajo todas estas formas se presenta la igualdad, ya matrona venerable, con balanza equitativa como la justicia, ya furia, que agita en sus manos rapaces la tea incendiaria.

88 A veces damos el nombre de favor a la justicia, y creemos de muy buena fe que fuimos buenos y generosos cuando no hemos sido más que justos.

89 Casi siempre es injusticia
la austera severidad,
y la dulce caridad
es casi siempre justicia.

90 Colectividad que no sabe pensar, no puede vivir.

91 Con la ignorancia armonizan bien los errores.

92 Cuando la culpa es de todos, la culpa no es de nadie.

93 Cuando no comprendemos una cosa, es preciso declararla absurda o superior a nuestra inteligencia, y generalmente se adopta la primera determinación.

94 Cuando se ha cumplido con el deber de respetar la libertad todo lo posible, hay el derecho de privar de ella todo lo necesario.

95 Cuando se han merecido los aplausos no ha de ser difícil pasar sin ellos.

96 Cuando se manda bien hay que mandar menos, y los que mandan mal mandan mucho.

97 Cuanto más se dividen los obstáculos son más fáciles de vencer.

98 Del error de que la caridad consiste sólo en dar dinero es consecuencia el pensar que los pobres no pueden hacer caridad.

99 Desesperando de hacer la justicia fuerte, se pretende hacer la fuerza justa.

100 Donde todos sirven para todo, nadie sirve para nada.

101 Dos personas que derraman lágrimas sobre una misma desventura ya no son extrañas.

102 El amor a la patria creemos que se prueba sirviéndola, y mal sirve al país como a su amigo, quien, por no disgustarle, en vez de señalar sus faltas las halaga; en vez de acusar, oculta y desfigura o calla la verdad, como si la vergüenza estuviera en que se diga el mal y no en hacerlo.

103 El amor es para el niño lo que el sol para las flores; no le basta pan: necesita caricias para ser bueno y para ser fuerte.

Aretino, Pietro (1492-1557),
escritor italiano.

1 Solamente desearía poseer tanto como me bastase para no ser odiado, y tan poco que no moviese al prójimo a tenerme compasión.

2 Más provecho hace el pan a secas en el propio hogar que el acompañado con abundantes viandas en la mesa ajena.

3 La prodigalidad semeja a la higuera que crece en una roca; sus frutos suelen comérselos los ladrones más que los hombres de bien.

4 El que no se muestra amigo de los vicios se convierte en enemigo de los hombres.

5 El afeite, que pone el rubor en las mejillas de las muchachas, socaba el alma de los demás.

6 La verdadera doctrina es la de aquellos que temen realizar cosas indignas.

Argensola, Bartolomé L. de (1562-1631),
poeta español.

1 Acomódase el hombre con su suerte
y abrázase con ella en paz y vida,
y todo lo demás discordia y muerte.

2 Ciego, ¿es la tierra el centro de las almas?

3 Escribir sin penetrar las noticias y designios ocultos que resultan de los papeles de los Archivos, no es hacer historias, sino gacetas, expuestas a muchos errores y daños.

4 Que nunca por benigna la justicia
se contrapuso al disponer divino.

Argensola, Lupercio L. de (1559-1613),
poeta español.

1 Llevó tras sí los pámpanos octubre y con las grandes lluvias, insolente, no sufre Ibero [río Ebro] márgenes ni puente, mas antes los vecinos campos cubre.

2 Que no hay dolor que iguale al de una injuria
hecha con nombre de un castigo justo.

3 Porque este cielo azul que todos vemos, ni es cielo ni es azul; lástima grande que no sea verdad tanta belleza.

4 Que todo es fácil si en la fe se fía.

5 Si la virtud te falta, nada tienes.

Arguijo, Juan de (1564-1628),
poeta español.

1 ... veloz el tiempo corre y queda sólo el dolor de haberlo mal perdido.

2 Mira al avaro, en sus riquezas pobre.

Ariosto, Ludovico (1474-1533),
poeta italiano.

1 Bien se oye razonar y se ve el rostro, pero no puede juzgarse lo que se esconde dentro del pecho.

2 Feliz aquel que aprende a ser prudente a expensas de los demás.

3 El hombre es el único animal que injuria a su compañera.

4 El verdadero honor consiste en que todos te consideren como hombre de bien, y que lo seas; puesto que si no lo eres, fuerza es que la mentira se apague pronto.

5 La naturaleza lo formó y después rompió el molde.

6 Nadie puede saber de quién es amado cuando la suerte le es propicia.

7 Poseerás doctrina y bondad; pero prefiere la bondad, puesto que si no existe, nada vale aquélla, a mi entender.

8 ¿Qué puede tener de bueno en este mundo la mujer a la que se arrebató la castidad?

9 Se desea más lo que nos está más vedado.

10 ¿Quién fue jamás tan sabio, o tan santo, que pueda vanagloriarse de estar sin la menor mancha de tontería? Cada cual tiene la suya.

11 Tenga doctrina y bondad, pero principalmente bondad, pues si no hay ésta, poco vale la primera, por mucha que sea.

12 Vencer fue en todo tiempo cosa digna de elogio, se venza por la suerte o por el talento.

13 Sin mujer al lado, no puede el hombre ser perfecto.

14 ¡Si, como el rostro, se mostrase el corazón !

15 La naturaleza hace, y después rompe el molde.

Aristipo de Cirene (435-360 a.C.),
filósofo griego.

1 Tres cosas son las que mantienen el espíritu sereno y tranquilo: renunciar a lo que no nos pertenece, no meterse en las cosas inútiles y no preocuparse de las cosas que puedan suceder ni de las ya pasadas.

Aristófanes (*c.* 452-388 a. C.),
comediógrafo griego.

1 Tienes todo cuanto necesitas para arrastrar al pueblo: la voz terrible, un carácter perverso y un rostro increíblemente descarado. En suma, posees todas las cualidades necesarias para gobernar.

2 Pueblo, tu potencia es grande y todos los hombres te temen como un dueño terrible. Pero eres fácil de seducir, gustas de ser adulado y engañado; y el que te habla te engaña siempre como quiere, porque entonces tu buen sentido desaparece.

3 Los sabios aprenden muchas cosas de sus enemigos.

4 Los hombres deben mucho más a la pobreza que a las riquezas: estas últimas les hace crasos, ventrudos, gotosos y pesados, mientras que la pobreza les convierte en prestos, ligeros, sutiles de ingenio y de cuerpo, así como temibles para sus enemigos.

5 La desconfianza es madre de la seguridad.

6 Deseas saber si tengo buena memoria. Pues bien: si alguien me debe algo, mi memoria es feliz; pero si yo debo algo a otro... ¡oh!, entonces dejo de tener memoria.

7 Donde se está bien, allí es la patria.

8 No hay mayor cobardía que la riqueza.

9 No existe remedio humano para pulir a un erizo.

10 Un solo plato no basta para dar de comer a dos ladrones.

11 Hay que ser remero antes de llevar el timón, haber estado en la proa y observado los vientos antes de gobernar la nave.

Aristóteles (384-322 a. C.),
filósofo griego.

1 Un Estado es gobernado mejor por un hombre excelente que por una excelente ley.

2 Vivir bien es mejor que vivir.

3 El objeto de la guerra es la paz.

4 El orden es uno de los elementos de lo bello combinado con lo grande.

5 El sabio no busca el placer; sólo busca la ausencia del dolor.

6 La naturaleza, según las condiciones de que disponga y en tanto que sea posible, siempre hace las más bellas y mejores cosas.

7 Los daños injustos hechos en nombre de la ley no desacreditan la ley sino al encargado de aplicarla.

8 Los menores suscitan revoluciones para conquistar la igualdad, y los iguales para superar a los demás.

9 Los padres aman a los hijos más que los hijos a los padres.

10 Nada hay en el intelecto que no haya estado antes en los sentidos.

11 Fatiga menos caminar sobre terreno accidentado que sobre terreno llano.

12 El arte es la idea de la obra, la idea que existe sin materia.

13 No hay genio sin un grano de locura.

14 Hablar sólo a base de frases hechas es propio de la senectud.

15 La amistad es un alma en dos cuerpos.

16 La bondad tiene dos significados: el de lo que es bueno para todos, y el de lo que es bueno para alguien en particular.

17 El hábito es una segunda naturaleza.

18 No se puede corregir bien una cosa mal hecha.

19 El hombre es naturalmente un animal político.

20 El hombre nada puede aprender sino en virtud de lo que ya sabe.

21 Nos gobiernan los ignorantes y los infames.

22 Nuestro carácter es el resultado de nuestra conducta.

23 ¿Qué más terrible azote que la injusticia que tiene las armas en la mano?

24 La democracia tuvo su origen en la creencia de que, siendo los hombres iguales en cierto aspecto, lo son en todo.

25 La duda es el principio de la sabiduría.

26 La equidad es la justicia llevada más allá de lo que la ley ordena.

27 La mujer es al hombre como el esclavo al amo.

28 La naturaleza no hace nada en vano.

29 El hombre solitario es una bestia o es un dios.

30 Se ama más lo que con más esfuerzo se ha conseguido.

31 Soy amigo de Platón, pero lo soy más de la verdad.

32 Esa pregunta sólo pueden hacerla los ciegos.
(Respuesta de Aristóteles a quienes le preguntaban qué era la belleza.)

33 La virtud resplandece en las desgracias.

34 Las ciencias tienen las raíces amargas, pero muy dulces los frutos.

35 Las personas virtuosas y cultas difícilmente hacen una revolución, porque siempre se hallan en minoría.

36 Aunque nosotros seamos mortales, esto no es una razón para contentarnos con las cosas mortales.

37 Bastarse a sí mismo es también una forma de felicidad.

38 Los avaros atesoran como si debieran vivir siempre; los pródigos disipan como si fueran a morir.

39 El amigo de todo el mundo no es un amigo.

40 El sacrificio de sí mismo es la condición de la virtud.

41 El solo poder del que Dios está privado es el de hacer que lo que ha sido no haya sido.

42 En el Estado puede mandar más de uno; pero en la familia uno solo.

43 En el infortunio resplandece la virtud.

44 Es un principio comúnmente aceptado que hay que obedecer para poder ordenar bien.

45 Está demostrado que las mayores injusticias son las cometidas por quienes se rigen por la desmesura, no por aquellos impulsados por la necesidad.

46 A tal punto llega la perversidad del hombre, que sus deseos son insaciables. Primeramente se conforma con dos óbolos, pero apenas los posee, aspira a tener más, y su avidez va creciendo sin cesar. La naturaleza de esta pasión no conoce límites, y la mayor parte de los hombres sólo vive para satisfacerla.

47 La esperanza es el sueño del hombre despierto.

48 La felicidad es de los que se bastan a sí mismos.

49 La justicia es la base de la sociedad; el juicio constituye el orden de la sociedad; por lo tanto, el juicio es la aplicación de la justicia.

50 La naturaleza nunca hace nada sin motivo.

51 No se siente tanto la ofensa del enemigo como la que del amigo se recibe.

Arjona, Manuel María de (1771-1820), *poeta español.*

1 La pena más atroz, más horrorosa, es de veras amar sin ser creído.

2 Caer la primera vez fue inexperiencia, caer otra vez estupidez sería.

Arland, Marcel (1899-1986), *crítico y novelista francés.*

1 Hay que juzgar a un hombre según su infierno.

Arndt, Ernst (1769-1860), *poeta alemán.*

1 Busca la luz y la encontrarás.

2 Una nación libre puede tener un liberador; a una nación subyugada le corresponde tan sólo otro opresor.

3 No comience por la cola quien quiera coger la cabeza. Quien como hombre aspira a elevarse debe dejar a un lado el arrastrarse.

Arnim, Bettina von (1788-1859),
escritora alemana.

1 La música es la mediadora entre la vida
espiritual y la material.

Arnold, Mathew (1822-1888),
escritor inglés.

1 La poesía es simplemente la más deliciosa
y perfecta forma de expresión que las palabras humanas pueden alcanzar. Su ritmo
y su cadencia elevados a una regularidad,
a una seguridad y a una fuerza muy distinta del ritmo y de la cadencia que pueden
penetrar a la prosa constituyen una parte
de su perfección.

2 Cuando se nos pregunte después, ¿qué es
la conducta?, responderemos: tres cuartos de nuestra existencia.

3 La verdad ilumina y produce alegría; es
con el lazo de la alegría, y no del placer,
con lo que los espíritus humanos se mantienen indisolublemente unidos.

4 Sólo aquellos que nada esperan del azar,
son dueños del destino.

5 Desgraciadamente, pocas personas piensan sacar alguna ventaja de una pasión.

6 Y olvidamos porque debemos
y no porque queremos.

Arnould, Sofia (1744-1802),
actriz francesa.

1 Un hombre que penetra en el tocador de
su esposa o es un filósofo o es un imbécil.

2 Las mujeres cortejadas son como los enigmas que afanosamente se trata de desci-
frar; una vez que los hemos adivinado, se
olvidan.

3 El divorcio es el sacramento del adulterio.

4 El matrimonio es una ciencia que nadie
estudia.

Arquímedes (287-212 a.C.),
sabio griego.

1 Dadme un punto de apoyo y moveré el
mundo.

2 Eureka.
(Grito de júbilo de Arquímedes, pues acababa
de descubrir lo que se conocería como «principio de Arquímedes».)

3 No me borres las figuras.
(Palabras de Arquímedes al soldado romano
que le dio muerte.)

Arrabal, Fernando,
escritor español contemporáneo.

1 La fama es un trozo de nada que el artista
agarra al vuelo sin saber por qué.

Arréat, Jean-Lucien (1841-1922),
escritor francés.

1 Seguir en la ingenuidad es una señal de
fuerza, mayor de lo que se piensa.

2 No siendo posible cambiar los hombres,
se cambian incesantemente las instituciones.

3 Las religiones son la expresión de la miseria humana; ésta es su mayor verdad y su
fuerza.

4 A menudo entre nuestros motivos de acción, hay uno más poderoso que los
demás: es el que no se dice.

5 Los grandes hombres comienzan a vivir
cuando mueren.

6 Si en la república de las plantas existiese el
sufragio universal, las ortigas desterrarían
a las rosas y a los lirios.

7 Si me mezclo en la vida, exagero su importancia; y si me alejo de ella, exagero su
insignificancia.

Arriano, Flavio (c. 95-c. 180),
historiador griego.

1 Un cantante sin voz no puede cantar solo; ha de cantar en un coro. ¡Hombre! Si eres capaz de cualquier cosa, es preciso que sepas actuar solo, conversar contigo mismo y no esconderte en un coro.

Arrieta, Emilio (1823-1894),
compositor español.

1 Con azúcar está peor.

Artaud, Antonin (1896-1948),
escritor francés.

1 Nadie nunca ha escrito o pintado, esculpido, modelado, construido, inventado, más que para salir por fin del infierno.

2 Todo verdadero lenguaje es incomprensible.

3 El espíritu tiende a librarse de lo palpable para llegar a sus fines.

Ascham, Roger (1515-1568),
escritor inglés.

1 La doctrina enseña más en un año que la experiencia en veinte.

2 Cuida de no mentir, porque es deshonesto; no digas toda la verdad, porque no es necesario; pero, en un momento y lugar oportunos, una mentira inocente es preferible a una verdad ofensiva.

3 Es preciosa la sabiduría adquirida con la experiencia.

Asquerino, María,
actriz española contemporánea.

1 De todos los bienes que pueda perder un pueblo, ninguno como el de la libertad.

Asselin, Henri,
escritor francés contemporáneo.

1 Los dos linajes de personas más insoportables son: el de los hombres que se tienen por genios y el de las mujeres que se creen irresistibles.

2 La mujer menos indiscreta nunca os ocultará que tiene un amante, pero ocultará más bien que tiene un marido.

Asturias, Miguel Ángel (1899-1974),
novelista guatemalteco.

1 ¡No hay paz si no se reposa sobre los escudos, las cabezas y los cuerpos sin cabeza del enemigo!

Attar, Farid al-din (c. 1119-1220),
poeta persa.

1 Quédate ante la puerta si quieres que te la abran.

2 No dejes el camino si quieres que te guíen.

3 Nada está nunca cerrado sino a tus propios ojos.

Auber, Daniel (1782-1871),
compositor francés.

1 Envejecer es el único medio de vivir mucho tiempo.

Auerbach, Berthold (1812-1882),
novelista alemán.

1 El que no está contento con lo que posee, tampoco estaría satisfecho con lo que desea tener.

2 El medio más seguro para valorar el grado de educación de un pueblo y de un hombre consiste en la manera como consideran y tratan a los animales.

3 Solamente aquellos pueblos que hacen descubrimientos tienen un porvenir de cultura.

Augier, Guillaume (1820-1889),
dramaturgo francés.

1 Admirar las obras de los otros es, sin duda, mucho más fácil y más cómodo que trabajar.

Auguez, P. (1792-1864),
poeta francés.

1 Existen tres maneras de llegar a ser un gran hombre: ser, en realidad, un hombre destacado; ser un poco más que el hombre corriente y contar con panegiristas; ser un poco menos que un hombre ordinario, pero contar con audacia y bondad. De estas tres maneras de alcanzar la celebridad, indudablemente la primera no es la más segura.

2 Vivir, sufrir, morir: he aquí tres cosas que no enseñan nuestras universidades y que, sin embargo, encierran en sí toda la ciencia que el hombre necesita.

3 Amor es un intercambio de dos fantasías y el contacto de dos egoísmos.

4 La experiencia es el conjunto de nuestras decepciones.

5 Recuerdo haber oído hablar de dos mujeres que se querían sinceramente y vivían en paz sin maldecirse recíprocamente, a pesar de ser ambas jóvenes: la una era sorda y la otra ciega.

Augusto, Octaviano (63 a. C.-14 d. C.),
emperador romano.

1 Devuélveme mis legiones, Varo (Vare, Vare, legiones redde!).

Aulo Gelio (125-175),
gramático latino.

1 La verdad es la hija del tiempo.

2 Mala es la opinión que no puede mudarse.

3 No pronuncies jamás palabras de las que debas avergonzarte o arrepentirte.

Aurevilly, Jules Barbey d' (1808-1889),
escritor francés.

1 Ventajas de la gloria: disfrutar un nombre que corre en los labios de los necios.

2 Los periódicos son los ferrocarriles de la mentira.

3 Felizmente para la conservación de la desgraciada especie humana, casi nada resiste al consuelo del tiempo.

4 El corazón de las mujeres se ve por los agujeros hechos a su amor propio.

5 No les pidáis a las mujeres más que lo que ellas pueden dar. No son sublimes más que cuando se equivocan.

6 Donde los historiadores se detienen, sin saber ya nada, aparecen los poetas y adivinan.

7 Con las mujeres sucede como con las naciones: hay que ser felices y despiadados.

8 Comprendo la ira contra Dios, pero no comprendo que pueda negarse su existencia.

9 ¿Cuál es el destino más bello? Poseer talento y mantenerse en la sombra.

10 Ser bella y amada es simplemente ser mujer; ser fea y saber hacerse amar es ser princesa.

11 Lo que mayor tacto debería tener en nosotros es el amor propio, y es el que menos tiene.

12 Ni los que aman la verdad, ni los que aman la belleza pueden ocuparse de la política, ya que ésta, a su vez, nada se ocupa de la belleza ni de la verdad.

Austen, Jane (1775-1817),
novelista inglesa.

1 Cuando una opinión es general, suele ser correcta.

Austin, Alfred (1835-1913),
poeta inglés.

1 Tiempo llegará en que los hombres serán libres y semejantes a las olas, que parecen perseguirse, aunque nunca llegan a chocar.

Averroes (1126-1198),
filósofo cordobés.

1 El tirano es el más esclavo de los hombres y nunca alcanza a ver colmados sus deseos.

2 Así como el hambre y la sed son señales del cuerpo y muestran lo que le falta, así también la ignorancia y la escasez de conocimientos es una señal del alma y de sus creencias.

3 No existe peor mal en el gobierno social que aquella política que hace de una sola sociedad varias, al igual que no hay mayor bien en las comunidades que aquello que las reúne y unifica.

4 Si existe un primer motor que precede a todos los movimientos, bien temporal o esencialmente, entonces ese movimiento tendrá lugar, o en un móvil generable y corruptible, o en un móvil eterno...

5 Si la naturaleza del varón y de la mujer es la misma, y toda constitución que es de un mismo tipo debe dirigirse a una concreta actividad social, resulta evidente que en dicha sociedad la mujer debe realizar las mismas labores que el varón.

6 La prudencia consiste en la elección de lo que hay que hacer y no hacer. El ingenio es el que juzga y sentencia.

7 En la naturaleza nada hay superfluo.

Avicena (980-1037),
médico árabe.

1 La sabiduría es la ciencia de las primeras causas.

Ayala, canciller. Véase **López de Ayala, Pedro.**

Aytoun, William (1813-1865),
poeta inglés.

1 El amor de la mujer está escrito en el agua; la fidelidad de la mujer se dibuja en la arena.

Azaña, Manuel (1880-1940),
político y escritor español.

1 La esperanza, contra la vulgar creencia, lejos de sostener la vida, la destruye.

2 No hay libertad para los enemigos de la libertad.

Azcárate, Gumersindo de (1840-1917),
sociólogo español.

1 La tristeza es un don del cielo; el pesimismo es una enfermedad del espíritu.

2 La ley debe ser ciegamente respetada y libremente discutida.

3 Un pueblo puede vivir con leyes injustas, pero es imposible que viva con tribunales que no administren bien y pronto la justicia.

Azeglio, Massimo Taparelli, marqués de (1798-1866), *político y literato italiano.*

1 ¿Qué dice la vieja política de vuestros padres? No hacer mártires. Esto quiere decir pues que a un gobierno injusto le perjudica más el mártir que el rebelde.

2 ¿Qué es lo que más admira el género humano? La violencia. A fuerza de golpes confiamos en que nuestra especie abra los ojos un día u otro: que tenga coronas para quien la protege, y azotes para quien la atormenta.

3 No es la inteligencia sutil lo que forma las naciones; antes bien, son los caracteres austeros y firmes.

4 Puede uno muy bien hacer cosas plenamente legales y ser al mismo tiempo un pillo redomado.

5 La costumbre es la semidueña del mundo. «Así lo hacía mi padre» es siempre una de las grandes fuerzas que guían al mundo.

6 El divino candor de la infancia parece verdaderamente un indicio de que el alma humana deja el seno de los ángeles para descender a tomar nuestra forma. El que lo mancha por vez primera, el que lo envilece con el primer engaño, es un gran culpable.

7 ¡Pobres muertos! ¿Por qué lloraros hoy, y en el curso de algunos meses, para reír y burlarnos al cabo de un año? Vosotros no cambiasteis: el amor que nos dedicasteis, el bien que nos hicisteis en vida constituye un hecho verdadero y real. ¿Por qué hemos de cambiar nosotros?

8 Querría que, ante todo, mereciera la mayor estimación el hombre de bien, y desearía que la mayoría dejase de admirar y aplaudir, sea grande o pequeño, a quien perjudica y engaña al prójimo en beneficio propio, sin otro motivo que el considerarse un hombre genial capaz de engañar y causar daño con talento y habilidad. Desearía, en cambio, que fuese más admirado quien es más útil a los demás hombres.

9 Cada hombre, hasta su último día, debe poner atención en educarse a sí mismo.

10 En el amor, la constancia es necesaria; la fidelidad es un lujo.

11 Cada cual debe vivir de lo suyo; y el que contrae deudas vive más o menos de los demás.

12 La guerra es moralmente más saludable a los pueblos que las largas paces. La fidelidad a un deber difícil y peligroso templa los ánimos y los hace aptos para hacer bien y fuertemente incluso fuera de las armas.

13 La libertad se parece al don de un caballo hermoso, fuerte y apuesto: a muchos les despierta la manía de cabalgar; a otros, por el contrario, les acrecienta el deseo de andar a pie.

Azorín (1874-1967),
escritor español.

1 La sinceridad cuesta mucho. Creemos muchas veces que somos sinceros y no lo somos.

2 Somos los escritores, en cierta manera, comediantes que representamos en tablado ante el público. Aun los más recatados e íntimos se sienten ante la multitud: público grande o público chico, público de hoy o público de mañana.

3 Dice el refrán que «más da el duro que el desnudo»; no lo crea usted: el duro, el rico despiadado, no da nunca nada; el desnudo, o sea el pobre, es verdad que no tiene nada que dar; pero puede interceder por nosotros y hacer que se nos remedie; en todo caso, sus palabras cordiales valen más que los mendrugos que desdeñosamente nos pueden dar los poderosos.

4 Cuando la mujer ve al hombre amado y éste no advierte su presencia, no piensa «le he visto», sino «no me ha visto».

Simón Bolívar   Otto von Bismarck   Gothold Lessing

Bacon, Francis (1561-1626),
filósofo, literato y político inglés.

1 La libertad de expresión incita y excita a un nuevo uso de la misma libertad, con lo que contribuye considerablemente al conocimiento del hombre.

2 Hay vicios de la época y vicios del individuo.

3 Las riquezas son para gastarlas.

4 No hay cosa que haga más daño a una nación como el que la gente astuta pase por inteligente.

5 No hay secreto que pueda compararse con la rapidez.

6 No leáis para contradecir o refutar, ni para creer y aceptar por condescendencia, sino para pesar y valorar.

7 Los audaces no sirven para los primeros puestos donde las cosas se resuelven, y sólo son buenos para ejecutar, cuyo oficio pertenece a puestos más secundarios.

8 Pensamos según nuestra naturaleza, hablamos conforme a las reglas y obramos de acuerdo con la costumbre.

9 Pide prudente consejo a los dos tiempos: al antiguo, sobre lo que es mejor; al moderno, sobre lo que es más oportuno.

10 ¿Por qué un hombre no amaría sus cadenas, aunque fuesen de oro?

11 Que vuestros discursos sean como las estrellas, que emiten poca luz porque se hallan a gran altura.

12 Quien se muestra gentil y cortés con los extranjeros demuestra ser un ciudadano del mundo.

13 Representa un extraño deseo buscar el poder y perder la libertad.

14 A la naturaleza se la domina obedeciéndola.

15 Alfonso de Aragón tenía por costumbre decir, para alabar a la vejez: «La vejez es admirable en cuatro cosas: en la leña que se ha de quemar; en el vino que se ha de beber; en los amigos que merecen confianza y en los autores que vamos a leer».

16 Los metafísicos se parecen a las estrellas: dan muy poca luz por estar demasiado altos.

17 Anacarsis decía: «En Atenas los sabios proponían y los necios disponían».

18 Un sabio se creará más oportunidades de las que pueda hallar.

19 Una multitud no constituye una asociación; los rostros no son más que una galería de pinturas.

20 Si comienza uno con certezas, terminará con dudas; mas si se conforma en comenzar con dudas, llegará a terminar con certezas.

21 Siempre se consideró que el aseo personal derivase del respeto debido a Dios, a los demás y a nosotros mismos.

22 Son malos descubridores los que piensan que no existe tierra cuando sólo pueden ver mar.

23 La costumbre es como una segunda naturaleza.

24 Calumniad con audacia: siempre quedará algo.

25 Ciertos libros son hechos para ser probados, otros para ser tragados y unos pocos son hechos para ser masticados y digeridos.

26 Los príncipes son como los cuerpos celestes, que traen los buenos y malos tiempos y gozan de gran veneración, pero nunca están quietos.

27 Todo ascenso a una alta función precisa una escalera tortuosa.

28 Todos los cetros son redondeados por la punta.

29 Un hombre crédulo es un engañador.

30 Un hombre joven en años, puede ser viejo en horas si no ha perdido el tiempo.

31 Nada es más político que hacer concéntrica la rueda del entendimiento con la rueda de la fortuna.

32 Cuando el juez se aparta de la letra de la ley, se convierte en legislador.

33 Un poco de filosofía inclina la mente del hombre hacia el ateísmo; en cambio, la profundidad, en filosofía, lo acerca a la religión.

34 Un rostro hermoso es una muda recomendación.

35 Nada hace sospechar tanto a un hombre como el saber poco.

36 Cuando se le reprochó a Demóstenes por haber huido en pleno combate, respondió: «el que huye puede combatir otra vez».

37 Ningún medio para prosperar es más rápido que los errores ajenos.

38 Cuanto más apetece el hombre que una

opinión sea cierta, con más facilidad la cree.

39 Ningún pueblo abrumado por los tributos está llamado a dominar.

40 Dedicar demasiado tiempo al estudio significa pereza.

41 Desde el primer día, el que se casa envejece siete años.

42 No es la mentira que cruza por la mente la que causa daño, sino la que echa raíces allí.

43 Después de la religión, el respeto de sí mismo es el freno principal de todos los vicios.

44 Dios no hizo nunca milagros para refutar el ateísmo, porque es harto convincente su obra cotidiana.

45 No existe placer que pueda compararse al de mantenerse erguido sobre el terreno favorable de la verdad.

46 Dios Omnipotente comenzó plantando un jardín; porque, en verdad, éste es el más puro de los placeres humanos.

47 El ateísmo aparece más bien en los labios que en el corazón del hombre.

48 El dinero es como el abono que se echa a las tierras: de nada sirve si no se extiende.

49 El dinero no es el nervio de la guerra, como vulgarmente se dice.

50 El genio, agudeza y espíritu de una nación descríbenlo sus refranes.

51 Es habitual en la naturaleza del espíritu humano complacerse con la amplia libertad de las teorías, causando el máximo daño a la doctrina.

52 El que no aplique nuevos remedios, debe esperar nuevos males; porque el mayor innovador es el tiempo.

53 El que posee un verdadero genio satírico, puesto que hace que los demás teman su talento, debería sentir el temor de la memoria ajena.

54 El que se dedica a la venganza, conserva frescas sus heridas.

55 El que se propone ser caritativo después

de muerto, bien mirado, es generoso con los bienes de los demás.

56 El silencio es la virtud de los tontos.

57 El tiempo es la medida de los negocios, como el dinero lo es de las mercancías.

58 Una nación no puede aumentar sus riquezas en más cantidad que la que haga perder a las otras.

59 En la caridad no hay jamás exceso.

60 En la oscuridad todos los colores armonizan.

61 En la vida sucede como con los caminos: el más corto es generalmente el más sucio, y el más hermoso es el más largo.

62 En las deliberaciones conviene ver los peligros, mas en la ejecución conviene no verlos, excepto cuando son demasiado grandes.

63 En materia de gobierno todo cambio es sospechoso, aunque sea para mejorar.

64 Es la sabiduría del cocodrilo, que llora cuando devora a sus víctimas.

65 ¿Es siempre estéril la verdad?

66 Es una cosa tan natural morir como haber nacido; y a un niño, posiblemente, le resulta una cosa tan penosa como la otra.

67 Estaría por naturaleza en calma y quieto el mar si los vientos no lo movieran y turbasen; el pueblo se mantendría pacífico y dócil si los oradores sediciosos no lo pusieran en movimiento y agitación.

68 Existe muy poca amistad en el mundo, y todavía menos entre los iguales.

69 Fue señalado como sabio el que respondio a la pregunta de cuándo debe casarse un hombre: Cuando es joven no debe hacerlo todavía; de viejo, ni por asomo.

70 El que tiene mujer e hijos ha dado asilo a la suerte.

71 Hay una superstición al huir de la superstición.

72 He meditado frecuentemente sobre la muerte y encuentro que es el menor de todos los males.

73 La conciencia es un destello de la pureza del estado primitivo del hombre.

74 La discreción en el discurso cuenta más que la elocuencia.

75 La esperanza es un buen desayuno, pero es una mala cena.

76 La fama es como un río que lleva a la superficie los cuerpos ligeros e hinchados, y sumerge a los pesados y sólidos.

77 La experiencia de los siglos prueba que el lujo anuncia la decadencia de los imperios.

78 La historia alecciona a los hombres; la poesía les anima; la matemática les aguza; la filosofía les hace profundos; la moral, graves; la lógica y la retórica, capaces de discutir.

79 La inseparable propiedad del tiempo, consiste en revelar siempre la verdad.

80 La lectura hace digno al hombre, la conversación lo hace desenvuelto y el arte de escribir lo hace exacto.

81 La mejor parte de la belleza es la que un retrato no puede expresar.

82 La nobleza de nacimiento mata generalmente la actividad.

83 La perfección de la propia conducta estriba en mantener cada cual su dignidad sin perjudicar la libertad ajena.

84 La tontería del hombre se conoce en el uso que hace del poder propio; y su inteligencia en el uso que hace del poder ajeno.

85 La venganza es una especie de justicia salvaje.

86 La virtud, como los aromas deliciosos, son más fragantes cuando se inciensan o pulverizan; la prosperidad descubre mejor el vicio y la adversidad descubre más la virtud.

87 Las casas se construyen para ser habitadas, no para ser contempladas.

88 Las manos de algunos están colmadas por la fortuna, sin que se acierte a saber cómo.

89 Las mujeres son las reinas de los jóvenes, las compañeras de los adultos y las nodrizas de los viejos.

90 Las palabras no son sino los signos o los símbolos corrientes de las ideas comunes de las cosas.

91 Las universidades orientan los espíritus hacia la argucia y la afectación.

92 Lo primero que Dios creó fue la luz.

93 Los filósofos establecen leyes y normas imaginarias para utópicas comunidades humanas; sus razonamientos son como las estrellas, que dan muy poca luz, porque están muy altas.

94 Los hijos mitigan los trabajos, pero hacen las desgracias más amargas.

95 Tan pronto como un mal nos parece ligero, deja de serlo.

96 Los hombres que alcanzan un puesto elevado son tres veces siervos: siervos del soberano o del Estado, siervos de la fama y siervos de los negocios.

97 Los hombres sienten miedo ante la muerte como lo tienen los niños de andar en la oscuridad.

98 Los libros deben seguir a la ciencia, no lo contrario.

99 Los buenos modos equivalen a una traducción de la virtud en lengua vulgar.

100 La virtud es como los perfumes preciosos, que exhalan sus mejores aromas cuando son quemados y machacados.

101 He pensado muy a menudo y mucho sobre la muerte, y la considero el último de los males.

102 Un hombre no es sino lo que sabe.

103 La lectura aporta al hombre plenitud, el discurso seguridad y la escritura exactitud.

104 Cuando el peligro parece ligero, deja de ser ligero.

Bailey, Philip James (1816-1902),
poeta inglés.

1 La verdad nunca tiene peligros para el hombre sincero, ni el conocimiento los tiene para el sabio; para el necio y para el

hipócrita, error y verdad son igualmente peligrosos.

2 Los hombres peores dan los mejores consejos.

Bakunin, Mijail (1814-1876),
revolucionario ruso.

1 Vale más un instante de vida verdadera que años vividos en un silencio de muerte.

2 La uniformidad es la muerte. La diversidad es la vida.

3 Nada es tan estúpido como la inteligencia orgullosa de sí misma.

Balart, Federico (1831-1905),
escritor español.

1 Ve la miel rebosar en los panales, ¡y aún duda de la abeja!

Balfour, Arthur James (1848-1930),
estadista inglés.

1 No hay disposición de ánimo a la que no pueda el hombre aplicar la medicina oportuna con sólo alcanzar de sus estanterías un libro.

2 La filosofía nunca ha conmovido a las masas sino a través de la religión.

3 Nuestros ideales no corresponden a la medida de nuestras acciones, sino a la de nuestros pensamientos.

Balmes, Jaime (1810-1848),
filósofo español.

1 Es bien notable que una filosofía que apenas se acuerda de la Religión sino como un hecho humano, esté siempre poseída «del pensamiento que preside los destinos de la Humanidad». Diríase que teme descubrir a Dios y que Dios se le aparece

en medio de una nube, en el curso de sus investigaciones.

2 Todo lo que en las naciones rompa la continuidad de la vida, las mata.

3 Me convencí que dudar de todo es carecer de lo más preciso de la razón humana, que es el sentido común.

4 No es muy difícil atacar las opiniones ajenas, pero sí el sustentar las propias: porque la razón humana es tan débil para edificar, como formidable ariete para destruir.

5 Mal puede indignarse contra las doctrinas ajenas quien no tiene ninguna, y, por lo tanto, en ninguna encuentra oposición.

6 Los hombres grandes son sencillos, y los medianos son ampulosos, por la misma razón que los cobardes son bravucones y los valientes no.

7 La razón es un monarca condenado a luchar de continuo con las pasiones sublevadas.

8 La atención, es la aplicación de la mente a un objeto. El primer medio para pensar bien es atender bien.

9 El problema del poder público envuelve tres cosas: primera, orden; segunda, estabilidad; tercera, hacer bondadoso el mismo poder.

10 El pensar bien consiste, o en conocer la verdad, o en dirigir el entendimiento por el camino que conduce a ella.

11 La inteligencia de hombres de talento se ha fatigado en vano para hacer brotar un rayo de luz de un punto condenado a la oscuridad.

12 El medio para deshacerse de un hombre amante de contradecir es callar y escuchar reposadamente.

13 El error, mentida imagen de los grandes lazos que vinculan la completa masa del universo, tiéndese sobre sus usurpados dominios como un informe conjunto de ramos mal trabados que no reciben jamás el jugo de la tierra, que tampoco le comunican verdor y frescura, y sólo sirven de red engañosa tendida a los pasos del caminante.

14 Determinar la forma de gobierno más conveniente para un país es encontrar el medio de hacer concurrir en un punto todas las fuerzas sociales, es hallar el centro de gravedad de una gran masa para ponerla en equilibrio.

15 ¡Ay de los pueblos gobernados por un poder que ha de pensar en la conservación propia!

16 En los ratos en que seamos filósofos, que para todo hombre son ratos muy breves, reclamaremos sin cesar el derecho de examen, exigiremos evidencia, pediremos demostración seca. Quien reina en nombre de un principio, menester es que se resigne a sufrir los desacatos que dimanar pueden de las consecuencias.

17 El inmoral halla la inmoralidad en todas partes; no hay para él un hombre honrado, una mujer honesta, un magistrado íntegro, un comerciante de buena fe; la perfidia, la corrupción, el soborno reinan en todas las almas; y si bien reparáis en su manera de discurrir, sus propios vicios no son más que el resultado de la profunda convicción de que es enteramente imposible el ejercicio de la virtud.

18 La mujer sin pudor ofrecerá un cebo a la voluptuosidad, pero no arrastrará jamás el alma con el misterioso sentimiento que se apellida amor.

19 La inconstancia, que en apariencia no es más que un exceso de actividad, pues que nos lleva continuamente a ocuparnos en cosas diferentes, no es más que la pereza bajo un velo hipócrita.

20 El Pensamiento falso expresado con una imagen brillante es una mujer fea cubierta con hermoso velo.

21 Aun los genios más privilegiados no llegan a adquirir su fuerza hercúlea sino después de largos trabajos. La inspiración no desciende sobre el perezoso.

22 Un hombre con pereza, es un reloj sin cuerda.

23 No hay sabiduría sin prudencia, no hay filosofía sin cordura. Existe en el fondo de nuestra alma una luz divina que nos conduce con admirable acierto, si no nos obstinamos en apagarla.

24 Donde hay un hombre que piensa sobre un objeto inquiriendo su naturaleza, sus causas, sus relaciones, su origen, su fin, allí hay un filósofo. Donde hay dos hombres que se comunican recíprocamente sus ideas, que se ilustran, o se contradicen, se ponen de acuerdo o disienten, allí hay discusiones filosóficas.

25 El hombre tiene necesidad de amar, y la base de la religión es el amor.

26 El ingenio suple a veces el genio: es como el agua que nos ofrece una gran profundidad, reflejándonos la inmensidad del firmamento.

27 El mundo marcha; quien se detenga quedará aplastado y el mundo continuará marchando.

28 Quien está dominado por pasiones brutales, pierde aquella delicadeza de sentimientos que hace percibir inefables bellezas, en el orden moral y hasta en el físico.

29 Esos hombres, eternos impugnadores de todo, son como las balas de cañón: derriban una muralla de mucho espesor y muy recia, y pierden la fuerza en encontrando algunos colchones.

30 No olvidemos que la sencillez es el carácter de la verdad, y que poco fía de sus descubrimientos quien no se atreve a presentarlos a la luz del día.

31 Hasta los sentimientos buenos, si se exaltan en demasía, son capaces de conducirnos a errores deplorables.

32 Son los sentimientos como un fluido misterioso que circula por conductos cuyo interior es impermeable.

33 La revolución para ser tal, debe arrancar del mismo pueblo.

34 La sátira se anima cuando nota timidez, vergüenza; pero cuando sus tiros dan sobre una frente levantada y un semblante sereno, bien pronto se embotan, y el que los dispara, abandona luego su odiosa tarea.

35 Sucede muy a menudo que el hombre se engaña primero a sí mismo, antes de engañar a los otros.

36 Las adoraciones, a Dios; a los reyes, la verdad.

37 Todas las ciencias tienen sus atractivos, pero no hay otra que aventaje, ni tal vez iguale a las matemáticas en absorber la atención, y en distraer fuertemente el alma de toda clase de objetos.

38 Los perezosos suelen ser grandes proyectistas; así, faltos de realidad, se engañan con ilusiones; y además, al trabajar sólo en proyecto se aviene muy bien con la inacción, suma felicidad del perezoso.

39 No es fácil opinar contra los propios intereses.

40 No se debe fiar de la virtud de los hombres puesta a prueba muy dura.

41 Todos los perezosos suelen ser grandes proyectistas.

42 «¡Mi buena fue me ha perdido!», exclama el hombre honrado víctima de una impostura, cuando lo que le ha perdido no es su buena fe, sino su torpe confianza.

Balzac, Honorato de (1799-1850), escritor francés.

1 Todo poder humano está compuesto de tiempo y paciencia.

2 Un hombre, por malicioso que sea, jamás dirá de las mujeres tantas cosas buenas o malas como ellas piensan de sí mismas.

3 El amor es la eterna historia del juguete que los hombres creen recibir y del tesoro que las mujeres creen dar.

4 Una mujer virtuosa tiene en su corazón una fibra de menos y otra de más que las otras mujeres: o es necia o es sublime.

5 Sentir, amar, sufrir y sacrificarse será siempre el texto de la vida de las mujeres.

6 Si el amor es la primera de las pasiones es porque las halaga todas a un mismo tiempo.

7 En la revolución, el primer principio de todos es dirigir el mal que no se puede impedir.

8 En las mujeres, el instinto equivale a la perspicacia de los grandes hombres.

9 En todos los casos las mujeres tienen más motivos de dolor que el hombre, y padecen más que él.

10 ¡Qué crimen de leso millón es demostrar a un rico que el oro no sirve para nada!

11 Amar es su religión; la mujer no piensa sino en agradar al que ama. Ser amada constituye el fin de todas sus acciones; excitar deseos es el fin de todos sus gestos.

12 ¡Cuántas tonterías humanas se encierran en ese recipiente que lleva como rótulo: «libertad»!

13 Gente hay que tiene sus ideas por originales, como si nadie las hubiera tenido antes, como si el mundo estuviese acabadito de hacer y el hombre aún no hubiese tenido tiempo de pensar.

14 La desgracia crea en ciertas almas un vasto desierto en el que retumba la voz divina.

15 La gloria, como el sol, es cálida y luminosa a distancia, pero si nos aproximamos a ella es fría como la cima de una montaña.

16 Si la luz es el primer amor de la vida, ¿no ha de ser el amor la primera luz del corazón?

17 Solamente el último amor de una mujer puede igualar el primer amor de un hombre.

18 Sólo los pobres son generosos.

19 Son las cualidades, y no la belleza de una mujer, lo que hace felices los matrimonios. La mujer que nos quiere sabe hacerse hermosa.

20 El amor no es sólo un sentimiento. Es también un arte.

21 Los hombres no quieren nunca distinguir entre la constancia y la fidelidad.

22 El encono de ciertas mujeres contra las que tienen la desgracia de amar es una prueba del daño que hace, interiormente, la castidad.

23 ... el aire de inocencia de una alcahueta que se enfurruña para hacerse pagar mejor.

24 Todo poder es una conspiración permanente.

25 El matrimonio debe combatir sin tregua un monstruo que todo lo devora, la costumbre.

26 El matrimonio es un combate a ultranza, antes del cual los esposos piden la bendición de Dios, porque amarse para siempre es la más temeraria de las empresas.

27 El matrimonio une para toda la vida a dos seres que se desconocen totalmente.

28 El placer se parece a ciertas drogas medicinales; para obtener constantemente los mismos efectos es necesario duplicar las dosis; la última de las cuales lleva consigo el embrutecimiento y la muerte.

29 Amar significa consagrarse sin esperar la menor recompensa; es vivir bajo otro sol con el terror de llegar a tocarlo.

30 Cuando todo el mundo es jorobado, el talle esbelto se convierte en una monstruosidad.

31 A ninguna mujer le complace que se alabe a otra mujer en su presencia; todas se reservan en tal caso para decir la palabra final que pueda avinagrar la alabanza.

32 El que puede gobernar a una mujer, puede gobernar una nación.

33 El socialismo, que se cree moderno, es un viejo parricida. Siempre mató a la república, su madre, y a la libertad, su hermana.

34 El texto de la vida femenina será siempre sentir, amar, sufrir y sacrificarse.

35 El viejo es un hombre que ha cenado, y mira a los otros cómo cenan.

36 En ciertas circunstancias de la vida conviene que el amigo permanezca silencioso a nuestro lado; el consuelo hablado ensancha la llaga y nos deja ver su profundidad.

37 Es mucho más fácil quedar bien como amante que como marido; porque es mucho más fácil ser oportuno e ingenioso de vez en cuando que todos los días.

38 Es tan fácil soñar un libro como difícil es hacerlo.

39 Estar celoso es el colmo del egoísmo, es el amor propio en defecto, es la irritación de una falsa vanidad.

40 Puede uno amar sin ser feliz; puede uno ser feliz sin amar; pero amar y ser feliz es algo prodigioso.

41 Se exageran de igual modo la desgracia y la felicidad; nunca somos tan desgraciados ni tan dichosos como se dice.

42 El amor es la poesía de los sentidos.

43 Las leyes son telarañas a través de las cuales pasan las moscas grandes y donde se quedan las pequeñas.

44 Los pecados de las mujeres representan otras tantas actas acusatorias contra el egoísmo, la indiferencia o la nulidad de los maridos.

45 No conviene tocar al enemigo, como no sea para cortarle la cabeza.

46 Nadie se atreve a decir adiós a un hábito. Muchos suicidas se han detenido en el umbral de la muerte al acordarse del café donde iban a jugar su partida de dominó todas las tardes.

47 No existen grandes talentos sin gran voluntad.

48 Para que dos hombres puedan disputar tienen primero que comprenderse.

49 Los errores de la mujer provienen casi siempre de su creencia en el bien o de su confianza en la verdad.

50 Los moralistas no ponen en práctica todas sus máximas. Pero ¿por ventura los zapateros se calzan todas las botas que hacen?

51 La gloria consiste en doce mil francos gastados en artículos periodísticos y mil escudos en comidas.

52 Posiblemente, la virtud no es más que la gentileza del alma.

53 La gloria es un veneno que conviene tomar a pequeñas dosis.

54 La ilusión es una fe desmesurada.

55 La ingratitud proviene, tal vez, de la imposibilidad de pagar.

56 La misión del arte no es copiar la naturaleza sino expresarla.

57 La mujer tiene algo de común con un ángel, y es que le pertenecen los seres que sufren.

58 La mujer es la reina del mundo y la esclava de un deseo.

59 La mujer es para su marido como éste la ha hecho.

60 Lo más hermoso de la vida son las ilusiones de la vida.

61 La resignación es un suicidio cotidiano.

62 La suerte de un matrimonio depende de la primera noche.

63 La vida militar exige pocas ideas.

64 Las almas grandes siempre están dispuestas a hacer una virtud de una desgracia.

65 Las costumbres son la hipocresía de las naciones.

66 En todo rostro humano, existe un punto en que se revelan los secretos del corazón.

67 Una tontería que fracasa se convierte en crimen.

68 Hay dos historias: la oficial y mentirosa, y la otra, la que no figura en los libros, y es la real: la vergonzosa.

Bances y López-Candamo, Francisco
(1662-1704), *dramaturgo español.*

1 Docta es pero peligrosa
 escuela la de los yerros

Baquílides (siglo V a. C.),
poeta griego.

1 El amor al oro alcanza muchas veces la victoria cuando combate con una virtud demasiado débil.

Barbey d'Aurevilly, Jules. Véase **Aurevilly, Jules Barbey d'.**

Barbusse, Henri (1874-1935),
novelista francés.

1 Qué grandes son las cosas en sus comienzos! Nunca en los principios hubo pequeñeces.

2 Los hombres son semejantes, más que nada, por su odiosa pretensión de ser diferentes y enemigos.

3 Hay que matar a la guerra en el vientre de todos los países.

4 Comprender es una palabra viva y la carne de esa palabra en el amor.

5 Amar a una criatura es tener necesidad de que esta criatura viva.

6 Es absurdo poner estas piedras tan pesadas sobre los muertos.

7 Las cosas pequeñas, si se ponen muy juntas, son más grandes que las grandes.

Baretti, Giuseppe (1719-1789),
escritor italiano.

1 Decir sencillamente las cosas que son más fáciles de decir, es algo más que difícil, e incluso dificilísimo entre lo más difícil que pueda existir.

2 Es preciso que la virtud, para conservarse despierta y viva, halle obstáculos y contrastes, puesto que de otro modo se enmohece y muere.

3 Pocos son los actos de pura virtud que los hombres realizan; la vanidad y el orgullo muchas veces no nos hacen ganar el favor del prójimo.

4 No cabe decir hasta qué punto las mujeres son superiores a los hombres en cuanto a pudor, condescendencia, afabilidad, compasión, buena crianza y todas aquellas virtudes que hacen el vivir cotidiano menos enojoso de lo que naturalmente es.

5 ¡Mujeres! Estad bien prevenidas y recordad en todo momento que vuestro peor enemigo es vuestra misma compasión, la cual os arrastra a cometer la mayoría de los desatinos que lleváis a cabo.

6 La belleza femenina, a los ojos de los

hombres morigerados y de bien, resulta tanto más valiosa cuanto más la acompañan la pureza de costumbres, la bondad de corazón y la claridad de juicio.

7 La sangre noble es un accidente de la fortuna; las acciones nobles caracterizan al grande.

8 ¿No es preciso tener un corazón de piedra y una mente de bronce para poder soportar sin un estremecimiento de horror la idea de separarse para siempre de los objetos más queridos y agradables?

9 Verdaderamente, en proporción a lo mucho que hay que saber en este mundo, es tan poco lo que sabe el más filósofo que exista, que es vergonzoso verlo orgulloso y engreído, como si fuese un pozo de ciencia.

10 Dos tiernísimos amantes, unidos en matrimonio, raramente se encuentran, al cabo de algunos días, en posesión de esa felicidad que se prometían llevados por la fantasía, porque son pocos los tiernísimos amantes que sepan o puedan hallar en el alma del otro aquella variedad que no cabe encontrar en sus cuerpos.

Baring, Maurice (1874-1945),
escritor inglés.

1 Hay mujeres que tienen una ausencia deliciosa.

2 El trato con una persona se hace intolerable cuando adivinamos que la persona nos está comparando continuamente con otro.

3 Los niños no hacen ningún caso del paisaje. Lo aceptan. El amor a la naturaleza entra más tarde, con la juventud.

Barnard, Christian,
médico sudafricano contemporáneo.

1 El corazón tiene algo de místico, de poético, aunque mis colegas y yo lo definamos sencillamente como un músculo.

2 Tengo que intentarlo; tengo que tratar de

hacerlo lo mejor que pueda. Ese hombre tiene necesidad de mí.

Baroja, Pío (1872-1956), *novelista español.*

1 ¡Viva el buen vino, que es el gran camarada para el camino!

2 Yo no creo que haya ideologías nuevas; todo lo fundamental se ha dicho en filosofía; ya los griegos lo iniciaron, y los que han venido después lo han desarrollado.

3 Se puede decir que en la Naturaleza no hay milagro, pero también se puede decir que todo es milagro.

4 Para mucha gente, la cortesía es la exageración, el abrazo, la zalamería. Para mí, no; yo creo que han de ser las fórmulas de convivencia corrientes. Hay personas a quienes esto les parece frío, y van a la zona ecuatorial, y después, muchas veces al Polo. Yo supongo que hay que vivir entre la gente en la zona templada, sin exageraciones.
En las relaciones de hombre y mujer pasa algo parecido, aunque más exagerado. En esto todo el mundo tiende al melodrama o a la novela pornográfica.

5 Me figuro que la intuición no es sólo una adivinación caprichosa y sin base; sino más bien un juicio que, en vez de basarse en la mayor parte de los caracteres esenciales de una idea o de un acto se apoya en uno sólo que encuentra significativo.

6 La serenidad de la Historia no miente. No hay historiadores que no tengan su tendencia y su partidismo. En general, desde las primeras páginas se ve dónde va el autor. La misma documentación no tiene garantía, porque el que hace investigaciones lleva una tendencia anterior y elige sus datos.

7 Yo creo que para ser escritor basta con tener algo que decir en frases propias o ajenas.

8 La supervivencia de las ideas, de las costumbres, de las supersticiones, de las rutinas más insignificantes y vulgares, es extraordinaria. Revelan la fuerza de la iner-

cia. Parece que se ha dado un paso, que se ha resuelto una cuestión, que se ha franqueado un recodo peligroso del camino, y nada; se vuelve a lo mismo con una persistencia metódica.

9 Esa burocracia de los países latinos es antipática; parece que está establecida únicamente para vejar al público.

10 En nuestro tiempo, parecer y ser es casi igual. La gente se ríe un poco de los distingos de los profesionales.

11 En las guerras actuales pierden el que pierde y el que gana. Es un juego malo para los dos. Se consume demasiada riqueza y demasiados hombres, y el resultado es el mismo: miseria para todos.

12 Cuando un hombre y una mujer que viven juntos tienen los dos personalidad y una gran divergencia de sentimientos y de opiniones, llegan a odiarse.

13 El hombre: un milímetro por encima del mono cuando no un centímetro por debajo del cerdo.

14 Así como la desgracia hace discurrir más, la felicidad quita todo deseo de análisis; por eso es doblemente deseable.

15 A una persona que le quiera a uno mucho, ha de ser difícil no corresponderle en algo.

16 El mundo está temblando y nadie duerme tranquilo.

17 El público cree con la mayor facilidad las más grandes necedades.

18 En los escritores, y sobre todo en los artistas, no hay más que cuquería, envidia y pasiones un poco ruines. Los celos entre unos y otros se dan como entre las cupletistas.

19 En política, no sólo se cree que el que no está conmigo está contra mí, sino que se cree que es un canalla y un vendido. Es la estupidez de una época en que se ve que todo cae y se hunde.

20 La castidad es una gran virtud; pero todo el mundo se ríe de las solteronas, y se reiría de los solterones si no se tuviera la conciencia de que para un hombre es fácil saltar por encima de muchas cosas sin detrimento de su fama.

21 La revolución es una época para histriones. Todos los gritos sirven, todas las necedades tienen valor, todos los pedantes alcanzan un pedestal...

22 La vida del viejo es recordar. Lo demás es ya poca cosa; recordar es mucho más. Cuando el viejo ya no recuerda y vegeta en su presente pobre y mezquino, se le puede considerar acabado.

23 Ni hay raza catalana, ni hay raza castellana, ni raza gallega, ni raza vasca, y podemos decir que no hay tampoco raza española. Lo que hay, sí, es una forma espiritual en cada país y en cada región, y esta forma espiritual tiende a fragmentarse, tiende a romperse cuando el Estado se hunde; tiende a fortificarse cuando el país se levanta y florece.

24 ¡Qué conferencias las de los diplomáticos de ahora! ¡Qué vulgaridad, qué chabacanería y qué lentitud! Si vivieran hombres a lo Talleyrand, a lo Metternich, a lo Disraeli o a lo Bismarck, creo que mirarían a esta gente con un profundo desdén. No saben resolver nada, y pasa tiempo y más tiempo, y los pueblos no toman una actitud desesperada, por que no pueden.

25 Semiángel o semibestia, el hombre es un animal extraño.

26 Es que la verdad, si existe, no se puede exagerar. En la verdad no puede haber matices. En la semiverdad o en la mentira, muchísimos.

27 Sólo yo soy interesante.

28 Lo único que no cambia es el pan, el vino y la gente.

29 Hacia la vejez suele ser más agradable releer que leer.

Barratin, Madame,
escritora contemporánea francesa.

1 El amor sabe compadecer; la amistad sabe curar.

Barrés, Mauricio (1862-1923),
escritor francés.

1 Entre todas las mujeres, la única de verdad es nuestra madre.

2 Las mujeres suavizan nuestra aspereza nerviosa y nuestro individualismo desmedido; son ellas quienes nos hacen volver a la raza.

Barret, Elisabeth (1806-1861),
poetisa inglesa.

1 El diablo es más diabólico cuando es respetable.

2 La mujer, para sentirse bien, ha de estar a la sombra de la vida de un hombre.

Barrie, James (1860-1937),
dramaturgo británico.

1 La vida es una larga lección de humildad.

Barros, Alfonso de (1522-1604),
escritor español.

1 No falta jamás qué hacer al que bien quiere ocuparse.

2 No hay hombre más engañado que el que a los otros engaña.

3 No hay quien tenga en su mano su tormento o su quietud.

Barthélemy, Jean Jacques (1716-1795),
literato francés.

1 De todas las cualidades del alma la más eminente es la sabiduría, y la más útil la prudencia.

Barthet, A.,
escritor contemporáneo francés.

1 La ironía es el coraje de los débiles y la bellaquería de los fuertes.

Bartholin, Thomas (1616-1680),
médico danés.

1 Sin libros, Dios está silencioso, la justicia dormida, las ciencias naturales paradas, la filosofía coja, las letras mudas y todas las cosas envueltas como en unas heladas tinieblas.

Bartrina, Joaquín M.ª (1850-1880),
poeta español.

1 ¡Cuántos hombres hay felices que no saben quién fue Dante!

2 A la luz de la pasión,
los seres que nos rodean
vemos, en torpe ficción,
cómo queremos que sean,
nunca tales como son.

3 El hombre al hombre olvida,
si le es indiferente, cuando muere,
y si le debe algún favor, en vida.

4 Emplea la adulación
pero nunca a manos llenas;
un simple ¡oh! de admiración
basta a embriagar seis docenas
de reyes de la creación.

5 Huele una rosa
una mujer dichosa
y aspira los perfumes de la rosa;
la huele una infeliz
y se clava una espina en la nariz.

6 Si quieres ser feliz, como me dices,
no analices, muchacho, ¡no analices!

7 ¿Por qué es menor el placer
que el deseo en el amor?
Porque el fruto no ha de ser
tan bello como el amor.

Basta, Madame (1770-1836),
escritora francesa.

1 La felicidad es el sueño del amor; el dolor es el despertar.

2 Un rey en su trono, un sacerdote en el altar, una mujer bella en sociedad o un actor en escena fatigarían toda admiración si faltaran los bastidores de la decoración.

Bataille, Georges (1897-1926),
novelista francés.

1 El erotismo es la aprobación de la vida hasta en la muerte.

Bataille, Henri (1872-1922),
novelista francés.

1 Nos buscamos en la felicidad, pero nos encontramos en la desgracia.

Baudelaire, Charles (1821-1867),
poeta francés.

1 Dios es el único ser que, para reinar, no tiene siquiera necesidad de existir.

2 El odio es un borracho en el fondo de una taberna, que constantemente renueva su sed con la bebida.

3 Hay mujeres que inspiran deseos de convencerlas y de gozar de ellas; pero ésta da el deseo de morir lentamente bajo su mirada.

4 Es más difícil amar a Dios que creer en él.

5 La naturaleza no tiene imaginación.

6 En toda mujer de letras hay un hombre fracasado.

7 No puedo comprender que una mano pura pueda tocar un periódico sin estremecerse de disgusto.

8 No pudiendo suprimir el amor, la Iglesia ha querido, por lo menos, desinfectarlo, y ha creado el matrimonio.

9 El dandismo es el placer de maravillar.

Bauernfeld, Eduardo de (1802-1890),
poeta austriaco.

1 ¿Quién es superior: Schiller o Goethe? Como si así fuese posible hacer la crítica. Celestial es la aurora, celestial es el día sereno.

2 Las ideas son barras de oro, que antes estaban en manos firmes; ahora las tienen los insensatos para expenderlas como moneda fraccionaria.

Baum, Vicki (1888-1960),
escritora austriaca.

1 El mundo es bueno pero a condición de mirarlo en conjunto y sin reparar en detalles.

2 Hay gente que no tiene ningún respeto por los secretos ajenos porque ellos mismos no tienen ningún secreto.

3 Hay que hacer honor al huésped, aunque nos moleste.

4 Tenía la mala costumbre de preguntar aquello que sabía perfectamente y así todas las negociaciones en las que intervenía se alargaban inútilmente.

5 La fama trae la soledad. El éxito es tan frío como el hielo y tan poco hospitalario como el Polo Norte.

6 Tenía unos ojos que, a pesar del rimel y del azul y el negro, eran ojos inocentes.

7 Una dulce y triunfante libertad se apodera de aquellos que saben que van a morir pronto.

8 Si amas, perdona; si no amas, olvida.

Baxter, Richard (1615-1691),
teólogo anglicano inglés.

1 El hombre es la peor de todas las bestias; es cruelísimo con los demás y consigo mismo.

2 Una onza de alegría vale una libra de tristeza.

3 Es difícil complacer a un hombre orgulloso, porque siempre espera demasiado de los demás.

Bayle, Pierre (1647-1706),
filósofo francés.

1 La exactitud de las citas, es una virtud mucho más rara de lo que se piensa.

Bayly, T.H. (1796-1839),
poeta francés.

1 La ausencia hace que nos volvamos más afectuosos.

Beaconsfield, Lord (1804-1881),
político y novelista inglés.

1 Para una madre, un hijo lo es todo; pero para un hijo, uno de sus padres es solamente un anillo en la cadena de su existencia.

2 La juventud, es un disparate; la virilidad, una lucha; la vejez, un lamento.

Beauchêne, E.P. (1748-1824),
médico y escritor francés.

1 La causa más frecuente de la timidez es una opinión excesiva de nuestra propia importancia.

2 Cuanto más hablamos de nuestros méritos menos nos creen los demás.

3 La timidez se compone del deseo de agradar y el temor de no conseguirlo.

4 Las personas felices tienen un defecto del que jamás se corrigen: es el creer que los desgraciados lo son siempre por su propia culpa.

5 Los que creen que el dinero lo es todo, se hallan indudablemente dispuestos a hacer cualquier cosa por dinero.

6 Proponerse ser bueno es serlo ya.

7 ¿Queréis saber lo que piensan los hombres? No escuchéis lo que dicen; examinad lo que hacen.

Beaumarchais, Pierre Augustin Caron de (1732-1799), *comediógrafo y político francés.*

1 Para adquirir riquezas, el saber hacer vale más que el mero saber.

2 Probar que tengo razón sería aceptar que puedo estar equivocado.

3 Si el amor tiene alas, ¿no es para mariposear?

4 Beber sin tener sed y amar a cualquier hora es todo lo que nos distingue de los demás animales.

5 ¡Cuán estúpidas son las personas ingeniosas!

6 El hombre trabaja, proyecta, propone por un lado: y la fortuna dispone por el otro.

7 No mires de dónde vienes, sino adónde vas.

8 El uso es con frecuencia un abuso.

9 Hoy día, lo que no vale la pena de ser dicho, se canta.

10 La mujer más decidida siente en su interior una voz que le dice: «Sé hermosa, si puedes; prudente, si quieres; pero es necesario que seas amada».

11 Nuestras mujeres piensan que cumplen totalmente con sólo amarnos; cuando lo han dicho una vez, nos aman, y son tan complacientes y tan graciosas en todo momento, sin descanso, que un buen día nos vemos sorprendidos al encontrar la saciedad donde se buscaba la felicidad.

12 La tontería y la vanidad son compañeras inseparables.

13 Me apresuro a reírme de todo, temeroso de verme obligado a llorar.

14 Mediocre y rastrero, y se llega a todas las cosas.

15 Saber hacer vale más que saber.

16 La vida es demasiado corta para dar satisfacción al rencor.

Beaumont, Francis (1584-1616), *comediógrafo inglés.*

1 Los hombres no son ángeles ni tampoco son bestias; alcanzamos a ver algunas cosas, pero no podemos verlas todas.

2 El hambre es más afilada que la espada.

3 Dime el motivo: bien sé que en él hay una mujer.

4 No son malos los tiempos, sino el hombre.

5 De todos los senderos que conducen a un corazón femenino el más corto es el de la piedad.

6 La esperanza no abandona jamás al infeliz que la busca.

7 Las lágrimas de una mujer hablan en silencio.

Beaunier, André (1869-1925), *escritor inglés.*

1 Un hijo nunca se imagina que su madre sea una mujer.

Beauvais, Charles de (1731-1790), *predicador francés.*

1 El silencio del pueblo es la lección de los reyes.

Beauvoir, Simone de (1908-1987), *escritora francesa.*

1 Me es más fácil pensar un mundo sin creador que un creador cargado con todas las contradicciones del mundo.

2 El problema de la mujer siempre ha sido un problema de hombres.

3 No se nace mujer, se llega a serlo.

Becker, August (1828-1891), *escritor alemán.*

1 Suele decirse que tú eres como ves el mundo.

Becque, Henry (1837-1899), *comediógrafo francés.*

1 Admiramos el ingenio, el valor, la bondad, los grandes deberes y las grandes pruebas; pero solamente respetamos al dinero.

2 De todo aquello que escribimos la mitad es dañoso y la otra mitad inútil.

3 El infortunio de la igualdad consiste en que solamente la deseamos con nuestros superiores.

4 El diluvio universal fue un fracaso: quedó una familia viva.

5 La democracia acaso deba entenderse así: los vicios de unos pocos puestos al alcance de todos.

6 Nunca nadie comprendió a nadie. No tenemos tiempo para observar a los demás, ni tiempo para entenderlos: solamente se tiene tiempo para censurarlos.

7 La libertad y la salud se asemejan: su verdadero valor se conoce cuando nos faltan.

8 Solamente encontramos dos placeres en nuestro hogar: el de salir y el de regresar.

9 Las grandes riquezas están hechas de infamias; las pequeñas, de suciedades.

10 ¡Vivan los hombres honrados! Son menos canallas que los demás.

Bécquer, Gustavo Adolfo (1836-1870), *poeta español.*

1 Todo el mundo siente. Sólo a algunos seres les es dado el guardar como un tesoro la memoria viva de lo que han sentido. Yo creo que estos son los poetas.

2 Cambiar de horizonte, cambiar de método de vida y de atmósfera, es provechoso a la salud y a la inteligencia.

3 Como el mundo es redondo, el mundo rueda,
si mañana, rodando, este veneno
envenena a su vez; ¿por qué acusarme?
¿Puedo dar más de lo que a mí me dieron?

4 ¿Vuelve el polvo al polvo?
¿vuela el alma al cielo?
¿Todo es vil materia,
podredumbre y cieno?
¡No sé; pero hay algo
que explicar no puedo,
que al par nos infunde
repugnancia y duelo,
al dejar tan tristes
tan solos los muertos!

5 ¿Qué es poesía? Dices mientras clavas
en mi pupila tu pupila azul.
¿Qué es poesía? ¿Y tú me lo preguntas?
Poesía... eres tú.

6 Yo sé que hay fuegos fatuos que en la [noche
llevan al caminante a perecer;
yo me siento arrastrado por tus ojos,
pero adónde me arrastran, no lo sé.

7 Pero sé que conozco a muchas gentes a quienes no conozco.

8 Oigo flotando en olas de armonía
rumor de besos y batir de alas,
mis párpados se cierran... ¿Qué sucede?
Es el amor que pasa.

9 La soledad es muy hermosa... cuando se tiene alguien a quien decírselo.

10 La ridiculez es la muerte social. Una muerte dolorosa y cómica por añadidura.

11 La religión es amor, y, porque es amor, es poesía.

12 El mundo es un absurdo animado que rueda en el vacío para asombro de sus habitantes.

13 ¡El que tiene imaginación, con qué facilidad saca de la nada un mundo!

14 ¡Ay! –pensé–. ¡Cuántas veces el genio
así duerme en el fondo del alma,
y una voz, como Lázaro, espera
que le diga: «¡Levántate y anda!»

15 Dices que tienes corazón, y sólo
lo dices porque sientes sus latidos.
Eso no es corazón... es una máquina
que al compás que se mueve hace ruidos.

16 La vida, tomándola tal como es, sin exageraciones ni engaños, no es tan mala como
dicen algunos.

17 Yo me he asomado a las profundas simas
de la tierra y del cielo,
y les he visto el fin o con los ojos
o con el pensamiento.
Mas ¡ay! de un corazón llegué al abismo
y me incliné por verlo,
y mi alma y mis ojos se turbaron:
¡Tan hondo era y tan negro!

18 ¡Dios mío, qué solos
se quedan los muertos!

19 Esa esperanza sin límites es la más preciada joya de la juventud.

20 La imaginación de los muchachos es un
corcel, y la curiosidad la espuela que los
aguijonea y los arrastra a través de los
proyectos más imposibles.

21 La soledad es el imperio de la conciencia.

22 Los suspiros son aire, y van al aire.

23 Podrá no haber poetas, pero siempre
habrá poesía.

24 Por una mirada, un mundo;
por una sonrisa, un cielo;
por un beso..., ¡yo no sé
qué no diera por un beso!

25 Volverán las oscuras golondrinas
en tu balcón sus nidos a colgar,
y otra vez con el ala a sus cristales
jugando llamarán;
pero aquellas que el vuelo refrenaban
tu hermosura y mi dicha al contemplar;
aquellas que aprendieron nuestros nom-
[bres,
esas... ¡no volverán!

26 Olas gigantes, que os rompéis bramando,
en las playas desiertas y remotas,

envuelto entre sábanas de espumas,
¡llevadme con vosotras!

Bechstein, L. (1801-1860),
poeta y novelista alemán.

1 La palabra necesidad representa, a la vez,
la más dura de las nueces que los hombres
se ven precisados a romper.

Beecher Stove, Harriet (1811-1896),
novelista norteamericana.

1 Un hombre orgulloso rara vez es agradecido, porque todo lo que recibe cree que
lo merece.

Beer, M. (1800-1833),
poeta alemán.

1 El corazón de la mujer solamente conoce
una felicidad en este mundo: amar y ser
amada.

Beethoven, Ludwig van (1770-1827),
músico y compositor alemán.

1 El genio se compone de dos por ciento de
talento y noventa y ocho por ciento de
perseverante aplicación.

2 Haz lo necesario para lograr tu más ardiente deseo, y acabarás lográndolo.

3 Es la misma lluvia la que en tierra inculta
hace crecer zarzas y espinas, y en los jardines, flores.

4 La música es una revelación más elevada
que toda sabiduría y filosofía.

5 No hay nada más elevado que acercarse a
la Divinidad más que los demás hombres
y, desde tal punto, difundir los rayos divinos entre el género humano.

6 El alma es la potencia que preserva al
cuerpo de la corrupción.

7 Un gran poeta es la más preciada joya de una nación.

8 La música debe hacer resplandecer el fuego del alma de los hombres.

Begowich, Milan (1876-1948),
escritor croata.

1 Hay dos cosas que adulan la vanidad del hombre: la virtud de la mujer propia y la debilidad de las mujeres de los demás.

Beltrán, Federico,
escritor contemporáneo español.

1 Un libro que no merece ser leído dos veces no debe ser leído totalmente.

Bellay, Joachim du (1522-1560),
poeta francés.

1 ¡Oh, qué feliz es aquel que puede pasar su vida entre sus iguales y reinar tranquilamente en su propio hogar pobre, sin temor, sin envidia y sin ambición!

Bello, Andrés (1781-1865),
jurista, poeta y político venezolano.

1 ¿Amáis la libertad? El campo habita.

2 Al delito espuela,
es antes el ejemplo que el deseo.

Benavente, Jacinto (1866-1954),
dramaturgo español.

1 Una hora de alegría es algo que robamos al dolor y a la muerte, y el cielo nos recuerda pronto nuestro destino.

2 Yo soy un descreído de la inspiración. Lo que llamamos inspiración no es otra cosa que trabajo anterior condensado, capital de la inteligencia y del corazón, que vamos ahorrando sin llevar cuenta de su cantidad ni de su valor.

3 ¡Qué horrible espantajo de fealdades es la vejez si la bondad no la embellece!

4 Es muy difícil coincidir en algún pensamiento elevado, en alguna delicadeza espiritual, pero es muy fácil coincidir en pensar mal.

5 Es que la vida no le ha castigado todavía con el verdadero dolor, que no en el que procede de nosotros mismos; es el que nos sorprende, el que creemos no merecer, el que no viene de nosotros, sino de lo alto, el que abate nuestra soberbia y nos hace ser humildes.

6 Es que yo conocía todas las coqueterías femeninas, menos la coquetería de la virtud, que es la peor de las coqueterías y la más peligrosa.

7 Es triste condición de la humanidad, que más se unen los hombres para compartir los mismos odios que para compartir un mismo amor.

8 Eso de que el dinero no da la felicidad son voces que hacen correr los ricos para que los pobres no les envidien demasiado.

9 Este admirable orden social en que tan a gusto vive una pequeña parte de la sociedad, que, por fortuna, es la que tiene el dinero.

10 Hay asesinos de almas que ellos mismos no se dan cuenta de que lo han sido. Muchas veces se asesina sólo con pasar, con una palabra, con un silencio, con una burla o con un desprecio. Todo lo que mata una ilusión, una fe, una creencia. Quitar a un niño su ilusión de los Reyes; inquietar un alma sencilla con dudas en su fe; convertir la confianza en malicia; la pobreza resignada en odio vengativo.

11 Hay ciencias que cuanto más se profundiza en ellas más se aleja uno de la verdad. Tal vez la ciencia del alma humana sea una de éstas.

12 Hay mucha gente interesada en que todos tengan por qué callar, para que no hablen de ellos.

13 La admiración no interroga nunca; con admirar comprende.

14 Si la gente nos oyera los pensamientos, pocos escaparíamos de estar encerrados por locos.

15 Imaginar es crear. Lo de menos es ver las cosas fuera de nosotros; lo importante es sentirlas en nosotros. Lo que se ve puede perderse de vista; lo que se imagina, se vive siempre para toda la vida, para toda la eternidad.

16 La alegría de hacer bien está en sembrar, no está en recoger.

17 El vencedor no se detiene a contar sus muertos. La gloria del triunfo lo compensa todo.

18 ¡La autoridad de la ley! Ese es el secreto: la ley que sólo puede tener autoridad cuando es justa, que sólo puede ser respetada cuando es respetable.

19 ¡Qué hermoso es tener la fuerza de un gigante y no usar nunca de ella!

20 El verdadero arte del teatro es hacer negocio; y el verdadero negocio es hacer arte.

21 La disciplina consiste en que un imbécil se haga obedecer por otros que son más inteligentes.

22 La hostilidad, la desconfianza de todos nos hacen perder la propia estimación.

23 La mujer es superior al hombre considerada en sí misma, pero inferior al perro considerada como compañera del hombre.

24 En arte, la inquietud es lo perecedero; la serenidad es lo inmortal.

25 La tontería de la Humanidad se renueva diariamente.

26 La tranquilidad de conciencia no depende de los motivos: depende de la conciencia.

27 La única aristocracia posible y respetable es la de las personas decentes.

28 La vida nos dice en sus lecciones que, alguna vez, para ser bueno, hay que dejar de ser honrado.

29 Le duele el golpe al que se cae, y le da risa al que lo ve.

30 Lo de cambiar los nombres, sin cambiar las cosas, es lo primero con que se engaña al pueblo en todas las revoluciones.

31 Las cosas no suceden nunca como se había pensado que sucedieran, pero suceden siempre cuando antes se ha trabajado mucho para que sucedan.

32 El desorden no es otra cosa que el orden que nosotros no buscamos; ni aun en el pensamiento se puede suprimir un orden sin producir otro.

33 Las mujeres aman, frecuentemente, a quien lo merece menos; y es que las mujeres prefieren hacer limosna a dar premios.

34 Se vive lo que se piensa, y nunca será un mal sueño nuestra vida si en pensamiento de amor van tramados los sueños con la vida, porque en unos y otra existe la verdad de algo que no acaba.

35 Se vive sin pensar, porque sólo se piensa en vivir. Cada uno quiere vivir lo mejor posible, que es el modo de vivir todos muy malamente.

36 El dinero no puede hacernos felices, pero es lo único que nos compensa de no serlo.

37 Las mujeres y los políticos odian a todo el que no pueden engañar; por eso los hombres inteligentes no son nunca afortunados en amor ni en política.

38 Sí, hay un límite al buscar nuestra felicidad: el dolor ajeno.

39 El dinero, usted lo sabe, es como el agua; por muy limpio que sea su origen, al correr pasa por muchos lodazales y no llega siempre limpio a nuestras manos. Cuando se manejan intereses, no se está siempre con la conciencia tranquila.

40 El enemigo sólo empieza a ser temible cuando empieza a tener razón.

41 El genio triunfa siempre; genio que se deja vencer no es nunca genio.

42 El hombre sería el más extraño animal del mundo, si no existiera la mujer.

43 El mal pago añade mérito a las buenas obras.

44 Si todos los que admiran a Shakespeare lo leyeran, ¡pobre Shakespeare! Acaso no

fuese tan admirado, porque nada gana un poeta con ser leído, como nada gana un campo de flores con ser pisoteado.

45 Siempre nos teme el que está seguro de que no puede engañarnos.

46 Sin espíritu religioso no puede haber honradez en ninguna profesión del mundo. Ni en los más humildes oficios. Hasta para guisar unas patatas hay que poner espíritu, amor.

47 Sólo los pueblos que respetan todas las religiones merecen que las suyas sean respetadas.

48 Sólo vale en la vida lo que nos hace olvidarnos de todo.

49 Suprime la vanidad en las mujeres y habrás suprimido la mitad, por lo menos, de ambición en los hombres.

50 En cuestión de árboles genealógicos es más seguro andarse por las ramas que atenerse a las raíces.

51 Tan duro es para una mujer ser excepcionalmente bella que la mayoría fracasan y acaban mal.

52 Todo lo que tiene un valor puede tener un precio.

53 En España sería millonario cualquier escritor si le leyeran todos los que le admiran y la mitad siquiera de los que le odian.

54 En la vida, lo más triste no es ser del todo desgraciado, es que nos falte muy poco para ser felices y no podamos conseguirlo.

55 En moral, como en arte, sólo hay una expresión honrada: la sinceridad. Si somos buenos, la expresión de nuestra vida será la bondad; si somos artistas, la expresión de nuestro arte será la belleza; pero seamos sinceros ante todo.

56 Es más fácil ser genial que tener sentido común.

57 A mí, que lo soy de verdad (viejo), me parece encantadora esta juventud y estos tiempos inmejorables. Lo que ahora sucede es que se ha invertido la hipocresía. En mis tiempos se procuraba parecer mejor de lo que se era; ahora se tiene a gala parecer peor de lo que se es. Hipocresía por hipocresía, prefiero ésta.

58 Animal de lujo [la mujer], en las clases altas; animal de cría, en la clase media; animal de cría y de trabajo y de carga en la clase baja.

59 ¡Cuántas veces se pasa uno al enemigo por huir de los amigos!

60 De lo que se dice en sociedad, lo que importa es que tenga gracia; lo de menos es que sea verdad.

61 ... Desde el momento en que el amor queda santificado en el matrimonio, el amor se convierte en deber, que es mucho más serio que el amor.

62 Dicen que me burlo de todo, me río de todo, porque me río de ellos y me burlo de ellos, y ellos creen ser todo.

63 Dichosos los planetas que no tienen satélites, así en la tierra como en el cielo.

64 El amor es así, como el fuego: suelen ver antes el humo los que están fuera que las llamas los que están dentro.

65 El amor es lo más parecido a la guerra, y es la única guerra en que es indiferente vencer o ser vencido, porque siempre se gana.

66 El amor es niño delicado y resiste pocas privaciones.

67 El amor es un niño malcriado que quiere hacer siempre su voluntad. Hay que mandarle al colegio para educarle... Y el colegio para el amor es el matrimonio. Si el matrimonio no enseña, no educa, el amor es cosa perdida...

68 ... El amor pone siete velos ante nuestros ojos, pero el matrimonio es una especie de danza de los siete velos: antes de terminar la luna de miel, que es la danza, no queda un velo...

69 El aspecto de la pobreza es siempre desagradable. Nos predispondrá a la compasión, acaso nos apresuremos a socorrerla, pero deseamos quitárnosla de delante. Para qué vamos a engañarnos.

70 El caso de tantos amargados que se creen revolucionarios al confundir el hambre material de alimentos con los más ideales anhelos de justicia.

71 Lo mejor es darles a los demás un papel

agradable en la vida, para que lo representen bien.

72 Lo que llamamos suerte responde siempre a algo: un don personal, una gracia, en el sentido teológico de la palabra, y, en resumidas cuentas, también un mérito.

73 Lo que menos le importa a una mujer es que a los hombres les parezca bien su vestido; se lo dedica a las otras mujeres, y la envidia de ellas es la aprobación que más le gusta.

74 Los amores son como los niños recién nacidos: hasta que no lloran no se sabe si viven.

75 Los chicos son como se es con ellos. Yo he oído decir a muchas madres: ¡qué chico éste!, es un castigo. Y no es castigo, casi siempre es justicia.

76 Los dictadores pueden reformar las leyes, pero no las costumbres.

77 Si las mujeres oyesen las conversaciones de los hombres entre ellos, sabrían que el peor marido es mejor siempre que el mejor amante.

78 Si murmurar la verdad aún puede ser la justicia de los débiles, la calumnia no puede ser nunca más que la venganza de los cobardes.

79 Los hombres han querido someter todas las cosas a su voluntad, y hoy son los hombres esclavos de todas las cosas.

80 Los hombres siempre se ponen de acuerdo cuando se trata de juzgar a las mujeres.

81 Los hombres tienen la vanidad de creer que pueden hacernos felices. Y, créelo, para hacernos amar no debemos preguntar nunca a quien nos ama: ¿Eres feliz?, sino decirle siempre: ¡Qué feliz soy!

82 Los libros son como los amigos, no siempre es el mejor el que más nos gusta.

83 Comunicar nuestras cosas a los otros es naturaleza. Atender a lo que los otros nos comunican es perder el tiempo. Hacer como que se atiende es educación.

84 No siempre han de estar las flores en el camino para irlas cortando a nuestro paso; es más seguro llevarlas en nuestro corazón para dejarlas caer y alegrar con ellas los caminos de aridez y asperezas.

85 Los náufragos no eligen puerto.

86 Los que no tienen dinero quieren hacer creer que el dinero no lo es todo en la vida, para ver si los que lo tienen se desprenden de algo; pero usted sabe muy bien que el dinero lo es todo.

87 Mentía por gusto siempre y un día que necesitó que le creyeran una verdad, nadie quiso creerle, que en boca del embustero la verdad es sospechosa.

88 Muchas veces para ser buenos tenemos que dejar de ser honrados.

89 Muchos creen que tener talento es una suerte; nadie que la suerte puede ser cuestión de tener talento.

90 No debe despreciarse ninguna ocasión de aparentar que se es muy desgraciado..., porque así te odian menos, te compadecen un poco y te atienden algo.

91 Para salir adelante con todo mejor que crear afectos es crear intereses.

92 No creo en la eficacia de los sermones; son como los avisos en las curvas peligrosas: inútiles para los que conducen con cordura; más inútiles para el que va decidido a estrellarse.

93 Nunca como al morir un ser querido necesitamos creer que hay un cielo.

94 Nunca he encontrado mérito en el valor de Aquiles, que se sabía invulnerable.

95 Piense usted que siempre es más noble engañarse alguna vez que desconfiar siempre.

96 Nunca nos sentimos más fuertes que al sentirnos superiores a la opinión que de nosotros puedan tener. Nunca ha resplandecido tanto el cielo sobre la tierra como resplandeció sobre Jesucristo en la ignominia del suplicio más infame, clavado en una cruz entre dos ladrones. Aquella cruz tan resplandeciente de la gloria de Dios, que ha sido desde aquel día la luz del mundo...

97 No dejes, por volar más alto, tu nido sin calor.

98 ¡Antes me desprendiera yo de la piel que de un buen vestido! Que nada importa tanto como parecer, según va el mundo, y el vestido es lo que antes parece.

99 Aún es posible que una mujer pueda resignarse a vivir sin ser nunca amada; ¡pero sin amar!, ¿cómo puede vivir?

100 Poco bueno habrá hecho en su vida el que no sepa de ingratitudes.

101 Bien está que no se crea en nada; pero hay que vivir como si se creyera. Esta es la religión oficial en todos los países: cree o no creas, pero haz lo que hacemos todos.

102 No hay que pensar mal; el mal pensamiento es semilla en buen terreno que un día u otro sale por la boca.

103 No hay virtud que nos defienda de una pasión. Cuando se quiere con toda el alma, todas nuestras virtudes no tienen más valor que el de poder sacrificarlas a quien se quiere, sin importarnos el sacrificio.

104 Si la justicia parece venganza, ¿cómo ha de impedirse que los hombres crean alguna vez que la venganza puede ser justicia?

105 Por la inteligencia rara vez nos ponemos de acuerdo; por el corazón nos entendemos siempre.

106 ... No te fíes de esa felicidad que puede llegar un día; en otro puede perderse. Es más segura la que hemos ido guardando nosotros mismos como un ahorro de todos los días, con mucho trabajo.

107 Nuestras culpas son nuestras deudas morales, y como en las deudas, no cabe con ellas otra honradez que pagarlas, con mayor razón nuestras culpas, porque al pagarlas el primer acreedor satisfecho es uno mismo, que no hay mayor satisfacción que poder pagar nuestras deudas en absoluto y nuestras culpas en lo posible.

108 Con hambre sólo, pero sin ideal alguno, se hacen motines, pero no revoluciones.

109 Cuando en el mayor desamparo de nuestra vida no nos queda adónde volver los ojos, sólo vemos con claridad, como luz del cielo abierto, la imagen de nuestra madre..., y es la madre el refugio, y la esperanza, y el consuelo.

110 Cuando hemos renunciado a nuestra dicha y nos contentamos con ver dichosos a los que nos rodean, es quizás cuando empezamos a serlo.

111 Porque los abuelos compredemos mejor a los nietos que los padres a los hijos... Los crepúsculos del día y de la noche tienen muchas veces la misma luz y los mismos colores.

112 ¡Qué agradable sería nuestra vida si nos la contaran como un cuento, si no hubiéramos de vivirla como una historia!

113 Cuando no se piensa lo que se dice es cuando se dice lo que se piensa.

114 Cuando nos conviene engañar, nos persuadimos tan fácilmente de que decimos la verdad, que llegamos a creerlo nosotros mismos.

115 Si el elogio halaga siempre, sólo el de los superiores satisface.

116 Tiene cosas buenas y cosas originales; pero las cosas buenas no son originales y las originales no son buenas.
(Dijo Benavente de cierta pieza teatral pero se aplica a todo aquello en que se quiere ser benévolo en la crítica pero sin dejar de manifestar la escasa calidad.)

117 Mi corazón sólo sabe elevar a los dioses esta plegaria de amor infinito, la más hermosa de nuestra religión: «Dios de los dioses, evitad el dolor a cuanto existe».

Bendit, Cohn,
escritor francés contemporáneo.

1 La revolución debe nacer de la alegría, no del sacrificio.

Benítez, Manuel, "El Cordobés",
torero español contemporáneo.

1 O llevarás luto por mí.
(Con esta frase dio a entender a su hermana que, o saldrían de la pobreza, o perdería la vida en el empeño.)

Benn, Godofredo (1886-1956),
poeta alemán.

1 Todo lo que conduce a la experiencia está permitido.

2 Equivocarse y, a pesar de ello, deber otorgar la confianza a mi ser interior, esto es el hombre.

3 Vivir, echar puentes sobre los ríos que pasan.

4 Todo lo que conduce a la experiencia está permitido. ¡Criterio único de la verdad y del sentido!

Bennet, Arnold (1867-1931),
novelista y dramaturgo inglés.

1 Oficio es el de marido que ocupa todo el día. Esta es la razón por la que fracasan tantos maridos; no pueden poner toda su atención en él.

Bentley, Richard (1662-1742),
escritor inglés.

1 Nadie pierde la reputación si no es por obra propia.

Benzel-Sternau (1738-1784),
escritor alemán.

1 Una mujer noble es el más bello don de la divinidad; porque nunca es más perfecta la virtud que cuando aparece representada por una mujer noble.

Béranger, Jean-Pierre de (1780-1857),
poeta francés.

1 El destierro no ha corregido nunca a los reyes.

Bergamín, José (1895-1983),
escritor español.

1 El valor espera; el miedo va a buscar.

Bergson, Henri Louis (1859-1941),
filósofo y escritor francés.

1 La contemplación es un lujo, mientras que la acción es una necesidad.

2 Nos reímos siempre que nuestra atención se desvía hacia lo físico de una persona, cuando debiera concentrarse en su aspecto moral.

3 Siempre que hay alegría hay creación. Mientras más rica la creación, más profunda la alegría.

Berlioz, Hector (1803-1869),
compositor francés.

1 Dícese que el tiempo es un gran maestro. La desdicha es quien mata a sus alumnos.

Bernanos, Georges (1888-1948),
escritor francés.

1 La vida no acarrea ninguna desilusión, la vida sólo tiene una palabra, y la mantiene.

2 Es un gran engaño creer que el hombre mediano sólo es susceptible de pasiones medianas.

3 Cuando yo me haya muerto, decidle al dulce reino de la tierra que le amé mucho más de lo que nunca me atreví a decir.

4 Quien no ha visto en la carretera el alba, entre dos hileras de árboles, fresca y viva, no sabe qué es la esperanza.

5 La fuerza y la debilidad de los dictadores consiste en haber establecido un pacto con la desesperación de los pueblos.

6 Un mundo ganado para la técnica está perdido para la libertad.

Bernardino de Siena, San (1380-1444), *predicador.*

1 El que habla con claridad tiene claro su espíritu.

2 La justicia puede entenderse de muchos y muy diversos modos, pero entre ellos la justicia es la constancia de una perpetua voluntad.

3 ¡Es cosa tan útil esta paz! Es una cosa tan dulce, que esta palabra «paz» da dulzura a los labios. Observa lo opuesto, es decir, la «guerra». Es algo tan áspero y de tal tosquedad que agria la boca.

4 La piedad es un condimento en todas las virtudes que puede poseer un hombre.

5 Todo reino que tiene partidos, sectas y divisiones, aparece dividido y desolado: una cosa caerá sobre la otra.

6 ¡Oh, hombre, que tanto te fías del mundo! ¿Has pensado cuántos engaños encierra?

7 No enmarañes tu conversación; cuando hables, hazlo abiertamente, llamando pan al pan, diciendo con la lengua lo que tienes en el corazón; habla claro, a fin de que seas comprendido.

8 Muchas veces el detractor se presenta con apariencia de obrar bien, y habla mal del prójimo; se disfraza como mejor puede, mostrando tener caridad, mientras la malicia se cobija debajo.

Bernardo, San (1090-1153), *monje francés.*

1 ¿Qué es la avaricia? Es un constante vivir pobremente por miedo a la pobreza.

2 No está la culpa en el sentimiento, sino en el consentimiento.

3 El que ora y trabaja eleva su corazón a Dios con las manos.

4 A los viejos les espera la muerte a la puerta de su casa; a los jóvenes les espera en acecho.

5 Cree las palabras de quien lo ha experimentado; hallarás en los bosques algo más que en los libros. Los árboles y los pedrus-

cos te enseñarán cosas que no podrás aprender de labios de ningún maestro.

6 Avaricia es temor de pobreza que vive siempre en pobreza.

7 Homo de humo (El hombre está hecho de barro).

Bernhardt, O. K. (1800-1875), *escritor alemán.*

1 No olvides que el primer beso no se da con la boca sino con los ojos.

2 El que se proponga estudiar el amor será siempre un estudiante.

3 La madre de la sabiduría tiene por nombre prudencia; el padre de la sabiduría es desconocido; de donde se deduce que la madre prudencia no era prudente, en realidad.

Berr, E. (1855-1923), *escritor francés.*

1 El principal deber de un literato desconocido es ser interesante. El derecho de ser fastidiosos sólo pertenece a los escritores ya célebres.

Bersancourt, A. de, *poeta francés contemporáneo.*

1 Nada es más difícil que vivir con sencillez.

2 Todo el mundo es ambicioso, pero nadie confiesa su ambición más que cuando se ve favorecido por la fortuna.

Berthet, A. (1818-1888), *escritor francés.*

1 El amor que razona es un niño que no vivirá; es demasiado inteligente.

2 La ironía es el valor de los débiles, y la bellaquería, el de los fuertes.

3 Las tonterías que se cometen pueden a veces ser remediadas; las que se dicen no tienen remedio.

4 Seamos indulgentes con los grandes hechos; raramente son éstos premeditados.

5 Son necesarias ciertas condiciones para hacer a un hombre ligero; pero si se carece de ellas totalmente, cabe hacer a un hombre grave.

Bertrand, Carl,
escritor contemporáneo alemán.

1 Las traducciones se parecen a las mujeres: cuando son fieles, no son bellas, y cuando son bellas, no son fieles.

Betti, Hugo (1892-1953),
literato italiano.

1 Una aspiración nunca satisfecha es tener a alguien que nos comprenda a fondo; alguien a quien se le pueda decir todo.

2 El mundo se hastía de ser lo que es, y desea destrozarse para tener una diversión.

3 La felicidad es algo que cada uno lleva en sí mismo, sin darse cuenta de ello.

4 Para creer en una cosa es preciso creer en todo lo necesario para creer en ella.

5 No hay desdichado que en un momento cualquiera no pueda ganar una fortuna fabulosa. La vida es algo misterioso. ¿Ustedes no creen en la lotería?

Bhagavad-Citâ,
poema hindú.

1 Los sabios no lloran a los vivos ni a los muertos.

Biante (s. VI a. C.),
uno de los siete sabios de Grecia.

1 Hay que amar a los amigos como si un día se tuvieran que odiar.

2 El más desgraciado de los hombres es aquel que no sabe soportar la desgracia.

Bías de Priena (s. VI a. C.),
sabio griego.

1 El trabajo que sea empiézalo con lentitud; continúalo sin apresurarte, pero sin interrupción.

Biblia

Deuteronomio

1 Maldito quien reciba dones para herir de muerte una vida.

2 No tendrás en tu bolso pesa grande y pesa chica.

3 No pongas bozal al buey que trilla.

4 Nunca dejará de haber pobres en la tierra.

5 No endurezcas tu corazón ni cierres tu mano a tu hermano pobre.

6 No entregarás a su señor el siervo que se huyere a ti de su amo.

Epístolas de San Pablo

1 Al Dios desconocido (Deo ignoto).
(Está escrito en un templo de la antigua Atenas y San Pablo predicando a los Atenienses dice ser el Dios de los cristianos.)

2 ¡Amos! Haced lo que es justo y derecho con vuestros siervos, sabiendo que también vosotros tenéis amo en los cielos.

3 Comamos y bebamos, que mañana vendrá la muerte.

4 Dios es el padre de todas las criaturas; obra por medio de todos y en todos.

5 El amor al dinero es la raíz de todo género de males.

6 Es mejor casarse que abrasarse.

7 La avaricia es la causa de todos los males.

8 La letra mata, mientras el espíritu vivifica. (Littera enim occidit, spiritus autem vivificat.)

9 Las malas prácticas corrompen las buenas costumbres.

10 Nolite errare: Deus non irridetur (No os engañéis, ninguno se burla de Dios).

11 Si Dios está con nosotros, ¿quién estará contra nosotros?

12 Todas las cosas son limpias para los hombres limpios.

13 El que ama a su prójimo no le hace daño; por eso, amar es cumplir la ley entera.

Evangelio de San Juan

1 Amémonos los unos a los otros, porque el amor viene de Dios; el que no ama no aprendió a conocer a Dios, porque Dios es amor.

2 Dios es amor: y el que permanece en el amor, en Dios permanece y Dios en él.

3 Lo que hagas, hazlo pronto. (Quod facis, fac citius.)

4 Los hombres aman más las tinieblas que la luz.

5 Voz clamando en el desierto. (Vox clamantis in deserto.)

6 Yo soy el Alfa y Omega, el principio y final, el que es, el que era y el que ha de venir, el Omnipotente.

7 Quid est veritas? (¿Qué es la verdad?).

8 Si veritatem dico vobis quare non credidisti mihi? (Si os he dicho la verdad, ¿por qué no me creéis?

Evangelio de San Lucas

1 Dejad que los muertos entierren a sus muertos.

2 Dichosos los que crean sin haber visto.

3 Nadie es profeta en su tierra.

4 Padre: perdónalos, porque no saben lo que hacen.
(Pater dimitte illis, non enim sciunt quid faciunt.)

5 Sus muchos pecados son perdonados, porque amó mucho.

6 Tu fe te ha salvado: ve en paz.

Evangelio de San Marcos.

1 El espíritu es fuerte, pero la carne es débil.

2 Omnia possibilia sunt credenti (Todo es posible al que cree).

Evangelio de San Mateo

1 Cuando tú haces limosna, no sepa tu izquierda lo que hace tu derecha.

2 Dad al César lo que es del César, y a Dios lo que es de Dios.

3 De la abundancia del corazón habla la boca.

4 Dejad que los niños vengan a mí.

5 Es más fácil pasar un camello por el ojo de una aguja, que entrar un rico en el reino de Dios.

6 Fas est et ab hoste doceri (Es licito aprender hasta del enemigo).

7 No juzguéis, y no seréis juzgados.

8 Pedid y se os dará: buscad y hallaréis; llamad y se os abrirá.

9 Porque todos los que tomasen espada, a espada morirán.

10 ¿Por qué ves la paja en el ojo de tu hermano y no ves la viga en el tuyo?

11 Por sus frutos los conoceréis (Ex fructibus eorum cognoscetis eos).

12 Quien a hierro mata a hierro muere.

13 Quien no está conmigo está contra mí.

14 Quod Deus coniúnxit, homo non séparet.

(Lo que Dios juntó, no lo separe el hombre.)

(Palabras con que Jesús establece la indisolubilidad del matrimonio.)

15 Sed prudentes como serpientes, y sencillos como palomas.
(Estote (ergo) prudentes sicut serpentes, et simplices sicut columbae.)

16 Tú eres Pedro, y sobre esta piedra edificaré mi Iglesia, y las puertas del infierno no prevalecerán contra ella.
(Tu es Petrus, et super hanc petram aedificabo Ecclesiam meam, et portae inferi non praevalebunt adversus eam.)

Génesis

1 Pulvis es et in pulverem reverteris. (Polvo eres y en polvo te convertirás.)

2 Creced y multiplicaos.

3 Tantas haré tus fatigas cuanto sean tus embarazos.

4 Con el sudor de tu rostro comerás el pan, hasta que vuelvas al suelo, pues de él fuiste tomado.

5 Dios proveerá.

Hechos de los Apóstoles

1 Saule, Saule, quid me perséqueris?
(Saulo, Saulo, ¿por qué me persigues?)

Levítico

1 Ama a tu amigo como a ti mismo.

Libro de Ezequiel

1 El malvado morirá por su culpa, pero a ti te pediré cuentas de su sangre.

2 ¿A quién compararte en tu grandeza?

Libro de Job

1 Militia est vita hominis super terram; et sicut dies mercenarii, dies ejus (Milicia es la vida del hombre sobre la tierra, y como los días de un jornalero son sus días).

2 ¿Por qué viven los impíos y envejecen y aun crecen en riquezas?

3 Sicut umbra dies nostri sunt super terram

(Nuestros días sobre la tierra pasan como la sombra).

Libro de los Proverbios

1 No niegues un beneficio al que lo necesita, siempre que en tu poder esté el hacerlo.

2 Antorcha es el mandamiento y luz la disciplina y camino de vida la corrección del que te enseña.

3 Si la prostituta busca un pedazo de pan, la casada va a la caza de una vida preciosa.

4 El que en estío recoge es hombre inteligente; el que duerme al tiempo de la siega, se deshonra.

5 La hacienda del rico es su fortaleza, la indigencia del pobre es su desaliento.

6 La ganancia del justo es para la vida; la del impío, en vicios se le va.

7 El que ama la corrección ama la sabiduría, el que odia la corrección se embrutece.

8 El que guarda su boca, guarda su vida; el que mucho abre sus labios, busca su ruina.

9 La mujer prudente edifica la casa; la necia, con sus manos la destruye.

10 El pueblo numeroso es el orgullo del rey; en la falta de pueblo está la ruina del príncipe.

11 Hay caminos que al hombre le parecen derechos, pero a su fin son caminos de muerte.

12 Mejor es un pedazo de pan seco en paz que la casa llena de carne y de contiendas.

13 Parece tener razón el que primero expone su causa; pero viene su adversario y le descubre.

14 Hay amigos que sólo son para ruina, pero los hay más afectos que un hermano.

15 El que cierra sus oídos al clamor del pobre, tampoco cuando él clame hallará respuesta.

16 Un poco dormir, un poco cabecear, un poco mano sobre mano descansando. Y sobreviene como correo la miseria y como ladrón la indigencia.

17 Como pajarillo fuera de su nido es el hombre fuera de su patria.

18 Que te alabe el extraño, no tu boca; el ajeno, no tus labios.

19 No te jactes del día de mañana pues no sabes lo que dará de sí.

20 Mejor es vecino cercano que hermano lejano.

21 Mujer fuerte, ¿quién la hallará? Su valor supera al de las piedras preciosas. Engañosa es la gracia y vana la hermosura: la mujer que teme a Dios, ésa será alabada.

22 Quien considera las censuras, será glorificado.

23 El que detiene el castigo, aborrece a su hijo; mas el que lo ama, cuida de castigarlo.

24 Hasta el necio, cuando calla, es contado por sabio: el que cierra sus labios es entendido.

25 Instruye a tu hijo en su recto camino; ni cuando llegue a viejo se apartará de él.

26 La alegría de la juventud es su fuerza.

27 La sabiduría construye la casa y la prudencia la refuerza.

28 Mejor es morar en una tierra desierta que con una mujer quisquillosa e iracunda.

29 Melius est nomen bonum quam divitiae multae (Vale más un buen nombre que las grandes riquezas).

30 Aquel que se enriquece rápidamente no será muy inocente.

31 Quien ahorra la verga odia a su propio hijo.

32 De toda ocupación se saca provecho; pero del mucho hablar sólo miseria.

33 Quien responde antes de oír demuestra ser un insensato y digno de confusión.

34 El hermano que ayuda al hermano construye casi una fuerte ciudad.

35 Las heridas que te causa quien te quiere, son preferibles a los besos engañadores de quien te odia.

36 No digas a tu amigo: ve y mañana te lo daré, cuando puedas dárselo en el acto.

37 No hay renta que valga más que la salud del cuerpo.

38 Quien guarda su boca guarda su alma.

39 Siete veces caerá el justo, y se levantará: pero los impíos se precipitarán en el mal.

40 Todas las cosas tienen su tiempo (Omnia tempus habet).

41 Un buen nombre vale más que las grandes riquezas.
(Melius est nomen bonum quam divitiae multae.)

42 Ya que el Señor castiga a los que ama.

Libro de Tobías

1 Si tienes mucho, da mucho; si tienes poco, da poco; pero da siempre.

2 Haz limosna de tus bienes; y al hacerlo, que tu ojo no tenga rencilla.

3 No retengas el salario de los que trabajan para ti.

4 Busca el consejo de los prudentes y no desprecies ningún aviso saludable.

Libro del Eclesiastés

1 Vanidad de vanidades y todo vanidad.
(Vanitas vanitatum et omnia vanitas.)

2 Los ríos van todos al mar, y la mar no se llena.

3 Todo tiene su tiempo, y todo cuanto se hace debajo del sol tiene su hora. Hay tiempo de nacer y tiempo de morir; tiempo de plantar y tiempo de arrancar lo plantado; tiempo de herir y tiempo de curar; tiempo de destruir y tiempo de edificar.

4 Más valen dos que uno solo, porque logran mejor fruto de su trabajo. Si uno cae, el otro le levanta; pero ¡ay del solo, que si cae no tiene quien le levante!

5 Más vale mozo pobre y sabio que rey viejo y necio, que no sabe escuchar los consejos.

6 Hay un trabajoso afán que he visto debajo del sol: riquezas guardadas para mal de su dueño.

7 Cierto, no hay justo en la tierra que haga sólo el bien y no peque.

8 Tornéme y vi debajo del sol que no es de los ágiles el correr, ni de los valientes el vencer, ni aun de los sabios el pan, ni de los entendidos la riqueza, ni aun de los cuerdos el favor, sino que el tiempo y el acaso en todo se entremezclan.

9 Por la negligencia se cae la techumbre y por la pereza se dan goteras en la casa.

10 El que al viento mira no sembrará, y el que mira a las nubes no segará.

11 Dulce es la vida y agradable a los ojos ver el sol.

12 El amigo leal es medicina de vida, y hállanle los que temen a Dios; que el que teme a Dios hallará amistad verdadera, porque su amigo será otro como él.

13 No alabes a nadie antes de su muerte.

14 Si tienes un criado fiel, quiérelo como a tu propia alma y trátalo como a un hermano.

15 Todo aquello que viene de la tierra, volverá a la tierra.

16 Quien encuentra un amigo, encuentra un tesoro.

17 El Altísimo es pagador paciente.

18 ¡Ay del que está solo, que cuando cayere no habrá segundo que lo levante!

19 Más vale ser reprendido del sabio, que seducido por las adulaciones de los necios.

20 El nuevo amigo es como el vino nuevo: envejecerá, y lo beberéis suavemente.

21 No se quiera ser demasiado justo.

22 Quien ama el peligro perecerá en él.

23 En mucha sabiduría hay mucha molestia; y quien añade ciencia, añade dolor.

24 El vino y las mujeres hacen apostatar a los sabios.

25 La oración del que se humilla, penetra hasta las nubes.

26 Yo miré todas las obras que se hacen bajo el sol; y he aquí que todo ello es vanidad y aflicción del espíritu.

27 ¿Qué provecho saca el hombre de todo el trabajo con que se afana bajo el sol?

28 Nihil novum sub sole (No hay nada nuevo bajo el sol).

Libro del Eclesiástico

1 El principio de la sabiduría es el temor de Dios y se les comunica a los fieles ya en el seno materno.

2 Los que teméis al Señor confiad en él y no quedaréis defraudados de vuestra recompensa.

3 No te gloríes con la deshonra de tu padre, que no es gloria tuya su deshonra.

4 Acoge a tu padre en su ancianidad. Y si llega a perder la razón, muéstrate con él indulgente y no le afrentes porque estés tú en la plenitud de tu fuerza.

5 Lo que está sobre ti no lo busques, y lo que está sobre tus fuerzas no lo procures.

6 No atentes contra lo de los demás aunque no tengas nada.

7 No cambies un amigo por dinero, ni un hermano querido por el oro de Ofir.

8 No contiendas con ricos, no echen sobre ti todo su peso; que el oro puede mucho y pervierte el corazón.

9 No abandones al amigo antiguo, que el nuevo no valdrá lo que él.

10 Vino nuevo el amigo nuevo; cuando envejece es cuando se bebe con placer.

11 El imperio pasa de unas naciones a otras por las injusticias, la ambición y la avaricia.

12 Al morir el hombre, su herencia serán las sabandijas, las fieras y los gusanos.

13 Hay pobres que son honrados por su prudencia, y hay quien sólo es honrado por su riqueza.

14 No te metas en lo que no te importa ni te mezcles en contiendas de arrogantes.

15 No es en la prosperidad cuando se conoce al amigo, ni en la desgracia cuando se oculta el enemigo.

16 El que con pez anda se mancha, y el que

trata con soberbios se hace semejante a ellos.

17 ¿Qué le dará el caldero a la olla? Chocar con ella y quebrarla.

18 El rico hace injusticias y se gloría de ello; el pobre recibe una injusticia y pide excusas.

19 El que para sí mismo es malo, ¿para quién será bueno?

20 Una buena palabra es mejor que un obsequio, pero el hombre benéfico une la una al otro.

21 ¿Has oído algo? Pues quede sepultado en ti, y no temas, que no te hará reventar.

22 Sé fiel al amigo en su pobreza, para que así goces de sus bienes en la prosperidad.

23 Por mí reinan los reyes, y los legisladores decretan lo que es justo.

24 Un amigo fiel es poderoso protector; el que le encuentra halla un tesoro.

25 Hoy rey, mañana muerto.

26 No admitas a cualquiera en tu casa, que son muchas las asechanzas de la astucia.

27 Caballo no domado se hace indócil, y el hijo abandonado a sí mismo, testarudo.

28 Mejor es pobre sano y fuerte que rico enfermo y débil.

29 En el mucho hablar, no faltará pecado; mas el que modera sus labios muy prudente es.

30 ¿Quién pudo prevaricar y no prevaricó, hacer el mal y no lo hizo?

31 Hay amigos que sólo son compañeros de mesa, y no te serán fieles en el día de la tribulación.

32 La belleza de las mujeres llevó a muchos a la perdición.

33 La salud y la higiene valen más que todo el oro; un cuerpo robusto es mejor que una riqueza desmesurada.

34 La vida de quien se basta a sí mismo y del que trabaja es dulce.

35 Limítate en el discurso y procura decir mucho en pocas palabras; procura parecerte a uno que sabe y que, sin embargo, calla.

36 Aléjate de tus enemigos, y guárdate de tus amigos.

37 El afecto hacia los padres es fundamento de toda virtud.

38 El oro convierte en jactanciosos a muchos, y las riquezas extravían el corazón de los príncipes.

39 El principio de la soberbia del hombre es apostatar de Dios. (Initium superbiae hominis apostatare a Deo.)

40 El vino y la música alegran el corazón; pero más que estas dos cosas lo alegra el amor a la sabiduría.

41 En la boca de los necios está su corazón, mientras que el corazón de los sabios está en su boca.

42 Es preferible la muerte, a una vida amarga, y el eterno descanso, a una enfermedad permanente.

43 ¿Es que acaso se unen el lobo y el cordero? Así sucede con el impío y el justo, así sucede con el rico y el pobre.

44 Existe el amigo compañero de mesa, pero que no se encuentra en el día de la desgracia; en los momentos de prosperidad estará contigo, pero en la desgracia huirá de ti.

45 Los celos y los litigios acortan nuestros días, y la inquietud hace envejecer antes de tiempo.

46 Los hijos y la construcción de una ciudad hacen duradero a un hombre; pero más que ambas cosas es digna de amor una mujer intachable.

47 No avergoncéis al hombre que se ha convertido del mal; recordad que todos somos algo culpables.

48 No hay veneno peor que el de la serpiente; no existe ira mayor que la de una mujer.

49 No indagues demasiado en las cosas superfluas.

50 No quieras ser demasiado justo ni saber más de lo que conviene, no sea que vengas a parar en estúpido.

51 No te dejes dominar por tu mujer, de

manera que te dejes tomar por ella la ventaja.

52 Para todo hay un momento marcado, y cada hecho tiene su tiempo marcado en el cielo.
(Omnibus hora certa est, et tempus suum cuilibet coepto sub coelis.)

53 Personas de tu intimidad tendrás muchas, pero guardadoras de tu secreto habrá una entre mil.

54 Por culpa de las mujeres muchos se han arruinado.

55 Propter inopiam multi delinque runt (La pobreza es la causa de muchos pecados).

56 Si uno lanza hacia lo alto una piedra, ésta caerá sobre su cabeza.

Salmos, libro de los

1 Miré con envidia a los impíos viendo la prosperidad de los malos. Pues no hay para ellos dolores; su vientre está sano y pingüe. No tienen parte en las humanas aflicciones y no son atribulados como los otros hombres. Por eso la soberbia los ciñe como collar, y los cubre la violencia como vestido.

2 Tu lengua medita continuamente la maldad; es, como afilada navaja, artífice de engaños.

3 No dura más que un soplo todo hombre.

4 Enmudezcan para siempre los labios engañosos.

5 Como fuego, que quema la selva, y como llama que abrasa los montes.

6 A la tarde habrá llanto, y a la mañana alegría. (Ad vesperum demorabitur fletus, et ad matutinum laetitia.)

7 Abyssus abyssum invocat. (El abismo atrae el abismo.)

8 Como el ciervo desea las corrientes de las aguas, así mi alma te desea a ti, Señor.

9 Grande es el Señor, digno de toda alabanza y su grandeza, inescrutable.

10 Vinum laetificat cor hóminis. (El vino alegra el corazón del hombre.)

11 Los que sembraron con lágrimas, con regocijo segarán.

12 Todo hombre es mentiroso.

Bickerstaff, J. (1735-1812),
autor dramático inglés.

1 Digan los hombres lo que quieran, siempre es la mujer la que gobierna.

Bierce, Ambrose (1842-1914),
escritor estadounidense.

1 Un adagio es sabiduría deshuesada para dientes débiles.

2 La antipatía es un sentimiento que nos inspira el amigo de un amigo.

3 ¡Brindo por la mujer! ¡Quién pudiera caer en sus brazos sin caer en sus manos!

4 Cortesía; la forma más aceptable de la hipocresía.

5 Paciencia es la forma menor de desesperación, disfrazada de virtud.

6 Erudición es polvo caído de un libro sobre un cráneo vacío.

7 Diario íntimo es la relación cotidiana de la parte de nuestra existencia que podemos contarnos sin enrojecer.

Binder,
escritor contemporáneo.

1 El cuervo retrae al cuervo su negro color.

Binhack, Franz,
escritor alemán contemporáneo.

1 «No conozco ningún alfarero —dijo la olla—. Nací por mí misma y soy eterna». Pobre loca. Se te ha subido el barro a la cabeza.

Bini, C. (1806-1842),
escritor italiano.

1 La palabra es un precioso don, pero no da idea de la riqueza de nuestro ser interior; es un reflejo pálido y muy débil del sentimiento, y es, con respecto a la sensación, como un sol pintado al sol natural.

2 Yo lloro, tú lloras, todos lloran. Éste es el verbo que cada cual sabe y debe conjugar sin necesidad de ninguna gramática. La desgracia es una gran maestra para todos.

3 Una lágrima fue concedida a la alegría y otra lágrima a la desventura: la primera refresca y la otra arde como lava.

4 No; me es imposible creerlo aunque lo afirmase ella misma. La Naturaleza no ha creado los pobres. Es buena y es sabia; es una madre y no una madrastra; todos nosotros somos sus hijos y tanto quiere al primero como al último.

5 Hombres de todas las regiones y de todas las opiniones: ¿por qué nos perseguimos y nos ensangrentamos sin cesar? La tierra es bastante extensa y todos los años fecunda; podemos alimentarnos todos y hallar sepultura en ella, sin excepción.

6 La naturaleza desea regirse con un gobierno aristocrático; tramó sus hilos de manera que a unos pocos les concedió el envidiado don de la inteligencia, a unos cuantos la belleza, a contados la fibra del sentimiento exquisito; y en las riquezas que uno amontonaba creaban la pobreza de millares, así como el poder de un pueblo expresaba la insignificancia de otro; ni tú mismo puedes reír, muchas veces, si uno de tus hermanos no llora.

7 Si el amor pudiera ser nuestro Dios y tener el mundo por altar, la vida merecería ser eterna, y en raros casos tendría que llorar al hombre.

8 El egoísmo es el hombre, o, por decir mejor, el movimiento del hombre. Quitad el egoísmo al individuo y lo convertiréis en una piedra: ya no tiene razón de obrar ni el bien ni el mal. El egoísmo es el único motor de las acciones humanas.

9 La duda, que por una parte constituye la tortura de la inteligencia, por otra es la madre de la ciencia y del derecho.

10 La paciencia es, desgraciadamente, el único ropaje que el padre Adán dejó a sus hijos desnudos.

11 El dolor nunca duerme; vela inexorablemente y espía como un marido celoso; porque el mundo le pertenece, y teme que si se duerme ceda la presión de sus uñas y se le escape la presa.

12 El bien y el mal son los dos acicates del mundo, al que llevan sobre ruedas. Si acuciase solamente el mal, el mundo perdería el equilibrio y caería a un costado. Y del mismo modo sucede con el bien.

13 Ser grandes y buenos es la cumbre de los destinos humanos: pero cuando no se puede otra cosa, seamos al menos buenos; y cuando se quiere es cosa más fácil de lo que se cree.

14 El escepticismo es el sistema de los haraganes.

15 Consultad bien vuestra propia índole y seguidla; no haréis mal.

16 La sabiduría humana consiste en ser tolerantes.

17 ¿Cómo puedo imaginar sociedad y mutua correspondencia de deberes sociales entre el hombre que gasta un millón al año y el hombre que no tiene la seguridad de comer cada día una mísera cantidad de pan amasado con hiel y lágrimas?

18 Admiro la cabeza que sabe llevar con altivez la desgracia, como un rey la corona.

19 Creer asimismo que la idea de la propiedad, que los hombres se han metido en la cabeza, es decir, la idea de poseer una mujer como quien posee un papagayo, es una tiranía derivada de la fuerza brutal y no del derecho.

20 El poder, sin el freno de la simpatía humana, es un don funesto. Triste es el poder que puede emular a Dios en la destrucción y no en el crear; que puede aniquilar una generación y no puede resucitar a un gusano.

21 La historia es una sibila que, consultada concienzudamente, ha dado hasta el momento la siguiente respuesta: «Si no fuiste un oprimido, habrás sido un opresor».

22 El contrato nupcial establecido a perpetuidad se opone a la naturaleza; de ahí la

razón con la que se infringe con tanta frecuencia. Un contrato que tiene como base el amor exige estipularse por el plazo que dura el amor.

23 El dolor es el único rey eterno sobre la tierra; la suerte da con la diestra y quita con la siniestra.

24 El honor es una poderosa lisonja y brilla de tal modo, que son muy pocos los que viven sin exponer un deseo a su luz.

25 El que no sabe gobernar es siempre un usurpador.

26 En medio de las aflicciones y de la desnudez, cuando el pobre posee un corazón sencillo canta constantemente, canta con alegría, como un pájaro que se alimenta de lo que encuentra y que cambia de nido cada tarde.

27 Está demostrado que un tronco de buenos caballos rinde más y atrae la atención mejor que una pareja de buenas acciones.

Birrell, Agustin (1850-1933),
escritor inglés.

1 Ese imponente montón de polvo que se llama historia.

Bismarck, Otto von (1815-1898),
estadista alemán.

1 Solamente observo que a los gobiernos, con su liberalismo, sucede como con las mujeres: la más joven es la que gusta siempre más.

2 La libertad es un lujo que no todos se pueden permitir.

3 La mayoría tiene muchos corazones, pero le falta un corazón.

4 Hay momentos en los que debe gobernarse liberalmente y otros en que se tendrá que gobernar en forma dictatorial; todo es mutable, porque en este campo no existe una eternidad.

5 La política no es una ciencia, como se imaginan muchos profesores, sino un arte.

6 La prensa no es la opinión pública.

7 El genio político consiste en pegar la cabeza a la tierra para escuchar los relinchos del caballo de la historia y poder subirse a él, agarrándolo por las crines en el momento en que pase.

8 Hasta en la declaración de guerra deben respetarse las reglas de la cortesía.

9 En los secretos del estado tengo una norma: espero a que todo el mundo los conozca, para adivinarlos, por que entonces es cuando son más oscuros.

Blacklock, Th. (1721-1791),
escritor inglés.

1 Las riquezas engendran continuas angustias.

Blackmore, Richard (1825-1900),
poeta y novelista inglés.

1 El hombre es de naturaleza un animal orgulloso y ama por encima de todo el soplo de la fama, que acaricia su vanidad y lo adula con la admiración de sí mismo.

2 La fama, opinión que el mundo expresa respecto a las dotes de ciertos hombres, es el ídolo ante el cual quemaron su incienso los espíritus más selectos que han existido a través de los siglos.

Blake, William (1757-1827),
poeta británico.

1 Una misma ley para el león y para el buey es opresión.

2 Si el loco persistiese en su locura se volvería sabio.

3 La prudencia es una solterona rica y fea cortejada por la incapacidad.

4 La eternidad está enamorada de las obras del tiempo.

5 Es más fácil perdonar a un enemigo que a un amigo.

6 Las cárceles son construidas con las piedras de la Ley, los burdeles con los ladrillos de la religión.

7 El tonto no ve el mismo árbol que el sabio.

Blakie, John Stuart (1809-1895),
escritor y poeta inglés.

1 Los errores se producen con facilidad; los errores son inevitables. Pero no existe error tan grande como el de no proseguir.

2 Nunca podréis desear seriamente el ser eternamente niños. Un muchacho constituye un fértil objeto de contemplación para un espectador reflexivo, pero en sí y por sí es algo estéril e imperfecto.

Blanco (White), José M.ª (1775-1841),
poeta español.

1 Si la luz nos engaña, ¿cómo no ha de engañarnos la vida?

2 Donde un hombre hace fortuna y constituye su familia, allí está su verdadera patria.

Blasco Ibáñez, Vicente (1867-1928),
novelista español.

1 Tenemos dos fuerzas que nos ayudan a vivir: el olvido y la esperanza; lo que necesitamos para suprimir el ayer y para hermosear el mañana.

2 El valor de las palabras cambia con los tiempos.

3 La vida es hermosa por sí misma, y tanto más que los sabios, ámanla los que no estudian ni jamás inventaron nada.

4 Que manden los que tienen qué perder.

5 La humanidad se acostumbra fácilmente

a la desgracia. Es nuestra fuerza: por eso vivimos.

6 El mejor remedio en las injurias es despreciarlas.

Bloch, Marc,
escritor contemporáneo alemán.

1 La única historia verdadera es la Historia Universal.

Blok, Alexander (1880-1921),
poeta ruso.

1 En la mayoría de los casos los hombres viven del presente, es decir, no viven, existen más o menos. Se debería vivir solamente del porvenir.

2 Los que han nacido en una época sombría no se acuerdan del camino recorrido.

Bloy, León (1846-1917),
escritor francés.

1 Me he preguntado a menudo cuál podría ser la diferencia entre la caridad de tantos cristianos y la maldad de los demonios.

2 Que Dios os guarde del fuego, del cuchillo, de la literatura contemporánea y del rencor de los perversos muertos.

Blum, León (1872-1950),
político y escritor francés.

1 Toda sociedad que pretenda asegurar a los hombres la libertad, debe empezar por garantizarles la existencia.

2 Al salir de una gran guerra nacional, la victoria trastorna como la derrota.

Blümenthal, Oscar (1852-1917),
autor dramático alemán.

1 La sociabilidad es el arte de olvidar el trato consigo mismo.

Blüthgen, Víctor (1844-1895),
novelista alemán.

1 En la vida, las mayores alegrías no vienen de fuera, sino de la conciencia de nuestro propio valer y de lo que somos para los demás.

Boccaccio, Giovanni (1313-1375),
escritor italiano.

1 Es gran locura desafiar sin necesidad la inteligencia ajena.

2 Haz lo que decimos y no hagas lo que hacemos.

3 La magnanimidad es belleza y ornato de las demás virtudes, y, como querían nuestros padres, es digno del magnánimo sufrir con valor y entereza cualquier contingencia.

4 Los lazos de la amistad son más estrechos que los de la sangre y la familia.

5 Vale más actuar exponiéndose a arrepentirse de ello que arrepentirse de no haber hecho nada.

6 En una bandada de blancas palomas, un cuervo negro añade un aumento de belleza como no lo haría el candor de un cisne.

Bodenstedt, Friedrich (1819-1892),
poeta y prosista alemán.

1 Uno predica la nulidad de la vida, y otro la importancia de la vida; escucha a los dos, hijo mío, y no olvides que ambos tienen un poco de razón.

2 Tan grande es su fe que cuando cae cree él que todo el mundo ha caído.

3 También el dolor desea desahogarse; el hombre abrumado por el dolor no siente vergüenza de sus lágrimas.

4 La inteligencia es una espada de dos filos, de duro acero y brillo cegador. El carácter es la empuñadura, y sin empuñadura no tiene valor alguno.

5 Hay dos cosas sumamente perjudiciales para los que quieren remontar los peldaños de la fortuna: callar cuando llega el momento de hablar, y hablar cuando lo oportuno es callar.

6 En cada rostro humano se refleja su historia, su odio y su amor; su ser íntimo se manifiesta a la luz. Sin embargo, no todos pueden leerlo, ni todos comprenderlo.

7 Doquiera se combate la nobleza y la vulgaridad, por lo general vencerá la última; porque para ella el peor medio no es nunca malo, y su finalidad es el interés y no el derecho.

8 Con frecuencia resulta difícil hablar prudentemente; pero callar prudentemente es todavía más difícil.

9 ¿Cómo es posible que muchas personas dotadas de gran inteligencia piensen torcidamente? Uno puede dislocarse el cerebro como se disloca una pierna.

10 Antes de la posesión es necesario el esfuerzo; lo que es dado fácilmente, es tomado a la ligera.

11 Durante el invierno bebo y entono cantos, pensando con alegría que la primavera se avecina; y cuando la primavera llega, vuelvo a beber, sintiendo, satisfecho, que por fin ha llegado.

12 La sabiduría crea la felicidad, pero a su vez la mayor suma de sabiduría acarrea simultáneamente los mayores dolores. El más feliz en este mundo es el necio, aunque por ello ningún sabio pueda envidiarlo.

13 Ningún hombre pasa por este mundo sin conocer la alegría; incluso el que no considera posible ninguna felicidad terrena, encuentra su alegría en justificarlo.

14 Es una ilusión creer que la desgracia hace al hombre mejor. Ello representaría que el orín afila el cuchillo, que la suciedad limpia y que el lodo aclara el agua.

15 Las buenas noticias siempre llegan tarde; las malas, demasiado pronto.

16 Si quieres comprender rectamente al mundo debes mirar con tu propio corazón; si quieres aprender a conocerte bien, es necesario que te alejes de ti mismo.

Boecio, Anicio Manlio Severino (h. 480-h. 525), *filósofo y poeta romano.*

1 ¿Por qué buscáis la felicidad, oh, mortales, fuera de vosotros mismos?

2 Entre todas las desgracias la peor es el haber sido feliz.

3 El esplendor ajeno, si tú no lo tienes propio, nunca te hará brillar.

4 Al hombre le está vedado comprender con su inteligencia ni explicar con palabras el mecanismo con que Dios lleva a cabo su obra.

5 El hombre es un animal bípedo racional.

6 La gloria de los mortales no es más que una hinchada vanidad.

Boerhave, *escritor alemán contemporáneo.*

1 La sencillez es el sello de la verdad.

Boghen, Emma, *escritora alemana contemporánea.*

1 No hay en la tierra criaturas divinas, pero hay algo divino en las criaturas: el afecto.

Bohn, H.G. *escritor inglés contemporáneo.*

1 El desprecio desbarata las injurias más pronto que la venganza.

Boileau, Nicolás (1636-1711), *poeta francés.*

1 Antes que a escribir, aprended a pensar.

2 Quien se contenta con nada lo posee todo.

3 Un tonto encuentra otro más tonto que le admira.

4 Con frecuencia el exceso empequeñece el tema.

5 Con frecuencia, sin quererlo, un escrito que se estime, hace a sus héroes a su imagen y semejanza.

6 El dinero: el dinero, dícese, sin él todo es en vano; la virtud sin dinero es un mueble inútil.

7 Se puede ser héroe sin arrasar la tierra.

8 El más sabio es aquel que no piensa serlo.

9 El que es rico lo es todo; sin sabiduría es un sabio, tiene ingenio, corazón, mérito, rango, virtud, valor, dignidad y sangre; es amado por los poderosos y querido por las mujeres.

10 Sé para ti mismo un crítico severo.

11 La ignorancia se halla siempre bien dispuesta a admirarse.

12 Lo cierto puede alguna vez no ser verosímil.

13 No hay serpiente ni monstruo odioso que el arte no sea capaz de hacer grato a los ojos.

14 Procuro ser puntual; he observado que los defectos de una persona se reflejan vivamente en la memoria de quien la espera.

15 La ignorancia siempre está dispuesta a admirarse.

16 El hombre noble esparce las flores fuera de sí, y reserva para sí las espinas.

17 Más vale la ignorancia que un saber afectado.

Boissieu, A. de,
escritor francés contemporáneo.

1 El sufragio universal es de tal guisa, que para lograrlo hubo de lucharse, que se habrá de combatir para conservarlo y que produce enojo ejercitarlo.

Boito, Arrigo (1842-1912),
compositor y escritor italiano.

1 Creo que el hombre justo es un burlón comediante, en el rostro y en el corazón; que todo en él es mentira: lágrimas, besos, mirada, sacrificio y honor.

Bolingbroke, Henry Saint-John, vizconde de (1678-1751), *estadista y filósofo inglés.*

1 Todas nuestras necesidades, aparte de las que puede satisfacer un modesto rédito, son simplemente imaginarias.

2 La verdad se mantiene constantemente en un ámbito pequeño y delimitado, mientras el error es inmenso.

3 He leído, no sé dónde —creo que en Dionisio de Halicarnaso— que la historia es una filosofía que enseña a base de ejemplos.

Bolívar, Simón (1783-1830),
militar y político venezolano.

1 En los gobiernos populares nada hay seguro, porque la marcha del pueblo suele ser muy varia y aun ciega.

2 ¡He arado en el agua!

3 La esclavitud es la hija de las tinieblas; un pueblo ignorante es un instrumento ciego de su propia destrucción.

4 Los tres mayores majaderos del mundo hemos sido Jesucristo, don Quijote y yo...

5 Más cuesta mantener el equilibrio de la libertad que soportar el peso de la tiranía.

6 Mi primer deber es hacia el suelo que ha compuesto mi cuerpo y mi alma de sus propios elementos; en calidad de hijo debo dar mi vida y mi alma misma por mi madre.

7 Nada es peor en política que dejar de cumplir lo que se ha mandado. Esta debilidad causa el desprecio y hace inútiles las medidas posteriores.

8 ¡Si la naturaleza se opone, lucharemos contra ella y haremos que nos obedezca!

9 El arte de vencer se aprende en las derrotas.

Böll, Heinrich,
novelista y poeta contemporáneo alemán.

1 Un autor sólo existe cuando todos los que lo desean pueden leerlo independientemente de su formación o de sus privilegios.

2 Beber y comer mantienen el alma y el cuerpo unidos.

3 No existe forma más alta de pertenencia a un pueblo que escribir en su lengua.

Bonald, Luis Gabriel de (1754-1840),
publicista y filósofo francés.

1 Dondequiera existan abundantes máquinas para reemplazar a los hombres, habrá siempre muchos hombres que no serán sino máquinas.

2 Hay muchas personas que no saben perder su tiempo en soledad; son el azote de las personas ocupadas.

3 Los presuntuosos se presentan por sí mismos, los hombres de verdadero mérito prefieren ser requeridos.

4 Se niega la verdad, pero no se cree el error.

5 Los orgullos lesionados son más peligrosos que los intereses perjudicados.

Bonghi, Ruggiero (1827-1895),
filósofo italiano.

1 El genio crea deberes; no los disminuye.

2 Un estadista esforzado debe poseer dos cualidades necesarias: la prudencia y la imprudencia.

Bonnard, Abel (1884-1968),
escritor francés.

1 Cuando se tiene ocasión de hacer un regalo a un pobre, siempre es más delicado entregarle cosas inútiles que él desea, que las cosas útiles que necesita.

2 El dinero no debe ser sino el más poderoso de nuestros esclavos.

3 Gastar es un placer de poeta.

4 Han de tener los ricos un alma bien templada para privarse tan firmemente del placer que se experimenta haciendo dones.

5 Hay individuos que gastan de manera tan graciosa su dinero que deseamos no les falte nunca.

6 La mayoría de los ricos no poseen suficiente alma para hacernos olvidar que poseen dinero.

7 La riqueza ilumina a la mediocridad.

8 Las grandes obras de arte tienen por esposos a los ricos, pero sus amantes son los pobres.

9 Los pobres se envanecen de sus gastos; los ricos de sus economías.

10 No hay como los poetas y las mujeres para tratar el dinero como se merece.

11 Sería preciso que, de vez en cuando, un poeta tuviera una fortuna que gastar, para demostrar a los ricos lo que puede hacerse con el dinero.

12 Pobres o ricos, la peor miseria que puede asaltarnos es que ese carácter accidental se convierta en definición de nosotros mismos.

Bonnefon, Jean de (1866-1928),
escritor religioso francés.

1 La moneda de cinco francos es una hostia de plata que encierra un falso dios vivo.

Bonnin, C. I. B. (1772-1831),
político y escritor francés.

1 La compañía habitual de las mujeres es tan peligrosa como el uso desmedido del vino: mata moralmente.

2 La verdadera filosofía se encierra en la conducta y no en los discursos.

Bontempelli, Máximo (1884-1960),
novelista y poeta italiano.

1 Cuando te des cuenta de que la crítica no dice más tonterías a costa tuya, deja de escribir, porque ello significa que comienzas a declinar y a repetirte.

2 El amor nace por la curiosidad y perdura por la costumbre.

3 El suicidio es el más inmoral de los delitos.

4 Es cierto que la escritura lineal fue concedida al hombre para que pudiera escribir entre líneas.

5 La mujer comenzará a mostrarse digna de redención y, por lo tanto, se hallará en vías de ser liberada y de alcanzar la integridad espiritual, tan sólo cuando se niegue obstinadamente a renunciar al propio nombre.

6 Nadie puede ser un hombre verdaderamente extraordinario si no sabe en las cosas de cada día ser un hombre común. Su vida debe estar cumplida y perfectamente estructurada en la forma común y nutrirse de simpatía.

7 No hay nadie ya que conozca el arte de conversar, es decir, de discutir. Conversar es entrar cada uno en el surco de lo que ha dicho el otro, y de proseguir una línea o perfeccionar aquel surco; diálogo es, en suma, colaboración.

8 El niño nos parece pequeño porque se halla muy lejos de nosotros; a medida que se nos acerca, creemos que crece; hasta que finalmente le vemos tan alto como es, es decir, como nosotros, porque ha llegado a nuestra proximidad.

Bordeaux, Henri (1870-1963),
novelista francés.

1 En la justicia siempre existe un peligro, si no por las leyes por los jueces.

2 La política es la historia que se está haciendo, o que se está deshaciendo.

3 Es preciso siempre un poquito más; el máximo y un poquito más.

Borel, P. (1882-1952),
literato francés.

1 Por lo general, las injurias se olvidan cuando no queda otro remedio.

2 Se venga una vileza, cometiendo otra.

Borges, Jorge Luis (1899-1986),
poeta argentino.

1 Estoy solo y no hay nadie en el espejo.

2 La historia universal es la de un solo hombre.

3 La vida es demasiado pobre para no ser también inmortal.

Borgese, Giuseppe Antonio (1882-1952),
crítico y novelista italiano.

1 Todo el tiempo de que disponemos en este mundo debe ser dedicado a pensar en la eternidad. Todo el tiempo que no se piensa en la muerte es tiempo malgastado y perdido. Es increíble que se nos pueda olvidar un solo minuto.

2 ¿Qué es la riqueza, sino la certidumbre de no ser pobres mañana y de poder gastar al día siguiente?

3 Nadie puede quitarnos la inmortalidad de ultratumba, pero también nos complace la inmortalidad en este mundo; son los hijos, si Dios nos ayuda, los que nos inmortalizan en la tierra.

4 La palabra felicidad debe pronunciarse con terror.

5 El pensamiento de Dios desciende sobre la soledad y el tedio. Es el maná que cae sobre el desierto.

6 Los animales sufren por no ser hombres. El hombre padece por no ser dios.

7 Si todo cuanto pasa por la mente de los hombres se expresase con palabras y se cumpliese con hechos, el universo se precipitaría inmediatamente en el caos.

8 Para casi todo el género humano la muerte y la inmortalidad son materias de curiosidad endeble y rara. Son poquísimos los hombres que caminan mirando al cielo y viven pensando en la muerte.

Born, Max,
físico contemporáneo alemán.

1 Tengo la impresión de que el intento de la naturaleza de crear en este mundo un ser pensante ha fracasado.

Börne, Ludwig (1786-1837),
escritor y político alemán.

1 No tener que arrepentirse de nada es el principio de toda sabiduría.

2 Puede calcularse que los bribones sacan mayor ventaja de la sociedad burguesa que las personas honestas.

3 La humanidad es la inmortalidad del hombre mortal.

4 La luz que emiten los comunicados oficiales, sólo es, con frecuencia, un fuego fatuo que nos lleva a un terreno enfangado.

5 Los hombres que aprenden con facilidad los idiomas extranjeros poseen generalmente un carácter vigoroso.

6 Agotad toda locura: así se llega a la tierra de la sabiduría.

7 Al emprender una empresa y cuando la meta no se halla distante, el peligro del fracaso es mayor. Cuando las naves naufragan, siempre sucede cerca de la costa.

8 Conviene conocer a los demás para conocerse a sí mismo.

9 Cuanto más distinguida es una persona tanto más cortésmente se comporta con un inferior.

10 Todo gobierno que no registra ningún paso hacia adelante debemos juzgarlo con la máxima ponderación; pero aquel gobierno que dé algún paso hacia atrás deberemos condenarlo sin la menor indulgencia.

11 Una amante es leche; una esposa, mantequilla, y una mujer, queso.

12 Debéis sembrar corazones si queréis cosechar corazones.

13 Las pasiones de los gobiernos son un testimonio de debilidad; pero las del pueblo indican fuerza.

14 Efectivamente: Lutero lo entendió cuando arrojó un tintero a la cabeza del diablo. El diablo solamente siente horror a la tinta, porque con ella se ahuyenta.

15 Si la Naturaleza tuviese tantas leyes como el Estado, Dios mismo no podría regirla.

16 Muere menos gente a causa de la tuberculosis que por la manía sistemática de los médicos. Ésta es, indudablemente, la más triste de todas las muertes: fenecer de una enfermedad que tiene otro.

17 Los diplomáticos ven con las orejas; el aire es su elemento, no la luz. De ahí que prefieran la calma y la oscuridad.

18 El enfado de la mujer no es sino una lucha de guerrillas desatada contra las fuerzas concentradas del hombre; una guerra en la que siempre sale vencedora.

19 El humor no es un don del espíritu, sino del corazón.

20 El secreto de toda fuerza consiste en saber que los demás son más cobardes que nosotros.

21 Es costumbre tener por agradecido al que manifiesta los beneficios de que fue objeto; pero el más agradecido de todos es quien no olvida el beneficio para recordar al bienhechor.

22 ¡ Hacer tu suerte! Está bien: ¿Y en cuanto a ser feliz? ¿Eres tú después feliz, cuando has hecho tu suerte? Es cuestión de distinguir.

23 Inspirar amor es la incesante aspiración de la mujer.

24 La cordura es a veces molesta, como la lámpara en un dormitorio.

25 La cortesía se parece a un título del Estado emitido por el corazón, que, con frecuencia, cuanto produce un mayor interés, más inseguro es el capital.

26 La mujer es para los hombres el horizonte en el que se funden el cielo y la tierra. En ella se concilian un ángel y un demonio, como en ningún otro ser. La mujer más dulce y noble posee por lo menos una paletada de carbón infernal; pero asimismo no existe ninguna tan perversa que no lleve en su corazón un rinconcito del cielo.

27 La mujer únicamente vive para amar; y sólo se encuentra cuando se pierde con un hombre.

28 Los gobiernos son velas; los pueblos, el viento; el Estado, la nave, y el tiempo, el mar.

29 La diferencia entre la libertad y las libertades es tan grande como entre Dios y los ídolos.

30 No existe ningún hombre que no ame la libertad; pero el justo la pide para todos y el injusto únicamente para sí.

31 No ha existido todavía ningún poeta que haya cantado felizmente los bellos ojos de su propia mujer.

32 La única manera de engañar que, a veces, logra éxito consiste en ser sincero.

Borrow, Jorge (1803-1881),
escritor inglés.

1 Existen el día y la noche, hermano mío, que son dos grandes cosas; el sol y la luna y las estrellas, hermanos, que son maravillosos; pero también hay igualmente un viento que sopla sobre el país.

2 La traducción es, cuando más, un eco.

Boscán, Juan (1487/92-1542),
poeta español.

1 El estado mejor de los estados es alcanzar la buena medianía, con la cual se remedian los cuidados.

2 Bueno es amar; pues, ¿cómo daña tanto?

Bosco, San Juan (1815-1888),
sacerdote italiano.

1 Una hora ganada al amanecer es un tesoro por la tarde.

2 Para los niños es castigo todo lo que se hace pasar por tal.

3 La causa del mal es una sola: la educación pagana que se da generalmente en las escuelas.

4 El educador debe usar constantemente la razón, la religión y el cariño.

5 De Dios habla con fe; del prójimo, con caridad; de ti, con humildad.

6 El corazón es siempre una fortaleza cerrada al rigor y a la aspereza.

7 O religión o palo.

8 La juventud es la porción más delicada y valiosa de la sociedad humana.

9 Tristeza y melancolía, fuera de la casa mía.

10 Ciencia sin conciencia es la ruina de un alma.

11 Haz que el cuerpo esté alegre para que esté dispuesto a obedecer al alma.

12 La victoria de los malos es el fruto de la cobardía de los buenos.

Bosquet, P. F. G.
escritor francés contemporáneo.

1 Es magnífico, pero esto no es la guerra.

Boss, J. H.
escritor alemán contemporáneo.

1 Si crees gozar de la felicidad manteniéndote alejado de los hombres, eres un dios, un anacoreta o una bestia.

Bossuet, Jacques-Benigne (1627-1704),
escritor y orador francés.

1 El tiempo puede estar de alguna manera en la eternidad.

2 Sólo hay un primer obstáculo para vencer el pudor: el pudor.

3 La reflexión es el ojo del alma.

4 El amor de Dios hace que nazcan todas las virtudes, y para hacer que existan de un modo eterno les da como fundamento la humildad.

5 Conviene temer a los enemigos cuando están lejos, para no temerlos más cuando están cerca.

6 El orgullo se convierte fácilmente en crueldad.

Boswell, J. (1740-1795),
escritor inglés.

1 Nada hay, señor, demasiado pequeño para una tan pequeña cosa como es el hombre. Con el estudio de las cosas pequeñas es como conseguimos el gran arte de tener la menor infelicidad y la mayor felicidad posibles.

2 Una buena comida lubrifica los negocios.

3 No tiene importancia la forma en que un hombre muere, sino cómo ha vivido.

Botta, Carlo (1766-1837),
historiador y poeta italiano.

1 La libertad cívica no es otra cosa que la ejecución puntual de las leyes civiles, justas e iguales para todos.

Boudet, Numa (1827-1897),
pensador francés.

1 Tres cosas han de ser excesivas para ser suficientes: la piedad, la probidad y la limpieza.

2 Todas las almas fuertes, nobles, abnegadas y capaces de grandes empresas, a la vez que dignas de los puestos más eminentes, comprenden, aceptan y soportan sin gran esfuerzo la subordinación.

3 Nunca se ejerce tan bien y tan plenamente un derecho como cuando se ejerce por deber.

4 Una emoción de alegría intensa y verdadera resulta seria; da al alma emocionada la actitud, el aspecto y el sentimiento del dolor.

Boufflers, Stanislas (1738-1815),
literato francés.

1 En materia de ingenio nadie sabe con precisión el que posee; lo curioso es que cada cual se cree más rico de lo que es y que, con frecuencia, los más pobres son precisamente los que están más satisfechos.

2 ¡Ay! El mismo bien no siempre tiene como finalidad el bien.

3 No basta con leer: es preciso digerir lo que se lee.

4 Amor es el egoísmo de dos personas.

5 El olvido es una segunda muerte, a la que temen los espíritus más que a la primera.

6 La conversación: una cosa tan superflua y tan necesaria, con la que los unos no dicen siempre lo que saben y los otros no saben siempre lo que dicen.

Bougeard, A. (1815-1880),
político e historiador francés.

1 Un enemigo tiene más frecuentemente un sitio en vuestra mente que un amigo en vuestro corazón.

2 La felicidad agrupa, pero el dolor reúne.

3 Sería preciso valer tan poco, para no tener ningún enemigo, que yo aconsejo a todos no alabarse por ello.

Boulton, Mathew (1728-1809),
industrial inglés.

1 ¡Vendo lo que todos los hombres buscan: Poder!

Bourdaloue, Louis (1632-1704),
predicador francés.

1 El brillo de una reputación es como el cristal de un espejo: basta echar un débil aliento para quitarle de repente todo su lustre.

2 Deseemos poco las cosas que deseamos, no sólo porque no merecen ser deseadas de otro modo sino porque deseándolas mucho se convierten en motivo de mil preocupaciones.

3 En el origen de todas las grandes fortunas hay cosas que hacen temblar.

4 La maledicencia mata tres personas de una vez: al que maldice, aquel del que se maldice y al que se halla presente cuando se maldice.

5 Condición esencial de la fe es no ver y creer lo que no se ve.

Bourget, Paul (1852-1935),
novelista francés.

1 Una noble amistad es una obra maestra a dúo, en la que no es posible discernir lo que pertenece al uno y al otro de los colaboradores.

2 Las mujeres tienen un modo celestial de no darse cuenta de las familiaridades que los hombres se permiten con ellas.

3 En amor, todo ha terminado desde el día en que uno de los dos amantes piensa que sería posible una ruptura.

4 Siempre hay un rincón de silencio en las más sinceras confesiones de las mujeres.

5 Lo que menos dispuestos se muestran algunos hombres a perdonar a una mujer es que se consuele de haber sido traicionada por ellos.

6 El arte sin alma no es nada. El pensamiento es para la literatura lo que la luz para la pintura.

7 Existe un solo procedimiento de ser feliz merced al corazón, y es no tenerlo.

Bouterweck, F. (1766-1828),
poeta y filósofo alemán.

1 Procura darte satisfacción a ti mismo y no mendigues favores ni pan de vanidad; no hundas tu rostro en el fango cuando estés delante de los poderosos.

Bradley, Francis Herbert (1864-1924),
filósofo inglés.

1 Es el hallazgo de malas razones para aquello que instintivamente creemos.

Brantôme, Pedro de Bourdeilles (1540-1614),
escritor francés.

1 Para los maridos no es una gran ventaja tener sus esposas demasiado castas; porque éstas están tan orgullosas de ello —aquellas, decimos, que tienen ese raro don—, que casi diríamos quieren dominar no sólo los maridos, sino el cielo y los astros; de tal forma que les parece, por esa orgullosa castidad, que Dios debe estarles agradecido.

2 Es una gran locura que un marido exija castidad a su esposa, mientras él se abandona en los brazos de la lujuria; el marido debe mantenerse en el mismo estado que desea se encuentre la mujer.

3 Hay detractores tan espontáneos y tan acostumbrados a la maledicencia, que prefieren hablar mal de sí mismos antes que dejar de maldecir alguien.

4 No hay virtud más bella ni mayor victoria que saber gobernarse y vencerse a sí mismo.

5 Si un hermoso cuerpo no tiene una hermosa alma, parece más bien un ídolo que un cuerpo humano.

Braque, Georges (1882-1963),
pintor francés.

1 La verdad existe. Sólo se inventa la mentira.

2 Si se recurre al talento, es que falta la imaginación.

3 Es preciso tener siempre dos ideas para que una destruya a la otra.

Braston, Oliver S.,
filósofo inglés contemporáneo.

1 La filosofía no es otra cosa que el sentido común en traje de etiqueta.

Bravo, Juan (?-1521),
militar español.

1 Degüéllame a mí primero, porque no vea la muerte del mejor caballero que queda en Castilla.

Brecht, Bertold (1898-1956),
dramaturgo y poeta alemán.

1 Muchos jueces son absolutamente incorruptibles; nadie puede inducirles a hacer
justicia.

2 La lógica cotidiana no debe dejarse intimi-
dar cuando visita los siglos.

3 ¡Desgraciado el pueblo que necesita héroes!

4 Las madres de los soldados muertos son
jueces de la guerra.

5 Donde reina la violencia, no hay más recurso que la violencia; allí donde se encuentran los hombres, sólo los hombres
pueden socorrer.

Bremer, Federica (1801-1865),
novelista sueca.

1 No siempre la necesidad y la pobreza son
una carga perniciosa y agobiadora; con
frecuencia se parece a la presión que se
hace sobre el agua de una fuente, que,
cuanto más fuerte oprimimos, más salta el
agua en el aire.

Breno (390 a.C.),
jefe galo que saqueó Roma.

1 Vae victis! (¡Ay de los vencidos!)

Brentano, Clemente (1778-1842),
poeta y novelista alemán.

1 Todos son arrastrados hacia el odio o
hacia el amor; no hay posibilidad de opción: el diablo es neutral.

Bretón de los Herreros, Manuel (1796-1873),
poeta español.

1 ¿Qué es la riqueza?
Nada, si no se gasta.
Nada, si se malgasta.

2 Boda quiere la soltera
por gozar de libertad,
y mayor cautividad
con un marido la espera.

Breton, André (1896-1966),
escritor francés.

1 Una obra de arte sólo tiene valor si en ella
vibra el futuro.

2 El más bello regalo de la vida es la libertad
que os deja salir de ella a vuestra hora.

3 No hay que cargar nuestros pensamientos
con el peso de nuestros zapatos.

4 Vivir y dejar de vivir son soluciones imaginarias. La existencia está en otra parte.

Briesen, Fritz von (?-1875),
escritor alemán.

1 Ciertas personas que han consumido numerosos libros suelen vanagloriarse de su
fuerza espiritual; se trata únicamente de
corpulencia espiritual.

Bright, John (1811-1889),
político inglés.

1 Este partido formado por dos personas
me recuerda a los perros escoceses; los
vemos tan cubiertos de pelo que no se
puede asegurar dónde está la cabeza y
dónde la cola.

2 La fuerza no es un remedio.

Brillat-Savarin, Anselmo (1755-1826),
literato francés.

1 El descubrimiento de un plato nuevo
hace más por el género humano que el
descubrimiento de una estrella.

2 Convidar a alguno es hacerse cargo de su
felicidad todo el tiempo que se halla bajo
nuestro techo.

3 La suerte de las naciones depende de su manera de alimentarse.

4 Lo que distingue al hombre de los animales es el modo de comer.

5 El placer de la mesa es para todas las edades, condiciones, países y para todos los días; puede asociarse a los demás placeres y se queda el último para consolarnos de la pérdida de los otros.

Brodsky, Joseph,
premio Nobel de literatura de 1987.

1 El mal empezó con Descartes, que dividió al hombre en dos y que sustituyó el *alma* por el *yo.*

2 La sombra, a su pesar, queda impresa en el barro.

3 Y en la boca la amargura de tantos gritos de guerra.

4 La condición de esclavo es menos desalentadora que la de alguien moralmente reconocido como un cero a la izquierda.

5 Todo tiene un límite, incluso la tristeza.

Bronson Alcott, Amos (1799-1888),
filósofo estadounidense.

1 La enfermedad del ignorante es ignorar su propia ignorancia.

Brooks, Phillips,
filósofo contemporáneo inglés.

1 No pidáis en vuestras oraciones una vida fácil. Pedid ser fuertes. No supliquéis a Dios que os dé una carga apta a vuestros hombros; pedidle unos hombros aptos para soportar vuestras cargas.

Broome, Williams (1689-1745),
escritor inglés.

1 Da a medias quien vacila al dar.

2 Si se exceptúa a los grandes hombres, nadie es completamente infeliz.

Brougham, Henry (1778-1868),
literato y político inglés.

1 El abogado es un caballero que salva vuestros bienes de vuestros enemigos, pero que los guarda para sí.

Brown, Norman,
escritor estadounidense contemporáneo.

1 Se puede rehacer. Se pueden vivir varias vidas.

2 El juego es el modo de actividad esencial de una humanidad libre, de una humanidad perfecta o de una humanidad satisfecha.

3 Lo que nuestra época necesita es misterio, lo que nuestra época necesita es magia.

Browne, Thomas (1605-1682),
médico y filósofo inglés.

1 Puedo contestar a todas las objeciones de Satanás y a mi rebelde razón con aquella extraña conclusión de Tertuliano: «certum est quia impossibile est».

2 Nosotros somos los ciegos, y no la fortuna; porque nuestros ojos no llegan a descubrir el misterio de sus efectos; estúpidamente la pintamos ciega y bendecimos la Providencia del Omnipotente.

3 Yo soy quien soy, fue la definición que Él dio de sí mismo a Moisés, y fue breve para confundir a los mortales que osaban interrogar a Dios preguntándole quién era. Verdaderamente Él solo es: todos los demás han sido o serán.

4 La naturaleza, que nos enseña la norma del placer, señala también sus límites.

5 Yerra indudablemente quien elige un amigo ambicioso.

6 La ambición o la malignidad que me contrista, si bien la atribuyo a la sociedad es particularmente mía. Siempre me hallo rodeado por mí mismo.

7 Indudablemente existen muchos canonizados en este mundo que nunca serán santos en el cielo.

8 No envidio a los que saben más que yo, pero me compadezco de quienes saben menos.

9 Todas las cosas son artificiales; la Naturaleza es el arte de Dios.

10 Perdonar a nuestros enemigos constituye una bellísima manera de vengarse, a la vez que un rápido triunfo cesáreo conquistado sin apelar a la violencia.

11 Ideas luminosas, actuación limpia, constancia, fidelidad, generosidad y noble honradez son las gamas de los espíritus superiores.

12 En nada han perdido los hombres la razón como en la religión, en la que las piedras y los clavos hacen los mártires.

13 El prolongado hábito de vivir hace que nos repugne la muerte.

14 El ojo divino mira a los grandes y a los pequeños de manera distinta que el ojo del hombre. Aquellos que, a nuestra vista, parecen estar en el Olimpo y elevados hasta las nubes están posiblemente en los valles y en las tierras bajas ante Dios.

15 Donde no puedo satisfacer la razón me complace entregarme a la fantasía.

16 Dentro de mí hay otro hombre que está contra mí.

17 Así como la caridad protege, la modestia previene una gran cantidad de pecados.

18 Sé caritativo antes que la riqueza te haga codicioso.

19 Encadena la legión inquieta que mora en tu pecho; lleva prisionera a tu cautiva y sé un César dentro de ti mismo.

20 No te peses a ti mismo en la balanza de tu propia opinión; deja, por el contrario, que el juicio de la gente sensata establezca la medida de tus méritos.

21 Desde que comprendí los acontecimientos históricos y advertí todas las deformaciones y falacias con que el tiempo presente nos ofrece, las cosas sucedidas en el pasado las creo poco más que las cosas futuras.

22 El creer solamente en las posibilidades no es fe, sino mera filosofía.

23 El que censura a los demás, indirectamente se alaba a sí mismo.

24 Justamente nadie puede censurar o condenar a otra persona, porque, en realidad, nadie conoce perfectamente al prójimo.

25 La avaricia parece no tanto un vicio, como una triste prueba de locura.

26 Son muchos los que gobernaron bien sin que supieran definir lo que era una república.

27 No creáis que el silencio sea la sabiduría de los tontos; es, en tiempo y lugar, el honor de los sabios, que no tienen la debilidad, sino la virtud de callar.

28 Que la fortuna, la cual no tiene nombre en las Sagradas Escrituras, no lo tenga tampoco en tu Divinidad. Que sea la Providencia, y no el azar, la que merezca el honor de tu reconocimiento.

29 Cuando la actividad humana trabaja sobre la naturaleza podemos esperar que se erijan pirámides; pero donde falta esa base, el edificio tiene que ser de escasa altura.

Browning, Robert (1812-1889),
poeta inglés.

1 La verdad está dentro de nosotros, no surge de las cosas de fuera.

2 ¡Lo que ennoblece al hombre no es su acto, sino su deseo!

3 Hay verdad en la falsedad y falsedad en la verdad.

4 Haznos felices y nos harás buenos.

5 La burla es a menudo indigencia de espíritu.

6 La muerte, con el poder de su rayo de sol, se pone en contacto con la carne y despierta al alma.

7 La necesidad aguza prematuramente el ingenio.

8 El demonio es más diabólico cuando es respetable.

9 El fin, alcanzado o no, hace grata la vida; tratad de ser un Shakespeare, y dejad lo demás al lado.

10 El que escucha música siente que su soledad, de repente, se puebla.

11 El que tiene siempre ante sus ojos un fin, hace que todas las cosas le ayuden a conseguirlo.

12 Es más fácil recomendar «que se tenga paciencia» que tenerla.

13 Gloria y mérito es de algunos hombres el escribir bien; de otros es el no escribir nada.

14 Si tenéis simplemente la belleza y nada más, tenéis la mejor cosa hecha por Dios.

15 Parecemos tan libres y... ¡estamos tan encadenados!

Brueys, David Agustín de (1640-1723),
literato francés.

1 No hay nada más fácil que ser honrado cuando uno es rico; las dificultades comienzan cuando se es pobre.

Bruix, caballero de (1728-1780),
literato francés.

1 Para amasar una fortuna no se requiere ingenio, lo que es preciso es carecer de delicadeza.

2 Podrá persuadirse a los hombres de cuanto se quiera, porque su entendimiento es débil; no habrá posibilidad de que vivan en consecuencia, porque su temperamento es fuerte.

Brulat, P. (1866-1940),
novelista francés.

1 Basta un instante para forjar un héroe, pero es preciso toda una vida para hacer un hombre de bien.

2 Las desventuras de la niñez repercuten sobre toda su vida y dejan una fuente inagotable de melancolía en el corazón del hombre.

3 Nada hay que cueste tanto como ser pobre.

Buck, Pearl S. (1892-1973),
escritora estadounidense.

1 Lo que más gusta a las mujeres son los pequeños detalles de los hombres, tales como un cochecito, un brillantito, una finquita de recreo, y otras menudencias.

Buckle, Henry Thomas (1821-1862),
historiador inglés.

1 Antaño eran las tierras más ricas aquellas en que la naturaleza era más benigna; hoy lo son aquellas en que el hombre es más activo.

Büchner, Ludwig (1824-1899),
filósofo alemán.

1 Las fuerzas no se infunden; solamente cabe despertarlas.

Buda (Siddharta Gautama) (s. v a.C.),
fundador del budismo.

1 Los urbanistas hacen canales.
Los arqueros tiran flechas.
Los carpinteros trabajan la madera.
El modelo sabio se modela a sí mismo.

Buero Vallejo, Antonio,
dramaturgo contemporáneo español.

1 De nada me sirve que alguien me quiera como soy, porque yo no quiero ser como soy.

2 A unos les llevan a la cárcel por un puñado de duros; y otros que privan y todo el mundo les saluda, han robado millones.

3 Acabo de dar un consejo y no sé si es bueno: cambiar una loca esperanza por otra esperanza pequeñita, pero realizable.

Buffon, Georges-Louis Leclerc, conde de (1707-1788), *escritor y naturalista francés.*

1 Todo lo que puede ser, es.

2 Los que escriben como hablan, aunque hablen muy bien, escriben mal.

3 La naturaleza es el trono exterior de la magnificencia divina.

4 El estilo no es más que el orden y el movimiento que se pone en los pensamientos.

5 El hombre no es el hombre sino porque ha sabido reunirse con el hombre.

6 El espíritu humano no tiene límites, se extiende a medida que el universo se despliega.

7 El genio no es más que una gran aptitud para la paciencia.

8 La longitud del cuello parece ser uno de los atributos de la estupidez.

9 Ser y pensar son para nosotros la misma cosa.

Bulwer-Litton, Edward George (1803-1873), *poeta y novelista inglés.*

1 Aceite y agua —la mujer y un secreto— son cosas enemigas.

2 El amor es la actividad del ocioso y el ocio del hombre activo.

3 El genio hace lo que debe y el ingenio lo que puede.

4 El talento convence; el genio exalta.

5 Es difícil decir quién nos hace en la vida más daño, si nuestros enemigos con su peor intención, o nuestros amigos con la mejor.

6 La magia de la lengua es el más peligroso de todos los encantos.

7 Un corazón bueno vale más que todas las cabezas de este mundo.

8 La conciencia es la materia más elástica del mundo. Hoy no alcanza a cubrir la madriguera de un topo y mañana llega a ocultar una montaña.

9 En un hombre honrado hay un fuerte baluarte.

10 El prudente puede dirigir un Estado; pero es el entusiasta el que lo regenera o lo arruina.

Bunge, Carlos Octavio (1875-1918),
polígrafo argentino.

1 No es posible organizar el Estado por medio de la educación; no es posible organizar la educación sino por medio del Estado.

Bunin, Yvan (1870-1953),
escritor ruso.

1 Los celos son una falta de estima por la persona amada.

Bunsen, Roberto Guillermo (1811-1899),
químico alemán.

1 Vive por encima de tu condición social; vístete según tu posición social; aliméntate por de bajo de tu posición social.

Bunyan, John (1628-1688),
escritor inglés.

1 El sueño es un dulce placer para el hombre activo.

2 El que está abajo no debe temer las caídas.

Buñuel, Luis (1900-1983),
director de cine español.

1 La diferencia cultural entre los franceses y los españoles es que los españoles sabemos todo de Francia y los franceses no saben nada de España.

Buonarroti, Miguel Ángel. Véase **Miguel Ángel.**

Bürger, Gotfried August (1747-1794),
poeta alemán.

1 Cuando caiga sobre ti la calumnia, consuélate diciendo: «No son los peores frutos los que pican las avispas.»

2 El buen vino es un aceite puro para la lámpara de la inteligencia; proporciona fuerza a la mente, y empuje para encaramarse hasta el firmamento estrellado.

3 Oigo elevarse quejas contra la soberbia de los grandes hombres; pero su soberbia se produce cuando se manifiesta nuestro servilismo.

4 Deseas libertad para ti, y cada día te lamentas afirmando que te falta la libertad y te encolerizas contra el poder de los déspotas. Aprende a pasarte sin ella, amigo mío. Afronta el dolor y la muerte, y ningún Dios se sentirá más libre que tú.

Burke, Edmund (1729-1797),
escritor y estadista irlandés.

1 Jamás, pero jamás, la naturaleza dice una cosa, y la sabiduría otra.

2 La persecución religiosa puede refugiarse bajo el disfraz de una devoción errónea y excesivamente apasionada.

3 Es bien sabido que la ambición puede arrastrarse y volar.

4 En cualquier forma de gobierno, el verdadero legislador es el pueblo.

5 El miedo es el más ignorante, el más injusto y el más cruel de los consejeros.

6 Se acabó aquella sensibilidad de principio, aquella castidad del honor que se dolía de una mancha como si fuera una herida.

7 La ley y el poder arbitrario se hallan en eterna discordia.

8 Hay un límite más allá del cual la tolerancia deja de ser virtud.

9 Las leyes malas son el peor género de tirania.

10 Los individuos pasan como sombras; pero la república es fija y estable.

11 Un miedo atento y previsor es madre de la seguridad.

12 El que lucha con nosotros nos refuerza los nervios y perfecciona nuestra habilidad. El adversario no hace sino ayudarnos.

13 El gobierno es un aparato de la sabiduría humana para proveer a las necesidades del hombre. Los hombres tienen derecho a la satisfacción de estas necesidades.

14 Quejarse del tiempo en que se vive, murmurar de los actuales gobernantes, añorar el pasado y concebir absurdas esperanzas en el futuro son las inclinaciones de la mayor parte de la humanidad.

15 La iglesia es un lugar en el que se debería conceder un día de tregua a las disensiones y a las hostilidades humanas.

16 Las leyes, como las casas, se apoyan unas en otras.

17 Llega el tiempo en que la encanecida cabeza del abuso no inspira ya respeto por su mucha edad.

18 Una gran parte de los males que atormentan al mundo deriva de las palabras.

19 El ejemplo es la escuela de la humanidad; la única escuela que puede instruirla.

20 Alguien dijo que un rey puede hacer un noble, pero no puede hacer un caballero.

21 El hombre, por naturaleza, es un animal religioso.

22 La costumbre nos habitúa a todo.

23 El juego es un principio inherente a la naturaleza humana. Nos afecta a todos.

24 Todo gobierno, como todo beneficio humano y disfrute, toda virtud, y todo acto de prudencia, está basado en un compromiso y un intercambio.

25 La libertad debe ser limitada para poseerla.

26 Las tinieblas inspiran ideas más sublimes que la luz.

27 La libertad abstracta, como todas las abstracciones, no puede hallarse.

28 El propio vicio pierde la mitad de su maldad cuando pierde toda su grosería.

29 El pueblo trabajador es pobre por ser numeroso.

30 Entre la astucia y la credulidad, la voz de la razón queda sofocada.

31 No hay más que una ley, la ley que gobierna toda ley, la ley de nuestro Creador, la ley de la humanidad, de la justicia, de la equidad, la ley de la Naturaleza y de las Naciones.

32 La superstición es la religión de los espíritus débiles.

33 La elocuencia no puede existir sin un grado proporcionado de erudición.

34 ¿Qué es la libertad sin la sabiduría y la virtud? Es el mayor de todos los males posibles, porque es demencia, vicio, desatino y carencia de tutela o freno.

35 Las divisiones en partidos, se muevan para el bien o para el mal, son cosas inseparables de un gobierno libre.

36 Los hombres que se arruinan lo hacen siempre por el lado de sus inclinaciones naturales.

37 ¡La prensa, el cuarto poder...!

Burns, Robert (1759-1797),
poeta escocés.

1 Es una ley de la naturaleza que el hombre fue creado para llorar.

2 Los bribones y los necios son plantas de cualquier terreno.

3 ¡Oh, qué poder tan grande sería el que nos concediera el don de vernos como los demás nos ven!

4 Príncipes y lores no son sino un hálito del rey: «un hombre honesto es la obra más hermosa de Dios».

Burroughs, John (1837-1921),
poeta estadounidense.

1 Es un argumento de mujer decir: haré tal cosa porque quiero hacerla.

Burton, Robert (1577-1640),
teólogo y escritor inglés.

1 La pobreza es el patrimonio de la musa.

2 Un enano encaramado sobre los hombros de un gigante puede ver más lejos que el propio gigante.

3 Si existe un infierno en la tierra, cabe encontrarlo en el corazón de un hombre triste.

4 La indolencia es un apéndice de la nobleza.

5 Por nuestra ignorancia no sabemos las cosas necesarias; por el error las sabemos mal.

6 La esperanza y la paciencia son dos soberanos remedios para todo, son el descanso más seguro y el más blando cojín sobre los cuales podemos reclinarnos en la adversidad.

7 Es un viejo dicho: una palabra hiere más profundamente que una espada.

8 Un hombre no se casó nunca, y ello fue su infierno; otro lo hizo, y eso fue su condenación.

9 El que recurre a la ley (como dice el proverbio) agarra el lobo por las orejas.

10 El hombre es un noble animal, que aparece espléndido cuando se ha convertido en cenizas y está lleno de pompa en la fosa.

11 El que vive de acuerdo con las prescripciones médicas vive infelizmente.

12 La actividad es el imán que atrae todas las cosas buenas.

13 La principal causa de la melancolía es el ocio; no hay mejor remedio que la actividad.

Busch, Moritz (1821-1899),
escritor alemán.

1 Bienaventurados los que nada esperan, porque no quedarán defraudados.

2 Un error bastante extendido y que induce a engaño a muchos jóvenes, es el siguiente: que el amor es una cosa que produce siempre gran placer.

Busch, Wilhelm (1832-1896),
poeta alemán.

1 Un cabello en la sopa nos disgusta sobradamente, aunque sea de la cabeza de la amada.

2 El lírico lleva sus sentimientos al mercado de la misma manera que el aldeano lleva sus cochinillos.

3 ¡Ah! La pura felicidad no la disfruta nunca el que debe pagar y no sabe cómo hacerlo.

4 Felicidad y libertad son negaciones de la realidad.

5 El hombre más bueno se ve obligado a mentir, en ocasiones... y a veces lo hace muy a gusto.

6 Lo «bastante», cuando llega, resulta demasiado poco cuando llegó.

7 Si uno puede disponer de un mínimo de cualquier cosa, siempre surge alguno que se molesta.

8 Con toda razón nos parece el piano, si está bien barnizado y brillante, un magnífico adorno para el salón; pero no deja de ser algo dudoso que proporcione además otro placer.

9 La fortuna nos sonríe, pero nunca llega a hacernos completamente felices. Nos concede un día de estío y nos trae a la vez los mosquitos.

10 Todos tenemos pensamientos necios: solamente que el sabio se los calla.

Butler, Samuel (1612-1680),
poeta inglés.

1 Nunca es tan terca la obstinación como cuando mantiene una creencia equivocada.

2 Los juramentos son tan sólo palabras, y las palabras sólo viento.

3 La vida es el arte de sacar conclusiones suficientes de premisas insuficientes.

4 El que contra su deseo se somete, sigue manteniendo su propia opinión.

5 Cualquier tonto puede decir la verdad, pero un hombre ha de ser algo sensato para saber mentir bien.

6 Basta el instante de un cerrar de ojos para hacer de un hombre pacífico un guerrero.

7 Indudablemente es tan grande el placer de ser engañado como el de engañar.

8 La virtud debe ser la felicidad, y el vicio, la desgracia de toda criatura.

9 Los mismos perros que riñen por un hueso, cuando no lo tienen juegan juntos.

10 Si en el mundo no hubiera más tontos que pícaros, los pícaros no tendrían de quién aprovecharse para vivir.

11 Se ha dicho que una paz injusta se debe preferir a una guerra justa.

12 Siempre es una calamidad menor perder a los padres a los seis años que volverlos a encontrar a los setenta.

13 Los más obstinados suelen ser los más

equivocados, como todos los que no han aprendido a dudar.

14 La virtud y el vicio son como la vida y la muerte o el espíritu y la materia: cosas que no pueden existir sin ser calificadas por su opuesto.

15 Aunque la sabiduría no puede adquirirse con oro, menos todavía puede adquirirse sin él.

16 Las máquinas, siendo por sí mismas incapaces de luchar, han logrado que el hombre luche por ellas.

Byron, Lord (1788-1824),
poeta inglés.

1 La adversidad es el primer paso hacia la verdad.

2 ¡Hombre! Oscilas como un péndulo, entre una sonrisa y una lágrima.

3 La prueba de un afecto puro es una lágrima.

4 Huir de los hombres no quiere decir odiarlos.

5 Ahora voy a dormir.

6 La sangre sirve solamente para lavar las manos de la ambición.

7 La venganza es un deleite, sobre todo para las mujeres.

8 ¿Cuál es el resultado de la fama? En resumen, llenar un cierto espacio de un papel dudoso.

9 La vida es demasiado corta para jugar al ajedrez.

10 Indudablemente es agradable ver estampado el propio nombre; un libro es siempre un libro, aunque no contenga nada.

11 Cuanto más conozco a los hombres, menos los quiero; si pudiese decir otro tanto de las mujeres me iría mucho mejor.

12 ¡Ay de mí! ¡Qué cosa tan profundamente triste es todo pago!

13 La consecuencia será que, no perteneciendo a ningún partido, le ofenderán todos.

14 Dadme la dicha suprema del primer beso de amor.

15 La fama es la sed de la juventud, pero yo no soy tan joven para tener en cuenta el ceño o la sonrisa de los hombres.

16 Desperté una mañana y me encontré famoso.

17 El arte, la gloria, la libertad se marchitan, pero la Naturaleza siempre permanece bella.

18 Lo que llamamos muerte es una cosa que hace llorar a los hombres; y sin embargo se pasan un tercio de su vida durmiendo.

19 El hombre, aunque sea razonable, debe embriagarse; lo mejor que tiene la vida es la embriaguez.

20 Los dramas y las comedias no hacen a la humanidad ni mejor ni peor.

21 El matrimonio procede del amor como el vinagre del vino.

22 Para todos los oficios, excepto el de censor, es necesario un aprendizaje: los críticos están hechos de antemano.

23 El mejor profeta del futuro es el pasado.

24 Rara vez el bien viene de los buenos consejos.

25 El mundo no puede dar alegrías tan grandes como son las que quita.

26 Resulta extraño, pero es cierto: porque la verdad siempre es extraña; más extraña que la ficción.

27 El que no ama a su patria, no puede amar nada.

28 Se necesita un siglo para formar un Estado; una sola hora puede convertirlo en polvo.

29 Aunque me quede solo, no cambiaría mis libres pensamientos por un trono.

30 El recuerdo del gozo ya no es gozo; mientras que el recuerdo del dolor es todavía dolor.

31 Siempre se interpone algo entre nosotros y lo que creemos nuestra felicidad.

32 En el juego hay dos clases de placeres a

nuestra elección: uno el de ganar y el otro el de perder.

33 La buena sociedad constituye una horda de seres refinados que está formada por dos poderosas tribus: los fastidiosos y los fastidiados.

34 Toda la historia humana atestigua que la felicidad del hombre —¡pecador hambriento!— desde que Eva comió la manzana, depende mucho de la comida.

35 En su primera pasión la mujer quiere al amante; en todas las demás no quiere más que al amor.

36 En toda la reserva de su carcaj no tiene el diablo una flecha que tanto hiera el corazón como una voz dulce.

37 Y, en definitiva, ¿qué es una mentira? Nada más que la verdad enmascarada.

38 Es dulce el oír cómo ladra el fiel perro que está de guardia y nos da la bienvenida al acercarnos a nuestro hogar; es dulce saber que hay un ojo que nos verá y brillará más a nuestra llegada.

39 Es en la soledad cuando estamos menos solos.

40 Habla seis veces con la misma mujer soltera, y ya puedes preparar tu traje de boda.

41 Hay peregrinos de la eternidad, cuya nave va errante de acá para allá, y que nunca echarán el ancla.

42 ¡La pluma!, ese poderoso instrumento de los hombres insignificantes.

43 Nada confunde más a un sabio que la risa de un necio.

44 No busco ni necesito la conmiseración; las espinas que recojo son del árbol que yo mismo planté. Ellas me han herido, y sangro. Yo debí saber qué fruto había de brotar de tal semilla.

Miguel de Cervantes   Carlos de Inglaterra   Santiago Ramón y Cajal

Cabanillas, Pío,
político español contemporáneo.

1 Estamos ganando, pero no sabemos quiénes.

Cadalso y Vázquez, José (1741-1782),
escritor español.

1 El que anda en un cortejo es como el bruto que tira de una noria (basto es el ejemplo, pero propio); anda sin fin y con los ojos vendados, y siempre está en una misma parte: nada adelanta, siempre se halla a los principios, y el agua tal cual que saca de los pozos, es para el recreo de otros gustos.

Calderón de la Barca, Pedro (1600-1681),
dramaturgo español.

1 Y en el mundo, en conclusión,
todos sueñan lo que son,
aunque ninguno lo entiende.

2 Ya parece, y con razón,
ingratitud no gozar
las maravillas de Dios.

3 Que a quien la razón no vale,
¿que vale tener razón?

4 ... que a quien liberal ofrece,
sólo aceptar es lisonja.

5 Que de la boca al oído
está a peligro un secreto.

6 Que el que es dueño de la mar
es el dueño de la tierra.

7 Yo soy un hombre de bien
que, a escoger su nacimiento,
no dejara, es Dios testigo,
un escrúpulo, un defecto,
en mí, que suplir pudiera
la ambición de mi deseo.

8 Que entre ingenio y hermosura
el que puede elegir, debe:
si para dama la hermosa,
para mujer la prudente.

9 A quien su industria le vale,
barato el comer le sale.

10 A reinar, fortuna, vamos;
no me despiertes si duermo,
y si es verdad no me aduermas;
mas sea verdad o sueño,
obrar bien es lo que importa;
si fuere verdad, por serlo;
si no, por ganar amigos
para cuando despertemos.

11 Al rey la hacienda y la vida
se ha de dar, pero el honor
es patrimonio del alma,
y el alma sólo es de Dios.

12 Aunque te aconsejes tarde,
mira, oh joven imprudente,
que ser con ira valiente
no es dejar de ser cobarde.

13 ... que errar lo menos no importa
si acertó lo principal.

14 ¿Qué es la vida? Un frenesí,
¿qué es la vida? Una ilusión,
una sombra, una ficción,
y el mayor bien es pequeño;
que toda la vida es sueño,
y los sueños, sueños son.

15 Que los secretos, un muerto
es quien los guarda mejor.

16 ¡Qué presto se consolaron
los vivos de quien murió!
Y más cuando el tal difunto
mucha hacienda les dejó!

17   Quien
ama sin entendimiento,
sonar hace el instrumento,
pero no que suene bien.

18 Quien no tiene ventura,
ofensas halla donde agrados busca.

19 Sé cortés sobremanera,
sé liberal y esparcido;
que el sombrero y el dinero
son los que hacen los amigos...

20 ... si olvidarse el favor suele,
es porque el favor no duele
de la suerte que el agravio.

21 Cuando tan torpe la razón se halla,
mejor habla, señor, quien mejor calla.

22 Siempre el traidor es el vencido y el leal es
el que vence.

23 Siempre en favor de la dama han de estar
los privilegios de la cortesía.

24 Cuatro eses ha de tener
amor para ser perfecto:
sabio, solo, solícito y secreto.

25 ¡Cuántos yerros a hacer
obliga al más cuerdo, el necio
discurso de una mujer!

26 Siempre la música fue
el imán de mis sentidos.

27 Cuentan de un sabio, que, un día,
tan pobre y mísero estaba,
que sólo se sustentaba
de las hierbas que cogía.
—¿Habrá otro? —entre sí decía—
más pobre y triste que yo?
Y cuando el rostro volvió

halló la respuesta viendo
que iba otro sabio cogiendo
las hierbas que él arrojó.

28 De los yerros ajenos, no hay cosa como
callar; y así, perdonad los nuestros.

29 Dichas que se pierden son desdichas más
grandes.

30 El caer no ha de quitar
la gloria de haber subido.

31 El vencedor siempre honra al que ha vencido.

32 ... En fin, este mundo triste
al que está vestido viste
y al desnudo le desnuda.

33 Engañando el día de hoy
y esperando el de mañana.

34 ... Enmendaos para mañana
los que veis los yerros de hoy.

35 En tu vida no has de darle
consejo al que ha menester dinero.

36 ... Fama, honor y vida, son
caudal de pobres soldados,
que en buena o mala fortuna,
la milicia no es más que una
religión de hombres honrados.

37 ¡Válgame Dios, qué cobarde la culpa debe
de ser!

38 Fingimos lo que no somos,
seamos lo que fingimos.

39 ... la cortesía
tenerla con quien la tenga.

40 La mayor victoria:
el vencerse a sí mismo.

41 Llantos no se han de creer
de viejo, niño y mujer.

42 Por más que la suerte adversa se nos de-
clare, el morir es desdicha, más no afren-
ta.

43 Porque tienen de su parte
mucho poder las mentiras
cuando parecen verdades.

44 Llorar de placer se suele,
y es que en nuestro corazón
hay siempre una vibración
que, aun con el placer, nos duele.

45 ¡Mal haya el primero, amén,
que hizo ley tan rigurosa!

46 Todo lo sufren en cualquier asalto,
sólo no sufren que les hablen alto.

47 ... pues estamos
en mundo tan singular,
que el vivir sólo es soñar;
y la experiencia me enseña
que el hombre que vive, sueña
lo que es, hasta despertar.

48 Pues halagáis con la boca,
y matáis con la intención.

49 Nada me parece justo
en siendo contra mi gusto.

50 No hables mal de las mujeres:
la más humilde, te digo
que es digna de estimación,
porque, al fin, dellas nacimos.

51 Última razón de reyes.
(Con posterioridad se ha visto esta frase, por
ejemplo en los cañones de Luis XIV, donde se
inscribía *ultima ratio regum*, y Federico de
Prusia esculpía en los cañones prusianos después de 1742 *última ratio regis*.)

52 ¡Viva quien vence!,
que es vencer perdonando,
vencer dos veces.

53 El mejor amigo, el mar;
la mejor limosna, el viento.

Calímaco (315-244 a.C.),
poeta alejandrino.

1 ¡Oh, Rey del universo! Concédenos virtud y riquezas: la riqueza sin la virtud no
basta a los hombres, ni la virtud es suficiente sin la riqueza.

2 No quiero el camino por donde se arrastran los pasos de la multitud.

Calomarde, Francisco Tadeo (1775-1842),
político español.

1 Manos blancas no ofenden.
(Esta frase histórica la pronunció Tadeo Calo-

marde, siendo ministro, al recibir una sonora
bofetada de la infanta Luisa Carlota.)

Calonne, Carlos Alejandro de (1734-1802),
político francés.

1 Señora, si es posible, está hecho; si es
imposible, se hará.
(Respuesta del ministro de Hacienda francés,
Calonne, a una petición de la reina María Antonieta.)

Calvino, Juan (1509-1564),
reformador francés, fundador del calvinismo.

1 Quemar no es contestar.

2 Es más fácil encontrar dominicos que razones.

Camba, Julio (1884-1962),
escritor español.

1 Un idioma que estuviese obligado a ajustarse a la gramática sería algo así como
una naturaleza que estuviese obligada a
ajustarse a la Historia natural.

2 La mendicidad es algo así como la libertad
de imprenta de los pobres.

Camoens, Luis de (1524-1580),
escritor portugués.

1 ... un rey débil debilita a los hombres fuertes.

2 Niña, quien fía en tus ojos,
en las niñas de ellos ve
que no hay en las niñas fe.

Campbell, Thomas (1777-1844),
escritor escocés.

1 Vivir en los corazones que dejamos tras
nosotros, eso no es morir.

2 La distancia da un especial encanto al paisaje.

Campmany, Jaime,
periodista español contemporáneo.

1 La verdad es peor. A los políticos no les duele lo que te inventes, sino lo que descubras.

Campoamor, Ramón de (1817-1901),
poeta español.

1 Ya tanto tu virtud exteriorizas,
que, a fuerza de pudor, escandalizas.

2 ¿Y el amor? ¿Y la dicha? Los nacidos,
¿no han de tener más fin
que el de ser comedores y comidos
del universo en el atroz festín?

3 Para un viejo, una niña siempre tiene el pecho de cristal.

4 La ley es red en la que siempre se halla
descompuesta una malla
por donde el ruin, que en su razón no fía,
se evade suspicaz...

5 La envidia es la polilla del talento.

6 El tiempo a todos consuela,
sólo mi mal acibara,
pues si estoy triste, se para,
y si estoy dichoso, vuela.

7 El hombre suele hacer todo lo bueno
por la mujer que le llevó en su seno.

8 Todo el amor es triste,
mas, triste y todo, es lo mejor que existe.

9 Miré..., pero no he visto en parte alguna
ir del brazo la dicha y la fortuna.

10 Dios infierno en lo profundo,
no vi tan atroz sentencia
como es la de ir por el mundo
cargado con la conciencia.

11 Más que en el ser amado, la causa del amor está en el que ama.

12 La gloria vale poco ante la historia;
pero ¿vale algo más lo que no es gloria?

13 Mucho sabría, en verdad,
si supiera la razón
dónde acaba la ilusión
y empieza la realidad.

14 Tengo miedo de aquellas
que eclipsan, siendo feas, a las bellas.

15 La ambición más legítima y más pura,
para subir se arrastra hacia la altura.

16 Es la fea graciosa
mil veces más temible que una hermosa.

17 Con tal que yo lo crea,
¿qué importa que lo cierto no lo sea?

18 Llorar de placer se suele,
y es que en nuestro corazón
hay siempre una vibración
que, aun con el placer, nos duele.

19 Hallé una historia, lector
en un viejo pergamino,
donde prueba un sabio autor,
¡ay!, que el variar de destino
sólo es variar de dolor.

20 ¿Por qué habrá tantas cosas en la tierra
que quitan las ganas de mirar al cielo?

21 En materia de ingratas y de ingratos
venimos a salir tantas a tantos.

22 Con la fe de un cristiano verdadero
he dicho y lo repito,
que la vida es un mal apeadero
en la senda inmortal de lo infinito.

23 ¡Bella será una esperanza,
pero es muy dulce un recuerdo!

24 En cuanto a la virtud, creo en la mía.

25 ¡Ay del que va en el mundo
a alguna parte
y se encuentra una rubia
en el camino!

26 Cuando más desesperado
voy del cielo a maldecir...
¡bendigo a Dios, que me ha dado
la esperanza de morir!

27 De todos los calvarios de la Historia,
no hay calvario mayor que el de la gloria.

28 El dolor ni se debe buscar ni se debe rehuir.

29 El mismo amor ellas tienen
que la muerte a quien las ama:

vienen, si no se las llama;
si se las llama, no vienen.

30 Mi querida más fiel fue la esperanza,
que me suele engañar y no me deja.

31 Para obrar con cordura en lo presente
tengo puesto un oído en lo pasado.

32 Te pintaré en un cantar
la rueda de la existencia:
pecar, hacer penitencia
y luego vuelta a empezar.

33 Te sueles confesar con tu conciencia,
y te absuelves después sin penitencia.

34 Y solo, y de sí mismo frente a frente,
empezó a conocer, aunque con pena,
que es la propia bondad cosa excelente
para escabel de la ventura ajena.

35 Y es que en este mundo traidor
nada es verdad ni es mentira:
todo es según el color
del cristal con que se mira.

36 La cuna y el altar son dos moradas
donde viven las madres prosternadas.

37 La niña es la mujer que respetamos
la mujer es la niña que engañamos.

38 No engaña a las mujeres ningún hombre,
por regla general se engañan ellas.

39 No hay una luz más bella que la nube
del humo del hogar que al cielo sube.

40 ¡No olvidéis un instante
que es quedarse atrás no ir adelante!

41 O se escribe con sangre nuestra gloria, o la
borra, al pasar, cualquier brisa.

42 Porque tiene en los valles de la luna
su derecho de asilo el pensamiento.

43 ¡Qué divagar infinito
es este en que el hombre vive,
que siente, piensa y escribe,
y luego borra lo escrito!

44 ¡Qué doctor es tan profundo
en útiles enseñanzas
el dolor!

45 Que en materia de amor y matrimonio,
por muy triste que sea,
puede más que los santos el demonio.

46 Realiza el bueno acciones generosas,
lo mismo que un rosal produce rosas.

47 Si la codicia de pedir es mucha,
el hombre reza, pero Dios no escucha.

48 Tarde vi lo inútil que es
dar gusto a nuestra esperanza,
pues cuando una cosa alcanza
quiere otra cosa después.

49 Voy a decirte una verdad, y es ésta:
«no vale nuestra vida lo que cuesta».

50 ¿Va con uno, y bosteza?
¡Es su marido...!

51 Saben bien los amantes instruidos
que quieren decir *si* tres *no* seguidos.

Camus, Albert (1913-1960),
escritor francés.

1 Los mitos tienen más poder que la realidad. La revolución como mito es la revolución definitiva.

2 No esperéis el juicio final: tiene lugar todos los días.

3 Si el hombre fracasa en conciliar la justicia y la libertad, fracasa en todo.

4 Allí donde reina la lucidez, la escala de valores resulta inútil.

5 Darse no tiene sentido más que si uno se posee.

6 El absurdo es la razón lúcida que constata sus límites.

7 Los que aman de veras la justicia no tienen derecho al amor.

8 No es difícil tener éxito. Lo difícil es merecerlo.

9 Hacer sufrir es la única manera de equivocarse.

10 La necesidad de tener razón: señal de espíritu vulgar.

Canalejas, José (1854-1912),
político español.

1 Cuando no haya alguno que personalmente aparezca responsable del daño ocasionado por hombre u objeto que de él dependa, responderá la comunidad; cuando nadie pueda legítimamente ser llamado a responder, responderá el Estado.

2 No ha de contentarse el Estado con proclamar la igualdad política y la igualdad civil; está obligado a intervenir activamente para prestar condiciones positivas que hagan posible la vida plenamente humana de todos sus miembros.

Canetti, Elías,
escritor contemporáneo, premio Nobel de 1981.

1 Un mundo sin años.

2 ¿Habrá alguna idea que merezca no ser pensada de nuevo?

3 Sólo podrás evadirte en otra actitud ante la muerte. Jamás podrás evadirte.

4 ¿Conque no ha perdido aún las esperanzas de una vida eterna?

5 Sólo conozco una redención: que lo que está en peligro siga viviendo, y en ese momento de la redención no me pregunto si mucho o poco tiempo.

6 Cristo en la cruz, y a su lado cuelgan los ladrones. La compasión de unos por otros.

7 ¡De qué desprecios ha estado compuesta su vida!

8 La muerte aceptada con resignación no es ningún honor.

9 El espíritu vive del azar, pero ha de echarle mano.

10 Sé que no he hecho nada. ¿De qué sirve decirse que muchos ni siquiera saben esto de sí mismos?

11 Como si pudiera saberse de qué buena acción es capaz un ser humano; después de todo, tampoco se sabe de qué mala.

Cano, Melchor (1509-1560).
teólogo español.

1 Triste y perezoso son tan hermanos, que por maravilla se aparta el uno del otro.

Cánovas del Castillo, Antonio (1828-1897),
político español.

1 Nunca me enfado por lo que las señoras me piden, sino por lo que me niegan.

2 Hace mucho tiempo que yo hubiera dejado de intervenir en el gobierno de este país, si esperase como recompensa de mis actos la gratitud.

3 El éxito no da ni quita la razón a las cosas.

4 No hay más alianzas que las que trazan los intereses, ni las habrá jamás.

5 Con la patria se está, con razón y sin razón, en todas las ocasiones y en todos los momentos de la vida, como se está con el padre, con la madre, con la familia, con todo aquello que es el complemento de nuestra personalidad.

6 Aquel que en la doctrina es adversario, no es ni debe ser por eso enemigo personal.

7 Hace la caridad con reflector.
(Comentario de Cánovas ante la noticia de que un banquero enviaba a los periódicos la relación de las obras de caridad que hacía.)

8 En política lo que no es posible es falso.

9 ... la fácil, pero estúpida, bandera del todo o nada, que jamás ha aprovechado en este mundo a nadie...

10 Todo decae en nuestro país menos la raza.

Cantú, César (1804-1895),
historiador italiano.

1 Cuantas menos necesidades tengáis, más libres sois.

2 Gasta siempre una moneda menos de lo que ganes.

3 Donde hay una mujer, el pobre no padece.

4 Cumplir el propio deber vale más que el heroísmo.

5 Jefe debería ser aquel que supera a los demás en virtudes, habilidad y saber; quien emplease el poder supremo sin tener en cuenta la comodidad o la utilidad propia. El poder público corresponde al hombre capaz de hacer que prevalezcan las leyes comunes de la sociedad, es decir, la justicia, la razón y la verdad.

6 La falsa ciencia es peor que la ignorancia. La ignorancia es un campo virgen que se puede labrar y sembrar; la falsa ciencia es un campo infectado de malas hierbas, que es trabajoso extirpar.

7 El dinero consagrado a la beneficencia no tiene mérito si no representa un sacrificio, una privación.

8 La maledicencia torna peor al que la usa, al que la escucha y, a veces, incluso al que es objeto de ella.

9 El dolor posee un poder reformador; nos hace más buenos, más compasivos, nos centra en nosotros mismos, nos persuade de que la vida no es una distracción sino un deber.

10 El pan más sabroso y la comodidad más agradable son los que se ganan con el propio sudor.

11 La peor prodigalidad es la del tiempo.

12 Las alabanzas de los hijos y, especialmente, de las hijas, recaerán sobre la madre.

13 Ciertos matrimonios creados únicamente por la belleza se vician al desvanecerse la ilusión. Es preciso buscar las cualidades personales y, principalmente, las morales.

14 Cuando una opinión falsa corre entre las gentes conviene combatirla, porque, de otro modo, se arroga el título de sentido común.

Capek, Karel (1890-1938),
dramaturgo y novelista checo.

1 Y, sin embargo, la fe más grande sería creer en el hombre.

2 La verdad debe pasarse de contrabando, hay que difundirla poco a poco, una gota aquí, una gota allá, para que la gente se habitúe. Y no así de una sola vez.

3 Los hombres primero deberían creer en los hombres y el resto vendría naturalmente.

4 ¿Un gran amor? Yo pienso que un gran amor existe cuando dos personas llegan a soportarse durante toda una vida permaneciendo mutuamente fieles y abnegados.

Capote, Truman (1924-1984),
novelista norteamericano.

1 Es imposible que un hombre que goza de su libertad, se haga cargo de lo que significa estar privado de ella.

Capus, Alfred (1858-1922),
periodista y dramaturgo francés.

1 Además, y como ya habrás podido comprobar, en nuestra época no se casa uno bien la primera vez. Hace falta repetir.

2 Lo malo en el matrimonio es que uno de los consortes ame aun cuando el otro ya ha dejado de amar. Pero si ninguno de los dos ama, pueden ser perfectamente felices.

3 Cuando ella no es más que una muchacha, se hace muchas ilusiones sobre el matrimonio. Pero aún se hace más sobre la viudedad. Esto carece de importancia.

Caraffa, Carlos (1519-1561),
cardenal italiano.

1 El mundo quiere ser engañado, engañémosle pues.

Carducci, Giosué (1835-1907),
poeta italiano.

1 El arte, por sí solo, es un trasto inútil; la

ciencia, en sí misma, es un inútil tormento; cuando se aúnan las dos en pro de una acción fraternalmente humana, con la luz que emana de los ejemplos ofrecidos por grandes espíritus, son la corona de la vida.

2 No poseer el sentimiento de la propia dignidad y, con ello, de la propia fuerza, es un signo sumamente desfavorable para los hombres como para las naciones.

3 Es una bellaquería el deber o el querer estar de acuerdo con la mayoría.

Carlos I (1600-1649),
rey de Inglaterra.

1 Remember! (¡Acordaos!)
(Última palabra de Carlos I de Inglaterra sobre el patíbulo.)

2 La muerte no me asusta, y gracias a Dios, estoy preparado para sufrirla; mas si mis enemigos me viesen temblar de frío, creerían que era de miedo.

3 Nunca hagas de ti una defensa apologética, antes de verte acusado.

Carlos I (1500-1558),
rey de España y emperador de Alemania.

1 Yo no hago guerra a los muertos, descanse en paz: ya está delante de su Juez.
(Palabras de Carlos I, en Witemberg, ante el sepulcro de Lutero, respondiendo a los que le aconsejaban que mandase aventar sus cenizas.)

2 Haz buena provisión de papel y tinta, que yo te daré ocasión de escribir grandes hazañas.

3 La fortuna es como las mujeres: prodiga los favores a la juventud y desprecia los cabellos blancos.

4 La razón de estado no se ha de oponer al estado de la razón.

5 La suerte es una cortesana que reserva sus favores para los jóvenes.

6 No gobiernan los pies, sino la cabeza.

7 No me toquéis al viejo que me ayuda extremadamente a gobernar bien.

8 Tanto vale ser conde de Barcelona como emperador de Roma.

9 Yo y la ocasión favorable.

10 Un buen ejército necesita tener cabeza italiana, corazón alemán y brazo castellano.

11 La moderación es siempre la táctica preferible.

12 Los literatos me instruyen; los comerciantes me enriquecen, y los grandes me despojan.

13 Cuando los hombres quieren obrar mal, invocan siempre la conciencia y el honor.

Carlos III (1716-1788),
rey de España.

1 Este es el primer disgusto que me ha dado en veintidós años de matrimonio.
(Estas palabras las pronunció Carlos III al recibir la noticia del fallecimiento de su esposa la reina Amalia.)

Carlyle, Thomas (1795-1881),
historiador inglés.

1 En los libros vive el alma de todo el pasado, la voz articulada de los tiempos pretéritos.

2 El hombre que no puede admirar nada, y que de ordinario no se maravilla de nada prosternándose en muda adoración... es como unos lentes sin ojos detrás.

3 El genio significa, sobre todo, una extraordinaria capacidad para sufrir.

4 La palabra imposible no es afortunada; no viene ningún bien de aquellos que la tienen tan a menudo en la boca.

5 Ningún gran hombre vive en vano; la historia del mundo no es más que la biografía de los grandes hombres.

6 Nivelar es una cosa cómoda, como frecuentemente decimos; pero nivelar solamente por debajo de nosotros mismos.

7 Los grandes hombres suelen ser desconocidos; o, lo que es peor todavía, mal conocidos.

8 No hables, en manera alguna, hasta que tengas algo que decir.

9 De nada le sirve al hombre lamentarse de los tiempos en que vive. Lo único bueno que puede hacer es intentar mejorarlos.

10 La palabra es del tiempo y el silencio de la eternidad.

11 Nunca oí hablar de un valiente que hubiera nacido de personas absolutamente estúpidas.

12 Los bellos discursos no son, en el Parlamento, la necesidad más urgente.

13 La naturaleza no tolera las mentiras.

14 Para vernos bien es preferible la luz de una modesta vela que la magnificencia esplendorosa de unos fuegos artificiales.

15 Las palabras que no culminan en cualquier forma de actividad es mejor que sean suprimidas por completo.

16 El más miserable día que pasa sobre nosotros representa la concurrencia de dos eternidades; está formado por las corrientes que nacen del pasado más remoto y que discurren hacia el futuro más remoto.

17 Por medio de cifras cabe demostrar cualquier cosa.

18 La música en una boda me hace siempre pensar en la que acompaña a los soldados que se van a la guerra.

19 Procura cumplir el deber que esté a tu alcance y que consideres que es un deber. El segundo deber te resultará más claro.

20 El periodismo es cosa grande. ¿Acaso un buen periodista no es un gobernador del mundo, si lo acierta a mover?

21 La verdadera iglesia de Inglaterra en estos días está constituida por los periodistas. Son ellos que predican al pueblo cada día, cada semana.

22 ¿Puede haber en el mundo algo más despreciable que la elocuencia de un hombre que no dice la verdad?

23 La miseria de cualquier género no es la causa, sino el efecto de la inmoralidad.

24 Si se considera justamente, ni el más humilde objeto es insignificante: todos los objetos son como ventanas a través de las cuales el ojo del filósofo mira el mismo infinito.

25 La esencia del humorismo es la sensibilidad: la cálida y tierna simpatía por todas las formas de la existencia.

26 La contemplación es un lujo; la acción una necesidad.

27 Historia: una destilación del rumor.

28 Suele afirmarse que cada batalla es un malentendido.

29 Existen solamente dos formas de pagar las deudas: esforzándose en aumentar los ingresos o esforzándose en aminorar los gastos.

30 Una vida bien escrita es tan rara como una vida bien empleada.

31 La soledad exaspera o apaga el corazón y pervierte o debilita las aptitudes.

32 Estamos a punto de despertarnos cuando soñamos que soñamos.

33 En verdad, el arte de escribir es la cosa más milagrosa de cuantas el hombre ha imaginado.

34 El universo no es más que un vasto símbolo de Dios.

35 A fin de cuentas, la historia es la poesía verdadera.

36 ¿Acaso no es también el día más vulgar la confluencia de dos eternidades?

37 Ahora comprendo que el sarcasmo es el lenguaje del demonio.

38 El mundo es una vieja comadre y cambia un penique por una moneda de oro; de este modo, al ser engañada con frecuencia, acabará por perder su fe en la moneda corriente.

39 El presente es la viviente suma total del pasado.

40 De ciento que pueden soportar la adversidad, apenas hay uno que pueda sobrellevar la prosperidad.

41 ¡Cuántas cosas hay en una risotada! Es la clave secreta con que se descifra un hombre entero.

42 Bendito sea el que ha encontrado su trabajo. Que no pida otra felicidad.

43 Comprendo ahora que, en general, el sarcasmo es el lenguaje del diablo.

Carnegie, Dale (1888-1955),
escritor norteamericano.

1 Todos tenemos el don de saber hablar. Si alguien lo duda, que le dé un puñetazo a un esconocido. Es probable que éste le eche un discurso en estilo casi impecable.

2 Cuando un hombre no tiene sus ideas en orden, cuantas más tenga, mayor será su confusión.

3 Las cartas de amor se escriben empezando sin saber lo que se va a decir y se terminan sin saber lo que se ha dicho.

4 Nadie es dueño del público sino cuando es dueño de sí mismo, y nadie es dueño de sí mismo sino cuando es dueño de su voz.

5 Personalmente me gustan mucho las fresas con crema; pero por alguna razón misteriosa los peces prefieren las lombrices. Por eso cuando voy de pesca no cebo mi anzuelo con fresas en crema, sino con lombrices.

6 No hables hasta que estés seguro de que tienes algo que decir y sepas lo que es. Entonces dilo y luego siéntate.

7 Para hacer un buen discurso hay que tener acumulado mucho más material del que se usa.

8 El talento de la conversación consiste en no hacer ostentación del propio, sino en hacer brillar el de los demás.

Caro, Annibale (1507-1566),
escritor italiano.

1 ¡Cuántos peligros nos evitaríamos y cuánta más salud se lograría si no existieran los médicos, los Avicenas y sus infinitos colegas mortíferos!

2 El espíritu del hombre nunca se da por satisfecho: cambia incesantemente y se cansa del reposo como del trabajo.

3 El ocio es una de las aflicciones que pueden pesar sobre un espíritu activo.

4 Nunca es tan rígido el dolor que el tiempo no lo temple e incluso lo anule.

5 ¡Qué justicia más expedita se haría si no se mezclaran los doctores, notarios, escribanos y otras muchas arpías de los hombres!

Carpenter, Edward (1844-1929),
escritor inglés.

1 La juventud considera la vida como si fuera oro purísimo; la vejez tiene presente la aleación.

Carrel, Alexis (1873-1944),
médico francés.

1 Al obrero no se le permite usar de su inteligencia.

2 Una tentativa desgraciada vale más que la ausencia de toda tentativa.

3 Es imposible educar niños al por mayor; la escuela no puede ser el sustitutivo de la educación individual.

4 La humanidad nunca ha ganado nada con los esfuerzos de la masa; con la labor de los genios, sí.

5 Las cárceles están llenas de atrasados mentales; pues la mayoría de los criminales inteligentes están en la calle.

6 Si estuviésemos totalmente desprovistos de egoísmo, seríamos incapaces de vivir.

7 La naturaleza, lejos de ser una cosa abstracta, es algo viviente que se ofrece a quienes la interrogan para encontrar respuesta a muchas incertidumbres.

8 El mejor medio para aumentar la inteligencia de los sabios sería reducir su número.

9 La ciencia del hombre es la más difícil de todas las ciencias.

10 Sólo la imaginación creadora es capaz de inspirar las conjeturas y los sueños preñados de mundos futuros.

Carrere, Emilio (1881-1947),
escritor español.

1 Si acaso no he conseguido
el amor y la fortuna,
es porque nunca he podido
llegar a la hora oportuna.

Carroll, Lewis (1832-1898),
pastor protestante inglés.

1 Si cada cual se ocupara de lo suyo, el mundo daría sus vueltas más aprisa.

2 Preocúpate del sentido, y las palabras saldrán por cuenta propia.

Casiodoro, Magno Aurelio (468-562),
escritor latino.

1 El dinero se adquiere con trabajo, se guarda con temor y se pierde con gravísimo dolor.

Casona, Alejandro (1913-1965),
autor dramático español.

1 Vale más sembrar una cosecha nueva, que llorar por la que se perdió.

2 Un buen profesor debe parecerse lo más posible a un mal estudiante.

3 No hay ninguna cosa seria que no pueda decirse con una sonrisa.

4 Se empieza a ser viejo cuando uno se decide a no expresar en público más ideas que las que son gratas a quien le escucha.

5 Hablar poco, pero mal, ya es mucho hablar.

6 Hay gente que tiene la palabra fácil y la cara muy difícil; se les entiende cuando hablan, pero no se les entiende cuando no hablan.

7 Llorar, sí; pero llorar de pie, trabajando; vale más sembrar una cosecha que llorar por la que se perdió.

8 Algunos milagros los hace el diablo y hay que llorarlos después.

9 No hay nada que un hombre no sea capaz de hacer cuando una mujer le mira.

10 Si eres feliz, escóndete. No se puede andar cargado de joyas por un barrio de mendigos. No se puede pasear una felicidad como la tuya por un mundo de desgraciados.

11 Una conversación entre mujeres es como cuando llueve en el mar.

Castaños, Francisco Javier (1758-1852),
general español.

1 Estoy en el Domingo de Ramos y pienso en mi Viernes Santo.

2 Nada me duele, pero soy tan viejo que me da vergüenza decir que estoy bueno.

3 Mala noche y parir hembra.

4 Con ellos entré en Bailén y era más difícil.

Castelar, Emilio (1832-1899),
político español.

1 Tras la desconfianza en el propio criterio, viene la inmoralidad en la vida.

2 Que se pierda mi nombre, pero que no se pierda la República.

3 La demagogia cree que su fiebre es vida, y su fiebre es tisis.

4 La libertad no es un don gratuito y objeto de juego y de lujo; se obtiene con una gran madurez de juicio, y se consolida con una gran severidad de costumbres.

5 Así como la libertad moral es el derecho de usar de nuestra propia vida bajo nuestra responsabilidad, la libertad social es el

derecho que tienen todos los ciudadanos de obedecer a la ley.

6 El labrador es el rey de la naturaleza, pero el esclavo de la sociedad.

7 Cuando el pensamiento calla, las revoluciones hablan.

8 Las coaliciones son siempre muy pujantes para derribar, pero son siempre impotentes para crear.

9 Libertad es el derecho de obedecer sólo a la ley, e igualdad el derecho de obedecer todos una misma ley.

10 Una vida en que no cae una lágrima es como uno de esos desiertos en que no cae una gota de agua: sólo engendra serpientes.

11 Y siempre se ha visto que para todo sirven las bayonetas menos para sentarse en ellas.

12 No quiero pensar, porque no quiero que el dolor del corazón se una al dolor del pensamiento.
(Palabras con que Castelar expresó su sentimiento al tener noticia del asesinato de Cánovas, su adversario político.)

13 El mundo es para el hombre una tienda de campaña, levantada un instante para albergarle un día.

Castelldosrius, marqués de (1650-1710),
diplomático español.

1 ¡Ya no hay Pirineos!
(Frase atribuida por Voltaire a Luis XIV; sin embargo, pertenece al embajador español en Francia, Castelldosrius.)

Castelli, Ignaz Franz (1781-1862),
dramaturgo austriaco.

1 Cuando se sabe que lo justo cae a un lado, es malo mantenerse neutral.

Casti, Giovanni Bautista (1721-1803),
poeta italiano.

1 Rangos, grados, distintivos y adornos, condecoraciones y garambainas de todo género; títulos, blasones y honores; cosas que dan mérito a quienes no lo poseen.

2 Digno de gloria es el que roba un reino; pero el que roba poco, bien merece un cabestro.

Castiglione, Baltasar (1478-1529),
poeta italiano.

1 Por natural inclinación, todos nos mostramos más prestos a censurar los errores que a loar las cosas bien hechas.

2 Mucho falta a la mujer que carece de belleza.

3 Las mujeres son naturalmente capaces de las mismas virtudes que los hombres.

4 En los jóvenes constituye un mal signo la excesiva sabiduría.

5 Corresponde a la mujer tener una ternura suave y delicada, con distinguidos movimientos de dulzura femenina; que en el andar, estar y decir lo que se quiera aparezca siempre como mujer, sin ninguna similitud con el hombre.

6 Los hombres no tienen otra cosa que los bienes, el cuerpo y el alma. De los bienes se ocupan los jurisconsultos; del cuerpo los médicos, y del alma, los teólogos. Pero raramente se encuentra un jurisconsulto que litigue, ni un médico que tome medicinas, ni teólogo que sea cristiano.

7 Perdonando demasiado al que yerra se comete una injusticia con el que no falla.

Castro, Fidel,
político cubano contemporáneo.

1 Ni los muertos pueden descansar en paz en un país oprimido.

Castro, Guillén de (1569-1631),
dramaturgo español.

1 ¡Bienaventurado aquel
que por sendas escondidas
en los campos se entretiene,
y en los montes se retira!

2 ¡Nunca perros ladradores
tienen valientes colmillos!

Castro, Rosalía de (1837-1885),
poetisa española.

1 Es más fuerte, si es vieja,
la verde encina;
más bello el sol parece
cuando declina;
y esto se infiere
porque ama uno la vida
cuando se muere.

2 La duda, inseparable compañera de los
espíritus cavilosos y atormentados por inmortales deseos, que jamás podrán ser en
la tierra satisfechos...

3 Nunca por el bien que hagas esperes ser
remunerado en la Tierra.

4 ¡Qué necias son las gentes,
qué necias, vive Dios,
que quieren zurrar siempre
y que las zurren no!

5 Sin los ancianos, el mundo se hubiera
parecido a una escuela de párvulos.

6 Quien contempla la ilusión
de su esperanza soñada
muriendo en el corazón
al grito de la razón;
¿qué es lo que le queda?... ¡Nada!

7 Todo, señores, tiene
fin en la Tierra;
y porque esto que digo
mejor se entienda,
si no lo saben,
sepan que de los rotos
viven los sastres.

Catalina de Siena, Santa (1347-1380),
doctora de la Iglesia italiana.

1 Una cosa te pido, y es que no te dejes
llevar por excesivos consejos. Es mejor
que elijas un consejero que te aconseje
sinceramente, y seguirlo. Cosa peligrosa
es acompañar a muchos.

2 Solamente la perseverancia es coronada.

3 Queriendo padecer encuentras deleite; y
queriendo deleite hallas dolor.

4 En las amarguras desearéis la dulzura, y
en la guerra, la paz.

5 Sed fuertes, constantes y perseverantes
en la virtud; que no haya demonio ni
criatura que por amenazas o adulaciones
os hagan volver la cabeza atrás en caso
alguno.

6 De igual modo que los pies llevan el cuerpo, el afecto lleva el alma.

Catalina de Rusia (1683-1727),
zarina rusa.

1 La victoria es un enemigo de la guerra y el
comienzo de la paz. La guerra desaparece
con la victoria y la paz se abre paso.

Catalina y del Amo, Severo (1832-1871),
político y escritor español.

1 Si algunas mujeres se convenciesen de
que la hermosura es el primer presente
que la naturaleza les hace y el primero que
les quita, no llevarían al estreno su idola-
tría personal.

2 Se dice a los jóvenes que valen mucho, y
no se dice cuánto.

3 Los celos brotan ordinariamente en los
hombres por falta de talento, y en las mujeres por exceso de penetración.

4 No olvide nadie, y en especial las mujeres,
que la nobleza sin virtudes es luz que
alumbra más y más los defectos de quien
la posee.

5 Las mujeres han compuesto el gran

poema del amor, y los hombres le comentan sin llegar a comprenderlo.

6 La ilusión no es más ni menos que una agradable aberración de la esperanza.

7 La esperanza es un árbol en flor que se balancea dulcemente al soplo de las ilusiones.

8 El hombre busca la felicidad: la mujer la espera.

9 Del corazón a la inteligencia es más fácil el camino que de la inteligencia al corazón.

10 El divorcio es el recurso heroico de las almas pequeñas.

11 La modestia es un encanto duradero que suple o duplica los encantos efímeros de la hermosura.

12 La mujer perdona las infidelidades; pero no las olvida. El hombre olvida las infidelidades; pero no las perdona.

Catón, Marco Porcio, llamado «el Censor» (234-149 a.C.), *político y orador romano.*

1 A nadie perjudicó el haber guardado silencio.

2 Acuérdate de temer los que fingen humildad y que hablan poco.

3 Amargas son las raíces del estudio, pero los frutos son dulces.

4 Amonesta privadamente al amigo, y alábalo en público.

5 Considera dignas de afecto las cosas que son despreciables, pero que se dan; en cambio, las cosas que te son queridas deberás darlas y reputarlas despreciables; de este modo no te considerarán codicioso ni avaro.

6 Es un consuelo para los miserables haber tenido compañeros de infortunio.

7 Hay que destruir a Cartago (Ceterum censeo, Charthaginem esse delendam).

8 La ocasión tiene cabellos en la frente; por detrás es calva.

9 El mejor camino para recordar las buenas acciones es refrescarlas con otras nuevas.

10 Ninguna ley es cómoda para todos.

11 No te avergüences de querer aprender las cosas que no sabes, porque es digno de alabanza el saber alguna cosa, y es vergüenza no querer saber nada.

12 La primera virtud es la de frenar la lengua; y es casi un dios quien teniendo razón sabe callarse.

13 No teme la muerte quien sabe despreciar la muerte.

14 Son más útiles los necios a los sabios, que los sabios a los necios porque los defectos del necio advierten al sabio; y del sabio, nunca toma nada el necio.

Catulo, Cayo Valerio (87-h. 53 a.C.), *poeta latino.*

1 No hay cosa más estúpida que el reír estúpidamente.

Cavour, Camilo, conde de (1810-1861), *estadista italiano.*

1 Una Iglesia libre es un Estado libre.

2 Existen circunstancias en que la audacia es la verdadera prudencia.

Caxton, William (1422-1491), *editor británico.*

1 Hay un tiempo para hablar y un tiempo para callar.

Caylus, conde de (1692-1765), *arqueólogo francés.*

1 Para vivir en paz es más necesario esconder los méritos que los defectos.

Cela, Camilo José,
escritor español contemporáneo.

1 Tomar las cosas demasiado en serio nunca trae buena cuenta.

2 Recibir anónimos, Eliacim, fue siempre un lujo difícil, algo que no todo el mundo puede permitirse, algo que a muchos está vedado.

3 Los hijos mayores, a veces incluso a su pesar, suelen llevar pintado en la frente un borrón oscuro que les entenebrece el ánimo y la voluntad: ser hijo mayor es uno de los menesteres más peligrosos que puedan caber a un hombre.

4 La más noble función de un escritor es dar testimonio, como con acta notarial y como fiel cronista, del tiempo que le ha tocado vivir.

5 Las tómbolas se han hecho para que florezca la ilusión, no para que grane la ilusión.

6 Es cruel y amarga la indiferencia de lo que está vivo y rozagante hacia lo que, mustio y derrotado, se muere lentamente.

7 De la primera a la segunda edición de algunos libros no hay más diferencia que las erratas de imprenta, que nunca coinciden.

8 Bastantes embustes mete uno para que no aguante los de los demás.

9 ... El argot, hijo mío, es un poco ese pariente tarambana a quien todos envidian y todos fingen despreciar.

10 La discusión, como el amor y el afán de mando, me parecen un claro signo de deficiencia mental.

11 Llegar a la meta prevista en la vida cuando la vida se apaga, no nos puede ilusionar. No es menester llegar el primero a nada; es, por el contrario, de toda necesidad el llegar a tiempo.

12 A siete años de un suceso, el suceso ya es otro.

Céline, Louis-Ferdinand (1894-1961),
novelista francés.

1 Los peores verdugos son los que tienen buen corazón, y bajo el pretexto de ternura dan doce golpes con el hacha en vez de uno, que ya bastaría.

2 Nunca se desconfía bastante de las palabras.

3 Los niños son como los años, nunca se los vuelve a ver.

4 Me gustan las ciudades desconocidas. Es el momento y el sitio donde se puede suponer que toda la gente que nos rodea es amable.

Celso (s. II d.C.),
poeta latino.

1 Las cosas imposibles no pueden obligar.

2 El ocio debilita el cuerpo; el trabajo lo refuerza. Aquél te produce una rápida vejez, y éste una larga juventud.

Cellarius Palatinus, Andrés (s. XVII),
filólogo alemán.

1 Los astros rigen el destino de los hombres, pero Dios rige el de los astros.

Cendrars, Blaise (1887-1961),
escritor francés.

1 Es en lo que tienen de más común en lo que los hombres se diferencian más.

2 No mojo la pluma en un tintero, sino en la vida.

3 Vivir es una acción mágica.

Centlivre, S. (h. 1667-1723),
escritor inglés.

1 Es mi opinión que cada uno es mentiroso

a su modo; solamente es sincero el que no es descubierto.

Cernuda, Luis (1902-1963),
poeta español.

1 Por todas partes el hombre mismo es el estorbo peor para su destino de hombre.

2 Cuando la realidad visible parece más bella que la imaginada es porque la miran ojos enamorados.

Cervantes, Miguel de (1547-1616),
escritor español.

1 El que larga vida vive, mucho mal ha de pasar.

2 El que tiene costumbre y gusto de engañar a otro no se debe quejar cuando es engañado.

3 Júntate a los buenos y serás uno de ellos.

4 Al que has de castigar con obras no trates mal con palabras, pues le basta al desdichado la pena del suplicio sin la añadidura de las malas razones.

5 La alabanza propia envilece.

6 El retirar no es huir, ni el esperar es cordura, cuando el peligro sobrepuja a la esperanza.

7 El sueño es el alivio de las miserias de los que las tienen despiertas.

8 La alabanza tanto es buena cuanto es bueno el que la dice, y tanto es mala cuanto es vicioso y malo el que alaba.

9 Cuando la cabeza duele, todos los miembros duelen.

10 La belleza del cuerpo muchas veces es indicio de la hermosura del alma.

11 Cuando la cólera sale de madre, no tiene la lengua padre, ayo ni freno que la corrija.

12 La codicia rompe el saco.

13 Cuando la zorra predica, no están seguros los pollos.

14 La culpa del asno no se ha de echar a la albarda.

15 La diligencia es madre de la buena ventura.

16 ... de las damas que llaman cortesanas decía que todas, o las más, tenían más de corteses que de sanas.

17 En los apretados peligros toda razón se atropella.

18 En los reinos y en las repúblicas bien ordenadas había de ser limitado el tiempo de los matrimonios, y de tres en tres años se habían de deshacer o confirmarse de nuevo, como cosas de arrendamiento, y no que hayan de durar toda la vida, con perpetuo dolor de entrambas partes.

19 Entre casados de honor,
cuando hay pleito descubierto,
más vale el peor concierto
que no el divorcio mejor.

20 La mujer ha de ser buena,
y parecerlo, que es más.

21 Entre los ricos y los pobres no puede haber amistad duradera, por la desigualdad inevitable entre la riqueza y la pobreza.

22 Es de vidrio la mujer;
pero no se ha de probar
si se puede o no quebrar,
porque todo podría ser.

23 Contra el callar no hay castigo ni respuesta.

24 Es mejor ser loado de los pocos sabios, que burlado de los muchos necios.

25 No se mueve la hoja en el árbol sin la voluntad de Dios.

26 No se toman truchas a bragas enjutas.

27 Cuando a Roma fueres haz como vieres.

28 La fama, que pocas veces miente...

29 La figura de la muerte, en cualquier traje que venga, es espantosa.

30 La fuerza de los valientes cuando caen, se pasa a la flaqueza de los que se levantan.

31 Algo va de Pedro a Pedro.

32 Allá van leyes, do quieren reyes.

33 No seas siempre riguroso ni siempre blando, y escoge el medio entre esos dos extremos; que en esto está el punto de la discreción.

34 De los enemigos, los menos.

35 La pluma es lengua del alma.

36 La valentía es una virtud que está puesta entre dos extremos viciosos, como son la cobardía y la temeridad; pero menos mal será que el que es valiente toque y suba al punto de temerario, que no que baje y toque en el punto de cobarde.

37 Donde hay fuerza de hecho se pierde cualquier derecho.

38 No son burlas las que duelen, ni hay pasatiempos que valgan si son con daño de tercero.

39 La honra del amo descubre la del criado; según esto, mira a quién sirves y verás cuán honrado eres.

40 La lengua maldiciente, es como espada de dos filos, que corta hasta los huesos, o como rayo del cielo, que sin romper la vaina, rompe y desmenuza el acero que cubre.

41 Nunca el consejo del pobre, por bueno que sea, fue admitido, ni el pobre humilde ha de tener presunción de aconsejar a los grandes y a los que piensan que se lo saben todo: la sabiduría en el pobre está asombrada, que la necesidad y miseria son sombras y nubes que la oscurecen, y si acaso se descubre, la juzgan por tontedad, y la tratan con menosprecio.

42 Nunca la cólera prometió buen fin de sus ímpetus: ella es pasión de ánimo, y el apasionado pocas veces acierta en lo que emprende.

43 Dime con quien andas, decirte he quién eres.

44 ¡Oh envidia, raíz de infinitos males y carcoma de las virtudes! Todos los vicios, Sancho, traen un no sé qué de deleite consigo: pero el de la envidia no tal sino disgusto, rencores y rabias.

45 Dios sufre a los malos, pero no para siempre.

46 La mejor salsa del mundo es la hambre, y como ésta no falta a los pobres, siempre comen con gusto.

47 Las acciones que ni mudan ni alteran la verdad de la historia, no hay para qué escribirlas.

48 Para sacar una verdad en limpio menester son muchas pruebas y repruebas.

49 ¡Oh fuerza de la adulación, a cuánto te extiendes, y cuán dilatados límites son los de tu jurisdicción agradable!

50 Ambición es, pero ambición generosa, la de aquel que pretende mejorar su estado sin perjuicio de tercero.

51 Las comparaciones que se hacen de ingenio a ingenio, de valor a valor, de hermosura a hermosura, y de linaje a linaje, son siempre odiosas y mal recibidas.

52 Por la calle del «ya voy» se va a la casa de «nunca».

53 Por tres cosas es lícito que llore el varón prudente: la una, por haber pecado; la segunda, por alcanzar el perdón dél; la tercera por estar celoso; las demás lágrimas no dicen bien en un rostro grave.

54 Las grandes venturas que vienen de improviso, siempre traen consigo alguna sospecha.

55 Letras sin virtud son perlas en el muladar.

56 Así mata la alegría súbita como el dolor grande.

57 Donde hay mucho amor no suele haber demasiada desenvoltura.

58 Donde reina la envidia, no puede vivir la virtud, ni adonde hay escasez la liberalidad.

59 Por un morenito de color verde, ¿cuál es la fogosa que no se pierde?

60 Lo que te sé decir es que no hay fortuna en el mundo, ni las cosas que en él suceden, buenas o malas que sean, vienen acaso, sino por particular providencia de los cielos; y aquí viene lo que suele decirse, que cada uno es artífice de su ventura.

61 Prudencia es apartar de nosotros las cosas que nos dañan, y es natural cosa aborrecer las que nos hacen mal y aquellas que nos estorban el bien.

62 Los azotes que los padres dan a los hijos, honran, y los del verdugo afrentan.

63 Puesto ya el pie en el estribo con las ansias de la muerte... gran señor esta te escribo.

64 Según el viento, tal es el tiento.

65 Si acaso doblares la vara de la justicia: no sea con el peso de la dádiva sino con el de la misericordia.

66 Aunque pensáis que me alegro, conmigo traigo el dolor.

67 Que el comenzar las cosas es tenerlas medio acabadas.

68 Bien predica quien bien vive.

69 Los cuentos, unos encierran la gracia en ellos mismos, otros en el modo de contarlos.

70 Los descuidos de las señoras quitan la vergüenza a las criadas.

71 ¿Qué locura o qué desatino me lleva a contar las ajenas faltas, teniendo tanto que decir de las mías?

72 Si da el cántaro en la piedra, o la piedra en el cántaro, mal para el cántaro.

73 Los engaños, aunque sean honrosos y provechosos, tienen un no sé qué de traición cuando se dilatan y entretienen.

74 Que nadie diga «fuente, de tu agua no he de beber».

75 Los jueces discretos castigan, pero no toman venganza de los delitos; los prudentes y los piadosos, mezclan la equidad con la justicia, y entre el rigor y la clemencia dan luz de su buen entendimiento.

76 Quien a buen árbol se arrima, buena sombra le cobija.

77 Cada cual se fabrica su destino; no tiene aquí fortuna alguna parte.

78 Los luengos años, más amigos son del sueño que de otra cualquiera conversación, por gustosa que sea.

79 El vino demasiado ni guarda secreto, ni cumple palabra.

80 Sí, que tiempos hay de acometer, y tiempos de retirar, y no ha de ser todo Santiago y cierra España: y en los extremos de cobarde y de temerario está el medio de la valentía.

81 El vino que se bebe con medida jamás fue causa de daño alguno.

82 Sobre el cimiento de la necedad no asienta ningún discreto edificio.

83 Cada día se ven cosas nuevas en el mundo: las burlas se vuelven veras y los burladores se hallan burlados.

84 Quien mal anda, en mal para; de dos pies, aunque el uno esté sano, si el otro está cojo, tal vez cojea; que las malas compañías no pueden enseñar buenas costumbres.

85 Los males que no tienen fuerza para acabar la vida, no la han de tener para acabar la paciencia.

86 Los más de los caballeros que ahora se usan, antes les crujen los damascos, los brocados y otras ricas telas de que se visten, que la malla con que se arman.

87 En casa llena, presto se guisa la cena.

88 Los varones prudentes, por los casos pasados y por los presentes juzgan los que están por venir.

89 Llaneza, muchacho, no te encumbres, que toda afectación es mala.

90 En fin, yo quiero saber lo que gano, poco o mucho que sea; que sobre un huevo pone la gallina, y muchos pocos hacen un mucho, y mientras se gana algo no se pierde nada.

91 Sobre un buen cimiento se puede levantar un buen edificio, y el mejor cimiento y zanja del mundo es el dinero.

92 Quien más presume de advertido
                                    pruebe
a dejarse adular, verá cuán presto
pasa su gloria como el viento leve

93 Sólo estaba diciendo entre mí, que quisiera haber oído, lo que vuesa merced aquí ha dicho antes que me casara; que quizá dijera yo agora: el buey suelto bien se lame.

94 Quien mucho desea, mucho teme.

95 Cada uno es como Dios le hizo, y aun peor muchas veces.

96 Donde una puerta se cierra otra se abre.

97 La valentía que no se funda sobre la base de la prudencia se llama temeridad, y las hazañas del temerario más se atribuyen a la buena fortuna que a su ánimo.

98 Quien yerra y se enmienda, a Dios se encomienda.

99 La verdad adelgaza y no quiebra, y siempre anda sobre la mentira como el aceite sobre el agua.

100 La verdad bien puede enfermar, pero no morir del todo.

101 Sucedió, pues, que yendo por una calle [de la ciudad de Barcelona] alzó los ojos Don Quijote y vio escrito sobre una puerta, con letras muy grandes: *Aquí se imprimen libros,* de lo que se contentó mucho, porque hasta entonces no había visto imprenta alguna y deseaba saber cómo fuese.

102 Tal vez en la llaneza y en la humildad suelen esconderse los regocijos más aventajados.

103 Riñen dos amantes;
hácese la paz;
si el enojo es grande,
es el gusto más.

104 Se dará tiempo al tiempo, que suele dar dulce salida a muchas amargas dificultades.

105 En la guerra, usanza es vieja,
y aun ley casi principal,
a toda razón aneja,
que por causa general
la particular se deja.

106 Más da el duro que el desnudo, como si el duro y avaro diese algo, como lo da el liberal desnudo.

107 Más sabe el necio en su casa que el cuerdo en la ajena.

108 Donde vine a verificar aquel antiguo adagio, que vulgarmente se dice: que la costumbre es otra naturaleza, y el mudarla se siente como la muerte.

109 Casamientos de parientes
tienen mil inconvenientes.

110 El amor antojadizo no busca calidades, sino hermosuras.

111 Tan de valientes corazones es tener sufrimiento en las desgracias, como alegría en las prosperidades.

112 En las desventuras comunes se reconcilian los ánimos y se traban las amistades.

113 Tanto es una ventura buena, cuanto es duradera, y tanto es duradera, cuanto es honesta.

114 Tanto vales cuanto tienes.

115 Guárdate de las caídas,
principalmente de espaldas:
que suelen ser peligrosas
en las principales damas.

116 Un buen arrepentimiento es la mejor medicina que tienen las enfermedades del alma.

117 Un padre para cien hijos, antes que cien hijos para un padre.

118 El que compra y miente, en su bolsa lo siente.

119 Más vale el buen nombre que las muchas riquezas.

120 El agradecimiento que sólo consiste en el deseo es cosa muerta como es muerta la fe sin obras.

121 Hallen en ti más compasión las lágrimas del pobre, pero no más justicia que las informaciones del rico.

122 Una de las cosas, dijo a esta sazón Don Quijote, que más debe de dar contento a un hombre virtuoso y eminente, es verse, viviendo, andar con buen nombre por las lenguas de las gentes, impreso y en estampa: dije con buen nombre, porque siendo al contrario ninguna muerte se le igualará.

123 Más vale la pena en el rostro que la mancha en el corazón.

124 El que ha de ser consejero, requiere tener tres cualidades: la primera autoridad, la segunda prudencia, y la tercera ser llamado.

125 Hay algunos que se cansan en saber y averiguar cosas, que después de sabidas y averiguadas no importan un ardite al entendimiento ni a la memoria.

126 ... Hoy se hace una ley, y mañana se rompe, y quizá conviene que así sea. Ahora promete uno de enmendarse de sus vicios, y de allí a un momento cae en otros mayores. Una cosa es alabar la disciplina, y otra el darse con ella, y, en efecto, del dicho al hecho hay gran trecho.

127 El andar a caballo a unos hace caballeros, a otros caballerizos.

128 ... El andar tierras y comunicar con diversas gentes hace a los hombres discretos.

129 Cedacico nuevo, tres días en estaca.

130 Una de las partes de la prudencia es, que lo que es puede hacer por bien no se haga por mal.

131 Una onza de buena fama vale más que una libra de perlas.

132 En los ánimos encogidos nunca tuvo lugar la buena dicha.

133 Más vale un toma que dos te daré.

134 Uno de los defectos del miedo es turbar los sentidos y hacer que las cosas no parezcan lo que son.

135 Menos son los premiados por la guerra que los que han perecido en ella.

136 Mientras se amenaza, descansa el amenazador.

137 Come poco y cena más poco, que la salud de todo el cuerpo se fragua en la oficina del estómago.

138 ¡Cómo sabe el cielo sacar de las mayores adversidades nuestros mayores provechos!

139 Con chilladores delante
y envaramiento detrás.
(Alusión al paseo que se daba a los condenados en que iba un alguacil delante pregonando su delito y otros detrás dándole de palos.)

140 Venturoso aquel a quien el cielo dio un pedazo de pan, sin que le quede obligación de agradecérselo a otro que al mismo cielo.

141 El asno sufre la carga, mas no la sobrecarga.

142 Vístete bien; que un palo compuesto no parece palo.

143 Y digo que los buenos pintores imitaban a la naturaleza; pero que los malos la vomitaban.

144 Mientras se gana algo no se pierde nada.

145 A la justa petición
siempre favorece el cielo.

146 A los afligidos no se les ha de añadir aflicción.

147 ... mucho ha de saber y muy sobre los estribos ha de andar el que quiere sustentar dos horas de conversación sin tocar los límites de la murmuración...

148 Nadie tienda más la pierna de cuanto fuere larga la sábana.

149 A quien Dios se la diere, San Pedro se la bendiga.

150 Acabaron mal porque no vivieron bien.

151 Y no penséis, señor, que yo llamo aquí vulgo solamente a la gente plebeya y humilde, que todo aquel que no sabe, aunque sea señor y príncipe puede y debe entrar en número de vulgo.

152 Advertid, hijo, que son
las canas el fundamento
y la base a do hace asiento
la agudeza y discreción.

153 Necio es y muy necio el que, descubriendo un secreto a otro, le pide encarecidamente que le calle.

154 Y yo soy de parecer
y la experiencia lo enseña,
que ablandarán una peña
lágrimas de una mujer.

155 Ningún camino es malo como se acabe si no es el que va a la horca.

156 Advierte que es desatino,
siendo de vidrio el tejado
tomar piedras en la mano
para tirar al vecino.

157 El bien que viniere para todos sea, y el mal para quien lo fuere a buscar.

158 Al buen callar llaman Sancho.

159 El consejo de la mujer es poco, y el que no le toma, es loco.

160 Al buen día métele en casa.

161 Ninguna cosa quita o borra el amor más presto de la memoria que el desdén en los principios de su nacimiento.

162 Esa es natural condición de mujeres: desdeñar a quien las quiere y amar a quien las aborrece.

163 Al desdichado las desdichas le buscan y le hallan, aunque se esconda en los últimos rincones de la tierra.

164 Al enemigo que huye, la puente de plata.

165 El dar y tener, seso ha menester.

166 Es prerrogativa de la hermosura, aunque esté en sujeto humilde como se acompañe con la honestidad, poder levantarse e igualarse a cualquiera alteza sin nota de menoscabo del que la levanta e iguala a sí mismo; y cuando se cumplen las fuertes leyes del gusto, como en ello no intervenga pecado, no debe de ser culpable el que la sigue.

167 Al poseedor de las riquezas no le hace dichoso el tenerlas, sino el gastarlas, y no el gastarlas como quiera, sino el saberlas bien gastar.

168 El pobre a quien la virtud enriquece, suele llegar a ser famoso, como el rico, si es vicioso, puede venir y viene a ser infame.

169 No desees, y serás el más rico del mundo.

170 No es mucho que a quien te da la gallina entera, tú des una pierna de ella.

171 Es tan ligera la lengua como el pensamiento, y si son malas las preñeces de los pensamientos, las empeoran los partos de la lengua.

172 No es segador (la muerte) que duerme las siestas, que a todas horas siega y corta así la seca como la verde yerba.

173 No es un hombre más que otro, si no hace más que otro.

174 Está puesto en razón que los que reciben algún beneficio, aunque sea con niñerías se muestren agradecidos.

175 No hay amistades, parentescos, calidades, ni grandezas que se opongan al rigor de la envidia.

176 No hay camino tan llano que no tenga algún tropezón o barranco.

177 Yo imagino que es muy bueno mandar aunque sea a un hato de ganado.

178 No hay cosa más excusada y aun perdida, que el contar el miserable sus desdichas a quien tiene el pecho colmado de contentos.

179 No hay joya en el mundo que tanto valga como la mujer casta y honrada, y que todo el honor de las mujeres consiste en la opinión buena que dellas se tiene.

180 Esta que llaman por ahí fortuna, es una mujer borracha y antojadiza, y sobre todo ciega, y así no ve lo que hace, ni sabe a quién derriba ni a quien ensalza.

181 No hay razonamiento que, aunque sea bueno, siendo largo lo parezca.

182 No pidas por favor lo que puedas obtener por la fuerza.

183 No puede haber gracia donde no hay discreción.

184 No se ganó Zamora en una hora.

185 Y luego incontinente
caló el chapeo, requirió la espada,
miró al soslayo, fuese y no hubo nada.

186 No andes, Sancho, desceñido y flojo, que el vestido descompuesto da indicios de ánimo desmazalado.

187 Llaneza, muchacho, que toda afectación es mala.

188 Como el perro del hortelano, que ni come las berzas ni las deja comer.

Césaire, Aimé,
escritor y poeta antillano contemporáneo.

1 Mi boca será la boca de las desdichas que no tienen boca; mi voz, la libertad de aquellas que se desploman en el calabozo de la desesperación.

César, Julio (100-44 a.C.),
general y escritor romano.

1 Nada es tan difícil que no pueda conseguir la fortaleza.

2 Vamos a combatir contra un ejército sin general; venceremos luego a un general sin ejército.

3 Los hombres casi siempre creen fácilmente aquello que desean.

4 Ante la inminencia del peligro, los hombres no acostumbrados a los trabajos, quedan consternados de tal modo que aceptan con paciencia todo lo que se les manda.

5 Alea iacta est (La suerte está echada).

6 Adelante audazmente, pues llevas al César y la fortuna del César. (Porge audacter, Càesarem vehis Caesarisque fortunam).
(Palabras de Julio César al marinero que, atemorizado por la tempestad, no osaba ir mar adentro para llevarlo de Durazzo a Brindisi.)

7 A mi edad Alejandro ya había conquistado el mundo, y yo aún no he hecho nada memorable.

8 Veni, vidi, vici (Llegué, vi y vencí).

9 La costumbre es maestra de todas las cosas.

10 Tu quoque, fili mi? (¿Tú también, hijo mío?)

Cetina, Gutierre de. Véase **Gutierre de Cetina.**

Cibber, Colley (1671-1757),
escritor dramático inglés.

1 El amor es un guía ciego, y los que lo siguen se pierden con frecuencia.

2 El único mérito del hombre es el buen juicio; pero, indudablemente, el mayor valor de una mujer estriba en su belleza.

3 No se encontraría ningún demonio en los infiernos capaz de afrontar la furia de una mujer burlada.

4 ¡Oh! ¡Cuántos tormentos se encierran en el círculo de un anillo nupcial!

5 En todas las necesidades de la vida no existe peste mayor que los criados.

6 La ambición es la única potencia que combate al amor.

Cicerón, Marco Tulio (106-43 a.C.),
escritor latino.

1 En todas las cosas la verdad vence a la imitación.

2 Quien no se juzga capaz de saldar su deuda, no puede, en modo alguno, ser amigo.

3 A los hombres fuertes no sólo les ayuda la fortuna, según el viejo proverbio; sino mucho más la razón.

4 Todas las cosas se hallan envueltas por densas tinieblas, y no existe sutileza de ingenio tan penetrante que pueda llegar a los misterios del cielo y de la tierra.

5 Nada es difícil para el que ama.

6 Viven los que lograron evadirse de los vínculos corpóreos como de una cárcel. En cambio es muerte eso que vosotros llamáis vida.

7 Alegre es el recuerdo de los males pasados.

8 Hasta el nombre de paz es dulce, como la cosa en sí es provechosa; pero entre la paz y la servidumbre hay mucha diferencia. Paz es libertad tranquila; la servidumbre es el peor de los males, que ha de rehuirse no sólo con la guerra, sino con el propio sacrificio de la vida.

9 Ante las armas callan las leyes (Inter arma silent leges).

10 Fuerte es el peso de la propia conciencia (Grave ipsius conscientiae pondus).

11 Así es el vulgo: poco juzga por la verdad, mucho por la opinión.

12 Gran alivio es el estar libre de culpa.

13 El hermano es un amigo natural, por nacimiento, pero su amistad no es segura.

14 Grande es la fuerza de la cortesía.

15 Hay dos clases de bromas: una incivil, petulante, malévola, obscena; otra elegante, cortés, ingeniosa y jovial.

16 Lo que vemos todos los días no nos admira, aunque no sepamos por qué sucede.

17 Breve es la vida, pero lo bastante larga para vivir bien y honestamente.

18 Los deseos deben obedecer a la razón.

19 Grande es el poder de la costumbre: los cazadores pasan la noche en la nieve y se abrasan en la montaña, bajo el sol; los atletas, heridos por los golpes del adversario, no lanzan un gemido.

20 Hay que atender no sólo a lo que cada cual dice, sino a lo que siente y al motivo por que lo siente.

21 Cada uno encuentra bellas sus propias obras.

22 En verdad, prefiero una silenciosa prudencia que no una tonta locuocidad.

23 Los hombres no comprenden que el ahorro constituye una gran renta.

24 No hay insidias tan cautelosamente ocultas como las que se encubren con la capa del deber o con el pretexto de la amistad.

25 Hablo, pero no puedo afirmar nada; buscaré siempre, dudaré con frecuencia y desconfiaré de mí mismo.

26 Casi todos los hombres de la Antigüedad están de acuerdo en que el hombre no puede conocer nada, comprender nada ni saber nada; que nuestros sentidos son limitados; nuestra inteligencia, débil, y la vida, demasiado corta.

27 Como la medicina es el arte de la salud, así la prudencia es el arte del saber vivir.

28 Hacen más daño con el ejemplo que con el pecado.

29 Esse oportet ut vivas, non vivere ut edas. (Hay que comer para vivir, no vivir para comer.)

30 No deben llamarse bienes aquellos que aunque se posean en abundancia no impiden que su dueño sea desgraciado.

31 No entiendo por qué el que es dichoso busca mayor felicidad.

32 No hay nada tan sagrado que el dinero no pueda violar; ni nada tan fuerte que el dinero no pueda expugnar.

33 Los que gobiernan a un pueblo no hallarán medio más fácil para granjearse sus simpatías, que una vida austera y morigerada.

34 Los hombres son como vinos: la edad agría los malos y mejora los buenos.

35 Más autorizado y de mayor valor es el criterio de diez hombres buenos, que no el de toda una turba ignorante.

36 No preocuparse en absoluto de lo que la gente opina de uno mismo no sólo es arrogancia, sino también desvergüenza.

37 Como un campo, aunque sea fértil, no puede dar frutos si no se cultiva, así le sucede a nuestro espíritu sin el estudio.

38 No puede existir nada honesto si no está conforme con la justicia.

39 Hay que comer y beber con tal moderación que nuestras fuerzas se restauren y no se recarguen.

40 Con dinero todo se puede hacer.

41 Inútil es la sabiduría si no aprovecha al sabio.

42 Este es el primer precepto de la amistad: pedir a los amigos sólo lo honesto, y sólo lo honesto hacer por ellos.

43 Con la costumbre casi se forma otra naturaleza.

44 La autoridad es el ornamento de la vejez.

45 Justitia omnium est domina et regina virtutum (La justicia es señora y reina de todas las virtudes).

46 La buena salud la aprecian más los que acaban de pasar una grave enfermedad que quienes nunca estuvieron enfermos.

47 Confía tu barca a los vientos, pero no tu alma a las mujeres; porque es más segura la onda, que no la femenina fe.

48 Estemos siempre a punto para contradecir sin obstinación y dejarnos contradecir sin irritarnos.

49 Esperemos lo que deseamos, pero soportemos lo que acontece.

50 Entre el ruido de las armas, las leyes no se pueden escuchar.

51 No quiero alabar, para no parecer adulador.

52 Estos estudios estimulan a la juventud, deleitan a los ancianos, son el ornato de la buena fortuna y el refugio y solaz de las adversas: deleitan en casa, no estorban en la vida pública, de noche no nos abandonan, y son nuestros compañeros en los viajes y en el sosiego del campo.

53 Fácilmente comprendo que los hombres deben no sólo no responder a los agravios de los padres, sino con ánimo justo soportarlos.

54 No quiero morir, aunque en realidad el estar muerto me parece indiferente.

55 Excelente condimento de la comida es el hambre.

56 No saber lo que ha ocurrido antes de nosotros es como seguir siendo niños.

57 Fruto es de la vejez el recuerdo de los muchos bienes anteriormente adquiridos.

58 De manera que mejor hubiese sido no haber aprendido nada.

59 Fundamento de la justicia es la fe; es decir, la firmeza y la sinceridad en la palabra dada y en los acuerdos.

60 No sentir la avidez de riquezas es una riqueza; no tener la manía de gastar es una renta.

61 Constituye un gran consuelo el estar limpio de culpa.

62 Es indudable que el no conocer los males futuros es más útil que el conocerlos.

63 Cualquier hombre puede equivocarse, pero ninguno, sino el necio, persevera en el error.

64 La ciencia que se aparta de la justicia, más que ciencia debe llamarse astucia.

65 La costumbre no podrá vencer nunca a la naturaleza.

66 La discusión fortalece la agudeza.

67 La frente, los ojos, el rostro engañan muchas veces, pero la palabra muchísimo más.

68 No sólo la fortuna es ciega, sino que hace ciegos a aquellos que favorece.

69 La fuerza es el derecho de las bestias.

70 Cuanto más bueno es un hombre, tanto más difícilmente sospecha de la maldad de los demás.

71 O tempora o mores (¡Oh tiempos, oh costumbres!)

72 Nuestra dignidad está en atender a nuestro adorno al tiempo que adornamos nuestro hogar; pero no en que la casa refleje nuestra dignidad. No es el dueño quien debe ser honrado por la casa, sino la casa por él.

73 Me interesa más mi conciencia que la opinión de los demás.

74 También bajo una pobre vestimenta está a menudo la sabiduría.

75 Obra muy mal quien trata de obtener con el dinero lo que debe obtener con la virtud.

76 La historia es el testimonio de los tiempos, la luz de la verdad, la vida de la memoria, la maestra de la vida y nuncio de la antigüedad.

77 Cuanto más elevados nos hallamos, tanto más debemos descender hacia nuestros inferiores.

78 Para mí siempre vale más la justa razón, que no la opinión del vulgo.

79 Toda la vida de los filósofos es una meditación sobre la muerte.

80 Es preferible ser viejo menos tiempo que serlo antes de la vejez.

81 No hay absurdo que no haya sido apoyado por algún filósofo.

82 Todas las almas son inmortales, pero las de los justos y héroes son divinas.

83 De gran peso es el testimonio que la conciencia forma acerca del vicio y de la virtud; si lo suprimís, nada permanece.

84 La ignorancia del bien y del mal es lo que más perturba la vida humana.

85 Propio es de necios mirar los vicios ajenos y olvidarse de los propios.

86 Prudencia es saber distinguir las cosas que se pueden desear, de las que se deben evitar.

87 De ordinario, se aprende más con el uso continuo que se hace de una cosa, que con el estudio y con la aplicación.

88 Todas las cosas fingidas caen como flores marchitas, porque ninguna simulación puede durar largo tiempo.

89 Quien ha faltado una vez al pudor termina forzosamente siendo un desvergonzado.

90 Todas las cosas son inciertas, mutables, caducas: solamente la virtud tiene profundísimas raíces que ninguna fuerza puede corromper ni extirpar.

91 De todos los oficios lucrativos, ninguno mejor, ni más productivo, ni más agradable, ni más digno de un hombre libre que la agricultura.

92 La justicia es reina y señora de todas las virtudes.

93 La ley suprema es el bien del pueblo.

94 Todas las mayores virtudes deben por fuerza callar, cuando manda el vicio y el placer.

95 Quosque tandem, Catilina? (¿Hasta cuándo, Catilina?)

96 Nada es más contrario a la equidad que los hombres armados y reunidos.

97 Deuda de dinero y deuda de gratitud son cosas diferentes.

98 Errar es cosa propia de cualquier hombre, pero perseverar en el error sólo es privativo de los necios.

99 Nada hay tan veloz como la calumnia; ninguna cosa más fácil de lanzar, más fácil de aceptar, ni más rápida de extenderse.

100 Resulta difícil expresar en qué medida llegan a conciliar los espíritus humanos la cortesía y la afabilidad en el hablar.

101 La libertad excesiva conduce a los pueblos y a los particulares a una excesiva esclavitud.

102 Nada hay más dulce que la luz de la verdad.

103 La máxima justicia constituye la máxima injusticia. (Summum ius, summa iniuria.)

104 Dondequiera se está bien, allí es la patria.

105 El amor a los padres es el fundamento de todas las virtudes.

106 Nada se gana con saber lo que sucederá, porque constituye una gran miseria angustiarse sin poder hacer nada para evitar lo que debe acontecer.

107 De la buena reputación, quitada la utilidad, no merece la pena alzar un dedo por ella.

108 El buen ciudadano es aquel que no puede tolerar en su patria un poder que pretende hacerse superior a las leyes.

109 La memoria disminuye, si no se la ejercita.

110 Salgo de esta vida, no como de mi propia casa, sino como de una posada.

111 Nadie es sabio si no es sabio por sí mismo.

112 La muerte en la fuga es vergonzosa; gloriosa en la victoria.

113 La muerte es terrible para aquellos que con la vida lo pierden todo; no para aquellos cuya grata memoria no puede morir nunca.

114 El colmo del derecho, el colmo de la injusticia.

115 El cuerpo del que duerme yace como si estuviese muerto, pero el alma tiene vigor y vida.

116 Nadie es tan viejo que no crea poder vivir otro año más.

117 El curso de la vida es breve; el de la gloria es eterno.

118 La naturaleza ha puesto en nuestras mentes un insaciable deseo de ver la verdad.

119 Es el azar, no la prudencia, quien rige la vida. (Vitam regit fortuna, non sapientia.)

120 No hay asunto increíble que la elocuencia no pueda hacer que parezca probable; no hay cosa horrible o vulgar que la elocuencia no haga que pareza bella y casi digna de veneración.

121 Salus populi suprema lex (El bien del pueblo, la suprema ley).

122 Nihil difficile amanti (Nada es difícil para el que ama).

123 Seamos esclavos de la ley para poder ser libres.

124 Todos los hombres pueden caer en un error; pero sólo los necios perseveran en él.

125 Nihil est quod Deus efficere non possit (No hay nada que Dios no pueda hacer).

126 La necedad es la madre de todos los males.

127 El dedicarse continuamente a una sola cosa, vence a menudo el ingenio y el arte.

128 La razón domina y gobierna sobre todas las cosas.

129 Ningún hombre docto ha dicho que un cambio de opinión es inconstancia.

130 La templanza es un gran capital.

131 El destierro no es un castigo, sino un puerto de refugio contra el castigo.

132 Ser alabados por los hombres honestos y vituperados por los malos es una misma cosa.

133 El divino Platón llama a la voluptuosidad cebo de todos los males.

134 Si deseamos la paz, hemos de mantenernos bien armados; si deponemos las armas, nunca gozaremos la paz.

135 Una juventud licenciosa e intemperante transmite a la vejez un cuerpo malogrado.

136 El dolor, si grave, es breve; si largo, es leve.

137 Si estoy equivocado en mi creencia de que las almas de los hombres son inmortales, me alegro de mi error, y no quiero que, mientras yo viva, nadie me saque de este error que me hace dichoso.

138 El egoísta se ama a sí mismo, sin rivales.

139 Si los dioses dieron a los hombres la razón, hemos de creer que también les dieron la malicia, que no es otra cosa que una astuta y falaz razón para hacer daño.

140 Una muerte honrosa puede glorificar aun una vida innoble.

141 Ningún hombre ha llegado a ser grande si no ha sido movido por cierta divina inspiración.

142 El embustero no es creído ni cuando dice la verdad.

143 La utilidad y la bajeza no pueden subsistir en la misma cosa (In eadem re, utilitas et turpitudo esse non possunt).

144 El fruto de las riquezas es no carecer de nada; y la prueba de que no se carece de nada es saber darse por contento.

145 Si nos guía la virtud, tendremos la fortuna por compañera.

146 Ninguna invención es perfecta al nacer.

147 La verdad se corrompe o con la mentira, o con el silencio.

148 La vida de los muertos está en la memoria de los vivos.

149 Ninguno debe aprovecharse de la ignorancia ajena.

150 El fundamento de la justicia es la fe; es decir, la firmeza y la sinceridad en la palabra dada y en los convenios.

151 Es la propia naturaleza la que nos impulsa a amar a los que nos han dado la vida.

152 Es mejor sufrir una ofensa que hacerla.

153 Si quieres ser viejo mucho tiempo, hazte viejo pronto.

154 La virtud se puede definir brevemente: justo modo de vivir.

155 Una vida breve es suficientemente larga para vivir bien y honestamente.

156 El género humano ha nacido con el instinto de la unión, de la asociación y de la comunidad.

157 Las causas de los acontecimientos siempre impresionan más que los acontecimientos mismos.

158 Virtute duce, comite fortuna (Con la virtud por guía, con la fortuna por compañera).

159 Las enemistades silenciosas y ocultas son más terribles que las abiertas y declaradas.

160 Son siempre más sinceras las cosas que decimos cuando el ánimo se siente airado que cuando está tranquilo.

161 Las probabilidades rigen la vida del hombre prudente.

162 El placer de los banquetes debe medirse no por la abundancia de los manjares, sino por la reunión de los amigos y por su conversación.

163 El magistrado es la ley hablando, y la ley en un magistrado mudo.

164 El recuerdo de los males pretéritos es agradable.

165 Libre es aquel que no está esclavizado por ninguna torpeza.

166 Vivir bien y felizmente no es otra cosa que vivir honestamente y con rectitud.

167 El rostro es el espejo del alma, y los ojos, sus delatores.

168 No basta alcanzar la sabiduría; es preciso saber usar de ella.

169 El trabajo nos endurece contra el dolor.

170 Lo mal adquirido se disipa como el humo.

171 No basta tener la virtud y no hacer uso de ella; es como tener un arte y no ejercitarlo.

172 El verdadero amigo se conoce en los peligros.

173 En todas las cosas, el acuerdo unánime de los pueblos ha de ser tenido como ley de la naturaleza.

Cisneros, Francisco de (1436-1517), *cardenal y hombre de estado español.*

1 Estos son mis poderes.
(Frase pronunciada por el cardenal al exigírsele una prueba de su autoridad, y que dijo señalando unas piezas de artillería.)

Clarasó, Noel (1905-1985), *escritor español.*

1 Morir por la patria es una gloria; pero son más útiles los que saben hacer morir por la patria a los soldados enemigos.

2 El sol, el agua y el ejercicio conservan perfectamente la salud a las personas que gozan de una salud perfecta.

3 Muchas leyes sólo sirven para que nos demos el gustazo de no cumplirlas.

4 Nadie puede cambiar su pasado; pero todo el mundo puede contarlo al revés.

5 Dar dinero es más barato que prestar dinero; pero lo más barato es recibirlo de cualquiera de las dos formas.

6 Dar es el verbo más corto de la primera conjugación y no dar el más barato.

7 En el colegio me enseñaron a estar con los brazos cruzados; y exageraría si asegurara que esto me ha producido después mucho beneficio.

8 En el juego es muy importante saber perder; pero es mucho más importante saber hacer perder a los otros.

9 La felicidad no es el fin sino el medio de la vida.

10 Desea poco, espera menos, y procura tener siempre bien templada la guitarra.

11 Algunos hombres, para recordar, se atan un hilo alrededor del dedo; y otros, para olvidar, se atan una cuerda alrededor del cuello.

12 Todos los hombres tienen una mujer en el pensamiento; los casados, además, tienen otra en casa.

13 Un buen consejo vale mucho dinero; pero todos preferimos el dinero.

14 Un hombre de Estado es el que se pasa la mitad de su vida haciendo leyes, y la otra mitad ayudando a sus amigos a no cumplirlas.

15 A ningún pobre le consuela saber que en el mundo ha habido siempre ricos y pobres.

16 La mayor felicidad de un padre feo consiste, aunque parezca mentira, en que su hijo se le parezca.

17 La mayoría de las mujeres son tan incapaces de hacer feliz a su marido dentro de casa, como de consentir que el marido sea feliz con otra, fuera de casa.

18 La palabra sirve para comunicar a nuestros semejantes que tenemos la suerte de no parecernos a ellos en nada.

19 Cita siempre errores propios antes de referirte a los ajenos. Así nunca parecerá que presumas.

20 La única manera de evitar el delito sería encerrar al delincuente antes de cometerlo; encerrándole después, no se ha evitado nada.

21 Como género literario la historia se podría definir así: una novela de malas costumbres.

22 La vida es un naufragio en el que, a última hora, sólo se salva el barco.

23 Las mujeres riñen por un hombre; pero siempre se ponen de acuerdo cuando se trata de fastidiarles.

24 Lo único bueno de una introducción es el lugar que ocupa; al final del libro nadie la leería.

25 Un político es un hombre que cree representar la opinión del pueblo, sin habérsela preguntado jamás.

26 Cuando una madre explica a su hija lo que es la vida, la hija aprende mucho acerca de la ignorancia de la madre.

27 El amor es el único deporte que no se suspende por falta de luz.

28 Es un error creer que uno está rodeado de tontos, aunque sea verdad.

29 Hay dos clases de virtudes: las que hacen ganar el cielo y las que hacen ganar la tierra.

30 Da a los otros aquello que de ti les gusta; lo demás, guárdalo.

31 El cuerpo, si se le trata bien, puede durar toda la vida.

32 El dinero estará siempre mal distribuido, porque nadie piensa en la manera de distribuirlo, sino en la manera de quedárselo todo.

33 El hombre es un animal que puede volar como las aves, sumergirse en el agua como los peces y andar sobre la tierra como los monos; sólo le sobra hablar para ser perfecto.

34 El hombre que hace la felicidad de una mujer es un hombre ejemplar; y el que hace la felicidad de tres mujeres a la vez, es un caso perdido.

35 El amor es ciego, pero los vecinos no.

36 Hay que despreciar los bienes ajenos, menos cuando se tiene alguna probabilidad de hacerse con ellos.

37 Ideas geniales son aquellas de las que lo único que nos sorprende es que no se nos hayan ocurrido antes.

38 Ningún tonto se queja de serlo, no les debe de ir tan mal.

39 Indudablemente la época más feliz del matrimonio es la luna de miel; lo malo es que, para repetirla, han de suceder cosas muy desagradables.

40 Los hombres se consuelan fácilmente de las tonterías que dicen las mujeres bonitas, al pensar en las tonterías que dicen las mujeres feas.

41 Más le vale a un hombre tener la boca cerrada y que los demás le crean tonto que abrirla y que los demás se convenzan de que lo es.

42 Pide siempre a los otros por favor lo que están obligados a hacer por su contrato de trabajo. Así se les saca más rendimiento, que es lo único que interesa.

43 Entre el dinero y la felicidad hay la misma relación que entre las plumas y las gallinas; una gallina sin plumas sigue siendo una gallina, pero no acaba de convencer a nadie.

44 Política es el arte de obtener dinero de los ricos y votos de los pobres, con el fin de proteger a los unos de los otros.

45 El hombre y la mujer han nacido para amarse; pero no para vivir juntos. Los amantes célebres de la historia vivieron siempre separados.

46 Es fácil mostrarse amable con aquellos de los que uno está a punto de separarse para siempre.

47 Ser capaz de morir por una idea no es grandeza; la grandeza es tener la idea.

48 El que da consejos a quien le pide dinero, pierde el tiempo, y si además le da dinero, pierde las dos cosas.

49 Admirar a los clásicos es un gran acierto y escribir como ellos un gran error.

50 Si el objeto de tu vida es tu propia felicidad, cásate con una mujer que no piense igual.

51 Si necesitas una víctima y quieres acabar pronto, no escojas al más culpable, sino al más débil.

52 La ley es justa en un sentido: que sólo castiga el mal. Así, los ladrones que roban bien, nunca son juzgados.

53 Si uno se cree más listo que los otros, corre el peligro de que le engañen; si uno se cree más tonto, corre el peligro de acertar.

54 Afirmo sin reservas las cosas más discutibles. Y me hace mucha gracia que los otros me crean dispuesto a defender mis afirmaciones.

55 Soñar con una mujer hermosa es el consuelo de muchos hombres casados con una mujer hermosa.

56 Todo el mundo cuenta cómo ganó sus primeras cien pesetas; nadie cuenta cómo ganó el último millón.

57 Todo viejo amor es un recuerdo agradable mientras no interviene la persona que lo inspiró.

Clarín (Leopoldo Alas) (1852-1901),
novelista y crítico literario español.

1 El orgullo es una pasión de los dioses, pero de los dioses falsos.

Claudel, Paul (1868-1955),
escritor francés.

1 Donde está el derecho ya no hay afecto.

2 Quien ama mucho no perdona fácilmente.

3 El ojo debe resguardarse del polvo; el pie, al contrario, no debe temerlo.

4 El orden es el placer de la razón, el desorden es la delicia de la imaginación.

5 La mujer será siempre el peligro de todos los paraísos.

6 Las personas sólo son héroes cuando no pueden hacer otra cosa.

7 Cuando el hombre trata de imaginar el Paraíso en la Tierra, resulta inmediatamente un infierno muy decoroso.

Claudiano, Claudio (h. 365-408),
poeta latino.

1 Es casi un dios aquel que siempre obra con la razón, y jamás con la ira.

2 La naturaleza ha hecho posible a todos la felicidad, con tal que sepamos hacer buen uso de ella.

3 Todo el mundo se acomoda al modelo de los próceres.

Claudius, Mathias (1740-1815),
poeta alemán.

1 Nosotros, soberbios seres humanos, no somos sino unos vanos y pobres pecadores, y sabemos poco en realidad; tejemos telas aéreas, nos ingeniamos en muchas artes y solemos alejarnos del verdadero fin.

2 Nadie es libre hasta que no es señor de sí mismo.

3 Nuestra vida terrena es solamente un pequeño trozo en el camino total de nuestra existencia.

4 No existe nada más mísero que un hombre que todo lo quiere y no puede nada.

5 Las buenas acciones realizadas pura y simplemente son muertos que viven en la tumba; son flores que soportan la tempestad, son estrellitas sin ocaso.

6 En los días actuales muchos hombres doctos dicen y escriben más de lo que saben; en los tiempos pasados, algunos de ellos sabían más de lo que escribían.

7 El mundo es un teatro: vienes a él, ves y te vas.

Clausewitz, Carl von (1780-1831),
general y tratadista prusiano.

1 Mientras no he abatido al adversario, puedo temer que él me abata.

Clemenceau, Georges (1841-1929),
político francés.

1 Se halla el hombre tan obsesionado por la eternidad, que no encuentra cara la inmortalidad, aunque fuese a costa del infierno.

2 Muchos honores y títulos convierten a los hombres en autómatas.

3 ¡La guerra! Es una cosa demasiado grave para confiarla a militares.

4 El que tiene toda la fuerza y no usa de ella cuando la ocasión precisa, ejerce uno de los más abominables abusos de la fuerza.

5 El hombre ofrece menor diversidad de lo que se supone. Para ser bueno solamente le falta ver sufrir, después de haber sufrido.

6 El hombre absurdo es el que no cambia nunca.

7 El que piensa públicamente actúa.

8 En este bajo mundo hay que apresurarse a tomar la felicidad que nos corresponde. No sabemos si en el más allá la encontraremos: nos faltan datos.

9 Es más fácil hacer la guerra que la paz.

Clemente IV,
papa de 1265 a 1268.

1 Vencedor de tres reyes, vencido por una mujer.
(Juicio de Clemente IV sobre Jaime I de Aragón.)

Clemente VII,
papa de 1523 a 1534.

1 Digitus Dei est hic (el dedo de Dios está aquí).

Clemente XIV,
papa de 1769 a 1774.

1 Dar con ostentación es mucho peor que no dar.

2 Todo hombre es bastante rico si le basta la decisión de hacer buen uso de la privación; si no sabe negarse alguna cosa a sí mismo, será siempre pobre.

3 La mayor parte de las mujeres pasan su vida ofendiendo a Dios y confesándose de haberle ofendido.

Cleóbulo (s. VI a.C.),
uno de los siete sabios de Grecia.

1 Prodiga buenas obras entre los amigos, para que te quieran más todavía; haz otro tanto entre los enemigos, para que se conviertan en amigos.

2 La abundancia de palabras y la ignorancia predominan en la mayor parte de los hombres; si quieres sobresalir de la mayoría inútil, cultiva tu conocimiento y envuélvete en nubes de silencio.

Cleveland, Grover (1837-1908),
político norteamericano.

1 El navío de la democracia, después de haber capeado tantos temporales, puede

irse al fondo en un motín de los que van a bordo.

Climent Terrer, F.,
escritor español contemporáneo.

1 La valía de los hombres se asemeja a la luz de las estrellas, que en realidad no son las mayores las que más brillan y de primera magnitud nos parecen.

2 Los cargos públicos son piezas entorpecedoras del mecanismo social y ganglios muertos de su sistema biológico, cuando el que los desempeña no rinde voluntariamente el sacrificio de su persona en provecho de la colectividad.

Cobbett, William (1763-1835),
escritor y político inglés.

1 Ser pobre e independiente es una cosa casi imposible.

Cocteau, Jean (1892-1963),
escritor francés.

1 Un hombre no puede ser admirado sin ser creído.

2 Los espejos, antes de darnos la imagen que reproducen, deberían reflexionar un poco.

3 La poesía es indispensable, pero me gustaría saber para qué.

4 Ir aprisa lentamente.

5 Es necesario ser un hombre vivo y un artista póstumo.

6 La juventud sabe lo que no quiere, antes de saber lo que quiere.

7 La leyenda es una mentira que al final se hace historia.

Coeuilhe, E. (1697-1749),
escritor francés.

1 Suele alabarse la belleza de una joven incluso antes de que ella se dé cuenta de poseerla; pero después ella se obstina en admirarla cuando los demás no piensan en tal belleza.

2 Los locos aceptan los consejos de los sabios, como los sabios aceptan los de los locos.

3 Se puede ser más sagaz que los demás, pero es peligroso parecerlo.

4 La virtud desaparece tan pronto como se quiere hacerla aparecer.

5 Los celos, que parecen no tener por objeto más que a la persona querida, demuestran, más que ninguna otra pasión, que solamente nos amamos a nosotros mismos.

6 Si tan difícil resulta conocer los defectos de las personas queridas, ¿cómo podremos conocer los nuestros?

Coke, Edward (1552-1634),
jurisconsulto inglés.

1 La casa debe ser siempre como el propio castillo y la propia fortaleza, no sólo para defendernos contra toda injuria y violencia, sino también para el reposo.

Colardeau, Carlos Pedro (1732-1776),
poeta francés.

1 En el umbral de la muerte comienza la igualdad.

Coleridge, Samuel Taylor (1772-1834),
poeta y crítico inglés.

1 Hallaréis un buen indicio o indicación del genio, atendiendo a si progresa y se desenvuelve o solamente gira sobre sí mismo.

2 El enano ve más lejos que el gigante,

cuando tiene el hombro del gigante donde subirse.

3 Buenos y malos son menos de lo que parecen.

4 La grandeza y la bondad no representan medios, sino fines.

5 Admirar, en principio, es el solo camino de imitar, sin perder originalidad.

6 Con frecuencia se hereda el ingenio, que consiste en la inteligencia; raramente se hereda el genio, que es una acción de la inteligencia y de la razón.

7 La tierra reza a Dios con sus mil voces.

8 Los tres fines que debería proponerse un estadista para gobernar un país, son: 1. La seguridad de los poseedores; 2. La facilidad para los adquirentes; 3. La esperanza para todos.

9 No hay espíritu perfectamente conformado si le falta el sentido del humor.

10 Ora rectamente el que ama bien al hombre, al pájaro y a cualquier animal; reza mejor el que ama todas las cosas grandes y pequeñas, porque el buen Dios lo ha creado todo y ama a sus criaturas sin excepción.

11 Para la mayoría de los hombres, la experiencia es como las luces de popa de un barco, que iluminan sólo el camino que queda a la espalda.

12 Podéis estar seguros: cuanto más se jura, tanto más miente la gente, por regla general.

13 Prosa: palabras en el mejor orden. Poesía: las mejores palabras en el orden mejor.

14 Sólo quien ama su hogar, ama también a su patria.

Colman, Georges (1762-1836),
dramaturgo inglés.

1 Las superfluas bagatelas de un rico son, con frecuencia, la salvación de un pobre.

2 Las personas modestas no hablan de sus propios méritos.

Coloma, Luis (1851-1915),
jesuita y novelista español.

1 Por la calle de «después» se llega a la plaza de «nunca».

2 Para ser escritor profano, primero he de salirme de mi sotana.

Colón, Cristóbal (1441-1506),
navegante genovés.

1 Tres días os pido y no más; y si al tercer día no hemos descubierto la costa, os prometo solemnemente que volveremos, renunciando a todas las esperanzas de gloria y de riquezas.
(Promesa de Colón a los marineros amotinados a causa del largo e infructuoso viaje.)

2 Es la tierra más hermosa que ojos humanos hayan visto.
(Palabras de Colón, impresionado por la belleza de la tierra que acababa de descubrir.)

Colton, Carl Caleb (h. 1780-1832),
poeta inglés.

1 De todas las formas de gobierno, la del populacho es la más sangrienta; la del ejército, la más cara; y la de los paisanos, la más vejatoria.

2 Si no tenéis nada que decir, no digáis nada.

3 Pedimos consejo, pero deseamos nos den la aprobación.

4 La ignorancia es una hoja blanca sobre la que podemos escribir; en cambio, el error es un papel emborronado que previamente hemos de raspar.

5 La calumnia deja en peor situación al calumniador; nunca al calumniado.

6 La imitación es la forma más sincera de la adulación.

7 El fanatismo mata la religión, para asustar a los necios con su fantasma.

8 El juego es hijo de la avaricia, pero también padre del despilfarro.

9 Los exámenes son terribles incluso para los mejor preparados, porque el mayor de los necios puede preguntar más de lo que puede contestar el más sabio.

10 El hombre es una paradoja hecha carne, un haz de contradicciones.

11 En cualquier ocasión no supone peligro aprender algo, incluso de nuestros enemigos; en raros casos sale uno bien parado aventurándose a instruir, aunque sea a los amigos.

12 El aplauso es el acicate de los espíritus nobles, así como el fin y el objeto de los débiles.

13 Los hombres luchan por la religión; por ella polemizan, combaten y mueren; harán todo lo que sea preciso... menos vivirla.

14 Los más apasionados por los secretos son aquellos que no saben mantenerlos.

Columela, Lucio J. Moderato (h. 3 a.C.-h. 54 d.C.), *escritor romano.*

1 Nada se aprende o se enseña bien, sin el ejemplo.

Colletta, Pietro (1775-1831), *historiador italiano.*

1 Más que la civilización, la justicia es la necesidad del pueblo.

Collins, Churton (1848-1908), *literato inglés.*

1 La mitad de nuestras equivocaciones en la vida nacen de que cuando debemos pensar, sentimos, y cuando debemos sentir, pensamos.

2 En la prosperidad, nuestros amigos nos conocen; en la adversidad, nosotros conocemos a nuestros amigos.

3 Aceptar un favor de un amigo es hacerle otro.

Commerson (1802-1879), *escritor francés.*

1 La filosofía sirve para algo útil; sirve para consolarnos de su inutilidad.

Comte, Augusto (1789-1857), *filósofo francés.*

1 Toda mujer sin ternura constituye una monstruosidad social, más todavía que un hombre carente de valor.

2 Sólo hay una máxima absoluta y es que no hay nada absoluto.

3 No deja de ser razonable que se consideren los indicios sospechosos como fundamentos mucho más decisivos contra quienes los crean que contra quienes los sufren.

4 Lo esencial para ser feliz es mantener siempre bien colmado el corazón, incluso de dolor. Sí: incluso de dolor, y aun del dolor más amargo.

5 El orgullo nos divide más que los intereses.

6 Sólo los buenos sentimientos pueden unirnos; el interés jamás ha forjado uniones duraderas.

7 Vivir para otros no es sólo ley del deber sino también ley de la felicidad.

8 El verdadero sentido del progreso humano es éste: hacer que la vida femenina sea cada vez más doméstica y desembarazarla crecientemente de todo trabajo exterior, a fin de asegurar su destino afectivo.

9 El matrimonio no puede alcanzar su fin esencial, que es el perfeccionamiento recíproco de ambos esposos, sino siendo a la vez exclusivo e indisoluble.

Confucio (h. 550-h. 478 a.C.), *filósofo chino.*

1 El hombre del conocimiento disfruta sobre el mar, y el hombre de la virtud goza sobre las montañas; porque el hombre sabio es inquieto y el virtuoso es pacífico.

2 El sabio se guardará de tres cosas: durante su juventud, cuando la sangre está revuelta, se guardará de la lujuria; en el período viril, cuando la sangre alcanza la plenitud de sus fuerzas, se guardará de pelearse con el prójimo; en la vejez, cuando la sangre se ha debilitado, se guardará de la pasión de lograr ganancias.

3 Quien volviendo a hacer el camino viejo aprende el nuevo, puede considerarse un maestro.

4 Rebasar los límites no es un defecto menor que no alcanzarlos.

5 No son las malas hierbas las que ahogan la buena semilla, sino la negligencia del campesino.

6 El gobierno es bueno cuando hace felices a los gobernados y atrae a los que viven lejos.

7 El hombre noble debe ser tardo en hablar y rápido en obrar.

8 El ir un poco lejos es tan malo como no ir todo lo necesario.

9 El obrero que quiere hacer bien su trabajo debe empezar por afilar sus instrumentos.

10 El que por la mañana ha conseguido conocer la verdad, ya puede morir por la tarde.

11 Amar y reconocer los defectos de aquellos que se aman; odiar y reconocer las buenas cualidades de aquellos que se odia, son dos cosas bastante raras bajo el cielo.

12 El sabio está siempre sentado en la orilla. El necio está siempre debatiéndose entre las olas.

13 El sabio no se aflige de que los hombres no le reconozcan; se aflige de no conocer a los hombres.

14 El gobernante sabio es liberal sin ser pródigo, hace trabajar al pueblo sin que éste se queje, quiere y no es ávido, es grande sin ser soberbio, es digno sin ser adusto.

15 No quiero ni rechazo nada de modo absoluto, sino que consulto siempre las circunstancias.

16 No ser conocido por los hombres y no afligirse: tal es, realmente, ser sabio.

17 ¿Cómo acertará a gobernar a los demás el que no sabe gobernarse a sí mismo?

18 Cuando veas a un hombre bueno, trata de imitarlo; cuando veas a uno malo, examínate a ti mismo.

19 Dice el maestro: la vida del hombre depende de la rectitud. Sin rectitud, depende sólo del azar.

20 Dice el maestro: Naturaleza que aventaje a la cultura es tosquedad, cultura que aventaje a la naturaleza es pedantería. Sólo la armoniosa combinación de ambas hace al hombre de bien.

21 Dice el maestro: No estoy dispuesto a despertar sino al que trata ardientemente de comprender, ni a guiar sino al que se esfuerza inútilmente por expresarse; pero si, tras mostrarle un ángulo, veo que es incapaz de deducir los tres restantes, abandono mi intento.

22 El silencio es un amigo que jamás traiciona.

23 Donde hay educación, no hay diferencias de clase.

24 Dios ha puesto el trabajo como centinela de la virtud.

25 El sabio siente temor ante el cielo sereno; pero cuando se desata la tempestad camina sobre las olas y los vientos.

26 La pereza camina tan lentamente que no ha de esforzarse mucho la pobreza para alcanzarla.

27 Escuchar o leer sin reflexionar es una ocupación vana; reflexionar sin libro ni maestro es peligroso.

28 La serenidad es sólo la corteza del árbol de la sabiduría; sin embargo, sirve para preservar a ésta.

29 Las faltas de los hombres son siempre relativas al estado de cada uno.

30 Hay que responder al mal con la rectitud, al bien con el bien.

31 He aquí un hombre con el que puedes hablar; tú no le hablas y pierdes un hombre. He allí un hombre con el que no debes hablar; le hablas y pierdes una palabra. Sabio es aquel que no pierde ni un hombre ni una palabra.

32 La conciencia es la luz de la inteligencia para distinguir el bien y el mal.

33 Saber que se sabe lo que se sabe y qué no se sabe: he aquí el verdadero saber.

34 Cuando se puede cumplir la promesa sin faltar a la justicia, hay que mantener la palabra.

35 Cada cosa tiene su belleza, pero no cada uno puede verla.

36 Algún dinero evita preocupaciones; mucho, las atrae.

37 Al que ve lo justo y no lo practica, le falta valor.

38 Lo que quiere el sabio lo busca en sí mismo; el hombre vulgar lo busca en los demás.

39 Al que nada se perdona a sí mismo, merece que se le perdone todo.

40 Sólo puede ser feliz siempre el que sepa ser feliz en todo.

41 Se puede quitar a un general su ejército, pero no a un hombre su voluntad.

42 Sólo el hombre virtuoso sabe amar y odiar.

43 Si todavía no se conoce la vida, ¿cómo podrá conocerse la muerte?

44 Sólo los sabios más preclaros y los necios más acabados son incomprensibles.

45 Escuchar y escoger entre los consejos, he aquí el primer paso del conocimiento. Ver y reflexionar sobre lo que se ha visto, he aquí el segundo paso del conocimiento.

Congreve, William (1670-1729),
poeta dramático inglés.

1 Tu mujer es una constelación de virtudes; ella es la luna, y tú eres el hombre en la luna.

2 ¡Oh, tú, mujer maldita, querida y destructora!

3 Se habla solamente de un sabio y se afirma que todo cuanto sabía era que no sabía nada.

4 La bebida constituye una diversión cristiana, desconocida por los turcos y los persas.

5 El primero que grita «Al ladrón» es generalmente el mismo que ha robado el tesoro.

6 No dejes para mañana la resolución de ser sabio; tal vez mañana no salga el sol para ti.

7 El cielo no tiene un arrebato como el amor convertido en odio; ni el infierno furia como una mujer despreciada.

Conrad, Joseph (1857-1924),
novelista inglés.

1 Se juzga a un hombre por sus enemigos tanto como por sus amigos.

2 Los hombres son, por sí mismos, capaces de todas las maldades.

Constant, Benjamin (1767-1830),
publicista francés.

1 Los tiempos que vivimos requieren hombres de principios más que hombres de circunstancias.

2 La libertad no es otra cosa que aquello que los individuos tienen el derecho de hacer y que la sociedad no tiene el derecho de impedir.

3 La gratitud tiene poca memoria.

4 La meditación fortifica a los fuertes y debilita a los débiles.

Constantino el Grande (h. 288-340),
emperador romano.

1 Déjate de lisonjas indebidas; no necesito tus elogios, sino tus oraciones.

2 Han roto mis estatuas; sin embargo, no me siento en absoluto herido.

Cook, Joseph (1838-1901),
escritor norteamericano.

1 El secreto de la soledad es que no existe
soledad.

2 ¡Cuán sabios son aquellos que únicamente son tontos en el amor!

Coombe, William (1741-1823),
escritor inglés.

1 Creo que es dos veces maldito el hombre
que del bien trae el mal; y estoy seguro de
que es dos veces bendito el que del mal
trae el bien.

2 Yo diré siempre que un hogar es un
hogar.

Copérnico, Nicolás (1473-1543),
astrónomo polaco.

1 En magnitud, la tierra es con respecto al
cielo como un punto con respecto al cuerpo y como lo finito con respecto a lo infinito.

2 La naturaleza no hace nada superfluo,
nada inútil, y sabe sacar múltiples efectos
de una sola causa.

Corán

1 Anima a los creyentes al combate. Veinte
hombres decididos aterrorizarán a dos-
cientos infieles.

2 Haced la guerra a los que no creen ni en
Dios ni en el juicio final; hacedles la guerra sin excepción.

3 Si vuestros enemigos os atacan, bañaos
en su sangre.

4 No hay más Dios que Alah y Mahoma es
su profeta.

5 Sabed que quien cambia la fe por la incredulidad, deja lo bello en medio del camino.

6 Obedeced a quienes queráis, menos al
caprichoso y a las mujeres.

7 Tres cosas hacen revivir el corazón: contemplar el agua correr, el color reverdeci-
do de la tierra y un rostro hermoso.

8 La amistad y la enemistad se heredan.

9 Si supierais lo que yo sé, lloraríais mucho
y reiríais poco.

10 Todos los frutos son regados con la
misma agua. Sin embargo, difieren en bondad.

11 Ningún pueblo puede retardar o precipi-
tar el instante en que está decretada su
ruina.

12 Huríes bellísimas de grandes ojos negros,
como verdaderas perlas, serán el premio
de tu fe.

13 Una buena palabra es como un buen
árbol cuya raíz es sólida y cuyas ramas
llegan al cielo. Da sus frutos en cada estación.

14 Dios no impone a cada hombre más de lo
que puede llevar.

15 El que hace reír a sus compañeros merece
el paraíso.

16 Los lazos de sangre ligan, pero no son
suficientes para que otro lleve vuestra
carga.

Corbusier, Le (1887-1965),
arquitecto francés.

1 Cuando las catedrales eran blancas, Europa ya había organizado la demanda impe-
rativa de las técnicas.

2 La casa es una máquina para habitar dentro de ella.

Córdoba, Gonzalo F. de (1453-1515),
capitán español.

1 Antes daría dos pasos adelante, aunque
me hubieran de costar la vida, que retroceder uno por vivir cien años.

2 No os envié yo por iguales, sino por mejores.

3 Estas son las luminarias de la victoria. En campo fortificado no se necesitan cañones.

4 La honra y prez de la milicia, señores soldados, con vencer a los enemigos se gana.

5 No cierres nunca la mano; no hay modo mejor de gozar de los bienes que dándolos.

Córdoba, José María (1800-1830), *general colombiano.*

1 ¡Adelante, y a paso de vencedores!

Corneille, Pierre (1625-1709), *dramaturgo francés.*

1 El tiempo es un gran maestro, que arregla muchas cosas.

2 Jamás la libertad deja de ser grata.

3 Cada uno ve los males de los demás con otros ojos que los males propios.

4 La clemencia es el signo más hermoso que hace conocer al mundo la existencia de un verdadero monarca.

5 El que no teme a la muerte, no teme las amenazas.

6 Le façon de donner, vaut mieux que ce qu'on donne. (La manera de dar, vale más que lo que se da.)

7 El que desprecia la vida es, en realidad, dueño de su propia vida.

8 La vergüenza está en el crimen, no en el patíbulo.

9 Lo diferido, medio perdido.

10 Nuestros éxitos más felices aparecen mezclados con tristezas.

11 Quien se deja ultrajar, merece el ultraje.

12 Quien todo lo puede ha de temerlo todo.

13 Cada instante de la vida es un paso hacia la muerte.

14 Cuando el pueblo es el amo y señor, el tumulto es norma; jamás se escucha la voz de la razón; los honores son para los más ambiciosos y la autoridad para los más fanáticos.

15 Aunque apenas pueda resistir mis males, prefiero sufrirlos a merecerlos.

16 El fuego que parece extinguirse está, muy a menudo, dormido bajo las cenizas.

17 Cumplid vuestro deber y dejad obrar a los dioses.

18 Se tiene un pazo más firme siguiendo que conduciendo.

19 A fuerza de ser justo, se es a menudo culpable.

20 La razón y el amor son enemigos jurados.

Cornelia (189-110 a.C), *hija de Escipión el Africano.*

1 He aquí mis joyas y aderezos.
(Cornelia, hija de Escipión el Africano y mujer de Sempronio Graco, respondió así presentando al mismo tiempo a sus hijos a la dama que, después de mostrarle sus joyas, inquirió por las suyas.)

Cornuel, Madame de (1605-1694), *aristócrata francesa.*

1 No hay gran hombre para su ayuda de cámara.

Correggio, Antonio Allegri, llamado el (1494-1534), *pintor italiano.*

1 Anch'io son' pittore. (También yo soy pintor.)

Cortés, Hernán (1485-1547), *conquistador español.*

1 Soy un hombre, señor, que os ha ganado

más provincias que ciudades os legaron vuestros padres y abuelos.

2 En circunstancias especiales, el hecho debe ser más rápido que el pensamiento.

3 Muchas veces ha de proseguir la fuerza lo que ha comenzado y no consigue la prudencia.

4 Las grandes hazañas son hijas de los grandes peligros.

Cortezo, Carlos María (1850-1933),
escritor y político español.

1 La colectividad es el recurso mal calculado de los impotentes, que suponen que multiplicando el número de los eunucos puede llegar a producirse una semilla.

Cossi, C.,
escritor italiano contemporáneo.

1 El último peldaño de la mala fortuna es el primero para la buena.

Costa, Joaquín (1846-1911),
tratadista y pensador español.

1 Último día del despotismo... y primer día de lo mismo.

2 La escuela y la despensa, la despensa y la escuela: no hay otras llaves capaces de abrir camino a la regeneración española.

3 No tuvieron valor ni para soñar.

Cotton, Nathaniel (1585-1652),
escritor inglés.

1 El jugador es un ladrón de su fortuna, de su tiempo, de su libertad y de su salud.

2 El mundo no tiene nada que dar; nuestras alegrías deben fluir de nuestro yo...

Cötvös, Joseph Von,
escritor alemán contemporáneo.

1 Lo que la perla representa para la concha es el amor para ciertos corazones femeninos: su único tesoro, pero también su enfermedad incurable.

Coupé, J. (1732-1818),
escritor francés.

1 Representa una enfermedad enojosa el conservar la salud mediante un régimen demasiado severo.

2 Pretender sondear las profundidades de Dios constituye una empresa que coloca a los sabios al nivel de los locos.

Courteline, Georges (1860-1929),
escritor francés.

1 Si se hubiera de tolerar a los demás lo que nos permitimos hacer nosotros mismos, la vida sería insoportable.

2 Se cambia más fácilmente de religión que de café.

3 Propio es de todo hombre imbécil hacerse el astuto.

4 La mujer nunca ve lo que por ella se hace. Solamente ve lo que no se hace.

5 La mujer es mejor de lo que se dice; solamente se ríe de las lágrimas de los hombres cuando es ella misma quien las hizo correr.

6 El desprecio del dinero es bastante frecuente, sobre todo entre aquellos que no lo tienen. Digamos las cosas como en realidad son: es muy agradable poseerlo, por las comodidades que nos procura, en primer término, y más todavía por la impresión de seguridad con que nos libra de todo embarazo y nos tranquiliza.

7 Es bien duro no ser amado cuando todavía se ama; pero ello no es comparable a serlo aún cuando ya no se ama.

8 Es mejor malograr la propia juventud que no hacer nada de ella.

Courty, Pierre (1840-1892),
escritor francés.

1 La felicidad apenas se percibe en el presente y no puede prometerse un porvenir. El hombre no sabe a ciencia cierta que fue dichoso hasta que camina errante por las ruinas de su felicidad hundida.

2 El joven busca la felicidad en lo imprevisto; el anciano, en el hábito.

3 Dos mujeres, cuando han pasado una hora hablando mal de una tercera, se imaginan seriamente que son amigas hasta la muerte.

4 El hombre prudente no trata de vengarse de sus enemigos; deja este cometido a la vida.

Cowley, Abraham (1618-1667),
poeta inglés.

1 Palabras que lloran y lágrimas que hablan.

Cowley, Hannah (1743-1809),
poetisa inglesa.

1 La vanidad, como un delito, se descubre.

2 ¿Qué es la mujer? Nada más que uno de los disparates agradables de la naturaleza.

3 Nada puede levantar más rápidamente el espíritu abatido como la alabanza de los hombres que todos alaban.

4 ¡Esperanza! El único remedio universal y barato para todos los males que el hombre sufre.

5 Es un hecho extraordinariamente fantástico y contradictorio en la naturaleza humana que los hombres deban amarse por encima de todas las cosas, y en cambio no puedan soportar el estar consigo mismos.

6 Como el alma no está natural y habitualmente provista de suficiente materia para elaborar, es necesario que recurra continuamente a la doctrina y a los libros para aprovisionarse.

Cowper, William (1731-1800),
poeta inglés.

1 Una persona ociosa es un reloj sin agujas, siendo inútil tanto si anda como si está parado.

2 ¡Oh, soledad! ¿Dónde están los encantos que los sabios aseguran haber visto en tu rostro?

3 Los defectos en la vida crían los errores en el cerebro.

4 Dios creó el campo y el hombre la ciudad.

5 Lo que más irrita a los orgullosos es el orgullo ajeno.

6 ¡Cuán diversas son las ocupaciones de los que el mundo llama ociosos!

7 La variedad es el verdadero aroma de la vida.

8 La Naturaleza no es más que el nombre de un efecto cuya causa es Dios.

9 La libertad ha de mostrar mil encantos que los esclavos, aunque satisfechos, ignoran.

10 La guerra es un juego que los reyes no practicarían nunca si sus súbditos fueran inteligentes.

11 La Ciencia está orgullosa de saber tantas cosas; la sabiduría siente la humildad de no saber más.

12 El remordimiento es el huevo fatal que el placer pone.

13 La ciencia y la sabiduría, lejos de ser una misma cosa, no tienen entre sí a menudo conexión alguna.

14 De cuando en cuando un tonto, por casualidad, debe tener razón.

Crabbe, George (1754-1832),
literato inglés.

1 Los libros no siempre pueden agradar, aunque sean buenos; los espíritus no siempre desean su alimento.

Crane, F. (1871-1900),
escritor inglés.

1 La opulencia y la miseria son los mayores enemigos de la virtud.

2 No hay pecado que no tenga colaboración.

Crashaw, Richard (1613-1650),
poeta inglés.

1 Nada expresa mejor nuestra aflicción que el no decir nada.

Criltenden, J. J.,
poeta y escritor inglés contemporáneo.

1 Confío en hallar que mi patria tiene razón; pero la tenga o esté equivocada, yo la defenderé.

Cristina de Suecia (1626-1689),
reina.

1 Los fanfarrones son valientes rara vez, y los valientes son rara vez fanfarrones.

2 Ser sobrio no es una gran virtud; pero no serlo es un gran defecto.

3 La esperanza es la pasión que da los placeres más falsos y los dolores más verdaderos.

4 La más pequeña mosca irrita al león más temible.

5 Todos los hombres tienen sus caprichos y llaman bagatelas a los caprichos de los demás.

Croisset, Francis de (1877-1937),
comediógrafo francés.

1 Todos los consejos que los padres dan a la juventud tienen por finalidad el impedir ser joven.

2 La juventud tiene todas las ambiciones, incluso la del dolor.

3 El matrimonio es una mujer más y un hombre menos.

4 Cuando una mujer se equivoca conviene comenzar pidiéndole perdón.

5 La lectura es el viaje de los que no pueden tomar el tren.

Cromwell, Oliver (1599-1658),
estadista inglés.

1 Confiad en Dios, muchachos, y procurad que no se os moje la pólvora.
(Palabras con que Cromwell animó a sus tropas antes de la batalla de Dunbar.)

2 Nunca se va tan lejos como cuando no se sabe dónde se va.

3 Dios está en el camino de la guerra.

Cruz, Ramón de la (1731-1794),
sainetero español.

1 La brevedad de la vida
es la reflexión que hacemos
cotidiana los abates
en verano y en invierno.

Cruz, San Juan de la (1542-1591),
poeta y místico español.

1 Mil gracias derramando
pasó por estos sotos con presura,
y, yéndolos mirando,
con sola su figura,
vestidos los dejó de su hermosura.

2 ¡Oh, bosques y espesuras
plantadas por la mano del Amado,
oh prados y verduras,
de flores esmaltado,
decid si por vosotros ha pasado!

3 Pastores los que fuerdes
allá por las majadas al otero,
si por ventura vierdes

Aquel que yo más quiero,
decidle que adolezco, peno y muero.

4 Buscando mis amores
iré por esos montes y riberas;
ni cogeré las flores,
ni temeré las fieras,
y pasaré los fuertes y fronteras.

5 Quedéme y olvidéme,
el rostro recliné sobre el Amado;
cesó todo y dejéme,
dejando mi cuidado
entre las azucenas olvidado.

6 Las inclinaciones y afectos del maestro
fácilmente se imprimen en el discípulo.

Cruz, Sor Juana Inés de la (1651-1695),
poetisa mexicana.

1 ¿Cuál será más de culpar,
aunque cualquiera mal haga,
la que peca por la paga
o el que paga por pecar?

2 Hombres necios que acusáis
a la mujer sin razón,
sin ver que sois la ocasión
de lo mismo que culpáis.

3 Nunca lo que es razón ha sido injuria.

4 Pues ¿cómo ha de ser templada
la que vuestro amor pretende,
si la que es ingrata ofende,
y la que es fácil enfada?

5 Que es fortuna morirte siendo hermosa
y no ver el ultraje de ser vieja.

6 ...que me causa más contento,

poner riquezas en mi entendimiento,
que no mi entendimiento en las riquezas.

7 Siempre tan necios andáis
que con desigual nivel
a una culpáis por cruel
y a la otra por fácil culpáis.

Cumberland, Richard (1632-1718),
filósofo y orador inglés.

1 Vale más que el hombre se gaste, a que se
enmohezca.

Curcio (s. I d.C.),
historiador romano.

1 En las cosas prósperas se olvida demasiado la fragilidad humana.

2 La adulación constituye el achaque perpetuo de los reyes.

3 La mucha precipitación retrasa.

4 Los ríos más profundos corren con menor
ruido.

Curie, Madame (1867-1934),
científica polaca.

1 Tener miedo es servir al adversario.

2 Hay que procurar no equivocarse, y el
secreto está en no ir muy deprisa.

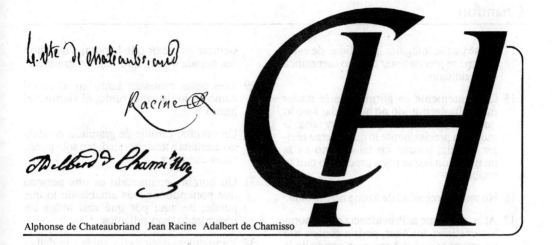

Alphonse de Chateaubriand   Jean Racine   Adalbert de Chamisso

Chacel, Rosa,
escritora española contemporánea.

1 Claro que hay que romper barreras, pero ¿con qué ariete?

Chadwick, sir Edwin (1800-1890),
escritor inglés.

1 El mito es la última etapa en la creación del héroe.

Chambers, Robert (1802-1871),
literato escocés.

1 Los libros son el cloroformo bendito de la mente.

Chamfort, Nicolás-Sebastián Roch, llamado (1741-1794), *literato francés.*

1 El hombre puede aspirar a la virtud, pero no puede pretender, razonablemente, hallar la verdad.

2 Definición de un gobierno tiránico: un orden de cosas en que el superior es vil, y los inferiores envilecidos.

3 Para que la relación entre un hombre y una mujer sea verdaderamente interesan-

te es necesario que entre ambos exista goce, memoria o deseo.

4 El mundo físico parece la obra de un Ser poderoso y bueno que se vio precisado a poner en manos de un ser malvado la ejecución de una parte de su plan. Pero el mundo moral parece ser el producto de los caprichos de un demonio que se ha vuelto loco.

5 El matrimonio viene después del amor, como el humo después de la llama.

6 El más inútil de todos los días es aquel en que no hemos reído.

7 El amor es como las enfermedades contagiosas; cuanto más se temen, más expuestos nos hallamos a contraerlas.

8 No concibo la sabiduría sin la desconfianza. Las Sagradas Escrituras dicen que el principio de la sabiduría es el temor de Dios; pero yo creo que es el temor de los hombres.

9 La celebridad, la ventaja de ser conocido por los que no nos conocen.

10 El más rico de los hombres es el que sabe economizar; el más pobre es el avaro.

11 Cuanto más se enjuicia, menos se ama.

12 Cuando se aspira a agradar en sociedad hay que tomar la decisión de dejarse enseñar muchas cosas sabidas por personas que las ignoran.

13 No existe virtud que no vicie la pobreza.

14 No se puede imaginar la cantidad de espíritu que se precisa tener para no caer nunca en el ridículo.

15 Corrientemente se afirma que la mujer más bella del mundo no puede dar sino lo que tiene, afirmación que es muy falsa: la mujer da precisamente lo que se cree recibir de ella, porque en tal terreno es la imaginación la que pone precio a lo que se recibe.

16 No tengo necesidad de lo que no me falta.

17 Al que dijo que la Providencia era el nombre cristiano del Azar, podría contestarle un creyente que el Azar es un apodo de la Providencia.

18 Pasa por la felicidad como con los relojes, que los menos complicados son los que menos se estropean.

19 Por mal que un hombre pueda pensar de las mujeres, no hay mujer que no piense todavía peor que él.

20 Recuerdo haber visto un hombre que abandonó a las coristas de la Ópera, por haber apercibido en ellas —según afirmaba— la misma falsedad que en las mujeres honestas.

21 Si hay que amar al prójimo como a sí mismo, es igualmente justo, por lo menos, amarse como a su prójimo.

22 La esperanza no es más que un charlatán que nos engaña continuamente; para mí no comenzó la felicidad hasta que la perdí.

23 Aprendiendo a conocer los males de la naturaleza se desprecia la muerte; aprendiendo a conocer los de la sociedad humana se desprecia la vida.

24 La estimación vale más que la celebridad; la consideración más que la fama y el honor más que la gloria.

25 La falsa modestia es la más decente de todas las mentiras.

26 También hay tonterías elegantes, como hay tontos bien vestidos.

27 Todas las pasiones son exageradas, y son pasiones precisamente porque exageran.

28 Todo es igualmente vano en la vida humana: las alegrías como las tristezas. Pero

siempre es mejor que la pompa de jabón sea dorada o azul, que negra o grisácea.

29 Tres cosas molestan tanto en lo moral como en lo físico: el ruido, el viento y el humo.

30 Un hombre carente de grandeza de alma no acertaría a tener bondad; tan sólo puede tener candidez.

31 Un hombre enamorado es una persona que pretende ser más amable de lo que puede; he aquí por qué casi todos los enamorados son ridículos.

32 Vano quiere decir vacío; así la vanidad es tan miserable que no cabe decir nada peor que su nombre.

33 Vivir es una enfermedad de la que el sueño nos alivia cada dieciséis horas; es un paliativo. La muerte es el remedio.

34 Despreciar el dinero es destronar un rey.

35 El hombre honrado recita su papel lo mejor que puede, sin pensar en la galería.

36 El placer puede basarse en la ilusión, pero la felicidad descansa en la verdad.

37 El que no posee carácter no es un hombre: es una cosa.

38 En las cosas grandes los hombres se muestran como les conviene mostrarse; en las pequeñas se muestran como son realmente.

39 Existe una forma de prudencia superior a la que se denomina habitualmente de tal modo; la una es la prudencia del águila, y la otra la de los topos. La primera consiste en seguir valerosamente el propio carácter, aceptando decidido las desventajas e inconvenientes que puedan producirse.

40 Existen más locos que sabios; y en el sabio hay siempre más locura que sabiduría.

41 Hay épocas en que la opinión pública es la peor de todas.

42 La filosofía, como la medicina, tiene muchas drogas, pocos buenos remedios y casi ningún específico.

43 La fortuna es a menudo como las mujeres ricas y pródigas que arruinan los hogares adonde ellas han aportado una rica dote.

44 La mayoría de los libros de nuestra época parecen estar hechos, en un día, con los libros leídos de la víspera.

45 La importancia sin mérito obtiene un respeto sin estima.

46 La amistad grande y delicada se siente herida muchas veces por la simple arruga de un pétalo de rosa.

47 La mejor filosofía, en relación con el mundo, consiste en unir el sarcasmo de la alegría con la indulgencia del desprecio.

48 Hay que escoger entre amar a las mujeres o conocerlas: no existe un término medio.

49 Hay dos cosas a las que es preciso acostumbrarse para que la vida nos sea soportable: a las injurias del tiempo y a las injusticias de los hombres.

50 Haced menores los males que padece un pueblo, y disminuirá su ferocidad, igual que curáis sus enfermedades dándole caldo.

51 Goza y haz gozar sin causar daño ni a ti ni a nadie: eso es, a mi entender, toda la moral.

52 La naturaleza ha concedido las ilusiones a los sabios como a los necios, para que los sabios no fuesen demasiado desgraciados por su propia sabiduría.

53 La sociedad está compuesta de dos grandes clases: los que tienen más comida que apetito y los que tienen más apetito que comida.

54 La sociedad sería una cosa hermosa si se interesaran los unos por los otros.

55 La vida contemplativa es, con frecuencia, miserable. Interesa obrar más, pensar menos y no mirarse vivir.

56 Las mujeres poseen una célula menos en el cerebro y una fibra más en el corazón.

57 Las obras que un autor realiza con placer son generalmente las mejores, así como los hijos del amor son los más hermosos.

58 Las palabras más razonables que se han dicho sobre la cuestión del celibato y del matrimonio son las siguientes: cualquier partido que tomes tendrás que arrepentirte.

59 Lo que aprendí, ya lo olvidé. Lo que sé todavía, lo he adivinado.

60 Lo que proporciona éxito a muchas obras es la relación que se encuentra entre la mediocridad de las ideas del autor y la mediocridad de las ideas del público.

61 Más hace por un hidrópico el que le apaga su sed que quien le da un tonel de vino. Aplicad esto a las riquezas.

62 En el mundo se tienen tres clases de amigos: los que os aman, los que se cuidan de vos y los que os aborrecen.

63 Me permitiría decir de los metafísicos lo que Scaliger afirmaba respecto a los vascos: dicen que se entienden, pero no lo creo.

64 Siempre vi, en este mundo, que la estimación de las gentes honestas se sacrificaba a la fama, y el reposo a la celebridad.

65 Dicen que el amor a la gloria es una virtud. Extraña virtud, a la que se apoya con la práctica de todos los vicios y que tienen como estímulos el orgullo, la ambición, la envidia, la vanidad y, algunas veces, incluso la avaricia.

Chamisso, Adalberto de (1781-1838), *poeta y novelista alemán.*

1 El presente es falso: la vida miente.

2 La luz es el bien; las tinieblas son la noche, el reino del pecado y el imperio del mal.

3 Felicidad es únicamente el amor; sólo el amor es la felicidad.

4 Sólo una madre puede saber lo que significa amar y ser feliz.

Channing, William Ellery (1780-1842), *teólogo protestante.*

1 Demos gracias a Dios por los libros. Ellos son la voz de los lejanos y de los muertos, y nos hacen herederos de la vida espiritual de los siglos pasados.

2 Todo ser humano no solamente posee la

127

idea del derecho sino que, por sí mismo, es capaz de obrar rectamente.

Chaplin, Charles (1889-1977),
actor de cine inglés.

1 El verdadero significado de las cosas se encuentra al decir las mismas cosas con otras palabras.

2 Odio el teatro; pero también odio la vista de la sangre y la llevo en mis venas.

3 Hacer reír es un oficio muy triste cuando los otros no se ríen. Pero emocionante si se ríen.

4 Todos somos aficionados. La vida es tan corta que no da para más.

Chapman, George (1559-1634),
dramaturgo y poeta inglés.

1 Los aduladores se parecen a los amigos como los lobos a los perros.

2 Quien no tiene confianza en el hombre, no tiene ninguna en Dios.

3 El que desprecia las bagatelas debe despreciar el mundo.

4 La avaricia de todo es siempre la madre de nada.

Char, René (1907-?),
poeta francés.

1 Es necesario soplar sobre algunos resplandores para obtener buena luz.

2 Imita lo menos posible a los hombres en su enigmática enfermedad de hacer nudos.

3 Hay que ser el hombre de la lluvia y el niño del buen tiempo.

Chardonne, Jacques (1884-1968),
novelista francés.

1 Hay un secreto para vivir feliz con la persona amada: no pretender modificarla.

Chartier, Alain Emile (1868-1951),
filósofo francés.

1 El hombre que tiene miedo sin peligro, inventa el peligro para justificar su miedo.

Chateaubriand, Alphonse de (1877-1951),
novelista francés.

1 La amenaza del más fuerte me hace siempre ponerme al lado del más débil.

2 Hay palabras que sólo deberían servir una vez.

3 La verdadera felicidad cuesta poco; si es cara, no es de buena especie.

Chateaubriand, René de (1768-1848),
escritor francés.

1 La ancianidad es, como la maternidad, una especie de sacerdocio.

2 Escritor original no es aquel a quien nadie imita, sino aquel a quien nadie puede imitar.

3 Es preciso evitar la sociedad cuando se sufre porque es la enemiga natural del desgraciado. El orgullo es la virtud de la desgracia. Cuanto más nos rebaja la fortuna, más necesitamos elevarnos si queremos salvar nuestro carácter.

4 Lejos de calmar la opinión, el silencio impuesto por la censura la irrita más.

5 Multitud, ¡vasto desierto de hombres!

Châtelet, Madame de (1706-1749),
escritora francesa.

1 El culto de los libros constituye el mejor preludio para conocer a los hombres.

2 La fealdad representa un fallo de la naturaleza; pero la mujer que la padece hace responsable de ello a cada uno de los que la notan.

3 Las mujeres necias siguen la moda, las pretenciosas la exageran; pero las mujeres de buen gusto pactan con ella.

Chatham, lord (1708-1778),
estadista y literato inglés.

1 Donde acaba la ley comienza la tiranía.

2 En un corazón envejecido la confianza es una planta de lento desarrollo: la juventud es la estación de la credulidad.

Chatterton, Thomas (1752-1770),
poeta inglés.

1 Busca primero el honor: el placer espera detrás.

Chaucer, Geoffrey (1340-1400),
poeta inglés.

1 A un pobre hombre se le pueden indicar sus vicios; a un señor, ni aunque camine al infierno.

2 ¡Ay del que está solo! Porque si cae, no habrá nadie que le socorra.

3 El sabio teme a su enemigo.

4 Yo creo que la adversa fortuna ha sido más provechosa a la mayoría de los hombres que la próspera.

5 Quien bien ama, tarde olvida.

6 Los más doctos no son los más sabios.

7 La embriaguez es una verdadera sepultura para el espíritu del hombre y para su discernimiento.

Chauvilliers, A.
escritor contemporáneo francés.

1 Muchos son buenos porque no saben ser justos.

2 Ser original representa un valor; querer serlo es un defecto.

3 Trata de poner en la obediencia tanta dignidad como en el mandar.

Chéjov, Anton (1860-1904),
escritor y dramaturgo ruso.

1 Si quieres tener poco tiempo, no hagas absolutamente nada.

2 No somos felices, y la felicidad no existe, sólo podemos desearla.

3 La originalidad de un autor depende menos de su estilo que de su manera de pensar.

4 Hay que presentar la vida no tal como es sino tal como se la ve en sueños.

5 Cualquiera que sea el tema de la conversación, un viejo soldado hablará siempre de guerra.

6 La brevedad es hermana del talento.

7 Sabemos todos lo que es una acción deshonrosa, pero lo que es la honradez, nadie lo sabe.

8 Al nacer el hombre escoge uno de los tres caminos de la vida, y no hay otros; vas hacia la derecha y los lobos te comen, vas hacia la izquierda y tú te comes los lobos, vas derecho y te comes tú mismo.

9 Un escritor debería tener la objetividad del químico y saber que hasta los montones de estiércol representan un papel apreciable en el paisaje.

10 En literatura los grados bajos son tan necesarios como en el ejército; es lo que dice la razón, y el corazón debería decir más.

11 El artista debería ser no el juez de sus personajes y de sus dichos, sino sólo un testigo imparcial.

12 ¿El público? Siempre y en todas partes el mismo: cordial o sin piedad según su

humor. Siempre ha sido como un rebaño; en busca de buenos pastores y buenos perros, y va siempre a donde lo llevan los pastores y los perros.

13 ¡Escribir para los críticos! ¡Trabajo perdido! Lo mismo que hacer oler una flor a un hombre resfriado.

14 Las obras de arte se dividen en dos categorías: las que me gustan y las que no me gustan. No conozco ningún otro criterio.

15 Un perro hambriento sólo tiene fe en la carne.

16 Cuando tenemos sed nos parece que podríamos beber todo un océano: es la fe; y cuando nos ponemos a beber, bebemos un vaso o dos: es la ciencia.

Chénier, André (1762-1798),
poeta francés.

1 El arte no hace más que versos: pero solamente el corazón es el poeta.

2 La felicidad de los malos es un crimen de los dioses.

3 El que no sabe ser pobre está predestinado a ser esclavo.

Chesterfield, Philip (1694-1773),
político y escritor francés.

1 Observa que los más tontos son los que más mienten.

2 No dejes para mañana lo que puedas hacer hoy.

3 Una aparente ignorancia es, a menudo, una parte muy necesaria de la ciencia mundana.

4 Los mejores autores son los críticos más severos de sus propios trabajos.

5 La risa frecuente y ruidosa constituye la característica de la insensatez y de la mala educación; es la manera con que la plebe manifiesta su loca alegría frente a las cosas necias y con la que da a entender que está alegre. A mi modo de ver, no hay nada

más bajo y desvergonzado que una carcajada estrepitosa.

6 Todos los hombres buscan la verdad; pero sólo Dios sabe quién la ha hallado.

7 Un hombre juicioso puede sentir prisa, pero nunca precipitación, puesto que sabe que todo cuanto haga apresuradamente le resultará necesariamente mal.

8 Tratar a los demás como uno quisiera ser tratado es el medio más seguro de agradar que yo conozco.

9 Si no plantamos el árbol de la sabiduría cuando somos jóvenes, no podrá prestarnos sus sombra en la vejez.

10 Procura que no se te escape una sola palabra sobre tu experiencia, porque la experiencia implica edad, y la sospecha de una edad avanzada no la perdona jamás ninguna mujer, por vieja que sea.

11 La gente, en general, soporta mucho mejor que se hable de sus vicios y crímenes, que de sus fracasos y debilidades.

12 Si deseáis ser agradables a los demás, debéis imitar sus maneras y si no está a vuestro alcance hacer lo debido, aceptadlas como son.

13 Los consejos rara vez son bien recibidos; y quienes más los necesitan, menos gustan de ellos.

14 Sin dignidad de carácter es imposible abrirse paso en el mundo.

15 En pureza de conducta y en buenas formas procurad superar a todos si queréis igualar a muchos.

16 El estilo es el ropaje del pensamiento; un pensamiento bien vestido, como un hombre bien trajeado, se presenta ventajosamente.

17 La virtud y la instrucción, como el oro, tienen un valor intrínseco; pero es indudable que si no muestran gallardía, pierden buena parte de su esplendor.

18 Si te propones mandar algún día con dignidad, debes servir con diligencia.

19 Si los hombres no tuvieran otros vicios que los propios, muy pocos tendrían tantos como tienen.

20 La mujer puede conquistarse infaliblemente con cualquier tipo de adulación; el hombre, de un modo u otro.

21 Decir mentiras constituye el único arte de la capacidad mediocre y el único refugio de los hombres viles.

22 La gente odia a quien le hace sentir la propia inferioridad.

23 Las virtudes morales constituyen el fundamento de la sociedad, en general, y de la amistad, en particular; pero las atenciones, las maneras y las gracias las adornan y robustecen.

24 Lo que merece ser hecho, merece que se haga bien.

25 Se olvidan a veces las injurias, pero el desprecio no se perdona jamás.

26 Procura ser más sabio que los demás, si es posible, pero no lo digas.

27 Cómprate buenos libros y léelos; los mejores son los más accesibles, y las últimas ediciones son siempre las mejores, si los editores no son tontos, ya que pueden aprovecharse de las precedentes.

28 Aquellos jóvenes ilusos que creen sobresalir entregándose a licencias impías o inmorales, brillan tan sólo por su corrupción, como la carne corrompida brilla en la oscuridad.

29 Conocí en cierta ocasión a un individuo tan avaro y sórdido, que solía decir: «Pon especial atención en la moneda menuda, que la grande se guarda sola».

30 La pereza es el único refugio de los espíritus débiles.

Chesterton, Gilbert Keith (1874-1936), *escritor inglés.*

1 Un maestro no dogmático es, simplemente, un maestro que no enseña.

2 Los hombres que creen realmente en sí mismos están todos en manicomios.

3 Las verdades se convierten en dogmas en el momento en que son discutidas.

4 La intolerancia puede definirse aproxima-

damente como la indignación de los hombres que no tienen opiniones.

5 La habilidad mata la sabiduría: ésta es una de las pocas cosas ciertas y dolorosas.

6 Fe y credo no parecen semejantes, pero son exactamente la misma cosa. El hecho está en que la palabra credo es latina y significa fe.

7 El ahorro es poético, porque es creador; el derroche no es poético, porque es destructor.

8 La aventura podrá ser loca, pero el aventurero, para llevarla a cabo, ha de ser cuerdo.

9 No existe en el mundo un asunto sin interés. Lo único que puede existir es una persona que no se interesa.

10 Nosotros hacemos nuestros amigos; nosotros hacemos nuestros enemigos; pero Dios nos hace el vecino de al lado.

11 Toda metáfora es poesía.

12 Todo el mundo es educado en Inglaterra; únicamente que la mayor parte es mal educada.

13 Es menos desagradable ver mendigar a un pobre que a un rico. Y un cartelón de propaganda es un rico que mendiga.

14 El periodismo consiste en gran parte en decir: «lord Jones ha muerto» a gente que nunca ha sabido que lord Jones existía.

15 Democracia significa gobierno por los sin educación, mientras que aristocracia significa gobierno por los mal educados.

16 Bebed porque sois felices; pero nunca porque seáis desgraciados.

17 Admiramos a las personas por motivos, pero los amamos sin motivos.

18 Desde la aurora del hombre todas las naciones han tenido gobierno y todas se han avergonzado de sus gobiernos.

19 La afirmación de que los mansos poseerán la tierra está muy lejos de ser una afirmación mansa.

20 La desesperación está en figurarse que la vida carece de sentido.

21 Todos los hombres de la historia que han

hecho algo en el futuro, tenían los ojos puestos en el pasado.

22 Un gran clásico es un hombre del que se puede hacer el elogio sin haberlo leído.

23 Existe una gran diferencia entre la persona ávida que pide leer un libro, y la persona cansada que pide un libro para leer.

Chilón (s. VI a.C.),
sabio de Grecia.

1 Tus amigos te invitan a un banquete: llega tarde, si así lo deseas. Te llaman para que los consueles: apresúrate.

2 Tres cosas son difíciles para el hombre: guardar los secretos, distribuir bien el descanso y soportar al que acusa.

3 Si eres fuerte y quieres que los demás te honren y te teman, no uses de tu fuerza.

4 No permitas que tu lengua se adelante a tu pensamiento.

5 Lo mejor que puede hacer un príncipe es no creer a quienes le rodean.

6 Hazte perdonar el poder con la dulzura; merece ser amado; ten miedo a ser temido.

Chincholle, Charles (1845-1902),
escritor francés.

1 Toda mujer es del primero que sabe soñarla.

2 Para un comerciante la patria es su bolsillo.

3 Mujer sin amor es como hombre sin trabajo.

4 La mejor manera de atraerse a las personas consiste en pedirles favores.

5 Estamos más dispuestos a reconocer los méritos a los enemigos que a nuestros amigos.

6 El misántropo no odia tanto a los demás como a sí mismo.

7 El mayor mérito de la sociedad es el hacernos apreciar la soledad.

8 Desconfiamos de los amigos por sus defectos y de nuestros enemigos por sus virtudes.

9 Cuantos más amantes ha tenido una mujer, más necesita amar.

10 Confiáis más en quienes os sirven por odio a otro, que en los que os sirven por amistad hacia vosotros.

11 ¡Cuán ridículas son las costumbres de los demás!

Chocano, José Santos (1875-1934),
poeta peruano.

1 El amor es tan sólo una posada en mitad del camino de la vida.

2 Que el trabajo no es culpa de un edén ya perdido, sino el único medio de llegarlo a gozar.

3 ¡La muerte es sólo un paso hacia adelante!

4 El varón fuerte
recoge el fruto con sus propias manos,
o lo arranca del árbol de la suerte...

5 Los caballos andaluces,
cuyos nervios tienen chispas
de la raza voladora de los árabes.

6 El ave canta, aunque la rama cruja,
porque conoce lo que son sus alas.

Cholmondeley, Mary (1860-1925),
escritora inglesa.

1 Una infancia feliz constituye uno de los mejores dones que los padres pueden otorgar.

Chopin, Federico (1809-1849),
compositor y pianista polaco.

1 Probablemente, no tengo más paciencia que cualquier otro. La única diferencia

está en que yo sé emplearla como es debido.

Chuang Tse (h. 369-h. 286 a.C.),
filósofo chino.

1 Los que saben no hablan. Los que hablan no saben. El sabio enseña con sus actos, no con sus palabras.

2 El que sabe que es un loco no está muy loco.

3 El mejor uso que se puede hacer de la palabra es callarse.

4 Cuando la idea está trasmitida, poco importan las palabras que han servido para comunicarla.

5 La vida es la compañera de la muerte; la muerte es la conductora de la vida.

6 Cuando el pez está apresado, se olvida la red.

Churchill, Charles (1731-1764),
poeta inglés.

1 Esfuérzate por mantener las apariencias, que el mundo te abrirá crédito para todo lo demás.

2 Dígase lo que se quiera, el camino más seguro para la salud consiste en no creer que nos hallamos mal; muchas de las enfermedades que conocemos los pobres mortales se deben al doctor y a la fantasía.

3 Todo el mundo recuerda la observación de un anciano en trance de muerte: su vida estaba llena de calamidades que en realidad no le habían sucedido nunca.

Churchill, Winston (1874-1965),
político inglés.

1 Un estadista debe tratar de hacer siempre lo que cree que es mejor a la larga para su país, y no debe abstenerse de ello por la circunstancia de tener que divorciarse de un cuerpo de doctrina del que antes fue sinceramente adepto.

2 Personalmente estoy siempre dispuesto a aprender, aunque no siempre me gusta que me den lecciones.

3 No interrogues a tus razonamientos, que sólo pueden contestarte con palabras. Vuélvete hacia el mundo con actos, a fin de que te corresponda con certezas.

4 La juventud, ordinariamente, está por libertad y reformas: la madurez, por la transacción razonable; la senectud, por la estabilidad y el reposo. La progresión normal es de izquierda a derecha, y con frecuencia de extrema iquierda a extrema derecha.

5 No hay delito mayor que la audacia de destacar.

6 Debemos siempre estar en guardia contra las casualidades o circunstancias que intentan desviarnos de nuestro camino: y la gloria de la naturaleza humana reside en nuestra aparente capacidad para ejercer un control consciente sobre nuestro destino.

7 Aquellos que están encargados de la dirección de intereses supremos, deben permanecer asentados en las cimas del mando, sin descender jamás a los valles de la acción personal, física y directa.

8 No hay nada que el hombre no pueda hacer si lo quiere con bastante resolución.

9 Atesoramos nuestras alegrías y no deploramos nuestros pesares; la vida es un todo, el bien y el mal deben ser aceptados juntos.

10 Mientras nuestra seguridad no sea hija de la razón, tendrá que ser hija del terror.

11 Nunca tantos debieron tanto a tan pocos.

12 En la guerra, resolución; en la derrota, altivez; en la victoria, magnanimidad; en la paz, buena voluntad.

Churruca, Cosme Damián de (1761-1805),
marino español.

1 Si tú oyes decir que mi navío es prisionero, cree firmemente que yo he muerto.

133

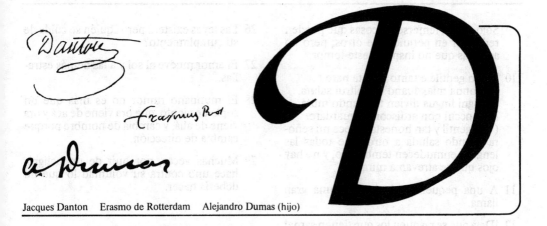

Jacques Danton   Erasmo de Rotterdam   Alejandro Dumas (hijo)

Dahlmann, Federico Cristóbal (1785-1860),
historiador alemán.

1 En todas las empresas humanas, si existe
un acuerdo respecto a su fin, la posibilidad de realizarlas es cosa secundaria.

Dalí, Salvador.
pintor español contemporáneo.

1 Si muero, no moriré del todo.

Dalsème, Aquiles (1840-1913),
periodista francés.

1 La muerte y la vida gozan de parecidos
derechos; no puede pasar la una sin la
otra.

2 Una vez se haya dicho todo, estaremos en
condiciones de volver a decirlo todo, porque todo se habrá contradicho.

Dana, Carlos Anderson (1819-1897),
periodista norteamericano.

1 El que un perro haya mordido a un hombre, no es ninguna noticia; una noticia es
el que un hombre haya mordido a un
perro.

Daniel, Samuel (1562-1619),
historiador y poeta inglés.

1 Si no se eleva sobre sí mismo, el hombre
es una pobre cosa.

Dante Alighieri (1265-1321),
poeta italiano.

1 El vivir es correr a la muerte.

2 Probarás lo amargo que sabe el pan ajeno,
y cuán duro trance es el subir y bajar las
escaleras de otros.

3 Tu duca, tu signore e tu maestro.
(Tú eres el guía, tú el señor y tú el maestro.)

4 Va buscando libertad, tan querida, como
sabe quien por ella desprecia la vida.

5 Vidi il maestro di color chi sanno.
(Vi al maestro de aquellos que saben.)

6 Vuestra fama es como la flor, que tan
pronto como brota muere; y la marchita el
mismo sol que la hizo nacer de la tierra
ingrata.

7 Lasciate ogni speranza voi ch'entrate.
(Los que estáis aquí, perded toda esperanza.)

8 Muchas veces hubieron de llorar los hijos
por culpa del padre.

9 Sólo deben temerse las cosas que pueden redundar en perjuicio de otros; pero no aquellas que no inspiran este temor.

10 Tanto gentile e tanto onesta pare
La donna mia, quand'ella altrui saluta,
Ch'ogni lingua divien tremando muta
E gli occhi non ardiscon di guardare.
(Tan gentil y tan honesta parece mi señora cuando saluda a otro, que todas las lenguas enmudecen temblando, y no hay ojos que se atrevan a mirarla.)

11 A una pequeña chispa sigue una gran llama.

12 ¡Deja que se rasquen los que tienen sarna!

13 Ningún mayor dolor que recordar el tiempo feliz en la miseria...

14 ¿Quién eres tú que quieres echártelas de docto para juzgar desde muy lejos y no ves a un palmo de tus narices?

15 ¡Espantosa compañía! En la iglesia con los santos, y en la taberna con los tragones.

16 La pasión de amor no puede comprenderla quien no la siente.

17 Raras veces rebrota por las ramas la probidad humana; pues así lo quiere Aquel que nos la da, para que se la pidamos.

18 La petición honesta se debe satisfacer con la obra y callando.

19 No hablemos de ellos; mira y pasa.

20 ... No hay dolor más grande que recordar el tiempo feliz en la miseria...

21 No menos que saber, me gusta dudar.

22 ¿No os dáis cuenta que somos gusanos nacidos para formar la angélica mariposa, que vuela a la justicia sin pantallas?

23 Reclinado en blanda pluma no se alcanza la fama, ni al abrigo de colchas; y el que sin gloria consume su vida, deja en pos de sí el mismo vestigio que el humo en el aire o la espuma en el agua.

24 Pasa el tiempo y el hombre no se da cuenta.

25 Sé firme como una torre, cuya cúspide no se doblega jamás al embate de los tiempos.

26 Las leyes existen: pero ¿quién se cuida de su cumplimiento?

27 El amor mueve al sol y a las demás estrellas.

28 El mundano rumor no es más que un soplo de viento, que ora viene de acá y ora viene de allá, y cambia de nombre porque cambia de dirección.

29 Muchas veces, por huir de un peligro, hace uno contra su voluntad lo que no debería hacer.

Danton, Georges Jacques (1759-1794),
abogado y político francés.

1 Antes de construir una ciudad, hay que formar ciudadanos.

2 ¡Audacia, más audacia y siempre audacia!
(Frase con la que Danton se dirigió a la Asamble Legislativa, expresando el requisito para poder vencer a los enemigos de la República.)

3 Los reyes coaligados nos amenazan, ¡arrojémosles como reto una cabeza de rey!

Darc, Daniel (1840-1887),
escritora francesa.

1 Está bien el casarse, pero no casarse es mejor.

2 Un marido traicionado no necesita vengarse. Se encargará el amante.

3 La edad que se querría tener perjudica la que se tiene.

4 Rascad la epidermis de un escéptico y casi siempre encontraréis debajo los nervios doloridos de un sentimental.

5 ¡Cuántas personas creen haber sufrido porque hicieron sufrir!

6 Entre un deseo y un pesar casi siempre hay lugar para una tontería.

Dardenne, Madame. Véase **Gerfaut, Philippe.**

Darío, Rubén (1867-1916),
poeta nicaragüense.

1 Los Estados Unidos son potentes y gran-
[des.
Cuando ellos se estremecen hay un hondo
[temblor
que pasa por las vértebras enormes de los
[Andes.

2 Sin la mujer la vida es pura prosa.

3 ¿Y qué más negro que la muerte? ¡El
yugo!

4 La mujer musa es la de carne y hueso.

5 El oficio de pensar es de los más graves y
peligrosos sobre la faz de la tierra bajo la
bóveda del cielo. Es como el del aeronau-
ta, el del marino y el del minero. Ir muy
lejos explorando, muy arriba o muy abajo:
mantiene alrededor la continua amenaza
del vértigo, del naufragio o del aplasta-
miento. Así, la principal condición del pensador es la serenidad.

6 El libro es fuerza, es valor,
es poder, es alimento;
antorcha del pensamiento
y manantial del amor.

7 El eterno femenino puede tornar humano
lo divino.

8 ¿Callaremos ahora para llorar después?

9 Cuando quiero llorar, no lloro,
y a veces lloro sin querer.

10 Si pequeña es la patria,
uno grande la sueña.

11 Mejorar la raza caballar es una gran cosa.
Se ha llegado en esto a resultados admirables. Mejorar las razas humanas sería indiscutiblemente mejor.

12 La alegría destierra el estado morboso de
las almas; la alegría, riente, expresiva, de
sonoras alas, se mueve en un ambiente
sano y vivificador. Su trueno jovial, su
carcajada, es, como las descargas eléctricas, que purifican la atmósfera.

13 Hagamos, porque es bello, el bien.

14 Nada revela tanto el alma de una mujer
como el perfume que lleva.

15 No desearía otra felicidad en el mundo,
que hallar en los hombres tan enlazada y

unida amistad, como tienen entre sí estos
granos.
(Así dijo el poeta, al abrir una granada.)

16 ¡Juventud, divino tesoro,
ya te vas para no volver!
Cuando quiero llorar, no lloro...
Y a veces lloro sin querer.

17 Pues en la paz del campo la faz de Dios
asoma.

18 De horribles blasfemias
de las Academias,
líbranos, señor.

19 El eterno femenino
puede tornar humano lo divino.

20 Tronco nacido de la tierra fría,
doy al mundo mi savia y mi calor;
es la hermosa misión que me dio el cielo.
¡Hiere, buen leñador...!

Darwin, Charles Robert (1809-1882),
naturalista británico.

1 La expresión de Spencer de que sobrevive
el más apto, es muy acertada y, además,
conveniente.

2 Aquel principio por el que toda variación,
por ligera que sea, se perpetúa si es de
algún provecho, lo designo con el nombre
de Selección Natural.

3 Sin duda, no hay progreso.

4 Lucha por la vida.

Darwin, Erasmus (1731-1802),
médico británico.

1 El ángel de la piedad evita los senderos de
la guerra.

Daudet, Alfonso (1840-1897),
novelista francés.

1 ¿Qué es lo más espantoso en la vida? Una
gran felicidad.

2 ¡Cuántas personas hay en cuyas bibliotecas se podría escribir, como sobre los frascos de las farmacias: «para uso externo»!

3 Las mujeres disfrutan consolando; la mejor manera de conquistarlas consiste en poner bien a la vista nuestras aflicciones, como una escarapela.

4 El epíteto debe ser la amante del sustantivo, en lugar de su legítima esposa. Entre las palabras se necesitan relaciones pasajeras, y no matrimonios eternos. En ello está la verdadera diferencia entre el escritor original y el que no lo es.

5 Los hombres envejecen, pero no maduran.

6 La maternidad es la razón de ser de la mujer, su función, su alegría y su salvaguardia.

Daudí, León

escritor español contemporáneo.

1 ¿Quieres un buen consejo para tu éxito en la vida de relación? Ayuda a los otros a sujetarse la careta.

2 La venganza es un guiso delicado que los espíritus selectos prefieren comer frío.

3 El gato y el perro son dos animales domésticos; y en esto se diferencian de algunos hombres.

4 Un buen amigo es un hombre para el cual nuestra vida no tiene secretos y que, a pesar de todo, nos aprecia.

5 Cualquier gobernante puede hacer tonterías; lo que no se le permite es decirlas.

6 De dos tipos de personas no podemos tener una idea exacta: de los que jamás hablan y de los que jamás callan.

7 Es curioso que la vida, cuanto más vacía es, más pesa.

8 Hay un tipo de perfección que consiste en eliminar todo lo superfluo.

9 Mujer: si un hombre se te declara, sé mala con él. Dile que sí.

10 Siempre resulta desagradable hablar de amor con una mujer a la que no se ama. Y,

si se la ama, ¿para qué hablar? Hablar de amor siempre es una tontería, sobre todo entre un hombre y una mujer.

11 Los insensatos primero hablan y después piensan lo que han dicho; los sensatos primero hablan y después olvidan lo que han dicho. Y no juzgo a los que piensan las cosas antes de decirlas, porque no he conocido a ninguno.

12 La verdad se ha de tragar como una píldora; el que la mastica, la escupe.

13 Si el acreedor pensara más en la otra vida, el deudor lo pasaría mejor en ésta.

14 Hombres y mujeres se casan todos por el mismo motivo: porque ni ellos ni ellas saben lo que se hacen.

15 La mujer es discreta siempre que las otras mujeres no la dejan hablar.

16 Es una prueba de cortesía escuchar disquisiciones sobre casos que se conocen bien de quien las ignora en absoluto.

17 La única manera de acabar aprisa y satisfactoriamente una conversación, es darle al otro la razón en seguida.

18 No digas a nadie «Me han dicho una cosa fea de ti», sin decirle la cosa. Le recordarías demasiadas.

19 Si bien es cierto que muchos hombres se casan por sentar la cabeza, también lo es que muchas mujeres se casan por levantarla.

20 Toma consejo de uno a quien tengas por sabio y de otro a quien tengas por tonto, y luego forma tu opinión.

21 Lo más sorprendente del pasado, si se repitiera, sería comprobar que nada es igual de como nos lo cuentan.

22 Es mucho más fácil sacar fruto de los errores, que evitarlos o corregirlos.

23 He leído que los padres, para ser felices, tienen que estar dando siempre. Y pienso que en muchos casos es cierto, pero que en ningún caso conviene que los hijos lo sepan.

24 En la vida hay muchas cosas más importantes que el dinero; pero todas cuestan mucho dinero.

25 En estar medio loco hay un placer que sólo conocen los que están medio locos.

26 Los que se llaman enemigos de la libertad, si se les encarcela, se verá cómo cambian de idea.

27 Dos buenas maneras de molestar a los otros son hablarles con la boca llena y hablarles con la cabeza vacía.

28 Lo único verdaderamente difícil en esta vida es llegar a los ochenta años; después, la cosa va sola.

29 Sólo hay una forma de resistir bien el frío, y es estar contento de que haga frío.

30 Saber cómo las cosas no son es mucho más fácil que saber cómo son. Esto último sirve de muy poco, pero lo primero no sirve de nada.

31 He leído que tener amigos es buena cosa y mala cosa tener necesidad de ellos.

32 El mayor de todos los males es creer que los males no tienen remedio.

33 Es curioso que a las cumbres más altas sólo puedan llegar las águilas y los reptiles; los que vuelan muy alto y los que se arrastran sin ruido.

34 La única parte verdaderamente sólida de la inteligencia son los huesos del cráneo.

David, rey de Israel. Véase **Biblia, libro de los Salmos.**

Davies, John (1569-1626),
poeta inglés.

1 La danza es hija de la Música y del Amor.

Decourcelle, Adrián (1824-1892),
autor dramático francés.

1 Ángel: la mujer soñada. Demonio: la mujer que se tiene.

2 Biblioteca: demasiados volúmenes y pocos libros.

3 La obra maestra es un hijo que no se bautiza hasta después de la muerte del padre.

4 El maníaco es un mortal privilegiado que no tiene más que una sola locura.

5 Diplomacia: el camino más largo entre dos puntos.

6 Bondad: una dulce locura, aunque algo contagiosa y de la que uno se cura con el tiempo.

7 El aristócrata es un demócrata que ha hecho carrera.

Defoe, Daniel (1661-1731),
literato inglés.

1 Considero que el arte de la guerra es la más alta perfección de la ciencia humana.

2 Donde Dios erige una casa de oración, el diablo se construye siempre una capilla; y si miramos bien, comprobaremos que ésta tiene devotos más numerosos.

3 El miedo del peligro es diez mil veces más terrorífico que el peligro mismo.

4 Las dificultades a menudo aparecen mayores a distancia que cuando son examinadas con discernimiento y separadas de las brumas y de las sombras que las acompañan.

5 La justicia es siempre una violencia para el ofensor, porque cada cual es inocente a sus propios ojos.

6 Los sabios afirman que es costumbre inglesa no murmurar jamás hasta que no viene el momento de pagar.

7 Un comerciante honrado es el mejor caballero de la nación.

8 Eres capaz de soportar las injusticias: consuélate, porque la verdadera desgracia está en comentarlas.

9 La ansiedad que nos causa la previsión del mal es más insoportable que el mismo mal.

10 Un gran hombre sin religión no es sino una gran bestia sin alma.

Dekker, Tomás (1570-1641),
dramaturgo inglés.

1 No hay música cuando una mujer está en el concierto.

Dekobra, Maurice (1885-1973),
novelista francés.

1 El respeto es una de las peores injurias que se puede hacer a una mujer hermosa.

Delacroix, Ferdinand Victor Eugène
(1798-1863), *pintor francés.*

1 No reservemos nada de lo que podemos hacer para tiempo más oportuno.

Delavigne, Casimir (1793-1843),
autor dramático francés.

1 El derecho es la más bella invención de los hombres contra la equidad.

2 Los tontos, a partir de Adán, están en mayoría.

3 La vida es toda una lucha, cuya palma triunfal está en los cielos.

4 En sus momentos de lucidez, todos los locos son sorprendentes.

5 Haga lo que haga, mi amo siempre tiene razón.

Delille, Abate Jacobo (1738-1813),
poeta francés.

1 El hombre llora: he ahí su más hermoso privilegio.

2 Viles opresores de la tierra, temblad, porque sois inmortales.

Della Casa, Giovanni (1503-1556),
escritor italiano.

1 Las maneras agradables y las gentilezas tienen el poder de excitar la benevolencia de aquellos con quienes vivimos; por el contrario, las asperezas y groserías incitan a los demás a odiarnos y a despreciarnos.

Dell'Oro, I. (1853-1904),
publicista italiano.

1 El hombre de corta estatura no tiene la menor idea de quien es más pequeño que él.

2 Las deudas constituyen una excelente gimnasia para el cerebro.

3 Un hombre colosal y con una magnífica barba ha de decir un cúmulo de barbaridades para convencerse de su estupidez. Un hombre menudo ha de llevar los bolsillos llenos de argumentos irresistibles para que las gentes se decidan, apenas, a decir de él: «no está mal».

Demetrio I (337-283 a.C.),
rey de Macedonia.

1 Amigos son los que en las prosperidades acuden al ser llamados y en las adversidades sin serlo.

Demócrates (s. I a.C.),
filósofo griego.

1 La vida es un tránsito; el mundo es una sala de espectáculos; el hombre entra en ella, mira y sale.

Demócrito (460-370 a.C.),
filósofo griego.

1 Todo lo que existe en el universo es fruto del azar y de la necesidad.

2 De la verdad nada sabemos; la verdad yace en un pozo.

Demófilo (s. III a.C.),
filósofo griego.

1 Con los jóvenes sucede como con las plantas, que de los primeros frutos deducimos lo que podemos esperar de ellos en el porvenir.

2 Creer en las pérfidas insinuaciones de un adulador es como beber el veneno en copa de oro.

3 El hombre injusto lleva el propio suplicio en su seno.

4 El sabio honra a Dios incluso con el silencio, y procura agradarle con hechos, y no con palabras.

5 El vencedor recibe su premio cuando ha terminado su carrera; es hacia el fin de la vida cuando se logra la palma de la sabiduría.

6 No es poca ciencia aprender a soportar las tonterías de los ignorantes.

7 Haz lo que consideres honesto, sin esperar ningún elogio; acuérdate de que el vulgo es un mal juez de las buenas acciones.

8 Las riquezas del avaro, como el sol durante la noche, no benefician a los vivos.

9 Tanto con la burla como con la sal, su uso debe ser muy moderado.

Demóstenes (384-322 a.C.),
orador griego.

1 Jamás debe borrarse el beneficio recibido de la memoria del que lo recibió, pero el que lo hizo debe, a su vez, olvidarlo; si el uno ha de mostrarse agradecido, el otro tiene que ser generoso. Divulgar jactanciosamente los favores, es casi echarlos en cara.

2 Considero propio de un buen ciudadano preferir las palabras que salvan a las palabras que agradan.

3 Existe una salvaguardia natural que beneficia al ser humano, y es la desconfianza. Llevadla siempre con vosotros, haciéndola vuestra inseparable compañera. Mientras la conservéis, estaréis a salvo de todo mal.

4 Pensad que las palabras que no son seguidas de ningún efecto no cuentan para nada.

5 Nada es tan criminal en un orador como hablar contra sus propios sentimientos.

6 La mujer desbarata en un día lo que el hombre medita en un año.

7 Es una locura emprender algo que está por encima de las propias fuerzas.

8 Siguiendo el curso normal de la naturaleza, los ausentes son siempre despojados por los presentes; y los que huyen de los peligros y de las fatigas son despojados por quienes son capaces de afrontar ambas cosas.

9 La raza de los poetas es la dueña de la libertad.

10 He aquí tres animales intratables: el mochuelo, la serpiente y el pueblo.

Den Xiaoping,
político contemporáneo chino.

1 ¿Qué importa si el gato es blanco o negro, con tal de que cace ratones?

Denham, Sir John (1615-1669),
poeta inglés.

1 Los libros deberían conducir a una de estas metas: sabiduría, piedad, alegría o utilidad.

141

Descartes, René (1596-1650),
filósofo y matemático francés.

1 Pienso, luego existo.

2 Todo lo que experimentamos debemos atribuirlo al cuerpo, y todo lo que existe en nosotros, que podemos concebir que exista en un cuerpo, debe ser atribuido al alma.

3 La lectura de todo buen libro es como una conversación con los hombres que lo han escrito, los más dignos de las edades pasadas; una conversación selecta, en la cual no nos descubren sino sus mejores pensamientos.

4 El bien que hemos hecho nos da una satisfacción interior, que es la más dulce de todas las pasiones.

5 Conversar con los de otros siglos es casi lo mismo que viajar.

6 Hemos de pensar que los que sostienen opiniones contrarias a las nuestras no están necesariamente equivocados; muchos saben usar la razón tan bien como nosotros y hasta mejor.

7 No ser útil a nadie equivale a no valer nada.

8 Con tal de que nuestra alma tenga con qué satisfacerse interiormente, todos los azares exteriores no tendrán fuerza bastante para hacerle daño.

9 Natura abhorret vacuum.
  (La naturaleza tiene horror del vacío.)

10 Leer un libro enseña más que hablar con su autor; porque el autor, en el libro, sólo ha puesto sus mejores pensamientos.

11 Temo a la fama más que la deseo, pues estimo que siempre disminuye de alguna manera la libertad y el tiempo disponible de los que la adquieren.

12 La alegría que nace del bien es seria, mientras que la que nace del mal va acompañada de risas y burlas.

13 Con frecuencia una alegría improvisada vale más que una tristeza cuya causa es verdadera. Sepamos, pues, improvisar nuestra alegría.

14 La graciosa sencillez de las fábulas despierta el espíritu.

Descaves, Lucien (1861-1949),
literato francés.

1 El miedo que tienen de los pobres es, para la mayor parte de los ricos, el comienzo de la filantropía.

Deshoulières, Antonieta (1638-1694),
poetisa francesa.

1 Nadie está contento con su fortuna ni descontento de su ingenio.

Desmoulins, Camilo (1760-1794),
abogado francés.

1 Pongámonos todos la escarapela verde, que es el color de la esperanza.

2 Tengo treinta y tres años, edad fatal para los revolucionarios; la misma tenía Jesús cuando lo crucificaron.

Detouche, E. (1854-1913),
pintor francés.

1 ¿Cómo es posible que el hombre que conoce todo lo que la humanidad ha creído ya, pueda seguir creyendo?

2 El gran mundo: mujeres sin corazón y hombres sin cerebro. Están hechas las unas para los otros.

3 La vida es un mal, pero el amor y la amistad son potentes anestésicos.

4 Pronto se ha dado la vuelta a la mentalidad femenina; pero nunca se llega al fondo.

5 Los ausentes nunca tienen razón.

Deuteronomio. Véase **Biblia.**

Diane, Condesa (1829-1899),
escritora francesa.

1 La calumnia es como la moneda falsa. Muchos que en manera alguna la hubieran acuñado, la hacen circular sin escrúpulos.

2 La inteligencia sirve para todo y, en especial, para poner en acción la bondad; los necios quieren ser buenos, pero no saben.

Díaz, Porfirio (1830-1915),
estadista mexicano.

1 ¡Pobre México, tan lejos de Dios y tan cerca de los Estados Unidos!

Díaz Mirón, Salvador (1853-1928),
escritor mexicano.

1 Tengo fe en mí: la adversidad podría quitarme el tiempo, pero no la gloria.

Dickens, Charles (1812-1870),
novelista inglés.

1 He aquí la regla fundamental en los negocios: «Hazlo a los demás, puesto que los otros te lo harían a ti».

2 Nunca sabe un hombre de lo que es capaz, hasta que lo intenta.

3 Pon tu confianza sólo en los hechos, y no te fíes de las palabras: en la vida encontrarás muchas personas que viven mal y hablan bien.

4 Es mi vieja criada quien lo dice. Es una persona que tiene juicio, pero yo nunca lo reconozco en su presencia. Hay que mantener la disciplina.

5 Someted vuestros apetitos, amigos míos, y habréis conquistado la naturaleza humana.

6 Cada niño que viene al mundo es más hermoso que el anterior.

7 Es ésta una melancólica verdad: que los grandes hombres tienen también parientes pobres.

8 No era una mujer que razonase lógicamente; pero Dios es bueno y los corazones pueden contar en el cielo tanto como las cabezas.

9 Nuestras peores debilidades y bajezas se cometen habitualmente por consideración a las gentes que más despreciamos.

10 Yo soy más sensible que los demás.

11 Cuando encuentres alguna cosa, toma nota.

12 Raras veces los hombres grandes son meticulosos en el vestir.

13 Si no existieran personas malas no habría buenos abogados.

14 Era seguro como los impuestos; y no hay nada más seguro que éstos.

15 Nunca debemos avergonzarnos de nuestras lágrimas.

16 En el corazón humano hay cuerdas que sería mejor no hacer vibrar.

17 Cuando un sentimiento es natural en mí, debo concluir que también es natural en muchos otros hombres.

18 La caridad empieza en nuestra casa y la justicia en la casa del vecino.

Dickinson, John (1732-1808),
estadista norteamericano.

1 Si nos mantenemos unidos, estamos en pie; si nos dividimos, caemos.

Dickinson, Emily (1830-1886),
poetisa norteamericana.

1 ¿Cambiar? Cuando lo hagan las colinas.

2 No hay mejor nave que un libro para viajar lejos.

3 ¡Qué sencilla es la carreta que transporta a un alma humana!

Diderot, Denis (1713-1784),
escritor francés.

1 La ignorancia está más cerca de la verdad que el prejuicio.

2 Es tan arriesgado creer demasiado como creer demasiado poco.

3 El mundo tiende a envejecer, pero no cambia; es posible que el individuo se perfeccione, mas la masa de la especie no se vuelve mejor ni peor.

4 De todos los sentidos la vista es el más superficial; el oído, el más orgulloso; el olfato, el más voluptuoso; el gusto, el más inconstante, y el tacto, el más profundo.

5 Una gran cualidad natural recibe el nombre de un gran vicio o de una gran virtud, según el bueno o el mal uso que de ella se hace.

6 Hay hombre que se cree sabio cuando su locura dormita.

7 Cuando se escribe sobre las mujeres hay que mojar la pluma en el arco iris y secar las líneas con polvillo de alas de mariposa.

8 ¿Qué es un hombre veleidoso? Es un pájaro que solamente mantenéis por el ala; en la primera oportunidad propicia levantará el vuelo, y únicamente dejará en vuestra mano una pluma.

9 La voz de la conciencia y del honor es muy débil cuando rugen las tripas.

10 La pérdida de la inocencia se nos compensa con la pérdida de los prejuicios.

11 El mártir espera la muerte; el fanático corre a buscarla.

12 El que chismorrea contigo de los defectos ajenos, chismorrea con otros de los tuyos.

13 Está prohibido abandonar el puesto sin el permiso del que manda: pues bien, el puesto del hombre es la vida.

14 La idea de que no hay Dios no hace temblar a nadie; más bien se tiembla de que lo haya.

15 La naturaleza no es más que una sucesión de nacimientos y muertes.

16 La sabiduría no es otra cosa que la ciencia de la felicidad.

17 Los médicos trabajan sin cesar para conservar nuestra salud, y los cocineros para destruirla; pero los segundos están más seguros de lo que hacen.

18 Si oís una mujer hablar mal del amor y un literato de la fama, decid que la mujer está perdiendo sus encantos y que el literato pierde su talento.

19 Siento amor por los niños y por los ancianos, y miro a éstos como unos seres singulares que el tiempo ha economizado.

20 Cuando las razones son sencillas, no impresionan al vulgo, que sólo gusta de las cosas de mucho aparato y ruido.

21 La virtud es la búsqueda de la felicidad personal por la contribución a la felicidad de todos.

22 El amor priva de espíritu a quienes lo tienen, y se lo da a los que carecen de él.

23 Se habla sin cesar contra las pasiones. Se las considera fuente de todo mal humano y se olvida que también lo son de todo placer.

24 No arrepentirse ni hacer reproches a los demás son los primeros pasos de la sabiduría.

25 En el momento en que el artista piensa en el dinero, pierde el sentimiento de lo bello.

26 No basta con hacer el bien: hay que hacerlo bien.

Dietrich, Marlene,
actriz de cine alemana contemporánea.

1 ¡Si pudieras marcharte ahora y volver hace diez años!

Díez de Games, Gutierre (siglo XV),
escritor español.

1 Non deue temer la muerte sino aquel que fizo mucho tuerto e poco derecho.

2 Non hay cosa más noble que el coraçon del ome; nunca recibe señorío de grado; e

más omes ganarás por amor que por fuerza nin por temor.

3 No es cortesía decir de uno detrás lo que avrías vergüença de le dezir delante.

4 No son todos caballeros cuantos cabalgan caballos; ni cuantos arman caballeros los reyes son todos caballeros.

Digby, Kenelm (1603-1663),
filósofo inglés.

1 Los hombres hacen más esfuerzos para perderse, que cuantos necesitarían para mantenerse en el camino derecho.

2 Los hombres se aman tanto a sí mismos que, si les conviene, mezclan cualquier cosa relativa a su miserable yo con la religión.

Digesto,
colección de textos del derecho romano.

1 Todas las leyes y todos los derechos permiten repeler la fuerza con la fuerza.

2 La costumbre es el mejor intérprete de las leyes.

3 A igual razón, igual derecho.

4 Nemo ex consilio obligatur (Nadie se obliga por un consejo).

Dincklage, E. von (1825-1891),
escritora alemana.

1 La magia del primer amor consiste en la ignorancia de que puede tener un fin.

2 El amor es el valor de las mujeres; es la estrella a que ellas dirigen sus miradas y la brújula de su viaje.

Diocleciano, Cayo Valerio Jovio (254-313),
emperador romano.

1 Nada es más difícil que gobernar bien. (Nihil est difficilius quam bene imperare.)

Diógenes (413 a.C.-323 a.C.),
filósofo griego.

1 Gente, mucha; hombres, pocos.

2 Los dioses no necesitan nada; los que se parecen a los dioses, pocas cosas.

3 Los jóvenes no deben casarse todavía; los viejos, nunca.

Diógenes Laercio (s. II a.C.),
historiador griego.

1 Conócete a ti mismo (Nosce te ipsum).

2 Ten por más fácil la probidad que el juramento.

Diogeniano (s. II a. C.),
gramático griego.

1 Los viejos son dos veces niños.

Disraeli, Benjamín (1766-1848),
estadista inglés.

1 Casi todas las cosas grandes fueron realizadas por jóvenes.

2 Aumento de medios y aumento de ocios son los dos civilizadores del hombre.

3 Con las palabras gobernamos a los hombres.

4 Alimentad el espíritu con grandes pensamientos. La fe en el heroísmo hace los héroes.

5 Creo que sin partidos el gobierno parlamentario es imposible.

6 El mundo no ha sido conquistado nunca por la intriga, sino por la fe.

7 El hombre no es hijo de las circunstancias. Las circunstancias son hijas de los hombres.

8 Hasta en el exceso existe una moderación.

9 Esa bufonería fatal que se llama gobierno representativo.

10 El hombre es verdaderamente grande sólo cuando obra a impulsos de las pasiones.

11 La experiencia es hija del pensamiento y el pensamiento hijo de la acción. No podemos conocer a los hombres por los libros.

12 La ignorancia nunca da por terminadas las cuestiones.

13 El hombre consecuente cree en el destino; el voluble, en el azar.

14 La naturaleza nos dotó con dos orejas, pero con una sola boca.

15 Los viajes constituyen la parte frívola en la vida de las personas serias y la parte seria de los seres frívolos.

16 El depositario del poder siempre es impopular.

17 Las colonias no cesan de ser colonias porque sean independientes.

18 Mi creencia es que un gobierno conservador es una hipocresía organizada.

19 El carácter es más poderoso que la educación.

20 Los críticos son una pobre gente que no han conseguido tener éxito en ninguno de sus intentos de ser otra cosa mejor.

21 Cuando un hombre cae en la anécdota, sonó su hora para que se retire del mundo.

22 Los disparates de la juventud son preferibles a los triunfos de la madurez o al éxito de la senectud.

23 Los jóvenes de una nación son los depositarios de la posteridad.

24 El problema es éste: ¿Es el hombre un simio o un ángel? Yo, señor mío, me pongo al lado de los ángeles.

25 Nada revela tan seguramente el carácter de una persona como su voz.

26 Ningún gobierno puede considerarse bien seguro, a largo plazo, sin una formidable oposición.

27 Lo verdaderamente mágico de nuestro primer amor es la absoluta ignorancia de que alguna vez ha de terminar.

28 «Las personas juiciosas pertenecen todas a la misma religión». «Podríais decirme cuál es?», preguntó el Príncipe. «Las personas juiciosas no lo dicen nunca»

29 La sabiduría de los sabios y la experiencia de los siglos pueden ser conservadas mediante las citas.

30 Siempre he pensado que todas las mujeres deberían casarse; pero no el hombre.

31 Tener conciencia de la propia ignorancia es un gran paso hacia el saber.

32 No hay más sabiduría que la sinceridad.

33 La vanidad femenina; ese don divino que hace tan encantadora a la mujer.

34 No me gusta aconsejar, porque en cualquiera de los casos se asume una responsabilidad innecesaria.

35 Deuda es la madre prolífica de locuras y delitos.

36 La variedad es la madre del placer.

37 Un gobierno conservador es una hipocresía organizada.

38 ¿Sabéis qué son los críticos? Los que han fracasado en literatura y en arte.

39 No hay más amor que el que se produce de repente.

40 Un libro puede ser una costa tan grande como una batalla.

Djami (1414-1492), *filósofo islámico.*

1 El tormento de la presencia es peor que el de la ausencia.

Dolent, Jean (1835-1909),
escritor francés.

1 Cuando hemos muerto, todos los días son domingos.

2 El amor es una rehabilitación de la esclavitud.

3 El pudor es una virtud estética.

4 La desesperación es el dolor de los débiles.

5 La felicidad: un placer compartido con otra persona.

6 No escribo para enseñar, sino para instruirme.

7 No os preocupéis tanto de la forma de una oración; es suficiente que os postréis de rodillas.

8 Vivir sin ruido nos consuela de vivir sin gloria.

9 Son fuertes aquellos que sin haber bebido están ebrios.

Domat, Juan (1625-1696),
jurisconsulto francés.

1 Lo que es superfluo para los ricos debería servir para cubrir las necesidades de los pobres; pero, por el contrario, lo necesario a los pobres sirve para lo superfluo de los ricos.

Doni, Antonio Francisco (1513-1574),
escritor italiano.

1 Si nos propusiéramos atender solamente a nuestros hechos, no tendríamos tiempo suficiente para pensar en vivir. ¡Oh, miseria de la naturaleza y desventura de los hombres, dominados por tanta y tan infinita curiosidad!

2 Lo que sucede hoy acaeció otras veces; lo que se dice, sigue diciéndose y se dirá más adelante; lo que ha de ser, ya fue un día.

3 En definitiva, todo se hace para vivir y vestir, ya que solamente para ello sirven las cosas de este mundo, aunque el tesoro fuese alto como las montañas.

4 Considero que no existe felicidad alguna en este mundo; pero sí la sombra de la felicidad, es decir, creer que una cosa te satisface, y convencerte de que es buena porque te produce satisfacción.

Donnay, Mauricio (1859-1945),
escritor francés.

1 En el amor, las únicas cosas que interesan son la conquista y la ruptura. Todo lo demás es un relleno.

Donne, John (1572-1631),
poeta inglés.

1 El mar es tan profundo en la calma como en la tempestad.

2 Ningún hombre es una isla; cada humano es una parte del continente, una parte del todo.

Donoso Cortés, Juan (1809-1853),
pensador español.

1 La guerra y la conquista han sido siempre los instrumentos de la civilización en el mundo.

2 Lo importante no es escuchar lo que se dice, sino averiguar lo que se piensa.

3 La dinastía de los Austria es un paréntesis en la historia de España.

4 Las revoluciones serían el mayor azote de los pueblos, si no las hubieran hecho necesarias los tiranos.

5 Nada sienta tan bien en la frente del vencedor como una corona de modestia.

6 La compasión es una limosna que el sano debe al enfermo.

7 El hombre, sin saber cómo, se inclina siempre del lado del vencido; el infortunio le parece más bello que la victoria.

8 La idea de la libertad se funda en la del libre albedrío, y el libre albedrío no es un descubrimiento de la filosofía, es un hecho revelado por Dios al género humano.

Dos Passos, John (1896-1970),
escritor norteamericano.

1 Somos libres; libres como las barcas perdidas en el mar.

2 Hemos llorado porque no podíamos amar.

3 No tengo suficiente fe en la naturaleza humana como para ser anarquista.

Dossi, Carlo (1849-1910),
escritor italiano.

1 Todo se perdona menos no tener corazón. El que no lo tenga que se lo invente.

2 La locura se podría llamar el sueño de uno que está despierto.

3 El que mucho dice, poco piensa.

4 La mayor parte de las mujeres no manifiestan tanta satisfacción ante los beneficios y gentilezas que se les hacen, teniendo en cuenta el homenaje o mejora que se les proporciona, como por la rabiosa envidia que pueden suscitar en sus compañeras o rivales.

5 ¡Cuán pequeño es el hombre ante el universo! ¡Qué grande es el que comprende el universo!

6 La virtud es como la chinche: para que exhale su olor es necesario aplastarla.

7 Las tres cuartas partes de la vida de un hombre civilizado se consumen en cumplidos, congratulaciones y condolencias; cada día nos llegan cartas y tarjetas de visita inútiles que nos obligan a contestaciones todavía más inútiles.

8 Creer inteligente al que sabe muchas cosas de memoria es como considerar sabio al que tiene en su casa una gran biblioteca.

9 La felicidad se compra mejor con céntimos que con pesetas.

10 Los locos abren los caminos que más tarde recorren los sabios.

11 Los tormentos de la bondad que no podemos echar de nosotros mismos son tal vez peores que la perversidad desatada.

12 Nada vale la ciencia si no se convierte en conciencia.

13 Necios: ¿Por qué cometéis picardías fuera de la ley, cuando queda tanto sitio para hacerlas dentro?

14 A muchos sólo les falta el dinero para ser honrados.

15 El falso amigo es como la sombra que nos sigue mientras dura el sol.

16 No se llega a ser un gran hombre si no se tiene el valor de ignorar una infinidad de cosas inútiles.

17 Nunca escribo mi nombre en los libros que adquiero hasta después de haberlos leído, porque sólo entonces puedo decir que son míos.

18 Para hacer el bien, como es debido, no basta tener bondad: es necesario ingenio. Por ello el bien se hace raramente bien. Sería utilísimo un manual que enseñase no ya el bien, sino los mil modos de practicarlo.

19 ¿Por qué, en general, se rehúye la soledad? Porque son muy pocos los que se encuentran en buena compañía consigo mismos.

20 El último escalón de la mala suerte es el primero de la buena.

21 Reconocer los propios errores y pedir perdón al prójimo no supone una bajeza sino, más bien, elevarse en la estimación por parte de los demás y de sí mismo.

22 Se llamaba edad del oro aquella en que el oro no existía.

23 El error de muchos ladrones respecto al público y a la justicia consiste en no haber robado demasiado para encubrir el hurto.

24 El hombre predestinado para la gloria no teme la pobreza ni la miseria, porque sabe

que en la miseria su ingenio se convertirá en genio.

25 El pudor inventó el vestido para gozar más de la desnudez.

26 Entre los modos de mantener la salud y de recuperarla, que figuran en un tratado de higiene, yo incluiría el de beneficiar a los demás. Efectivamente, la mayor parte de nuestros males es creada y exagerada por nuestra imaginación, por nuestro «yo», que no piensa más que en las propias miserias y olvida el mundo exterior, sin el cual no es posible la perfección del hombre.

27 Un saco lleno de serpientes, en el que solamente hay una anguila: esa es la lotería matrimonial.

28 Una cosa es ciencia y otra erudición. Sin meditar, nadie llegará a sabio. Con un diccionario histórico, un docto sale del paso. Basta saber nombrar abundantes autores y un montón de libros.

29 El camino de la verdad es muy tortuoso. No existe error sin parte de verdad, e incluso el error se podría definir diciendo que es una verdad incompleta.

30 En la vida, la mitad es deseo, y la otra mitad, descontento.

31 Hay muchas cosas que llegamos a juzgar imprescindibles; más tarde, cuando se pierden o se renuncia a ellas, nos damos cuenta de que podemos pasarnos perfectamente sin las mismas.

32 En la política sucede como en el teatro: hay autores que escriben las obras a representar y no aparecen en escena; y actores que las recitan públicamente sin haberlas escrito.

33 La cátedra nos enseña a discutir, pero no a vivir.

34 La ley es igual para todos los harapientos.

35 A veces, con los libros de teología y filosofía nos damos una gran trabajo para comprender que todo cuanto llegamos a comprender no valía la pena comprenderlo.

36 Con el amor no se juega. Muchos comienzan fingiendo amor y más tarde quedan prendidos de verdad.

37 El mejor sistema filosófico de todos es el de Jesucristo: el sistema de la benevolencia.

38 En vuestros paseos no os contentéis con el primer lugar que se os ofrece para descansar; en la vida no os contentéis con la primera mujer que encontréis.

39 El ingenio está constituido por un tercio de instinto, un tercio de memoria y el último tercio de voluntad.

Dostoiewsky, Fedor Mijailovich (1821-1881), *novelista ruso.*

1 Creo que en el fin del mundo, en el momento de la eterna armonía, acontecerá algo sublime que dará satisfacción a todos los corazones, que aplacará todas las indignaciones y que remediará todos los males de los hombres y toda la sangre vertida; y no sólo entonces se podrá perdonar, sino incluso justificar lo que ha sucedido a los hombres.

2 La vida es un paraíso, pero los hombres no lo saben ni se cuidan de saberlo.

3 Matar, con el fin de castigar un delito, representa, sin comparación, un castigo mayor que el delito mismo.

4 No busques un premio, porque tú tienes una gran recompensa sobre esta tierra: tu dicha espiritual, que sólo el justo posee.

5 No comprendo cómo se puede pasar junto a un árbol, y no ser feliz de verlo; hablar con un hombre, y no ser feliz de amarlo. Y cuantas cosas hermosas hay a cada paso; mirad el niño, mirad la aurora de Dios, mirad los ojos que os miran y os aman.

6 La adulación, aunque hasta la última nota sea falsa, se oye con satisfacción, y por lo menos la mitad parece verdadera.

7 La vida de toda mujer, a pesar de lo que ella diga, no es más que un continuo deseo de encontrar a quien someterse.

8 Amigos míos, pedid a Dios la alegría. Sed alegres como los niños, como los pájaros del cielo.

9 Estad seguros de que no fue cuando des-

cubrió América, sino cuando estuvo a punto de descubrirla, que Colón fue feliz.

10 Hay hombres que nunca mataron a un semejante y, sin embargo, son peores que los que han asesinado a seis personas.

11 Hermanos, no temáis el pecado de los hombres; amad al hombre hasta en su pecado, porque un amor así se acerca al de Dios. Amad a toda criatura divina y todo el universo; cada granito de arena, cada hojita, cada rayo divino. Amad todas las cosas. Si amáis todas las cosas, podréis comprender el misterio divino de todas las cosas.

12 El hombre ama la vida, que es dolor y angustia, porque ama la angustia y el dolor.

13 El hombre es desgraciado porque no sabe que es feliz; quien lo sepa, será feliz en aquel mismo instante.

14 El hombre ha inventado a Dios sólo para poder vivir sin matarse.

15 El hombre quiere ver a su mejor amigo humillado ante él. Para la mayor parte de los hombres, la amistad se funda en la humillación.

16 El hombre superior es aquel que no se ha inclinado jamás ante la tentación material, que busca sin tregua el trabajo por Dios, que ama la verdad y cuando es necesario se alza para servirla, abandonando la casa y la familia, y sacrificando la vida.

17 El secreto de la existencia humana no consiste solamente en vivir, sino también en saber para qué se vive.

18 El silencio es siempre hermosos y el hombre que calla es siempre más admirable que el hombre que habla.

19 Se compara a veces la crueldad del hombre con la de las fieras; es insultar a éstas.

20 Sin una idea superior no pueden subsistir ni un hombre ni una nación. Y sólo una idea superior hay en este mundo: la idea de la inmortalidad del alma humana. Todos los otros ideales superiores en los que puede fundamentar su vida el hombre, surgen nada más que de esta idea.

21 Da la libertad al hombre débil, y él mismo se atará y te la devolverá. Para el corazón débil la libertad no tiene sentido.

22 Un ser que se acostumbra a todo, he aquí, creo, la mejor definición que puede darse del hombre.

23 Sufrir y llorar significa vivir.

24 Tan sólo el demonio sabe lo que es la mujer; yo no entiendo nada.

25 Antes de estar con los hombres, Cristo estuvo con los animales.

26 Hay que querer hasta el extremo de alcanzar el fin; todo lo demás son insignificancias.

27 Fácilmente se contraen hábitos de lujo y difícil se hace después prescindir de ellos, cuando se han convertido en necesidad.

28 Se sufre de dos clases de celos: los del amor y los del amor propio.

29 No admirarse de nada es todavía más estúpido que admirarse de todo. Viene a ser casi lo mismo que no fijarse en nada.

30 Sin fe en el alma y en su inmortalidad, la vida del hombre resulta antinatural, absurda e insufrible.

31 Ese mismo pueblo que hoy besa tus pies, mañana a una señal mía se lanzará a atizar el fuego de tu hoguera.

Doucet, Camile (1812-1895),
escritor francés.

1 Acusarse tan admirablemente, señor, es defenderse.

Doudan, Jimeno (1800-1872),
escritor francés.

1 Todo cuanto existe fuera de nosotros le dice al individuo que no es nada. Pero lo que encierra le persuade de que lo es todo.

2 Las viejas ideas son prejuicios, y las nuevas, caprichos.

Drayton, Michael (1563-1631),
poeta inglés.

1 El tentador más sutil usa el estilo más dulce; las sirenas cantan más dulcemente cuando quieren traicionar.

Drummond, W. (1585-1649),
poeta inglés.

1 El que no quiere razonar es un fanático; el que no sabe razonar es un necio; el que no se atreve a razonar es un esclavo.

2 Vive el que muere conquistando una fama duradera.

Dryden, John (1631-1700),
escritor inglés.

1 Los grandes espíritus son ciertamente próximos aliados de la locura y delgados tabiques los separan de ella.

2 Carece de dignidad quien no se atreve a alabar a un enemigo.

3 Los defectos, como las pajas, sobrenadan en la superficie; el que quiere encontrar perlas debe sumergirse.

4 La guerra es el oficio de los reyes.

5 Una mayor libertad engendra el deseo de una libertad todavía mayor: el hambre crece con la abundancia de provisiones.

6 El amor tiene mil maneras de hacernos dichosos, pero tienen muchas más de robarnos el sosiego.

7 El mundo es una posada, y la muerte el final del viaje.

8 Toda la felicidad que la humanidad puede alcanzar, está, no en el placer, sino en el descanso del dolor.

9 ¿Eres un hombre de Estado y no eres un hipócrita? ¡Imposible! No desconfiemos de tus virtudes.

10 La amistad, que en sí misma es un lazo sagrado, se hace más sagrada con la adversidad.

11 Los celos son la ictericia del alma.

12 No siempre es exacta la opinión del pueblo; los muchos pueden errar tanto como los pocos.

13 Existe un placer por estar loco que tan sólo conocen los locos.

14 El deseo de la grandeza es un pecado divino.

15 El cielo puso en nuestra copa algunas gotas de licor para hacernos tragar la nauseabunda bebida de la existencia.

16 La verdad tiene un rostro y un aspecto tal que es suficiente verlo para amarlo.

17 El amor de la libertad nos ha sido dado justamente con la vida: y de ambos dones del cielo, el inferior es la vida.

18 ¿Cómo es posible que el inferior pueda comprender al superior, o la razón finita alcanzar lo infinito?

19 Como él cantaba, la guerra es fatiga y fastidio; el honor, una burbuja vacía.

20 ¡Qué animal tan estúpido e insensible es el hombre, puesto que pretende dominar a todos los demás!

21 ¿Qué puede, ¡oh mortales!, darnos el nacimiento? La corriente no puede elevarse por encima de la fuente en que las aguas manan.

22 Prosperan los bribones atrevidos, sin pizca de sentido común, pero los buenos perecen de inanición por falta de impudicia.

23 Las puertas del infierno se hallan abiertas noche y día: fácil es la caída y expedito el camino.

24 El amor es la más noble flaqueza del espíritu.

25 ¡Oh, mujeres, mujeres, sexo fatal! ¡Todo el poder de los dioses para hacer el bien no se compara con el vuestro para anularlo!

Dschami (s. XV),
escritor persa.

1 Preguntaron cierta vez a un hombre generoso: «Cuando envías regalos a los pobres y das dádivas a los necesitados, ¿no sientes a veces cierto malestar o la molesta carga que significa el tener que preocuparte siempre de los pobres?» El hombre contestó a sus amigos: «¡Qué ocurrencia, la vuestra! Al hacer el bien y dar regalos me parezco al cucharón en manos del cocinero. Cuanto el cocinero reparte, siempre lo entrega el cucharón, que permanece callado sin jactarse de sus propios méritos. El que da, sólo presta sus manos, y Dios únicamente alimenta».

Du Barry, Madame (1743-1793),
cortesana francesa.

1 Una mujer está perdida si teme a su rival.

2 Cuando una mujer deja de ser amada, todo le está permitido menos llorar.

Du Deffant (1697-1781),
literata francesa.

1 ¿Qué es el amor? Un acceso de fiebre que acaba con un bostezo.

2 Nunca son tan fuertes las mujeres como cuando se arman con su debilidad.

Du Lorens, J.,
poeta francés contemporáneo.

1 Aquí yace mi mujer: oh, que bien está para su descanso y para el mío.

Dubay, Sanial (1754-1817),
escritor francés.

1 La autoridad de la moda es tal, que nos obliga a ser ridículos para no parecerlo.

2 Los placeres son como los alimentos: los más simples son aquellos que menos cansan.

3 Tenemos muchas más máximas que los antiguos, pero ¿somos por eso más prudentes?

4 Es más difícil hacer durar la admiración que provocarla.

Duc de Levis (1755-1830),
escritor francés.

1 Conduciros con la fortuna como con los malos pagadores; no desdeñéis ningún pago, por pequeño que sea.

Ducamp, Maxime (1822-1894),
poeta francés.

1 Inglaterra se va a la India, Alemania a las Américas: Francia emigra a París.

Duclos, Charles (1704-1772),
escritor francés.

1 El mejor gobierno no es precisamente el que hace más felices a los hombres, sino el que hace el mayor número de personas felices.

2 Una de las principales virtudes sociales consiste en tolerar en los demás lo que debemos prohibir en nosotros mismos.

3 El orgullo del corazón es el atributo de las personas honradas; el orgullo de las maneras es el atributo de los necios.

4 La modestia es el único resplandor que cabe añadir a la gloria.

5 El que sabe leer sabe ya la más difícil de las artes.

6 Maldecir sin objeto es barbarie. Maldecir con reflexión es perversidad. Que elija, pues el maldiciente: o es un insensato o un malvado.

Dufresne, Abel (1788-1862),
escritor francés.

1 Las lamentaciones no sirven para nada; entregarse a ellas es perder el tiempo presente por un pasado que ya no nos pertenece.

2 Lo malo es que las máximas se escriben para los demás y raramente para sí mismo.

3 El aburrimiento es la enfermedad de las personas felices; los desgraciados nunca se aburren; tienen demasiados quehaceres.

4 Los seres insignificantes siguen la moda; los presuntuosos la exageran y las personas de buen gusto suelen pactar con ella.

Dufresny, Carlos (1648-1724),
escritor francés.

1 Sería necesario vivir al menos un siglo para conocer un poco el mundo, y seguir viviendo otros más para aprender a aprovechar este conocimiento.

2 La mayoría de las mujeres son pavos reales cuando pasean, urracas en el hogar y palomas en los coloquios amorosos.

3 El país del matrimonio ofrece este hecho curioso: que los extranjeros sienten deseos de morar allí; y los habitantes naturales querrían ser desterrados.

4 La mitad de los hombres se recrean hablando mal de los demás, y la otra mitad creyendo las maledicencias.

5 Un genio casado es un genio estéril; hay que decidirse por legar a la posteridad obras o hijos.

Duguesclin, Beltrán (1314-1380),
caballero francés.

1 Ni quito ni pongo rey, pero ayudo a mi señor.

Duhamel, Georges (1884-1966),
escritor español.

1 Si quieres hallar en cualquier parte amistad, dulzura y poesía, llévalas contigo.

2 La mayoría de los hombres no se oyen cuando hablan. Repetidles sus palabras cuando las acaban de pronunciar y no las reconocerán.

3 Hay gente que tiene una manera muy personal de no decir lo que quiere decir. Yo tengo, sin duda, mi manera personal de no escuchar lo que no quiero escuchar.

4 Cuando un hombre piensa que la mujer ha de ser igual a los hombres, no quiere decir que haya de ser igual a él.

5 He observado que voy perdiendo agilidad mental. Y no me extraña, pues desde hace tiempo me limito a hablar bien de todo el mundo.

6 Las grandes deudas son un privilegio de la riqueza.

7 Todo el mundo habla y nadie escucha. Más valdría que una mitad escuchara a la otra mitad. No se haría tanto ruido y las palabras aprovecharían más.

Dumas (hijo), Alejandro (1824-1895),
novelista francés.

1 La vida humana se halla dividida en dos fases distintas: los primeros treinta y cinco años son para la experiencia, y el resto, para el recuerdo.

2 La idea cristiana admitió el arrepentimiento e inventó el perdón; ello la hace imperecedera en un mundo como el nuestro.

3 La cadena del matrimonio pesa tanto que es preciso sean dos para llevarla y, a veces, tres.

4 El arte necesita o soledad, o miseria, o pasión. Es una flor de roca, que requiere el viento áspero y el terreno rudo.

5 Quien lee sabe mucho, pero quien observa sabe todavía más.

6 Prefiero los malvados a los imbéciles; porque aquéllos, al menos, dejan algún respiro.

7 El amor es física y el matrimonio es química.

8 El corazón sigue siendo la tela que se desgarra más fácilmente y que se remienda con mayor presteza.

9 La mujer, según la Biblia, es la última cosa que Dios hizo. Debió crearla el sábado por la tarde; se siente la fatiga.

10 El deber es aquello que se exige a los demás.

11 El hombre se considera siempre orgulloso cuando escribe su nombre en cualquier sitio, aunque sólo sea en la corteza de un árbol, y siempre se asombra cuando no lo vuelve a encontrar.

12 La experiencia y la filosofía que no tienen como resultado la indulgencia y la caridad, son dos adquisiciones que no valen lo que cuestan.

13 Es inútil combatir las opiniones ajenas; a veces se logra vencer a las gentes en una discusión, pero nunca convencerlas. Las opiniones son como los clavos: cuanto más se golpea sobre ellos, más penetran.

14 La vejez no podría soportarse sin un ideal o un vicio.

Dumas (padre), Alejandro (1802-1870), *novelista francés.*

1 Puede olvidarse a Dios en la felicidad, pero tan pronto como la felicidad cede su puesto a la desgracia, siempre es preciso retornar a Dios.

2 Para todo mal existen dos remedios: el tiempo y el silencio.

3 Llamo locura a toda tentativa de conspiración que no llega a buen fin. Si triunfa, eso que llamo locura lo denominaré sabiduría.

4 La esperanza es el mejor médico que conozco.

5 El hombre nace sin dientes, sin cabello y sin ilusiones, y muere lo mismo: sin dientes, sin cabello y sin ilusiones.

6 Dios ha querido que la mirada del hombre fuera la única cosa que no se puede disfrazar.

7 El mayor de los crímenes es el suicidio, porque es el único que no tiene arrepentimiento.

8 El pueblo ha escrito, con la sangre de las revoluciones, cartas de nobleza que le permiten, como a la vieja aristocracia, tratar de igual a igual a la realeza.

9 Cherchez la femme.
(Buscad a la mujer.)

10 Una madre siempre perdona; para ello ha venido al mundo.

11 ¡Ridículo! He ahí una palabra ruin. Es el temor al que se sacrifican la reputación pretérita y la felicidad futura.

12 Creemos, ante todo, porque es más fácil creer que dudar; después, porque la fe es hermana de la esperanza y de la caridad.

13 ¡Oh, aquellos tiempos felices en que éramos tan desgraciados!
(Oh, le bon temps où nous étions si malheureux!)

14 Más feliz que los felices es quien puede hacer a la gente feliz.

15 África empieza en los Pirineos.

16 Cuantas más lágrimas ha vertido una madre por un hijo, más lo ama su corazón.

17 El alma existe o no existe; pero si existe, no puede ser sino eterna.

18 En los negocios no existen amigos; no hay más que clientes.

19 Hablar de sus penas es ya un consuelo.

20 Por bien que se hable, cuando se habla demasiado se acaba siempre diciendo tonterías.

21 Si dais la impresión de necesitar cualquier cosa no os darán nada; para hacer fortuna es preciso aparentar ser rico.

Dumur, L.,
escritor contemporáneo francés.

1 El hombre es un mecanismo al que da cuerda cada día el amor propio.

2 La política es el arte de servirse de los hombres haciéndoles creer que se les sirve a ellos.

3 Los hombres no piden la verdad; desean solamente que se les disfrace la mentira.

Dupin, M. (1851),
escritor y asambleísta francés.

1 El derecho está de nuestra parte; pero estos señores tienen la fuerza. Vámonos.

Dusch, J. Jak (1725-1787),
escritor alemán.

1 Un medicastro hace que enfermen los sanos, para justificar su obra.

Dylan, Bob,
cantautor estadounidense contemporáneo.

1 El que no se preocupa de nacer se está ocupando de morir.

Dyssord, J.
escritor francés contemporáneo.

1 El puntillo es como el signo de admiración; de él se abusa en la juventud. Más tarde, el signo de interrogación parece más conveniente.

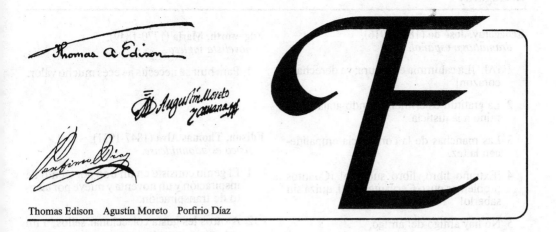

Thomas Edison   Agustín Moreto   Porfirio Díaz

Ebers, George (1837-1898),
novelista alemán.

1 Toma asiento la pequeña criatura humana, recoge los rumores que corren, encerrándolos en un librito, y escribe encima: Historia universal.

Ebner-Eschenbach, Maria von (1830-1916),
escritora austríaca.

1 Si se considera la existencia como una tarea, siempre cabe hacerla soportable.

2 Lo que forma nuestra suerte no es lo que experimentamos, sino la manera de sentirlo.

3 El dolor es el gran maestro de los hombres. Bajo su hálito se desarrollan las almas.

4 Los manuscritos pasan de moda en el armario o maduran en él.

5 Solamente puedes tener paz si tú la proporcionas.

Eça de Queiroz, José María (1843-1900),
escritor portugués.

1 Una prueba de patriotismo es hablar mal cualquier idioma que no sea el nuestro.

2 Nada hay más difícil que ser claro y breve. Se necesita ser un genio.

Eckermann, Johann Peter (1792-1854),
escritor alemán.

1 En todas partes se aprende solamente lo que se ama.

2 Arquitectura: una música petrificada.

3 Los palaciegos se morirían de aburrimiento si no llenaran su tiempo con ceremonias.

4 Podría decir con Lorenzo de Médicis que han muerto también para esta vida los que no esperan otra.

5 Un hecho de nuestra vida no vale en cuanto tiene de verdad, sino cuando tiene alguna trascendencia.

6 Solamente se debería leer aquello que se admira.

7 Odio la chapucería como los pecados, pero especialmente la chapucería en los asuntos públicos, de la que no derivan sino daños para miles y millones de seres.

8 Un nombre no es cosa despreciable. ¿No destrozó Napoleón casi medio mundo para conseguir un gran nombre?

Eclesiastés, Libro del. Véase **Biblia.**

Eclesiástico, Libro del. Véase **Biblia.**

Echegaray, José de (1832-1916),
dramaturgo español.

1 ¡Ah! ¡La calumnia es segura; va derecha al corazón!

2 La gratitud es crimen cuando ataja el camino a la justicia.

3 Las manchas de la conciencia empalidecen la tez.

4 ¡Extraño libro, libro sublime! ¡Cuántos problemas puso Cervantes en ti, quizá sin saberlo!

5 No hay amigo del amigo,
ni los deudos son ya deudos,
ni hay hermano para hermano,
si anda la ambición por medio.

6 No hay sobre la tierra
placer que iguale al placer
de labrar la dicha ajena.

7 Que hay alguno que es tan bueno,
que de puro bueno es tonto.

8 Las matemáticas forman una salsa que viene bien a todos los guisos del espíritu. Las matemáticas armonizan con la música y con el arte en general. Como que todas son armonía, variedades en una o en otra forma, que se resuelven en una alta y bella unidad.

9 En la idea criminal se manda y se la puede vencer; en los accidentes del mundo exterior no se manda; ellos se imponen y, si el germen existe, lo hacen brotar y crecer.

10 Del poder llego a la cumbre;
¡ya sobre mí no hay techumbre!
Crezco, y crezco colosal,
y miro por ley fatal
a mis pies el mundo entero,
que es el moderno banquero
el nuevo señor feudal.

11 ¡El delito es prudente y cauteloso!
En cambio, ¡qué imprudente es la inocencia!

12 El mundo puso el pecado y nosotros la ocasión.

13 El santo temor al déficit.

Edgeworth, María (1770-1849),
novelista inglesa.

1 Para huir se necesita a veces mucho valor.

Edison, Thomas Alva (1847-1931),
físico estadounidense.

1 El genio consiste en un uno por ciento de inspiración y un noventa y nueve por ciento de transpiración.

2 A otros les gusta coleccionar sellos; a mí me gusta inventar: una manía como la otra.

3 Una experiencia nunca es un fracaso, pues siempre viene a demostrar algo.

Eguilaz, Luis de (1830-1874),
novelista y dramaturgo español.

1 El matrimonio, lo inventó el mismo demonio con ayuda de una suegra.

Ehrenburg, Ilya (1891-1967),
escritor ruso.

1 El artista ve lo que ya no existe o lo que todavía no ha existido en realidad.

2 Todos los proverbios mienten. Entre otros el clásico proverbio romano que dice: «La patria es donde se está bien». En realidad, la patria es también allí donde se está muy mal.

Einstein, Albert (1879-1955),
físico y matemático alemán.

1 La imaginación es más importante que el conocimiento en el factor de la investigación científica.

2 Yo nunca pienso en el futuro; llega demasiado aprisa.

3 Un hombre puede hacer lo que quiere

hacer, pero no puede determinar lo que quiere o no quiere.

4 Para los físicos convenidos, la distinción entre pasado, presente y futuro es sólo una ilusión por persistente que sea.

5 Un estómago vacío no es buen consejero político.

6 Mi ideal político es el democrático. Cada uno debe ser respetado como persona y nadie debe ser divinizado.

7 Dios no juega a los dados.

8 Ante Dios, todos somos igualmente sabios e igualmente locos.

9 Las proposiciones geométricas en cuanto son verdaderas no tienen que ver con la realidad y, en cuanto tienen que ver con la realidad, no son verdaderas.

10 El verdadero valer de un hombre se determina examinando en qué medida y en qué sentido ha logrado liberarse del yo.

11 Lo más incomprensible del mundo es que es comprensible.

Elcano, Juan Sebastián (h. 1475-1526),
navegante español.

1 Primus circumdedisti me (Fuiste tú el primero en darme la vuelta).

Eliot, George (1819-1880),
escritora inglesa.

1 Bendito el hombre que no teniendo nada que decir se abstiene de demostrárnoslo con sus palabras.

2 El matrimonio debe ser una relación de simpatía o de conquista.

3 El mejor fuego no es el que arde más rápidamente.

4 Era como un gallo que creía que el sol había salido para oírle cantar.

5 Es Dios quien da la habilidad, pero no sin que intervengan las manos de los hombres; no se podrían hacer los violines de Antonio Stradivarius sin Antonio.

6 Examinad bien vuestras palabras y encontraréis que, aun cuando no tenéis ningún motivo para ser falsos, es muy difícil decir la verdad exacta.

7 Hay que ser pobre para apreciar el goce de dar.

8 Hay quien adquiere la mala costumbre de ser infeliz.

9 La ley está hecha para proteger a los bribones.

10 La misma verdad adquiere el color de la disposición de quien la dice.

11 La primera condición de la bondad humana es una cosa para amar; la segunda, una cosa que reverenciar.

12 Las creencias humanas, como todos los demás desarrollos naturales, eluden a los límites de un sistema.

13 Las mujeres más felices, como las naciones más felices, no tienen historia.

14 Los animales son unos amigos tan discretos que no hacen preguntas ni repiten habladurías.

15 Nuestras obras nos acompañan todavía desde lejos; y lo que hemos sido, hace que seamos lo que somos.

16 Un asno puede rebuznar cuanto quiera, pero no hará temblar a las estrellas.

17 Una mujer... Su suerte está hecha por el amor que acepta.

18 Para juzgar cuerdamente opino que conviene saber cómo aparecen las cosas a los ojos de los ignorantes.

19 Quien nunca tuvo una almohada no la encuentra a faltar.

20 Los niños son, en todo momento, el símbolo del eterno matrimonio entre el amor y el deber.

21 Nadie puede ser sabio con el estómago vacío.

Eliot, Thomas Stearns (1888-1956),
poeta estadounidense.

1 Ruega por nosotros ahora y en la hora de nuestro nacimiento.

Éluard, Paul (1895-1952),
poeta francés.

1 No hay más que una vida, por lo tanto, es perfecta.

2 Hay otros mundos pero están en éste.

3 No hay grandeza para quien quiere engrandecerse. No hay modelo para quien busca lo que nunca ha visto.

Ellis, Henry Havelock (1840-1916),
escritor inglés.

1 Todos los hombres de genio ven el mundo desde un ángulo diferente al de los demás, y en eso radica su tragedia.

Emerson, Ralph Waldo (1803-1882),
poeta y filósofo estadounidense.

1 Belleza sin gracia es un anzuelo sin cebo.

2 Buscando la riqueza es el hombre quien se sacrifica sin lograrla.

3 El buen lector hace el buen libro.

4 El carácter da esplendor a la juventud, así como reverencia al cutis arrugado y al cabello encanecido.

5 El delito y el castigo brotan de un mismo tronco. El castigo es un fruto que insospechadamente maduró en la flor del placer que lo escondía.

6 Dios brinda a cada inteligencia la opción entre la verdad y el reposo.

7 Yo considero dichoso a aquel que, cuando se habla de éxitos, busca la respuesta en su trabajo.

8 Vosotros enviáis a vuestro hijo al maestro; pero son los condiscípulos quienes lo educan.

9 Ved un consejo que escuché cuando se lo daban a un joven: «Haz siempre lo que temías hacer».

10 El arte del comerciante consiste en llevar una cosa del sitio donde abunda a donde se paga cara.

11 Nosotros hervimos a distinto grado.

12 Nosotros pedimos gozar una larga vida; pero es la vida profunda o los grandes momentos los que tienen importancia. Que la medida del tiempo sea espiritual y no mecánica.

13 Cuando el hombre abre la boca se juzga a sí mismo.

14 Nuestra mejor historia sigue siendo poesía. Otro tanto sucede en hebreo, en sánscrito y en griego. La historia de Inglaterra se conoce mejor a través de Shakespeare.

15 Para poner en valor la ciencia, es necesario tener la dicha de la sapiencia.

16 Ser grande significa ser incomprendido.

17 Que un hombre observe la ley —cualquier ley— y su vida estará sembrada de satisfacciones.

18 ¿Puede recordar alguien aquellos tiempos en que no existían dificultades ni escaseaba el dinero?

19 Uno de nuestros estadistas dijo: «El azote de este país son los oradores».

20 Únicamente la obediencia tiene derecho al mando.

21 Una acción es la perfección y la publicación del pensamiento.

22 El escepticismo es un suicidio lento.

23 El escéptico más empedernido que haya visto domar a un caballo, adiestrar a un perro sabio, que haya visitado una casa de fieras o asistió a un espectáculo de pulgas amaestradas no podrá negar la eficacia de la educación.

24 El genio literario más puro puede aparecer en una época de grandeza o en otra época baja, pero el carácter es siempre de una grandeza estelar e inalterable.

25 Un hombre debería hacerse la vida y la naturaleza más agradable; en caso contrario, no valía la pena de nacer.

26 Un hombre bien educado, sabio de pensamiento y dispuesto a la acción es el fin a que tiende la naturaleza.

27 La diferencia entre paisaje y paisaje es poca, pero hay una gran diferencia entre los que lo miran.

28 La fe que se basa en la autoridad no es fe.

29 La felicidad consiste en llenar las horas: en llenar las horas y no dejar un resquicio para que penetre el arrepentimiento o la aprobación.

30 La inteligencia anula el destino. Mientras un hombre piensa es libre.

31 La lengua es una ciudad, a la construcción de la cual cada ser humano ha aportado una piedrecita.

32 La libertad es siempre peligrosa; pero es asimismo nuestra garantía más segura.

33 El grande hombre es aquel que en medio de la muchedumbre mantiene con perfecta dulzura la independencia de la soledad.

34 El hombre debería aprender a mantenerse ecuánime. Con el fuego de la ira, a sus inferiores los hace superiores a sí mismo.

35 El hombre es la voluntad, y la mujer, el sentimiento. En esta nave de la humanidad, la voluntad es el timón, y el sentimiento, las velas; cuando una mujer pretende dirigir, el timón es tan sólo una vela enmascarada.

36 El hombre genial paga bastante caro tal honor. La cabeza acaba por formarle una especie de pináculo, y en lugar de un hombre lleno de salud, alegría y sabiduría se convierte en una especie de dómine loco.

37 El hombre más grande de la historia fue el más pobre.

38 El mundo está todo él formado por puertas, ocasiones y cuerdas tensas que esperan ser atacadas.

39 La ciudad se recluta en el campo.

40 La confianza en sí mismo es el primer secreto del éxito.

41 La creación de un millar de bosques está encerrada en una baya; Egipto, Grecia, Roma, las Galias, Bretaña y América se hallaban ya en el primer hombre.

42 La democracia se basa en la convicción de que existen posibilidades extraordinarias en el pueblo medio.

43 La medida de un maestro es su éxito en concentrar alrededor de su opinión a los hombres veinte años después.

44 La naturaleza es una nube que cambia incesantemente y siempre es la misma.

45 Un héroe acaba por convertirse en un ser molesto.

46 Todos los hombres que conocemos son superiores a nosotros en algún sentido; y en este sentido podemos aprender de ellos.

47 La naturaleza trabaja siguiendo un método basado en todos para uno y uno para todos.

48 La suma de la sabiduría consiste en no haber perdido el tiempo dedicado al trabajo.

49 Todo cuanto he visto me enseña a confiar en el Creador por todo cuanto no he visto.

50 La vida es una serie de sorpresas.

51 El mundo existe para la educación de cada uno.

52 El pensamiento es la semilla de la acción.

53 El que cuenta con un millar de amigos no tiene un solo amigo que lo custodie, y quien tiene un enemigo lo encontrará por doquier.

54 Toda violación de la verdad no es solamente una especie de suicidio del embustero, sino una puñalada en la salud de la sociedad humana.

55 Son pobres los que se sienten pobres; la pobreza consiste en sentirse pobre.

56 Son conquistadores los que creen poder conquistar.

57 Sólo la obediencia da derecho a mandar.

58 No puede haber grandeza sin abandono.

59 Nada grande se ha realizado nunca sin entusiasmo.

60 No escojas las palabras en las que veas claramente la verdad, porque ésta la proporcionan las mejores palabras.

61 No leáis ningún libro que, por lo menos, no haya cumplido un año.

62 El secreto de la educación está en el respeto al discípulo.

63 El silencio que acepta el mérito como la cosa más natural del mundo es el más resonante aplauso.

64 El talento no basta por sí solo para hacer un escritor. Es necesario que tras el libro haya un hombre.

65 El trabajador inteligente no se lamentará de la pobreza o de la soledad que suscitaron en él su capacidad activa.

66 En cualquier caso los hombres son siempre mejores de lo que parecen.

67 En todo el ámbito del mundo no existe un rincón donde pueda ocultarse un malvado; comete un delito, y la tierra se volverá de cristal.

68 Las épocas de heroísmo son siempre épocas de terror.

69 Las personas inteligentes tienen un derecho sobre las ignorantes: el derecho a instruirlas.

70 Los años nos enseñan muchas cosas que los días no saben nunca.

71 Los hombres son mejores que su teología.

72 Los hombres superficiales creen en la suerte y creen en las circunstancias... Los fuertes creen en las causas y en los efectos.

73 Llamamos destino a todo cuanto limita nuestro poder.

74 Mientras todos persiguen el poder y la riqueza, como medios de alcanzar el poder, la cultura rectifica la teoría del éxito.

75 Es posible que el espíritu humano saliera ganando si desaparecieran todos los escritores de segunda fila.

76 Existen tres necesidades que nunca pueden quedar colmadas; la de los ricos que quieren tener algo más; la de los enfermos que desean se produzca un cambio, y la del viajero que dice: «En cualquier sitio, pero no aquí».

77 Hablando con precisión, no existe la historia, sino la biografía.

78 Hay genios en la industria como en la guerra, en el Estado y en las letras; la razón de que uno u otro tengan éxito no tiene explicación. Depende del hombre.

79 Hay personas que son demasiado buenas para ser viciadas por la alabanza.

80 La vida no es nunca tan breve que no deje bastante tiempo para la cortesía.

81 Las naciones más progresivas son siempre aquellas que navegan más.

82 La suerte en los negocios no es más que el nombre que damos al mérito y al trabajo de los demás.

Encina, Juan del (1468-1529),
dramaturgo español.

1 Ninguno cierre sus puertas
si amor viniere a llamar,
que no le ha de aprovechar.

Engel, Johann Jakob (1741-1802),
filósofo alemán.

1 Las Cortes constituyen la sede predilecta de los aduladores; porque a ellas transportan las abejas del país su miel, y es natural que atraigan también a los zánganos.

2 Las ideas se encienden unas con otras como las chispas eléctricas.

3 El hombre debe ser siempre flexible como la caña, pero no rígido como el cedro.

Enrique IV (1553-1610),
rey de Francia.

1 Quiero que todos los domingos todo campesino tenga una gallina en el puchero.

2 París bien vale una misa.

Ense, Barnhagen von (s. XIX),
escritor alemán.

1 El hombre teme a la muerte porque todavía no ha sido bastante feliz; querría morir cuando alcanza la máxima felicidad.

Ensenada, marqués de la (1702-1781),
político y estadista español.

1 Señor, por la librea del criado se ha de conocer la grandeza del amo.
(Palabras del Marqués de la Ensenada al rey Felipe V al reprocharle el monarca la suntuosidad de que se rodeaba.)

Epicarmo (540-450 a.C.),
poeta y filósofo griego.

1 Era inepto para hablar y no podía estar callado.

Epicteto (s. I de nuestra Era),
filósofo romano.

1 No es negando la belleza como se sustrae el hombre a sus encantos; el mérito está en resistir reconociéndola.

2 Nuestro bien y nuestro mal no existen más que en nuestra voluntad.

3 Tan difícil es para los ricos adquirir la sabiduría como para los sabios adquirir la riqueza.

4 La felicidad no consiste en adquirir y gozar, sino en no desear nada, pues consiste en ser libre.

5 No hay que tener miedo de la pobreza, ni del destierro, ni de la cárcel, ni de la muerte. De lo que hay que tener miedo es del propio miedo.

6 Jamás seré un obstáculo para mí mismo.

7 Si no quieres ver tus deseos frustrados, no desees jamás sino aquello que sólo de ti depende.

8 Si quieres algo bueno, búscalo en ti mismo.

9 Quien se haya olvidado de sonrojarse no sacará ningún provecho de las admoniciones.

10 Confiar en la vida y no ser al mismo tiempo precavido, equivale a confiar en la cosecha de trigo después de haber sembrado cizaña.

11 Puedes ser invencible si nunca emprendes combate de cuyo regreso no estés seguro y sólo cuando sepas que está en tu mano la victoria.

12 No te extiendas en contar tus hazañas ni los peligros que has pasado; no has de creer que los demás tengan tanto placer en escucharlos como tú en decirlos.

13 Así como existe un arte de bien hablar, existe también el arte de bien escuchar.

14 Acusar a los demás de las desgracias propias es una consecuencia de nuestra ignorancia; acusarse a sí mismo es comenzar a comprender; no acusar a los demás ni a nosotros mismos es la verdadera sabiduría.

15 Es libre el que vive según su elección.

16 Cuando sea llegada mi hora, moriré; pero moriré como debe morir un hombre que no hace más que devolver lo que se le confió.

17 Diógenes decía —y decía muy bien— que el único medio de conservar la libertad es estar siempre dispuesto a morir sin pesar.

18 Los hombres son frecuentemente agitados y asaltados, no por un mal efectivo, sino por las opiniones que ellos se hacen de las cosas.

19 ¿Quieres ser libre? No busques ni huyas de nada cuanto depende de los demás; si no, serás esclavo a la fuerza.

Epístolas de San Pablo. Véase **Biblia.**

Erasmo de Rotterdam (1466-1536),
filólogo holandés.

1 Mientras el matrimonio no pasa de ser un purgatorio, preludio del cielo, hay que mantenerlo; pero si se convierte en un infierno, sin cielo posterior posible, es mejor disolverlo.

2 ... que el vino no daña; sino el que sin moderación lo bebe se daña a sí mismo.

3 Reírse de todo es propio de tontos, pero no reírse de nada lo es de estúpidos.

4 Un zapato nuevo por bien hecho y lindo que parezca en casa del zapatero, ninguno, hasta que le calza, sabe en que parte le aprieta el pie.

5 Una buena parte del arte del bien hablar consiste en saber mentir con gracia.

6 ... ¿A quién darías tu la corona de castidad; al que se hace impotente cortando sus miembros naturales o al que sin nada de ésto usa de continencia?

7 ¡Cuán junta anduvo siempre la malicia con la ignorancia!

8 El colmo de la estupidez es aprender lo que luego hay que olvidar.

9 La envidia es inseparable de la felicidad.

10 La mayor parte de la rencilla de los hombres nace de la destemplanza de la lengua.

11 El hábito hace al hombre.

12 No existe posesión de mayor precio que un amigo de veras; en ésta suelo descansar, y con ella consolarme de los posibles desafueros de la fortuna.

13 Bien [la paz] que nunca se paga demasiado caro.

14 Cuando el oro habla, la oratoria carece de vigor.

15 La montaña no choca con la montaña.

16 La aurora es amiga de las musas.

Ercilla, Alonso de (1533-1594),
poeta español.

1 Que no se puede andar mucho en un paso;
ni encerrar gran materia en chico vaso.

2 ¡Qué bien damos consejos y razones
lejos de los peligros y ocasiones!

3 El rigor excesivo en el castigo
justifica la causa al enemigo.

4 Y tanto el vencedor es más honrado,
Cuanto más el vencido es reputado.

5 El miedo es natural en el prudente,
y el saberlo vencer es ser valiente.

6 ... un Dios tan bueno, cuyo oficio
es olvidar la ofensa y no el servicio.

7 En los peligros grandes la osadía
merece ser de todos estimada.

8 Y las honras consisten no en tenerlas,
sino en sólo arribar a merecerlas.

9 Siempre la brevedad es una cosa
con gran razón de todos alabada,
y vemos que una plática es gustosa
y cuanto más breve y menos afectada.

10 Un mal suceso y otro cada día
la más ardiente devoción resfría.

11 Perdonar la maldad es dar licencia
para que luego otra mayor siga.

12 No hay cosa más difícil, bien mirado,
que conocer un necio, si es callado.

13 [Fortuna] en el mal firme y en el bien
mudable.

14 Que quien en prometer es muy ligero,
proverbio es que despacio se arrepiente.

15 Que siempre por señales o razones
se suelen descubrir las intenciones.

16 Andaba muy reñida la batalla
y la victoria en confusión dudosa.

Escipión el Africano, Publio Cornelio
(h. 235-183 a.C.), *general romano.*

1 No me gustan las personas demasiado diligentes.

2 Nunca estuve menos ocioso que cuando holgué; nunca menos solo que cuando estuve solo.

Escrivá de Balaguer, José María (1902-1975), *sacerdote español, fundador del Opus Dei.*

1 No reprendas cuando sientes la indignación por la falta cometida.

2 Dime para qué sirve un pincel, si no deja hacer al pintor.

3 ¡Cuántos crímenes se comenten en nombre de la justicia! Si tú vendieras armas de fuego y alguien te diera el precio de una de ellas, para matar con esa arma a tu madre, ¿se la venderías?... Pues, ¿acaso no te daba su justo precio?

4 Algunos pasan por la vida como un túnel, y no se explican el esplendor, la seguridad y el calor del sol.

5 ¿Hay locura más grande que echar a voleo el trigo dorado en la tierra para que se pudra? Sin esa generosa locura no habría cosecha.

6 Comenzar es de todos; perseverar, de santos.

7 ¿Será verdad que en la tierra no hay hombres sino vientres?

8 No vueles como un ave de corral, cuando puedes subir como un águila.

9 No te olvides que en la tierra todo lo grande ha comenzado siendo pequeño. Lo que nace grande es monstruoso y muere.

10 De callar no te arrepentirás nunca: de hablar, muchas veces.

11 No pierdas tus energías y tu tiempo apedreando los perros que te ladren en el camino.

12 Pretextos, nunca te faltarán para dejar de cumplir tus deberes. ¡Qué abundancia de razonadas sinrazones!

13 Más que en dar, la caridad está en comprender.

14 Hemos de envolver al mundo en papel impreso.

15 No tengas miedo a la verdad, aunque la verdad te acarree la muerte.

Esopo (h. 620-h. 560 a.C.), *fabulista griego.*

1 Los malvados suponen que ya os hacen bien con no haceros nada malo.

2 Que no sea de otro quien puede ser dueño de sí mismo.

3 Cuando un lobo se empeña en tener la razón, ¡pobres corderos!

4 Cuando se necesitan brazos, el socorro en palabras no sirve de nada.

5 La rueda más deteriorada del carro es la que hace más ruido.

6 Mejor es morir de una vez que vivir siempre temiendo por la vida.

7 Los avaros viven en la hipocresía y en la jactancia.

Espartero, Baldomero (1793-1879), *general y político español.*

1 Ahí tenéis a vuestros hermanos que os aguardan. Corred a abrazarlos como yo abrazo a vuestro general.
(Palabras del general Espartero, después del convenio de Vergara [31 de agosto de 1839] con el general carlista Maroto.)

Espartero, El (1866-1894), *torero español.*

1 Más *cornás* da el hambre.

Espinel, Vicente (1550-1624), *escritor español.*

1 Los libros hacen libre a quien los quiere bien.

2 La codicia coge y ciega todas las potencias.

3 El obedecer a nuestro superior es hacerlo esclavo nuestro.

4 Más agradece el enfermo la medicina que le cura, que no el consejo que le preserva.

Espinosa, Benito (1632-1677),
filósofo holandés.

1 He puesto mucho cuidado en no reírme de las acciones humanas, ni de lamentarlas, ni de execrarlas, sino de comprenderlas.

Espronceda, José de (1808-1842),
poeta español.

1 Yo con erudición, ¡cuánto sabría!

2 Son tus labios un rubí,
partido por gala en dos,
arrancado para ti
de la corona de Dios.

3 ¿Quién no lleva escondido un rayo de dolor dentro del pecho?

4 ¿Por qué volvéis a la memoria mía,
tristes recuerdos del placer perdido?

5 Hojas del árbol caídas
juguete del viento son;
las ilusiones perdidas
son hojas, ay, desprendidas
del árbol del corazón.

6 ¡Ay, infeliz de la que nace hermosa!

7 Malditos treinta años,
funesta edad de amargos desengaños.

8 ¡Qué haya un cadáver más, qué importa al mundo!

Esquilo (h. 525-456 a.C.),
poeta griego.

1 La fortuna se parece a una sombra pintada que la desventura borra fácilmente, como una esponja húmeda.

2 Las palabras son una medicina para el alma que sufre.

3 Del éxito los mortales no se sacian jamás.

4 Toda el agua de los ríos no bastaría para lavar la mano ensangrentada de un homicida.

5 El hombre que nadie envidia no es feliz.

6 Cada uno debe contraer matrimonio según su condición. Las bodas de personas semejantes son las únicas que se hallan exentas de desengaños.

7 A muchos hombres beneficia el callar.

8 Terrible es la cólera de un pueblo que murmura; es un fardo pesado que se paga con las maldiciones públicas.

9 Quien tiene el pie fuera de la desventura encuentra fácil dar consejos al que sufre.

10 La violencia acostumbra a engendrar la violencia.

11 La mayor parte de los hombre, falseando la verdad, prefieren parecer a ser.

12 Quien mal hace, mal recibe: ésta es una de las sentencias más antiguas.

13 Es una especie de enfermedad natural en los poderosos el no poder fiarse de los amigos.

14 Tú sola, oh, muerte, puedes curar los males que no tienen remedio.

15 Es bueno aprender a ser juicioso en la escuela del dolor.

16 Cuando la raíz se salva, el follaje vuelve a extender su sombra sobre la casa.

17 Nadie alcanza a abatir la fuerza del destino.

18 La verdadera sabiduría es no parecer sabio.

19 El que es capaz de cualquier cosa, fácilmente es arrastrado a creer que puede atreverse a todo.

20 El vicio más vergonzoso de todos, para mí, es disfrazar los propios pensamientos.

21 No incurras en ninguna intemperancia de lenguaje: ¿no sabes que las palabras temerarias son espiadas siempre severamente?

22 La desmesura al madurar
grana en la espiga del error,
y la cosecha que se recoge sólo
consiste en lágrimas.

23 Es una ley: sufrir para comprender.

Eurípides (h. 480-406 a.C.),
poeta griego.

1 Una mujer que, en ausencia del marido, pierde el tiempo acicalándose, ha de considerarse, sin más, como infiel. Pues, ¿qué necesidad tiene de hacer admirar su belleza por los demás, si no tuviese la intención de obrar mal?

2 El oro y la prosperidad alejan a los mortales de la moderación y le arrastran a los excesos de un injusto poder.

3 El tiempo no se ocupa de realizar nuestras esperanzas; hace su obra y levanta el vuelo.

4 La primera virtud de un estadista es la cordura; todo individuo es bueno para gobernar si posee la prudencia.

5 Para los grandes hombres resulta odioso ver a un necio revestido de las más altas dignidades, cuando en un tiempo no era nada.

6 Quien un día fue feliz y luego cae en desgracia, tiene el corazón entregado a llorar la felicidad pasada.

7 Los hombres han descubierto remedios contra la mordedura de las serpientes; pero ningún remedio contra una mujer mala, que es peor que una víbora.

8 El verdadero filtro, helo aquí: no es la belleza, oh mujer, son las virtudes lo que place a los maridos.

9 En la vida, dicen, los principios rigurosos dan más decepción que alegrías.

10 Tu encontrarás muchas excusas porque eres mujer.

11 Es mejor soportar la miseria que nos abruma que la insolencia de los ricos.

12 Habla si tienes palabras más fuertes que el silencio, si no guarda el silencio.

13 La vida es aquel infierno que solamente existe para acumular riquezas.

14 Las ganancias mal logradas reportan pérdidas.

15 Ojalá no entre en mi casa mujer que sepa más de lo que una mujer debe saber.

16 Los corazones generosos sienten desazón ante las alabanzas cuando éstas son excesivas.

17 Si alguien vive entre riquezas sin hacer nada que sea bello o generoso, no le llamamos rico, sino simplemente guardián de las riquezas.

18 Todo aquel que sabe encubrir la propia injusticia bajo el manto lujoso de la elocuencia merece un gran castigo.

19 Tres son los partidos que dividen al Estado: los ricos, gente inútil y siempre ávida de acumular bienes; los pobres, gente violenta, envidiosa y que se dedica a injuriar a los ricos, bajo la influencia de las calumnias que levantan sus perversos jefes. El tercer partido se halla formado por la clase media, siendo ésta la que crea la prosperidad de los Estados, la que mantiene el buen orden y la constitución establecida.

20 La peste que trastorna y destruye las ciudades son los discursos engañosos, las bellas palabras. No es cuestión de agradar a los oídos: deben decirse cosas.

21 La felicidad no es de este mundo. Las riquezas pueden hacer que una persona sea más afortunada que otra, pero no pueden hacerla más feliz.

22 El tiempo no borra la huella de los grandes hombres.

23 El mismo discurso según quien lo pronuncie produce impresiones diferentes.

24 Un hombre fuerte que une la audacia a la elocuencia queda convertido en un ciudadano peligroso cuando carece de buen sentido.

25 La temeridad es peligrosa en un jefe: el verdadero coraje es la prudencia.

26 No llaméis feliz a un mortal hasta que no hayáis visto cómo, en su día postrero, desciende a la tumba.

27 Creo que a los muertos les importa muy poco el tener unos suntuosos funerales; ello no es sino una inútil pompa que halaga la vanidad de los supersticiosos.

28 Al hombre comedido le basta con lo suficiente.

29 A quien Dios quiere perder, les quita antes el seso (Quos vult perdere Jupiter, dementat prius).

30 Aleja tu corazón y tu espíritu de quienes afectan sabiduría. Yo apruebo y admito lo que aprueba y admite la humilde gente del vulgo.

31 Que la tierra te sea leve.

32 La pobreza tiene sus debilidades, enseña al hombre el mal por medio de la necesidad.

33 Cuéntese entre los dichosos aquel a quien durante todo el día no le haya sucedido nada malo.

34 Los ancianos mienten cuando invocan la muerte y se lamentan de su mucha edad y de la excesiva duración de la vida; pues,

cuando la muerte se aproxima, no quieren morir, y la vejez les parece poca.

35 No deben embellecerse mediante el lenguaje las acciones deshonestas; no es digno obrar de tal modo, porque es una ofensa que se hace a la justicia.

36 La mujer es el peor de los males.

37 Cuando hay que defender una buena causa no resulta difícil hablar bien.

38 El amor es para el que ha comido y no para el que tiene hambre.

39 El recuerdo de los sinsabores pasados es muy dulce.

40 ¿Y si la vida fuese la muerte, y la muerte la vida?

41 Los segundos pensamientos son los más sabios.

42 El que abandona sus estudios en su juventud pierde el pasado y es estéril para el futuro.

Evangelios. Véase **Biblia.**

Evtushenko, Eugueni. Véase **Yevtushenko, Eugueni.**

Ezequiel, Libro de. Véase **Biblia.**

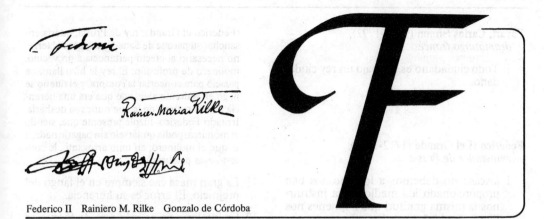

Federico II   Rainiero M. Rilke   Gonzalo de Córdoba

Fabre, Jean-Henri (1823-1915),
naturalista francés.

1 Todo termina a fin de que todo vuelva a empezar, todo muere a fin de que todo reviva.

Fagus, Jorge Eugenio Fayet, llamado
(1872-1933), *poeta francés.*

1 Creemos más lo que tememos que lo que deseamos.

2 El dolor es un amigo fiel.

3 La fortuna es mujer y bien lo demuestra: no le gustan los hombres superiores.

4 Ni la misma mujer sabe casi nunca si miente o no.

5 Todos pueden estar tristes; la melancolía sigue siendo el gaje de los espíritus superiores.

Fangio, Juan Manuel ,
automovilista argentino contemporáneo.

1 Una carrera no se gana en la primera curva, pero sí se puede perder.

Fargue, Léon-Paul (1876-1947),
poeta francés.

1 El buen escritor es aquel que entierra una palabra cada día.

Farquhar, George (1678-1707),
dramaturgo inglés.

1 El orgullo es la vida de la mujer; la adulación es nuestro pan de cada día.

2 Nada hay que despierte mayor escándalo que los harapos, ni existe delito más vergonzoso que la pobreza.

3 Tenemos la cabeza para ganar dinero, y el corazón para gastarlo.

Faulkner, William (1897-1962),
novelista estadounidense.

1 Para ser grande, es necesario un noventa y nueve por ciento de trabajo.

2 Los que pueden actúan y los que no pueden, y sufren bastante por no poder, escriben.

Favart, Carlos Simon (1710-1792),
dramaturgo francés.

1 Todo ciudadano es rey bajo un rey ciudadano.

Federico II el Grande (1712-1786),
emperador de Prusia.

1 ¿Acaso no debemos a los que nos han proporcionado los medios para instruirnos la misma gratitud que a quienes nos dieron la vida?

2 Contra mis enemigos me sirvo de todas las armas disponibles, como el puerco espín, que se defiende con todas sus púas. No afirmo que las mías sean buenas, pero es necesario hacer uso de todas las propias fuerzas, cualesquiera que sean, y asestar a los adversarios los golpes más directos que cabe asestar.

3 Cuán sabios, comedidos y apacibles nos hace la escuela de la adversidad. Es una terrible prueba; pero una vez superada resulta útil para todo el resto de la vida.

4 ¡Cuántas mujeres deben su castidad, tan calurosamente celebrada, sólo al empeño de proteger su reputación de las malas lenguas! ¡Cuántos hombres deben su generosidad únicamente al temor de que, si obrasen de otro modo, la gente podría motejarles de pícaros o miserables!

5 Echad los prejuicios por la puerta y entrarán por la ventana.

6 El lujo no estimula al hombre para la virtud, sino que sofoca en él todos los buenos sentimientos.

7 El mundo semeja una partida de juego en la que participan personas honestas, pero también bribones que hacen fullerías.

8 El que pasa por ser irreligioso es objeto de general difamación, aunque sea el hombre más honrado del mundo.

9 El sueño y la esperanza son los dos medios reconfortantes que la naturaleza concedió a la humanidad, para hacer soportables las miserias que padece.

10 Eso... si no hubiese jueces en Berlín.

(Federico el Grande, rey de Prusia, quería ensanchar su parque de Sans-Souci; pero el terreno necesario al efecto pertenecía a un vecino, molinero de profesión. El rey le hizo llamar a palacio para concertar la compra, y el dueño se negó en redondo alegando que era una herencia de sus padres, de la que nunca se desharía. Irritado Federico, hízole presente que, siendo el monarca, podía quitárselo sin pagarle nada, a lo que el molinero, en tono arrogante, le contestó esas palabras.)

11 La gran masa cae siempre en el fango del prejuicio. El error es su herencia.

12 La inteligencia es más rara de lo que se piensa.

13 Los grandes hombres se hallan sujetos a persecuciones. Los árboles cuyas copas se elevan hasta las nubes, ¿no están más expuestos a las tempestades, que los arbustos que crecen a su sombra?

14 Los grandes hombres no son grandes a todas horas, ni en todas las cosas.

15 Llamadme siempre vuestro hijo; ese título es más preciado para mí que la dignidad real.

16 Ningún miramiento puede ser suficientemente poderoso para hacer que un hombre honrado se aparte de su deber.

17 Nosotros no medimos la vida de los hombres por su duración más o menos larga, sino por el uso que han hecho del tiempo que les correspondió vivir.

18 Quien se proponga leer la historia con ponderación hallará que constantemente se repiten las mismas escenas: tan sólo se necesita ir cambiando los nombres de los actores.

19 Si un bribón se propone engañar a los hombres no dejará de encontrar abundantes bobalicones que le crean. El hombre fue creado para el error; éste se desliza introduciéndose suavemente en su espíritu y sólo a fuerza de ingentes esfuerzos llega a descubrir alguna verdad.

20 Yo apreciara que todos mis contrarios fuesen igualmente aplaudidos de la fama, pues así me la adquiriría, con serles contenedor.
(Así dijo Federico el Grande, Emperador, leyendo el epitafio de su enemigo, cuya inscripción le divinizaba.)

21 El valor y la sagacidad son tan comunes en los salteadores de caminos como en los héroes.

22 Su Majestad el Azar hace los tres cuartos de la tarea.

Fedro (30 a. C.-44 d. C.),
fabulista latino.

1 Calumniator sua poena manet (El calumniador al fin lo paga).

2 Cuando los fuertes no están de acuerdo actúan los débiles.

3 El arco siempre tenso pronto se rompe.

4 El hombre instruido tiene siempre las riquezas en sí mismo.

5 Hominem quaero (Busco a un hombre).

6 La modestia de los hombres da seguridad, como las riquezas están siempre llenas de peligros.

7 La temeridad puede ser buena en unos pocos; en muchos, es una cosa funesta.

8 Las palabras blandas de un hombre malo están llenas de insidias.

9 Los malos, con tal de no perecer, pierden a los demás.

10 Nunca es segura la alianza con un poderoso.

11 ¡Oh cuánta apariencia!... pero falta el cerebro.

12 Si no es útil nuestra obra: la gloria es una estupidez.

13 Quien codicia el bien de otro merece perder el suyo propio.

14 Los hombres resisten a las leyes, pero ceden a los beneficios.

Feijoo, Benito Jerónimo (1676-1764),
teólogo y literato español.

1 A quien no persuadieren la experiencia y la razón, no ha de convencer la autoridad.

2 El ambicioso es un esclavo de todo el mundo: del príncipe, porque conceda empleo; del valido, para que interceda; de los demás, para que no estorben.

3 El deseo de agradar en las conversaciones es una golosina casi común a todos los hombres; y esta golosina es raíz fecunda de innumerables mentiras.

4 El despreciar a otros que saben más es el arte más vil de todos, pero uno de los más seguros para acreditarse entre espíritus plebeyos.

5 El que más sabe, sabe que es mucho menos lo que sabe que lo que ignora; y así como su discreción se lo da a conocer, su sinceridad se lo hace confesar.

6 El valor de las opiniones se ha de computar por el peso, no por el número de las almas.

7 Hay hombre tan maldito que dice que una mujer no es buena, sólo porque ella no quiso ser mala.

8 Lo nuevo place, pero no en los primeros días.

9 Los ignorantes, por ser muchos, no dejan de ser ignorantes. ¿Qué acierto, pues, se puede esperar de sus resoluciones?

10 Para quien ama la lisonja, es enemigo quien no es adulador.

11 Tiene la ciencia sus hipócritas, no menos que la virtud, y no menos es engañado el vulgo por aquéllos que por éstos. Son muchos los indoctos que pasan plaza de sabios.

12 Todo lo exquisito es cebo de los oyentes, y como lo exquisito no se encuentra a cada paso, a cada paso de finge.

13 Un mentiroso es un alevoso que traidoramente se aprovecha de la fe de los demás para engañarlos.

Felipe II (1527-1598),
rey de España.

1 ¡Ay don Cristóbal, que me temo que le han de gobernar! ¡El Señor, que me ha concedido tantas tierras, no me ha dado

un hijo capaz de gobernarlas!
(Palabras pronunciadas por el monarca español Felipe II, antes de morir, a su fiel ministro don Cristóbal de Moura, marqués de Castel Rodrigo, aludiendo a las escasas cualidades de su hijo Felipe III.)

2 El soberano es el primer servidor del Estado.

3 He querido, hijo mío, que os hallarais presente a este acto para que veáis en qué para todo.
(Palabras de Felipe II de España a su hijo Felipe, antes de morir en sus humildes habitaciones de El Escorial [13 de septiembre de 1598]).

4 Jamás cometí una injusticia a sabiendas.

5 No mandé mis naves a luchar contra los elementos.

6 Si diera todo lo que me piden, tendría yo mismo que comenzar a pedir.

7 Vísteme despacio, que tengo prisa.

8 Yo y el tiempo contra dos.

9 En mi imperio no se pone el sol.

Felipe III (1578-1621),
rey de España.

1 ¡Buena cuenta daremos a Dios de nuestro gobierno! ¡Si al cielo pluguiera prolongar mi vida, cuán diferente sería mi conducta de la que hasta ahora he tenido!

Felipe IV (1605-1665),
rey de España.

1 ¡Quiera Dios, hijo mío, que seas más venturoso que yo!
(Palabras de Felipe IV de España a su hijo Carlos, antes de morir (17 de septiembre de 1665), pocos meses después de la derrota de Villaviciosa por las tropas portuguesas.)

2 ¡Marqués de Spinola, tomad a Breda!

Fenelón, Francisco de Salignac de la Mothe (1651-1715), *literato francés.*

1 El hombre se mueve, Dios le guía.

2 El medio mejor para ganar mucho es no querer ganar demasiado y saber perder a tiempo.

3 El que no sabe sufrir no posee un gran corazón.

4 El que teme desmesuradamente ser víctima de un engaño, merece ser, y casi siempre es, engañado de la manera más burda.

5 La desgracia depende menos de las cosas que se padecen que de la imaginación con que se aumenta nuestra desventura.

6 La fuerza no puede jamás persuadir a los hombres. Sólo consigue hacerlos hipócritas.

7 La guerra es un mal que deshonra al género humano.

8 Las horas son largas y la vida es corta.

9 Los que no han sufrido nada saben; desconocen los bienes y los males; ignoran a los hombres; se ignoran a sí mismos.

10 Muchas veces nuestras faltas nos aprovechan más que nuestras buenas obras. Las grandes hazañas hacen engreírse a nuestro corazón y le inspiran una peligrosa presunción; mientras que los defectos hacen que el hombre entre dentro de sí mismo y le devuelven aquella prudencia que sus triunfos le habían hecho perder.

11 Posiblemente toda la vida no es más que un sueño continuo; es posible que el momento de la muerte sea un despertar repentino.

12 Quien es capaz de mentir es indigno de ser contado entre los hombres; y quien no sabe callarse es indigno de gobernar.

Ferlinghetti, Lawrence,
poeta inglés contemporáneo.

1 Un poema es un espejo que camina por una calle desconocida.

Fernán Caballero (1796-1877),
novelista española.

1 El saber es algo; el genio es más; pero hacer el bien es más que ambos, y la única superioridad que no crea envidiosos.

2 Esta es la buenaventura del pan blanco; usted me lo da y yo me lo zampo.

3 ¡La felicidad! No existe palabra que tenga más acepciones; cada uno la entiende a su manera.

4 La mujer debe confesar una falta y ocultar un mérito, porque en los hombres hay más indulgencia que justicia.

5 No debe uno afanarse en buscar amigos, pero sí esmerarse en evitar enemigos.

6 Si la fe no fuera la primera de las virtudes, sería siempre el mayor de los consuelos. En realidad, es ambas cosas.

7 Son celos unos recelos
de una opinión mal fundada:
si son algo, no son celos;
si son celos, no son nada.

8 Yo en todos los libros acostumbro a leer el prefacio, porque a veces suele ser lo mejor de la obra.

Fernández, Lucas (1474-1541),
dramaturgo español.

1 Soberbia cura humildad, justicia cura malicia, la largueza a la avaricia, la razón, sensualidad; lealtad a traición; y a la prisión, es salud la libertad.

Fernández «El Indio», Emilio,
director de cine mexicano contemporáneo.

1 Mientras más sencilla es la gente, más hermosa resulta.

Fernández Ardavín, Luis (1890-1962),
poeta y dramaturgo español.

1 Es ley de vida no ser

cada cual como quisiera.
Nos conocemos por fuera;
mas por dentro no hay manera
de llegarse a conocer.

2 Viejos pinos olorosos
que lloráis en la colina
derramando lagrimones de resina.

Fernández Coronel, Alfonso (?-1353),
caballero español.

1 Esta es Castilla que hace los hombres y los gasta.

Fernández de Andrada, Andrés (s. XVII),
poeta español.

1 Aquel entre los héroes es contado
que el premio mereció, no quien le alcan-
[za
por vanas consecuencias del estado.

2 ¡Cuán callada que pasa las montañas
el aura, respirando mansamente!
¡Qué gárrula y sonante por las cañas!
¡Qué muda la virtud por el prudente!
¡Qué redundante y llena de ruido
por el vano, ambicioso y aparente!

3 Fabio, las esperanzas cortesanas
prisiones son do el ambicioso muere
y donde al más astuto nacen canas.

4 Más quiere el ruiseñor su pobre nido
de pluma y leves pajas, más sus quejas
en el bosque repuesto y escondido
que agradar lisonjero las orejas
de algún príncipe insigne, aprisionado
en el metal de las doradas rejas.

5 Que el corazón entero y generoso
al caso adverso inclinará la frente
antes que la rodilla al poderoso.

6 ¿Qué es nuestra vida más que un breve día do apenas sale el sol, cuando se pierde en las tinieblas de la noche fría?

7 Quiero imitar al pueblo en el vestido, en las costumbres sólo a los mejores.

8 Sin la templanza, ¿viste tú perfecta alguna cosa?

9 Un ángulo me basta entre mis lares,
un libro y un amigo, un sueño breve
que no perturben deudas ni pesares.

10 Como los ríos, que en veloz corrida
se llevan a la mar, tal soy llevado
al último suspiro de mi vida.

11 Más triunfos, más coronas dio al prudente
que supo retirarse, la fortuna,
que al que esperó obstinada y locamente.

12 ¿Qué espera la virtud o qué confía?

13 La ambición se ríe de la muerte.

14 Las hojas que en las altas selvas vimos
cayeron, ¡y nosotros a porfía
en nuestro engaño inmóviles vivimos!

15 La virtud es más barata.

16 Esta nuestra porción alta y divina,
a mayores acciones es llamada
y en más nobles objetos se termina.

Fernández de Moratín, Leandro. Véase
Moratín, Leandro Fernández de.

Fernández de Moratín, Nicolás. Véase
Moratín, Nicolás Fernández de.

Fernández Flórez, Wenceslao (1887-1964),
literato español.

1 En la guerra hay crueldad, frío del corazón, desprecio para la vida humana; pero
ira, no. En las guerras, la ira queda en los
hogares y en las poblaciones, rugiendo,
pero sin morder, fomentada por los gobernantes, por los oradores, por los periódicos.

2 Hay tan profundo, tan inefable placer en
perdonar... que no es mucho precio el
dolor del pecado.

3 ¡Qué ruina la de un país en que todos
fuesen austeros!

4 Una palabra rara es, en una página como

un adoquín levantado en la calle. Se tropieza en ella, se destruye la emoción artística, y la atención se aparta del pasaje
literario para encaminarse al diccionario
de la lengua.

Fernando el Católico (1452-1516),
rey de España.

1 ¡Buen condimento es el ajo!
(Frase atribuida al rey Fernando el Católico, al
mostrarse opuesto a la expedición de Colón en
busca de nuevos caminos para las islas de las
Especias.)

2 Yo me comeré uno a uno los granos de
esta granada.
(Palabras que pronunció Fernando el Católico
antes de la toma de Granada.)

3 Escúsese ese gasto, que buena especia es
el ajo.
(Refiriéndose a los gastos excesivos que proce-
dían de la importación de especias de la India,
como la canela y la pimienta.)

4 ¿Y qué importa que Gonzalo haya ganado
para mí un reino, si antes de llegar a mis
manos lo está repartiendo?
(Por las dádivas en tierras y castillos que el
Gran Capitán realizaba en Italia.)

Fernando I de Alemania (1503-1564),
emperador de Alemania

1 Hágase justicia, aunque se hunda el
mundo.
(Divisa de concisión latina y de sentido austera-
mente bíblico que se atribuye al emperador de
Alemania Fernando I.)

Fernando VI (1713-1759),
rey de España.

1 Paz con todos y guerra con nadie.

2 Con todos guerra, y paz con Inglaterra.
(Aunque, probablemente, la pronunciara en
alguna ocasión el pacífico Fernando VI, lo cierto es que la frase ya era de dominio común en
su época.)

Fernando VII (1784-1833),
rey de España.

1 Estos son los mismos perros con diferentes collares.

2 Marchemos francamente, y yo el primero, por la senda constitucional.
(Así se expresó, forzado por las circunstancias, el rey Fernando VII, restablecido en el trono de sus mayores por la derrota de Napoleón.)

Festo, Sexto Pompeyo (s. II o III),
gramático latino.

1 Tantos esclavos, tantos enemigos. (Quot hostes, tot servi.)

Feuchtersleben, E. von (1806-1849),
filósofo alemán.

1 El gran secreto para alargar la vida consiste en no acortarla.

2 Incierta y transitoria es la felicidad; cierto y eterno se mantiene el deber.

3 La luz es para todos los ojos; pero no todos los ojos están hechos para la luz.

4 La tendencia industrial nos ha liberado del feudalismo; y la tendencia ideal nos liberará, poco a poco, de la industrial.

5 Los pensamientos son el alimento; los sentimientos, el aire vital, y los actos de la voluntad representan los ejercicios más intensos de la vida espiritual.

6 Nadie puede cambiar, pero todos pueden perfeccionarse.

7 Si quieres conocer la vida, comienza por tu interior; en la calma se dice siempre cada uno lo que ningún otro le puede decir.

8 Sin dolor no se forma el carácter; sin el placer, el espíritu.

9 Todos tienen razón y cuán pocos son razonables.

Feuerbach, Anselm (1798-1851),
escritor alemán.

1 El profesor instruye, y el buen artista aprende hasta el lecho de muerte.

2 El que vive para los grandes ideales debe olvidarse de pensar en sí mismo.

3 La mediocridad siempre pesa bien, pero su balanza es falsa.

4 Para ser un buen pintor se necesitan cuatro cosas: un corazón tierno, un ojo fino, una mano fácil y un pincel que esté siempre recién lavado.

Feuerbach, Ludwig (1804-1872),
filósofo alemán.

1 Cuanto más se amplía nuestro conocimiento de los buenos libros tanto más se restringe el círculo de los hombres cuya compañía no es grata.

2 El hombre es el principio de la religión; el hombre es el centro de la religión; el hombre es el fin de la religión.

3 El sentimiento de dependencia es el fundamento de la religión.

4 La palabra escrita es un pobre diablo que solamente se abre paso por el mundo por su propio esfuerzo, mientras que la oral o palabra viva se lanza a las más poderosas empresas apoyada por la recomencación de Su Alteza, la señora Fantasía, y de sus mayordomos, los ojos y los oídos.

5 La religión se basa en la diferencia esencial que existe entre el hombre y los animales: los animales no tienen religión.

6 La teología es antropología, porque en el objeto de la religión, que los griegos llamaban Theos y nosotros llamamos Dios, no se habla más que del ser del hombre.

7 La vida del hombre es su concepción de la vida. ¿Qué encontramos en los libros de los hombres que allí eternizaron sus opiniones? Nada, sino su alma.

8 La vida, lo mismo que un vino de alto precio, debe ser saboreada, con oportunas interrupciones, sorbo a sorbo. Incluso el mejor vino pierde todo su encanto y no

acertamos ya a apreciarlo cuando lo engullimos como si fuera agua.

9 Tu primer deber es procurar tu propia felicidad. Siendo dichoso, harás también dichosos a los demás. El hombre dichoso no puede ver más que gente dichosa en torno suyo.

10 Un hombre sin inteligencia carece a la vez de voluntad. El que no posee inteligencia se deja seducir, deslumbrar y que los otros se sirvan de él como de un instrumento. Solamente es libre y autónomo el que piensa.

11 Las verdades más sencillas son aquellas a las que el hombre llega más tarde.

Fichte, J. G. (1762-1814),
filósofo alemán.

1 Lo que trae la victoria no es la potencia del ejército ni la habilidad en el uso de las armas, sino la fuerza del espíritu.

2 Dime qué es lo que verdaderamente amas, lo que buscas con todo empeño, esperando encontrarlo, y me habrás dado con ello una expresión de tu vida. Amas lo que tu vives.

Field, N. (1587-1633),
escritor inglés.

1 El que sospecha de una mujer sincera hace que se vuelva falsa.

Fielding, H. (1707-1754),
novelista inglés.

1 Algunos se chancean de los demás porque éstos poseen lo que ellos estarían bien contentos de poseer.

2 Con frecuencia se ha dicho que lo terrible no es la muerte, sino el morir.

3 El culpable tiene sus oídos prestos a toda acusación.

4 Las escuelas públicas son los semilleros de todos los vicios e inmoralidades.

5 No me considero muy versado en el arte de hacerse rico.

6 No existe en el universo una criatura más ridícula y más despreciable que un sacerdote orgulloso.

Fields, W. C. (1879-1946),
actor cinematográfico estadounidense.

1 Yo no tengo prejuicios: odio a todo el mundo por igual.

Fiessinger, C. (1858),
médico y escritor de obras científicas.

1 No creas en la esterilidad del deber.

2 No lamentes nunca una lealtad de conducta que te condenó a ser engañado.

3 Pídete todo lo que necesites a ti mismo y no solicites nada de los demás.

Figgia,
publicista americano contemporáneo.

1 Europa es una cosa preciosa como museo de cultura.

Filipo (382 a. C.-336 a. C.),
rey de Macedonia.

1 No conozco fortaleza inexpugnable cuando una mula cargada de oro puede llegar a ella.

2 Ya tendré yo buen cuidado en dejarlos por mentirosos con mi conducta y mis acciones.
(Respuesta de Filipo de Macedonia a quienes le decían en cierta ocasión que algunos oradores atenienses derramaban calumnias contra él.)

3 —¿Cómo vengáis las calumnias?
—Mejorando mis costumbres.

Fircks, Karl F. von (1828-1871),
escritor alemán.

1 El cuerpo es un buen vividor, un amigo del vino y del amor, que deja que el mundo y sus placeres penetren por sus cinco sentidos; pero, entretanto, la señora alma, con su mohín severo, permanece en su camarín dedicada a acunar a su hija: la conciencia desatada en alaridos.

Fischart, J. (1550-1591),
humorista alemán.

1 Se bebe y se come, ni más ni menos que si al día siguiente tuviéramos que morir; se ahorra y acumula como si después de la muerte pudiéramos derrochar lo amontonado.

2. Todo vale según la cuenta que de ello se hace.

Fitzgerald, Francis Scott (1896-1940),
literato estadounidense.

1 En la noche negra del alma siempre son las tres de la madrugada.

2 La señal de una inteligencia de primer orden es la capacidad de tener dos ideas opuestas presentes en el espíritu al mismo tiempo y, a pesar de ello, no dejar de funcionar.

3 Al vencedor pertenecen los despojos.

Flaubert, G. (1821-1880),
novelista francés.

1 A fin de cuentas, el trabajo es el medio mejor para pasar la vida sin ser visto.

2 A medida que se asciende por la escala de los seres vivos, aumenta la facultad nerviosa, es decir, la facultad de sufrir. ¿Acaso serán una misma cosa sufrir y pensar?

3 Amad el arte: entre todas las mentiras es la menos mentirosa.

4 Crear fortuna y vivir para sí; es decir, restringir el propio corazón entre su tienda y su digestión.

5 Creo que las conquistas femeninas son, generalmente, un signo de mediocridad.

6 Creo que si mirásemos siempre el cielo acabaríamos por tener alas.

7 Cuando llegan a la cincuentena, las personas inteligentes hacen con toda seriedad lo que a sus veinticinco años hubiera hecho morir de risa.

8 Cuando nos hacemos viejos, los hábitos son una tiranía.

9 Cuando se mira la verdad de perfil o de soslayo se la ve mal siempre; son muy pocos los que saben contemplarla cara a cara.

10 De un hombre a otro hombre, de una mujer a otra mujer, de un corazón a otro corazón, ¡qué abismos! La distancia que separa a un continente de otro no es nada a su lado.

11 Dejad que engorde cuanto quiera la bestia humana, dadle forraje hasta que eche vientre, y ordenad que se dore la cuadra; seguirá siendo un bruto, aunque se diga lo contrario.

12 Las personas ligeras y de cortos alcances, los espíritus presuntuosos y entusiastas quieren una conclusión en todas las cosas: buscan el fin de la vida y la dimensión del infinito.

13 El amor es una planta de primavera que todo lo perfuma con su esperanza, incluso las ruinas por donde trepa.

14 El corazón humano solamente se ensancha con un cuchillo que desgarre.

15 El futuro nos tortura, y el pasado nos encadena. He ahí por qué se nos escapa el presente.

16 El que no habla mal de las mujeres no las quiere nada, puesto que la manera más profunda de sentir alguna cosa es sufrirla.

17 Entre dos corazones que laten al unísono existen verdaderos abismos; la nada está entre ellos, toda la vida y el resto. El alma se preocupa de sí misma y no puede romper su soledad: camina llevándola consigo y se considera una hormiga en el desierto, completamente perdida.

18 Es necesario esperar siempre, cuando se desespera, y dudar, cuando se espera.

19 Estamos organizados para el dolor. Las lágrimas son para el corazón como el agua para los peces.

20 Estoy convencido de que la vanidad es la base de todo, y que hasta esto que llamamos conciencia no es otra cosa que la vanidad interior.

21 Guárdate de las quimeras: son las sirenas de las almas, puesto que cantan y llaman, pero, cuando vamos hacia ellas, no es posible retornar.

22 Si yo hubiese inventado el ferrocarril no habría consentido que nadie montara en él sin mi permiso.

23 Imbéciles son aquellos que no piensan como nosotros.

24 Infinito no hay más que el cielo, por sus estrellas; el mar, por sus gotas de agua; el corazón del hombre, por sus lágrimas.

25 Interesaos por las generaciones fenecidas; es el medio mejor para ser indulgentes con los vivos, y de sufrir menos.

26 La felicidad es una mentira, cuya búsqueda origina todas las calamidades de la vida. Pero existen momentos de paz serena que la imitan y que, tal vez son superiores.

27 La fraternidad es una de las más bellas invenciones de la hipocresía social.

28 La humanidad es como es; no se trata de cambiarla sino de conocerla.

29 La imbecilidad es una roca inexpugnable: todo lo que choca con ella se despedaza.

30 La manera más profunda de sentir una cosa es sufrir por ella.

31 La melancolía no es sino un recuerdo que se ignora.

32 La mujer es un animal vulgar, del que el hombre se ha creado un ideal demasiado bello.

33 La mujer es un producto del hombre. Dios creó la hembra y el hombre ha hecho la mujer: es el resultado de la civilización, es decir, una obra artificiosa.

34 La multitud, el número, es siempre idiota. Dadles la libertad, pero no el poder.

35 La obligación de vivir en un rincón de tierra marcada con rojo o azul sobre un mapa y detestar por ello los otros rincones que aparecen de color verde o negro, me ha parecido siempre algo mezquino y limitado y de una estupidez acabada.

36 La patria, posiblemente, es como la familia: sólo sentimos su valor cuando la perdemos.

37 La tierra tiene límites, pero la estupidez de la gente es ilimitada.

38 La vida, la muerte, la alegría y las lágrimas, todo es igual, en definitiva. Visto desde el planeta Saturno, nuestro universo es una pequeña chispa. Hay que procurar estar situados espiritualmente tan altos como las estrellas.

39 Posiblemente, si algo valemos es por nuestros sufrimientos.

40 Hay tantos individuos cuya alegría es tan inmunda y su ideal tan mezquino, que debemos bendecir nuestra desgracia si nos hace más dignos.

41 No hay que pedir naranjas a los manzanos, ni amor a la mujer, ni felicidad a la vida.

42 No labra uno su destino, lo aguanta.

43 No son las grandes desgracias las que debemos temer en la vida, sino las pequeñas. Más temo los pinchazos de agujas que los sablazos.

44 Nunca nos cansamos de leer lo que está bien escrito. El estilo es la vida, la sangre misma del pensamiento.

45 Si el sentimiento de la insuficiencia humana, de la nada de la vida, llegara a morir, seríamos más estúpidos que los pájaros, quienes, por lo menos, se posan sobre los árboles.

46 Todo cede ante la continuidad de un sentimiento enérgico. Cada sueño acaba por encontrar su forma; hay aguas para toda sed, y amor para todos los corazones.

47 Tres condiciones se precisan para ser feliz: ser imbécil, ser egoísta y gozar buena salud. Cuando falta esa primera condición todo está perdido.

48 Un alma se mide por la dimensión de su deseo, como de antemano se juzgan las catedrales por la altura de sus campanarios.

49 Un corazón es una riqueza que no se vende ni se compra, pero que se regala.

50 Un hombre que juzga a otro hombre es un espectáculo que me haría reventar de risa, si no me moviese a compasión.

51 Vivimos en un mundo donde la gente se viste con trajes confeccionados. Peor para vosotros si sois demasiado grandes.

52 La vida solamente es tolerable si se olvida uno de su miserable persona.

53 No debemos llorar más que la muerte de las personas felices, es decir, de muy escasas personas.

54 Los recuerdos no pueblan nuestra soledad, como suele decirse, antes al contrario, la hacen más profunda.

55 La belleza es para la mujer el mejor sustitutivo de la inteligencia.

56 ¡Hay tantas maneras de leer!, y ¡hace falta tanto talento para leer bien!

Flemming, P. (1609-1640),
poeta alemán.

1 El que es dueño de sí mismo y es capaz de dominarse tiene sometido a su poder este vasto mundo y todo cuando existe.

Fletcher, John (1579-1625),
dramaturgo inglés.

1 El amor es como la ropa interior: cuanto más se muda, es más suave y dulce.

2 El sueño no es más que una muerte breve; y la muerte un sueño más prolongado.

3 La belleza, cuando menos vestida, mejor vestida está.

4 La estancia que contiene mis libros, mis mejores amigos, es para mí una espléndida corte, donde converso a menudo con los viejos sabios y los viejos filósofos.

5 Nuestros actos son nuestros ángeles, buenos o malos, nuestras sombras fatales, que caminan siempre junto a nosotros.

Flexner, Abraham (1866-?),
pedagogo estadounidense.

1 La filosofía actual de la educación tiende a desacreditar el esfuerzo.

Fliegende Blätter,
semanario humorístico alemán.

1 El estado matrimonial recibe el nombre de santo porque cuenta con tantos mártires.

2 El mundo celebra el heroísmo del hombre que luchando mató a muchos enemigos; pero si alguien merece una gloria mayor es quien, en cuanto estuvo a su alcance, se mostró conciliador en sus litigios.

3 El necio no hace nunca lo que dice; el sabio no dice nunca lo que hace.

4 Es más fácil que diez doctos oculten su doctrina que un ignorante su ignorancia.

5 La caricatura de la virtud es la... gazmoñería.

6 La opinión que del mundo tiene una mujer depende, en la mayoría de los casos, de que el mundo la mire o no la mire.

7 Las mayores satisfacciones durante la temporada de viajes las disfrutan los criados que se quedan en casa.

Florian, Jean-Pierre Claris de (1755-1794), *literato francés.*

1 Amigos míos: los amigos no existen.

Floro, Lucio Anneo (s. I d.C.), *historiador romano.*

1 Esperar siempre denota un gran carácter.

Focílides (s. VI a. C.), *poeta griego.*

1 Aprende a conformarte con las circunstancias y a no caminar contra el viento. Un instante lleva consigo el dolor, y el instante que sigue trae un consuelo.

2 Distribuye entre cada uno la porción que le corresponde; nada es preferible a la equidad.

3 El pueblo es siempre inconstante: no te fíes de él. El pueblo, el fuego y el agua no pueden ser domados nunca.

4 Respeta las canas: rinde al anciano sabio los mismos homenajes que haces a tu padre.

5 Tiende tu mano caritativa al que cae; salva al infeliz que no puede encontrar otro apoyo. El dolor es común a todos los hombres, y la vida es una rueda, de forma que la felicidad nada tiene de estable.

Foción (400-317 a. C.), *orador ateniense.*

1 Dale ese dinero; ya no se puede morir gratis en Atenas.

2 Los grandes habladores son como los vasos vacíos, que hacen más ruido que los llenos.

Foch, Fernando (1851-1929), *mariscal francés.*

1 No hay hombre cultivado, sólo hay hombres que se cultivan.

2 No me digas que este problema es difícil. Si no fuese difícil, no sería un problema.

Fontane, Theodor (1819-1898), *poeta alemán.*

1 Vivir indiferente sin caer en la irreflexión, ser alegre sin incurrir en el desenfreno, tener valor sin llegar a la soberbia, tener confianza y ser capaces de una resignación jovial sin afectar un fatalismo musulmán; he ahí el arte de vivir.

2 Cuando se es feliz no se debe pretender ser más feliz.

3 El hombre vive para cumplir su deber y morir. Mantener presente lo segundo hace más fácil lo primero.

4 Por grande y fuerte que sea el corazón humano, hay algo todavía mayor: su fragilidad y su debilidad, variable como el tiempo.

Fonténelle, Bernard Le Bovier de (1657-1757), *literato francés.*

1 ¿Diferencias entre lo bueno y lo bello? Que lo bueno necesita aportar pruebas, y lo bello, no.

2 Es verdad que no se puede encontrar la piedra filosofal, pero está bien que se busque.

3 El orgullo es el complemento de la ignorancia.

4 Las butacas de la Academia: un dulce lecho donde el ingenio duerme.

5 Las pasiones son como los vientos: son necesarios para poner en movimiento todas las cosas, aunque con frecuencia originan huracanes.

6 Si yo tuviera todas las libertades en mi mano, tendría mucho cuidado en no abrirla, para no mostrárselas a los hombres.

7 ¡Cuidado! Ahorrar los placeres es multiplicarlos.

Ford, Glenn,
actor cinematográfico contemporáneo.

1 Me da pena la gente que no cree, porque es una gran pérdida para el hombre no tener fe.

Ford, Henry (1863-1947),
industrial estadounidense.

1 El dinero es como un brazo o una pierna: o se usa o se pierde.

2 Un idealista es una persona que ayuda a otra a ser próspera.

3 Creer que el trabajo constante, firme e infatigable puede obtenerlo todo constituye la imposibilidad del fracaso.

Ford, John (1586-h. 1639),
dramaturgo inglés.

1 La adulación en un amigo verdadero es una cosa monstruosa.

Fortoul, Hipolyte (1811-1856),
escritor francés.

1 A los hombres se les degüella; a las ideas, no.

Foscolo, Hugo (1778-1827),
poeta italiano.

1 Acepto que hable mal de las mujeres quien pueda olvidarse de haber tenido una madre.

2 Así ordenó la naturaleza, que todo sea ilusorio y que todo parezca real.

3 Así se van buscando nuevos motivos que oponer al pobre, porque se siente en la conciencia el derecho que la naturaleza les ha concedido sobre los bienes del rico.

4 Cada lágrima enseña a los mortales una verdad.

5 Considero que, mientras vivamos, el único asilo envidiable al cielo y a los hombres es la dignidad de nuestra alma.

6 Corresponde a las mujeres quejarse de los destinos del universo, y a los impostores y orgullosos querer rectificarlos; yo me resigno y los observo, consolándome con otras compensaciones que la naturaleza nos concedió, ya que de todas formas somos sus hijos primogénitos.

7 Cuando obedecemos al honor, aunque nos imponga ser muy desgraciados, siempre se siente una voluptuosidad delicadísima y magnánima que nos compensa de todos los dolores.

8 Despreciar no está al alcance de todos.

9 Dos bienes supremos he conseguido con los estudios: distraer con ellos las molestias y las pasiones de esta vida fugaz, pero no apreciarlos hasta el punto de que, por su culpa, se contaminen la libertad y dignidad de mi corazón.

10 El amor promete alegría y nos trae dolor.

11 El arte no consiste en representar cosas nuevas, sino en representar con novedad.

12 El claroscuro es, a mi modo de ver, el súmmum del arte, y es dado a poquísimos.

13 El desprecio es un sentimiento de que son capaces muy raros mortales; odiar es más frecuente.

14 El dolor es más soportable para el que carece de pan.

15 El hombre no se da cuenta de cuanto puede hacer, más que cuando realiza intentos, medita y desea.

16 El genio planta cara a todo género de servidumbre; cuando la libertad y la grandeza de ánimo indispensables a todo es-

critor se rinden ante la necesidad de ganar el pan de cada día, los genios se convierten en escritorzuelos.

17 El infeliz que mantiene su dignidad constituye un espectáculo animador para los buenos y de reproche para los malos.

18 El tedio y la curiosidad: dos despiertos instigadores del género humano.

19 El valor no debe dar derecho para vencer al débil.

20 En medio de las tempestades mundanas, el alma del sabio, alimentada con la verdad, es como un cielo sereno que ve las nubes bajo sí.

21 En tiempo de las bárbaras naciones
colgaban de una cruz a los ladrones;
mas hoy, en pleno siglo de las luces,
del pecho del ladrón cuelgan las cruces.

22 En todos los países tuve ocasión de ver tres clases de hombres: unos pocos que mandan, la gran masa que les sirven y los muchos que intrigan. No podemos mandar, ni tal vez somos hábiles para hacerlo; no somos ciegos, ni queremos obedecer; no somos capaces de intrigar. Lo mejor es vivir como esos perros que no tienen dueño, a los que no les llegan mendrugos ni golpes.

23 He aquí los tres fundamentos del saber: observar mucho, estudiar mucho y sufrir mucho.

24 Incluso en medio de las injusticias cabe sentirse justo, fuerte y libre; la dignidad del hombre se venga mejor soportando noblemente, que lamentándose y gritando en vano.

25 Juzgo que el dinero es superior a todas las cosas que el dinero puede procurar, e inferior a las cosas que el dinero nunca podrá traer, las cuales a su vez son las mejores en esta miserable vida de los hombres.

26 La decrepitud la da, posiblemente, el cielo como castigo al que desea vivir demasiado.

27 La gloria de los héroes se debe en un cuarto a su audacia, en dos cuartos al azar, y en otro cuarto a sus delitos.

28 La mujer tiene por dote su propia belleza; y ésta se ha hecho perfecta por el amor, el pudor y la bondad.

29 La naturaleza ha dotado al hombre de diversos temples, fisonomías e instintos para conseguir la admirable discordia que tiene por resultado la armonía social.

30 La naturaleza ordenó las cosas de manera que todo sea vano y que todo parezca real.

31 La riqueza suele estimarse más que todas las cosas que ella puede proporcionar, y menos que las cosas que ella no puede dar.

32 La tranquilidad se ha de sacrificar en aras de la conciencia y el honor.

33 La venganza es una pasión de naturaleza ígnea; si proporcionáis aire, pronto se evapora y apaga; pero si la comprimís, seguirá serpenteando insidiosa y acabará en delito o traición.

34 La verdad, aunque desdichada, siempre es divina y eterna, y tiene una voz que surge del seno de la tierra.

35 Las pasiones vehementes representan los meteoros tempestuosos del género humano; pueden agitarlo, caldearlo y a veces ennoblecerlo; pero las costumbres estúpidas y desagradables constituyen la corrupción de nuestra naturaleza.

36 Los hombres tienen dos frenos en la sociedad: el pudor y el patíbulo. Pero me parece que quien pierde el pudor no puede tener otros maestros que le alejen del pecado, si se exceptúan al carcelero y al verdugo.

37 Los mortales gozan uniéndose mentalmente con la antigüedad, a fin de poseerla y atarla a la vida presente.

38 Los poetas no comienzan a vivir hasta que mueren.

39 Los que nunca fueron desgraciados no son dignos de su felicidad.

40 No existe un principio de filosofía o de religión que no pueda aplicarse a la vez de una manera santa o perversa: todo depende del corazón, de la índole de nuestro corazón.

41 ¡Oh, compasión!: tú eres la única virtud.
Todas las demás son virtudes usureras.

42 Opino que, en las disidencias humanas, la
razón no está totalmente a favor de una de
las partes, ni el error totalmente en la otra.

43 Riamos en abundancia, porque la seriedad fue siempre una buena amiga de los
impostores.

44 Solamente las lágrimas enseñan a arrepentirse de las propias faltas y a compadecer las de los demás, y a verter aquel poco
de bálsamo, que tenemos en el corazón,
sobre las llagas de la humanidad.

45 Todo es ilusión; y ésta, de vanidad en
vanidad, nos guía a la perfecta nulidad del
epitafio.

46 Todo lo que podían decir los escritores
contra la religión ha sido ya dicho; y el
resultado fue siempre que «era necesaria
una religión».

47 Todos quieren ser amos, y ninguno el
dueño de sí mismo.

48 Una parte de los hombres obra sin pensar;
la otra piensa sin obrar.

Fouché, Joseph (1759-1820),
político francés.

1 Muchos se han equivocado. Hay pocos
culpables.

2 No he sido yo quien ha traicionado a Napoleón, ha sido Waterloo.

Fournier, Carlos Antonio. Véase **Dolent Jean.**

Fox, Charles James (1749-1806),
político inglés.

1 Los ejemplos son diez veces más útiles
que los preceptos.

Foxá, Agustín de (1903-1959),
escritor y poeta español.

1 Cuando Iberia era sólo un gran monte de
plata con una orla de fieras y mares de
crustáceos, vinieron tus legiones trayen-
do carreteras, jardines y teatros.

2 Nos diste [Roma] la medida, el número, la
forma, el verso que es la espuma del aulli-
do en la caza y, rosa de pudores, nos
desnudaste a Venus entre las pieles áspe-
ras.

3 Roma nos trajo el árbol ya preso en la
columna, los dispersos instintos sujetos al
Derecho y sometida el agua salvaje al acue-
ducto y el grito, al alfabeto.

4 Trajiste [Roma] la comedia, la noble agricultura, el arado y la estatua, la oratoria y
el vino. Nos diste emperadores, y en germen nos trajiste oculto a Jesucristo.

France, Anatole (1844-1924),
escritor francés.

1 A mi entender, no creo que exista una
verdadera religión sin un poco de fetichis-
mo. Pero todavía voy más allá: todo sentimiento profundo nos lleva nuevamente a
esta antigua religión de los hombres. Observad a los jugadores y a los enamorados:
siempre tienen necesidad de fetiches.

2 Afortunadamente, no tenemos por qué
parecernos a nuestros retratos.

3 Amo la verdad. Creo que la humanidad la
necesita, ¡pero tiene aún mayor necesidad
de la mentira!

4 Basta un guijarro para cambiar el destino
de un imperio.

5 Considero el conocimiento de sí mismo
como una fuente de preocupaciones, inquietudes y tormentos. Me he frecuentado
a mí mismo lo menos posible.

6 Debéis saber sufrir: sabiendo sufrir se
sufre menos.

7 El arte de enseñar no es otro que el arte de
despertar la curiosidad de las almas jóvenes para satisfacerla en seguida.

8 El arte de la guerra consiste en ordenar las tropas de tal modo que no puedan huir.

9 El bien público está formado por una aglomeración de males particulares.

10 El bien y el mal no existen más que en la opinión. El hombre sabio, al obrar, tiene por único guía el uso y la costumbre.

11 El castigo del delito está en haberlo cometido. La pena que añaden las leyes resulta inadecuada y superflua.

12 El Cristianismo ha rendido un gran servicio en favor del amor haciendo de él un pecado.

13 El dolor es la salvaguardia de los seres.

14 El ingenio, sin el carácter, no vale nada.

15 El perdón se ha de aplicar según las personas. No a todo el mundo se le puede perdonar igual; a algunos se les puede perdonar todo, a otros mucho menos.

16 El porvenir es un lugar cómodo para colocar sueños en él.

17 El presente es árido y turbio, el porvenir se mantiene oculto. Toda la riqueza, todo el esplendor y toda la gracia del mundo están en el pasado.

18 El pudor confiere a las mujeres un encanto invencible.

19 El pudor es una enorme hipocresía, aunque muy corriente, y consiste en no decir más que en casos raros lo que se piensa sin cesar.

20 El sufrimiento es un divino desconocido. Le debemos todo lo bueno que se encierra en nosotros, todo lo que da un valor a la vida; le debemos la piedad, el valor y todas las virtudes.

21 La vida sólo nos parece corta porque la medimos inconsideradamente con nuestras locas esperanzas.

22 Es feliz, porque sabe gozar de los recuerdos.

23 Es preciso en esta vida contar con la casualidad. La casualidad, en definitiva, no es otra cosa que Dios.

24 Es sorprendente que los hombres que se ocuparon de la felicidad de los pueblos han hecho desgraciados a quienes les rodean.

25 Gobernar significa descontentar.

26 He meditado la filosofía del Derecho y he llegado a la conclusión de que toda la justicia social descansa en estos dos axiomas: «El robo es punible» y «El producto del robo es sagrado».

27 Hay mil estratagemas ingeniosas para burlarse de los acreedores. Sólo para pagarles no hace falta ingenio ninguno; basta tener dinero.

28 Juzgamos las acciones humanas según la pena o el placer que nos causan.

29 La caridad universal consiste en esto; que cada cual viva de su trabajo y no del de los demás. Fuera de los intercambios y de la solidaridad, todo lo demás es vil, vergonzoso, infecundo. La caridad humana es el concurso de todos en la producción y en la distribución de los frutos.

30 La Historia me ha enseñado que sólo aparecen los actos heroicos en las derrotas y en los desastres.

31 La independencia del pensamiento es la más orgullosa aristocracia.

32 La inteligencia, sin el carácter, nada vale.

33 La limosna rebaja tanto al que la recibe como al que la da.

34 La mayoría de los hombres que no saben qué hacer de esta vida, quieren otra que no termine nunca.

35 La mentira de una mujer amada constituye el más dulce de todos los beneficios mientras se cree en ella.

36 La nada es un infinito que nos envuelve: venimos de allá y allá volveremos. La nada es un absurdo y una certeza; no se puede concebir, y, sin embargo, es.

37 La oscuridad nos envuelve a todos, pero mientras el sabio tropieza en alguna pared, el ignorante permanece tranquilo en el centro de la estancia.

38 La razón es lo que más asusta a un loco.

39 La timidez es un gran pecado contra el amor.

40 La verdad que se encuentra en los libros es una verdad que nos descubre, a veces, no cómo las cosas son, sino cómo las cosas no son.

41 La razón, la soberbia razón, es caprichosa y cruel. La santa ingenuidad del instinto es la única verdad, la única certeza que la humanidad puede agarrar en esta vida de ilusiones donde los tres cuartos de nuestros males derivan del pensamiento.

42 La riqueza constituye uno de tantos medios para vivir feliz: los hombres la han convertido en el fin único de la existencia.

43 La verdadera caridad es la donación de nuestras obras a la humanidad entera, la bella bondad, el gesto armonioso del alma que se vierte como un vaso lleno de nardo precioso y se expande en beneficios, el dinero que mana mezclado con el amor y el pensamiento.

44 La vida de los mortales tiene dos polos: el hambre y el amor.

45 La vida nos enseña que no podemos ser felices sino al precio de cierta ignorancia.

46 La virtud, como el cuervo, anida en las ruinas.

47 Las ideas de la víspera hacen las costumbres del mañana.

48 Las razones de nuestros actos son oscuras, y los resortes que nos impelen a la acción quedan profundamente ocultos.

49 Las verdades descubiertas por la inteligencia quedan estériles. Solamente el corazón es capaz de fecundar sus sueños, porque vierte la vida en todo cuanto ama.

50 Las verdades más elevadas y puras no se adquieren mediante la reflexión y la inteligencia, sino por el sentimiento.

51 Lo que los hombres llaman civilización es el estado actual de las costumbres y lo que llaman barbarie son los estados anteriores.

52 Los males imaginarios no existen. Todos los males son reales desde el momento en que se experimentan; soñar el dolor es un dolor verdadero.

53 Los motivos de nuestros actos son oscu-

ros, y las fuerzas que nos hacen obrar se mantienen profundamente escondidas.

54 Los sabios no saben nada; no tienen ninguna curiosidad. Es una indiscreción interrogarles sobre aquello que no es su especialidad.

55 Los únicos medios que deberían emplearse para corregir a los hombres son la mansedumbre, la longanimidad y la clemencia.

56 Los viejos se aferran a sus ideas. Es por lo que los indígenas de las islas Fidji matan a sus padres cuando se hacen viejos. Con esto facilitan la evolución, mientras nosotros retardamos su marcha creando académicos.

57 Llamamos peligrosos a los que poseen un espíritu contrario al nuestro, e inmorales a los que no profesan nuestra moral.

58 Muchas veces el bien público está formado por gran cantidad de males particulares.

59 Napoleón es la Revolución con espuelas.

60 No somos felices más que porque somos desgraciados. El sufrimiento es hermano de la alegría, y sus alientos gemelos, pasando sobre nuestras cuerdas, las hacen resonar armoniosamente.

61 No tengo fe, pero desearía tenerla. La considero como el bien más precioso que se pueda disfrutar en este mundo.

62 ¿Qué puede la verdad, desnuda y fría, contra las brillantes apariencias de la mentira?

63 Sabed sufrir: sabiendo sufrir, se sufre menos.

64 Se diría que los hombres se hacen desgraciados por el sentimiento exagerado que tienen de ellos mismos y de sus semejantes, y que si se hicieran una idea más humilde y más verdadera de la naturaleza humana serían más afables con los demás y consigo mismos.

65 Ser buen ciudadano consiste, para los pobres, en sostener y conservar a los ricos en su poderío y en su ociosidad.

66 Si yo hubiese creado el hombre y la mujer los hubiera formado de un tipo muy dis-

tinto al que ha prevalecido; hubiera puesto la juventud al término de la vida humana: ciertos insectos tienen alas en su metamorfosis final, pero no estómago. No renacen bajo esta forma depurada más que para amar una hora y morir.

67 Sin ilusiones la humanidad moriría de desesperación o de aburrimiento.

68 Solamente la soledad y el deseo nos entristecen.

69 Solamente se instruye deleitando. El arte de enseñar no es sino el arte de despertar la curiosidad de los jóvenes espíritus para satisfacerla inmediatamente; la curiosidad no es viva más que en las almas felices.

70 Los conocimientos que se hacen entrar, a la fuerza, en las inteligencias la ocluyen y ahogan. Para digerir el saber es preciso haberlo engullido con apetito.

71 Tan sólo las mujeres y los médicos saben cuán necesaria y beneficiosa es la mentira para los hombres.

72 Todas las iniquidades sociales se apoyan entre sí; basta destruir una de ellas para que caigan por tierra las demás.

73 Todos los cambios, incluso los más deseados, encierran su melancolía, por cuanto lo que se abandona es una parte de nosotros mismos: hay que morir en una vida para entrar en otra.

74 Todos los libros en general, incluso los más admirables, me parecen mucho menos preciosos por lo que contienen que por aquello que puede meter en ellos el lector. Los mejores, a mi modo de ver son aquellos que dan más que pensar y sobre las cosas más diversas.

75 Un diccionario es el universo por orden alfabético; es el libro por excelencia: todos los demás están dentro, basta sacarlos.

76 Una compañía formada exclusivamente de grandes hombres sería poco numerosa y muy aburrida. Los grandes hombres no se pueden sufrir los unos a los otros, y no tienen nada de gracia.

77 Una mujer queda embellecida y adornada con el beso que ponemos sobre su boca.

78 Una necedad, aunque la repitan millones de bocas, no deja de ser una necedad.

79 Yo considero que la piedad del rico para el pobre es injuriosa y opuesta a la fraternidad humana.

80 Yo creo que los hombres son peores de lo que parecen. No se manifiestan como en realidad son; se esconden para cometer acciones que provocarían odio y desprecio, y cuando actúan se muestran de manera que sean aprobados o admirados. Raramente he abierto una puerta por equivocación sin descubrir un espectáculo que me ha hecho sentir piedad, disgusto u horror de la humanidad.

81 Toda unión de dos sexos representa un signo de muerte; no sabríamos qué es el amor si hubiésemos de vivir eternamente.

82 Entonces, como no estudiaba nada, aprendía mucho.

Francisco de Asís, San (?-1226),
fundador de la orden franciscana.

1 ... la hermana agua, que es útil, preciosa, casta y humilde.

2 Yo necesito poco y este poco lo necesito muy poco.

3 Yo soy lo que soy ante Dios, y nada más.

4 Felices los que saben perservar en la paz, porque el Altísimo sabrá coronarlos.

Francisco de Borja, San (1510-1572),
duque de Gandía, jesuita español.

1 Nunca servir a señor que se me pueda morir.
(Palabras emocionadas del duque de Gandía al ser abierto el féretro con el cadáver de la emperatriz Isabel.)

Francisco de Sales, San (1567-1622),
obispo y escritor francés.

1 Comparad las virtudes con los vicios opuestos. ¡Qué suavidad en la paciencia, en lugar de la venganza; de la dulzura, en

lugar de la ira y del malhumor; de la humildad, en lugar de la arrogancia y de la ambición; de la liberalidad, en lugar de la avaricia; de la caridad, en lugar de la envidia; de la templanza, en lugar de las violencias!

2 Disimular y no preocuparse de la ofensa y de la calumnia es generalmente un remedio más eficaz que el molestarse, el vengarse: la desatención la hace desvanecer, mientras que el irritarse casi hace ver que tal vez sean justas.

3 El supremo artificio es no tener ninguno.

4 El infierno está lleno de buenas intenciones.

5 Entretenerse en buscar defectos del prójimo es prueba suficiente de no ocuparse apenas de los suyos propios.

6 Es cosa corriente que quienes se perdonan demasiado a sí mismos son más rigurosos con los demás.

7 He buscado el reposo por doquier y no lo encontré más que en un rinconcito, con un pequeño libro.

8 La ciencia nos deshonra cuando nos infla de orgullo o degenera en pedantería.

9 Las moscas no son molestas por su violencia, sino por el número.

10 Se cazan más moscas con una gota de miel que con un barril de vinagre.

11 Tengamos paciencia con nosotros mismos; y que nuestra porción superior soporte el trastorno de nuestra parte inferior.

Francisco I (1494-1547),
rey de Francia.

1 A menudo cambia la mujer;
Bien necio es quien se fía de ella.

2 Todo está perdido menos el honor.
(Famosa frase del rey Francisco I de Francia, contenida aunque no textualmente, en la carta que escribió a su madre, Luisa de Saboya, la misma tarde de la batalla de Pavía.)

Franco, Francisco (1892-1975),
estadista y militar español

1 No somos neutrales. Somos no beligerantes.

Franklin, Benjamín (1706-1790),
físico y escritor estadounidense.

1 A los veinte años, reina la voluntad; a los treinta, el espíritu; a los cuarenta, el juicio.

2 Allí está mi patria, donde mi libertad. «Ubi libertas, ibi patria.»

3 El cielo cura, y el médico cobra los honorarios.

4 El hambre se asoma a la puerta de la casa del hombre laborioso, pero no se atreve a entrar.

5 El hombre es un animal constructor de instrumentos.

6 El hombre no nace del todo hasta cuando muere.

7 El medio de ver en la fe es cerrar los ojos de la razón.

8 El ojo del amo hace más trabajo que sus dos manos.

9 El orgullo que se alimenta con la vanidad acaba en el desprecio.

10 El que persigue dos cosas a la vez no alcanza una y deja ir la otra.

11 El que vive esperando, morirá ayunando.

12 Enorgullecerse de saber es como cegarse con la luz.

13 Es más fácil resistir al primer deseo que a todos los que le siguen.

14 Hacer que cada cosa tenga su sitio y cada trabajo su tiempo.

15 Jamás nación alguna se arruinó con el comercio.

16 La alegría, piedra filosofal que todo lo convierte en oro.

17 La caridad cristiana nos manda pasar de

largo ante las injurias; y la prudencia, dejar que ellas pasen de largo ante nosotros.

18 La escuela de la experiencia es costosa, pero ninguna otra podrá ilustrar a los necios.

19 La falta de cuidado hace más daño que la falta de ciencia.

20 La indolencia, como la herrumbre, desgasta más aprisa que el trabajo.

21 La pereza camina tan despacio, que la pobreza la alcanza muy pronto.

22 Las leyes demasiado benignas, rara vez son obedecidas; las demasiado severas, rara vez son ejecutadas.

23 Las miras de los partidos políticos son su presente interés general o lo que ellos tienen por tales.

24 Las palabras inmodestas sólo esta defensa admiten: que la falta de modestia es falta de sentido.

25 Las tres cosas más difíciles de esta vida son: guardar un secreto, perdonar un agravio, y aprovechar el tiempo.

26 Los grandes acontecimientos del mundo, las guerras, las revoluciones, etc., se realizan y efectúan debido a los partidos políticos.

27 Los tontos siempre tienen talento para ser malvados.

28 Mientras un partido político trata de cumplir un designio general, cada hombre tiene en perspectiva un interés particular y privado.

29 Nada hay tan inevitable, en este mundo, como la muerte y los impuestos.

30 Nada existe más dulce que la miel, excepto el dinero.

31 Nada proporciona una mayor satisfacción a un autor que hallar los propios trabajos respetuosamente citados por otros doctos autores.

32 Nadie predica mejor que la hormiga, y no habla.

33 Soy viejo y no sirvo para nada; pero como dicen los comerciantes de paño cuando llegan al fin de la pieza: «este es el último pedazo, tomadle por el precio que queráis».
(Palabras que pronunció Franklin cuando le participaron su nombramiento para viajar a Francia y defender los intereses de América.)

34 Nunca hizo la necesidad un buen negocio.

35 Los más parecido a revivir la propia vida es recordar sus circunstancias.

36 Presta dinero a tu enemigo y lo ganarás a él; préstalo a tu amigo y lo perderás.

37 Sed, en general, virtuosos y seréis felices.

38 Si deseas saber lo que vale el dinero, pide un préstamo; porque el que va en busca de un empréstito va en busca de aflicciones.

39 Si el tiempo es lo más caro, la pérdida de tiempo es el mayor de los derroches.

40 Si no vamos juntos nos ahorcarán por separado.

41 ¿Te gusta la vida? En tal caso, no malgastes el tiempo, ya que es el material de que está hecha la vida.

42 Ten tus ojos muy abiertos antes del matrimonio, y medio cerrados después de él.

43 Toda persona benévola debería permitir en sí mismo algunas faltas para tener contentos a sus amigos.

44 Un hoy vale por dos mañanas.

45 Un labrador de pie es más alto que un noble de rodillas.

46 Un saco vacío se mantiene difícilmente en pie.

47 Un vicio cuesta más que dos hijos.

48 Una suave palabra puede golpear rudamente.

49 El que bebe aprisa paga despacio.

Fresni, Charles Rivière du (h. 1648-1724), *escritor francés.*

1 Un genio casado es estéril: es preciso ele-

gir entre dejar a la posteridad obras o dejarle hijos.

Freud, Sigmund (1856-1939),
médico psiquiatra austríaco.

1 El niño es el padre del hombre.

2 Hemos visto muchos matrimonios separados por el odio. Y se habían casado enamorados, como suele ser costumbre. Esto nos obliga a pensar que el amor, al desaparecer, se convierte muchas veces en odio.

3 Si quieres poder soportar la vida, debes estar dispuesto a aceptar la muerte.

Freytag, Gustavo (1816-1895),
novelista y dramaturgo alemán.

1 Aunque sea buena, poco vale la doctrina frente a la vida.

2 Cuanto más alto se halla el hombre, tanto más imperiosamente considera necesarios límites que frenen su arbitrio.

3 El amor de los padres no vacila, como sucede con el amor de los corazones jóvenes; se asienta profundamente y permanece constante, y si a veces parece arrinconarse, vuelve a surgir de improviso.

4 Un hombre no puede saberlo todo, pero cada cual ha de tener alguna cosa que conoce a conciencia.

Fritsch, H.,
escritor alemán contemporáneo.

1 El que hace alegremente y a gusto lo que debe, queda contento y feliz.

Froëbel, Federico (1782-1852),
pedagogo alemán.

1 Solamente hay verdadera vida donde la actividad del cuerpo y la del espíritu mantienen una viva reciprocidad, en perfecto orden.

Frost, Robert (1875-1963),
poeta estadounidense.

1 Hay dos tipos de realistas: el que cocina la patata con tierra y porquería para demostrar que es un realista y el que la sacude y la deja bien limpia. Yo pertenezco a estos últimos.

2 Un buen vallado hace buenos vecinos.

3 Amamos las cosas que amamos por lo que son.

Froude, James Anthony (1818-1894),
historiador inglés.

1 A medida que avanzamos en la vida aprendemos a conocer los límites de nuestras habilidades.

2 El miedo es padre de la crueldad.

3 En este mundo no puede subsistir impunemente un gran error.

4 La filosofía no llega más allá de lo probable: cada afirmación suya lleva en reserva una duda.

5 Los animales feroces no matan nunca por placer. Sólo el hombre lo hace.

6 Una nación para la que el sentimiento no representa nada está en camino de cesar por completo de ser una nación.

Fuller, Thomas (1608-1661),
escritor inglés.

1 Acepto el fraude en el precio, pero nunca en la calidad.

2 Cuando la sinceridad es arrojada fuera de la casa, la adulación se sienta en el vestíbulo.

3 El hombre que puede emplearse mejor y no lo hace es un indolente.

4 El paraíso de los tontos es el infierno de los cuerdos.

5 El que conoce poco lo repite a menudo.

6 El que no sabe refrenar su lengua, tampoco sabe hablar.

7 El que cae en pecado es un hombre; el que de ello se duele es un santo; el que se vanagloria, es un diablo.

8 Ella gobierna al marido en cualquier terreno, obedeciéndole.

9 Es amigo mío aquel que me socorre; no el que me compadece.

10 La acción es el fruto propio del conocimiento.

11 La cultura ha ganado principalmente con aquellos libros con los cuales los editores han perdido dinero.

12 La oración debería ser la llave del día y el cerrojo de la noche.

13 Lo bueno no es bueno cuando se espera algo mejor.

14 Los hombres tienen la piedra de toque para probar el oro; pero el oro es la piedra de toque para probar a los hombres.

15 Los médicos, como la cerveza, mejor cuanto más viejos.

16 Los que adoran a Dios nada más que porque le temen, adorarían también al diablo si se les apareciera.

17 Los que se casan con una vieja o las que lo hacen con un viejo, simplemente esperando enterrarlos, se ahorcan con la esperanza de que alguno vendrá a cortar la cuerda.

18 Quien premia la adulación la solicita.

19 Un hipócrita es a la vez arquero y tirador, porque en todo cuanto hace mira la propia exaltación y la propia ventaja.

20 Un proverbio es mucha materia concentrada en pocas palabras.

21 La desconfianza es el ojo derecho de la prudencia.

Furchtegott, Christian. Véase **Gellert, Christian Furchtegott.**

Fuzûlî (1480-h. 1562), *poeta turco.*

1 No existen ideas libres de errores, como no hay rosas sin fragancia.

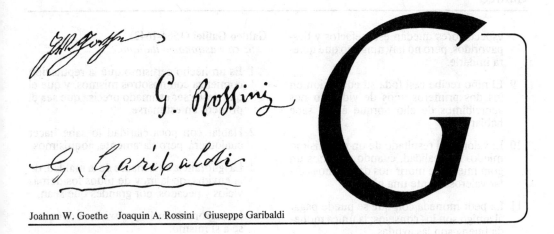

Joahnn W. Goethe   Joaquin A. Rossini   Giuseppe Garibaldi

Gabriel y Galán, José María (1870-1905), *poeta español.*

1 ¡Hogar, cómo se suaviza
el penoso trajín de las faenas
cuando hay amor en casa...!

2 ... los oscureceres
son unas horas menguadas
que han hecho ya desgraciadas
a muchas pobres mujeres.

3 Me enseñaron a rezar,
enseñáronme a sentir
y me enseñaron a amar,
y como amar es sufrir
también aprendí a llorar.

4 ¡Qué pronto se pasan
los días de fiesta!
¡Qué tristes las tristes
memorias que dejan!

5 Saben de varios modos
faltar a la verdad con elocuencia.

6 Sencilla para pensar,
prudente para sentir,
recatada para amar,
discreta para callar
y honesta para decir.

7 ¡Y cómo la alegría y el trabajo donde está
la virtud se compenetran!

8 Y no hay deleites humanos
ni más grandes ni más sanos
que estos que son mi ideal:
pan de trigo candeal
comido en paz y entre hermanos.

9 Porque una linda doncella
sin la virtud del pudor,
es una rosa muy bella,
pero que no tiene olor.

Galiani, Ferdinando, llamado **el abate**
(1728-1788), *literato y filósofo italiano.*

1 Amar al prójimo es un sentimiento que
nos hace casi el mismo efecto que la ipe-
cacuana: la tragamos a la fuerza.

2 Cuanto más difícil es una cosa, más se
obstinan los hombres encaprichándose de
ella.

3 Cuando se hace una profunda reverencia
a alguien, se da siempre la espalda a algún
otro.

4 El destino constituye una ley cuyo significado se nos escapa, ya que nos faltan una
inmensa cantidad de datos.

5 El fatalismo es el sistema de la poltronería
y, por ello, es muy propio del hombre.

6 El hombre es un animal absurdo, y de ahí
que quien intente gobernarlo guiado por
la razón lo gobernará pésimamente.

7 Un pueblo de mercaderes no dará nunca
buenos soldados.

8 El incrédulo es un saltimbanqui que realiza ejercicios sobre la cuerda floja, saltando y bailando, a veces, en el vacío; los

espectadores quedan estupefactos y despavoridos, pero no hay ninguno que quiera imitarle.

9 El niño recibe casi toda su educación en los dos primeros años de vida; no nos apercibimos de ello porque él no sabe hablar.

10 El valor es el resultado de un grandísimo miedo. En realidad, cuando tenemos un gran miedo de morir nos dejaríamos cortar valerosamente una pierna.

11 La peor moneda con que se puede pagar al amigo son los consejos; la única moneda buena son las ayudas.

12 Las desgracias constituyen la salsa de esta pésima pitanza que es la vida: por todas partes estamos rodeados de ellas.

13 Las riquezas, llevando consigo la avaricia, empobrecen el alma de quien las posee.

14 Los hombres se creen más fuertes de lo que en realidad son y sacrifican gustosos la reputación de las personas honestas a la vanidad de una astucia que no poseen.

15 Los hombres se sienten naturalmente inclinados a creer virtuosos a los demás hombres; esta es la gran ventaja de los impostores y de los tramposos.

16 Para que una nación pueda llegar a un supremo grado de perfección, es necesario que los gobernantes dejen mucho desorden mezclado con orden, muchas presiones en contraste con muchas razones, muchas leyes con muchas infracciones, muchas reglas con muchas excepciones.

17 Presta atención: no temas jamás a los malos; tarde o temprano se desprenderán por sí mismos de la máscara que los encubre.

18 Si el mundo fuese verdaderamente gobernado por el azar no habría tantas injusticias. Porque el azar es justo. Y aun es ésta su naturaleza: ser justo por excelencia.

19 Somos sabios y resignados en proporción a lo que hemos sufrido.

20 Toda la educación se reduce a estas dos enseñanzas: aprender a soportar la injusticia y aprender a sufrir el tedio.

Galileo Galilei (1564-1642),
físico y astrónomo italiano.

1 Es un hecho certísimo que la reputación comienza con nosotros mismos, y que el que desea ser estimado precisa que sea el primero en estimarse.

2 Hablar con poca claridad lo sabe hacer cualquiera; pero claramente, poquísimos.

3 La ignorancia es la madre de la maldad, de la envidia, de la ira y de todos los demás vicios y pecados, por grandes que sean.

4 La mayor sabiduría que existe es conocerse a sí mismo.

5 Los beneficios deben escribirse en bronce y las injurias en el aire.

6 ¿Quién se atreverá a poner límites al ingenio de los hombres?

7 Y sin embargo, se mueve... (E pur si mouve.)

Gallego, Juan Nicasio (1777-1853),
sacerdote y poeta español.

1 Más inflaman las mesas que las musas.

2 Una mesa bien servida no ha de ser forzosamente de nogal.

3 ¿Qué imposibles no alcanza la hermosura?

Gallienne, R. Le (1866-1947),
escritor inglés.

1 ¿Qué son mis libros? Son mis amigos, mis amores, mi iglesia, mi hostería y mi única riqueza.

2 Rodeado de las cosas de mi hogar y entre mis libros nunca me hallo solo.

Gallo, El (1882-1960),
torero español.

1 Lo que no *pué* ser, no *pué* ser, y además es imposible.

Gambetta, León (1838-1882),
Orador y político francés.

1 El clericalismo, ¡he aquí nuestro enemigo!

2 El bastón de mariscal está al otro lado del Rin, ¡id por él!

Gandhi, Mahatma (1869-1948),
líder político y religioso indio.

1 El que retiene algo que no necesita es igual a un ladrón.

2 El secreto, especialmente en materia política, es pecado.

3 La no violencia es la ley de los hombres; la violencia es la ley de los animales.

4 Todo lo que se come sin necesidad, se roba al estómago de los pobres.

5 Ya es hermoso y noble defender nuestros bienes, nuestro honor y nuestra religión a punta de espada. Pero más noble es defenderlos sin causar mal al enemigo.

Ganivet, Angel (1862-1898),
escritor español.

1 Ante el ideal, la jerarquía es menos opresora; la autoridad no es pesada para el que se somete con humildad.

2 Contra lo que creen algunos pesimistas, es más difícil gobernar a los animales que al hombre, porque los animales no se someten más que a la fuerza o a la razón, interpretada por su instinto, en tanto que el hombre se contenta con algunas mentiras agradables e inocentes, cuya invención está al alcance de hombres de mediano entendimiento.

3 Cuando varias personas dan su parecer sobre un asunto, el que acierta más y está más en lo justo es el que juzga a más distancia y a más largo plazo.

4 El arte de un príncipe consiste en hacer el bien personalmente y el mal por segunda mano.

5 El carácter humano es como una balanza: en un platillo está la mesura, y en el otro la audacia. El mesurado tímido y el audaz indiscreto son balanzas con un brazo, trastos inútiles.

6 El genio de la idea tiene siempre el campo expedito para concebir y para crear, y debe cumplir su misión con tanto más celo cuanto mayor sea la sordera y la ceguedad de los que le rodean.

7 El hombre se habitúa a los cambios continuos con tanto gusto como a la inmovilidad, y una vez extendido el contagio reformador, no hay peligro en innovar.

8 El horizonte está en los ojos y no en la realidad.

9 El nombre propio es el que marca la individualidad; el apellido, las relaciones sociales.

10 En la vida intelectual, lo pasado, así como es centro poderoso de resistencia, es principio débil de actividad.

11 Entre gente que se paga de palabras, desgraciado del que hace algo.

12 Entre los atributos característicos del hombre, ninguno sobrepuja a este del lenguaje en la eficacia para demostrar el estado de su inteligencia, que se refleja, necesariamente, con rigor fotográfico, en los medios de expresión de que se vale.

13 Es aventurado cimentar algo sobre la voluntad de un hombre; pero cimentar sobre la voluntad de una multitud es una locura; la voluntad de un hombre es como el sol, que tiene sus días y sus noches; la de un pueblo es como un relámpago, que dura apenas un segundo.

14 Este grave error político, este estúpido afán de asegurar que en la mano del gobernante está la felicidad de todo el mundo...

15 Grande es siempre el amor maternal, pero toca en lo sublime cuando se mezcla con la admiración por el hijo amado.

16 La causa de los males de la Humanidad es la precipitación, el deseo de ir deprisa, rigiéndose por ideas en flor. Así, las flores se ajan y los frutos nunca llegan.

17 La mujer tiene como centro natural la

familia, pero el hombre debe salirse de esta pequeñez y trabajar como si su familia fuera el mundo entero. Así es como progresa la Humanidad.

18 La mujer tiene un solo camino para superar al hombre: ser cada día más mujer.

19 La prosa da una idea pobre; pero el verso da una idea inexacta.

20 La sinceridad no obliga a decirlo todo, sino a que lo que se dice sea lo que se piense.

21 La síntesis espiritual de un país es su arte.

22 La transformación de los sistemas políticos no depende de los cambios exteriores, sino del estado social; un pueblo culto es un pueblo libre; un pueblo salvaje es un pueblo esclavo, y un pueblo instruido a la ligera, a paso de carga, es un pueblo ingobernable. Las libertades las tenemos dentro de nosotros mismos; no son graciosas concesiones de las leyes.

23 Las ideas no aventajan nada con declarar la guerra a otras ideas; son mucho más nobles cuando se acomodan a vivir en sociedad.

24 Las ideas que los hombres tenemos deben ser como piedras, y los cargos que ejercemos como cántaros: ocurra lo que ocurra, debe romperse el cántaro.

25 Las ideas tienen la vida larga y necesitan del cuncurso de muchas generaciones.

26 Las obras humanas han de ser creadas humanamente por procedimientos humanos. Cambian las ideas porque cambian las cosas y los hombres; pero la naturaleza del enlace del hombre con las cosas no cambia. Un sabio puede componer un muñeco perfectísimo que parezca un niño de verdad, y que, por medio de una corriente eléctrica y de un aparatito fonográfico, gesticule y hable como un gracioso orador; pero si quiere ser padre efectivo, no tiene más remedio que resignarse y hacer lo que hace el más rústico ganapán.

27 Lo costoso es lo enemigo de lo ·bello, porque lo costoso es lo artificial de la vida.

28 Lo interesante es tener ideas y colocarlas en donde deben estar, en los sitios más altos; que la inteligencia no viva subyugada por la petulancia de los audaces, y pueda

lentamente transformar las cosas a medida que las cosas lo vayan permitiendo.

29 Lo prudente es elegir el terreno en que pueda uno pisar fuerte, y después hacerse respetar y temer, y, si es posible, tratar a los demás a puntapiés.

30 Los hombres no caminan en ninguna dirección y hace falta que venga de vez en cuando un genio que les guíe.

31 Nada hay más hermoso en el mundo que la llaneza y la naturalidad, y en gran error viven los que se rodean de misterios, que el tiempo se encarga de aclarar y de presentar ante nuestros ojos como envoltura de ridículas vulgaridades.

32 No hay cerebro ni corazón que se sostenga en el aire; ni hay idealismo que subsista sin apoyarse en el esqueleto de la realidad, que es, en último termino, la fuerza.

33 No hay humillación ni deshonra en el reconocimiento de la superioridad de un adversario.

34 No hay para la mujer refugio más seguro que el amor maternal.

35 Nuestra rebeldía contra la justicia no viene de la corrupción del sentido jurídico; al contrario, arranca de su exaltación.

36 Quien vive con más desahogo no es el que tiene más, sino el que administra bien lo mucho o poco que tiene.

37 Rebajar al hombre hasta donde se merece y un poco más, es el eterno filón de la sátira.

38 Se dice que el enamorado no ve, porque la pasión ciega; yo afirmo que los indiferentes son los que no ven; porque les ciega la indiferencia.

García Cuesta, Manuel. Véase **Espartero, El.**

García de la Huerta, Vicente (1734-1787), *dramaturgo español.*

1 ¡Oh fiera multitud, cómo se engaña quien sobre ti tener arbitrio piensa!

2 No es difícil dominar una muchedumbre, pero procura que no se vuelva contra ti.

García de Paredes, Diego (1466-1530),
militar español.

1 Ea, amigos, no os consintáis vencer de vuestros vencidos.

García Lorca, Federico (1898-1936),
poeta y dramaturgo español.

1 El entusiamo es una aurora que no se termina nunca; hace crecer las plantas y levantar caballitos de blanca espuma en las ondas tranquilas, atentas y anhelantes de reunirse con su último destino: el agua del mar. El entusiasmo es la fe candente, la fe al rojo por la esperanza de un día mejor.

2 El español que no ha estado en América no sabe qué es España.

3 El hombre famoso tiene la amargura de llevar el pecho frío y traspasado por linternas sordas que dirigen sobre él los otros.

4 El lenguaje del pueblo pone los versos en diminutivo. Nada tan incitante para la confidencia y el amor.

5 El que quiere arañar la luna, se arañará el corazón.

6 El sueño va sobre el tiempo
flotando como un velero.
Nadie puede abrir semillas
en el corazón del sueño.

7 Esperando, el nudo se deshace y la fruta madura.

8 La ciencia del silencio frente al cielo estrellado, la posee la flor y el insecto no más.

9 La hija directa de la imaginación es la metáfora nacida a veces al golpe rápido de la intuición, alumbrada por la lenta angustia del presentimiento.

10 La imaginación está limitada por la realidad: no se puede imaginar lo que no existe; necesita de objetos, paisajes, números, planetas y se hacen precisas las relaciones entre ellos dentro de la lógica más pura. No se puede saltar al abismo ni prescindir de los términos reales. La imaginación tiene horizontes, quiere dibujar y concretar todo lo que abarca.

11 La mujer, corazón del mundo y poseedora inmortal de la rosa, la lira y la ciencia armoniosa, llena los ámbitos sin fin de los poemas.

12 No hay cosa más desolada que el discurso frío en nuestro honor, ni momento más triste que el aplauso organizado, aunque sea de buena fe.

13 ¡Qué pena de los libros
que nos llenan las manos
de rosas y de estrellas
y lentamente pasan!

14 Todas las cosas tienen su misterio, y la poesía es el misterio que tienen todas las cosas.

15 El mar sonríe a lo lejos,
dientes de espuma, labios de cielo.

García Martí, Victoriano (1881-1966),
escritor español.

1 El Derecho es de lo más divertido; corre detrás de todas las catástrofes para mullir el lecho del triunfador.

2 Muchos grandes hombres son simplemente la oportunidad.

Gascoigne, George (1525-1577),
poeta y dramaturgo inglés.

1 Donde la esperanza celebra un banquete, todos los hombres son huéspedes.

Gaulle, Charles de (1890-1970),
político y militar francés.

1 El carácter es la virtud de los tiempos difíciles.

2 El viento endereza el árbol después de haberlo inclinado.

3 La espada es el eje del mundo y la grandeza no se divide.

4 Lo que pensamos de la muerte sólo tiene importancia por lo que la muerte nos hace pensar de la vida.

5 ¡Ninguna ilusión endulza mi amarga serenidad!

6 La base de nuestra civilización está en la libertad de cada uno, en sus pensamientos, sus creencias, sus opiniones, su trabajo y sus ocios.

7 Las mismas condiciones de la guerra, que nos han hecho sucumbir por 5.000 aviones y 6.000 tanques, pueden darnos mañana la victoria por 20.000 tanques y 20.000 aviones.

Gautier, Teofilo (1811-1872), *novelista francés.*

1 Ama a una nube, ama a una mujer, pero ama.

2 De todas las ruinas del mundo, la ruina del hombre es indudablemente la que mayor tristeza produce.

3 Dejar de amar a una mujer es tanto como odiarla violentamente.

4 El amor es como la suerte: no le gusta que corran tras él.

5 El corazón humano está lleno de cosas absurdas, y si hubieran de conciliarse todas las contradicciones que encierra, habría que trabajar demasiado.

6 El verdadero paraíso no está en el cielo, sino en la boca de la mujer amada.

7 En todo momento los prudentes han prevalecido sobre los audaces.

8 Es cosa propia de la naturaleza humana abusar de todo, incluso de la virtud.

9 Es en vano que trates de desplegar las alas, porque demasiado lodo las ensucia: el cuerpo es un ancla que retiene al espíritu en la tierra.

10 Está convenido que siempre es uno el primer amante de una mujer.

11 Genio es aquel que, en todo instante, sabe plasmar en hechos sus pensamientos.

12 La casualidad, el azar, las coincidencias son quizá los seudónimos de Dios, cuando no quiere firmar.

13 La creación se burla despiadadamente de la criatura y le dirige sin cesar sangrientos sarcasmos. Una simple paja cae sobre una hormiga y le rompe la segunda articulación de su segunda pata; una roca se abate sobre una aldea y la aplasta; no creo que una de estas desgracias arranque más lágrimas que la otra, a los ojos dorados de las estrellas.

14 La música es el más caro y el más desagradable de los ruidos.

15 La vida está dispuesta de manera que lo que significa la felicidad de uno trae necesariamente la desgracia de otro.

16 Las palabras del Evangelio no son cabales al hablar de los pobres de espíritu; yo no sé si éstos poseerán el reino del Cielo; pero es bien seguro que poseen el reino de la tierra, puesto que a ellos les pertenecen el dinero y las mujeres hermosas. ¿Conoces algún hombre de talento que sea rico, o un joven de buen corazón y con algún mérito que tenga una amante discreta?

17 Nacer es solamente comenzar a morir.

18 Nada hace más depravado que no ser querido.

19 ¿Qué importa que sea un sable, un hisopo o un paraguas el que os gobierne? Siempre es un bastón; y me maravillo de que hombres sesudos disputen el elegir la vara que servirá para acariciar sus espaldas.

20 Todas las verdades tienen siempre algún pobre San Juan precursor que va contra corriente, predica en el desierto y muere en la miseria.

21 Todo pasa; sólo el arte robusto es eterno.

22 Una mujer que no es hermosa siempre es más fea que un hombre que no es hermoso.

23 Sólo son verdaderamente bellas las cosas que no sirven para nada.

24 Una bella mujer siempre tiene espíritu. Tiene el espíritu de ser bella.

25 Si la belleza constituyera el único mérito de las mujeres, todas las feas deberían ahorcarse.

Gavarni, P. (1801-1866),
escritor francés.

1 Los negocios son el dinero de los demás.

2 ¡Enfants terribles!

Gay, John (1685-1732),
fabulista y dramaturgo inglés.

1 Así llega la cuenta, apenas acabado el banquete, la formidable cuenta, y los hombres dejan de sonreír.

2 Engañar a un hombre no es nada, pero la mujer que logra engañar a otra mujer, en verdad que debe poseer excelentes disposiciones.

3 En todos los tiempos y en todos los países se puede observar que dos individuos de la misma profesión nunca están de acuerdo.

4 La amistad, como el amor, no es más que un nombre.

5 La envidia es una especie de adulación.

6 La mujer celosa cree todo lo que la pasión le sugiere.

7 La vida es una chanza, y todo lo viene a demostrar: así lo creí una vez, pero ahora estoy seguro de ello.

8 Quien no amó nunca, no ha vivido jamás.

9 Un momento puede hacernos desgraciados para siempre.

Gazali, Abu-Hamid Mohamed ibn Amed
(1058-1111), *filósofo musulmán.*

1 Quien no duda, no reflexiona; quien no reflexiona, no ve, permanece en la ceguera, la perplejidad y el error.

Geibel, Emmanuel de (1815-1884),
poeta alemán.

1 Cuando se trata de convencer a una mujer, no uses argumentos abstractos: por mucho que te obstines en hablar inteligentemente de las cosas, ellas piensan siempre en la persona.

2 ¿Debe afligirme una hermosa felicidad porque huyó rápidamente? Un breve encuentro y un largo recuerdo hace el alma rica y libre.

3 Dulce es gozar los encantos del mundo, cuando florecen el corazón y la mente, pero más dulce todavía es ver el mundo en la lozanía con los ojos de tu hijo.

4 El amor que arranca del corazón es riquísimo, si da; el amor que habla de sacrificios deja de ser verdadero amor.

5 El poeta ha sabido remontarse a un lugar eminente cuando en sus cantos no existe más que lo que en ellos escribió.

6 He ahí la vieja canción y la vieja pena; que la ciencia aumenta únicamente cuando el ánimo y la fuerza se apagan. La juventud puede, y la vejez sabe; solamente a costa de la vida adquieres tú el arte de saber vivir acertadamente.

7 La fe es un bello arco iris tendido entre la tierra y el cielo. Un consuelo para todos; pero distinto para cada caminante, según el punto en que se halle.

8 La mentira, aunque sea astuta, termina por romperse una pierna. Si no puedes ser verídico por bondad, aprende a serlo por cordura.

9 ¿Necesidad? Palabra cómoda con que el culpable se quita de encima la culpa, para arrojar en el vacío toda soberbia y toda traición...

10 Si hay alguna cosa más potente que la suerte, es el valor que inconmovible la soporta.

Gellert, C. Fürchtegott (1715-1769),
poeta y fabulista alemán.

1 El que ama un vicio se complace con todos los vicios.

2 El que no te pueda aprovechar como amigo, puede perjudicarte, en todo momento, como enemigo.

3 Nació, vivió, tomó una mujer y murió.

4 No hay necio que no encuentre a otro todavía más necio que lo admire.

5 No posees lo que otros tienen, y otros carecen de tus dones; de esta imperfección brota la sociabilidad.

6 Por extraordinario que sea el arte que encierra tu cerebro, será ridículo si no es útil para la humanidad.

7 Si fueras tan juicioso que resistieras de buen grado los pequeños males de la vida, no te verías tantas veces obligado a soportar otros mayores.

Génesis. Véase **Biblia.**

Genlis, Estefanía F. Ducrest de Saint-Aubin, condesa de (1746-1830),
escritora francesa.

1 Confesar que se sabe un secreto es como traicionarlo a medias y, a veces, incluso descubrirlo del todo.

2 Es necesario que la franqueza sea una cualidad tan seductora, puesto que se alardea de ella tanto más cuanto menos se tiene.

3 La amistad debe ser infinitamente más tolerante que el amor.

4 Se exige demasiada capacidad para los empleos modestos, y demasiado poca para los importantes.

Geoffrin, madame (1699-1777),
escritora francesa.

1 La ingratitud es el remate de las buenas obras.

2 Es necesario rematar una buena acción perdonando la ingratitud.

Geraldy, Paul (Paul Le Févre),
autor dramático contemporáneo francés.

1 Cuando juzgamos a una mujer no pensamos suficientemente en lo difícil que es ser mujer.

2 El amor es el esfuerzo que el hombre hace para contentarse con una sola mujer.

3 El momento más hermoso del amor, el único que nos embriaga realmente, es este preludio: el beso.

4 La mujer escoge muchas veces al hombre que la ha de escoger a ella.

5 La voluptuosidad satisface a la mujer y la exalta; pero entristece al hombre y lo desilusiona. El hombre necesita un paraíso más difícil.

6 Las mujeres han inventado el amor; y los hombres el matrimonio y la fidelidad.

7 Las mujeres no aman a los principiantes. Cosa triste es, en todo juego, que sea preciso comenzar por aprenderlo.

8 Nos propusimos someter a la mujer al mismo trabajo de adaptación que a la naturaleza. Pero la mujer se defiende mejor.

9 Puedes sentirte feliz, a causa de un éxito con las mujeres, pero no te enorgullezcas por ello. Nunca son grandes victorias las que se logran con las mujeres; de antemano sienten el deseo de ser vencidas.

10 Seducimos a la mujer valiéndonos de mentiras y luego pretendemos ser amados por nosotros mismos.

Gerfaut, Filippe (1847-1919),
escritora francesa.

1 Cuando el orgullo grita, es que el amor calla.

2 Las mujeres aman cuanto pueden, y los hombres cuanto quieren.

3 Los grandes dolores no son lacrimosos. Cuando uno está aniquilado, no llora: sangra.

4 Una mujer superior incurre a veces en esta inferioridad: cortejar a los hombres.

5 El hombre perdona y olvida; la mujer perdona solamente.

Gibbon, Edward (1737-1794),
historiador inglés.

1 La corrupción es el signo más infalible de la libertad constitucional.

2 La historia es, realmente, poco más que el registro de los delitos, locuras y calamidades de la humanidad.

3 Los vientos y las olas están siempre al lado de los navegantes más expertos.

4 Todos los impuestos, al cabo, vienen a caer sobre la agricultura.

Gide, André (1869-1951),
escritor francés.

1 Ante ciertos libros uno se pregunta: ¿quién los leerá? Y ante ciertas personas uno se pregunta: ¿qué leerán? Y al fin libros y personas se encuentran.

2 Cuando cese de indignarme, habré empezado mi vejez.

3 Ella no me amó a mí sino al que yo deseaba ser; y siempre me reprochó que no hubiese cumplido mis deseos.

4 Es bueno seguir la pendiente con tal que sea subiendo.

5 Estoy seguro de que no sucede a cada cual más que los acontecimientos que merece.

6 Hay más respuestas en el cielo que preguntas en los labios de los hombres.

7 La juventud sólo se tiene una vez y durante el resto de la vida se echa de menos.

8 Las cosas más bellas son las que inspira la locura y escribe la razón.

9 Los errores de los demás causan siempre placer.

10 No admito más que una cosa que no sea natural: la obra de arte.

11 Nuestra alegría es igual que el agua movediza de los ríos, que sólo debe su frescor a su constante fugacidad.

12 Puedo dudar de la realidad de todo, pero no de la realidad de mi duda.

13 Todas las cosas son ya dichas; pero como nadie escucha, hay que volver a decirlo constantemente.

14 Una buena teoría del bienestar es no desear sino lo que ya se tiene.

15 La embriaguez no es sino una sustitución de la felicidad. Es la adquisición de un sueño de una cosa, cuando no se tiene el dinero necesario para la adquisición material de la cosa soñada.

Gil Vicente (1465-h. 1536),
poeta portugués.

1 —Debes hablar como vistes,
o vestir como respondes.
—Buen vestido
no hace alegres a los tristes

2 La caza de amor
es de altanería:
trabajos de día,
de noche dolor

Gilbert, William (1836-1911),
comediógrafo y poeta francés.

1 Considero una criatura perdida la que muerde el pan y come los guisantes con el cuchillo.

2 El hombre es el único error de la naturaleza.

Gioberti, Vincenzo (1801-1852),
político y escritor italiano.

1 El padre debe ser el amigo y el hombre de confianza de sus hijos; no el tirano.

2 Las pasiones abren al genio el camino para manifestarse, y le hacen consciente de sí mismo.

3 Los hombres no pueden ser siempre justos. Cuando se oye decir que se ha cometido un delito, el más justo de los cristianos dice, para su corazón, esta humillante verdad: todos somos capaces de otro tanto.

4 Los mayores enemigos de la libertad no son los que la oprimen, sino los que la deshonran.

5 Para hacer bien justicia sería necesario que el juez conociera a fondo el corazón del reo, de forma que pudiera medir a ciencia cierta el grado de su culpa. Tal vez aquel que por fuera aparece como más culpable lo es menos, por dentro, que otro que parece más limpio de culpa.

6 ¿Qué es el lujo? A mi entender, todo cuanto es superfluo para hacer feliz al hombre.

7 Trabajar es crear, y crear es el único placer sólido y efectivo que el hombre puede disfrutar aquí abajo.

Gioia, Melchiore (1767-1829),
economista italiano.

1 Un sabio político, al que se le pidió una máxima para el buen gobierno, respondió: «Permitid a vuestros amigos que os aconsejen».

Girardin, E. de (1806-1881),
periodista francés.

1 De todos los presagios siniestros, el más grave e infalible es el optimismo.

2 Exagerar la propia fuerza equivale a traicionar su debilidad.

3 La autoridad nada puede ganar restringiendo la libertad; la libertad nada puede ganar debilitando la autoridad.

4 La libertad es como el movimiento: no se define, se demuestra.

Girardin, madame de (1805-1855),
escritora francesa.

1 A los veinte años no se sabe ni ser rico, ni ser amado.

2 Cada cual tiene sus importunos, como tiene sus pobres.

3 No existe más que un solo medio para hacer un magnífico elogio de una mujer, y es hablando mal de su rival.

4 Toda superioridad es un destierro.

5 La coquetería: la verdadera poesía de la mujer.

Giraudoux, Jean (1882-1944),
novelista y dramaturgo francés.

1 Basta cantar un canto de paz con muecas y gesticulación para que se convierta en un canto de guerra.

2 Compórtate con tu mujer como te comportarías, si ella te gustara, con la de otro.

3 Conozco un medio para recuperar nuestra franternidad con los animales: el deporte.

4 El deporte consiste en delegar al cuerpo algunas de las virtudes más fuertes del alma: la energía, la audacia y la paciencia. Es lo contrario de la enfermedad.

5 El deporte es el esperanto de las razas.

6 El deporte es la castidad: las mujeres de-

portistas consideran a los hombres como sus camaradas. Suprimen con ellos el *flirt* y el artificio. Consideran el amor como un acto de camaradería.

7 El hombre que no sabe correr, saltar y nadar es como un automóvil en el que solamente se ha empleado la primera velocidad.

8 El plagio es la base de todas las literaturas, excepto de la primera que, por otra parte, es desconocida.

9 El privilegio de los grandes es contemplar las catástrofes desde una terraza.

10 En la desgracia nunca existen dos males semejantes. Es uno de sus atractivos. Cada vez inventa algo nuevo.

11 Todo aquel que no tiene algo de atleta arrastra lamentablemente en vida el cuerpo de otro.

12 Todo ciudadano mal constituido tiene derecho a entablar pleito por daños y perjuicios a la nación.

Giusti, Giuseppe (1809-1850), *poeta italiano.*

1 ¡Cuántos por llegar a mandar han doblado el espinazo! No es ninguna maravilla que acaben corcovados y que el hábito de doblarse les haga inhábiles para realizar cosa derecha.

2 En el mundo hay gentes que, incapaces de elevarse una pulgada, miran de alzarse sobre las ruinas de los demás.

3 Hacer un libro es menos que nada, si el libro hecho no reforma la gente.

4 La envidia es la pasión más mala, más tormentosa, más vergonzosa que pueda contaminar el corazón del hombre. El envidioso, sintiéndose torpe y mezquino frente a los demás, e inepto al mismo tiempo para quitarse de encima la torpeza y la mezquindad, vive en guerra y en angustia continua consigo mismo y con los demás.

5 La fe en Dios y la fe en nuestros semejantes, a mi modo de ver se dan la mano, y el ateo es necesariamente el enemigo número uno del género humano y de sí mismo.

6 Los sufrimientos del alma nos elevan; los del cuerpo nos abaten.

Gladstone, William (1809-1898), *político británico.*

1 El egoísmo es la mayor maldición de la especie humana.

2 En sus efectos morales se parece la guerra quizá más que nada al descubrimiento de una mina de oro.

Gläser F., *escritor alemán contemporáneo.*

1 La gracia de la mujer puede más, a veces, que el valor del hombre.

2 Si se supiese cuántas veces y con cuánta frecuencia se interpreta mal lo que se dice, imperaría más el silencio en este mundo.

Gneisenau, Augusto Neidhardt (1760-1831), *mariscal prusiano.*

1 Despierta, ante todo, en el género humano el entusiasmo por su deber, y después por su derecho.

Godin, E. (1856-?), *poeta y periodista francés.*

1 El necio que alcanzó el éxito suele decir: «Es mérito mío»; y el sabio: «He tenido suerte».

2 El rico siempre tiene sed.

3 El sentimiento colma las lagunas de la ignorancia.

Godínez, Felipe (1588-1639),
escritor español.

1 ¿Ves dos mujeres que lavan
cuando una sábana tuercen,
que torciendo a un tiempo entrambas
cada una de su parte,
la suelen dejar sin agua?
Pues así son los letrados,
que al cabo de la jornada,
ayudando uno a una parte
y otro a la parte contraria,
como a sábanas los dejan,
torcidos y sin sustancia.

Godwing, William (1756-1836),
escritor inglés.

1 El verdadero objeto de la educación,
como el de cualquier otra disciplina moral,
es engendrar la felicidad.

Goethe, Johann Wolfgang von (1749-1832),
escritor alemán.

1 Alegría y amor son las alas para las grandes empresas.

2 ¡Alma de los hombres, cómo te pareces al agua! ¡Destino de los hombres, cómo te pareces al viento!

3 Amo a los que sueñan con imposibles.

4 Apenas se entra en sociedad se quita la llave del corazón, escondiéndola en el bolsillo; los que dejan la llave puesta son cortos de entendimiento.

5 Así de contradictorio es el hombre: no desea que se le imponga ninguna constricción en su propio beneficio, mientras que para su perjuicio soporta cualquier violencia.

6 ¡Ay de la mentira! No libera el corazón como cualquier otra palabra de verdad.

7 Cada cual tiene en su manera de ser algo que al manifestarse públicamente ha de engendrar descontento.

8 Calza unos zapatos de tacón alto; siempre seguirás siendo lo que eres.

9 Caminar y ver su camino es el primer deber de un hombre, porque difícilmente aprecia con exactitud lo que ha hecho y casi nunca sabe valorar lo que hace.

10 Ciertos libros parecen escritos, no para que se aprenda en ellos, sino para que se sepa que el autor sabía algo.

11 ¿Cómo puede aprenderse a que uno se conozca a sí mismo? Nunca con reflexiones, sino mediante la acción. Trata de cumplir con tu deber y pronto sabrás lo que debes pensar de ti mismo.

12 ¿Cuál es el gobierno mejor? Aquel que nos enseña a gobernar a nosotros mismos.

13 Cuando caminamos hacia la morada del diablo, la mujer nos precede a mil pasos.

14 ¡Cuánta diferencia hay entre lo que se juzga por sí mismo y lo que juzgan los demás!

15 ¡Cuántos años hay que limitarse a no hacer, sólo para llegar a saber, en cierto modo, lo que se puede hacer y cómo realizarlo!

16 Dicen que luchan por los derechos de la libertad; si se mira exactamente se trata de siervos contra siervos.

17 Donde arden lámparas hay manchas de aceite; donde arden velas, gotas de cera; únicamente la luz del sol ilumina pura y sin mancha.

18 Dos personas conviven dentro de mi pecho; la una se aferrra tenazmente al mundo, viviendo las delicias del amor; la otra se eleva poderosamente desde el polvo, para remontarse a las regiones de los sentimientos excelsos.

19 El aburrimiento es una planta mala, a la vez que una especia muy indigesta.

20 El amor es siempre un pícaro, y quien confía en él acaba por ser engañado.

21 El buen discípulo aprende a desarrollar lo desconocido a base de lo conocido, y se acerca al maestro.

22 El cobarde sólo amenaza cuando está a salvo.

23 El ejemplo noble hace fáciles los hechos más difíciles.

24 El espíritu humano avanza de continuo, pero siempre en línea espiral.

25 El hombre de acción no tiene nunca escrúpulos; sólo es escrupuloso el contemplativo.

26 El hombre de recia voluntad moldea el mundo a su gusto.

27 El hombre llega a conocer verdaderamente sólo cuando se limita a conocer poco; con el conocimiento se acrecientan las dudas.

28 El hombre puede dirigirse donde quiera, puede emprender lo que desee; pero siempre volverá al camino que le fijó un día la naturaleza.

29 El hombre que se vence a sí mismo se libera de la fuerza que ata a todos los seres.

30 El hombre se habitúa bien a la esclavitud y aprende fácilmente a obedecer si se le sustrae la libertad.

31 El hombre yerra mientras busca algo.

32 El mayor consuelo de la mediocridad es que el genio no sea inmortal.

33 El mayor mérito del hombre consiste en determinar, más de lo que le es posible, las circunstancias, y dejar la menor posibilidad para que las circunstancias se le impongan.

34 El mundo no está hecho de papillas y gachas; por consiguiente no creáis vivir en Jauja; hay duros bocados por masticar, y no hay otro remedio que estrangularlos o digerirlos.

35 El órgano con el que he comprendido el mundo ha sido el ojo.

36 El que con perspicacia reconoce la limitación de sus facultades, está muy cerca de llegar a la perfección.

37 El que no comprende la voz de la poesía es un bárbaro, sea quien sea.

38 El que se entrega a la soledad pronto está solo. Cada cual vive y ama, abandonándose en su amargura.

39 El que se entretiene con la vida no sale triunfante del paso; el que no acierta a gobernarse a sí mismo sigue siendo un esclavo.

40 El que se precia de ser algo no debe menospreciar a los demás.

41 Quien al vulgo le exige deberes sin avenirse a concederle derechos, lo habrá de pagar caro.

42 El talento se educa en la calma y el carácter en la tempestad.

43 El valor y la modestia son las virtudes más inequívocas, porque pertenecen a una especie que la hipocresía no acierta a imitar.

44 El vino alegra el corazón del hombre, y la alegría es la madre de todas las virtudes.

45 En la balanza de la fortuna raramente halla reposo su fiel; debes subir o bajar, tienes que dominar o ganar, servir o perder, padecer o triunfar: ser yunque o martillo.

46 En tus cosas, haz solamente lo que sea justo: lo demás vendrá por sí solo.

47 Entendiéndose con las mujeres, peleándose con los hombres y con más crédito que capital, se puede cruzar el mundo.

48 Es mejor hacer la cosa más insignificante del mundo que dar por desdeñable una media hora.

49 Es peligroso el hombre que no tiene nada que perder.

50 Escribir es un ocio laborioso.

51 Esperamos siempre; y en todas las cosas es preferible esperar que dudar. Porque, ¿quién es capaz de medir lo posible?

52 A veces nuestro destino se parece a un árbol frutal en invierno; ¿quién va a pensar, ante su triste aspecto, que esas rígidas ramas reverdecerán en primavera?

53 Hacer una corona es mucho más fácil que hallar una cabeza digna de llevarla.

54 Han hecho sobre ti una canción injuriosa: la compuso un mal enemigo. Déjala cantar, porque pronto se desvanecerá.

55 Hay dos poderes pacíficos: el derecho y la astucia.

56 Hay hipótesis en las cuales la inteligencia y la fuerza de imaginación se ponen en el puesto de las ideas.

57 He aquí la última conclusión de la sabiduría: solamente merece la vida y la libertad el que diariamente ha de conquistárselas.

58 La buena gente no sabe el tiempo y el esfuerzo que cuesta aprender a leer. Yo he trabajado en esto durante ochenta años y no puedo decir aún que lo haya logrado.

59 La claridad consiste en una acertada distribución de luz y sombra.

60 La condición de los hombres es como el mar; se les dan nombres distintos y, al fin y al cabo, todo es agua salada.

61 La corona de laurel, donde aparece, es más señal de sufrimiento que de felicidad.

62 La dependencia espontánea es la mejor condición; pero ¿cómo sería posible sin el amor?

63 La esperanza es una segunda alma del desdichado.

64 La existencia dividida por la razón deja siempre un resto. La humanidad en conjunto es el hombre verdadero, y el individuo no puede ser feliz sino cuando tiene el valor de sentirse en el todo.

65 La felicidad nace de la moderación.

66 La fidelidad es el esfuerzo de un alma noble para igualarse a otra más grande que ella.

67 La inteligencia y el sentido común se abren paso con pocos artificios.

68 La juventud quiere más bien ser estimada que instruida.

69 La ley es poderosa, pero más lo es todavía la necesidad.

70 La literatura se corrompe en la medida en que se produce la corrupción de los hombres.

71 La máxima desgracia como la máxima felicidad modifican el aspecto de todas las cosas.

72 La mayor riqueza del hombre consiste en tener un ánimo suficientemente grande para no desear la riqueza.

73 La naturaleza y el arte parecen rehuirse, pero se encuentran antes de lo que puede imaginarse.

74 La originalidad no consiste en decir cosas nuevas, sino en decirlas como si nunca hubiesen sido dichas por otro.

75 Todas las cosas que se conocen de mí no son más que los fragmentos de una gran confesión.

76 La singularidad de expresión constituye el principio y el fin de todo arte.

77 La vejez no hace volver a la infancia, como suele afirmarse; se limita a encontrarnos convertidos en unos verdaderos niños.

78 La venganza más cruel es el desprecio de toda venganza posible.

79 La ventaja de una afición apasionada es que nos lleva a penetrar en lo profundo de las cosas.

80 La vida nos enseña a ser menos rigurosos con nosotros y con los demás.

81 Las fatigas de la vida nos enseñan únicamente a apreciar los bienes de la vida.

82 Las flores están llenas de miel, pero las abejas sólo extraen de ellas la dulzura.

83 Las hipótesis son canciones de cuna con las que los maestros adormecen a sus escolares.

84 Lo más importante es que se posea una gran voluntad y la necesaria habilidad y tenacidad para realizarla; todo lo demás es indiferente.

85 Lo mejor de nuestras convicciones no puede traducirse en palabras. El lenguaje no es apto para todo.

86 Lo mejor que le debemos a la historia es el entusiasmo que inspira.

87 Lo que se desea en la juventud se logra en la vejez con abundancia.

88 Los deseos son los presentimientos de facultades que residen en nosotros, los signos precursores de lo que un día estaremos en condiciones de llevar a cabo.

89 Los errores del hombre son los que le hacen especialmentnte digno de amor.

90 Los hombres son ciegos durante toda su existencia.

91 Los reyes desean el bien; los demagogos, otro tanto.

92 ¡Luz, más luz!
(Palabras de Goethe que se supone pronunció en el momento de su muerte.)

93 Mi naturaleza es así: prefiero cometer una injusticia que tolerar el desorden.

94 Muchos hombres no se equivocan jamás porque no se proponen nada razonable.

95 Nada tan agradable como los principios del amor, cuando a ella le gusta aprender y a él le gusta enseñar.

96 No basta dar pasos que han de conducir un día a una meta, cada paso debe ser en sí mismo una meta al mismo tiempo que nos hace avanzar.

97 No basta saber, se debe también aplicar; no es suficiente querer, se debe también hacer.

98 No hay nada que despierte mayor compasión en este mundo que un hombre irresoluto fluctuando entre dos sentimientos.

99 No importa que la memoria sea débil, con tal que el juicio no falte cuando la ocasión se presente.

100 No puedo soportar los sermones; creo haberme saciado de ellos en mi juventud.

101 No se hallará un poeta que no se considere el mejor, ni un mal tañedor de cualquier instrumento que no prefiera tocar sus propias melodías.

102 No sólo lo congénito, sino lo adquirido forma al hombre.

103 Nunca cruza por la mente de los necios la manera cómo están encadenados el mérito y la fortuna; si ellos poseyeran la piedra filosofal no la tendrían los sabios.

104 Nunca nos hallamos más lejos de nuestros deseos que cuando imaginamos poseer lo deseado.

105 Nunca se va más lejos que cuando no se sabe a dónde se va.

106 Para andar por el mundo se necesita más crédito que dinero.

107 Para mí, clásico es lo que es sano; romántico, lo que está enfermo.

108 Pesa sobre el hombre esta especie de maldición: que siempre necesita saber lo que ignora, y nunca tiene ocasión de hacer uso de lo que sabe.

109 Podrían engendrarse hijos educados, si lo estuvieran los padres.

110 Por ventura el hombre sólo puede comprender un cierto grado de desgracia; más allá de este grado, la desgracia lo aniquila o le deja indiferente.

111 Puede reconocerse la utilidad de una idea sin que se comprenda la manera de utilizarla perfectamente.

112 Puedo prometer ser sincero, pero no imparcial.

113 Que el hombre sea noble, caritativo y bueno. Porque sólo esto le distingue de todos los demás seres que conocemos.

114 ¡Qué gran felicidad el ser querido! Pero querer, ¡oh, dioses, qué ventura!

115 ¿Qué haces en el mundo? Todo está ya hecho; el Señor de la creación lo pensó totalmente.

116 Quien con perspicacia declara su limitación se halla muy cerca de la perfección.

117 ¿Quién es capaz de pensar en algo estúpido o prudente que en tiempos pretéritos no haya sido pensado?

118 ¿Quién es el crítico más severo? Un aficionado fracasado.

119 ¿Quién osó luchar con los dioses, y quién con el Único? Es hermoso ser un discípulo de Homero, aunque sea el último.

120 ¿Quién puede considerarse un hombre inútil? El que no sabe mandar ni tampoco obedecer.

121 Se dice que la ficción es un gran vicio y, con todo, vivimos de ficciones.

122 Señores míos: Yo acostumbro a comparar el entusiasmo con las ostras, que cuando no se comen bien frescas constituyen indudablemente un plato desagradable.

123 Si la mañana no nos invita a nuevos goces y si por la noche no esperamos ningún

placer, ¿vale la pena vestirse y desvestirse?

124 Si quieres procurarte una vida placentera no debes atormentarte por el pasado.

125 Si un arco iris llegase a durar un cuarto de hora, no lo miraríamos.

126 Sigue el pensamiento de un maestro; errando a su lado consigues un beneficio.

127 Sin aceleración y sin detenimiento, como los astros, gire el hombre alrededor de su propia obra

128 Solamente es feliz y poderoso quien para hacer alguna cosa no tiene necesidad de mandar ni de obedecer.

129 Solamente está contento el que puede dar algo.

130 Sólo merece la libertad y la vida aquel que cada día ha de conquistarlas.

131 Sólo pueden ser dichosas las almas enamoradas.

132 Sólo se vive una vez en el mundo.

133 Soplar no es tocar la flauta; para eso hay que mover los dedos.

134 Tan pronto como se comienza a hablar, se comienza a errar.

135 Tenemos que librarnos de buscar la educación sólo en lo decididamente moral. Todo lo grande educa, con tal que nos demos cuenta de ello.

136 Todo el mundo puede conocer cuando me equivoco, pero no cuando miento.

137 Todo lo bueno ha sido ya pensado; conviene intentar el volver a pensarlo.

138 Todo lo que el genio hace como genio se realiza inconscientemente.

139 Todo nace y fenece siguiendo la ley; pero sobre la vida del hombre, ese precioso tesoro, domina una suerte inestable.

140 Todo se salvará y, aunque el cielo se hunda, aún se salvará alguna alondra.

141 Todos los hombres, luego que logran libertad, imponen sus defectos; los fuertes, su exageración, los débiles su indolencia.

142 Todos quieren ser amos y ninguno el dueño de sí mismo.

143 Trata solamente de confundir a los hombres: satisfacerlos es cosa difícil.

144 Un hombre noble atrae a todos los hombres nobles y sabe mantenerlos.

145 Un hombre sensato no repite ninguna pequeña locura.

146 Un hombre vanidoso no puede ser nunca absolutamente tosco; como le satisface agradar, se acomoda a los demás.

147 Un hombre y una mujer verdaderamente enamorados es el único espectáculo de este mundo digno de ofrecer a los dioses.

148 La superstición es la poesía de la vida.

149 Una buena noche se avecina cuando hemos trabajado todo el día.

150 Una muchacha y un vaso de vino son el mejor remedio en un caso de necesidad; el que no bebe o no besa, es peor que si estuviera muerto.

151 Una vida inútil es una muerte anticipada.

152 Vale más hacer la cosa más insignificante del mundo que estar media hora sin hacer nada.

153 Vivir largo tiempo significa sobrevivir de muchos seres amados, odiados, indiferentes.

154 Yo amo a aquel que desea lo imposible.

155 A una dura necesidad se acomodan la voluntad y el capricho.

156 «Creo en un solo Dios». Palabras bellas y laudables; pero la verdadera bienaventuranza en este mundo es reconocerlo dónde y cómo se revela.

157 Todo es soportable en esta vida, excepto la sucesión prolongada de días prósperos.

158 Todo lo bueno ha sido ya pensado. Conviene intentar volver a pensarlo.

159 Todos vivimos del pasado, y con él nos vamos a pique.

160 ¡Oh dulce voz! Bienvenido sea el son de la lengua materna en un país extranjero.

Gogol, Nicolai Vasilievich (1809-1852),
novelista ruso.

1 ¡Qué importan los tesoros! Más que acumular dinero mejor es poseer amigos, ha dicho un sabio.

2 Si yo no puedo ser feliz, quiero consagrar toda mi vida a la felicidad de mis semejantes.

Goldschmidt, Moritz,
escritor alemán contemporáneo.

1 Galantemente se ha llamado a la mujer reina de la creación. El que conoce la corona, la llama corona de espinas.

2 Los pequeños defectos molestan más que las grandes cualidades.

Goldsmith, Oliver (1728-1774),
novelista inglés.

1 El trato habitual con la miseria es la mejor escuela de fuerza y sabiduría.

2 El volumen de la naturaleza es el libro de la ciencia.

3 El verdadero uso de la palabra no es tanto expresar nuestros deseos, como esconderlos.

4 Esta misma filosofía es un buen caballo en el establo, pero un rocín de la peor calaña en el viaje.

5 Hay algunos defectos tan estrechamente relacionados con las buenas cualidades, que apenas podemos extirpar los vicios sin arrancar también las virtudes.

6 La amistad es un comercio desinteresado entre semejantes.

7 La compañía de los necios puede hacernos sonreír al principio; pero en definitiva acaba por sumirnos en la melancolía.

8 La conciencia es cobarde, y esa culpa que no tiene bastante fuerza para impedir, raramente es bastante justa para acusar.

9 La desnudez del mundo indigente podría ser vestida con los adornos sobrantes a los vanidosos.

10 La vida, incluso la más elevada y buena, viene a ser como una niña caprichosa a la que hemos de satisfacer sus deseos y acariciar un poco antes de que se duerma, y entonces ha terminado toda ansia.

11 Lo más grande de este mundo, según cierto filósofo, es un buen hombre que lucha contra su suerte; pero todavía hay quien le supera y es el que intenta socorrerlo.

12 Los abogados están siempre más dispuestos a poner a un hombre en dificultades que a sacarlo de ellas.

13 Nada puede superar la vanidad de nuestra existencia si no es la locura de nuestros esfuerzos.

14 Nos empeñamos en crear males imaginarios, sabiendo que hemos de tropezar con tantos de verdad.

15 Para un filósofo, ninguna circunstancia, por mínima que sea, es despreciable.

16 Por cualquier lado que se mire la historia de Europa, solamente se percibirá un tejido de crímenes, locuras y desgracias.

17 Poseía una virtud perfecta, y ésta era la prudencia; con frecuencia es la única que se conserva a los setenta y dos años.

18 Todas nuestras aventuras se desarrollaron cerca del hogar.

19 Una vida de placer es, precisamente, la vida menos placentera que pueda existir.

20 Una virtud que es preciso vigilar en todo momento apenas es digna de la centinela.

21 Yo le mostré que los libros son los dulces e irreprochables amigos del desgraciado, y que si no pueden lograr hacernos agradable la vida, al menos nos enseñan a soportarla.

Goltz Bogumill (1801-1870),
escritor alemán.

1 La mujer se preocupa infinitamente más por hacer feliz que por ser feliz.

2 Los hombres gobiernan el mundo, y las mujeres a sus hombres. ¿Qué más quieren?

Goncourt, Edmond y Jules (1822-1896) y (1830-1870), *escritores franceses.*

1 Aprender a observar es el aprendizaje más largo de todas las artes.

2 El amor es la poesía del hombre que no hace versos, la idea del hombre que no piensa y la novela del hombre que no escribe.

3 El corazón humano es una gran necrópolis; si damos suelta a los recuerdos..., ¡cuánta tumba!

4 El genio es el talento de un hombre muerto.

5 El inglés, que como pueblo es poco escrupuloso, en cambio es honrado como individuo; por el contrario, el francés aparece honrado como pueblo y sin escrúpulos como individuo.

6 La salud es tan sólo una confianza; consiste sencillamente en creer que no se está enfermo y en vivir como si se estuviese sano.

7 La Historia: una novela que ha sucedido. La Novela: una historia que hubiera podido suceder.

8 La mañana en el campo tiene un aire nuevo.

9 No hay hombres necesarios; no hay más que hombres útiles

10 No se halla un hombre al que le gustaría volver a vivir su vida. Apenas se halla una mujer que desearía tornar a sus dieciocho años. Esto basta para juzgar la vida.

11 Tal vez la antigüedad ha sido inventada para que se ganen la vida los profesores.

12 Un cuadro en un museo es, posiblemente, el que tiene que escuchar más tonterías en todo el mundo.

13 Un libro no es jamás una obra maestra: lo llega a ser.

14 Una religión a la que le falte lo sobrenatu-

ral me recuerda cierto anuncio que leí tiempo atrás, en periódicos importantes: vino sin uva.

15 Crítica: mordaza de la opinión.

Gondinet, Edmont (1829-1888), *autor dramático francés.*

1 He llevado mis convicciones a la derecha, al centro y a la izquierda. Se han mantenido inconmovibles.

Góngora, Luis de (1561-1627), *poeta español.*

1 Ándeme yo caliente
y ríase la gente.

2 Aprended, flores, de mí
lo que va de ayer a hoy,
que ayer maravilla fui
y sombra mía aun no soy.

3 Ayer naciste, y morirás mañana;
para tan breve ser, ¿quién te dio vida?
¡Para vivir tan poco estás lucida
y para no ser nada estás lozana!

4 Como sobran tan doctos españoles
a ninguno ofrecí la musa mía.

5 Cuando pitos, flautas;
cuando flautas, pitos.

6 Harto peor fuera
morir y callar.

7 Las horas que limando están los días,
los días que royendo están los años

8 Que el matador fue Vellido
y el impulso soberano.

9 ¡Qué impertinente clausura
y qué propiamente error,
fabricar de ajenos yerros
las rejas de su prisión!

10 Si me queréis bien
no me hagáis mal.

11 Todo se vende este día,
todo el dinero lo iguala;
la corte vende su gala,
la guerra su valentía;

hasta la sabiduría
vende la universidad,
verdad.

González López, Emilio,
escritor contemporáneo.

1 El corazón del jinete tiene que salvar el
obstáculo antes que el caballo.

Gordon, Adan Lindsay (1833-1870).
poeta australiano.

1 Muéstrate con entereza ante la desgracia
y serás más feliz cuando vengan bien
dadas.

2 La vida es, en su mayor parte, espuma y
pompas de jabón; pero existen dos cosas
que son sólidas como el mármol: la compasión ante la desgracia ajena y el valor
ante la desgracia propia.

Gorki, Máximo (1869-1936),
escritor ruso.

1 A veces la mentira explica mejor que la
verdad lo que pasa en el alma.

2 Cuando el trabajo es un placer la vida es
bella. Pero cuando nos es impuesto, la
vida es una esclavitud.

3 El hombre nace para que un día nazca un
hombre mejor.

4 El que ha nacido para reptar no puede
volar.

5 ¿Existe Dios? Si crees en él, existe, si no
crees en él, no existe.

6 La conciencia, sólo los poderosos la necesitan.

7 La sabiduría de la vida es siempre más
profunda y más vasta que la sabiduría de
los hombres.

8 Los críticos son como los tábanos, que
impiden a los caballos trabajar la tierra.

9 Si despojas a los ricos consigues empo-
brecerles, pero no consigues enriquecer a
los pobres.

10 Tener talento es tener fe en sí mismo, en
sus propias fuerzas.

11 Todo lo que es verdaderamente sabio es
simple y claro.

12 Un hombre alegre siempre es amable.

13 Veo los problemas y no veo la solución;
esta es la tragedia de todos los que suspiran por una humanidad mejor.

14 Procura amar mientras vivas; en el
mundo no se ha encontrado nada mejor.

Gottsched, Johann Christoph (1700-1766),
escritor alemán.

1 La imitación es el alma del arte poética,
según nos enseñó exactamente Aristóteles.

Götz, J. N. (1721-1781),
poeta alemán.

1 El mundo se parece a un teatro de ópera
en el que cualquiera que se aprecie desempeña gustosamente un papel, según
su pasión predilecta. Uno sale a escena
con un cayado de pastor; otro, con el bastón de mariscal, cae decapitado.

Götzendorff-Grabowski, Helene von,
escritora alemana.

1 La vida no regala nada. Lo que nos arroja
al regazo es, en su mayor parte, simple
oropel que se escurre entre nuestras
manos. Tan sólo aquello que logramos
arrebatarle a costa de una lucha noble
tiene un valor permanente.

Gourmont, Remy de (1858-1915),
literato francés.

1 Cuando se aspira a vivir de sí mismo, consigo mismo y para sí mismo, se produce siempre el tedio. Solamente se encuentra placer en el prójimo, y no hay otro placer que el social.

2 De todas las aberraciones sexuales, la más singular tal vez sea la castidad.

3 El alma y la inteligencia de una mujer están en su corazón.

4 El amor está hecho casi exclusivamente de curiosidad. Esto es lo que explica la brevedad de la mayoría de los amoríos, que mueren tan pronto como quedó satisfecha la curiosidad.

5 El arte está hecho para ser sentido y no para ser comprendido; de ahí que cada vez que se trata de hablar sobre el arte, con ideas propias, no se dicen más que tonterías.

6 El hombre comienza amando el amor y termina queriendo a una mujer.

7 El ocio es la mayor y más bella conquista del hombre.

8 Admitir el arte porque puede servir para moralizar al individuo o las masas, es como admitir las rosas sólo porque se extrae de ellas un remedio útil para los ojos.

9 Es preciso tener mucho ingenio para no naufragar en la popularidad.

10 Es suficiente escribir sobre cualquier tema, y luego sobrevivir: a los sesenta años es la celebridad; a los ochenta, la gloria, y a los noventa, el apoteosis.

11 Existe una simulación de la inteligencia, como hay una simulación de la virtud.

12 Hemos llegado a un grado tal de imbecilidad, que consideramos al trabajo no sólo como una cosa honorable, sino, incluso, como sagrada, cuando no es sino una triste necesidad.

13 Los Estados son como las mesas; se necesitan por lo menos tres patas para que se mantengan derechas: fuera del círculo de estos tres apoyos está la anarquía y el despotismo, que tal vez son la misma cosa.

14 La enfermedad, la vejez, la muerte: tres grandes humillaciones para el hombre.

15 La fe disminuye siempre en los hombres felices de vivir. Para contar con fieles firmes es preciso mantenerlos en la pobreza y en medio de los peligros.

16 La lógica es buena en los razonamientos, pero en la vida no sirve para nada.

17 La paz se posee cuando puede imponerse.

18 La política depende de los hombres de Estado, de manera semejante a como el tiempo depende de los astrónomos.

19 La política es como el piano; conviene empezar a ejercer en edad temprana, sin que nunca se llegue a ser nada. Hay que romperse los dedos, hay que romperse la conciencia.

20 Las mujeres llevan su hipocresía hasta el punto de que todos los hijos puedan decir de su madre, convencidos: «Era una santa».

21 Los amos del pueblo serán siempre quienes puedan prometerle un paraíso.

22 Los corazones más duros se dejan conmover por la belleza.

23 Los hombres y los carneros van adonde tienen que ir: donde hay hierba.

24 No perdáis vuestro tiempo ni en llorar el pasado ni en llorar por el porvenir. Vivid vuestras horas, vuestros minutos. Las alegrías son como las flores que la lluvia mancha y el viento deshoja.

25 No se puede adorar más que lo desconocido; y no existe religión donde no hay misterio.

26 Repetir cosas ya dichas y hacer creer a las gentes que las lee por primera vez; en esto consiste el arte de escribir.

27 Saber lo que todos saben, no es saber. El saber comienza donde los otros no saben. Por eso la verdadera ciencia está más allá de la ciencia.

28 Seguimos esperando, hasta cuando desesperamos.

29 Todos los hechos de la vida social y hasta los del sentimiento pueden encasillarse

en estas dos célebres palabras: oferta y demanda.

Gozzi, Gaspar (1713-1786),
escritor italiano.

1 A mi entender, el mejor modo para no padecer consiste en gozar de lo poco que tenemos entre las manos y no codiciar más.

2 ¿Insistiríais afirmando que la utilidad de los libros es verdadera y manifiesta, si yo pudiese demostrar que desde que existen libros en el mundo siguen siendo los hombres igual que antes eran, o tal vez peores?

3 La libertad es uno de los más bellos presentes que la naturaleza hizo al hombre, y yo no sé por qué se empeñan los hombres en atarse unas veces con una cadena y otras con otra.

4 Los apetitos nacen unos de otros, mas, no como los hombres, los pequeños de los grandes; antes al contrario, de un caprichito se origina otro mayor, y de éste, otro aún más grande.

5 No era suficiente que los hombres pudieran ahogarse en el agua, arder en el fuego, arruinarse con las enfermedades, morir asfixiados por culpa de una minúscula espina o de un grano de uva; han tenido que inventar flechas, lanzas, espadas, arcabuces, cañones y tantas otras cosas diabólicas, que yo no acertaría a mencionar, para hacer que perezcan centenares y millares en un día, y este hermoso hecho de general y dolorosa destrucción se ha dado en llamar gloria, convirtiéndolo en ciencia, con especiales reglas y órdenes.

6 Nuestro corazón está hecho, por decirlo así, de malla. Si un padre se preocupa de satisfacerlo continuamente y de manera liberal, en cuanto desea, ensancha las mallas y ya no se llena.

7 Perdonar y aportar auxilios no es un comercio que deba pactarse con el corazón ni con palabras.

8 Si de todos los trabajos humanos, de todos los razonamientos y de cuanto se oye o se ve no se saca algún provecho,

¿para qué sirven las historias y las novelas que se leen y los hechos que acaecen?

9 Si el hombre no se habitúa a disfrutar honestamente de lo poco lisonjero que posee en el momento presente y tiene siempre llena de suspicacias su cabeza, de angustias y de temores de lo que no sucede todavía o de aquello que probablemente no le acaecerá, no se me ocurre otro remedio sino recomendarle que se entierre.

10 Somos de una condición que nos empeñamos en compararnos con los que nos son superiores y no nos acordamos nunca de los que están por debajo de nosotros, ni de igualarnos con ellos.

11 De todos los ultrajes no creo exista otro mayor que el ver cómo un hombre capaz de practicar exquisitamente su arte es criticado y aquilatado por quienes no sabe nada de ello.

Grabbe, Dietrich Cristian (1801-1836),
poeta dramático alemán.

1 La mujer ve en profundidad; el hombre, en amplitud. Para el hombre el corazón es el mundo, para la mujer el mundo es el corazón.

Gracián, Baltasar (1601-1658),
pensador español.

1 Al varón sabio más le aprovechan sus enemigos que al necio sus amigos.

2 Cada uno muestra lo que es en los amigos que tiene.

3 Cómense mejor los buenos bocados de la suerte con el agridulce de un azar.

4 Cree mucho el que nunca miente y confía mucho el que nunca engaña.

5 Creedme que los españoles brindan flotas de oro y plata a la sed de todo el mundo.

6 Cruel paso el de una honra, entre tropiezos de la malicia; ¡oh, qué delicada es la fama, pues una mota es ya nota!

7 ¿Cuál puede ser una vida, que comienza entre los gritos de la madre que la da, y los lloros del hijo que la recibe?

8 Ejerce la fama y caduca el aplauso, así como todo lo demás; porque leyes del tiempo no conocen excepción.

9 El cuerdo de todo sale airoso por el atajo de la galantería.

10 El excusarse antes de ocasión es culparse.

11 El más poderoso hechizo para ser amado es amar.

12 El no, el sí, son breves de decir, y piden mucho pensar.

13 El primer paso de la ignorancia es presumir saber.

14 El que se adelanta a confesar el defecto propio, cierra la boca a los demás; no es desprecio de sí mismo, sino heroica bizarría; y al contrario de la alabanza, en boca propia se ennoblece.

15 El vulgo no es otra cosa que una sinagoga de ignorantes presumidos, que hablan más de las cosas cuanto menos las entienden.

16 En boca del viejo todo lo bueno fue, y todo lo malo es.

17 Es el corazón el estómago de la fortuna que digiere con igual valor sus extremos. Un gran buche no se embaraza con grandes bocados, no se estraga fácilmente con la afectación ni se aceda con la ingratitud. Es hambre de un gigante el hartazgo de un enano.

18 Es la afectación el lastre de la grandeza.

19 Fue Salomón el más sabio de los hombres y fue el hombre a quien más engañaron las mujeres.

20 Gran cabeza es de filósofos; gran pecho, de atletas; hombros, de palanquines; piernas, de cursores; gran corazón, de reyes.

21 Grande es dos veces el que abarca todas las perfecciones en sí y ninguna en su estimación.

22 Guardémonos de entrar allí donde hay una gran laguna que llenar.

23 Hacen algunos mucho caso de lo que importa poco, y poco de lo mucho, ponderando siempre al revés.

24 Hay a veces entre un hombre y otro casi otra tanta distancia como entre el hombre y la bestia.

25 Hay mucho que saber, y es poco el vivir, y no se vive si no se sabe.

26 Huye en todo de la demasía.

27 La compostura del hombre es la fachada del alma.

28 La confianza es madre del descuido.

29 La muerte para los mozos es naufragio, y para los viejos tomar puerto.

30 La mujer es la otra mitad del hombre y ésta es la causa de aquella tan vehemente propensión que tiene aquél a la mujer, buscando su otra mitad.

31 La perfección ha de estar en sí; la alabanza en los otros.

32 La reflexión en el proceder es gran ventaja en el obrar.

33 La vulgaridad maliciosa vive y reina entre villanos.

34 Lo bueno, si breve, dos veces bueno. Y aun lo malo, si poco, no tan malo.

35 Los ignorantes son los muchos, los necios son los infinitos; y así el que los tuviere a ellos de su parte, ése será señor de un mundo entero.

36 Más alcanza en todas las artes una mediana habilidad con aplicación que no un raro talento sin ella.

37 Más vale un gramo de cordura que arrobas de sutileza.

38 Menos mal te hará un hombre que te persiga, que una mujer que te siga.

39 No engañarse en las personas, que es el peor y más fácil engaño; más vale ser engañado en el precio que en la mercadería.

40 No es menester arte donde basta la naturaleza.

41 No hay cosa más fácil que engañar a un hombre de bien.

42 No hay maestro que no pueda ser discípulo. Las verdades que más nos importan vienen siempre a medio decir.

43 No hay mayor alabanza de un objeto que la admiración.

44 No se acreditan los vicios por hallarse en grandes sujetos; antes bien, ofende más la mancha en el brocado que en el sayal.

45 Nunca bien venerará la estatua en el ara el que la conoció tronco en el huerto.

46 Odiada porque envidiada [España].

47 Para gobernar locos es menester gran seso y para regir necios, gran saber.

48 Por grande que sea el puesto ha de mostrar que es mayor la persona.

49 Por huir la afectación dan otros en el centro de ella, pues afectan el no afectar.

50 Por temor a ser vulgar no se debe ser paradójico.

51 ¡Qué! ¿Hay ocupación peor aún que el ocio? Sí, la inútil curiosidad.

52 ¿Qué hiciera la fortaleza sin la prudencia?, que por eso en la varonil edad está en su sazón, y del valor tomó el renombre de varonil; es en ella valor lo que en la mocedad audacia, y en la vejez recelo.

53 ¿Qué mayor encanto que treinta años a cuestas?

54 Saber olvidar, más es dicha que arte.

55 Señal de tener gastada la fama propia es cuidar de la infamia ajena.

56 Ser persona es lo más difícil de la vida.

57 Si los hombres no son fieras es porque son más fieros.

58 Son tontos todos los que lo parecen y la mitad de los que no lo parecen.

59 Suele un aprieto aumentar el valor; así una dificultad la perspicacia. Cuanto más apretados, hay algunos que discurren más, y con el acicate de la mayor urgencia vuelan; a mayor riesgo, mayor desempeño.

60 Tan gloriosa es una bella retirada, como una gallarda acometida.

61 Todo juez de sí mismo halla luego textos de escapatoria y sobornos de pasión.

62 Todo lo favorable, obrarlo por sí; todo lo odioso, por terceros.

63 Todos los vicios dan treguas: el glotón se agita, el deshonesto se enfada; el bebedor duerme, el cruel se cansa; pero la vanidad del mundo nunca dice basta, siempre locura y más locura.

64 Todos son idólatras; unos de la estimación, otros del interés y los más del deleite; la maña está en conocer estos ídolos para el motivar; conociéndole a cada uno su eficaz impulso, es como tener la llave del querer ajeno.

65 Una mediana novedad suele vencer a la mayor eminencia envejecida.

66 Una misma vejez para unos es premio y para otros apremio, a unos autoriza, a otros atormenta.

67 Es la almohada sibila muda, y el dormir sobre los puntos vale más que el desvelarse debajo de ellos.

68 El loable trabajo es una sementera de hazañas.

69 Fue Salomón el más grande de los hombres, y fue el hombre a quien más engañaron las mujeres.

70 Reo se puede llamar al que nada teme.

71 Más vale un gramo de cordura que arrobas de sutileza.

72 Lo bien dicho se dice presto.

73 Para ser señor de sí es menester ir sobre sí: rendido este cabo de imperfecciones, acabarán todas.

74 Cada uno, la majestad en su modo.

75 La piedad es el contraveneno de todas las calamidades de este mundo.

Graf, Arturo (1848-1913),
poeta y filósofo italiano.

1 Bien poco enseñó la vida a quien no le enseñó a soportar el dolor.

2 Con suma frecuencia la política consiste en el arte de traicionar los intereses reales y legítimos y crear otros imaginarios e injustos.

3 Cuando estés entre la muchedumbre, procura no extraviarte tú mismo.

4 Cuando los hombres no pueden jactarse de otra cosa, se jactan de sus desventuras.

5 ¡Cuánta estupidez, cuánta bellaquería y cuánta tristeza se esconden a veces bajo la máscara del buen sentido!

6 Cuanto más posee el hombre, menos se posee a sí mismo.

7 El de la locura y el de la cordura son dos países limítrofes, de fronteras tan imprecisas que nunca puedes saber con seguridad si te encuentras en el territorio de la una o en el territorio de la otra.

8 El hombre animado por ideales elevados no puede ser vanidoso; y en el vanidoso no arraigan los ideales elevados.

9 El hombre comienza, en realidad, a ser viejo cuando cesa de ser educable.

10 El hombre malo puede decantarse a veces hacia el lado de la razón; pero le resulta casi imposible no hacer cuanto conviene para inclinarse a la maldad.

11 El hombre vale lo que vale el concepto que él tenga de la felicidad.

12 El ideal debe, como el árbol, tener en la tierra sus raíces.

13 El que conoce los defectos ajenos es hombre de buen discernimiento; pero mucho más el que reconoce los propios.

14 El que ha llegado a maestro en un arte puede, sin daño, olvidar las reglas.

15 El que quiera oír la voz sincera de la conciencia, necesita saber hacer silencio a su alrededor y dentro de sí.

16 El que se despojara de todas sus ilusiones quedaría desnudo.

17 El que se fía de todo el mundo demuestra tener poco discernimiento y poco juicio; el que no se fía de nadie, demuestra tener todavía menos.

18 El que tiene un verdadero amigo puede afirmar que posee dos almas.

19 El saber y la razón hablan; la ignorancia y el error gritan.

20 En el mundo ha sucedido repetidamente que un viejo error, reconocido como tal y, en consecuencia, abandonado, al volver a entrar en juego al cabo de cierto tiempo, se acogió como una excelente y novísima verdad.

21 En el terreno de las instituciones y de las leyes, no sé si las pone en mayor peligro quien observa las formas en demasía o el que no las observa suficientemente.

22 En el viaje a través de la vida no existen los caminos llanos: todo son subidas y bajadas.

23 Entrad en amoríos con las ideas cuanto queráis; pero sed cautos en casaros con ellas.

24 Es bastante más fácil ser caritativo que justo.

25 Es un maestro excelente aquel que, enseñando poco, hace que se despierte en el alumno una gran sed de aprender.

26 Es ya un buen maestro el que no ata, constriñe o desnaturaliza el alma del alumno.

27 Fácilmente puede mostrarse hábil quien se resigna a ser innoble.

28 Haz el silencio a tu alrededor, si quieres oír cantar tu alma.

29 Hombre sobre el cual se posa la adulación es hombre indefenso.

30 Jamás realizará en el mundo una cosa grande quien no sepa desafiar el odio o despreciar el escarnio.

31 La civilización es una terrible planta que no vegeta y no florece si no es regada de lágrimas y de sangre.

32 La constancia es la virtud por la que todas las otras virtudes dan su fruto.

33 La experiencia aconseja que, a veces, conviene cerrar un ojo, pero que no es prudente cerrar los dos a un mismo tiempo.

34 La fuerza es confiada por naturaleza. No existe un signo más patente de debilidad que el desconfiar instintivamente de todo y de todos.

35 La ignorancia no sería ignorancia si no se considerase más que la ciencia.

36 La libertad sin ideales perjudica más que aprovecha.

37 La mejor amiga y la mayor enemiga del hombre es la fantasía.

38 La perseverancia es una virtud a cuya merced todas las demás virtudes dan fruto.

39 La política corriente es, en general, un arte de hacer que vayan del brazo la verdad y la mentira, de manera que quien las ve pasar no sepa distinguir cuál es la mentira y cuál es la verdad.

40 La razón no merece llamarse con tal nombre sino a partir del día en que comienza a dudar de sí misma.

41 La religión no debería atender tanto a atemorizar a los tristes como a dar ánimo a los buenos.

42 La riqueza puede ser un buen condimento en el banquete de la vida; pero desgraciado de aquel comensal para el que aquélla sea, a un tiempo, condimento y comida.

43 La vida constituye un negocio tal que no nos proporciona ganancia que no vaya acompañada de pérdida.

44 La violencia no deja de tener un cierto parentesco con el miedo.

45 Las grandes elevaciones del alma no son posibles más que en la soledad y el silencio.

46 Los deseos son como los peldaños de una escalera; cuanto más asciendes, menos seguro te encuentras.

47 Los enemigos más peligrosos son aquellos de los que no piensa defenderse el hombre.

48 Los juicios que pronunciamos sobre los demás dicen lo que somos nosotros mismos.

49 Nada hay más fácil que hacerse aplaudir por la chusma.

50 Nadie goza el monopolio de la verdad; nadie goza el derecho exclusivo del error.

51 No despreciéis nunca demasiado la opinión opuesta a la vuestra.

52 No es filósofo quien teniendo una filosofía suya en la cabeza no la tenga también en el corazón.

53 No es quien más ha vivido sino el que más ha observado, el que posee una mayor experiencia del mundo.

54 No hay en el mundo un embustero tan perfecto que sea capaz de decir una mentira perfecta.

55 No hay nada que impida lograr la felicidad como un deseo desmedido y un estudio excesivo para verlo realizado.

56 No hay superstición que no haya nacido de alguna necesidad.

57 No os fiéis de quien no se fía de nadie.

58 No se sabe con precisión por qué estamos en este mundo; pero, al menos, hay un hecho cierto: que no estamos para gozar.

59 No tardará en transigir con el fin quien está dispuesto a transigir con los medios.

60 No vaciléis nunca de tenderle una mano a quien pida ser ayudado para rehabilitarse.

61 Nunca será verdaderamente sabio quien no sepa ser algunas veces un poquito loco.

62 Para darse por satisfecho con lo sencillo se necesita una alma grande.

63 Para sentirse, no ya seguros, sino esforzados y tranquilos en los caminos de la vida, es provechoso desear poco y esperar mucho menos.

64 Perjudica a la fama de la mayoría de los hombres el ser demasiado conocidos íntimamente; en cambio favorece a la fama de los que en verdad son grandes hombres.

65 Pon atención al consejo del que sabe mucho; pero, ante todo, oye el consejo del que ama mucho.

66 Quien más se mueve, menos obra.

67 Ser modesto le resulta muchas veces más fácil al que ha realizado alguna cosa que a quien nunca hizo nada.

68 Si el erizo tuviese un poco de inteligencia no necesitaría armarse con tantas púas.

69 Si los hombres se limitaran a hablar solamente de lo que entienden, apenas si hablarían.

70 Si no disfrutas la libertad interior, ¿qué otra libertad esperas gozar?

71 Si no existiese la muerte, casi no habría poesía en la vida.

72 Si quieres oír cantar a tu alma haz el silencio a tu alrededor.

73 Siempre detrás del que sube, suben la calumnia y el improperio; pero el hombre puede subir tanto y tomar tanta delantera sobre aquéllos, que ya no oiga sus voces.

74 Solamente el que cae puede ofrecer a los demás el edificante espectáculo de volverse a levantar.

75 Son más instructivos los errores de las grandes inteligencias que las verdades de las inteligencias pequeñas.

76 Son poquísimos los hombres que saben tolerar en el prójimo los defectos propios.

77 Tienen poca necesidad de pensamiento quienes no sienten nunca la necesidad de nuevas palabras.

78 Triste es el hombre en el que nada queda del niño.

79 Una mujer que a los veinte años no ha tenido otro motivo que su belleza, para ser amada, será detestada a los cuarenta.

80 Verás cuánta tontería, cuánta bellaquería, cuánta maldad se esconde a veces bajo la máscara del buen sentido.

Grafitti del «Mayo Francés»

1 Seamos realistas, pidamos lo imposible.

2 Último día de despotismo y... primer día de lo mismo.

3 La imaginación al poder.

Gran Capitán. Véase **Córdoba, Gonzalo Fernández de.**

Granada, Fray Luis de (1504-1588), *dominico y escritor español.*

1 Ninguna cosa hay que avive más la esperanza que la buena conciencia.

2 Por un clavo se pierde una herradura, y por una herradura un caballo, y por un caballo un caballero.

3 No es la pobreza virtud, sino el amor a la pobreza.

Granville, George Lansdowne, lord (1667-1735), *político y poeta inglés.*

1 Con uniforme, los cobardes pasan por valientes.

2 La juventud es el tiempo hecho para el amor, y la vejez es la estación de la virtud.

Grass, Günter, *novelista alemán contemporáneo.*

1 La introducción de la patata fue un acontecimiento más importante en la historia de Alemania que todas las victorias militares de Federico el Grande.

Grasserie, Raúl Guerin de la (1839-1915), *filósofo y jurisconsulto francés.*

1 El carácter es la mitad del destino.

2 Puede hacerse todo, pero no se puede decir todo.

Gray, Thomas (1716-1771), *poeta inglés.*

1 Cada cual con sus sufrimientos; todos los

hombres se hallan condenados a gemir de manera semejante; el compasivo, por el sufrimiento de los demás; el cruel, por el propio.

2 Donde la ignorancia es una bienaventuranza, resulta locura ser sabios.

3 También los senderos de la gloria conducen a la tumba.

Greard, Octavio (1828-1904),
moralista francés.

1 La contradicción es la sal del pensamiento.

Green, Julien,
literato francés contemporáneo.

1 A veces uno se horroriza de descubrirse a sí mismo en otro.

2 ¡Cuánta gente hay que lee y estudia, no por conocer mejor la verdad, sino por aumentar su pequeño «yo»!

3 El pensamiento vuela y las palabras andan a pie. He aquí todo el drama de escritor.

4 Quizá el mayor consuelo de los oprimidos sea el creerse superiores a sus tiranos.

5 La voz suprema de nuestro tiempo, la que hace callar a todo amor, todo genio, toda conciencia, es el horrible ladrido del cañón.

Greene, Graham,
novelista contemporáneo inglés.

1 El mejor olor, el del pan; el mejor sabor, el de la sal; el mejor amor, el de los niños.

2 Creer que porque sus ojos no expresan nada un ser no sufre, es un error fácil de cometer.

3 Hay que amar a todas las almas como si cada una fuese el propio hijo.

4 Lo que no se ve, se puede ignorar.

5 Es la verdad un símbolo que todos los matemáticos y filósofos persiguen en la vida humana. Pero en ésta, la verdad y las mentiras valen más que mil verdades.

Greene, Robert (1560-1592),
literato inglés.

1 Advierto que una lengua de mujer es como una campana, que cuando se pone en movimiento, toca sola.

Gregorio Magno, San,
papa del 590 al 604.

1 Ayudar al débil es caridad; pretender ayudar al poderoso es orgullo.

2 Es más glorioso y honorable huir de una injuria callando, que vencerla contestando.

3 Ninguno perjudica tanto a la Iglesia como aquel que actuando perversamente retiene el nombre o la profesión de santidad.

4 Todo aquel que por agradar a Dios, desagrada a los hombres, no tiene nada que le produzca tristeza.

Gregorio VII, San,
papa de 1073 a 1085.

1 Porque amé la justicia y odié la iniquidad, por eso muero en el destierro.

Grellet, Stephen,
escritor inglés contemporáneo.

1 Una sola vez pasaré por este mundo. El bien que pueda hacer y las gentilezas que pueda mostrar a mi prójimo debo hacerlos ahora; no hay que demorarlos ni descuidarlos, porque nunca más pasaré por aquí.

Grillparzer, Franz (1791-1872),
poeta y autor dramático austriaco.

1 Amigo mío: el derecho del hombre significa pasar hambre y sufrir.

2 Amigo mío, el dinero es el fondo de todas las cosas. Si el enemigo amenaza, os compráis armas; el soldado sirve por dinero y el oro es dinero. Coméis y bebéis dinero, puesto que hay que comprar lo que se come; y si no hay dinero no hay nada.

3 Aspira a ser lo que no fuiste hasta ahora; mantente siendo lo que ya eres; en este mantenerse y en ese llegar a ser se encierra todo lo bello que en el mundo existe.

4 De todas las virtudes, la más difícil es la justicia. Por cada justo se encuentran diez hombres generosos.

5 Es un héroe quien sacrifica su vida por la grandeza.

6 Existe todavía un remedio para cualquier culpa: reconocerla.

7 La avaricia y la vanidad son los oficiales que reclutan la maldad; en cuanto cobran su dinero, escapan a toda prisa.

8 La cosa más difícil en este vasto mundo consiste en dominar las propias exigencias, no ser blando, amable ni generoso en todas las luchas de la vida y ser justo consigo mismo y con los demás.

9 Las cadenas de la esclavitud solamente atan las manos: es la mente lo que hace al hombre libre o esclavo.

10 Las lágrimas son el sagrado derecho del dolor.

11 Sentir y pensar, si se piensa bien, son el ciego que lleva al paralítico.

12 Sobre el sol y las estrellas existe un ojo paternal que vigila. No hay potencias tenebrosas que ordenen cruelmente nuestras acciones, ni éstas constituyen un juego del destino. No: aunque lo neguemos, existe un Dios que las guía, aunque no las lleve siempre a nuestro fin particular; pero sí hacia el bien.

13 Un mismo dolor, como una misma sangre, nos ata; los afligidos están emparentados por doquier.

Groc, R.,
escritor francés contemporáneo.

1 Solamente se cree en el desinterés de la virtud entre aquellos que sufren al practicarla. Si va acompañada de la prosperidad y del bienestar, se la tacha de cálculo y de hipocresía.

2 Tener vicios representa depender del prójimo; ello debería ser suficiente para hacernos virtuosos.

Grosse, Julius (1828-1902),
poeta y novelista alemán.

1 Los hombres se conquistan fácilmente si se les atiende. En última instancia, todos tienen un rinconcito en su corazón, donde la bondad se cobija a la vez que la fe y el amor; todo estriba en saber hablar al corazón.

2 Nuestra suerte no se halla fuera de nosotros, sino en nosotros mismos y en nuestra voluntad.

Gruber, Max, (1853-1927),
poeta alemán.

1 El arte de ser señora no es cosa de poca importancia. El deseo de serlo se pierde generalmente. Cabe comportarse como señora, pero el serlo es innato.

Grün, Anastasius (1806-1876),
poeta alemán.

1 Aquí reposa mi amigo más fiel, denominado el hipocondríaco. Lo mataron el aire fresco de la montaña, el canto de las alondras y el aroma de las flores.

2 Las flores se encuentran en cualquier sendero, pero no todos saben tejer una corona.

3 No existe ningún cuerno de la abundancia que derrame tantos tesoros ni sea tan rico como la mano de la madre cuando bendice.

4 Solamente puede practicar el arte un elegido; pero puede amar el arte cualquier nacido en este mundo.

Guarini, Battista (1370-1460),
humanista italiano.

1 Son realmente los sueños de nuestras esperanzas, más que del porvenir vanas semblanzas, imágenes del día, descompuestas y deformadas por las sombras de la noche.

Guedalla, Philip (1889-1944),
historiador británico.

1 El prefacio es la parte más importante del libro. Hasta los críticos suelen leer un prefacio.

Guerra Junqueiro, Abilio (1850-1923),
poeta portugués.

1 Las almas no mueren...
   ¡ni Dios, que las hizo, las puede matar!

Guerrazzi, Francisco Domingo (1804-1873),
novelista y político italiano.

1 El pan moreno conquistado con el sudor de la frente nutre las vísceras, mientras que el pan blanco que se compra con la infamia se convierte en cenizas y no pasa del gaznate.

2 Gente de leyes, esclava de los vicios humanos, vendedores de palabras sin sentido, venales como el alma de Judas, que fundan su arte en las discordias entre hombre y hombre, a menudo entre hermano y hermano o entre padre e hijo.

3 No existe criatura alguna que se exalte por el sacrificio como la mujer. Delicada por naturaleza, se enciende por todo aquello que le parece generoso. La mujer se decide a abandonar al hombre en última instancia, incluso después que la esperanza.

Guevara, Antonio de (h. 1480-1545),
escritor franciscano español.

1 Al hombre importuno téngole por hermano del necio.

2 En el buen caballero, aunque se halle en él qué reprender, no se ha de hallar qué afear.

3 Gran pena es al pobre procurar lo que le falta, y también es muy gran trabajo al rico guardar lo que le sobra.

4 Lo que al caballero le hace ser caballero es ser medido en el hablar, largo en dar, sobrio en el comer, honesto en el vivir, tierno en el perdonar y animoso en el pelear.

5 Los príncipes y grandes señores no sólo no tenéis licencia de hacer injurias, más aún ni de vengarlas; que, como sabéis, lo que en los menores se llama saña, en los señores se llama soberbia; y lo que en los pequeños es castigo, en los grandes se llama venganza.

6 Mocedad, soledad, libertad y riqueza, crudos enemigos son de honesta vida.

7 No fueron mártires los mártires por los trabajos que padecieron, sino por la paciencia que en ellos tuvieron.

8 Vicio intolerable es en el juez condescender a todo lo que le piden, mas también es gran extremo no hacer nada de lo que le ruegan, porque el buen juez ha de ser siempre, en lo que sentencia, justo, y en lo que le ruegan, alguna vez humano.

9 En la corte es llegada a tanto la locura, que no llaman buen cortesano sino al que está muy adeudado.

Guibert, Jaime Antonio Hipolito, conde de (1743-1790), *escritor y militar francés.*

1 Los hombres hacen las leyes, las mujeres hacen las costumbres.

Guicciardini, Francesco (1483-1540),
hombre de Estado e historiador italiano.

1 Aquellas garantías que están fundadas

sobre la voluntad y la discreción de los demás son falaces, teniendo en cuenta la escasa bondad y fe que se encuentra en los hombres.

2 Cada uno tiene sus defectos, quien más, quien menos; pero no puede ser permanente la amistad, el servicio ni la compañía, si el uno deja de tolerar al otro.

3 ¡Cuán distinta es la práctica de la teoría! ¡Cuántas personas hay que entienden bien las cosas, pero que las olvidan o no saben ponerlas en práctica!

4 Cuando luchamos con quien no tiene nada que perder, luchamos con gran desventaja.

5 El exceso de esperanza restringe tu actividad y aumenta tu disgusto cuando lo esperado no acontece.

6 El hombre es tan falaz e insidioso, procede con ardides tan indirectos y tan profundos, es tan avaro de su interés y tan poco respetuoso con los ajenos, que no se yerra creyéndole poco, fiándose poco de él.

7 El que tiene fe se hace obstinado en lo que cree y camina intrépido y resuelto, despreciando dificultades y peligros, decidido a soportar cualquier apuro.

8 En las cosas que se logran después de haberlas deseado mucho tiempo, casi nunca encuentran los hombres la alegría ni la satisfacción que en principio habían imaginado.

9 Es ciertamente una gran cosa que todos sepamos que tenemos que morir, y que todos vivamos como si estuviéramos seguros de vivir eternamente.

10 Guárdate de hacer a los hombres aquellos favores que no se pueden realizar sin producir disgusto a otro, porque el injuriado no olvida ni el beneficiado se acuerda.

11 Haced cuanto podáis por parecer buenos, ya que ello sirve para infinitas cosas; pero como las falsas opiniones no perduran, es difícil que os resulte bien el parecer buenos largo tiempo, si en realidad no lo sois.

12 La ambición del honor y de la gloria es laudable y útil al mundo, porque da motivos al hombre de pensar y hacer cosas generosas y grandes.

13 La buena fortuna de los hombres constituye con frecuencia nuestro mayor enemigo, porque les hace convertirse en malos, ligeros e insolentes; pero representa una extraordinaria prueba para un hombre el resistirla más que a las adversidades.

14 La experiencia demostró siempre, como también lo demuestra la razón, que las cosas que dependen de muchos nunca marchan bien.

15 Las grandezas y los honores generalmente se desean porque todo cuanto existe de bueno y bello se aprecia exteriormente y aparece y se halla esculpido en la superficie; en cambio, las molestias, las fatigas y los fastidios y peligros están escondidos y no se ven.

16 Más honor te hace un ducado que guardes en tu bolsa, que diez ya gastados.

17 No creo exista cosa peor en el mundo que la ligereza, porque los hombres ligeros constituyen unos instrumentos aptos para tomar cualquier partido, por triste, peligroso y perjudicial que sea; huid de tales hombres como del fuego.

18 No digas a nadie las cosas que no desees que se sepan, porque son muchas las cosas que mueven a los hombres a chismorrear, unos por estulticia, otros por provecho o por aparentar vanamente saber; y si tú, sin necesidad, has comunicado a otro tu secreto, no debe maravillarte que él haga lo mismo.

19 ¿No es más deseable la grandeza que se conserva voluntariamente que la mantenida mediante la violencia? No hay un solo hombre que lo ponga en duda; porque es más estable, más fácil, más agradable y más honorable.

20 No existe peor enemigo del hombre que él mismo; porque casi todos los males, peligros y trabajos superfluos que padece, no proceden sino de su propia codicia.

21 No hay cosa que descubra más la cualidad de los hombres como darles labor y autoridad. ¡Cuántas cosas prometen sin saber cumplirlas! ¡Cuántos, en su puesto de trabajo o en la calle, parecen hombres excelentes, y solamente son unas sombras en la práctica!

22 No se encuentra un hombre tan malvado, que no haga algún bien.

23 Por su misma naturaleza no existe ninguna cosa más corta ni que tenga menor vida que el recuerdo de los beneficios recibidos; y cuanto mayores son tanto más se pagan con la ingratitud.

24 Todo cuanto ha sucedido en el pasado y sucede en la actualidad, sucederá también en el futuro; pero se cambian los nombres y los aspectos de las cosas de tal modo, que quien no tenga buen ojo para reconocerlas no sabrá regirse por ellas, ni de su observación sacará normas de juicio.

25 Vale más el buen nombre que muchas riquezas, aunque se pueden tener las dos cosas.

Guichard, Jean François,
escritor francés.

1 El divorcio es el sacramento del adulterio.

2 Sin duda, para el necio
será siempre un escollo
fatal el imprudente
y prematuro elogio.
Ponderadle su mérito
y al punto hará mal todo.

Guillermina Elena Paulina María (1880-1962),
reina de Holanda.

1 Es más fácil dar que perdonar.

Guillermo II (1859-1921),
rey de Prusia y emperador de Alemania.

1 La espada está en alto y no puedo envainarla sin victoria y sin honor.

Guinon, Albert,
autor dramático y periodista francés contemporáneo.

1 A fuerza de conceder derechos a todo el mundo, la democracia es el régimen que mata con mayor seguridad la bondad.

2 A los ojos de muchos la moral consiste solamente en las precauciones que se toman para violarla.

3 Cuando quieras hacer felices a los hombres por puro desinterés, comienza por convencerles de que algún interés te anima; de otro modo desconfiarán de ti.

4 Cuando se quiere apasionadamente a una mujer nunca llegamos a habituarnos a ella.

5 El avaro experimenta a un tiempo todas las preocupaciones del rico y todos los tormentos del pobre.

6 El procedimiento más seguro de hacernos agradable la vida es hacerla agradable a los demás.

7 El verdadero secreto de la felicidad consiste en exigir mucho de sí mismo y muy poco de los otros.

8 En toda discusión es propio de la mujer que admita todos vuestros argumentos sucesivos; pero rehúye de un golpe la conclusión.

9 Es mucho más fácil ser bueno con una mujer a la que no se ama, que no con una que se quiere.

10 Hay mujeres que no se consideran satisfechas con una prueba de amor más que cuando el hombre se siente humillado al darla.

Guitry, Sacha (1885-1957),
autor dramático francés.

1 Hay hombres acabados y desgraciados a quienes se lo perdonamos todo; y otros hombres encumbrados a quienes no perdonamos nada.

2 He apreciado a algunos hombres por lo mal que me han hablado de ellos otros hombres a los que no aprecio.

3 He roto el testamento que acabo de escribir. Hacía feliz a tanta gente con él que tal vez me habrían matado para no hacerles esperar tanto.

4 La desgracia es que las mujeres han nacido para casadas y los hombres para solteros.

5 Si los que hablan mal de mí supieran exactamente lo que yo pienso de ellos aún hablarían peor.

Güll, Paul,
escritor alemán contemporáneo.

1 La alegría del vivir no consiste en el mero existir, sino solamente en un incesante llegar a ser.

2 No sólo ofrece materia artística lo bello, sino también lo feo. Lo que en general se llama feo, puede alcanzar suma hermosura en la naturaleza.

Gunther, Ernst, (s. XI),
escritor alemán.

1 No debes siempre pensar con tanto afán en el mañana; cada día debe ser para ti un beneficio que los dioses te regalan.

Gutierre de Cetina (h. 1520-h. 1557),
poeta español.

1 Ojos claros, serenos,
si de un dulce mirar sois alabados,
¿por qué si me miráis, miráis airados?
Si cuanto más piadosos,
más bellos parecéis a aquel que os mira,
no me miréis con ira,
porque no me parezcáis menos hermosos.
¡Ay tormentos rabiosos!
Ojos claros, serenos,
ya que así me miráis, miradme al menos.

Gutzkow, Karl (1811-1878),
novelista y dramaturgo alemán.

1 El tacto es la flor más hermosa de una educación social obtenida paulatinamente. La bondad de corazón y la modestia no tienen necesidad de esforzarse para alcanzar este grado de desarrollo. El tacto es la inteligencia del corazón.

2 Los periodistas son las comadronas y los enterradores de nuestra época.

Guyau, Juan María (1854-1888),
filósofo francés.

1 El hombre superior es aquel que une la más delicada sensibilidad a la voluntad más fuerte.

2 Puede decirse que la voluntad no es sino un grado superior de la inteligencia, y la acción un grado superior de la voluntad.

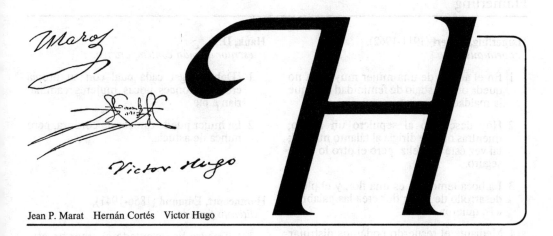

Jean P. Marat   Hernán Cortés   Victor Hugo

Habsburgo, Sofía de ,
archiduquesa de Austria, contemporánea.

1 No puedes ser feliz si no das felicidad a los demás.

Hagedorn, Frederic von (1708-1754),
poeta alemán.

1 El que miente, el que calumnia, es más molesto que un ladrón.

Haliburton, Thomas Chandler (1796-1865),
narrador humorístico canadiense.

1 Las mujeres perdonan las injurias, pero no olvidan los desdenes.

Halifax, lord (1661-1715),
poeta inglés.

1 Dichosos aquellos que llegan a estar persuadidos de la opinión general.

2 Una mujer debe dar gracias a Dios de que su marido tenga algunos defectos. Un marido intachable es un peligroso observador.

Haliz, Chams-al-din Mohammed
(h. 1320-h.1389), *poeta persa.*

1 Las palabras de amor son de las que no se pueden pronunciar.

Halm, Federico (1806-1871),
dramaturgo alemán.

1 Los felices son ricos, pero no los ricos son felices.

2 El dolor constituye la gran palanca con que la providencia nos aparta de nuestros errores.

Hall, Bishop (1816-1896),
filósofo y filólogo estadounidense.

1 La moderación es el hilo de seda que corre por la sarta de perlas de todas las virtudes.

2 El primer amor no mata; solamente se muere con el último.

223

Hamerling, Robert (1911-1962),
poeta austríaco.

1 En el ánimo de una mujer muy vieja no queda otro vestigio de feminidad más que la maldad femenina.

2 Hoy descendió al sepulcro un amigo, mientras otro se dirigía al tálamo nupcial; tal vez éste sea feliz, pero el otro lo es de seguro.

3 La boca femenina es una flor, y el pleno desarrollo de dicha flor crea las palabras: «Te quiero».

4 Mediante el recuerdo podemos disfrutar y renovar una felicidad más dulce que la gozada en la realidad con los sentidos embotados.

5 No es el placer, sino el dolor, lo que redime al mundo.

6 Oh, mujer. El adorno más femenino es la discreción.

7 ¡Oh, tierra, bella pecadora! Con el cándido manto de penitente quieres redimir los pecados del verdoso estío.

8 Si el hombre no sumase a su pena de ayer las penas de mañana, cualquier suerte le sería soportable.

9 La felicidad consiste tan poco en las cosas que, posiblemente, existe mejor sin ellas, y al que las cosas le son indiferentes es quien más cerca se halla del secreto de la felicidad.

Hamilton, W. (1788-1856),
filósofo escocés.

1 No existe en parte alguna nada superior al hombre, y en el hombre no existe nada mayor que su mente.

Han Yu,
filósofo chino.

1 Quien se sienta en el fondo de un pozo para contemplar el cielo lo encontrará pequeño.

Hank, D.,
escritor alemán contemporáneo.

1 ¿Debe cargar cada cual con su propia cruz? Entonces pocas mujeres caminarían a pie.

2 La mujer puede carecer de cordura, pero nunca de astucia.

Harancourt, Edmund (1856-1941),
literato francés.

1 La madre ha inventado el amor en este mundo.

Hare, J. C. (1834-1903),
escritor inglés.

1 El hombre sin religión es una criatura que navega a merced de las circunstancias. La religión está por encima de todas las circunstancias y lo elevará sobre ellas.

2 La religión presenta pocas dificultades a los humildes, muchas a los orgullosos e insuperables a los vanidosos.

3 ¿Quieres saber cuál es el punto débil de una persona? Advierte qué faltas nota más rápidamente en otros.

4 El que hace un daño para que le produzca un beneficio, paga un peaje al diablo para entrar en el cielo.

5 Los antiguos temían a la muerte; el cristiano sólo puede temer al morir.

6 Los mentirosos más nocivos son aquellos que se deslizan sobre el borde de la verdad.

7 Los libros que más me han aprovechado siempre y más placer me han dado, son aquellos que más me han hecho pensar.

Harland, Henry (1851-1905),
escritor inglés.

1 Solamente son lógicos los estúpidos.

Harrington, James (1611-1677),
historiador inglés.

1 La traición jamás triunfa. ¿Por qué razón? Porque, si triunfa, nadie se atreve a llamarla traición.

Hartman, Carlos Eduardo (1842-1906),
filósofo alemán.

1 Nada alcanza a afligir más profundamente a un hombre que cuando, en vez de encontrar el amor y la benevolencia esperados, no encuentre ni la mínima justicia y tiene que someterse a un trato injusto.

Hartzenbusch, Juan Eugenio (1806-1880),
poeta y dramaturgo español.

1 Verás en la virtud, si la siguieres, que ella es el gran placer de los placeres.

2 No hay sermón que les entre a los que en todo ven cuestión de vientre.

3 Hoja que llevas mi nombre, tú me sobrevivirás. ¿Qué es, ¡ay!, la vida del hombre, cuando un papel dura más?

4 ¿Hueles a burro tú? Señal de serlo.

5 Siempre verás que el vicio se labra por sus manos el suplicio.

6 En España es herejía tener sentido común.

Harvey, William (1578-1657),
fisiólogo inglés.

1 Todo ser viviente proviene de un huevo. (Omne vivum ex ovo.)

Harvie, Ch.,
escritor inglés contemporáneo.

1 El que vive en su patria y aprende a conocer a Dios y a sí mismo no tiene necesidad de buscar nada más.

Hauff, Wilhelm (1802-1827),
escritor alemán.

1 No hay escritor que sea tan limitado y pequeño que no crea estar en posesión de un real talento.

2 Estudie las bibliotecas el que desee llegar a conocer el espíritu popular.

Haug, Friedrich (1761-1829),
poeta alemán.

1 Las críticas son como los testamentos. Solamente es válido el último.

2 Feliz unión en la que el marido es la cabeza y la mujer el corazón.

Haugton, W. (s. XVII),
escritor inglés.

1 Es más fácil ver completamente en calma el mar un día que disuadir a una mujer de su propósito.

Haushofer, Max (1811-1866),
escritor alemán.

1 Los pensamientos nobles y las acciones rectas constituyen las fuentes de la juventud del alma.

2 El humorismo permite ver, a quien lo tiene, cosas que los demás no aperciben. Y por ello embellece la vida de una manera verdaderamente indescriptible.

Haweis, H. R. (1839-1899),
escritor inglés.

1 En la naturaleza no existe la música,

como tampoco la melodía ni la armonía. La música es una creación del hombre.

2 La esfera del pensamiento no es el pensamiento, sino la emoción.

Hawthorne, Nataniel (1804-1864),
escritor estadounidense.

1 Nadie puede durante largo tiempo presentar un rostro a la multitud y otro a sí mismo sin terminar por preguntarse cuál es el verdadero.

2 Quien no encuentra en la poesía o en los cuadros más de lo que el artista ha puesto en ellos no debería jamás leer un poema ni mirar un cuadro.

3 La naturaleza humana no florecerá, como tampoco las patatas, si es plantada y vuelta a plantar durante generaciones en el mismo suelo que se agota.

4 Las caricias son tan necesarias para la vida de los sentimientos como las hojas para los árboles. Sin ellas, el amor muere por la raíz.

5 Los hombres de carácter frío tienen un ojo certero.

Haydon, Benjamin Robert (1786-1846),
pintor y escritor inglés.

1 La primera gran dificultad consiste en ganar buena reputación; la segunda, en conservarla toda la vida; la tercera, en preservarla después de muerto.

Hazlitt, William (1778-1830),
literato inglés.

1 Los más ágiles conversadores y los razonadores más dignos de aplauso no son siempre los pensadores más justos.

2 Una cosa no es vulgar por el solo hecho de ser corriente.

3 Nosotros somos en mucho lo que otros piensan que somos.

4 Una academia de arte es una especie de hospital y de enfermería para las torsiones del gusto y de la valentía, un receptáculo donde el entusiasmo y la originalidad se empantanan y estancan.

5 El amor a la libertad es amor al prójimo; el amor al poder es amor a sí mismo.

6 El más pequeño dolor en nuestro dedo meñique nos causa más preocupación e inquietud que la destrucción de millones de nuestros semejantes.

7 Es mejor no saber ni leer ni escribir que no ser capaz de hacer otra cosa.

8 La literatura, como la nobleza, está en la sangre.

9 Siempre tengo miedo de un tonto. No se está nunca seguro de que no es también un bribón.

10 Todos somos, en mayor o menor medida, esclavos de la opinión pública.

11 La moda comienza y termina siempre por las dos cosas que más aborrece: la singularidad y la vulgaridad.

12 Las antipatías violentas son siempre sospechosas y revelan una secreta afinidad.

13 Las mujeres se vuelven hermosas mirándose en el espejo.

14 Las palabras son las únicas cosas que duran eternamente.

15 Las reglas y los modelos destruyen el genio y el arte.

16 Un apodo es la piedra más dura que el diablo pueda lanzar contra un hombre.

17 Un buen carácter vale tanto como un buen patrimonio.

Hebbel, Friedrich (1813-1863),
poeta y dramaturgo alemán.

1 La razón del manicomio estriba en que allí están los hombres locos.

2 La obstinación es el sucedáneo más barato del carácter.

3 Lo que en el genio es la intuición, es el instinto en la masa.

4 Los grandes hombres son el índice de la humanidad.

5 Más difícil que ser agradecido es no exagerar la pretensión a la gratitud.

6 Fortuna: dicen que eres ciega y no se cansan de censurarte. Pero, a tu vez, preguntas: y vosotros, ¿sois capaces de ver?

7 Hay casos en que cumplir el deber es pecar.

8 Instrucción es un concepto absolutamente relativo. Instruido es aquel que posee lo que necesita para desenvolver su actividad propia. Lo restante no sirve de nada.

9 A las enfermedades que marcan el desarrollo de la Humanidad se las llama revoluciones.

10 Conocimiento de sí mismo... ¿Acaso tú te conoces? Te conoces con seguridad cuando descubres en ti más defectos de los que encuentras en los demás.

11 Cualquier cosa que el hombre gane debe pagarla cara, aunque no sea más que con el miedo de perderla.

12 Eché una tabla a un náufrago, y una vez salvado de la muerte, dijo así: ¿Cuánto cuesta la tabla? Como soy agradecido pagaré la madera.

13 El amor resulta extraordinariamente egoísta, pero ello no se advierte porque, al menos en este caso, un egoísmo coincide con otro; puesto que si el uno como el otro sienten el ardor de la posesión, no hay manera de hablar de lazos.

14 El demonio es para los adultos lo que para los niños es el deshollinador.

15 El pabilo, negro y sucio, cuando la llama es tan bella, y sin embargo es su padre.

16 El verdadero dolor es recatado.

17 En el fondo, es una misma cosa ser colocado en la cuna o en el ataúd.

18 En la lengua que se habla peor es en la que menos puede mentirse.

19 Entre todas las cosas horribles, la más horrible de todas es la música, cuando comienza a aprenderse.

20 Es una gran necedad por parte del ratón caído en la trampa, no comerse el tocino con que se le engañó.

21 No es oro todo lo que reluce; pero deberíamos añadir que tampoco reluce todo lo que es oro.

22 No tejáis a nadie una corona de laurel demasiado grande, o le caerá en torno al cuello como un cepo.

23 Si te atrae una lucecita, síguela.

24 Los hombres quieren mejor ayudar a los que no lo necesitan que a los que les es necesario.

25 La naturaleza repite eternamente el mismo pensamiento, ampliándolo cada vez más. Por eso la gota es imagen del mar.

26 La masa no hace ningún progreso.

27 Las gentes virtuosas desacreditan a la virtud.

28 La carga que queda en el fusil lo oxida. Así el vigor en el hombre.

29 La pedantería tiene sus raíces en el corazón, no en la inteligencia.

30 Yo soy A, y tú eres B, pero ambos estamos en el abecedario.

31 ¡Cuántos hombres podrían ver si se quitasen las gafas...!

32 Un prisionero es un predicador de la libertad.

33 Creer posible algo es creerlo cierto.

34 Cuando se encienden fanales, señal de que el sol no va a salir. Esto para los panegiristas.

Hechos de los Apóstoles. Véase **Biblia.**

Hegel, Georg Wilhelm Friedrich (1770-1831),
filósofo alemán.

1 Nada es, todo deviene.

2 Lo que es razonable es real y lo que es real es razonable.

3 El elemento expresivo de la música, el lenguaje del alma que hace circular a través de los sonidos las íntimas alegrías y los dolores profundos, es la melodía.

4 El fin de la filosofía consiste en comprender lo que es. Porque lo que es, es la razón. Por lo que respecta al individuo, cada cual es, sin más, un hijo de su tiempo. Así también la filosofía, que comprende el pensamiento de su tiempo.

5 Quien aspira a algo grande debe saber limitarse; por el contrario, quien todo lo desea no quiere nada, en realidad, y nada consigue.

6 Lo bello es esencialmente espiritual.

7 Feliz aquel que supo ajustar su existencia a su carácter, a su voluntad y a su arbitrio.

8 Nada grande se ha realizado en el mundo sin pasión.

Heidegger, Martin (1889-1976),
filósofo alemán.

1 La verdad es la revelación de lo que hace a un pueblo seguro, claro y fuerte en su acción y en su saber.

2 La filosofía es esencialmente inactual, porque pertenece a esas cosas raras cuyo destino es no poder jamás hallar una resonancia inmediata en su propio hoy y no poder tampoco tener el derecho de encontrarla.

3 La angustia es la disposición fundamental que nos coloca ante la nada.

Heimburg (1850-1906),
escritora alemana.

1 La casa propia es como un ser vivo: «Somos el uno para el otro; vivimos en común lo que aquí acontece», dice el hogar.

Heine, Heinrich (1797-1856),
poeta alemán.

1 Nuestro verano alemán no es sino un invierno pintado de verde; los únicos frutos que tenemos son las manzanas asadas.

2 Raras veces me habéis comprendido; y raras veces también llegué a comprenderos; sólo cuando nos encontramos en el fango nos comprendemos inmediatamente.

3 Respecto al bien de la república se podría citar la prueba que cita Boccaccio para la religión: existe, a pesar de sus funcionarios.

4 Roma quiso dominar; cuando cayeron sus legiones, envió dogmas a las provincias.

5 Si reflexionamos bien, todos nosotros nos ocultamos, completamente desnudos, en los vestidos que usamos.

6 Solamente quiero observar lo siguiente: que para escribir una excelente prosa se necesita, entre otras cosas, una gran maestría en el uso de las formas métricas.

7 Locura de amor. Pleonasmo. El amor es ya una locura.

8 Los ángeles lo llaman goce divino, los demonios lo llaman sufrimiento infernal y los hombres lo llaman amor.

9 Sutilizamos sobre los motivos divinos y criticamos a nuestro Creador. Eso es tanto como que el puchero pretendiera ser más sabio que el alfarero. Sin embargo, el hombre pregunta constantemente: ¿Por qué?

10 Todo delito que no se convierte en escándalo no existe para la sociedad.

11 Amistad, amor, piedra filosofal; oigo ensalzar estas tres cosas. Yo las ensalcé y busqué también; pero nunca di con ellas.

12 Construye tu cabaña en el valle, pero nunca lo hagas en la cima.

13 Cuando una mujer te ha engañado, procura amar inmediatamente a otra.

14 De todas las invenciones el sueño es la más preciosa.

15 Dime: ¿Qué significa el hombre? ¿De dónde viene? ¿Adónde va? ¿Quién mora en la altura, sobre las estrellas doradas? Las olas susurran su murmullo eterno, el viento sopla, vuelan las nubes y las estrellas parpadean frías e indiferentes, mientras un loco espera la respuesta.

16 Dios nos concedió una sola boca, porque con dos no sería cosa sana. El ser humano habla ya demasiado con una; si tuviese dos devoraría y mentiría mucho más.

17 El cura católico camina como si el cielo le perteneciese; el pastor protestante, como si lo tuviera arrendado.

18 El que en su vida nunca fue necio, jamás fue sabio.

19 El silencio es la casta floración del amor.

20 En cuanto a virtud, la fealdad es ya la mitad del camino.

21 Era un hombre obeso, es decir, un buen hombre, según Cervantes.

22 Hace poco un amigo me preguntaba por qué no construíamos ahora catedrales como las góticas famosas, y le dije: «Los hombres de aquellos tiempos tenían convicciones; nosotros, los modernos, no tenemos más que opiniones, y para llenar una catedral gótica se necesita algo más que una opinión».

23 La fotografía es una prueba contra la falsa opinión de que el arte sea una imitación de la naturaleza.

24 La música en una boda me hace pensar en la que acompaña a los soldados que se van a la guerra.

25 Los judíos, si son buenos, son mejores que los cristianos; si son malos, son peores.

26 La vida es un hospital y el mundo entero un lazareto. Y la muerte es nuestro médico.

27 Los perfumes de las flores son sus sentimientos.

28 Los sabios hallan nuevos pensamientos y los necios los divulgan.

29 Los salones mienten, las tumbas son sinceras. Pero ¡ay! los muertos, esos fríos recitadores de la historia, hablan en vano a la multitud furiosa que sólo comprende el lenguaje de la pasión viva.

30 Las deudas, como el amor a la patria, la religión, el honor, etc., son, en realidad, un privilegio del hombre; porque los animales no tienen deudas. Pero son a la vez un tormento de la humanidad.

Helmoldt, Hans (1865-1929),
escritor alemán.

1 Da a una mujer diez buenos consejos, que ella seguirá el undécimo.

Helvetius, Claude Adrien (1715-1771),
literato y filósofo francés.

1 No se vive más que el tiempo que se ama.

2 Poco tiempo después de haber desaparecido un error, los hombres no conciben cómo pudieron creerlo.

3 Somos impostores desde que lo somos a medias.

4 Con frecuencia no se entiende a los metafísicos, porque ellos no se entienden entre sí.

5 El aburrimiento constituye nuestra superioridad sobre los animales.

6 La verdad es una antorcha que luce entre una niebla, sin disiparla.

7 Los hombres que se bastan a sí mismos son inservibles a la amistad.

8 La humanidad es la única virtud verdaderamente sublime del hombre: es la primera, y tal vez la única que las religiones deben inspirar a los hombres, porque encierra en sí todas las demás.

229

Hello, Ernest (1828-1885), *escritor francés.*

1 El genio es el único dolor que no encuentra piedad en ninguna parte, ni siquiera en las mujeres.

Hemingway, Ernest (1896-1961), *escritor estadounidense.*

1 Sólo conseguimos algunos rudimentarios saltos bellos, pero hay otros acróbatas que nunca conseguirán un solo salto.

2 La sabiduría de los ancianos es un gran error. No se vuelven más sabios, sino más prudentes.

3 Ahora: una palabra curiosa para expresar todo un mundo y toda una vida.

4 Intenta comprender, no eres un personaje de tragedia.

5 La invención es la más bella de las cosas, pero no se puede inventar aquello que no existe realmente.

6 No nací en España, pero no es culpa mía.

Henley, William Ernest (1849-1903), *poeta inglés.*

1 Yo soy el dueño de mi propio destino y el capitán de mi alma.

Henry, Matthew (1662-1714), *escritor inglés.*

1 El rubor es el color de la virtud.

Heráclito (s. VI-V a. C.), *filósofo griego.*

1 No sería mejor para los hombres que sucediera lo que desean.

2 Si la dicha estuviese hecha de goces corporales, diríamos que los bueyes son feli-

ces cuando encuentran garbanzos que comer.

3 Todo fluye, nada permanece.

4 El camino que sube y baja es uno y el mismo.

5 Muerte son todas las cosas que vemos despiertos. Todas las cosas que vemos dormidos, sueños, y todo lo que no vemos, vida.

6 En la circunferencia, el principio y el fin coinciden.

7 Las cosas que pueden verse, oírse y comprenderse no son lo que yo más estimo.

8 Los asnos preferirían la paja al oro.

9 Los hombres despiertos no tienen más que un mundo, pero los hombres dormidos tienen cada uno su mundo.

10 Nadie puede bañarse dos veces en el mismo río.

Herbert, George (1593-1633), *poeta inglés.*

1 No riáis demasiado; el hombre ocurrente es el que menos ríe.

2 Vivir sin amigos: morir sin testigos.

3 Alcanza más alto el que apunta a la luna que el que dispara a un árbol.

4 Dios provee a cada pájaro con un alimento, pero no se lo echa en el nido.

5 La religión va siempre en compañía de la pobreza.

6 El alma necesita pocas cosas, el cuerpo muchas.

7 El que no sabe nada no duda de nada.

8 La esperanza es el pan del pobre.

9 La herejía es la escuela del orgullo.

10 El peor de los pecados de la instrucción es ser aburrida.

11 El que no es bello a los veinte, ni fuerte a los treinta, ni rico a los cuarenta, ni sabio a

los cincuenta, nunca será ni bello, ni fuerte, ni rico, ni sabio.

Herder, Johann Gottfried von (1744-1903), *literato y filósofo alemán.*

1 Las palabras de honor cuestan poco.

2 Nada tiene que domar el hombre en sí mismo como su fuerza de imaginación, que es a la vez la más móvil y la más peligrosa de todas las facultades humanas.

3 Las esperanzas son colores, son rayos refractados e hijas de las lágrimas; la verdad es el sol.

4 ¡Ah, qué duro destino el de los reyes! Solamente cuando ya no se les teme se les dice la verdad. En otros momentos también se les dice la verdad, pero ellos no quieren escucharla.

5 El hombre que se rinde a sí mismo es un miserable; el que labora para los demás, gozando y viviendo interiormente, ése es feliz.

6 Es un noble héroe el que lucha por la patria; más noble, quien lucha por el bienestar de su país natal; pero el más noble es el que lucha por la Humanidad.

7 Es un valiente el que vence al león; valeroso, el domador del mundo; pero más valiente todavía es quien supo dominarse a sí mismo.

8 La vergüenza no consiste en el castigo, sino en el delito.

9 Nuestros pensamientos más varoniles fueron con frecuencia destruidos... por una mujer.

10 Soporta lo que la suerte te depara; el que resiste acaba por ser premiado, porque la suerte sabe premiar con largueza, así como compensar con magnificencia el espíritu tranquilo.

Hermas, San (s. I d. C.), *autor del manuscrito El Pastor.*

1 Timens Dominum omnia bene ages. (Si temes a Dios, todo lo harás bien.)

Hernández, José (1834-1886), *político y poeta argentino.*

1 ...sólo los cobardes son valientes con sus mujeres.

2 Sangra mucho el corazón del que tiene que pedir.

3 ...quien no nace para el cielo, de balde es que mire arriba.

4 Hay hombres que de su cencia tienen la cabeza llena; hay sabios de todas menas, más digo sin ser muy ducho: es mejor que aprender mucho el aprender cosas buenas.

5 Es la ley como la lluvia; nunca puede ser pareja. El que la aguanta se queja, pero el asunto es sencillo: la ley es como el cuchillo, no ofiende a quien lo maneja.

6 Aquel que defectos tenga, disimule los ajenos.

7 Ama en el fondo del mar el pez de lindo color; ama el hombre con ardor, ama todo cuanto vive; de Dios vida se recibe y donde hay vida, hay amor.

8 A naides tengás envidia, es muy triste el envidiar, cuando veás a otro ganar a estorbarlo no te metas; cada lechón en su teta es el modo de mamar.

9 Alegrías en un pobre son anuncios de un pesar.

10 El que obedeciendo vive nunca tiene suerte blanda; mas con su soberbia agranda el rigor en que padece. Obedezca el que obedece y será bueno el que manda.

11 ...Es de la boca del viejo
de ande salen las verdades.

12 Menos los peligros teme
quien más veces los venció.

13 ...nadie acierta antes de errar
y aunque la fama se juega,
el que por gusto navega
no debe temerle al mar.

14 Pero por más que uno sufra
un rigor que lo atormente,
no debe bajar la frente
nunca, por ningún motivo;
el álamo es más altivo
y gime constantemente.

15 Sepan que olvidar lo malo
también es tener memoria.

16 Si andan entre gente estraña
deben ser muy precavidos.
pues por igual es tenido
quien con malos se acompaña.

17 Si la vergüenza se pierde
jamás se vuelve a encontrar.

18 Yo alabo al Eterno Padre,
no porque las hizo bellas,
sino porque a todas ellas
les dio corazón de madre.

19 Yo sé que el único modo,
a fin de pasarlo bien,
es decir a todo amén
y jugarle risa a todo.

20 Debe trabajar el hombre
para ganarse el pan;
pues la miseria, en su afán
de perseguir de mil modos,
llama a las puertas de todos
y entra en la del haragán.

21 No te debes afligir
aunque el mundo se desplome:
lo que más precisa el hombre
tener, según yo discurro,
es la memoria del burro
que nunca olvida ande come.

22 Para vencer un peligro
o salvar cualquier abismo,
por esperiencia lo afirmo;
más que el sable y que la lanza
suele servir la confianza
que el hombre tiene en sí mismo.

Heródoto (h. 485 a. C.-h. 425 a. C.),
historiador griego.

1 Sin duda es más fácil embaucar a una
multitud que a un solo hombre.

2 Dad todo el poder al hombre más virtuoso
que exista, pronto le veréis cambiar de
actitud.

3 El apresuramiento es padre del fracaso.

4 El hombre verdaderamente superior es el
hombre circunspecto cuando delibera,
porque pesa todos los riesgos posibles,
pero audaz cuando actúa.

5 La prisa engendra el error en todo, y del
error sale muy a menudo el desastre.

6 Nadie es tan insensato para preferir la
guerra a la paz; en tiempo de paz los hijos
entierran a sus padres; en tiempos de guerra los padres entierran a sus hijos.

7 No intentes curar el mal por medio del
mal.

8 Relata refero.
(Refiero lo que me han referido.)

Herrick, Robert (1591-1674),
poeta inglés.

1 Un ligero desorden en el vestido es siempre seductor.

2 Por favor, amadme poco si queréis amar-
me mucho tiempo.

3 Paga la mitad quien confiesa la deuda.

4 Las lágrimas son el doble lenguaje de los
ojos, y cuando al verdadero amor le faltan
las palabras, los ojos hablan con las lágrimas, mientras enmudece la lengua.

5 Los hombres son suspicaces e inclinados
al descontento: los súbditos siempre desprecian al gobierno actual.

6 Nadie puede ser sabio y amar a un mismo
tiempo.

Hervey, lord J. (1696-1743),
escritor inglés.

1 La calumnia, el peor de los venenos, siempre halla un fácil acceso en los corazones innobles.

Hervieu, Paul (1857-1915),
novelista y dramaturgo francés.

1 La historia la escriben personas imparciales; todas ellas se hallan en desacuerdo, porque hay personas imparciales en todos los partidos.

Hesiodo (s. VIII a. C),
poeta griego.

1 Vox populi, vox Dei. (La voz del pueblo es la voz de Dios.)

2 Una lengua avara de palabras representa un tesoro entre los hombres. La dote más preciosa de las palabras es la mesura.

3 ¡Qué insensato es el hombre que, desdeñando lo que tiene al lado, va a buscar lo que está lejos de él!

4 Sufrir devuelve el buen sentido al tonto.

5 Los tristes sufrimientos, el penoso trabajo y las crueles enfermedades traen la vejez; pues los hombres que sufren envejecen pronto.

6 La fama que muchos pueblos divulgan jamás perece; es como un dios.

7 La fama es peligrosa; en principio su peso es ligero, pero se va haciendo cada vez más pesado soportarlo, y es difícil descargarse de él.

8 El camino que lleva a la miseria es llano y se halla muy cercano.

9 Confianza y desconfianza son igualmente la ruina de los hombres.

Hesse, Hermann (1877-1962),
poeta y novelista alemán.

1 No hay otra realidad que la que tenemos dentro de nosotros.

2 Nada del mundo es tan pesado para el hombre como seguir el camino que le conduce a sí mismo.

3 No hay que hacer a este cómico mundo el honor de tomarlo en serio.

Heumer, F.,
escritor alemán contemporáneo.

1 El amor tiene un poderoso hermano, el odio. Procura no ofender al primero, porque el otro puede matarte.

Heyse, Paul (1830-1914),
poeta y dramaturgo alemán.

1 Si discutieran la cabeza y el corazón, acabaría por decidir el corazón. La pobre cabeza cede siempre, porque es la más prudente.

2 La humildad ha extraviado siempre a las mujeres más que la soberbia.

3 El que se apoya en los demás, ve cómo vacila el mundo; el que se apoya en sí mismo se mantiene seguro.

Heywood, John (1497-1580),
poeta inglés.

1 Una mujer tiene siete vidas, como un gato.

2 Como afirman los sabios de todos los tiempos, la pérdida de la riqueza es una pérdida de vileza.

3 La paciencia es una flor que no florece en todos los jardines.

Hill, Thomas,
escritor inglés contemporáneo.

1 El habitante subalimentado de una vecindad inglesa apenas participa en la civilización del Reino Unido más de lo que participaba un esclavo en la de Atenas.

Hille, Peter (1854-1907),
escritor alemán.

1 Las modas son variaciones del estudio sobre la vida.

2 Donde se arremolina el humo, algo ardió mucho antes de que lo viéramos.

3 La libertad es una suma de minúsculas restricciones.

Hipócrates (h. 460-h. 375),
médico griego.

1 Ars longa, vita brevis... (El arte es largo, la vida, breve; la ocasión, fugaz; el experimento, peligroso; el juicio, difícil...)

2 Uno mismo es el amor a la técnica y el amor a la humanidad.

Hita, arcipreste de. Véase **Ruiz, Juan de.**

Hitler, Adolf (1889-1945),
político alemán.

1 Como una hiena no suelta una carroña, así un marxista no renuncia a traicionar a su patria.

2 Un barrendero debe sentirse más honrado de ser un ciudadano de este Reich que si fuera rey de un Estado extranjero.

3 El bolchevismo es la doctrina de las razas inferiores.

Hobbes, Thomas (1588-1679),
filósofo inglés.

1 El Papado no es más que el espectro del desaparecido Imperio romano, y su corona se sustenta sobre la tumba de aquél.

2 Homo homini lupus. (El hombre es un lobo para el hombre.)

3 La ociosidad es la madre de la filosofía.

4 Los que aprueban una opinión particular la llaman opinión; pero los que la desaprueban la llaman herejía.

5 Puer robustus sed malitiosus (Muchacho robusto pero malicioso [refiriéndose al pueblo]).

Hoffman, Abbie,
filósofo contemporáneo alemán.

1 La política no consiste en el voto político ni en las ideas filosóficas. La política es el modo de vivir de cada uno de nosotros.

2 El futuro es ahora. Nosotros somos el futuro.

Hofmannsthal, Hugo de (1874-1929),
poeta y dramaturgo austríaco.

1 La lengua es todo lo que resta a quien se ve privado de su patria. Pero la lengua, en verdad, lo contiene todo.

Holbach, Barón de (1723-1789),
filósofo francés.

1 Hay hombres cuya conducta es una mentira continua.

Holcroft, Thomas (1744-1809),
novelista y dramaturgo inglés.

1 El amor y la nariz enrojecida no pueden ocultarse.

2 La persona con agudeza es una especie de erizo contra el que cada cual lanzará su perro; pero que ninguno tocará por miedo a pincharse.

Hölderlin, Friedrich (1770-1843),
poeta alemán.

1 Donde anida el peligro crece también la salvación.

2 Es difícil sobrellevar la desgracia, pero todavía más difícil la felicidad.

Holmes, Oliver Wendell (1809-1894),
poeta estadounidense.

1 Un ligero tufillo de genio, en una persona esencialmente ordinaria, es odioso.

2 No existe amor tan verdadero como el que muere sin revelarse.

3 La vida es una enfermedad fatal y extraordinariamente contagiosa.

4 La vida constituye un haz de cosas pequeñas.

5 Hay personas que poseen tanto espíritu que impiden la putrefacción de su cuerpo.

6 El mundo tiene para el hombre un millón de ponedores, pero un solo nido.

7 El espíritu de un fanático es como la pupila del ojo; cuanto más intensa es la luz, más se contrae.

8 Cuando se habla en público es peligroso citar algo que exceda su justo alcance.

9 Cada idioma es un templo en el que se encierra, como si fuera un relicario, el alma de quien habla.

10 Cuando tratéis con un necio, procurad imponeros, pero no discutáis nunca, porque perderíais energías y, tal vez, la serenidad.

11 El pecado emplea muchos instrumentos, pero la mentira es un mango que se adapta a todos.

12 El prójimo nos aburre, menos en el momento en que necesitamos de él.

13 El ruido que produce un beso no es tan fuerte como el del cañón, pero su eco dura mucho más tiempo.

14 Hablar es el terreno de la ciencia, y escuchar es el privilegio de la sabiduría.

15 Los hombres, como las manzanas y las peras, toman un poco de dulzura antes de que comiencen a estropearse.

16 Un espíritu mezquino ve con frecuencia la incredulidad, sin ver la fe de un gran espíritu.

17 Una mujer nunca olvida el sexo a que pertenece. Hablaría preferentemente con un hombre que con un ángel.

Holland, Jossiah (1866-1926),
escritor alemán.

1 Una expresión que a un tiempo sea libre y noble no es, como parece, fruto de un solo momento, sino todo un fragmento de la vida del espíritu y del corazón.

2 La indolencia es la sepultura en vida de un hombre.

Home, John (1724-1808),
dramaturgo escocés.

1 Raramente yerra quien piensa lo peor posible del género femenino.

Homero (s. X a. C.),
poeta mítico griego.

1 Nada hay mejor provisto que la lengua de los hombres; se encuentran en ella frases cambiantes y variadas; vasto es el campo de las palabras en uno y otro sentido.

2 ¿Hay en esta vida una gloria más grande que saber emplear las piernas y los brazos?

3 Dejemos que el pasado sea el pasado.

4 Porque los caminos del día bordean los de la noche.

Hood, Thomas (1799-1845),
poeta inglés.

1 Yo considero con perfecta tolerancia todos los credos, y me horroriza pensar que el cielo sea un colegio electoral vendido a alguien.

2 Los platos preparados en casa, arrojan de la casa.

3 El mundo es un paraje selvático en el que las lágrimas se hallan suspendidas de cada árbol.

4 ¡Dios mío! Pensar que el pan es tan caro, y que la carne y la sangre son tan baratas.

5 También existe una felicidad que produce un sentimiento de temor en el corazón.

6 Un momento de pensar equivale a una hora de hablar.

Hope, Anthony (1863-1933),
dramaturgo inglés.

1 «Los muchachos serán siempre muchachos.» Yo interrumpí diciendo: «Ello no importaría si se pudiese impedir que las muchachas fueran muchachas».

2 He observado que «burgués» es el epíteto que la chusma aplica a lo que es respetable, llamando aristocracia a lo que es decoroso.

3 Cuando no se llega a genio, conviene ser claro.

4 Se podría escribir un libro sobre las injusticias de los justos.

Hopfen, Hanns (1835-1883),
poeta alemán.

1 Sed fieles. Sed fuertes. Aunque luchaseis en vano, el valor es la mejor sabiduría de esta vida.

Horacio (65-8 a. C.),
poeta latino.

1 ¡Trabaja! Si puedes, trabaja bien; en caso contrario... trabaja de todos modos.

2 Tu interés está en juego cuando la casa de tu vecino arde. (Nam tua res agitur, paries quum proximus ardet.)

3 Un día empuja al otro y las lunas nuevas corren hacia la muerte.

4 Una mujer, con la dote, se adueña de su marido.

5 Virtus post nummus. (La virtud después que el dinero.)

6 Virtutem doctrina parit. (La ciencia engendra la virtud.)

7 En efecto; virtud, fama, honor, el cielo y la tierra, todo es esclavo del dinero. Quien lograre amontonar oro, será ilustre, valeroso y a un sabio o rey y cuanto se le antoje.

8 Errores fueron cometidos dentro y fuera de los muros de Troya.

9 Es bueno hacerse el tonto en alguna ocasión.

10 Es verdaderamente poderoso y feliz el que puede decir cada día «he vivido», aunque el día de mañana las nubes oscurezcan el cielo o sea un día sereno.

11 Est modus in rebus. (Todo tiene sus límites.)

12 Ha hecho cuanto tenía que hacer quien acertó a unir lo útil a lo agradable, deleitando y enseñando a un mismo tiempo al lector.

13 El envidioso enflaquece al ver la opulancia del prójimo.

14 El hombre cabal y firme en su propósito.

15 El ocio es una perversa sirena de la que debemos huir.

16 Cuando los necios esquivan un vicio, corren hacia el contrario.

17 Cuando tengas bien claras en la mente las cosas que quieres decir, las palabras surgirán espontáneamente.

18 De te fabula narratur. (Es de ti de quien se habla en este relato.)

19 Carpe diem, quam minimum credula postero. (Goza en este día y cuenta lo menos que puedas con el de mañana.)

20 Beatus ille qui procul negotiis... (Feliz el que alejado de los negocios...)

21 Al hombre justo y tenaz en sus propósitos ni el furor de ciudadanos poderosos ni el rostro fiero de un tirano amenazador, lograrán hacer que altere su firme pensamiento.

22 Acuérdate de conservar en los acontecimientos graves la mente serena.

23 Alas más grandes que el nido.
(Frase que se aplica a quienes, teniendo una condición mediocre, aspiran a altos destinos.)

24 Borra muchas veces, si quieres escribir cosas que sean dignas de ser leídas.

25 Decídete a ser virtuoso. Comienza inmediatamente. El que demora para el día siguiente el vivir rectamente se asemeja al campesino que para cruzar un río espera que cese de pasar; pero el río corre y correrá eternamente.

26 Desde los huevos hasta la miel.

27 Desprecia lo que desea; vuelve a lo que ha dejado; siempre se manifiesta inconstante e indeciso, contradiciéndose en todo.

28 Detrás del jinete se sientan los negros cuidados. (Post equitem sedeat atrata cura.)

29 Dulce et decorum est pro patria mori. (Es bueno y bello morir por la patria.)

30 El cielo, no el ánimo, cambian aquellos que corren al otro lado de los mares.

31 El pueblo me silba, pero yo me aplaudo. (Populus me sibilat, at mihi plaudo.)

32 El que ha comenzado bien, está a la mitad de la obra.

33 El que obtiene lo que le es suficiente no debe desear más.

34 El uso te enseñará muchas cosas.

35 Imagina que cada día es el último que brilla para ti, y aceptarás agradecido el día que no esperabas vivir ya.

36 La cabra que no es tuya tiene la ubre más henchida.

37 La ira es como una locura breve. (Ira furor brevis est.)

38 La justicia, aunque anda cojeando, rara vez deja de alcanzar al criminal en su carrera.

39 La pálida muerte llama igualmente en las chozas de los pobres que en los castillos de los reyes.

40 Lo que hace falta es tratar de someter a las circunstancias, no someterse a ellas.

41 Odi profanum vulgus et arceo. (Odio lo profano vulgar y lo evito.)

42 Mezcla a tu prudencia un grano de locura.

43 Misera plebs. (El pobre pueblo.)

44 Muchas veces se disputa por fruslerías.

45 Muchos vocablos que ya murieron renacerán, y caerán otros que ahora están en vigor y en honra, si se le antoja al uso, en quien está el arbitrio, el derecho y la norma del lenguaje.

46 Necio es el que se jacta de su estirpe y de su nombre.

47 Nescit vox missa reverti. (La palabra dicha no sabe volver.)

48 Ningún tirano de Sicilia inventó jamás un suplicio peor que la envidia.

49 No es posible saberlo todo.

50 No te olvides de tener la cabeza a punto en las dificultades.

51 No todo moriré (Non omnis moriar).

52 No vivió infelizmente quien nació en la oscuridad y en la oscuridad murió.

53 Todo el arte es una imitación de la naturaleza; lo que no quiere decir que toda imitación de la naturaleza sea arte.

54 Procura ser como los aduladores te pintan.

55 Pulvis et umbra sumus. (Somos polvo y sombra.)

56 Quandoque bonus dormitat Homerus. (Algunas veces dormita el buen Homero.)

57 Quien mezcla lo útil a lo dulce, deleitando al lector, al par que instruyéndolo, obtiene general aprobación.

58 Rex eris si recte facias; si non facias, non eris. (Si obras con rectitud serás un rey; si no lo haces así, de ninguna manera.)

59 Risum teneatis, amici? (¿Os aguantaréis la risa, amigos?)

60 Será perpetuo esclavo quien no sabe contentarse con poco.

61 Si el vaso no está limpio, todo lo que se pone en él se vuelve agrio.

62 Si tenéis sanos el estómago y el pecho y no estáis atormentados por la gota, todas las riquezas del rey no podrán añadir nada a vuestra felicidad.

63 Sin esfuerzo siguen las palabras a lo que previamente se pensó.

64 Vosotros, los que escribís, escoged un sujeto a tono con vuestras fuerzas y pensad mucho qué es lo que vuestros hombros se niegan a recibir, y qué lo que pueden llevar.

65 Será perpetuo esclavo quien no sabe contentarse con poco.

66 La fatal hipocresía engaña al paciente, satisfaciendo su sed.

67 En mi virtud me envuelvo.

68 Las riquezas disculpan la necedad.

69 Una pintura es un poema sin palabras.

Hosmin, H.,
escritor alemán contemporáneo.

1 De todas las artes plásticas, la más plástica es la lectura.

2 Entre las letras se cuentan cinco vocales por veinte consonantes. ¿Y entre los hombres?

Houber, M.,
escritor contemporáneo francés.

1 Las mujeres son realmente insaciables; les prometemos nuestro amor y ellas nos reclaman la felicidad.

2 Lo que encanta a los amantes, en sus amadas, es lo que tienen de provisional; lo que dispone a los maridos contra sus esposas es lo que éstas tienen de definitivo.

Houdar de Lamotte, A. (1672-1731),
escritor francés.

1 Et l'honneur de passer pur chaste la resolut à l'être en effet. (Y el honor de ser tenida por casta la decidió a serlo en efecto.)

Houdetot, C. A. d' (1799-1869),
escritor francés.

1 Un pariente pobre es siempre un pariente lejano.

2 La mentira solamente engaña al que la dice.

3 La modestia sincera es un suicidio; siempre se toma al pie de la letra.

4 Los charlatanes son los hombres más discretos; hablan incesantemente, para no decir nada.

5 Es tan dulce ser amado que uno se contenta incluso con la apariencia.

6 En el hogar, el espíritu de la mujer no sirve más que para hacer pasar por imbécil a su marido.

7 A un hombre se le pide su amistad para obtener un poco menos; a una mujer para obtener un poco más.

8 La envidia es lo que más se parece al amor: ser envidiado es casi lo mismo que ser amado.

9 La experiencia tiene la misma utilidad que un billete de lotería después del sorteo.

10 No osamos volver a ofender más a quienes perdonan siempre.

11 Todo lo que razonablemente podemos exigir a nuestro prójimo es que no nos cause daño inútilmente.

12 Los negros imaginan blanco al diablo, me gusta esta represalia.

Houssaye, Amelot de la (1634-1706), *escritor francés.*

1 A las mujeres hermosas las amamos por inclinación natural, a las feas por interés, y a las buenas por reflexión.

2 El mejor consejo lo da la experiencia; pero siempre llega demasiado tarde.

Howard Payne, John (1792-1852), *escritor dramático americano.*

1 Hogar, dulce hogar.
(Exclamación de placer que se hace cuando se retorna al hogar después de una ausencia prolongada.)

Howell, John (1593-1666), *escritor inglés.*

1 Una norma de la amistad es que cuando la desconfianza entra por la puerta el afecto escapa por el postigo.

2 Las palabras son los embajadores del alma, moviéndose de dentro a fuera para servirla.

3 Un hecho vale más que todo un mundo de promesas.

Huarte de San Juan, Juan (h. 1529-h. 1588), *psicólogo español.*

1 Los necios viven más descansados porque ninguna cosa les da pena ni enojo.

2 Ninguna cosa hace mayor daño a la sabiduría del hombre que mezclar las ciencias.

3 Es lástima ver a un hombre trabajar y quebrarse la cabeza en cosa que es imposible salir con ella:

4 Las mercedes, en tanto son más estimadas en cuanto se hacen con menos.

Hubbard, Elbert (1856-1915), *escritor estadounidense.*

1 Un título universitario no acorta el tamaño de vuestras orejas; no hace más que ocultarlo.

2 Las acciones de los hombres, de ordinario son buenas, mas sus razones de obrar rara vez lo son.

3 Las inteligencias poco capaces se interesan en lo extraordinario; las inteligencias poderosas, en las cosas ordinarias.

Hufeland, C. (1762-1836), *médico y escritor alemán.*

1 Observamos que todos aquellos que alcanzan una edad muy avanzada fueron hombres que, en su juventud, habían soportado fatigas, trabajos y dificultades.

2 El destino de la mujer consiste en vivir, no para sí, sino para los demás; haciendo felices a los demás debe encontrar su propia felicidad, y no es en el mundo externo sino en el pacífico círculo del hogar donde halla su actividad y su mundo.

Hughes, J. (1824-1896), *escritor inglés.*

1 Una larga vida es el deseo de casi todos los hombres, pero vivir bien es una ambición que sienten muy pocos.

Hugo, Richard
escritor alemán contemporáneo.

1 Si alguien quiere saber cómo educar bien y perfectamente a los niños debe preguntárselo a los que no los tienen.

2 El trabajo endulza en todo momento la existencia; pero no a todos les gustan los dulces.

Hugo, Victor (1802-1885),
poeta, dramaturgo y escritor francés.

1 El derecho de sufragio suprime el derecho de insurrección.

2 El enano dispone de un medio excelente para ser mayor que un gigante: consiste en encaramarse sobre sus hombros.

3 El éxito es algo repugnante. Su falso parecido con el mérito engaña a los hombres.

4 El hombre encierra una serpiente: el intestino. Tienta, traiciona y castiga.

5 El hombre es uno como espíritu, y complejo como hombre; posee en sí tres centros para cumplir su misión terrena: el cerebro, el corazón y el vientre. Cada uno de estos centros es augusto para una gran función: el cerebro tiene el pensamiento, el corazón el amor y el vientre la maternidad.

6 El ojo no acierta a ver bien a Dios más que a través de las lágrimas.

7 El porvenir está en las manos del maestro de escuela.

8 El pudor es la epidermis del espíritu.

9 Waterloo no es una batalla; es el cambio de frente del Universo.

10 El turista viene a buscar un panorama, el pensador encuentra un libro inmenso.

11 El verdadero gobierno es aquel a quien no ofende el aumento de luz y a quien no atemoriza el engrandecimiento del pueblo.

12 El verdadero hombre es el que está escondido detrás del hombre.

13 En los tiempos antiguos había asnos a quienes el encuentro con un ángel hacía hablar. En nuestros días, hay hombres a quienes el encuentro con un genio hace rebuznar.

14 Es cosa cierta que uno de los aspectos de la virtud desemboca en el orgullo; allí se tiende un puente construido por el diablo.

15 Es cosa fácil ser bueno; lo difícil es ser justo.

16 Es preciso que se encierre algo inútil en la felicidad. La felicidad es algo más que lo necesario.

17 Es triste pensar que la naturaleza habla y que el género humano no escucha.

18 Es una cosa bien extraña la facilidad con que los infames creen merecer el triunfo.

19 Es una cosa terrible ser feliz. ¡Cuántos consideran que es suficiente serlo! ¡Cuántas veces, poseyendo el falso fin de la vida —la felicidad— se olvida el verdadero fin: el deber!

20 Gozar: qué triste fin y qué estúpida ambición. También el animal goza. Pensar: he ahí el verdadero triunfo del alma.

21 Hay pensamientos que son plegarias. Existen momentos en los cuales, cualquiera que sea la actitud del cuerpo, el alma está arrodillada.

22 La aceptación de la opresión por parte del oprimido acaba por convertirse en complicidad; la cobardía es un consentimiento; existe una solidaridad apreciable y una vergüenza compartida por el gobierno que crea el mal y el pueblo que lo deja hacer.

23 La conciencia es la cantidad de ciencia innata que tenemos en nosotros mismos.

24 La contemplación es la plegaria difusa. El que haya bebido, beberá y el que haya soñado, soñará.

25 La contemplación es una mirada intensa, que a fuerza de mirar la sombra acaba por hacer que se produzca claridad.

26 La desgracia educa la inteligencia.

27 Lo inaccesible junto a lo impenetrable, lo impenetrable unido a lo inexplicable, lo inexplicable a par de lo inconmensurable; esto es el cielo.

28 Lo malo de la inmortalidad es que hay que morir para alcanzarla.

29 Lo odioso de la hipocresía comienza oscuramente en el hipócrita. ¡Qué náusea, beber perpetuamente su impostura!

30 Lo que conduce y arrastra el mundo no son las máquinas, sino las ideas.

31 Los ancianos tienen tanta necesidad de afectos como de sol.

32 Los dos primeros funcionarios del Estado son la nodriza y el maestro de escuela.

33 Los genios son una dinastía. No hay otra. Ellos llevan todas las coronas, incluso la de espinas.

34 ¡Oh! No insultéis jamás a una mujer que cae. ¡Quién sabe bajo qué peso su pobre alma sucumbe!

35 Para la humanidad el vientre es un peso terrible; en cada momento rompe el equilibrio entre el alma y el cuerpo.

36 Pecar lo menos que sea posible es una ley del hombre. No pecar es el sueño de un ángel. Todo lo que es terrenal se halla sometido al pecado. El pecado es una gravitación.

37 Puede olvidarse a Dios en la felicidad, pero tan pronto como la felicidad cede su puesto a la desgracia, siempre es preciso retornar a Dios.

38 Qué cosa más terrible para el pensamiento ese perpetuo volver a comenzar, ese océano pozo sin fondo, esas nubes Danaides: tanto trabajo para nada.

39 ¿Qué es la conciencia? Es la brújula de lo desconocido.

40 ¿Qué es la creación? Bien y mal, alegría y dolor, macho y hembra, rugido y canción, águila y buitre, relámpago y rayo, abeja y zángano, montaña y valle, cara y cruz, claridad y deformidad, astro y cerdo, alto y bajo. La naturaleza es el eterno bifronte.

41 El vulgo es un viejo narciso que se adora a sí mismo, y que aplaude todo lo vulgar.

42 Quien da a los pobres, presta a Dios.

43 Quien me insulta siempre, no me ofende jamás.

44 Quiérese algo de superfluo en la felicidad, y la felicidad es apenas lo necesario.

45 Quiero darte un consejo que sirve para todo: cuanto más serio seas en la vida tanto más necesitas la agudeza.

46 La dulce enfermedad de la esperanza.

47 La fidelidad de muchos hombres se basa solamente en la pereza, la fidelidad de muchas mujeres, en la costumbre.

48 La fuerza más poderosa de todas es un corazón inocente.

49 La grandeza de un pueblo no se mide por el número, como la grandeza de un hombre no se mide por su estatura: su medida es la cantidad de inteligencia y de virtud que posee.

50 La ignorancia, mezclada con la pasta de que está hecho el hombre, la ennegrece. Esta herrumbre incurable alcanza la intimidad del hombre y se convierte en mal.

51 La indignación y la ternura constituyen la misma facultad vuelta en los dos sentidos de la dolorosa esclavitud humana; y los que son capaces de cólera son también capaces de amor.

52 La inmensidad del desprecio hace el efecto de una grandeza al que es despreciado.

53 La limosna es hermana de la oración.

54 La melancolía es la felicidad de estar triste.

55 La mujer cambia con frecuencia; es un loco quien confía en ella. La mujer no es, a veces, sino una pluma a merced del viento.

56 La música es el vapor del arte. Con respecto a la poesía es lo que el sueño al pensamiento, lo que el fluido al líquido, lo que el océano de nubes al océano de las olas. Es lo indefinido en el infinito.

57 La nada no existe. El cero no existe. Todo es algo. Nada es nada.

58 La noche no es más que la noche del mundo. El mal es la noche del espíritu.

59 La popularidad, es la gloria en calderilla.

60 La primera prueba de la caridad, en el sacerdote, es la pobreza.

61 La vanidad tiene un revés y un derecho; el derecho es bestial; viene a ser el negro con sus adornos de vidrio; el revés es estúpido: es el filósofo con sus bagatelas.

62 La verdad es como el sol. Lo hace ver todo y no se deja mirar.

63 La verdad es un alimento como el trigo.

64 La verdad y la libertad tienen esto de excelente: que todo cuanto se hace por ellas y todo lo que se realiza contra ellas les sirve igualmente.

65 Las brutalidades del progreso se distinguen con el nombre de revoluciones. Una vez terminadas se reconoce que el género humano ha sido maltratado, pero que ha seguido adelante.

66 ¡Reza! No hay más que un Dios verdadero y justo en su clemencia. Todo acaba en Él y en Él todo comienza.

67 Se ha querido hacer equivocadamente de la burguesía una clase. La burguesía no es más que la parte satisfecha del pueblo. El burgués es el hombre que ahora tiene tiempo de sentarse. Una silla no es una casta.

68 Se resiste mejor a la adversidad que a la prosperidad.

69 ¡Comed! Yo prefiero, ¡oh, gloria!, tu pan blanco. ¡Comed! Yo prefiero tu pan negro, ¡oh, libertad!

70 Ser bueno es fácil; lo difícil es ser justo.

71 Sería mejor un infierno inteligente que un paraíso tonto.

72 ¡Son tan hermosos, tan profundos y tan limpios, que desearía uno bañarse en ellos!

73 Todo número es cero ante el infinito.

74 Amigos míos, no olvidéis esto; no existen malas hierbas ni hombres malos; únicamente hay malos cultivadores.

75 Aprender representa el primer paso; vivir no es más que el segundo.

76 Todo poder es deber.

77 Bossuet escribió, sin pestañear: «Dios tiene en su mano el corazón de los reyes». Esto no es cierto, por dos razones: Dios no tiene manos, ni los reyes tienen corazón.

78 Una fe es algo indispensable al hombre. Desgraciado el que no cree en nada.

79 Una niña sin muñeca es tan desgraciada y absurda como una mujer sin hijos.

80 Viajar es nacer y morir a cada momento.

81 Cero, rehusando andar desnudo, se ha vestido de vanidad.

82 Con frecuencia, una batalla perdida significa la conquista del progreso. Menos gloria y más libertad. Calla el tambor y vuelve la razón a tomar la palabra.

83 Con la realidad se vive, con el ideal se existe. ¿Queréis comprender la diferencia? Los animales viven, sólo el hombre existe.

84 Conquistar es su certeza.

85 Cosa curiosa: el primer síntoma del verdadero amor en un joven es la timidez, en una muchacha es la audacia.

86 Cosa en verdad extraña es la facilidad con que los malvados creen que todo les saldrá bien.

87 Creer no constituye más que el segundo poder; querer es el primero. Las montañas proverbiales que la fe mueve no son nada al lado de lo que hace la voluntad.

88 Cuando dos bocas, hechas sagradas por el amor, se aproximan, es imposible que por encima de este beso inefable no haya un estremecimiento en el inmenso misterio de la estrellas.

89 Cuando el hombre se encara con la noche, queda abatido, se arrodilla, se prosterna, se rinde y se arrastra hacia un agujero o busca unas alas. Siempre quiere huir de la presencia informe de lo desconocido.

90 Cuando el niño destroza su juguete, parece que le anda buscando el alma.

91 Cuando puede evitarse la muerte dejar morir es matar.

92 Cuando se castiga a un inocente se da vida a un malvado.

93 Cuando un niño nos mira se siente que Dios nos sondea.

94 Cuanto más pequeño es el corazón, más odio alberga.

95 De todas las cosas creadas por Dios, es el corazón humano la que emite más luz; pero también más tinieblas.

96 Desgraciado quien no haya amado más que cuerpos, formas y apariencias. La muerte le arrebatará todo. Procurad amar las almas y un día las volveréis a encontrar.

97 Dios encomienda a la indigestión la tarea de hacer moral en los estómagos.

98 Dios es la evidencia invisible.

99 Dios es la plenitud del cielo, el amor es la plenitud del hombre.

100 Dios no puede sumar nada a la felicidad de los que se quieren, más que hacer que dure infinitamente.

101 Dios se manifiesta a nosotros en primer lugar a través de la vida del universo, en segundo lugar a través del pensamiento humano. La primera manifestación se llama naturaleza, la segunda arte. De esto deriva esta realidad; que el poeta es sacerdote.

102 Miráis una estrella por dos motivos: porque es luminosa y porque es impenetrable. Tenéis junto a vosotros una luz más dulce y un misterio mayor: la mujer.

103 El alma tiene ilusiones, como el pájaro alas; eso es lo que la sostiene.

104 El arco del infinito está interrumpido. Pero lo prohibido nos atrae, a pesar de ser un abismo. Donde el pie se detiene, puede seguir el espíritu. No hay ningún hombre que no ensaye, por débil e insignificante que sea.

105 El ateo es un mal conductor del género humano.

106 El cuerpo, la carne, es como una nube que cubre el genio. La muerte, luz inmensa, sobreviene y penetra este hombre con su aurora.

107 Los malos gozan una felicidad negra.

108 Los mediocres se desconciertan ante los obstáculos engañosos; los fuertes, no. Morir para ellos es una probabilidad, mientras que vencer es una cosa segura.

109 Los obstinados son sublimes. El que solamente es valiente no tiene más que temperamento; el que solamente es decidido no posee sino una virtud: el obstinado en la verdad tiene grandeza. El secreto de los grandes corazones se encierra en esta palabra: *Perseverar*.

110 Los pecados de las mujeres, de los niños, de los criados, de los débiles, de los pobres y de los ignorantes son culpa de los maridos, de los padres, de los amos, de los fuertes, de los ricos y de los cultos.

111 Los que verdaderamente viven son los que luchan.

112 Mentir es el mal absoluto. No es posible mentir poco. El que miente, miente toda la mentira. Mentir es la misma cara del demonio. Satanás tiene dos nombres: se llama Satanás y se llama Mentira.

113 Donde hay solamente astucia hay necesariamente pequeñez. Decir astuto es como decir mediocre.

114 Nada es más inminente que lo imposible; y lo que hay que prever siempre, es lo imprevisto.

115 No es suficiente ver y mostrar. La filosofía debe ser una energía; debe tener como esfuerzo y como efecto el perfeccionar al hombre.

116 No hay nada tan estúpido como vencer; la verdadera gloria estriba en convencer.

117 No hay ni malas hierbas ni hombres malos. No hay sino malos cultivadores.

118 No son las locomotoras, sino las ideas, las que llevan y arrastran el mundo.

119 ¡Oh, ideal! Eres lo único que existe.

120 ¡Oh, naturaleza, profunda y tranquila! Ignoras el bien y el mal; dejas el hombre a merced de su infinita miseria. Creas la necesidad, el instinto y el apetito; el fuerte devora al débil, y el grande al pequeño... ¡Qué importa! ¡Naced, caminad, arrastraos hacia la tumba!

121 De todo aquello que constituyó nuestro propio ser ya casi nada queda.

122 ¡Tremendo campo de batalla, el hombre!

123 Viajar es nacer y morir a cada paso.

124 La naturaleza, ese perro que fielmente sigue al hombre.

125 ¡Dios mío! ¿Por qué los huérfanos, en su fúnebre lenguaje, dicen «Tengo hambre»? ¿Es qué el niño no es como un pájaro? ¿Por qué ha de tener el nido lo que falta a la cuna?

126 El patrimonio más hermoso es el de un nombre respetado.

Hugué, Manuel (1872-1945),
escultor español.

1 Los hombres no son de donde nacen, sino de donde quieren morir.

Hülgerth, H.
escritor contemporáneo alemán.

1 Pregunta a las flores por qué florecen: sin embargo, terminarán por marchitarse y corromperse. Pregunta a los corazones por qué aman: también tienen que sufrir y morir.

Humboldt, Wilhelm von (1767-1835),
político y filósofo alemán.

1 Una cosa particular en la vida es que si no se piensa en la felicidad o en la desgracia, sino sólo en el cumplimiento riguroso e inflexible del propio deber, la felicidad viene por sí sola incluso en una vida llena de privaciones y fatigas.

2 Las cosas que garantiza el pasado son eternas e inmutables, como la muerte; pero, a la vez, cálidas y creadoras de felicidad, como la vida.

3 El pasado y el recuerdo poseen una fuerza infinita, y aunque brote una dolorosa nostalgia al entregarse a ellos se gozará una voluptuosidad indecible.

4 La naturaleza agrada, atrae y entusiasma solamente porque es la naturaleza.

5 Creo muy difícil y raro llegar al conocimiento de sí mismo; pero es facilísimo y corriente engañarse a sí mismo.

6 A mi entender, el trabajo es para los hombres una necesidad como el comer o el dormir. Incluso aquellos que nada hacen de cuanto un hombre razonable llama trabajo, se imaginan que hacen algo. No existe en el mundo una persona ociosa, en el sentido absoluto de esta palabra.

7 A mi modo de pensar, la energía es la primera única virtud del hombre.

8 El hombre juzga las cosas no tanto por aquello que son efectivamente, como por la manera como se las imagina y las inserta en el curso de sus ideas.

9 El mejor gobierno es aquel que se hace superfluo.

10 Es digno del hombre aceptar de una manera natural lo que existe en el curso de la naturaleza.

11 Lo único que verdaderamente persiste en la vida son las ideas.

12 Yo considero que el verdadero fin de la existencia terrena no es la felicidad sino el desarrollo de todos los gérmenes que existen en las disposiciones individuales de un hombre.

13 No solamente es inútil, sino loco, el no adaptarse serena y tranquilamente a lo irrevocable.

Hume, David (1711-1776),
filósofo inglés.

1 Una vida de placeres no puede sostenerse como una vida entregada a los negocios, pero es más susceptible de saciedad y de disgusto.

2 La costumbre es la gran guía de la vida humana.

3 El arte puede crear un vestido; pero la naturaleza puede producir un hombre.

4 Todo placer languidece cuando no se disfruta en compañía.

5 ¿Qué mejor escuela de buenas costumbres que la compañía de mujeres virtuosas?

Huneker, James (1860-1921),
musicógrafo y crítico estadounidense.

1 El crítico es un hombre que espera milagros.

Hunt, Helen,
escritora inglesa contemporánea.

1 El que más tiempo aguarda, más seguro está de ganar.

Hurtado de Mendoza, Diego (1503-1575),
escritor español.

1 Aquel árbol que mueve la hoja
algo se le antoja

2 Si el amor es verdadero,
todo cuanto imaginamos
nos parece hacedero.

Hus, Juan (1369-1415),
heresiarca checo.

1 Ensayaba hasta dónde sería yo capaz de soportar los tormentos que sufrió San Lorenzo.
(Leyendo la vida de San Lorenzo, exaltó hasta tal punto su imaginación el atroz martirio del santo que metió la mano en el fuego del hogar.)

Hutcheson, Francis (1694-1746),
metafísico y filósofo escocés.

1 La sabiduría consiste en perseguir los mejores fines con los mejores medios.

2 Mejor acción es aquella que procura la mayor felicidad al mayor número; peor, la que, de igual manera, trae la desgracia.

Huxley, Aldous (1894-1963),
novelista y poeta inglés.

1 El que guarda silencio no declara contra sí mismo.

2 Cuesta tanto trabajo escribir un mal libro que uno bueno; sale con la misma sinceridad del alma del autor.

3 El dinero no proporciona satisfacción alguna cuando el hombre no se lo gana con el trabajo; por otra parte, mientras se trabaja no se dispone de tiempo para gastarlo.

4 Cuanto más siniestros son los designios de un político, más estentórea se hace la nobleza de su lenguaje.

5 El hábito convierte los placeres suntuosos en imprescindibles necesidades cotidianas.

6 El silencio se halla tan pleno de sabiduría potencial y de espíritu como un bloque de mármol en bruto es, en potencia, una gran escultura.

7 El escritor festivo es un hombre prolijo, desenfadado y agresivo, que siente una patente debilidad por todo cuanto es terreno, cuyo espíritu desenfrenado lo guía por dondequiera que camine.

8 Indudablemente, el mejor medio para comportarse como una bestia —una verdadera bestia sin domar— consiste en inventar un diablo y comportarse luego como la propia invención.

9 La civilización no tiene la menor necesidad de nobleza ni de heroísmo. Estas cosas son síntomas de incapacidad política.

10 La hipocresía, además de ser el homenaje que el vicio rinde a la virtud, es también uno de los artificios de que se vale el vicio para hacerse más interesante.

11 La mala fama de una mujer anuncia que es accesible.

12 La más odiosa de las traiciones es la del artista que se pasa al bando de los ángeles.

13 Las palabras pueden ser como rayos X si se usan apropiadamente: lo atraviesan todo.

14 Los hechos no dejan de existir porque se les ignore.

15 Los vecinos que uno nunca ve de cerca, son los vecinos ideales y perfectos.

16 No se puede tener una civilización permanente sin una buena dosis de amables vicios.

17 No te dejes engañar por los pillos hipócritas que hablan de la santidad del trabajo, ni por los servicios cristianos que los hombres de negocios hacen a sus semejantes.

18 Todo descubrimiento de la ciencia pura es subversivo en potencia; toda ciencia debe a veces ser tratada como un enemigo posible.

19 Las verdaderas orgías no son nunca tan excitantes como los libros pornográficos.

20 La pasión y la neurastenia: la inestabilidad y la inestabilidad: el fin de la civilización.

Huxley, Thomas Henry (1825-1895),
biólogo inglés.

1 Si un poco de ciencia constituye un peligro, ¿dónde está el hombre que posee tanta ciencia, hasta el punto de poder considerarse fuera de peligro?

2 Las verdades mantenidas irracionalmente pueden ser más perjudiciales que los errores razonados.

Huysmans, J. Karl (1848-1907),
novelista francés.

1 Nada hay tan bueno como las mujeres que no se consiguen.

Ignacio de Loyola   Duque de Wellington   Gottfried Leibnitz

Ibarbourou, Juana de (1895-1979),
poetisa uruguaya.

1 Es un gran dedo [el ciprés] vegetal que
                                    [siempre
está indicando al ruido: ¡calla!

Ibsen, Henrik (1828-1906),
dramaturgo noruego.

1 Buscar la dicha en esta vida es la verdadera rebelión.

2 El amor no elige una esposa, sino una
mujer; y si esta mujer no fue creada para
ser nuestra esposa, todo se ha perdido.

3 El odio como el amor se apagan en la
tumba. Sólo una cosa permanece invariable en la vida, como después de la muerte:
nuestro destino.

4 El pecado que no tiene perdón es el que
mata la vida del amor en el ser.

5 El público no tiene necesidad de pensamientos nuevos. Lo mejor para el público
son los buenos y viejos pensamientos re-
conocidos que ya tiene.

6 Fingid que ignoráis la existencia de vuestros enemigos; no incurráis en la vulgaridad de defenderos de ellos.

7 Lo peor que un hombre puede hacerse a
sí mismo es cometer una injusticia para
con otro.

8 Nadie sabría decir qué es el amor ni nadie
explicar sobre qué se funda esta deliciosa
fe de que un ser es creado para la felicidad
de otro.

9 No apagues la antorcha que humea si no
tienes otros fuegos que alumbren mejor.

10 ¿No creéis que nos vemos obligados a
enseñar gran cantidad de cosas en las cuales ni nosotros mismo creemos?

11 No se graban tanto mil palabras como un
solo hecho.

12 Para dos no hay pendiente demasiado
empinada.

13 Prestad atención, pronto vendrán los jóvenes a llamar a mi puerta.

14 Si dudas de ti mismo, estás vencido de
antemano.

Icaza, Francisco A. de (1863-1925),
escritor mexicano.

1 ... el báculo divino
de la canción, hace corta
la distancia del camino.

Ifícrates (419-350 a. C.),
general ateniense.

1 Mi nobleza comienza en mí, pero la tuya termina en ti.

Ignacio de Loyola, San (1491-1556),
religioso español.

1 En tiempo de desolación, no hacer mudanza.

2 Más importante es el aprovechamiento en las virtudes que en las letras, cuando lo uno y lo otro no se compadecen.

3 La caridad con el particular debe hacerse sin perjuicio del bien general.

Ingersoll, Robert Green (1833-1899),
escritor y jurista norteamericano.

1 En la vida no hay premios ni castigos, sino consecuencias.

2 La felicidad no es un premio, sino una consecuencia. El sufrimiento no es un castigo, sino un resultado.

3 Las universidades son lugares donde los guijarros son pulimentados y los diamantes empañados.

Ionesco, Eugène,
dramaturgo francés contemporáneo.

1 No puedo participar en controversias ni discusiones, porque de antemano sé que no estoy equivocado ni tengo razón.

2 Nunca se ha podido, con ayuda de las palabras, expresar todo lo que ocultan las palabras.

3 Ser pobre, en nuestro mundo civilizado, es un pecado, es inmoral. Lo pobres son castigados y los ricos reciben toda la recompensa y el privilegio. Y esto es así con independencia de todo lo que predican las filosofías y las doctrinas.

4 Si matamos con el consentimiento colec-tivo, no nos remuerde la conciencia, las guerras se han inventado para matar con la conciencia limpia.

5 Sé que detrás de las tinieblas existe una luz segura. Ciertamente, hemos nacido para la eternidad.

6 No hay una solución al misterio del mal, sólo un camino que sepa atravesarlo: la piedad, la caridad, el ágape y la gracia.

Iriarte, Tomás de (1750-1791),
escritor español.

1 Algún mal escritor, al juicio apela
de la posteridad, y se consuela.

2 Aunque se vista de seda,
la mona, mona se queda.

3 ¡Cuántos pasar por sabios han querido
con citar a los muertos que lo han sido!

4 De igual modo que el pedernal no produce chispas sin el eslabón, tampoco brilla el genio sin el arte.

5 ¡Fama! ¡Sonora voz, con que infinitos se dejan engañar, creyendo existe!

6 Guarde para su regalo
esta sentencia un autor:
Si el sabio no aprueba, malo;
si el necio aplaude, peor.

7 Hay abundancia que es superfluidad y vicio.

8 Pues si dándole paja, come paja, siempre que le dan grano, come grano.

9 Sonó la flauta —Por casualidad.

10 Y en estas disputas
llegando los perros
pillan descuidados
a mis dos conejos.

11 Si el que es ciego y lo sabe
aparenta que ve,
quien sabe que es idiota
¿confesará que lo es?

Irving, Washington (1783-1859),
novelista estadounidense.

1 El omnipotente dólar, este gran objeto de universal devoción.

2 El que conquista a un millar de corazones normales puede jactarse de un título de cierta importancia; pero el que impera indiscutiblemente en el corazón de una coqueta es todo un héroe.

3 Hay en las mudanzas cierto alivio, aunque las mudanzas sean de malo en peor.

4 Los espíritus pequeños son domados y subyugados por el infortunio; pero los grandes saben librarse de la desgracia.

5 Toda la historia de una mujer no es sino una historia de amores.

6 Una lengua afilada es el único instrumento cortante que se aguza más y más con el uso.

Isabel la Católica (1451-1504),
reina de Castilla.

1 Los reyes que quieran reinar han de trabajar.

Isabel I de Inglaterra (1533-1603),
reina de Inglaterra.

1 La cólera da ingenio a los hombres apagados, pero los deja en su pobreza.

Isidoro de Sevilla, San (560-636),
escritor español.

1 El que hace mal uso de sus bienes o usurpa los ajenos, posee injustamente lo que tiene.

2 El temor siempre emmienda, el temor expulsa el pecado, el temor reprime el vicio, el temor hace al hombre docto y solícito.

3 La oración es propiedad del corazón, no de los labios, que Dios no atiende las palabras del que ruega sino que mira su corazón.

4 Mejor es morir bien que vivir mal; mejor es no ser que ser infelizmente.

5 Preferible es la servidumbre sumisa que la entonada libertad.

6 Rey que no rige y corrige en justicia o se aparta de lo recto, pierde el nombre de rey.

7 Si no eres capaz de comprender dónde estás, cállate.

Isócrates 436-338 a. de C.),
orador y retórico ateniense.

1 Cuando quisieres pedir consejo a otro, primero has de saber cómo se ha gobernado él en sus negocios propios, porque el que mal hubiere administrado sus cosas no aconsejará bien en las ajenas.

2 Entrégate a los ejercicios corporales, no a los que acrecientan la fuerza, sino a los que contribuyen a la salud.

3 Habla sólo en dos circunstancias: cuando se trata de cosa que conoces bien, o cuando la necesidad lo exige. Sólo en estos dos casos la palabra es preferible al silencio; en todos los otros casos es mejor callar.

4 Probamos el oro en el fuego, distinguimos a nuestros amigos en la adversidad.

5 Reflexiona con lentitud, pero ejecuta rápidamente tus decisiones.

6 Si llevas a cabo una acción vergonzosa, no esperes mantenerla oculta. Aunque lograras esconderla para los demás, tu conciencia sabría dónde está.

7 Vemos a la abeja posarse sobre todas las plantas y sacar de cada una lo mejor.

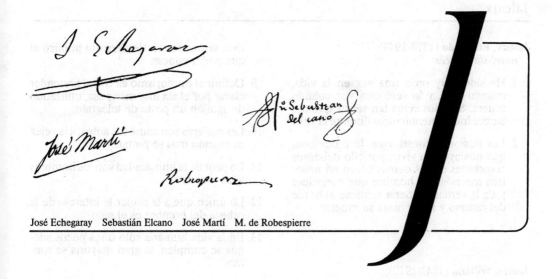

José Echegaray   Sebastián Elcano   José Martí   M. de Robespierre

Jacob, Max (1876-1944),
poeta francés de ascendencia judía.

1 El buen sentido es el instinto de la verdad.

2 El buen gusto de un escritor se reconoce por la importancia de sus correcciones.

Jacobo I (1566-1625),
rey de Inglaterra.

1 He de gobernar de acuerdo con el bien general, no de acuerdo con la voluntad general.

Jacobs, Federico (1764-1847),
filólogo alemán.

1 Desnudo vine un día al mundo y desnudo quedo en el sepulcro. ¿Vale la pena de preocuparse de una suerte desnuda?

2 No es cosa rara que uno venda su honor por lograr una distinción honorífica.

Jacoby, Leopoldo (1840-1895),
poeta alemán.

1 El carácter del hombre no reside en el intelecto, sino en el corazón.

2 Esa es la desgracia de los reyes: no querer escuchar la verdad.

3 La naturaleza verdadera nunca es ridícula; por el contrario, la afectación lo es siempre.

4 La tierra gira sobre dos ruedas: la una es el amor y la otra, el oro.

Jahn, Federico Luis (1778-1852),
educador alemán.

1 A partir del día en que una verdad triunfa se la exagera tanto que se convierte en una falsedad.

2 Dime con quién vas y te diré a quien aborreces.

3 El secreto para vivir en paz con todos consiste en el arte de comprender a cada uno según su individualidad.

4 Vive, si quieres, en el mismo barrio que tu rival, en la misma calle que tu adversario, bajo el mismo techo que tu enemigo; pero procura vivir siempre lejos de un amigo íntimo.

5 Una nación que posee una verdadera colección de libros populares es dueña de un inconmensurable tesoro.

Jaloux, Edmundo (1878-1949),
novelista francés.

1 He sido muy serio una vez en la vida, cuando nací, y lo seré otra vez cuando muera. Son dos actos tan serios que me parece inútil intentar otros durante la vida.

2 Las ilusiones constituyen la única cosa que nos ayuda a vivir; por ello debemos respetarlas en los demás como en nosotros mismos. Un hombre que conociese toda la verdad, debería sentarse al borde del camino y llorar hasta su muerte.

James, William (1842-1910),
filósofo norteamericano.

1 Mantén viva en ti la facultad del esfuerzo sometiéndola cada día a un pequeño ejercicio gratuito.

2 No hay hombres más desdichados que aquellos en que sólo es habitual la indecisión.

Jardiel Poncela, Enrique (1901-1952),
humorista español.

1 A las mujeres les seduce que se las seduzca.

2 Hay dos maneras de conseguir la felicidad; una, hacerse el idiota; otra, serlo.

3 La mujer adora al hombre igual que el hombre adora a Dios: pidiéndole todos los días algo.

4 La vida es tan amarga que abre cada día las ganas de comer.

5 El amor es como la salsa mayonesa: cuando se corta, hay que tirarlo y empezar otro nuevo.

6 El que pide la mano de una mujer, lo que realmente desea es el resto del cuerpo.

7 Todos los hombres que no tienen nada importante que decir hablan a gritos.

8 El teatro es un gran medio de educar al público; pero el que hace un teatro educativo, se encuentra siempre sin público al que poder educar.

9 Definir el humorismo es como pretender clavar por el ala una mariposa, utilizando de aguijón un poste de telégrafo.

10 Las mujeres son como los autos, a la vejez es cuando más se pintan.

11 Lo peor de la humanidad son los hombres y las mujeres.

12 Lo único que a la mujer le interesa de la cabeza del hombre es el pelo.

13 En la vida humana sólo unos pocos sueños se cumplen, la gran mayoría se roncan.

Jarnés, Benjamín (1888-1949),
escritor español.

1 Uno de los secretos de la vida es dar fácilmente con el modo de decir lo que no se piensa.

2 La imaginación nunca se sacia. Tiene por cárcel todo el universo.

Jaspers, Karl (1883-1969),
filósofo alemán.

1 El hombre no toma conciencia de su ser más que en las situaciones límite.

Jean Paul seud. de **Johann Paul Friedrich Richter**. Véase **Richter, Johann.**

Jefferson, Thomas (1743-1826),
político estadounidense.

1 Dios que nos dio la vida, nos dio la libertad al mismo tiempo.

2 El más feliz de todos es aquel de quien el mundo habla lo menos posible, sea bueno o sea malo.

3 El pueblo es el único con quien podemos contar para preservar nuestra libertad.

4 Nosotros consideramos que estas verdades son de por sí evidentes, que todos los hombres son creados iguales: que están dotados por su creador de ciertos derechos inalienables: que entre éstos están la vida, la libertad y la consecución de la felicidad.

5 Revolverse contra la tiranía es obedecer a Dios.

6 Siempre he juzgado más honroso, y también más útil, dar un buen ejemplo que seguir uno malo.

7 Toda la autoridad pertenece al pueblo.

8 Un poco de rebelión de cuando en cuando es una buena cosa, tan necesaria en el mundo político como las tempestades en el universo físico.

Jeffries, Richard (1848-1887),
novelista británico.

1 De la mezquindad, de la bajeza y de la tacañería a que nos obligan las circunstancias, ¡qué gran alivio es el tornar a la extraordinaria abundancia de la naturaleza!

Jenofonte (430-355 a. de C.),
escritor griego.

1 Cuanto más superior a ti es el ser que tiene derecho a tus homenajes, más debes honrarlo.

2 ¡Cuántas gentes han sucumbido ante el infortunio por haber formado proyectos demasiado vastos, nada más que porque se sentían fuertes!

3 Sólo a fuerza de favores se conquista a los espíritus mezquinos; a los corazones generosos se les gana con el afecto.

4 La mayor impostura es pretender gobernar a los hombres sin tener capacidad para ello.

5 El elogio es la más dulce de las músicas.

6 No hay cosa más honrosa ni alegre en la vida, que dejar memoria de vuestros dichos y hechos en los que deseáis que os recuerden.

7 No puede existir un valor digno de alabanza si no va acompañado por la prudencia. Realmente, todo lo que entre los hombres carece de buen sentido, no puede ser más que maldad e injusticia.

8 Sin concordia no puede existir ni un Estado bien gobernado ni una casa bien administrada.

9 Tenía razón el que dijo que la agricultura es la madre y la nodriza de las otras artes.

10 La naturaleza femenina no es en nada inferior a la del hombre, excepto por su falta de fuerza y de vigor.

11 Los adivinos, mientras anuncian el futuro a los otros, no prevén lo que les espera a ellos.

12 No se trata de saber cuál de los dos esposos ha aportado más bienes al matrimonio. Lo que más importa saber es que aquel de los dos que se conduzca en el matrimonio con más sensatez, es el que ha hecho una aportación mayor.

13 *Thálatta, thálatta!* (¡El mar, el mar!)
(Exclamación jubilosa en que prorrumpieron los soldados que acaudillaba Jenofonte cuando, después de una larga y penosa expedición desde Mesopotamia, a donde habían ido en auxilio de Ciro el Joven, llegaron a las orillas del mar Negro.)

Jerome (Klapka, Jerome) (1859-1927),
escritor y humorista inglés.

1 El amor es como el sarampión: todos hemos de pasarlo.

2 Es imposible gozar perfectamente el placer de no hacer nada, si no se tiene un gran cúmulo de cosas por hacer.

3 La mejor política consiste en decir siempre la verdad, a menos, por supuesto, que tengas excepcional habilidad para mentir.

4 Me agrada el trabajo; incluso me fascina. Puedo sentarme y contemplarlo horas enteras. Gozo con tenerlo cerca de mí; y la

idea de librarme de él casi me rompe el corazón.

Jerónimo, San (331-420),
doctor de la Iglesia.

1 El cristiano se hace, no nace nadie ya cristiano.

2 La virtud escondida y alimentada en el secreto de la conciencia mira siempre a Dios como único juez.

3 No hay que vanagloriarse de haber estado en Jerusalén, sino haber vivido bien.

4 De entre las espinas se saca la rosa.

Jerrold, Douglas William (1803-1857),
escritor inglés.

1 El mayor de los animales de la creación es el animal que cocina.

2 ¿Os gusta el mar? Yo pierdo el seso... por la orilla.

Jiménez, Juan Ramón (1881-1958),
poeta español.

1 Otoño, joven andaluz de ojos ardientes y cabellos áureos, todo vestido de brocado malva, con hijas amarantas en las manos.

2 ¡Qué triste es amarlo todo sin saber por qué se ama!

3 La primavera ha venido nadie sabe cómo ha sido.

4 La luna es entre las nubes una pastora de plata que por senderos de estrellas conduce manadas cándidas.

Job, Libro de. Véase **Biblia.**

Joceline, Eliz.,
escritor contemporáneo.

1 Más que avergonzarte por confesar tu ignorancia, avergüénzate de insistir en una necia discusión que la pone de manifiesto.

Jodelle, Esteban (1532-1573),
poeta francés.

1 Cuando una mujer tiene los oídos llenos, apenas si puede frenar la lengua.

Johnson, Roberto U.,
poeta contemporáneo norteamericano.

1 ¿Para qué sirve el hogar si no calienta más que a uno?

Johnson, Samuel (1709-1784),
escritor inglés.

1 Donde la esperanza no existe, no puede existir el esfuerzo.

2 El ejemplo es más eficaz que los preceptos.

3 El gran manantial del placer es la variedad.

4 El juicio nos es impuesto por la experiencia.

5 El matrimonio tiene muchos sinsabores, pero la soltería no goza ningún placer.

6 El mérito principal del hombre consiste en resistir a los impulsos de su naturaleza.

7 El patriotismo es el último refugio de un bribón.

8 El que se mueva para persuadir a la multitud de que no es tan bien gobernada como merecería ser, siempre tendrá auditores atentos y favorables.

9 El que voluntariamente persiste en la ignorancia es reo de todos los delitos producidos por la ignorancia.

10 En la mayoría de los hombres las dificultades son hijas de la pereza.

11 Es una reflexión penosa para un hombre considerar lo que ha hecho, comparado con lo que debió hacer.

12 Ese don de observación que se llama conocimiento del mundo, veréis que sirve con mayor frecuencia para hacer astutos a los hombres, que para hacerlos buenos.

13 Hay una terrible circunstancia que distingue a la calumnia de otros daños: el que la inflinge no puede nunca repararla.

14 la ciencia es de dos clases. Se puede estar documentado sobre un asunto, o saber dónde encontrar las informaciones sobre el mismo.

15 La cita de textos clásicos es el santo y seña de los literatos de todo el mundo.

16 La curiosidad es, en las almas grandes y nobles, la primera pasión y la última.

17 La lengua es el vestido del pensamiento.

18 La libertad, por lo que respecta a las clases sociales inferiores de cada país, es poco más que la elección entre trabajar o morirse de hambre.

19 La vida no puede existir en sociedad sino gracias a recíprocas concesiones.

20 Los que propugnan la igualdad solamente desean nivelar hasta ellos mismos; pero no pueden tolerar que se nivele por encima de ellos.

21 Mientras vive el escritor juzgamos de sus dotes por su peor obra; una vez muerto, juzgámoslas por su obra más acabada.

22 Nadie llegó a ser grande imitando.

23 Nadie será marinero si goza de gran habilidad para evadirse de una prisión; porque hallarse en un buque es como estar en una cárcel, con la probabilidad de morir ahogado.

24 Ningún genio fue jamás marchitado por el soplo de los críticos.

25 No se llevan a cabo cambios sin que surjan inconvenientes, aunque sea para pasar de peor a mejor.

26 Nullum quod teligit non ornavit. (No hubo cosa que tocara que no la embelleciera.)
(Epitafio en honor de Goldsmidt.)

27 Padres no podemos tener más que una vez; se promete demasiado el que entra en la vida con la esperanza de hallar muchos amigos.

28 Patrono: en general, un miserable que sostiene con insolencias y al que se paga con la adulación.

29 Podemos tomar a la fantasía como compañera, pero debemos seguir como guía a la razón.

30 Promesas, grandes promesas, son el alma de la propaganda.

31 Todo hombre tiene el derecho de expresar lo que cree verdad, y todo otro hombre tiene el derecho de rebatirlo por ello.

32 Raramente se halla el placer donde se busca.

33 Si estáis ociosos, no permanezcáis solos; si estáis solos, no os mantengáis ociosos.

34 Sin la frugalidad nadie llega a ser rico, y con la frugalidad poquísimos llegarían a ser pobres.

35 Tener prejuicios quiere decir siempre ser débil.

36 Todo individuo es o espera ser un ocioso.

37 Un conservador sabio y un sabio radical creo que pueden ponerse de acuerdo. Sus principios son los mismos, aunque su modo de pensar sea distinto.

38 Un hombre avezado a la adversidad raramente se abate.

Jokai, Mauricio (1825-1904),
escritor húngaro.

1 El hogar no es humillante: puede ser un trono, desde el que una mujer gobierna el mundo.

2 La potencia mundial más importante y peligrosa es el encanto de la mujer.

3 «Resuelve este enigma: Cuando se tiene poco puedes repartirlo entre muchos; si

tienes mucho es indivisible.» La mujer respondió: «Es el amor.»

Jolyot de Crévillon, Claudio Próspero (1707-1777), *escritor francés.*

1 Ninguna hiel jamás envenenó mi pluma. (Aucun fiel n'a jamais empoisonné ma plume.)

Jones, Henry Arthur (1851-1929), *escritor británico.*

1 Si entre toda la nauseabunda fauna de la civilización existe una bestia que odio y desprecio es, precisamente, el hombre de mundo.

Jonson, Ben (1573-1637), *dramaturgo inglés.*

1 ¡Cuán cerca está de ser bueno lo que es hermoso!

2 El que quiera tener huéspedes distingui- dos, que se procure una bella mujer.

3 Los hombres no recelan de las faltas que ellos no cometen.

4 No os fiéis de nadie. No habléis mal de ninguno en su presencia, ni bien de nadie a sus espaldas.

5 Una bolsa pesada hace ligero el corazón.

José de Calasanz, San (1556-1648), *pedagogo español, fundador de los escolapios.*

1 No habría ruido en la enfermería si hubie- ra paciencia en el enfermo y caridad en el enfermero.

Joubert, José (1754-1824), *moralista francés.*

1 Cada cual es su propia parca e hila su porvenir.

2 Cierra los ojos, y tú verás.

3 Cuando amamos, el corazón es el que juzga.

4 Cuando *des,* da con alegría y sonriendo.

5 Cuando mis amigos son tuertos, los miro de perfil.

6 Cuando se educa a un niño hay que pen- sar en su ancianidad.

7 Cuando se escribe en facilidad, se cree siempe tener más talento del que se tiene.

8 De todas las monotonías, la del «sí» es la peor.

9 Dios ha ordenado al tiempo que consuele a los desgraciados.

10 Dios hizo la vida para vivirla y no para conocerla.

11 El fin de las disputas y polémicas no debe ser la victoria, sino el perfeccionamiento.

12 El genio comienza las obras grandes, mas sólo el trabajo las termina.

13 El placer de la caza es el placer de la espera.

14 El que tiene imaginación sin erudición es como el que tiene alas y carece de pies.

15 El mayor inconveniente de los libros nue- vos es que nos impiden leer los antiguos.

16 En caso alguno faltan palabras para las ideas; por el contrario, son las ideas las que faltan a las palabras. Una vez que la idea alcanza el último grado de perfec- ción, la palabra brota, se despliega y la reviste.

17 En el hombre no hay bueno más que sus sentimientos jóvenes y sus pensamien- tos viejos.

18 Es preciso hacerse querer, porque los hombres no son justos sino con aquellos a quienes aman.

19 Es preciso que el hombre sea esclavo del

deber; de lo contrario será esclavo de la fuerza.

20 Es preciso ser profundos en términos claros y no en términos confusos.

21 Hay que elegir como esposa a la mujer que se escogería como amigo, si fuera un hombre.

22 Hay un derecho del más sabio, pero un derecho del más fuerte.

23 La abeja y la avispa liban las mismas flores; pero no logran la misma miel.

24 La agricultura fomenta la sensatez; una sensatez de excelente índole.

25 La cortesía es la flor de la humanidad. El que no es bastante cortés, no es suficientemente humano.

26 La ignorancia, que en moral atenúa la falta, en literatura es un pecado capital.

27 La indulgencia es una parte de la justicia.

28 la justicia sin la fuerza y la fuerza sin la justicia constituyen dos grandes desgracias.

29 La música, en los momentos de peligro, eleva los sentimientos.

30 La prudencia es la fuerza de los débiles.

31 La razón puede advertirnos sobre lo que conviene evitar; solamente el corazón nos dice lo que es preciso hacer.

32 La vanidad no atiende a razones sino cuando está satisfecha.

33 Las preguntas descubren la amplitud del ingenio, y las respuestas su agudeza.

34 Los niños necesitan más de buenos ejemplos que de censuras.

35 Los que gozan una vejez prolongada están como purificados corporalmente.

36 No se puede encontrar poesía en nada cuando no se lleva consigo.

37 Nunca se debe sentir el tiempo que se ha necesitado para obrar bien.

38 Para descender a nosotros mismos es preciso ante todo elevarse.

39 Podemos lamentar la religión de los demás, pero nunca reírnos de ella.

40 Sé dulce e indulgente para todos; no lo seas contigo mismo.

41 Todas las pasiones buscan lo que las alimenta; el miedo ama la idea del peligro.

42 Unos gustan decir lo que saben, otros lo que piensan.

43 La tarde de la vida trae consigo su propia lámpara.

44 La imaginación es el ojo del alma.

Jouhandeau, Marcel (1888-1979), *escritor francés.*

1 Amar y odiar no es más que experimentar con pasión el ser de un ser.

Jouy, Víctor José Esteban (1764-1846), *literato francés.*

1 Sin las mujeres, al principio de nuestra existencia nos veríamos privados de ayuda, al mediar la vida de placeres y a su final de consuelo.

Jovellanos, Gaspar Melchor de (1744-1811), *escritor español.*

1 ¡Ay, dichoso el mortal de cuyos ojos un pronto desengaño corrió el velo de la ciega ilusión!

2 Ninguno que llegare a conocellas, podrá vivir con ellas ni sin ellas.

3 Es observación vulgar que los amigos se prueban en la tribulación.

4 La tierra no produce para los ignorantes sino malezas y abrojos.

Juan, San. Véase **Biblia.**

Juan de Austria, don (1545-1578),
militar y político, hijo bastardo de Carlos V.

1 A morir hemos venido; a vencer si el cielo
lo dispone. No deis ocasión a que con
arrogancia impía os pregunte el enemigo:
¿dónde está vuestro Dios?

Juan de Ávila, Beato (1500-1569).
místico y predicador español.

1 Toda la República iría perdida y errada si
las cosas públicas se torciesen por afecciones particulares.

Juan de la Cruz, San. Véase **Cruz, San Juan
de la.**

Juan Manuel, don (1282-1348),
escritor español.

1 A Dios desplace de los muertos maldecir.

2 No aventures mucho tu riqueza por consejo del hombre que ha pobleza.

Juan Pablo II,
papa.

1 Lo alienante es el pecado y no la religión.

2 Leer las montañas es tan jubiloso y cristiano como leer la Biblia.

3 Morir por la fe es un don; vivir por ella,
una obligación.

Juana de la Cruz, sor. Véase **Cruz, sor Juana
de la.**

Jungmann, Josif (1773-1847),
escritor bohemio.

1 No hay nada tan práctico como una buena
teoría.

Junius (1511-1575),
erudito inglés.

1 El arrepentimiento en el lecho de muerte
raramente alcanza la reparación.

2 El derecho electoral es la misma esencia
de la constitución.

3 Un precedente crea otro. Acumulándose
terminan por convertirse en leyes.

Justiniano I (483-565),
emperador de Oriente.

1 Justicia es un firme y constante deseo de
dar a cada uno lo que le es debido.

1 Unicuique suum. (A cada uno lo suyo.)

3 Vivir honradamente, no perjudicar al prójimo, dar a cada cual lo suyo.

4 Donde esté el riesgo, allí también se
ponga el lucro.

Juvenal Décimo Junio (60-135),
poeta satírico latino.

1 ¿A quién has visto que se contente con un
solo crimen?

2 Apenas hay un proceso en que la mujer
no sea la promotora del litigio.

3 El dinero huele bien, venga de donde
venga.

4 El amor a las riquezas crece conforme
crece el dinero, y quien menos tiene,
menos lo desea.

5 El mayor castigo del culpable es que
nunca será absuelto por el tribunal de su
conciencia.

6 El niño merece el máximo respeto (Maxima debetur puero reverentia).

7 Es locura manifiesta vivir precariamente para poder morir rico.

8 Es una cosa enormemente nefanda preferir la vida al honor, y perder la razón de vivir, para mantener la vida.

9 Fronti nulla fides. (No hay que fiar en apariencias.)

10 Haz de manera que seas tú admirado y no lo que te pertenece.

11 Hoc volo, sic jubeo, sit pro ratione voluntas. (Esto quiero, así lo mando; baste como razón mi voluntad.)

12 La crítica es indulgente con el cuervo, pero inexorable con las palomas.

13 La honestidad es loada, pero después se deja morir de frío.

14 La sola y única nobleza es la virtud.

15 La venganza es siempre el placer del espíritu pequeño, débil y limitado.

16 Las mismas culpas hallan diversa suerte: uno recibe por su delito el suplicio, y, el otro, la corona.

17 Lo que avalora un placer es el usarlo raramente.

18 Más que la muerte es de temer la vejez.

19 Mente sana en cuerpo sano. (Mens sana in corpore sano.)

20 Nada hay más insoportable que una mujer muy rica.

21 Ni una palabra, ni una acción obscena deberá contaminar la casa donde haya un muchacho.

22 Ningún hombre malo es feliz.

23 No hay asunto en el que la mujer no encuentre modo de suscitar querella.

24 No te fíes de las apariencias.

25 Quis custodiet ipsos custodes? (Y a los guardas, ¿quién les guardará?)

26 ¿Quién podría soportar a una mujer que tuviera todas las cualidades?

27 Sacrificar la vida a la verdad.

28 Si la prudencia te acompaña, ningún poder celestial te desamparará.

29 Sólo la muerte nos revela qué cosa tan pequeña somos los hombres.

30 Nunca ha dicho la naturaleza una cosa y la sabiduría otra distinta.

31 De dónde viene tu bolsa, nadie pregunta. Lo importante es tenerla.

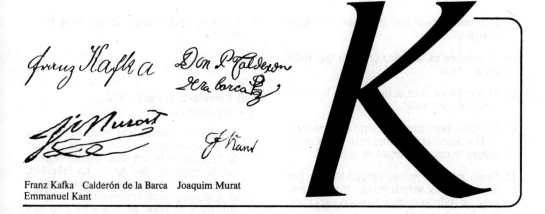

Franz Kafka   Calderón de la Barca   Joaquim Murat
Emmanuel Kant

Kafka, Franz (1883-1924),
escritor checo.

1 Necesito estar mucho tiempo solo; todo lo que he producido es simplemente un producto de la soledad.

2 El centro del círculo imaginario está lleno de radios sin terminar. Ya no hay lugar para nuevo intento. Esa falta de lugar se llama vejez y la imposibilidad de un nuevo intento significa final.

Kaiserberg, J. Geiler von.
escritor alemán contemporáneo.

1 La muerte se halla tan próxima, que su sombra se cierne incesantemente sobre nosotros.

2 La paz crea riqueza; la riqueza, soberbia; la soberbia trae la guerra; la guerra engendra la miseria; la miseria, humildad, y la humildad trae de nuevo la paz.

3 Los hombres son como los caracoles: cuando hace buen tiempo salen de su concha, y con el mal tiempo vuelven a esconderse en ella.

4 Una lengua inquieta, en una casa o en una comunidad, es como un abejorro dentro de una habitación; nadie puede estar en paz.

Kalidasa (s. IV-V),
poeta hindú.

1 Los grandes espíritus son como las nubes: recogen para derramarse.

Kant, Emmanuel (1724-1804),
filósofo alemán.

1 A fin de cuentas el error no es nunca más útil que la verdad; pero, con frecuencia, sí lo es la incertidumbre.

2 Cuando nos encontramos en la luz raramente pensamos en las tinieblas, ni en la miseria cuando somos felices, ni en el dolor si disfrutamos la satisfacción; pero siempre en el caso contrario.

3 Dormía y soñé que la vida era bella; desperté y advertí entonces que ella es deber.

4 Dos cosas llenan el ánimo de admiración y respeto, siempre nuevos y crecientes, cuanto con más frecuencia y aplicación se ocupa de ellas la reflexión: el cielo estrellado sobre mí y la ley moral en mí.

5 El deber es la necesidad de cumplir una acción por respeto a la ley.

6 El estado ha cumplido sus fines cuando ha asegurado la libertad de todos.

7 El genio es la facultad por la cual la naturaleza da reglas al arte.

8 El hombre es el único animal que debe trabajar.

9 El hombre es la única criatura que debe ser educada.

10 El hombre siente celos si ama; la mujer también, sin amar.

11 Es absolutamente necesario convencerse de la existencia de Dios; pero no es igualmente necesario que se demuestre.

12 Es posible que no sea verdad todo lo que el hombre piensa [puesto que puede errar]; pero en todo lo que dice precisa ser veraz [no debe engañar].

13 Existen dos tipos de buenas disposiciones de ánimo: 1. La íntima paz o satisfacción [la buena conciencia]; 2. El corazón que siempre está alegre. La primera se obtiene a condición de no tener conciencia de alguna culpa, mediante una clara idea de la nulidad de los bienes de la fortuna; la segunda es un don de la naturaleza.

14 La educación constituye el mayor y más grave problema que puede ser planteado al hombre.

15 La guerra es mala, porque hace más hombres malos que los que mata.

16 La moral es una ciencia que enseña no cómo hemos de ser felices, sino cómo hemos de llegar a ser dignos de la felicidad.

17 La mujer alcanza la libertad con el matrimonio; pero el hombre pierde su libertad.

18 La veracidad en las declaraciones que no pueden eludirse es un deber formal del hombre para con cualquier otro.

19 Lo único incondicionalmente bueno es la buena voluntad.

20 Que yo no posea algo bueno que hubiera podido tener, no produce tanto dolor como el no poseer ya alguna cosa que antes tuve.

21 Sólo existe una religión verdadera, pero puede existir muchas especies de fe.

22 Todos somos iguales ante el deber moral.

23 En las cualidades morales, sólo la verdadera virtud es sublime.

24 La pena que castiga es un bien en sí misma.

Kapff-Essenther, J. von (s. XIX), *escritor alemán.*

1 ¿Por qué no hallamos la felicidad? Porque la buscamos donde no está: en la cúspide de la existencia, en una lejanía remota donde crece la «flor azul». La felicidad, por el contrario, vive en un lugar tranquilo, oscuro y profundamente escondido, que no está lejos de nosotros y al que llegamos muy raras veces: en nosotros mismos.

Karadja, princesa (s. XIX), *escritora francesa.*

1 El mundo es un parque de animales en el que se olvidó de separar los lobos de los corderos.

2 En amor, cuanto más se habla menos se dice.

3 Se entierran con mayor frecuencia las amistades que a los amigos.

Karr, Alphonse (1808-1890), *literato francés.*

1 Creo en el Dios que hizo a los hombres, pero no en el que los hombres han hecho.

2 Dos clases de mujeres: las que quieren tener buenos trajes para parecer bonitas y las que quieren ser bonitas para tener buenos trajes.

3 En todos los países hay alguna cosa que sobra: los habitantes.

4 Jamás se abate un ídolo sino en beneficio de otro.

5 La amistad de dos mujeres es siempre un complot contra una tercera.

6 La felicidad se compone de las desgracias evitadas.

7 El hombre todo lo perfecciona en torno suyo; lo que no acierta es a perfeccionarse a sí mismo.

8 En el paraíso perdido la mujer mordió el fruto del árbol de la ciencia diez minutos antes que el hombre; siempre ha mantenido esos diez minutos de ventaja.

9 Muchas gentes tienen la cómoda opinión de que la virtud consiste en ser severo con los demás.

10 La libertad de cada uno tiene por límites lógicos la libertad de los demás.

11 La mejor manera de vivir en paz con los vecinos es no tenerlos.

12 Saber que se sabe lo que se sabe, y saber que no se sabe lo que no se sabe: sabiduría.

13 Se ama sin razón y se olvida sin motivo.

14 La nota es como un ala al pie del verso puesta.

15 La oposición cuida siempre de pedir lo que está segura de no obtener, porque si lo obtuviese dejaría de ser oposición.

16 Se llama matrimonio de conveniencia a la unión entre personas que no se convienen mutuamente.

17 La propiedad es una trampa; lo que creemos poseer, en realidad nos posee.

18 ¿Y en qué consiste el recuerdo de los hombres? ¡Bah! En una hora de trabajo, para un buen marmolista.

19 No se viaja por viajar, sino por haber viajado.

20 Hay gentes que tienen únicamente voluntad para no tenerla; pero que en este caso la tienen prodigiosa.

21 La mujer para el hombre es un fin; el hombre, para la mujer, es un medio.

22 Tiene mucho de mentira decir verdades que no se sienten.

Kastner, Georg Friedrich (1852-1882), *sabio alemán.*

1 El corazón es como el ingenioso aparato de Edison: repite fielmente, con voz humana, lo que soñadores y poetas dijeron con anterioridad.

Kaus, Gina, *escritora contemporánea.*

1 La gente prefiere ser admirada que admirar, hablar que escuchar. Y, en general, no disimulan esta manera de ser.

Kearsley, *poeta inglés contemporáneo.*

1 La caza representa un trabajo para los salvajes de Norteamérica, pero es una diversión para los señores de Inglaterra.

Keats, John (1795-1821), *poeta inglés.*

1 Nunca llega a ser coronado por la inmortalidad quien teme ir adonde le conducen voces desconocidas.

2 Deja vagar a la fantasía, pues el placer no se halla nunca en casa.

3 Los fanáticos tienen sus ensueños, con los que forjan un paraíso para su secta.

4 De nada estoy seguro, como no sea de la santidad de las afecciones del corazón y de la verdad de la imaginación. Lo que la imaginación acepta como belleza debe ser verdad.

Keller, Gottfried (1819-1890), *poeta y novelista alemán.*

1 Es más conveniente no esperar nada y hacer lo posible, que entusiasmarse y no hacer nada.

Kempis, Tomás de (h. 1379-1471),
escritor ascético alemán.

1 Fácilmente estará contento y sosegado el que tiene la conciencia limpia.

2 Entre dos males, elegir el menor. (De duobus malis, semper minus est eligendum.)

3 El principio de toda tentación es no ser uno constante.

4 El hombre propone, y Dios dispone.

5 He aquí a mi Dios y todas las cosas: ¿Qué más quiero?, ¿qué mayor felicidad puedo desear?

Kennedy, John Fitzgerald (1917-1963),
político estadounidense.

1 No preguntéis qué puede hacer vuestro país por vosotros. Preguntad qué podéis hacer por vuestro país.

2 Si una sociedad libre no puede ayudar a sus muchos pobres, tampoco podrá salvar a sus pocos ricos.

Kératry, A. I. (1769-1859),
político y literato inglés.

1 Los gobiernos y sus jefes no poseen más poder que el que se les atribuye; pues el poder no se da sino que se toma.

Keyserling, Hermann (1880-1946),
filósofo y literato alemán.

1 El hombre sólo es libre en el momento de su decisión. Tan pronto como la decisión ha sobrevenido, se siente ligado por ella.

2 El que pretende convencer a otros convence mucho menos que el que, sin propósito ninguno ulterior, hace por sí lo que le parece recto.

3 Es un error creer que el fin de todo gobierno es la felicidad más grande del mayor número de personas. La felicidad es una cuestión subjetiva y nunca ha tenido nada que ver con el gobierno.

4 Generalizar siempre es equivocarse.

5 No conozco ningún socialista que quiera realmente lo que defiende.

6 No puede conseguirse ningún progreso verdadero con el ideal de facilitar las cosas.

7 Son muy pocos los grandes hombres que han nacido en un ambiente familiar fácil.

Khayyam, Omar (1038-1123),
poeta persa.

1 Si los que aman el vino y el amor van al infierno, mañana verás el paraíso liso como la mano.

2 El día que pasas sin amar es el más inútil de tu vida.

3 Una amapola marchita no vuelve a florecer jamás.

Kierkegaard, Sören (1813-1855),
filósofo y literato danés.

1 Ninguna potencia aventaja a la imaginación en la facultad de embellecerlo todo o de estropearlo todo, cuando se le presenta la realidad.

2 Dicen que la mujer es débil y que no puede soportar las preocupaciones y los apuros; convendría no perder de vista, en el amor, las debilidades y los defectos. ¡Falso! ¡Falso! La mujer es tan fuerte como el hombre, si no es más fuerte que él.

King, William,
poeta inglés.

1 Los agravios solemos grabarlos en diamante, mientras escribimos en el agua los beneficios.

Kingsley, Charles (1819-1875),
eclesiástico y literato inglés.

1 El único procedimiento para regenerar el mundo consiste en cumplir con el deber más inmediato.

Kinkel, Gottfried (1815-1882),
escritor alemán.

1 El hombre se crea su propio destino.

Kipling, Rudyard (1865-1936),
novelista británico.

1 La más tonta de las mujeres puede manejar a un hombre inteligente, pero será necesario que una mujer sea muy hábil para manejar a un imbécil.

2 La Providencia ayuda a quienes ayudan a los demás.

3 Si encomiendas a un hombre más de lo que puede hacer, lo hará. Si solamente le encomiendas lo que puede hacer, no hará nada.

Kleist, Heinrich von (1777-1811),
poeta alemán.

1 Vivir sin proponerse un plan significa tener confianza en el azar, por si nos quiere hacer felices de una manera que no acertamos a comprender.

2 Hay muchos escritos de estilo mordiente en los que se niega a aceptar que existe un dios. Pero ningún ateo, que yo sepa, ha refutado, de manera convincente, la existencia del diablo.

3 El hombre, para tropezar, sólo necesita sus pies, pues su miserable piedra de tropiezo cada uno la lleva en sí.

Klinger, Frederich M. (1752-1831),
poeta, dramaturgo y novelista alemán.

1 Si los hombres fueran tan malos como algunos piensan o los pintan, la vida resultaría imposible; si fueran tan buenos como otros pretenden, la vida se estancaría. Por eso preferimos bogar y bordear por el término medio, si no confiados, al menos aparentándolo; como los demás hacen otro tanto, la vida sigue su curso.

2 Quien ama el oro como oro, es su esclavo; pero quien lo usa tan sólo como instrumento para lograr sus fines, trata de hacer a los demás sus esclavos y lo hace, efectivamente.

3 Muchos se lamentan de la sociedad humana y mueren entre tales lamentos, sin pensar, o sin haber pensado, que la misma sociedad hizo más por ellos, en un día, de cuanto ellos hicieron por la sociedad en toda la vida.

4 No son solamente las abejas quienes forman por ciego instinto un Estado, una república, sin saber lo que hacen ni lo que representan. Pueblos enteros estuvieron y están en tal estado.

5 Todo el mundo odia, con razón, la hipocresía; sin embargo, poco o mucho, cada cual tiene que llevar una máscara. Aquellos para los cuales esa máscara se convierte en su vestido habitual, son los que más la odian, porque no desean que se les pague con una moneda igualmente falsa.

6 La vanidad es, para la sociedad, lo que el viento para el molino: aunque no sople muy fuerte, indudablemente es un buen viento para mover la máquina.

7 También aquellos que califican de divina a nuestra virtud dicen una tontería; la virtud ha de ser precisamente humana si ha de ser útil a los hombres. Los virtuosos excelsos dejan, por lo general, que el mundo discurra sin más; se limitan a suspirar y se mantienen absolutamente tranquilos en su sentimiento divino.

8 El verdadero gobierno debe semejarse a una fecunda lluvia estival, que humedece los campos secos sin que se le oiga. Han existido muchos gobernantes que hacían funcionar la máquina estatal con tales ruidos, estrépitos, rumores, palmoteos y arrebatos, que en muchas ocasiones hacían

pensar que la máquina acabaría destrozada.

9 Cada cual choca con el egoísmo de los demás, como si fuera un enemigo de toda acción desinteresada y noble, y cada uno sabe poner en primer término en su interior el propio interés.

10 El que no ha sido puesto a prueba por la buena y la mala suerte muere como un soldado que no ha visto nunca al enemigo.

11 A los ancianos se les perdonan muchas cosas; la naturaleza les resta demasiado. Lo que yo no les puedo perdonar es que se obstinen en hacer sesudos, prematuramente, a los jóvenes.

12 ¿Para qué sirven tantas severas observaciones y estudios sobre el hombre? La vida es un juego; cuanto menos se piensa en ella y en lo que se hace, tanto más divertida es y tanto más se goza.

Knigge, Frederich (1751-1796),
escritor alemán.

1 No cabe imaginar una bajeza de la que no sea capaz un avaro.

2 El que no sabe prescindir de la sociedad debe someterse a sus costumbres, puesto que son más poderosas que él.

Knorr, Madame de (1827-1908),
escritora austríaca.

1 ¡Qué gran credulidad la de los embusteros! Incluso creen que son creídos.

2 Frecuentemente logramos que se nos comprenda mejor hablando menos.

3 La iniciativa de la juventud vale tanto como la experiencia de los ancianos.

4 Desconfiad siempre de la experiencia ajena.

Knowles, Jacobo Sheridan (1784-1862),
dramaturgo irlandés.

1 ¿Qué mérito tiene el caer en la montaña de la fortuna? El mérito está en salir de ella.

Kohl, J. G. (1808-1878),
escritor alemán.

1 La vida es muy corta, y cada momento tiene su valor, pero nos pasamos días enteros durmiendo y años completos soñando.

2 Dos piedras preciosas, la una falsa y la otra buena, son difíciles de distinguir: la firmeza y la obstinación.

Kokoschka, Oskar (1886-1980),
pintor austríaco.

1 A un invierno melancólico sin motivo le sigue la ansiedad sin sentido.

2 Cuanto tú eres, soy yo. Si te alejas de mí volveré a ser nadie.

3 Día y noche fluyen en un mismo río.

4 El amor flota unido al dolor.

5 El deseo pide a gritos deseo.

6 El dolor del mundo no es más que amor.

7 Europa no es un continente geográfico sino cultural.

8 Flota entre el infierno y el cielo el alma de la pareja.

Konody, J.,
escritor contemporáneo alemán.

1 Las mujeres son juristas natos: y jamás hablan con más persuasión que cuando están equivocadas.

Körner, Theodor (1791-1813),
poeta alemán.

1 El amor no tiene medida para el tiempo; germina, florece y madura en una hora feliz.

2 El reposo mata; sólo vive el que obra.

3 La férrea voluntad de un destino se rompe como una ola contra los escollos, ante la fe firme de una pareja fiel.

4 La fuerza del hombre se prueba en la desgracia, y la fidelidad de un amigo se prueba en la tempestad.

5 La suprema y última curación está en la espada.

6 La venganza es una herencia de las almas débiles; nunca se cobija en los corazones fuertes.

7 La vida no tiene valor donde falta libertad.

8 Lo extraordinario en la vida no tiene reglas, no tiene constricciones; lleva consigo sus leyes y sus virtudes; no se puede medir con una balanza terrena, no tiene unos confines limitados.

9 No hay bribón tan estúpido que no halle un motivo para sus bajezas.

10 Solamente es el más grande de los príncipes, hijo mío, aquel que se levanta un trono en el corazón de los hombres.

11 Sólo desde que amo es bella mi vida; sólo desde que amo sé que vivo.

12 Toda la bienaventuranza de la vida germina en dos corazones donde reina el amor.

Kossuth, Lajos (1802-1894),
político húngaro.

1 El patriotismo es la cuna del sacrificio. Por esta sola razón no se dan las gracias cuando uno cumple con su deber.

Kotzebue, Augusto (1761-1819),
literato alemán.

1 ¿Dónde tiene la humanidad un templo más hermoso que en el corazón de una mujer?

2 El amor ata a dos seres entre sí; el matrimonio hace uno de dos; el amor se bebe de un trago su cáliz de la felicidad, en tanto que el matrimonio lo saborea gota a gota, y no lo vacía sino al borde de la tumba.

3 La tenacidad es confundida frecuentemente con la obstinación.

Kropotkine, Pedro (1842-1921),
revolucionario y escritor ruso.

1 Únicamente los que saben odiar saben también amar.

Kümelin, Gustav,
escritor alemán contemporáneo.

1 El pensamiento sereno, junto con un trabajo cuidado, llegan frecuentemente más lejos que la pasión y el entusiasmo.

2 La felicidad de la vida está condicionada generalmente menos por los factores externos que por estados fundamentales que predominan sobre el ánimo.

Kuprin, Alexandr Ivanovich (1870-1938),
escritor ruso.

1 El que no ha caído no sabe cómo es posible levantarse.

2 La gloria y la fama son dulces, sobre todo de lejos, cuando se sueña en ellas; en cuanto se las posee, sólo se sienten sus espinas.

Luis XVI   Henri Ph. Petain   Paul Valéry   Martín Lutero

La Beaumelle (1726-1773),
literato francés.

1 Cuando un gran hombre comete bajezas, imagina poder remediarlas con la altivez.

2 El sentimiento tiene casi siempre ideas justas, porque no hay tiempo para entregarse a reflexiones sutiles.

3 Las artes agradables no son cultivadas con algún éxito más que en los países donde el bello sexo cuenta con gracias.

4 Las personas incapaces de llevar a cabo las cosas pequeñas son muy a menudo capaces de aconsejar las más grandes. Tienen la cobardía en el corazón y el valor en el espíritu.

5 Los hombres grandes son como los hotentotes; los hallamos admirables cuando descubrimos en ellos un poco de sentido común.

6 No deseéis ser elevados antes de que seáis grandes.

7 No te crees nunca enemigos, pero sobre todo no te crees enemigos tímidos.

8 ¿Queréis creer en la religión? No leáis los libros que la aprueban. ¿Queréis respetarla? No miréis a los que la predican.

9 Se dan pocas vidas que sean bellas en detalle; los grandes hombres no lo son más que al por mayor.

10 Tal vez sea una idea personal mía, pero nunca me ha parecido que uno sea grande cuando me hace sentir que yo soy pequeño.

La Bruyère, Jean de (1645-1696),
escritor y moralista francés.

1 Toda revelación de un secreto es culpa de quien lo ha confiado.

2 Todo nuestro mal procede de no poder estar solos.

3 Una cualidad esencial de la justicia que debemos a los demás es hacerla prontamente y sin demoras; hacerla esperar representa una injusticia.

4 Una de las señales del ingenio mediocre es estar siempre contando cosas.

5 Acontece a veces que una mujer oculta a un hombre toda la pasión que por él siente, mientras que él finge por ella una pasión que está lejos de sentir.

6 Con los ojos en alto y la boca abierta el pueblo escucha ávidamente lo que cree que le complace, y a medida que entiende menos, admira más.

7 Constituye una grosería hacer un favor de mala gana; lo más duro y penoso es otorgar; ¿qué cuesta añadir una sonrisa?

8 Conviene reír antes de ser felices, por miedo de morir sin haber reído.

9 Cuando la vida es miserable resulta penoso el soportarla; si es dichosa, resulta horrible perderla: lo uno equivale a lo otro.

10 Cuando una lectura os eleva el espíritu y os inspira sentimientos nobles y valerosos, no busquéis ninguna otra regla para juzgar la obra: es buena y está hecha por una mano de artista.

11 Cuanto más nos aproximamos a los grandes hombres, mejor comprobamos que son hombres.

12 Desearía ver un hombre sobrio, moderado, casto y equitativo que negase la existencia de Dios; por lo menos, hablaría sin el menor interés; pero este hombre no existe.

13 El corazón, más que la inteligencia, nos hace sociables y afables.

14 El deber de los jueces es hacer justicia; su oficio, diferirla.

15 El tiempo fortalece la amistad y debilita el amor.

16 El esclavo no tiene más que un dueño; el ambicioso tiene tantos cuantas son las personas que pueden ser útiles a su fortuna.

17 El favor [del príncipe] coloca al hombre elegido por encima de sus iguales; y su caída lo pone por debajo de ellos.

18 El motivo, únicamente, es lo que da mérito a las acciones humanas, mientras que el desinterés las lleva a la perfección.

19 El que afirma que no es feliz podría, al menos, disfrutar la felicidad de los amigos y del prójimo, pero la envidia le impide gozar de este último recurso.

20 El silencio es el ingenio de los necios.

21 La modestia es respecto al mérito lo que las sombras son en relación con las figuras de un cuadro: le da fuerza y relieve.

22 La muerte no viene más que una vez, pero se deja sentir en todos los momentos de la vida.

23 La verdadera grandeza es libre, dulce, familiar y popular. Se deja tocar y manejar; nadie pierde si se la mira de cerca: antes bien, cuanto más se conoce más se admira.

24 La vida es corta y enojosa; transcurre enteramente deseando, sin que hagamos otra cosa que demorar para el futuro el reposo y la alegría.

25 Las mujeres no simpatizan entre ellas por los mismos motivos que agradan a los hombres.

26 Las mujeres son extremas: son mejores o peores que los hombres.

27 No debemos juzgar a los hombres a primera vista, como si se tratara de un cuadro o de una estatua; es necesario profundizar el espíritu y el corazón; el velo de la modestia oculta el mérito, y la máscara de la hipocresía esconde la maldad.

28 No existe camino demasiado largo para el que marcha lentamente y sin prisa; no hay meta demasiado lejana para el que se arma de paciencia.

29 No existe vicio que no tenga una falsa semejanza con alguna virtud y deje de aprovecharse de ello.

30 No hay nada que los hombres amen más que la vida y, sin embargo, ¡cómo la desperdician!

31 Para el hombre no existen más que tres acontecimientos: nacer, vivir y morir; no siente nada al nacer, sufre al morir y se olvida de vivir.

32 Para gobernar bien existen pocas reglas generales y medidas seguras; hay que ajustarse al tiempo y a las coyunturas, y todo se desenvuelve a base de la prudencia y las perspectivas de quienes gobiernan.

33 Para llegar a la meta de sus propósitos, la mayoría de los hombres es más capaz de un esfuerzo extraordinario que de una larga perseverancia.

34 Raramente llega uno a arrepentirse de hablar poco; es más frecuente, si hablamos demasiado: máxima vieja y trivial, que todos conocen y que nadie practica.

35 Si no se viese con los propios ojos, ¿sería posible imaginar la inmensa despropor-

ción que crea entre los hombres una mayor o menor cantidad de monedas?

36 Si observáis aquellos que no elogian nunca, que murmuran de todos; que no están jamás contentos de nada, veréis que son precisamente los mismos de los cuales nadie está contento.

37 Sólo hay un camino para llegar, y mil para alejarse.

38 En un malvado no existe materia para hacer un gran hombre.

39 Existen pocas mujeres tan perfectas que eviten que se arrepienta el marido, por lo menos una vez al día, de haber logrado una esposa o de considerar feliz al que no la tiene.

40 Escribir bien es gloria y mérito de algunos hombres; de otros sería gloria y mérito no escribir nada.

41 «Hacer las cosas como las hacen todos» es una máxima sospechosa que casi siempre significa hacer las cosas mal.

42 Hay personas que hablan un instante antes de haber pensado.

43 Hombre que vive entre intrigas durante algún tiempo, no puede ya pasarse sin ellas; cualquier otra manera de vida le resulta lánguida.

44 La amistad no puede ir muy lejos cuando ni unos ni otros están dispuestos a perdonarse los pequeños defectos.

45 La corte es como un edificio hecho todo él de mármol: quiero decir que se compone de hombres muy duros, pero muy pulidos.

46 La cortesía hace aparecer el hombre, por fuera, como debería ser interiormente.

47 La imposibilidad que hallo para probar que Dios no existe me demuestra su existencia.

48 La liberalidad no consiste tanto en dar mucho como en dar oportunamente.

49 La mayor parte de los hombres emplean la primera parte de su existencia en hacer miserable la otra mitad.

50 Sin concordia no puede existir ni un Esta-

51 do bien gobernado, ni una casa bien administrada.

52 Es una gran desgracia no tener bastante talento para hablar bien, ni bastante juicio para callarse.

53 Las mujeres en amor llegan más lejos que los hombres, pero los hombres las ganan en amistad.

54 No pensar más que en sí y en el presente, fuente de error en la política.

55 Los niños no tienen ni pasado ni futuro y gozan del presente, cosa que a nosotros no nos sucede mucho.

56 Nos es difícil descubrir la verdad cuando dos mujeres se acusan mutuamente; las dos tienen razón.

57 Hay pocas mujeres tan perfectas que no hagan arrepentirse a sus maridos, por lo menos una vez al día, de haber contraído matrimonio.

58 Hay que reír antes de ser feliz, por miedo a morir sin haber reído,.

59 Una respuesta apacible puede apagar el más encendido furor.

60 Debemos reír antes de ser felices, no sea que nos sorprenda la muerte sin haber reído.

61 Hay ciertas cosas en que la mediocridad es intolerable: la pintura, la música, la poesía y la oratoria.

62 Los hombres suelen ruborizarse menos de sus crímenes que de sus debilidades y de su vanidad.

63 Los hombres se avergüenzan menos de sus crímenes que de sus debilidades y de su vanidad.

La Fontaine, Jean de (1621-1695), *fabulista francés.*

1 No se puede contentar a todo el mundo y a su padre además.

2 No vivimos nunca: esperamos la vida.

3 Raro es que el avaro termine sin llanto su

vida; es el que menos aprovecha del tesoro que acumula, ahorrando para los ladrones, para sus parientes, o para la tierra.

4 Toda fuerza es débil si no está unida.

5 Todo adulador vive a expensas de quien le escucha.

6 Un amigo verdadero, ¡qué buena cosa es!

7 Una moral escueta con frecuencia aburre; si el precepto se adorna con un cuento, se asimila mejor.

8 Y sabía que la desconfianza es madre de la seguridad.

9 A esas personas que sienten la pasión de amontonar sin reposo, poniendo una cantidad sobre otra, les pregunto qué ventaja logran que esté vedada a los demás mortales.

10 Acusaba siempre a los espejos de ser falsos.

11 ¡Ay! se ve que en todo tiempo los pequeños han sufrido por las tonterías de los grandes.

12 Ayúdate y el cielo te ayudará.

13 Con frecuencia se encuentra el propio destino siguiendo las veredas que tomamos para evitarlo.

14 Cualquier poder, si no se basa en la unión, es débil.

15 Cuando de nuestra culpa algún mal se deriva injuriamos a la suerte; el bien lo hacemos nosotros; el mal lo hace la fortuna. Siempre tenemos razón: el destino siempre se equivoca.

16 De un magistrado ignorante es la toga lo importante.

17 Dos gallos vivían en paz: vino una gallina y he aquí la guerra encendida.

18 El exagerado temor frente al peligro hace que caigamos en él con suma frecuencia.

19 En las alas del tiempo la tristeza vuela.

20 En materia de amor todo está permitido: habilidad, violencia, astucia y engaño.

21 En toda cosa hay que considerar el fin.

22 Entre nuestros enemigos, los más temibles son con frecuencia los más pequeños.

23 Es necesario ayudarse unos a otros: es una ley de la naturaleza.

24 Es preciso beneficiar a todos tanto como se pueda. A veces necesitamos a quienes son inferiores a nosotros mismos.

25 Estómago hambriento no tiene oídos.

26 La avaricia todo lo pierde pretendiendo ganarlo todo.

27 La fortuna ciega va emparejada con la audacia ciega.

28 La gracia, más bella aún que la belleza.

29 La razón del más fuerte es siempre la mejor.

30 La verdadera prueba de valor solamente está en los peligros que se tocan con el dedo.

31 Las personas que no hacen ruido son peligrosas.

32 Logra más la dulzura que la violencia.

33 Me sirvo de animales para instruir a los hombres.

34 Mientras vivas, guárdate de juzgar a los hombres por el gesto.

35 Nada más peligroso que un amigo ignorante; es preferible un enemigo con juicio.

36 Nada turba su fin; es el atardecer de un hermoso día.

37 Ningún camino de flores conduce a la gloria.

38 No existe bien sin mal, ni placer sin inquietudes.

39 No hay nada que pese tanto como un secreto, y llevarlo lejos resulta difícil para las mujeres; pero, en este aspecto, conozco a muchos hombres que son mujeres.

La Grasserie, R. de (1839-1920),
escritor francés.

1 Puede hacerse todo, pero no se puede decir todo.

2 Se comienza por avergonzarse de un vicio; se acaba por blasonar de él.

La Harpe, Jean François de (1739-1803),
literato francés.

1 Todo aquello que se exagera, por lo mismo se empequeñece.

2 La virtud se para cuando encuentra al interés en su camino, y allí está su prueba. Si la virtud es débil, retrocede; si es fuerte, el interés se retira y le abre paso.

3 A la vista del que no es filósofo, la conciencia, el honor, el patrimonio, todas las virtudes, todos los sentimientos son escrúpulos.

4 La risa es el antídoto del enojo.

La Lozère, Pelet de (1785-1871),
escritor francés.

1 Hay más personas desgraciadas por la falta de lo superfluo que por la falta de lo necesario.

2 Las penas de la vida nos hacen soportable el pensamiento en la muerte, y este mismo pensamiento nos ayuda a soportar las penas de la vida.

La Rochefoucauld, François, duque de
(1613-1680), *escritor francés.*

1 Por falsa que sea la esperanza, sirve al menos para conducirnos al fin de nuestra vida por un camino agradable.

2 Por bien que hablen de nosotros, no nos dicen nada nuevo.

3 Por raro que sea un verdadero amor, es mucho más rara una verdadera amistad.

4 Quien vive sin cometer alguna locura no es tan prudente como supone.

5 Se dan buenos consejos, pero no se da juicio para sacar provecho de ellos.

6 Se habla poco cuando la vanidad no toma parte en la conversación.

7 Se perdona en la medida que se ama.

8 Se puede ser más astuto que otro, pero no más astuto que todos los demás.

9 Se pueden encontrar mujeres que no hayan tenido ninguna aventura amorosa, pero es muy difícil encontrar mujeres que sólo hayan tenido una.

10 Si en algunos hombres no aparece el lado ridículo, es que no lo hemos buscado bien.

11 Si la vanidad no echa por tierra todas las virtudes, por lo menos las hace vacilar.

12 Si no tuviéramos defectos, no disfrutaríamos tanto señalándolos en los demás.

13 Si tuviéramos suficiente voluntad, casi siempre tendríamos medios suficientes.

14 Solamente los grandes hombres tienen grandes defectos.

15 Sólo rehúsan los elogios los que desean ser elogiados dos veces.

16 Son muy pocas las mujeres honestas que no estén cansadas de su oficio.

17 Son pocos los que saben ser viejos.

18 Todo el mundo se queja de no tener memoria y nadie se queja de no tener criterio.

19 Cuando los vicios nos dejan, nos envanecemos con la creencia de que los hemos dejado.

20 Un amigo verdadero es el más grande de todos los bienes y el que menos nos cuidamos de adquirir.

21 Un hombre de ingenio se encontraría muy embarazado sin la compañía de los tontos.

22 Un necio no tiene suficiente tela para ser bueno.

23 Los vicios entran en la composición de las

virtudes como los venenos entran en la composición de los remedios.

24 Mayor pereza invade nuestro espíritu que nuestro cuerpo.

25 Muchas veces el que alaba a los otros sólo aspira a ser alabado por este proceder.

26 Muchas veces nos avergonzaríamos de nuestras más nobles acciones si el mundo conociera los motivos que nos han impulsado a ellas.

27 Muchas veces uno se envanece incluso de las pasiones más criminales; pero la envidia es una pasión tímida y vergonzosa que nunca osamos confesar.

28 Muy a menudo nuestras virtudes son vicios disfrazados.

29 La naturaleza ha inventado el orgullo para evitarnos el dolor de reconocer nuestras imperfecciones.

30 La obstinación nace de la estrechez de espíritu.

31 La sinceridad es el corazón que se abre para mostrarnos tal como en realidad somos; es un amor a la verdad, una repugnancia frente al fingimiento, un deseo de resarcirse de los propios defectos y atenuarlos por el mérito de confesarlos.

32 La sinceridad es un manifestarse con el corazón abierto. Se encuentra en muy pocas personas, porque lo que vemos en la mayoría de los casos no es más que un disimulo refinado para atraerse la confianza del prójimo.

33 La vanidad de los demás resulta insoportable porque hiere la nuestra.

34 La vejez es un tirano que defiende, bajo pena de muerte, todos los placeres de la juventud.

35 El agradecimiento viene a ser como la buena fe de los mercaderes; sirve para mantener el comercio. Y nosotros no pagamos porque es de justicia pagar, sino para encontrar más fácilmente personas que nos presten.

36 El bien que hemos recibido de cualquiera debe hacernos respetar el mal que nos hace.

37 El colmo de la habilidad es saber esconder su propia habilidad.

38 A juzgar por sus efectos, el amor se parece más al odio que a la amistad.

39 A los viejos les gusta dar buenos consejos para consolarse de no estar en condición de dar malos ejemplos.

40 A todos nos sobran fuerzas para soportar los males ajenos.

41 Amamos siempre a los que nos admiran, pero no amamos siempre a los que admiramos.

42 Antes de desear algo ardientemente conviene comprobar la felicidad que le alcanza a quien ya lo posee.

43 Apenas existe un hombre lo suficientemente hábil para darse cuenta de todo el mal que hace.

44 Aquel a quien confiáis vuestro secreto se convierte en el dueño de vuestra libertad.

45 Aunque confiemos poco en los que nos hablan, siempre creemos que a nosotros nos dicen más la verdad que a los otros.

46 Casi todo el mundo encuentra placer en pagar las pequeñas deudas; son muchos los que satisfacen también las medianas, pero rara es la persona que no muestre ingratitud si los débitos son considerables.

47 Confesamos los defectos pequeños para persuadir a los demás de que no los tenemos grandes.

48 Conocer las cosas que le hacen a uno desgraciado ya es una especie de felicidad.

49 Corresponde solamente a los grandes hombres el poseer grandes defectos.

50 Creemos a veces odiar a la adulación, pero lo que realmente odiamos es la manera de adularnos.

51 De nada sirve ser joven sin ser bella, ni ser bella sin ser joven.

52 De ordinario no se adula sino para ser adulado.

53 El agradecimiento de la mayoría de los hombres no constituye sino un deseo fuerte y oculto de recibir mayores beneficios.

54 El ingenio nos lleva a veces resueltamente a hacer tonterías.

55 El interés habla todas las lenguas y desempeña todos los papeles, hasta el de desinteresado.

56 El mal que hacemos no nos proporciona tantas persecuciones y tanto odio como nuestras buenas cualidades.

57 El mejor medio de engañarse consiste en creerse más astuto que los demás.

58 El motivo de que la mayoría de las mujeres sientan escasamente la amistad está en que resulta insípida cuando se ha gustado el amor.

59 El mundo recompensa más a menudo las apariencias del mérito que el mérito mismo.

60 El orgullo, que tanto alienta nuestra vanidad, nos sirve con frecuencia para moderarla.

61 El perfecto valor consiste en hacer sin testigos lo que sería capaz de hacerse delante de todo el mundo.

62 El ridículo deshonra más que el deshonor.

63 El silencio es el partido más seguro para el que desconfía de sí mismo.

64 En el amor, el engaño va siempre más lejos que la desconfianza.

65 En la adversidad de nuestros mejores amigos siempre encontramos alguna cosa que no nos desagrada del todo.

66 En los celos hay más amor propio que verdadero amor.

67 En los primeros amores las mujeres quieren al amante, y en los sucesivos aman el amor.

68 Es característico de los grandes talentos hacer entender muchas cosas con escasas palabras; por el contrario, los espíritus limitados poseen el don de hablar mucho y no decir nada.

69 Es más fácil conocer al hombre en general que conocer al hombre en particular.

70 Es más fácil parecer digno de los empleos que no se tienen que de aquellos que se ocupan.

71 Es más fácil ser sabio para los demás que para sí mismo.

72 Es más vergonzoso desconfiar de un amigo, que ser engañado por él.

73 Es una gran estupidez querer ser exclusivamente sabio.

74 Es una gran habilidad saber disimular la propia habilidad.

75 Estamos tan habituados a ser hipócritas con los demás, que acabamos por ser hipócritas con nosotros mismos.

76 Existen ciertas personas que son bien acogidas en la sociedad y que no tienen otro mérito aparte de los vicios necesarios para el comercio de la vida.

77 Existen ciertos defectos que bien aplicados brillan más que la misma virtud.

78 Ganaríamos más mostrándonos tal como somos, que intentar aparecer distintos de como somos en realidad.

79 Generalmente se juzgan los hombres por el crédito que disfrutan o por las riquezas que poseen.

80 Hay buenos matrimonios; pero no hay ninguno que sea delicioso.

81 Hay cosas que no desearíamos con tanto ardor si conociéramos perfectamente lo que deseamos.

82 Hay héroes en el mal como en el bien. «Il a des heros en mal comme en bien». (Muchas veces los que triunfan con malas artes consiguen la admiración que debería estar reservada a la virtud.)

83 Hay personas a las que los defectos les sientan bien, mientras otras son desgraciadas con sus buenas cualidades.

84 Hay pocas cosas imposibles por sí mismas, y, generalmente, no nos falta la constancia para obtenerlas, sino los medios.

85 Hay pocas mujeres cuyo mérito dure más que su belleza.

86 La adulación es una moneda falsa que sólo es de uso corriente por culpa de nuestra vanidad.

87 La ausencia disminuye las pasiones medianas y aumenta las grandes, como el viento apaga las velas y enciende más el fuego.

88 La debilidad es más opuesta a la virtud que el vicio mismo.

89 La duración de las pasiones no depende de nosotros, como tampoco la duración de la vida.

90 La envidia es más irreconciliable que el odio.

91 La esperanza, por engañosa que sea, sirve por lo menos para llevarnos al fin de la vida por un camino agradable.

92 La filosofía triunfa sin dificultad de los males pretéritos y de los males venideros; pero los males presentes triunfan sobre ella.

93 La gloria de los hombres debe medirse siempre por los medios que se emplearon para adquirirla.

94 La gravedad es un misterio del cuerpo inventado para ocultar los defectos del espíritu.

95 La hipocresía es un homenaje que el vicio rinde a la virtud.

96 La honestidad de las mujeres es a menudo el amor de su reputación y de su tranquilidad.

97 La intención de no engañar nunca nos expone muy a menudo a ser engañados.

98 La locura nos acompaña en todos los periodos de nuestra vida; si alguno parece cuerdo es solamente porque sus locuras son proporcionadas a su edad y a su fortuna.

99 La mayor parte de las mujeres honestas son tesoros escondidos que solamente están seguros porque no son buscados.

100 La mayor parte de los héroes son como ciertos cuadros: para contemplarlos no se deben mirar demasiado cerca.

101 La mayoría de los hombres tienen, como las plantas, virtudes ocultas que la casualidad permite descubrir.

102 La naturaleza crea el mérito, y la fortuna lo pone en acción.

103 La verdadera elocuencia consiste en decir todo lo debido y en no decir más que lo debido.

104 La virtud no iría tan lejos, si la vanidad no le hiciese compañía.

105 Las pasiones más violentas nos dan tregua, a ratos; pero la vanidad nos agita incesantemente.

106 Las pasiones son los únicos oradores que logran siempre persuadir.

107 Las personas afortunadas no se corrigen nunca: siempre creen tener razón cuando la fortuna sostiene su mala conducta.

108 Más daño originan al mundo las apariencias de la verdad que la verdad misma.

109 Lo mejor para ser engañado es considerarse más listo que los demás.

110 Lo que con frecuencia nos impide abandonarnos a un solo vicio es la circunstancia de tener varios.

111 Los apellidos famosos, en vez de enaltecer, rebajan a quienes no saben llevarlos.

112 Los celos se nutren de dudas y la verdad los deshace o los colma.

113 Los defectos del espíritu, como los del rostro, aumentan al envejecer.

114 Los espíritus mediocres suelen condenar todo lo que está fuera de su alcance.

115 Los hombres no soportarían durante mucho tiempo la vida de sociedad si no se engañaran mutuamente.

116 Los hombres no solamente suelen olvidar los beneficios recibidos, sino que llegan a odiar a los que se los hicieron.

117 Los más juiciosos lo son en las cosas indiferentes; pero no lo son casi nunca en las cosas más serias que les afectan.

118 Nada impide tanto ser natural como el deseo de parecerlo.

119 Nada se da tan generosamente como los consejos.

120 Ni el sol ni la muerte pueden ser mirados fijamente.

121 No durarían mucho tiempo las disputas si el error estuviese de un solo lado.

122 No es tan peligroso hacer mal a la mayoría de los hombres como hacerles demasiado bien.

123 No hay personas que incurran más a menudo en error que quienes no pueden soportarlo.

124 No merece ser alabado de bondad si no es capaz de ser malo; cualquier otro tipo de bondad no es, con frecuencia, más que pereza o impotencia de la voluntad.

125 No se es nunca tan feliz ni tan desdichado como uno se imagina.

126 Nuestra envidia dura siempre más tiempo que la felicidad de los que nosotros envidiamos.

127 Nuestras virtudes no son, por lo general, más que vicios disfrazados.

128 Nuestro arrepentimiento es menos un lamento del mal que hemos hecho, que un temor de lo que nos puede suceder.

129 Nuestros enemigos se acercan más a la verdad en los juicios que emiten de nosotros mismos que en los que nos hacemos nosotros mismos.

130 Nunca se es tan ridículo por las cualidades que se poseen como por las que se aparenta tener.

131 Olvidamos fácilmente nuestras faltas cuando somos los únicos en saberlas.

132 Para hacerse una posición en el mundo, es preciso hacer todo lo posible para hacer creer que ya se tiene.

133 Perdonemos fácilmente a nuestros amigos los defectos que no nos atañen.

134 Una amistad reanudada requiere más cuidados que la que nunca se ha roto.

La Rochejaquelein, Enrique du Vergier de (1772-1794), *militar francés.*

1 Si avanzo, seguidme; si retrocedo, matadme; si muero, vengadme.

La Tour Chambly (1834-1924), *militar francés.*

1 Aceptamos la verdad, pero no la seguimos; es un hermoso mueble que no empleamos para nada.

2 Cometer faltas significa obligarse a tratar consideradamente a los propios enemigos; mantenerse sin tacha significa tener derecho a no tenerles.

3 Dos amigos no se quieren de una misma forma: el uno besa y el otro presenta la mejilla.

4 La compañía de los grandes no es jamás segura: si caen, nos aplastan; si crecen, nos sofocan.

5 La mayoría de los hombres no ve en el matrimonio más que un acontecimiento más en la vida, y no piensa que se trata del acontecimiento de toda la vida.

6 La prosperidad de un perverso abruma a un hombre de bien.

7 Las mujeres saben ennoblecerse y ennoblecer los deseos disimulándolos. Si el pudor no fuese un sentimiento delicado, continuaría siendo una feliz idea.

Labouise-Rocheforte, G. (1778-1852), *poeta francés.*

1 Para el corazón no existe nada que sea pequeño.

2 Desconfiad de una mujer distraída: es un lince que os observa.

Laboulaye, Edouard (1811-1883), *escritor francés.*

1 Los pueblos son una cera blanda; todo depende de la mano que les imprime el sello.

2 No diferir nada, es el secreto más excelente del que conoce el valor del tiempo. Cuando dejamos algo para mañana, no pensamos en que cada día y cada hora lleva su afán y necesidad propia.

Lacordaire, Jean A. Henri (1802-1861), *predicador francés.*

1 La gloria es un veneno sutil que incluso atraviesa el bronce de los corazones más curtidos.

2 La juventud es sagrada a causa de sus peligros: respetadla siempre.

3 La muerte que se aproxima nos muestra dulcemente y sin ruido más secretos que los que la meditación ofrece al genio.

4 La oración es el acto omnipotente que pone a disposición del hombre las fuerzas del cielo.

5 La religión, aunque fuera falsa, es un elemento necesario para la vida de un pueblo.

6 La sociedad no es sino el desarrollo de la familia; si el hombre sale corrompido de la familia, entrará corrompido en la ciudad.

7 La fe no es solamente una virtud; es la puerta sagrada por donde pasan todas las virtudes.

8 La felicidad es la vocación del hombre.

9 La felicidad es privativa del alma y no del cuerpo; nace de la abnegación y no del goce, del amor y no de la voluptuosidad.

10 La soledad es una gran fuerza que preserva de muchos peligros. En la soledad tenéis un solo enemigo, vosotros mismos; en el mundo, el universo entero conspira contra vosotros.

11 Libertad es el derecho a hacer lo que no perjudica al prójimo.

12 Lo que de grande se ha hecho en el mundo, se ha hecho en nombre del deber; lo que se ha hecho de mezquino, se ha hecho en nombre del interés.

13 Mientras exista un poco de sangre francesa, la justicia contará con un soldado armado sobre la tierra.

14 Sobre todo, sé bueno: la bondad, más que ninguna otra cosa, es lo que mejor desarma a los hombres.

15 Solamente se conoce una cosa que se repite incesantemente, sin cesar de ser nueva y fecunda: la verdad.

16 Toda guerra de liberación es sagrada; toda guerra de opresión es maldita.

17 Toda nuestra vida depende de las personas con las que vivimos familiarmente.

18 Vivir es obrar; obrar es producir; producir es sacar de sí algo semejante a sí mismo.

19 Todo cuanto se ha logrado con grandeza en el mundo se realizó en nombre del deber; todo lo que se hizo mezquinamente se llevó a cabo en nombre del interés.

20 A medida que me hago viejo, veo cuán necesario es que los superiores den ejemplo y no hagan lo que no permitirían hacer a los demás.

21 Ante todo, el deber y la dignidad.

22 Cuando un joven observa el mundo puede dudar de la mujer; pero deja de hacerlo cuando mira a su madre.

23 Cuanto más se aman las almas, más conciso es su lenguaje.

24 El carácter es la fuerza sorda y constante de la voluntad.

25 El heroísmo se llama así porque desprecia un abismo.

26 El hombre honrado es el que mide su derecho por su deber.

27 El orgullo divide a los hombres; la humildad, les une.

28 El principio de la fuerza moral es el desprecio de la muerte.

29 El remordimiento precede a la virtud, como la aurora precede al día.

30 El silencio es, después de la palabra, el segundo poder del mundo.

31 El pueblo es el centro del mundo y el corazón del género humano.

32 Indudablemente, para gobernar se precisa la firmeza; pero también mucha flexibilidad, paciencia y compasión.

33 La caridad es el océano en el que nacen y desembocan todas las demás virtudes.

34 Dios es, a un tiempo, lo más claro y lo más impenetrable que existe.

35 El alejamiento es la piedra de toque de los verdaderos afectos.

36 El amor conyugal es el más fuerte de todos, mientras subsiste.

37 El amor es el principio de todas las cosas, la razón de todo y el fin de todo.

Lacretelle, Jacobo de,
escritor contemporáneo francés.

1 La radio marca los minutos de la vida; el diario, las horas; el libro los días.

Lafuente, Modesto (1806-1866),
historiador español.

1 Tan lejos estamos de creer en el empeoramiento sucesivo de la raza humana, que no veríamos con complacencia volver los tiempos del mismo Horacio.

Lagerlof, Selma (1858-1940),
novelista sueca.

1 La alegría es siempre una máscara puesta sobre la pena; sobre la tierra, con independencia de nuestra voluntad, sólo germina el dolor.

2 Los sentimientos agotados del hombre encuentran su único placer en martirizar a los otros seres humanos y a los animales.

Laín Entralgo, Pedro,
escritor español contemporáneo.

1 Vivimos entre muros casi desheredados del sol, nos movemos hollando piedras ensambladas o compactamente embutidos en cajas mecánicas, holgamos congregándonos en locales oscuros, llenos de ficciones absorbentes.

Laing, A. Gordon (1794-1826),
viajero inglés.

1 No necesitamos tanto teorías como la experiencia, que es la fuente de toda teoría.

Lalou, Renato,
escritor francés contemporáneo.

1 No existe la inteligencia sin justicia, ni hay justicia sin inteligencia.

2 En este mundo no existen más que dos héroes: Hamlet, el impotente, y Macbeth, el vencedor. Uno y otro son atormentados por un espectro.

Lamartine, Alphonse de (1790-1869),
poeta francés.

1 Lo que llamamos nuestros días más bellos no son sino un brillante relámpago en medio de una noche de tempestad.

2 ¿Para qué vivimos, pues, si no es para morir?

3 Todo nace, todo pasa y todo llega al término desconocido de su destino: la onda arrastrándose en el océano, la hoja fugitiva a merced del viento, la aurora perdiéndose en la noche y el hombre en la muerte.

4 Vos me herís, Dios mío: éste es el motivo de mi esperanza.

5 En todos sus sueños más bellos, el hombre no ha sabido jamás inventar nada que sea más bello que la naturaleza.

6 Ahí está la naturaleza que te invita y te ama; arrójate en su seno que te ofrece siempre abierto; cuando todo cambia para ti, la naturaleza sigue siendo la misma; el sol es siempre el mismo al salir cada día para ti.

7 La emoción es la convicción de las masas.

8 La guerra no es más que un asesinato en masa, y el asesinato no es un progreso.

9 La utopía es una verdad prematura.

10 Cuando más abrimos los ojos, más profunda es la noche; Dios no es más que una palabra soñada para explicar al mundo un abismo más oscuro adonde se arrojó el alma.

11 Después de su sangre, lo más personal que puede dar el hombre es una lágrima.

12 El genio no es más que un gran dolor.

13 Los mares y las montañas son las fronteras de los débiles. Los hombres son las fronteras de los pueblos.

14 ¡Todo el que sabe llorar sabe el camino del cielo!

Lamb, Carlos (1775-1834),
poeta inglés.

1 Los periódicos excitan siempre la curiosidad; pero nunca se deja uno sin un sentimiento de desilusión.

2 Sentimentalmente tengo disposición para la armonía, pero orgánicamente soy incapaz de una sola nota.

3 Para tener sentimientos nobles no es necesario haber nacido nobles.

4 Dicho en buenas palabras, yo soy un manojo de prejuicios, formado por simpatías y antipatías.

5 El hombre es un animal que juega.

6 El que no tiene una onza de locura en su mezcla, tiene una libra de materia mucho peor en su composición.

7 La literatura es una deplorable muleta, pero, en cambio, es un magnífico bastón para pasear.

Lambert, Marquesa de (1647-1733),
escritora francesa.

1 No hay más que dos momentos de la vida en que la verdad se muestra útil para nosotros: en la juventud, para instruirnos, y en la vejez, para consolarnos. En el período de las pasiones, la verdad nos abandona.

2 Las virtudes de las mujeres son difíciles, porque la gloria no ayuda a practicarlas.

3 Vivimos con nuestros defectos igual que con nuestros olores corporales: no los percibimos; no molestan sino a quienes están con nosotros.

4 Desgraciada la mujer que deja de agradar.

Lamennais, Hugo de (1782-1854),
pensador francés.

1 ¿Queréis atraeros al hombre? Imponedle grandes sacrificios.

2 Quitad a Dios del Universo, y éste no será más que una gran ilusión.

3 Sólo disponéis de un día para vivir sobre la tierra; arreglaos de manera que lo paséis en paz. La paz es el fruto del amor, puesto que para vivir en paz hemos de saber soportar muchas cosas.

4 Cuando pienso que un hombre juzga a otro siento un gran estremecimiento.

5 El hombre es impotente frente al hombre: ésta es su más dolorosa miseria.

6 El tiempo puede tener partos laboriosos, pero no aborta nunca.

7 La ciencia no sirve más que para darnos una idea de lo extensa que es nuestra ignorancia.

8 La libertad resplandecerá sobre vosotros una vez hayáis dicho en el fondo de vuestra alma: «queremos ser libres», y para lograrlo estéis prestos a sacrificarlo todo y a soportarlo todo.

9 Nadie es perfecto; todos tienen sus defectos. Cada individuo pesa sobre los demás, y solamente el amor hace que tal peso sea ligero. Si no podéis soportar a vuestros

hermanos, ¿cómo queréis que vuestros hermanos os soporten?

10 No se sabe suficientemente lo que una palabra, una sola palabra, puede dañar a sí mismo y a los demás; y este daño casi siempre es irreparable.

Landon, Leticia Elisabeth (1801-1838),
poetisa inglesa.

1 Si exceptuamos a los pobres, pocos son los que padecen por los pobres.

Landor, Gualterio Savage (1775-1864),
literato inglés.

1 No hay ningún país en Europa donde los menos sabios no hayan gobernado a los más sabios.

2 La vanidad dice a un hombre lo que es el honor; la conciencia, lo que es la justicia.

Lang, Andrew (1844-1912),
literato inglés.

1 Una casa llena de libros y un jardín lleno de flores.

Langbridge, Federico,
escritor inglés contemporáneo.

1 Dos personas miran al exterior a través de los mismos barrotes: la una ve el fango y la otra las estrellas.

Lange, Carl (1813-1899),
novelista alemán.

1 Dios es la alegría. Por ello ha suspendido el sol ante su morada.

2 Pesa cada una de tus palabras con la ba-

lanza del orífice; pero no hagas otro tanto con las palabras de tu prójimo.

Langland, William (1330-1400),
poeta inglés.

1 Si no hubiera más piedad entre los pobres que entre los ricos, los mendigos hubieran muchas veces muerto de hambre.

2 La teología me causó tedio en infinitas ocasiones. Cuanto más pienso en ella, tanto más misteriosa me parece; y cuanto más trato de penetrarla profundamente, más oscura la encuentro.

3 No hay nada que irrite de forma tan aguda ni huela tan amargo como la vergüenza.

Lansdowne, George Grenville (1667-1735),
escritor y hombre político inglés.

1 La paciencia es la virtud del asno, que trota con la carga y no se rebela.

Lanuza, Juan de (- 1591),
justicia mayor de Aragón.

1 Nadie puede ser mi juez, sino rey y reino juntos en Cortes.
(Palabras de Juan de Lanuza, el Justicia mayor de Aragón, cuando se le notificó la sentencia de muerte ordenada por Felipe II.)

2 Traidor, no; mal aconsejado, sí.

Lao-Tse (siglo VI a.C.),
filósofo chino.

1 Quien cede quedará íntegro, quien se inclina será enderezado, quien está vacío será lleno, quien se gasta será renovado, quien abarca poco adquirirá conocimiento, quien abarca mucho caerá en la duda.

2 El hombre que sabe, no habla; el hombre que habla, no sabe.

3 El que se porta verdaderamente como jefe no toma parte en la acción.

4 El que todo lo juzga fácil encontrará muchas dificultades.

5 En cuanto falta la autenticidad la lealtad desaparece.

6 El viaje de mil leguas comienza con el primer paso.

7 Las palabras elegantes no son sinceras; las palabras sinceras no son elegantes.

8 Las armas son instrumentos de desgracia, nadie las ama.

9 Los diferentes seres del mundo volverán a sus raíces; volver a las raíces es instalarse en la quietud; instalarse en la quietud es encontrar el orden; encontrar el orden es conocer lo constante; conocer lo constante es la iluminación.

10 Cierra tu boca, guarda tus sentidos, embota tu filo, desenreda tus problemas, oculta tu brillo, identifícate con el polvo de la tierra. Tal es la identidad suprema.

11 Nada es imposible al que practica la contemplación. Con la contemplación se llega a ser dueño del universo.

12 De dos luchadores, el pensador vence.

13 El que, consciente de su fuerza, se contenta con ser débil es un hombre de mérito.

14 Cuando hayas alcanzado algún mérito no lo tomes exclusivamente para ti; de este modo, nadie podrá tomarlo de ti.

15 La virtud se asemeja al agua, que se adapta a todo.

16 Entrar en la vida: ir hacia la muerte...

17 Las palabras que encierran la verdad nunca suenan bien. Las palabras que suenan bien no expresan la verdad.

18 El hombre sabio venga las injurias con beneficios.

19 Lo universal es eterno, porque no existe como individuo. Es ésta la condición de la eternidad.

20 Dar vida sin tomar posesión, actuar sin apropiarse, ser jefe entre los hombres sin gobernarlos, esa es la virtud mística.

21 Sé cuadrado sin ser angular.

Laplace, Pierre-Simon (1749-1827), *astrónomo y físico francés.*

1 Todavía no soy lo bastante sordo para poder oír esta música.
(Estas palabras las pronunció en el momento que abandonaba su asiento cuando escuchaba en el teatro un concierto de Weber.)

Larra, Mariano José de (1809-1837), *escritor español.*

1 Los autores han descubierto el gran secreto para que no les critiquen sus obras. Zurcen un libro. ¿Son vaciedades? No importa. ¿Para qué son las dedicatorias? Buscan un nombre ilustre, encabezan con él su mamotreto, dicen que se lo dedican, aunque nadie sepa lo que quiere decir eso de dedicar un libro que uno hace a otro que nada tiene de común con el tal libro, y con ese talismán caminan seguros de ofensas ajenas. Ampáranse como los niños en las faldas de mamá para que papá no les pegue.

2 Muchas veces la falta de una causa determinante en las cosas nos hace creer que debe de haberlas profundas para mantenerlas al abrigo de nuestra penetración. Tal es el orgullo del hombre, que más quiere declarar en alta voz que las cosas son incomprensibles cuando no las comprende él que confesar que el ignorarlas puede depender de su torpeza.

3 No sé quien ha dicho que el gran talento no consiste precisamente en saber lo que se ha de decir, sino en saber lo que se ha de callar.

4 Las exaltaciones por sí solas no bastan para ameritar a un hombre. La dificultad está en conservarse en las alturas una vez llegado a ellas.

5 Un pueblo no es verdaderamente libre mientras que la libertad no esté arraigada

en sus constumbres e identificada con ellas.

6 La verdad es como el agua filtrada, que no llega a los labios sino al través del cieno.

7 ¡Bienaventurados los que no hablan; porque ellos se entienden!

8 La Providencia se vale para humillar a los soberbios de los instrumentos más humildes.

9 El corazón del hombre necesita creer algo, y cree mentiras cuando no encuentra verdades que creer.

10 Generalmente, se puede asegurar que no hay nada más terrible en la sociedad que el trato de las personas que se sienten con alguna superioridad sobre sus semejantes.

11 El sentimiento es una flor delicada; manosearla es marchitarla.

12 Es más fácil negar las cosas que enterarse de ellas.

13 El vientre es el encargado de cumplir con las grandes solemnidades. El hombre tiene que recurrir a la materia para pagar las deudas del espíritu.

14 La verdad es como el agua filtrada, que no llega a los labios sino a través del cieno.

15 Ha de volver la cara al astro que más calienta, como el girasol, y es planta muerta si no.

16 La modestia no es otra cosa que el orgullo vestido de máscara.

Larreta, Enrique Rodríguez (1875-1961), *novelista argentino.*

1 Si los jóvenes escucharan siempre a los viejos acabarían por echarse a morir.

2 Dígase lo que se quiera, murmuren lo que murmuren las voces contradictorias, filosofar es el más alto placer de la vida y la vejez, el tiempo mejor para el ejercicio de esa facultad impasible.

3 Muere el gusano; pero queda la seda, queda la tela maravillosa.

4 El que está de viaje de ida no debe mirar el gesto del que está de vuelta.

5 La excesiva riqueza de vocabulario suele encubrir pobreza de pensamiento. Alarde de joyas en el pecho de la escuálida.

6 Escribe como si todos tus lectores fueran hombres de genio.

Lassay, Marqués de (1652-1738), *cortesano y escritor francés.*

1 El pueblo es muy capaz de odiar y apenas si conoce el amor.

Latini, Brunetto (1220-1295), *polígrafo italiano.*

1 Que dar prontamente, es dar doblemente.

Latzarus, Louis, *escritor francés contemporáneo.*

1 Toda revolución la inician los idealistas y la termina un tirano.

2 Cuando la oposición toma las riendas del poder hace exactamente todas las mismas cosas que anteriormente había combatido. ¡Afortunadamente! Si no fuera así, ¡cuántas sacudidas se registrarían!

3 Se puede sin peligro disminuir la libertad por un cierto tiempo; pero a condición de que no sea tocada la igualdad y que todos los ciudadanos sufran la misma ofensa.

4 El pueblo es un soberano desmemoriado. El perdón le resulta tan natural como la ingratitud.

5 Lo que debería descorazonar a los hombres políticos es el ver que los mismos errores producen siempre los mismos efectos.

6 ¿En qué consiste la soberanía de un pueblo? En una abdicación permanente.

7 La política no es cuestión de principios; es cuestión de tacto.

8 En sentido democrático, la política es el arte de hacer creer al pueblo que es él mismo quien gobierna.

Laube, M. (1806-1884),
dramaturgo y novelista alemán.

1 El mundo juzga según el resultado, y lo llama juicio de Dios.

Laudron, L.,
escritor francés contemporáneo.

1 Casi siempre tenemos razón desconfiando de los demás, pero siempre es equivocado el mostrar nuestra desconfianza.

Laurent, Jean (1799-1868),
escritor francés.

1 A partir del día en que una verdad triunfa se la exagera tanto que se convierte en una falsedad.

2 Dime con quién vas y te diré a quién odias.

Lauria, Roger de (h. 1250-1305),
almirante de Aragón y Sicilia.

1 No consentiré que ni los peces crucen el Mediterráneo si no llevan grabadas en el lomo las cuatro barras del escudo de Aragón.

Lavater, Juan Gaspar (1741-1799),
filósofo suizo.

1 No destruyáis las creencias que hacen a otros felices, si no podéis inculcarles otras mejores.

2 ¡Cuántos sufrimientos no nos ahorraríamos con una sola abstinencia, con solamente un no contestado con firmeza a la voz de la seducción!

Lawrence, David Herbert (1885-1930),
escritor británico.

1 El amor no es más que una forma de conversación en la que las palabras son puestas en acción en vez de ser habladas.

2 Los hombres y las mujeres deberán saber que jamás podrán unirse absolutamente en este mundo. En el más apasionado abrazo, en la más tierna caricia, existe este pequeño foso, que por estrecho que sea, nunca deja de existir.

Lazarillo de Tormes,
novela picaresca.

1 Necio, aprende, que el mozo del ciego un punto ha de saber más que el diablo.

Le Bon, Gustavo (1841-1931),
psicólogo y sociólogo francés.

1 Uno de los hábitos más peligrosos de los hombres políticos mediocres es prometer lo que saben que no pueden cumplir.

2 Avasallar no es conquistar.

3 Se encuentran muchos hombres que hablan de libertad, pero se ven muy pocos cuya vida no se haya consagrado, principalmente, a forjar cadenas.

4 Ciertas palabras parecen poseer un poder mágico formidable. Miles de hombres se dejaron matar por palabras que nunca comprendieron y que, con suma frecuencia, se hallaban desprovistas de un sentido racional.

5 Confinado por la naturaleza en lo efímero, el hombre sueña en la eternidad. Erigiendo templos y estatuas se hace la ilusión de crear cosas que nunca morirán.

6 Cuando se exagera un sentimiento, desaparece la facultad de razonar.

7 Retroceder ante el peligro da por resultado cierto aumentarlo.

8 Cuanto más difícil es un problema político, más hombres se creen capaces de resolverlo.

9 Pensar colectivamente es la regla general. Pensar individualmente es la excepción.

10 El alimento intelectual que proporciona la instrucción es comparable al alimento material. No alimenta todo lo que se come, sino sólo aquello que se digiere.

11 Para destruir un error hace falta más tiempo que para darle vida.

12 El artista es mediocre cuando razona en lugar de sentir.

13 Los pueblos viven sobre todo de esperanzas. Sus revoluciones tienen por objeto sustituir con esperanzas nuevas las antiguas que perdieron su fuerza.

14 El hombre que pretende obrar guiado exclusivamente por la razón está condenado a obrar muy raramente.

15 Los libros de historia revelan, sobre todo, las creencias de sus autores.

16 El número puede crear la autoridad, pero no la competencia.

17 Las voluntades débiles se traducen en discursos; las fuertes, en actos.

18 El placer de matar que anima a los cazadores es tan grande, que es el primero que se ofrece a los soberanos cuando visitan un país extranjero.

19 Las ideas envejecen más deprisa que los hombres.

20 El talento de los historiadores de gran prestigio consiste en hacer verosímiles las inverosimilitudes de la historia.

21 La razón sirve mucho más para justificar la conducta que para dirigirla.

22 El verdadero conocimiento de sí mismo haría, generalmente, muy modesto al individuo.

23 La mayor parte de nuestras opiniones son creadas por las palabras y las fórmulas, mucho más que por la razón.

24 En las arengas destinadas a persuadir una colectividad se pueden invocar razones, pero antes hay que hacer vibrar sentimientos.

25 La historia de las asambleas revolucionarias de todos los tiempos muestra que los fanáticos todavía no han descubierto otro método de persuasión que la matanza sistemática de los adversarios.

26 En las muchedumbres lo que se acumula no es el talento, sino la estupidez.

27 La guerra revela a un pueblo sus debilidades, pero también sus virtudes.

28 Es una ilusión creer que los hombres de Estado pondrán en sus actos la energía manifestada en sus discursos.

29 La audacia sin juicio es peligrosa, y el juicio sin audacia, inútil.

30 Gobernar es pactar; pactar no es ceder.

31 La abundancia de palabras inútiles es un síntoma cierto de inferioridad mental.

Leibnitz, Gottfried Wilhelm, barón de
(1646-1716), *filósofo alemán.*

1 Está en el gran orden que haya un pequeño desorden.

2 Cuanto más procedemos de acuerdo con la razón más nos dejamos gobernar por las pasiones.

3 Cuando veo que uno se encoleriza, es que no tiene razón.

4 No hay en la naturaleza dos seres absolutamente iguales.

Leiyner, G. von,
escritor contemporáneo alemán.

1 Es suficiente que dirijas una mirada cordial a un niño pobre o a un desgraciado, con el deseo de ayudarle, y realizarás una amorosa acción; tal vez esa mirada serenará un corazón envuelto en tinieblas.

Lemesle, Charles (1731-1814),
industrial francés.

1 Las alegrías del mundo me recuerdan siempre a esos enfermos del pecho que no pueden reír un poco fuerte sin que comiencen a toser súbitamente.

2 Admito que es preciso ser virtuoso para ser feliz, pero añadiré que se necesita ser feliz para ser virtuoso.

3 Condición indispensable de sabiduría y de felicidad, es una buena digestión.

4 Hacemos las reglas para los demás y las excepciones para nosotros mismos.

5 El corazón es a veces honesto; el espíritu es siempre más o menos pícaro.

6 Es tan difícil equivocarse consigo mismo como tener razón con los demás.

7 El mérito se esconde por temor a ser reconocido.

8 En el terreno de los caracteres sucede como con los vinos: solamente los mejores ganan en dulzura lo que pierden en fuerza conforme avanzan los años; los demás se avinagran.

9 El moralista, por regla general, limita sus funciones a las de un trompeta de regimiento; desués de haber tocado a generala se cree dispensado de contribuir personalmente.

Lemière, Antonio Marino (1723-1793),
poeta francés.

1 El pájaro, hasta cuando anda, se nota que tiene alas.

2 Es un profundo error creer que no hay nada por descubrir; equivale a tomar el horizonte por el límite del mundo.

Lenclós, Ninón de (1620-1705),
escritora francesa.

1 Una mujer se convence mucho mejor de que es amada por lo que adivina que por lo que se le dice.

2 Las mujeres detestan a un hombre celoso que no aman, pero se considerarían ofendidas si el hombre que aman no fuese celoso.

Lenin, Nikolai (1870-1924),
estadista ruso.

1 De todas las artes, para nosotros la más importante es el cine.

Lennon, John (1940-1980),
cantante inglés.

1 No puedo creer que me condecoren. Yo creía que era necesario conducir tanques y ganar guerras.

Lenoir, M.,
poeta francés contemporáneo.

1 El hombre sólo recurre a la verdad cuando anda corto de mentiras.

2 Dedicamos más tiempo a hablar de nuestros enemigos que a hablar bien de nuestros amigos.

Lenormand, Enrique Renato (1882-1951),
dramaturgo francés.

1 No sé qué es la muerte, pero no puede ser más terrible que esta vida.

León, Ricardo (1877-1943),
poeta y novelista español.

1 Más que el placer conseguido vale el placer no logrado.

2 El aburrimiento es la suprema expresión de la indiferencia.

3 Los libros me enseñaron a pensar, y el pensamiento me hizo libre.

4 La mayor parte de los que se llaman caballeros son incapaces de arriesgar la vida o la fortuna por demostrar que lo son.

5 La vida es mitad trabajo heroico y mitad espectáculo estético: trabajar con alegría y contemplar con curiosidad son los dos principios del arte de vivir.

6 El servir en la casa de los grandes nos suele hacer muy pequeños.

7 Amo las ideas, y recelo en cambio de las palabras.

8 No hay cosas útiles o inútiles: la medida de su valor está en nosotros.

9 Sagrada tierra de Castilla, grave y solemne como el mar, austera como el desierto, adusta como el semblante de los antiguos héroes; madre y nodriza de pueblos, vivero de naciones, señora de ciudades...

10 Con este mal hombre acabaré por convertirme en una mala mujer.

León XIII,
papa de 1878 a 1903.

1 Nadie es tan rico que no necesite ayuda ajena, ni nadie tan pobre que en alguna forma no pueda ayudar a un semejante.

2 Del trabajo del obrero nace la grandeza de las naciones.

3 El principal papel de los amos es dar a cada cual lo suyo. El defraudar a uno del salario que se le debe es un gran crimen, que clama venganza del cielo.

Leonard, Joseph (1795-1840),
poeta y dramaturgo francés.

1 El hombre pasa la mitad de su vida arruinando su salud, y la otra mitad, restableciéndola.

2 El hombre se cansa primero de los males y después, un poco más tarde, también de los bienes.

3 El mayor de los excesos consiste en no hacer ninguno.

4 Muchas personas, después de haber encontrado el bien buscan todavía... y entonces encuentran el mal.

Leopardi, Giacomo (1798-1837),
poeta italiano.

1 Una vez realizada una acción indigna no cabe esperar nunca que permanezca oculta. Aun cuando se escondiera a los ojos de todos los demás, se mantendría manifiesta para ti mismo.

2 Antes se encuentra uno que arriesgue su vida por un extraño que otro decidido, no digo a malgastar, sino a arriesgar un escudo por su amigo.

3 Todo es amor propio en el hombre y en cualquier ser vivo. No parece amable ni es amable más que lo que halaga o disfruta el amor propio ajeno.

4 Aun el dolor que nace del tedio y del sentimiento de la vanidad de las cosas es más tolerable que el propio aburrimiento.

5 Son menos nocivos a la felicidad los males que el aburrimiento.

6 Cada cual es tan infeliz como cree serlo.

7 Siempre oprime dolorosamente el corazón humano, aunque sea extraño, el que se va y dice adiós para siempre.

8 Compórtate con tus padres de la misma forma que tú desearías que se comportaran tus hijos contigo.

9 Raros son los granujas pobres.

10 Con el tiempo, todas las cosas llegan a causar aburrimiento, incluso los mejores deleites.

11 Parece un absurdo y, sin embargo, es una verdad, que no siendo nada todo lo real, no hay en el mundo nada de real ni de sustancial más que las ilusiones.

12 Cualquiera de las operaciones de nuestro espíritu tiene siempre como origen cierto e inevitable el egoísmo.

13 Parece en general admitido que corresponde a los jóvenes, como una especie de

derecho, querer que todo el mundo se ocupe de sus pensamientos.

14 Cuanto más se tiene en cuenta el tiempo, tanto más se pierde la esperanza de disponer del suficiente; cuanto más se deja correr, tanto más parece que avance.

15 Para vivir en paz, los hombres necesitan creer en la fidelidad de sus mujeres, y cada uno cree en la fidelidad de la suya.

16 El egoísmo ha sido siempre la peste de la sociedad; cuanto mayor ha sido, tanto peor fue la condición de la sociedad.

17 El espíritu tiende siempre a juzgar a los demás por sí mismo.

18 El gran error de los educadores consiste en pretender que a los jóvenes les agrade lo que place a la vejez o a la madurez; que la vida juvenil no difiera de la madura; en querer suprimir la diversidad de gustos y deseos y pretender que el amaestramiento, los mandatos y la fuerza de la necesidad suplan a la experiencia.

19 El hastío es, en cierta manera, el más sublime de los sentimientos humanos.

20 No podemos contar todos los que son desgraciados ni lamentar uno solo dignamente.

21 El hombre no vive más que de religión o de ilusiones.

22 No hay un signo mayor de ser poco filósofo o poco sabio que el empeñarse en que toda la vida sea sabia y filosófica.

23 No existe un desesperado tan pobre e impotente que no sirva para cualquier cosa en el mundo de que él desesperó.

24 En todas las cosas humanas es necesario el abandono y la confianza; por el contrario, la desconfianza y el excesivo deseo y propósito de triunfar son causas de que no se triunfe.

25 No existe desgracia humana que no pueda aumentar. En cambio tiene un término eso que se llama felicidad.

26 Habiéndole preguntado a uno sobre lo que más raro le parecía en el mundo, respondió: «Lo que pertenece a todos, es decir, el sentido común».

27 No existe cualidad humana más intolerable en la vida corriente, ni que se tolere menos, a la vez, que la intolerancia.

28 La belleza de todas las cosas consiste en ser adecuada a su fin; de otro modo, ninguna cosa es bella.

29 Nada hay más raro en el mundo que una persona habitualmente soportable.

30 El mundo es, como las mujeres, de quien lo seduce, lo goza y lo pisotea.

31 Me desgarra el corazón el pensar cómo todo en el mundo pasa casi sin dejar huella.

32 La estimación es como una flor; una vez pisoteada o ajada, no vuelve a recobrarse nunca.

33 Los niños hallan el todo en la nada; los hombres, la nada en el todo.

34 Es cosa curiosa observar que casi todos los hombres de gran categoría se producen con suma sencillez, y que casi siempre las maneras sencillas son conceptuadas como indicio de poco valer.

35 Los males son menos perjudiciales a la felicidad que el aburrimiento.

36 La felicidad consiste en el desconocimiento de la verdad.

37 Los bienes se desprecian cuando se poseen con seguridad, y se aprecian cuando se han perdido o se corre el peligro de perderlos.

38 La fortuna hace feliz en este mundo, y no el valor.

39 El trabajo de la tierra era la principal faena y ocupación reservada al hombre. Ahora es curioso observar que la parte más ociosa de la sociedad es precisamente aquella cuyos bienes consisten en tierras.

40 La impostura es, por decirlo así, el alma de la vida social; un arte sin el cual ningún arte ni facultad son perfectos, si se consideran los efectos que produce sobre los espíritus humanos.

41 El que no tiene una finalidad no disfruta casi nunca el deleite de operación alguna.

42 La muerte no es un mal, puesto que libera

al hombre de todos los males, y junto con los bienes le quita los deseos.

43 El mundo es una alianza de pillos contra los hombres de bien, y de los viles contra los generosos.

44 El mundo habla incesantemente de una manera y obra constantemente de otra.

45 Las personas no son ridículas más que cuando quieren parecer o ser lo que no son.

46 Los hombres no se avergüenzan de las injurias que hacen, sino de las que reciben. Mas para lograr que el injuriador se avergüence no hay otro medio que devolverles el cambio.

47 Las cosas ignotas nos causan mayor miedo que las conocidas.

48 La paciencia es la más heroica de las virtudes; justamente porque no tiene ninguna apariencia de heroica.

49 La vejez es el mayor de los males, porque priva al hombre de todos los placeres, dejándole los apetitos, y lleva consigo todos los dolores. No obstante, los hombres temen la muerte y desean la vejez.

50 La vida continuamente ocupada es la más feliz. El alma ocupada se distrae de aquel deseo innato que no la dejaría en paz.

51 Todos los hombres grandes son modestos, porque no se comparan con los demás, sino con el ideal perfecto que tienen en su imaginación.

52 Para la felicidad son menos nefastos los males que el aburrimiento.

Lerberghe, Carl van (1861-1907),
literato belga.

1 No debemos sonreír ante las tristezas de un niño. Todos los dolores son iguales.

2 Todo trabajo lleva en sí su misteriosa recompensa.

Lerins, Vicente de (siglo V),
escritor eclesiástico.

1 Es preciso creer lo que ha sido creído siempre en todas partes y por todos.

Lerma, Fray Juan de (siglo XVII),
escritor español.

1 Piedras para te defender son el callar y la paciencia.

2 No pidas cosa que si te la demandaren la negarías.

Lesage, Alain-René (1668-1747),
escritor francés.

1 El que conoce los defectos de la persona a quien quiere hacerse agradable, muy torpe tiene que ser si no sale con su propósito.

2 ¡He ahí el mundo! Cada uno se imagina que está por encima de su vecino.

Lespinasse, Julia Juana Eleonora de (1732-1776), *escritora francesa.*

1 La mayoría de las mujeres no sienten la necesidad de ser amadas; les basta con ser preferidas.

2 Por lo menos, el dolor tiene esta buena condición: corregir todas esas pequeñas pasiones que agitan a las personas ociosas y corrompidas.

Lessing, Gotthold Ephraim (1729-1781),
escritor alemán.

1 Todos los grandes hombres son modestos.

2 A lo sumo, solamente hay en el mundo una mujer mala; lo terrible es que cada uno crea que sea la mujer propia.

3 Sólo se hace verdaderamente el elogio de

un artista cuando se habla de su obra lo bastante para olvidarse de elogiar su persona.

4 Al hombre todo le resulta más agradable que el propio deber.

5 Ayer amaba, hoy sufro y mañana muero. Sin embargo, gustosamente pienso hoy y mañana en el ayer.

6 ¿Cómo se llama al animal más temible? —preguntó un rey a cierto sabio. Y éste respondió: —Los salvajes le llaman tirano; los mansos, adulador.

7 Solamente nos incumbe la parte de error, y únicamente la ilusión es nuestra ciencia.

8 El caudal de experiencia extraña adquirido en los libros se denomina erudición. La experiencia propia es sabiduría. El mínimo capital de esta última tiene más valor que millones de aquélla.

9 Si hubieran de colgarse todos los ladrones, las horcas estarían pegadas unas con otras.

10 El fin último de la ciencia es la verdad: el fin último de las artes en cambio es el placer.

11 Quien no quiere aceptar nada de mí, cuando él precisa algo que yo poseo, no me querrá dar nada tampoco cuando él lo tenga y yo lo necesite.

12 El hombre más lento, que no pierde de vista el fin, va siempre más veloz que el que vaga sin perseguir un punto fijo.

13 Para la naturaleza, incesantemente activa, las ruinas del uno sirven para la vida del otro.

14 El que calla es un necio, por eso los animales más estúpidos son los peces.

15 ¡Oh, desgraciada Fénix! Le correspondió el triste destino de no contar con un amado ni un amigo, por ser única en su especie.

16 La juventud es embriaguez sin vino.

17 No son libres todos los que se burlan de sus cadenas.

18 La palabra azar es una blasfemia; nada hay bajo el sol que sea una casualidad.

19 Más de uno se equivocó por miedo a equivocarse.

20 La risa nos mantiene más razonables que el enojo.

21 Los servicios que realizan los grandes hombres son peligrosos y no compensan las fatigas, los esfuerzos y la humillación que cuestan.

22 No se debe aparentar ser más ricos de lo que efectivamente somos.

23 Lo que es imitación de la naturaleza no puede ser un defecto.

Levis, Pedro Marcos Gastón, duque de (1764-1830), *literato y político francés.*

1 ¿Usted se considera modesto? No le creía tan orgulloso.

2 Conducíos con la fortuna como con los malos pagadores: no desdeñéis ninguna entrega a cuenta, por pequeña que sea.

3 Es más fácil juzgar el talento de un hombre por sus preguntas que por sus respuestas.

4 ¿Queréis saber lo que hace un buen matrimonio? Los sentidos, en la juventud; la costumbre, en la edad madura; la necesidad recíproca, en la vejez.

5 Hay personas para las que el honor constituye un cálculo; dejémoslas hacer, porque el público está muy interesado por el buen éxito de esta especulación.

6 Podría hacerse mucha gente feliz, con toda la felicidad que se pierde en este mundo.

7 La ingratitud no desanima a la beneficencia, pero sirve de pretexto para el egoísmo.

8 Nobleza obliga.

Levítico. Véase **Biblia.**

Lewald, Fanny (1811-1889),
novelista y escritora feminista alemana.

1 Con frecuencia es demasiado sencilla la verdad para que sea creída.

2 Hasta los hombres inteligentes prefieren confesar sus errores y fallos antes que su pobreza, incluso cuando no les cabe culpa alguna.

Lichtenberg, Georg Cristoph (1742-1799),
escritor satírico alemán.

1 Vivimos en un mundo en el que un loco hace muchos locos, mientras que un sabio hace pocos sabios.

2 Ante todo debería inculcarse a los jóvenes la reducción de las necesidades, procurando de fortalecerles en esta obra. Una verdad harto desconocida es ésta: menos necesidades, mayor felicidad.

3 Una nación que quiere agradar a todos merece ser despreciada por todos.

4 Ciertos hombres de mal corazón creen reconciliarse con el cielo cuando hacen una limosna.

5 Todos nos equivocamos, pero cada cual lo hace a su modo.

6 ¡Cuán felices vivirían muchos si se preocuparan menos de las cosas ajenas y más de las propias!

7 Todos los hombres se suelen demorar y todos se lamentan de la demora.

8 El sentimiento de la salud se adquiere solamente mediante la enfermedad.

9 Tales obras son como espejos: si se mira un mono, es imposible que se refleje un apóstol.

10 En alemán, dinero (Geld) rima con mundo (Welt); casi es imposible que exista una rima que sea más razonable; me permito desafiar a todas las demás lenguas.

11 La creencia en un Dios es un instinto natural en el hombre, como el caminar sobre ambas piernas.

12 Siempre va unida a la gloria de los más célebres algo de la miopía de los admiradores.

13 La ocasión no solamente hace al ladrón sino también a los grandes hombres.

14 Leer mucho nos hace soberbios y pedantes; ver mucho nos hace sabios, razonables y útiles.

15 Muchos hombres ven la virtud más en el arrepentimiento de los pecados que en el hecho de evitarlos.

16 Quien se conoce bien a sí mismo puede conocer muy pronto a los demás hombres. Todo se reduce a un reflejo.

17 Nada nos hace envejecer con mayor rapidez que el pensar incesantemente en que nos hacemos viejos.

18 No nos hacemos mejores cuando ocultamos nuestros defectos; antes bien, nuestro valor moral aumenta con la sinceridad con que nos confesamos.

19 ¿Qué soy yo? ¿Qué debo hacer? ¿Qué puedo creer y esperar? En la filosofía todo se reduce a esto.

20 No todos los ricos lo son gracias a la fortuna, sino que muchos llegaron a serlo por haber ahorrado. De ahí que la atención, la economía de las ideas y el ejercicio puedan suplir la falta de genio.

21 Los santos tallados en piedra han hecho más bien al mundo que los santos vivos.

Lichtwer, Magnus Gottfried (1719-1783),
fabulista alemán.

1 Cuando enseñéis a los niños, cuidad de no abrumarles demasiado de una vez. A los jóvenes les sucede como a los viejos: el que ha de retener demasiadas cosas acaba por no retener nada.

2 Un loco siempre encuentra a otro que está más loco que él, que no sabe admirarle suficientemente.

3 El hijo del ladrón acaba fácilmente por hacerse ladrón; el lobezno siente el instinto del lobo.

4 Si no oyen, ni hablan, ni sienten, ni ven, ¿qué hacen, pues? Juegan.

5 Los enemigos manifiestos son malos, pero son todavía peores los que obran solapadamente; pero debes saber que aún son más temibles los que suelen alabar.

6 ¿Para qué sirve la ley, para qué los castigos, si duermen la autoridad y los príncipes?

Ligendes, Juan de (- 1616),
poeta francés.

1 La falta es de los dioses, que la hicieron tan bella [a la mujer].

Ligne, Carlos José, príncipe de (1735-1814),
general y literato belga.

1 Si yo volviera a nacer tornaría a hacer lo mismo que he hecho, pero no me crearía los mismos ingratos; aunque es igual, porque haría otros.

2 Celebraría saber cuántos hombres se necesitan para hacer uno perfecto.

3 Que cada cual examine lo que ambicionó toda su vida. Si es dichoso, se debe a que sus votos no llegaron a cumplirse.

4 Desgraciados aquellos que nunca se equivocan; nunca les asiste la razón.

5 Para ser imparcial hay que tener abundante dinero en el bolsillo.

6 En amor solamente son encantadores los comienzos. No me sorprende que se encuentre placer en recomenzar a menudo.

7 Me agradan los individuos distraídos; es señal de que tienen ideas y que son buenos; porque los malos y los tontos siempre tienen presencia de ánimo.

8 Hay cosas que hacen realmente honor a la Providencia; por ejemplo, los efectos del tiempo.

9 Hay personas que reflexionan para escribir, y otras que escriben para no reflexionar.

Liliencron, Detlev, barón de (1844-1909),
poeta y novelista alemán.

1 La vida constituye un apremiante tumulto. El uno atropella y se encarama sobre otro, y luego sobre un tercero, para llegar más alto.

2 El dinero es dinero, a la vez que el dinero no es dinero. El que posee dinero goza la ventaja de poseer inmediatamente cuanto necesita; a la hora o al minuto en que los que carecen de él pueden caer en la vergüenza y la infamia.

Linares Rivas, Manuel (1864-1938),
dramaturgo y poeta español.

1 El matrimonio, que empezó siendo una inclinación y luego fue un tratado de familias, ahora no es más que un lujo.

2 La crueldad de los felices es horrenda.

Lincoln, Abraham (1809-1865),
político norteamericano.

1 Yo no sé quién fue mi abuelo; me importa mucho más saber qué será su nieto.

2 Gobierno del pueblo, por el pueblo, para el pueblo.

3 Si hago una buena obra, me siento bien; y si obro mal, me encuentro mal. Esta es mi religión.

4 El que hace algo a la cabeza de diez hombres eclipsará al que no haga nada a la cabeza de diez mil.

5 Ninguna mujer se ha perdido nunca sin que la ayudase algún hombre.

6 Hay momentos en la vida de todo político, en que lo mejor que puede hacerse es no despegar los labios.

7 Más vale permanecer callado y que sospechen tu necedad, que no hablar y quitarles toda duda de ello.

8 La más estricta justicia no creo que sea siempre la mejor política.

9 Se puede engañar a algunos todo el tiempo, y a todos algún tiempo, pero no se puede engañar a todos todo el tiempo.

Lindner, Alberto (1831-1888),
escritor alemán.

1 A las mujeres les ocurre con los besos lo que a nosotros con los vasos de vino: a fuerza de beberlos acabamos por sucumbir.

2 Si quieres a una mujer sin declarárselo, ella se siente adulada por tal timidez y, a sus ojos, tú eres un «hombre peligroso». Pero si tu timidez se prolonga demasiado, se enoja y acaba llamándote «asno».

3 ¡Cuántas mujeres se enamoran de un hombre, no para tenerlo, sino para no dejarlo a otra!

4 ¿Qué significa «elegir una amada»? La heroica decisión de querer olvidar todos los defectos de su sexo.

5 No es lo que el hombre «sabe», sino lo que «quiere», lo que decide su valor o su falta de valor, su fuerza o su impotencia, su felicidad o su desgracia.

6 ¿Por qué es tan difícil «querer», mientras tan fácil es «desear»? Porque en el deseo se expresa la impotencia, y en el querer, la fuerza.

Linneo, Carlos de (1707-1778),
naturalista sueco.

1 Natura non facit saltus (La naturaleza no hace saltos).

Lip-King,
pensador chino.

1 Las parábolas no mienten, pero los mentirosos dicen parábolas.

Lista, Alberto (1775-1848),
poeta español.

1 La próvida naturaleza ligó al forzoso mal el bien suave.

2 Se afanan los preceptistas por disculpar las que llaman extravagancias de Quevedo. Pero, ¿Quevedo les hace reír? Pues quien hace reír tiene razón.

Livry, H. de (1754-1816),
escritor francés.

1 Cuando nos damos cuenta de ser hombres nos encontramos solos.

2 El que no sabe amar no sabe morir.

3 Hay personas que solamente son valerosas por la cobardía de los demás.

4 La generosidad no necesita salario; se paga por sí misma.

Lobo, Eugenio Gerardo (1679-1750),
poeta español.

1 Las últimas razones de los reyes [los cañones].

Locke, John (1632-1704),
filósofo inglés.

1 Las opiniones nuevas siempre son mal vistas y generalmente combatidas, sin otro motivo que no ser todavía corrientes.

2 Demostrar a un hombre que se halla equivocado es una cosa, y ponerlo en disposición de poseer una verdad es otra.

3 Hay que perder la mitad del tiempo para poder emplear la otra mitad.

Logau, Friedrich, barón de (1604-1655),
escritor satírico alemán.

1 Una gran fortuna suscita mucha envidia;

una gran riqueza encierra numerosos peligros; una condición media puede ahorrar algunas necesidades.

2 El avaro y un cerdo cebado resultan útiles una vez muertos.

3 Si uno piensa que debe aprender todavía, aumenta su gracia; si piensa que es un sabio, se convierte en un necio.

4 El que es verdaderamente probo siempre es un hombre íntegro, pero permanece siempre donde está; en raras ocasiones se eleva.

5 Es humano cometer pecados; diabólico, persistir en ellos; cristiano, odiarlos; divino, perdonarlos.

6 Si quieres contar los defectos de los demás, comienza a contar los tuyos; pero mucho temo que te falte tiempo para contar los defectos ajenos.

7 Hay personas que se parecen a los mendigos, pero la esperanza los hace ricos.

8 Quita la vanidad de todo lo que hacemos. ¿Qué te queda y qué resultado bueno puedes apreciar?

9 La estimación del mundo es un mar; en él se hunde lo que es pesado, mientras que lo ligero flota.

10 La guerra más difícil consiste en combatirse a sí mismo; vencerse a sí mismo representa la mayor de las victorias.

11 Quienquiera que sea, cada cual lleva una rama del árbol de la locura; el uno la esconde y el otro la lleva libremente.

12 Las mujeres viejas son como los arbustos que un día tuvieron rosas: una vez se marchitaron las rosas no quedan más que las espinas.

13 ¿Para qué sirve el dinero? Para el que no lo tiene, le falta valor; el que lo posee, tiene preocupaciones; el que lo disfrutó, tiene pesar.

14 Los favores de los príncipes son como los arroyos: siempre se precipitan hacia el valle, y llegan donde llegan, de una manera casual y sin elegir por sí mismos.

Longfellow, Henry Wadsworth (1807-1882), *poeta estadounidense.*

1 Todo le llega a quien sabe esperar.

2 A toda verdad va siempre mezclada un poco de falsedad.

3 Todas las vidas de los grandes hombres nos recuerdan que podemos sublimar nuestra existencia; y, caminando, dejar tras de nosotros unas huellas en la arena del tiempo.

4 Aunque los molinos del Todopoderoso muelan lentamente, lo hacen muy fino; aunque exija suma paciencia Él lo muele absolutamente todo.

5 Si la mitad de las riquezas empleadas en los campamentos y desfiles se aplicara a redimir del error a las mentes humanas, no habría necesidad de arsenales ni de fortalezas.

6 El hoy y el ayer son las piedras con que construimos.

7 Nos juzgamos a nosotros mismos por lo que nos sentimos capaces de llevar a cabo; mientras que los demás nos juzgan por lo que tenemos hecho.

8 En este mundo nada existe más dulce que el amor, y después del amor, la cosa más dulce es el odio.

9 Gana lo que puedas y mira sereno, a todo el mundo, frente a frente, porque nada debes a nadie.

10 La alegría, la moderación y el reposo dan con la puerta en las narices del doctor.

11 La lección más importante que los grandes escritores nos han enseñado con su vida se podría tal vez encerrar en una sola palabra: ¡Aguarda!

12 No hay acción ninguna, mala o buena, que no deje en algún sitio una memoria escrita con dedos espectrales, como una bendición o una maldición.

13 La perpetua juventud está en las fuentes, no en los frascos, en los toneles ni en las bodegas.

14 No existe la muerte. Eso que lo parece es un simple tránsito.

15 Manos de invisibles espíritus pulsan las cuerdas de ese misterioso instrumento que se llama alma, tocando el preludio de nuestro destino.

Lope de Vega (1562-1636),
poeta y dramaturgo español.

1 Acompáñate con buenos y tú lo parecerás.

2 Mañana le abriremos —respondía—, para lo mismo responder mañana.

3 A las fáciles mujeres quiero bien y pago mal.

4 Mas díceme el corazón
que principios de obras son
la esperanza y el deseo.

5 A mis soledades voy
de mis soledades vengo,
porque para andar conmigo
me bastan mis pensamientos.

6 Mirando estoy los sepulcros,
cuyos mármoles eternos
están diciendo sin lengua
que no lo fueron sus dueños.

7 Amor entre desiguales
poco vale y menos dura.

8 Mucho a la muerte la mujer parece;
que huye de quien la busca y la desea,
y se cansa en buscar quien la aborrece.

9 Aprended flores de mí
lo que va de ayer a hoy,
que ayer maravilla fui
y hoy sombra mía no soy.

10 Nadie gusta de ver
a quien le vio en bajo estado.

11 Atado al duro banco de los celos,
en la galera del amor cautivo.

12 ¡Necio quien dellas se fía,
discreto quien las alaba!

13 Buen ejemplo nos da Naturaleza,
que por tal variedad tiene belleza.

14 Ni temo al poderoso,
ni al rico lisonjeo,

ni soy camaleón
del que gobierna...

15 Cansada de estar pudiera la fortuna...
de los muchos agravios que me ha hecho.

16 No es castigo, que es regalo,
la reprensión del amigo.

17 Ceñí en servicio de mi rey la espada
antes que el labio me ciñese el bozo,
que para la católica jornada
no se excusaba generoso mozo.

18 No guardas tú tu secreto
¿y quieres que otro le guarde?

19 No hay cosa más incierta que saber el lugar donde nos ha de hallar la muerte, ni más discreta que esperarla en todos.

20 No hay mujer que sea buena
si ve que dicen que es mala.

21 ... Comienza la fama por el rumor.

22 ¿No ves tú que de la ley
nace también la malicia?

23 De cuantas cosas me cansan
fácilmente me defiendo,
pero no puedo guardarme
de los peligros de un necio.

24 ¿No ves que el sol del dinero
va del ingenio delante?

25 De tres maneras se entiende la amistad:
honesta, deleitable y provechosa.

26 O sabe naturaleza
más que supo, en este tiempo,
o tantos que nacen sabios
es porque lo dicen ellos.

27 Desde que le pisaron,
por huir de los pies
se sube a la cabeza.

28 ¿Para qué te escondes,
niña gallarda?
Que mis linces deseos
paredes pasan.

29 ¡Dichoso el que vive y muere en su casa!
Que en su casa, hasta los pobres son reyes.

30 Permíteme callar sólo un momento,
que ya no tienen lágrimas mis ojos
ni conceptos de amor mis pensamientos.

31 Dijeron que antiguamente

se fue la verdad al cielo;
tal la pusieron los hombres
que desde entonces no ha vuelto.

32 Pero la vida es corta:
viviendo, todo falta,
muriendo, todo sobra.

33 Poner freno a la mujer
es poner límite al mar.

34 Dos polos tiene la tierra,
universal movimiento;
la mejor vida, el favor,
la mejor sangre, el dinero.

35 Porque a donde falta el gusto
no sobra el entendimiento.

36 El oro es como las mujeres, que todos
dicen mal de ellas y todos las desean.

37 ¡Mal haya quien adula al poderoso!

38 El querer no es elección, porque ha de ser
accidente.

39 Porque dicen, amor, que no caminas,
si los cielos no te calzan las espuelas.

40 En los amigos, los presentes son amor, en
los amantes cuidado, en los pretendientes
cohecho, en los obligados agradecimiento, en los señores favor, en los criados
servicio.

41 Que amor, como es accidente,
tiénese donde se siente,
no donde fuera razón.

42 En los campos de la vida
no hay más que una primavera.

43 Que aun el rey no comería
si el labrador no labrase.

44 Entiendo lo que me basta
y solamente no entiendo
cómo se sufre a sí mismo
un ignorante soberbio.

45 Que de noche le mataron
al caballero,
la gala de Medina
la flor de Olmedo.

46 Que el grande y el pequeño
somos iguales lo que dura el sueño.

47 Es cualquier libro discreto
(que si cansa, de hablar deja)

un amigo que aconseja
y reprehende en secreto.

48 Que es condición de mujer
negar lo que más desea.

49 Es la mujer del hombre lo más bueno,
y locura decir que lo más malo;
su vida suele ser y su regalo,
su muerte suele ser y su veneno.

50 ¿Quién mató al comendador?
Fuenteovejuna, señor.

51 Es niño Amor
y derríbale el dinero.

52 Señales de juicio son
ver que todos le perdemos.
Unos, por carta de más;
otros, por carta de menos.

53 Es perdonar al vencido
el triunfo de la victoria.

54 Son los reyes como el fuego,
y de ellos quiero decirte:
ni tan cerca que te abrases
ni tan lejos que te enfríes.

55 Has dado en hacerme esclavo
con los hierros de tu gusto.

56 Soy rey de mi voluntad,
no me la ocupan negocios,
y ser muy rico de ocios
es suma de felicidad.

57 La casa en que no hay mujer
como limbo viene a ser,
ni tiene pena ni gloria.

58 Y escribo por el arte que inventaron
los que el vulgar aplauso pretendieron;
porque, como las paga el vulgo, es justo
hablarle en necio para darle gusto.

59 Los consejos no pedidos
son desaciertos pesados.

60 Y más de ciento en horas veinticuatro,
pasaron de las musas al teatro.
(Alusión, según Lope de Vega afirmaba, de la
forma en que escribía sus comedias.)

61 Yo he visto mujeres feas
que, tratadas, son hermosas.

62 Las lisonjas desvanecen y no hartan.

63 Y no tengais a locura
que os descubra mi dolor,

porque la llaga de amor
hablando de ella se cura.

64 Estaba el mundo en acto circunstante,
si bien el voto universal distinto.

65 Siempre es la voluntad
del apetito alcahueta.

66 ... que a una viuda bella
le quedan en la posada
el respeto de casada
y el melindre de doncella.

67 Verdad es que en la patria
no es la virtud dichosa,
ni se estima la perla
hasta dejar la concha.

68 Mi vida vive muriendo,
si muriese viviría,
porque muriendo saldría
del mal que siente viviendo.

69 ¡Oh, mil veces dichoso
quien no tiene enemigo
y todos le codician por amigo!

70 Quien ha llegado a edad
ponga el sentido
en dejar que quien viene
atrás, mancebo,
pase por el camino que ha venido.

71 Porque siempre en los vecinos
se ven más las liviandades.

72 Nadie las ciencias podría
sin la experiencia saber;
mas no es posible aprender
el amor y la poesía.
El hacer versos y amar
naturalmente ha de ser.

73 ¿Qué me queréis, alegrías,
si me venís a alegrar?
Pues sólo podéis durar
hasta saber que sois mías.

74 El mal que presto se sabe
más presto llega a ser mal.

75 Sólo el mandar no sufre compañía.

76 No tomes el ejemplo
de las que van y tornan,
que a muchos ha perdido
la dicha de las otras.

77 Pero con una cosa me contento:

que aunque puede quitarme la esperanza,
no me puede quitar el pensamiento.

78 Que palabras de mujer
tienen la firma del viento.

79 Lo que es nuevo en la mujer
siempre para dar contento
es el buen entendimiento
y el honesto proceder.

80 Porque de sufrir a necios
suelen enfermar los sabios.

81 A una casada le basta
para estimación honrosa,
no el saber que ha sido hermosa,
sino el saber que fue casta.

82 No todos los hombres comen la caza que
matan.

83 Más quiero ser entendido que defendido.

84 El vino es la leche de los viejos. No sé si lo
dice Cicerón o el obispo de Mondoñedo.

85 El grande y el pequeño somos iguales lo
que dura el sueño.

86 La poesía es pintura de los oídos, como la
pintura, poesía de los ojos.

López de Ayala, Adelardo (1829-1879),
poeta y autor dramático español.

1 Una cosa es la amistad,
y el negocio es otra cosa.

2 Cuando la estafa es enorme
ya toma un nombre decente.

3 ¡Triste suerte la del gobierno, que nadie
acusa en público, porque todos acusan en
secreto!

4 Cuando la imprenta vive libre, la calumnia es nula; cuando se encuentra compri-
mida, la calumnia es terrible.

5 No hay causa ni razón que me convenza
de que es genio la falta de vergüenza.

6 ¡Dame, señor, la firme voluntad,
compañera y sostén de la virtud,
la que sabe en el golfo hallar quietud
y en medio de las sombras claridad!

7 ¿Dónde hay un premio mejor que saber que lo merece?

López de Ayala, Pero (1332-1407),
poeta y cronista español.

1 El poder es bien tenido
cuando es el poderoso
más amado que temido.

López de Vega, Antonio (siglo XVI-XVII),
escritor portugués.

1 No el poder mucho, sino el sufrirlo, es la verdadera fortaleza.

López García, Bernardo (1840-1870),
poeta español.

1 Que no puede esclavo ser
pueblo que sabe morir.

López-Picó, José María (1886-1959),
poeta español.

1 No es el amor lo que nos pierde sino la manera de hacerlo.

2 La humanidad ofrece múltiples cosas concretas y una sola excepción. La de aquel que no fue nada, porque cada día, al levantarse, solía decir: ¿A quién imitaré, para ser yo?

Lortzing, Gustavo Adolfo (1803-1851),
compositor alemán.

1 Nosotras, las pobres muchachas, no podemos estar peor; querría no ser muchacha; desearía ser hombre.

Loustalot, Eliseo (1762-1790),
político francés.

1 Los grandes no nos parecen grandes sino porque nosotros estamos de rodillas. ¡Alcémonos!

Louys, Pierre (1870-1925),
poeta y novelista francés.

1 Las mujeres guardan bien solamente las pequeñas confidencias, a fin de merecer un día, por tal medio, el recoger secretos mayores y divulgarlos.

2 No hay nada que asuste tanto como una pelea entre mujeres. No conocen el puñetazo que abate, pero sí el arañazo que deja una señal duradera en el rostro.

3 Sólo hay dos maneras de ser desgraciados: o deseando lo que no se tiene, o teniendo lo que se deseaba.

Lovelage, Richard (1618-1658),
poeta inglés.

1 Los muros de piedra no hacen una prisión; ni los barrotes de hierro una reja; los espíritus inocentes y serenos lo aceptan como una ermita.

Lowell, James Russell (1819-1891),
poeta norteamericano.

1 La democracia da a cada uno el derecho de ser su propio opresor.

2 La verdad está siempre sobre el patíbulo; la mentira, siempre en un trono.

3 Nueve peniques diarios por matar a la gente, resulta poner a buen precio el asesinato.

4 Antes de que el hombre nos hiciese ciudadanos, la inmensa naturaleza nos hizo hombres.

5 El mes de mayo es un piadoso fraude del calendario.

Lubbock, sir John (1834-1913),
sociólogo y naturalista inglés.

1 Muy poco nos aprovechan los libros que no nos hacen disfrutar.

Lübke, Wilhelm (1826-1893),
historiador alemán.

1 Donde hay luz también existe la sombra. ¿Dejaré de amar la luz porque produce sombras?

2 Comprender lo bello significa poseerlo.

Lucano, Marco Anneo (39-65),
poeta latino nacido en Córdoba.

1 Toda cosa noble cuanto más cuesta, más agradable resulta.

2 Que entre lisonjas que a la dicha aclaman el feliz no averigua si le aman.

3 Nosotros desaparecemos además de las ruinas.

4 Nil facimus non sponte Dei (Nada hacemos sin la aquiescencia de Dios).

5 Los dioses prefirieron la causa vencedora, Catón la vencida.

6 La virtud resulta tanto más dulce cuanto más ha costado.

7 Aléjese de los palacios el que quiera ser justo. La virtud y el poder no se hermanan bien.

8 Con la audacia esconde su gran temor.

9 El género humano vive gracias a algunos hombres.

10 El temor del mal futuro ha puesto a muchos en peligro.

11 En el ocio, el espíritu se pierde en mil pensamientos diversos.

12 No hay nada tan grande y admirable que no deje, a poco, de ser admirado.

13 Lo que es pecado de muchos queda sin castigo.

14 Pareciéndole no haber hecho nada si quedaba algo por hacer.

15 Queda la sombra del gran nombre.

16 Y rara vez la suerte en sus vaivenes conforma las edades con los bienes.

Lucas, San. Véase **Biblia.**

Luciano de Samosata (125-195),
escritor griego.

1 Para aquellos que practican el bien, breve es la vida; pero para los que se entregan al mal, una sola noche representa un tiempo inmenso.

2 Cuando una falta es cometida por muchos, queda impune.

3 Es un consuelo compartir la misma desdicha y no ser solo en sufrir.

Lucrecio Caro (98-55 a.C.),
poeta latino.

1 Todo degenera poco a poco y va de cabeza al escollo, agotado por la larga carrera de la vida.

2 Todos procedemos de una simiente celeste.

3 Siempre nos parece que el mayor bien es el que nos falta; si logramos alcanzarlo, suspiraremos por otro bien, con el mismo ardor.

4 Puedes vivir tantos siglos como quieras; no por eso la eterna muerte dejará de aguardarte y no durará menos el no ser para éste que hoy dejó la luz de la vida, que para aquél que cayó muchos meses y años atrás.

5 Nadie, saciado y cansado de tanto verlo, es digno de levantar los ojos a la luminosa bóveda celeste.

6 Los hombres, en su afán de escapar de los

males y rechazarlos muy lejos, impelidos por un vano terror, amasan riquezas con sangre ciudadana y multiplican con avidez su caudal, acumulando crimen sobre crimen.

7 La codicia y la ciega ambición de honores que fuerzan a los míseros hombres a violar las fronteras del derecho y, a veces, haciéndose cómplices y servidores del crimen, a esforzarse día y noche con empeñado trabajo para escalar el poder, tales llagas de la vida en no pequeña parte son alimentadas por el temor a la muerte.

8 Fijo y ordenado está el lugar donde cada cosa crezca y habite.

9 Es una gran riqueza para el hombre el vivir parcamente y con ánimo sereno, porque así no tendrá jamás penuria del poco.

10 El temor de la muerte enturbia en sus mismas raíces la vida de los hombres, ensombreciéndolo todo con el negro color de la muerte y sin dejarnos un solo gozo límpido y puro.

11 En el universo ningún ser es singular, ninguno nace único y crece solo, antes todos pertenecen a alguna familia, y son muchos los de una misma especie.

12 En momentos de crisis y peligro es cuando hay que juzgar a un hombre, y la adversidad nos da a conocer su carácter; pues, entonces, son sinceras las voces que brotan del fondo de su pecho; se arranca la máscara y queda la realidad.

13 Al punto la naturaleza se te aparecerá libre, exenta de soberbios tiranos, obrando por sí sola, espontáneamente, sin participación de los dioses.

14 Aquel retoño de los Escipiones, rayo de la guerra, terror de Cartago, entregó sus huesos a la tierra como el último de los esclavos.

15 Aunque la cultura impone a algunos un barniz uniforme, deja sin embargo subsistir en cada alma vestigios de su primitivo carácter.

16 Es dulce, cuando sobre el vasto mar los vientos revuelven las olas, contemplar desde tierra el penoso trabajo de otro; no porque ver a uno sufrir nos dé placer y

contento, sino porque es dulce considerar de qué males te eximes.

17 Las jactancias usuales de los hombres de que la enfermedad y la deshonra son más de temer que la mansión de la muerte, todo ello más es vanagloria que convencimiento real.

18 La tierra, agotada, a duras penas crea animales insignificantes, ella que creó todas las especies y dio a luz los gigantescos cuerpos de las bestias salvajes.

19 Los necios no aprecian ni admiran más que las ideas que se hallan escondidas bajo un lenguaje misterioso.

20 No hay que pensar en que los vicios puedan ser arrancados del cuerpo: siempre habrá uno propenso a incurrir en cóleras violentas, otro expuesto en demasía a los ataques del miedo, un tercero será demasiado condescendiente en aceptar ciertas cosas.

21 No salen más pronto del cuerpo las fiebres ardientes si te acuestas en bordados tapices y en púrpura roja, que si yaces en ropa plebeya.

22 ¿No veis que el hombre busca siempre, sin saber qué es lo que desea, y que cambia presto, como si pudiera liberarse del peso que le abruma?

23 Todas las cosas (de este mundo), con el cielo, la tierra y el mar, no son nada comparadas con la suma total del universo.

24 La belleza y la fuerza se rinden humildes ante el poder convencional del oro.

25 ¿No sabes que la muerte no dejará subsistente un otro tú que pudiera, vivo, llorar al pie de tu cadáver?

26 La necesidad arranca palabras sinceras de nuestro pecho, entonces la máscara cae y el hombre solo aparece.

Luis IX,
rey de Francia de 1226 a 1270.

1 Escucha las querellas de los pobres y trata de conocer la verdad.

2 Más vale buena fama que cintura dorada.

Luis XI,
rey de Francia de 1461 a 1483.

1 Quien no sabe disimular, no sabe reinar.

Luis XII,
rey de Francia de 1498 a 1515.

1 El rey de Francia no venga las injurias hechas al duque de Orléans.

2 El amor es el rey de la juventud y el tirano de los viejos.

Luis XIV,
rey de Francia de 1643 a 1715.

1 La constancia no consiste en hacer siempre las mismas cosas, sino las que tienden a un mismo fin.

2 Cada vez que cubro una vacante, hago cien descontentos y un ingrato.

3 De ahora en adelante yo seré mi primer ministro.

4 El Estado soy yo.

Luis XVI,
rey de Francia de 1774 a 1793.

1 No me hago ilusiones sobre mi suerte. Mi sangre correrá, para castigarme por no haber derramado jamás la sangre de otros.

Luis de León, Fray (1527-1591),
poeta y escritor místico español.

1 Puede ser que en las ciudades se sepa mejor hablar, pero la fineza del sentir es del campo y de la soledad.

2 ¡Qué descansada vida
la del que huye del mundanal rüido
y sigue la escondida
senda, por donde han ido
los pocos sabios que en el mundo han
[sido!

3 Vivir quiero conmigo,
gozar quiero del bien que debo al cielo,
a solas, sin testigo,
libre de amor, de celo,
de odio, de esperanzas, de recelo.

4 Y, a la verdad, si hay debajo de la luna cosa que merezca ser estimada y apreciada, es la mujer buena; y en comparación de ella el sol mismo no luce y son oscuras las estrellas.

5 Aquí la envidia y mentira
me tuvieron encerrado.
Dichoso el humilde estado
del sabio que se retira
de aqueste mundo malvado,
y con pobre mesa y casa
en el campo deleitoso
con solo Dios se compasa
y a solas la vida pasa
ni envidiado ni envidioso.

6 Despiértenme las aves
con su cantar sabroso no aprendido;
no los cuidados graves
de que es siempre seguido
el que al ajeno arbitrio está atenido.

7 El amor verdadero no mira en puntillos de crianza, ni en pundonores, ni espera a ser convidado primero, antes él se convida y se ofrece.

8 A mí una pobrecilla mesa de amable paz bien abastecida me baste...

9 Aquí vive el contento,
aquí reina la paz; aquí, asentado
en rico y alto asiento,
está el Amor sagrado,
de glorias y deleites rodeado.

10 Decíamos ayer...
(Así, dicen, reemprendió sus clases fray Luis después de los cinco años de ausencia pasados en las cárceles de la Inquisición).

11 Para hacer el mal cualquiera es peligroso.

Lulio, Raimundo. Véase **Llull, Ramon.**

Lutero, Martín (1483-1546),
reformador alemán.

1 Una mentira es como una bola de nieve; cuanto más tiempo se la hace rodar, más grande se vuelve.

2 Poseo tres perros feroces: ingratitud, soberbia y envidia. Cuando estos tres perros muerden, la herida es muy profunda.

3 Aquel a quien no le gusta el vino, la mujer ni el canto, será un necio toda su vida.

4 Los hijos constituyen el don más preciado del matrimonio; son ellos los que atan y mantienen el vínculo del amor.

5 Nuestro Señor concede ordinariamente las riquezas a los asnos más toscos, porque nada más les puede reservar.

6 Nadie muere del trabajo; pero con la vagancia y el ocio son muchos los que se agotan y fenecen, porque el hombre ha nacido para el trabajo, como el pájaro para el vuelo.

7 Aunque mañana fuera el día del fin del mundo, yo plantaría todavía manzanos en el día de hoy.

8 Mi risa es mi espada, y mi alegría, mi escudo.

Lyly, John (1554-1606),
literato británico.

1 El que pierde su honestidad ya no tiene nada que perder.

2 El sol brilla sobre el estercolero sin corromperse.

Lyn Yutang,
escritor chino contemporáneo.

1 Perdonamos a los grandes del mundo porque han muerto; pero en vida son imperdonables.

2 Es humano tener sed de conocimiento y sed de agua, amar una buena idea y un buen plato de cerdo, admirar una frase hermosa y una mujer bella.

3 Los sabios raras veces hablan, y los que hablan rara vez son sabios.

4 ¿No es evidente que es la pasión y no la razón lo que gobierna al mundo?

5 Los hombres llevan a sus mujeres a todas partes, pero no a sus queridas, por mucho que les digan que las quieren.

6 La mitad de la belleza depende del paisaje y la otra mitad del hombre que la mira.

7 Se debe ser suave, pero digno; austero, pero no áspero; cortés y completamente sereno.

8 Quiso arrancar los misterios del universo, fue derrotado a medias y murió riendo.

9 Pasa la vida jugando y cantando, y cuando llegue el dolor y sobrevenga el infortunio, acéptalos con una sonrisa.

10 El máximo de poder es la iniciación de la decadencia.

11 Es muy simple: cuando uno quiere a una persona, puede llamarla por cualquier nombre, que siempre tiene un sentido cariñoso.

12 No podemos admitir que el arte de vivir degenere en el simple negocio de vivir.

Lytton, Eduardo Jorge Bulwer (1803-1873),
novelista inglés.

1 No existe angustia mayor que la producida por un error del que nos avergonzamos.

2 Un hombre que no puede alegar excusa alguna para su delito no tiene defensa posible.

3 El prudente puede dirigir un Estado, pero es el entusiasta quien lo regenera o lo arruina.

4 Feliz quien nunca conoció el sabor de la fama: tenerla es un purgatorio y carecer de ella es un infierno.

5 La magia de la lengua es el más peligroso de todos los encantos.

6 La persona más fácil de engañar es uno mismo.

7 Las revoluciones no se hacen con agua de rosas.

8 Los castillos en el aire cuestan mucho de mantener.

9 A los hombres se les valora por lo que parecen ser y no por lo que en realidad son.

10 El gran pintor, como el gran autor, encarna, ciertamente, lo que es posible al hombre, pero lo que no es común a la humanidad.

11 El hombre que fuma, piensa como un sabio y obra como un samaritano.

12 Los hombres se valoran no por lo que son, sino por lo que parecen ser.

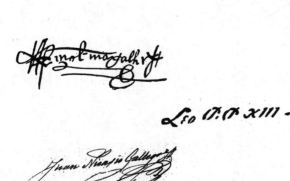

Fernando Magallanes   León XIII   Juan Nicasio Gallego

Llorente, Teodoro (1836-1911),
poeta español.

1 ¡Oh, inmensa mar azul, helénica y latina!
¡cuna eterna del Arte y de la Fe divina!
(palabras referidas al mediterráneo a cuyas orillas floreció el arte y la literatura de Homero a
Virgilio y de Fidias a Miguel Angel)

Lloyd, George (1863-1945),
estadista inglés.

1 Lo peor que puede hacerse es cruzar un
precipicio en dos saltos.

2 La libertad no es simplemente un privilegio que se otorga; es un hábito que ha de
adquirirse.

3 De todos los fanatismos que embrutecen
el alma humana, no hay ninguno tan estúpido como el antisemitismo.

Llull, Ramon (h. 1232-1315),
escritor y filósofo español.

1 La paciencia comienza con lágrimas y, al
fin, sonríe.

2 Palabra cortés significa amable pensamiento.

3 A gran necesidad, gran diligencia.

4 Alégrese cada cual, porque Dios es todo, y
en todo, bueno y cumplido.

5 El que es compasivo no ríe muy a menudo.

6 El que es leal eleva su mirada con humildad, y el que es desleal con soberbia.

7 La envidia mata de continuo al envidioso.

8 No hay verdadera justicia sin bondad.

9 Hazte amigo del amigo de tu enemigo y
de su enemigo.

10 Todo hombre avaro hace más por miedo
que por amor.

11 El orgullo tiene los ojos en el cielo y el
corazón en la tierra.

12 Vive para la intención para la que has sido
creado.

13 Quien tiene lo que quiere no es pobre.

14 Quien no se tiene a sí mismo es muy pobre.

15 Si eres rico, haz otro rico.

María Estuardo   José M.ª de Pereda
Wolfgang Amadeo Mozart

Macaulay, Thomas Babington, barón de
(1800-1859), *escritor británico.*

1 Poseía el don maravilloso de concentrar el pensamiento y hacerlo accesible.

2 Para un pensador es un don peligrosísimo el extraordinario dominio de un tipo de lenguaje grave y majestuoso, pero de sentido vago e impreciso.

3 Nuestra felicidad depende poco de las instituciones políticas, y mucho de la naturaleza y de los motivos de nuestro espíritu individual.

4 La opinión de la gran masa del público lector se halla muy influenciada también por las afirmaciones incompetentes de los que asumen el derecho de criticar.

5 El cometido de un gobierno no es hacer rico al pueblo, sino protegerlo mientras se enriquece por sí mismo.

6 El libre comercio, uno de los más grandes beneficios que un gobierno pueda dar al pueblo, es impopular en casi todos los países.

7 El objeto de la oratoria no es precisamente la verdad, sino la persuasión.

8 En todos los tiempos los ejemplares más viles de la naturaleza humana se encontraron entre los demagogos.

9 Es posible que nadie pueda ser poeta o gozar la poesía si no posee una cierta inestabilidad de espíritu.

10 Entre los muchachos escasea la conmiseración ante los defectos físicos.

11 La ciencia avanza a pasos, no a saltos.

12 La tribuna donde toman asiento los periodistas se ha convertido en el cuarto poder del Estado.

13 Ninguno que esté bien informado de las edades pasadas, se mostrará dispuesto a tener un criterio malhumorado o pesimista de la presente.

14 Para un pueblo que no se sienta hundido no existe nada más irritante que un gobierno paternal; o, en otras palabras, un gobierno excesivamente oficioso que se obstina en decirle lo que debe leer, discutir, comer, beber y vestir.

Mackenzie, Henry (1745-1831),
escritor escocés.

1 Entre todos los vestidos que yo he visto poner al orgullo, el que más me subleva es el de la humildad.

2 La severidad puede ser útil para algunos caracteres. En cierto modo se parece a una lima; desagradable mientras se trabaja, pero capaz de proporcionar brillo a los metales duros.

Mackintosh, James (1765-1832),
filósofo inglés.

1 Los hombres no son nunca buenos o
malos, como su opinión.

Macrobio, Aurelio Teodosio (s. IV-V),
filósofo latino.

1 El que hace un favor a quien lo merece, él
mismo lo recibe.

Machado, Antonio (1875-1939),
poeta español.

1 Tras el vivir y el soñar,
está lo que más importa:
despertar.

2 ¿Tu verdad? No, la Verdad,
y ven conmigo a buscarla,
la tuya guárdatela.

3 Nuestras horas son minutos
cuando esperamos saber,
y siglos cuando sabemos
lo que se puede aprender.

4 Poned atención:
un corazón solitario
no es un corazón.

5 Se miente más de la cuenta
por falta de fantasía:
también la verdad se inventa.

6 Si se trata de construir una casa, de nada
sirve que sepamos tirarlos correctamente
los ladrillos a la cabeza.

7 Siempre firme, siempre igual,
impasible, casta y buena,
¡oh tú, robusta y serena,
eterna encina rural

8 Sólo triunfa quien pone la vela encarada
con el aire que sopla; jamás quien espera
que el aire sople hacia donde ha puesto
encarada la vela.

9 Todo necio
confunde valor y precio.

10 De los parques las olmedas
son las buenas arboledas

que nos han visto jugar,
cuando eran nuestros cabellos
rubios y, con nieve en ellos,
nos han de ver meditar.

11 Caminante, son tus huellas
el camino, y nada más;
caminante, no hay camino,
se hace camino al andar.
Al andar se hace camino,
y al volver la vista atrás
se ve la senda que nunca
se ha de volver a pisar.
Caminante, no hay camino,
sino estelas en la mar.

12 De toda la memoria, sólo vale el don pre-
claro de evocar los sueños.

13 Doy consejo a fuer de viejo:
nunca sigas mi consejo.

14 El alto roble parece
que recalca y ennudece
su robustez como atleta
que, erguido, afinca en el suelo.

15 El filósofo es el hombre que no quiere dar
en el blanco sobre el cual dispara, y para
ello lo pone más allá del alcance de toda
escopeta.

16 El hombre tiene cuatro cosas
que no sirven en la mar:
ancla, gobernalle y remos,
y miedo de naufragar.

17 El mañana no está escrito ni el ayer tampoco.

18 El ojo que ves no es
ojo porque tú lo veas,
es ojo porque te ve.

19 El roble es la guerra, el roble
dice el valor y el coraje,
rabia inmoble
en su torcido ramaje;
y es más rudo que la encina, más nervudo,
más altivo y más señor.

20 Es propio de hombres de cabezas medianas embestir contra todo aquello que no
les cabe en la cabeza.

21 [España] un trozo de planeta
por donde corre errante,
la sombra de Caín.

22 Españolito que vienes
al mundo, te guarde Dios.

Una de las dos Españas
ha de helarte el corazón.

23 Exagerar no es mentir, porque es una modalidad de la fantasía.

24 La palmera es el desierto,
el sol y la lejanía:
la sed; una fuente fría
soñada en el campo yerto.

25 La primavera ha venido,
nadie sabe cómo ha sido.

26 La verdad es la verdad, dígala Agamenón
o su porquero.

27 Las hayas son la leyenda.
Alguien, en las viejas hayas,
leía una historia horrenda
de crímenes y batallas.
¡Quién ha visto sin temblar
un hayedo en un pinar!

28 Los chopos son la ribera,
liras de la primavera,
cerca del agua que fluye,
pasa y huye,
viva o lenta,
que se emboca turbulenta
o en remanso se dilata.

29 Los malhechores han de ir a presidio, porque entre hacer las cosas bien y hacerlas
mal está el no hacerlas como término
medio, no exento de virtud.

30 Los que están siempre de vuelta de todo
son los que no han ido nunca a ninguna
parte.

31 Nada es lindo ni arrogante
en tu porte, ni guerrero,
nada fiero
que aderece tu talante.
Brotas derecha o torcida
con esa humildad que cede
sólo a la ley de la vida,
que es vivir como se puede.

32 Ayudadme a comprender lo que os digo y
os lo explicaré mejor.

33 Si es bueno vivir, todavía es mejor soñar,
y lo mejor de todo, despertar.

34 Aprende a dudar y acabarás dudando de
tu propia duda. De este modo Dios premia al escéptico y al creyente.

35 El pino es el mar y el cielo
y la montaña: el planeta.

Machado, Manuel (1874-1947),
poeta español.

1 Fatigas, pero no tantas,
que a fuerza de muchos golpes
hasta el hierro se quebranta.

2 Me he enamorado de ti,
y es enfermedad tan mala
que ni la muerte la cura,
según dicen los que aman.

3 Tonto es el que mira atrás...
mientras que hay camino *alante,*
el caso es andar y andar.

4 De querer a no querer
hay un camino muy largo,
que todo el mundo recorre
sin saber cómo ni cuándo.

5 Cuando me miras, me matas...
Y si no me miras, más.
Son puñales que me clavas
y los vuelves a sacar.

6 Camino que no es camino
de más está que se emprenda,
porque más nos descarría
cuanto más lejos nos lleva.

7 Ni el vicio me seduce
ni adoro la virtud.

Machiavelli, Niccoló. *Véase* **Maquiavelo.**

Madariaga, Salvador de (1886-1978),
ingeniero, escritor y político español.

1 Vale más error leal que verdad desleal.

2 La indignación reprimida por la cobardía
se vuelve contra el cobarde y le quema la
razón.

3 La modestia es una mentira, aunque la
más virtuosa de todas.

Maeterlinck, Maurice (1862-1949),
poeta belga.

1 No hay nada tan hermoso como una llave,
mientras no se sepa lo que abre.

2 No hay que preguntar si los que lloran tienen o no tienen razón, sino, sencillamente, hacer lo que se puede para que no lloren.

3 Las mujeres nunca se cansan de ser madres; llegarían a mecer hasta la propia muerte si viniera a dormir en sus rodillas.

4 Lo que peor soporta los defectos ajenos son nuestros propios defectos.

5 Cuando se es feliz es cuando hay que tener más miedo; nada hay que amenace tanta ruina como la felicidad.

6 Cuando uno dice que sabe lo que es felicidad, se puede suponer que la ha perdido.

7 El dolor es el alimento principal del amor, y todo amor que no se alimenta con un poco de dolor puro, muere.

8 El hombre, desde su aparición sobre la tierra, busca la explicación de ciertas cosas que no puede comprender. Y nunca la obtendrá, porque si supiera todo lo que se puede saber probablemente moriría de aburrimiento.

9 La palabra sabia es aquella que, dicha a un niño, se entiende siempre aunque no se explique.

10 La única verdadera y profunda felicidad del hombre es ésta: que puede esperar la muerte.

11 Los años enseñan poco a poco, a todo hombre, que sólo la verdad es maravillosa.

Maeztu, Ramiro de (1874-1936),
escritor español.

1 Los mejores tienen el deber de ayudar a aquellos menos dotados.

2 Es verdad que el lujo del rico da de comer al pobre. Pero lo que se necesita no es que el pobre viva, sino que haga algo útil o bueno.

3 La epopeya hispánica ha sido tan importante para el mundo que sin ella no se explica la historia universal.

4 La ventaja de la democracia sobre las demás formas de gobierno es que no hay en la democracia una casta interesada en sofocar el pensamiento para que no se la discuta.

5 Lo que hace santo al santo es que no pierde casi nunca la conciencia de ser un pecador. Y el pecado del diablo es el orgullo. El diablo es diablo porque se cree bueno.

6 Los jueces no son árbitros que decidan de las disputas con arreglo a sus luces; son simplemente funcionarios a quien se ha encomendado el deber de aplicar las leyes. Sin la ley a que se somete, la autoridad del juez es tiranía, y tal vez la peor de las tiranías.

7 El bien físico de la comunidad tiene prioridad sobre el bien físico del individuo.

8 Las autoridades son legítimas cuando sirven al bien; cesan de serlo al cesar de servirlo.

Maffré de Beaugé, F. (siglo XIX),
poeta francés.

1 Nuestra época tiende a suprimir, posiblemente, los mejores caminos para salir de la vida: el claustro y la batalla.

2 Desde el momento que quieras a una mujer dejarás de saber cuál es el color de sus ojos.

Magallanes, Fernando (1470-1521),
navegante portugués.

1 He dejado aquí mi palabra y no podré irme sin ella.
(Los navíos de la expedición naufragaron y con ayuda de unas chalupas llegaron a un islote. Magallanes prometió a sus hombres que no les abandonaría; pero cuando vieron que las chalupas se hacían de nuevo a la mar para buscar socorros, los marineros creyeron que su capitán los abandonaba. Entonces prorrumpieron en gritos y lamentaciones; pero Magallanes volvió junto a ellos y pronunció la frase consignada al principio.)

Mahabharata,
epopeya sánscrita.

1 El alma es una cosa que la espada no puede herir, que el fuego no puede consumir, que el agua no puede macerar y que el viento del mediodía no puede secar.

Mahlmann, S. Augusto (1771-1826),
poeta alemán.

1 Satisfechos de peregrinar a través de la vida, bebamos el zumo de las uvas. Nos reclama la voluntad del Señor, cuyos bienes cantáis los alegres bebedores, levantando la copa. Él goza contemplando la gente alegre: ¡alabad al gran Señor!

2 Buscas inútilmente en lejanas tierras las alegrías que viven en tu patria.

Mahoma (570-632),
fundador de la religión musulmana.

1 Al lado de la dificultad está la felicidad.

2 Ayuda a tu hermano, sea opresor u oprimido.

3 El que permanece casto y muere de amor, muere mártir.

4 La belleza del hombre consiste en el arte de bien decir.

5 Se inventó la seda para que las mujeres pudieran andar vestidas y desnudas a la vez.

Maimónides, Moisés ben Maimón
(1135-1204), *filósofo judío.*

1 No puede haber creencia sino donde hay concepción, pues la creencia consiste en admitir como verdad lo que se ha concebido y en creer que fuera del espíritu es tal como se ha concebido.

2 Si estuviesen [los hombres] en posesión de las ciencias sentirían ser refrenados de dañarse a sí mismos y a los otros.

Mainar, Rafael (-1929),
escritor y periodista español.

1 Cuando haya que emplear como arma la pluma, debemos acordarnos de la vieja leyenda de los toledanos aceros: «No me saques sin razón ni me envaines sin honor».

Maintenon, Francisca de Aubigné, marquesa de (1635-1719), *célebre dama francesa, favorita de Luis XIV.*

1 Acostumbraos a ser obedientes, porque siempre os ha de tocar obedecer.

2 Cuando os sintáis desgraciados, pensad en los que son todavía más desventurados que vosotros mismos; la receta es infalible.

3 El pecado es preferible a la hipocresía.

4 Es la propia vanidad quien aumenta nuestras necesidades.

5 Escuchad siempre y no habléis nunca.

6 No hagáis depender vuestra felicidad de los demás.

Maisonneuve, Louis Jean Baptiste
(1745-1819), *autor dramático francés.*

1 Un monarca es poderoso cuando su pueblo es feliz.

Maistre, conde Joseph de (1754-1821),
escritor saboyano.

1 Toda nación tiene el gobierno que se merece.

2 El mayor ridículo para una mujer es ser un hombre.

3 La espada de la justicia no tiene vaina.

Malaparte, Curzio (1898-1957),
escritor italiano.

1 Hay mucha diferencia entre luchar por no morir y luchar por vivir; entre luchar por salvar la vida y luchar por conservarla.

Malesherbes, Chrétien-Guillaume de Lamoignon de (1721-1794), *político francés.*

1 Haríamos muchas más cosas si creyéramos que es menor el número de las imposibles.

Malherbe, François de (1555-1628),
escritor francés.

1 Querer lo que Dios desea es la única ciencia que nos tranquiliza.

2 La mujer es un mar fatal para los náufragos.

3 Sólo hay dos cosas bellas en el mundo: la mujer y las rosas. Sólo hay dos buenos bocados: la mujer y el melón.

Malone, Walter (1866-1915),
escritor y poeta norteamericano.

1 Un hombre honrado no puede nunca renunciar a una duda honrada.

Malraux, André (1901-1976),
novelista francés.

1 He aprendido que una vida no vale nada, pero que nada vale una vida.

2 La esperanza de los hombres es su razón de vivir y de morir.

Mallarmé, Stéphane (1842-1898),
poeta francés.

1 Un poema no ha de consistir en pensamientos sino en palabras.

Mallock, Guillermo Hurrell (1849-1923),
escritor inglés.

1 La conciencia, en la mayor parte de los espíritus, es como un soberano inglés: reina pero no gobierna.

2 La cultura no es un sustituto sino la clave de la vida.

Manilio, Marco (s. I a.C.),
poeta latino.

1 Cada cual debe soportar pacientemente su suerte.

2 Exemplum Dei quisquis est in imagine parva (Cada hombre es una imagen de Dios en miniatura).

Mann, Thomas (1875-1955),
novelista alemán.

1 Ser joven es poder levantarse y romper las cadenas de una civilización periclitada.

2 Combate mejor y con más ahínco quien más arriesga.

3 Se buscan excusas dilatorias para aprovechar cuantas ocasiones pueden ofrecerse, simplemente porque da miedo lo que ha de venir.

Manrique, Jorge (1440-1479),
poeta español.

1 No se engañe nadie, no,
pensando que ha de durar
lo que espera
más que duró lo que vio,
pues que todo ha de pasar
de igual manera.

2 Recuerde el alma dormida
avive el seso e despierte
contemplando
cómo se pasa la vida,
cómo se viene la muerte
tan callando,
cuán presto se va el placer
cómo, después de acordado,
da dolor;
cómo, a nuestro parecer,
cualquiera tiempo pasado
fue mejor.

3 Pues si vemos lo presente
cómo en un punto se es ido
y acabado,
si juzgamos sabiamente,
daremos lo no venido
por pasado.

4 Decidme: la hermosura,
y gentil frescura y tez
de la cara,
la color y la blancura,
cuando viene la vejez,
¿cuál se para?
Las mañas y ligereza
y la fuerza corporal
de juventud,
todo se torna graveza
cuando llega el arrabal
de senectud.

5 Este mundo es el camino
para el otro, que es morada
sin pesar;
mas cumple tener buen tino
para andar esta jornada
sin errar.

6 Los placeres e dulzores
desta vida trabajada
que tenemos,
non son sino corredores,
e la muerte, la celada
en que caemos.
Non mirando a nuestro daño,
corremos a rienda suelta
sin parar;
desque vemos el engaño
e queremos dar la vuelta
no hay lugar.

7 Nuestras vidas son los ríos
que van a dar en la mar,
que es el morir;
allí van los señoríos
derechos a se acabar
e consumir;

allí los ríos caudales,
allí los otros medianos
e más chicos;
allegados, son iguales
los que viven por sus manos
e los ricos.

8 Partimos cuando nacemos,
andamos mientras vivimos
y llegamos
a tiempo que fenecemos;
así que cuando morimos
descansamos.

9 Ved de cuán poco valor
son las cosas tras que andamos
y corremos,
que en este mundo traidor,
aun primero que muramos
las perdemos;
dellas deshace la edad,
dellas casos desastrados
que acaescen,
dellas por su calidad,
en los más altos estados
desfallescen.

Mantegazza, Pablo (1831-1910),
escritor italiano.

1 La naturaleza ha hecho al hombre polígamo; misión sublime de la mujer es hacerlo monógamo.

2 Casarse por razón de higiene vale lo mismo que ahogarse para saciar la sed.

Manuzio, Aldo (1449-1515),
impresor italiano.

1 No se debe estar sin amigos, ni tener muchos.

Manzoni, Alessandro (1785-1873),
escritor italiano.

1 Una de las ventajas de este mundo es el poder odiar y ser odiados sin conocerse.

2 Las costumbres morigeradas y honestas traen esta ventaja; cuando más invetera-

das y arraigadas están en el hombre tanto más fácilmente las echa de menos, apenas se separa de ellas; de forma que las recuerda un momento, e incluso un despropósito le sirve de enseñanza.

3 Las injurias gozan de una gran ventaja sobre los razonamientos; ser admitidas, sin pruebas, por una multitud de lectores.

4 Los hombres estamos hechos de esta guisa: nos revolvemos indignados y furiosos contra los males mediocres, y nos humillamos en silencio frente a los grandes; no resignados, sino dominados por la estupidez, soportamos el colmo de lo que en su comienzo habíamos tachado de insoportable.

5 Es privilegio nuestro, o nuestra pesadumbre, si no queremos aceptarlo como privilegio, el hallarnos metidos entre la verdad y la inquietud.

6 No hay errores inocuos en filosofía, y en moral especialmente. El retorno del error a la ignorancia es un progreso.

7 Con suma frecuencia las verdades demasiado evidentes y que deberían quedar sobreentendidas, acostumbran a omitirse.

8 Cuando para seguir el camino de la justicia no existe otra vía que la muerte, tened por cierto que Dios la señaló para llegar a Él.

9 Los pueblos aprenden más de una derrota que los reyes de una victoria.

10 Desde el momento en que apareció en el mundo esta bendita filosofía dejó de ser posible que se mantuviera independiente aquella parte de los hombres que llamamos culta. Se nos mete en casa sin haberla invitado.

11 ¿Deseáis que acudan muchos a ayudaros? Procurad no tener necesidad de ellos.

12 El delito es un dueño rígido e inflexible, contra el que sólo puede oponer fortaleza quien se rebela por completo contra él.

13 El hombre caído en la culpa tiene tendencia a persistir; y el estar privado del testimonio de la buena conciencia lo aflige sin mejorarlo. Es cosa comprobada que el reo añade a menudo culpa sobre culpa, para extinguir el remordimiento.

14 El ingenio imprime una forma duradera hasta a aquellas cosas que por sí mismas no tendrían razón de durar.

15 El lenguaje ha sido elaborado por los hombres para entenderse mutuamente, pero no para engañarse constantemente.

16 Es cierto que hay pocas cosas que puedan corromper tanto a un pueblo como el hábito del odio.

17 Es menos malo agitarse en la duda que descansar en el error.

18 Haced todo el bien que podáis, y con tanta mayor frecuencia encontraréis rostros que os saludan con alegría.

19 Juzgando por inducción y sin el necesario conocimiento de los hechos se cometen muchas veces grandes errores incluso en perjuicio de los pícaros.

20 La duda parcial y accidental limita la ciencia; la duda universal y necesaria, la niega.

21 La razón y la sinrazón no están separadas por un corte tan preciso que cada una de las partes tenga únicamente una u otra.

22 Nuestra vida no está destinada a ser un peso para muchos y una fiesta para algunos, sino una misión para todos, de la que cada cual habrá de rendir cuentas.

23 Obrar sin orden es el más fatigoso y difícil oficio en este mundo.

24 Por cada pícaro que inventa algo, hay, como todos saben, millares de crédulos que repiten.

25 Son muchas las cosas que pueden hacerse sin ofender las reglas de la buena crianza: hasta sacarse las entrañas.

26 Toda una vida de méritos no basta para cubrir una violencia.

27 En los errores, y sobre todo en los errores sufridos por muchas personas, lo más interesante y más útil a observar considero que es el camino que han seguido, las apariencias y los modos con que han podido entrar en las mentes y dominarlas.

28 Uno de los mayores consuelos de esta vida es la amistad y uno de los mayores consuelos de la amistad es tener a quien confiar un secreto.

29 La modestia es una de las cualidades más estimables del hombre superior.

Mao Tse Tung (1893-1976),
revolucionario y político chino.

1 No se puede abolir la guerra sino con la guerra. Para que ya no haya fusiles, hay que tomar el fusil.

2 Todos los reaccionarios son tigres de papel.

3 Una chispa puede dar fuego a toda la llanura.

4 El Partido manda a los fusiles y es inadmisible que los fusiles manden al Partido.

5 No hay caminos rectos en el mundo.

Maquiavelo, Nicolás (1469-1527),
escritor y pensador italiano.

1 Quien no sabe fingir, no sabe reinar.

2 Los príncipes deben huir de los aduladores como de una peste; para defenderse de ellos elijan hombres sabios, con tal de concederles libre albedrío y decirles la verdad.

3 El hombre virtuoso y conocedor de la sociedad se alegra menos del bien y se entristece menos ante el mal.

4 Los pueblos son ricos cuando viven como pobres y cuando nadie tiene en cuenta lo que le falta sino de aquello que tiene necesidad.

5 El perdón nace del alma generosa.

6 El príncipe sabio y bueno debe amar y exaltar a los doctos.

7 El que es prudente y bueno debe darse por satisfecho con manifestar a los espíritus airados las graves injurias encerradas en sus torpes palabras.

8 Al conceder los títulos y dignidades el príncipe procurará encontrar la virtud donde se halle, sin respeto a la sangre.

9 Cuanto más se acerca el hombre a un deseo acariciado, más lo desea; y como no lo alcanza, mayor dolor siente.

10 En favor del bien público, un buen cristiano debe olvidar las injurias personales.

11 La humanidad, la afabilidad y las buenas maneras de los jefes influyen mucho sobre el ánimo de los soldados; confortando a uno, prometiendo a otro, tendiendo a aquél la mano o abrazando a éste, se les hace ir al asalto con ímpetu.

12 En los fallos debe usarse humanidad, discreción y misericordia.

13 La ley no debe tornar a las cosas pretéritas, sino prever las futuras.

14 La naturaleza de los hombres soberbios y viles consiste en ser insolentes cuando gozan de la prosperidad, y ser abyectos y humildes en la adversidad.

15 En un Estado que la mayor parte del tiempo está ocioso no pueden nacer hombres que destaquen por sus hechos.

16 Debe estimarse poco vivir en una ciudad en la que pueden menos las leyes que los hombres.

17 En un gobierno bien instituido las leyes se ordenan de acuerdo con el bien público, pero no de acuerdo con la ambición de unos pocos.

18 La reputación que se hereda de parientes o padres es falaz y se despilfarra a poco, cuando no le acompaña la virtud propia.

19 Las armas deben reservarse en último lugar, hasta que no existan otros procedimientos que basten.

20 En un gobierno bien instituido merecen deliberarse las guerras, las paces y las amistades en favor del bien común.

21 Mejor es que un príncipe parezca que tiene buenas cualidades a que las tenga en realidad.

22 Merecen ser libres aquellos que se dedican a las buenas obras y no a las malas, porque la libertad mal usada ofende al individuo y a su prójimo.

23 El fin justifica los medios.

24 No hay nada que produzca mayor satis-

facción a la hora de morir como el recordar que nunca se ofendió a nadie; más que el haber beneficiado a alguno.

25 La firme decisión demuestra que la fortuna no tiene ningún poder sobre ella.

26 Nunca será un buen ministro el que piensa más en sí mismo que en el príncipe o en el Estado.

27 Para dirigir a una multitud es más preferible ser humano que soberbio; y ser piadoso, más que cruel.

28 El ministro debe morir más rico de buena fama y de benevolencia que de bienes.

29 Para el espíritu humano tiene mayor trascendencia un acto noble y lleno de caridad que un hecho feroz y violento.

30 El mejor procedimiento para sostener un Estado consiste en poseer armas propias, mimar a los súbditos y mantener amistad con los vecinos.

31 Para que los impuestos sean equitativos, conviene que los distribuya la ley, y no el hombre.

32 Quien al mandar es incivil y cruel, será mal obedecido por sus súbditos; el que es benigno y humano, será obedecido.

33 Redúzcanse los impuestos a lo justo y razonable.

34 Solamente es duradero un dominio que sea voluntario.

35 Son las circunstancias las que deciden el bien y el mal.

36 Todo ministro prudente debe conocer los males remotos para impedir a tiempo que lleguen a crecer, y ha de prepararse de manera que si crecen no le ofendan.

37 Entre todas las cualidades que distinguen a un ciudadano en su patria figura el comportarse de modo más liberal y magnánimo que todos los demás, especialmente en los edificios públicos, como iglesias, monasterios y casas para los pobres, enfermos y peregrinos.

38 Es deber y misión de todo ser humano allí donde se pretenda la razón, exigirla por la vía ordinaria, sin emplear para ello la fuerza.

39 Todos ven lo que tú aparentas; pocos advierten lo que tú eres.

40 Un príncipe bueno y sabio debe amar la paz y huir de la guerra.

41 El buen ciudadano debe amar a todos sus semejantes: ensalzar a los buenos y tener compasión de los malos.

42 Un príncipe sabio y bueno, para mantenerse bueno y para no dar pie a que sus hijos caigan en la tristeza, no acudirá a la fuerza, para que éstos no se funden un día en la fuerza, sino en su benevolencia hacia los hombres.

43 Los hombres ofenden antes al que aman que al que temen.

44 Una ley no debe manchar nunca la fe encerrada en los pactos públicos.

45 Hay tres especies de cerebros: unos entienden por sí mismos, los segundos disciernen lo que otros entienden, y los terceros no entienden ni por sí mismos ni por otros; los primeros son excelentísimos, los segundos excelentes, los terceros inútiles.

46 La habilidad y la constancia son las armas de la debilidad.

47 El extraordinario esplendor que a todas horas se presenta, vale menos que las envidias que excita, y conviene por ello cubrirlo con sabia moderación.

48 Hace falta estimar como un bien al mal menor.

Maragall, Juan (1860-1911),
poeta español.

1 Así como pueblo es un estado colectivo del espíritu humano, multitud es un estado inferior del pueblo.

2 ¡Dios mío, que muerte más dulce!

Marañón y Posadillo, Gregorio (1887-1960),
médico español.

1 Estudiar con igual aplicación todas las asignaturas de la instrucción primaria y del bachillerato, y estudiarlas con el deseo

primordial de obtener notas brillantes, es, en efecto, la manera más infalible de no ser nada en este mundo.

2 La ternura entrañable hacia el niño es un rasgo típico de los hombres muy viriles.

3 No hay nada que asuste tanto como una pelea entre mujeres. No conocen el puñetazo que abate, pero sí el arañazo que deja una señal duradera en el rostro.

4 La civilización ha convertido la soledad en uno de los bienes más delicados que el alma humana puede desear.

5 El trabajo sin prisa es el mayor descanso para el organismo.

6 No sabrás todo lo que valgo hasta que no pueda ser junto a ti todo lo que soy.

7 No son los dos sexos superiores o inferiores el uno al otro. Son, simplemente, distintos.

8 La mayoría de los hombres mueren para ser enterrados; sólo una parte, los elegidos, mueren para resucitar.

9 La rapidez, que es una virtud, engendra un vicio, que es la prisa.

10 Todo gordo debe empezar por hacer doble ejercicio del que hace y por comer la mitad de lo que come.

11 Todo lo que haga un gordo para adelgazar le hará siempre menos daño que continuar gordo.

12 El hombre ha de ser esclavo de la acción si quiere vivir.

13 En la vejez es cuando los hijos se parecen más a los padres.

14 Si un hombre voluptuoso tuviera todas las mujeres a su disposición, aún buscaría otra cosa.

15 Amar y sufrir es a la larga la única forma de vivir con plenitud y dignidad.

16 El atractivo físico, aunque no sea indispensable para triunfar, ayuda considerablemente.

17 Cuando se oye decorosamente, nada hay que no sea limpio.

18 La vida es nueva cada día.

19 La inteligencia resplandece al contacto de las dificultades, como el fósforo se enciende al ser frotado con una superficie áspera.

Marat, Jean-Paul (1743-1739),
médico francés.

1 Siempre una obediencia ciega supone una ignorancia extrema.

2 Es por medio de la violencia que se establece la libertad.

3 Las revoluciones comienzan con la palabra y acaban por la espada.

Marbach, Hans,
escritor alemán.

1 El que se ha estropeado el estómago alaba la moderación.

Marbeau, E. (siglo XIX),
crítico y periodista francés.

1 Envejecer es quedarse solo.

2 La envidia es la más involuntaria y la más aduladora de las lisonjas.

Marcial, Marco Valerio (38/40-102),
poeta latino de origen español.

1 Yo considero muy desgraciado a aquel a quien ninguna persona es de su agrado.

2 Los hay buenos, hay algunos medianos, y la mayoría son malos.

3 (Soles) qui nobis pereunt et imputantur. (Los días que desaprovechamos, también nos los contarán.)

4 Si la gloria viene después de la muerte, no tengo prisa.

5 Para ser amado, ama.

6 No te hagas demasiado amigo de nadie; tendrás menos alegrías, pero también menos pesares.

7 Más triste que la muerte es la manera de morir.

8 La fortuna a muchos da demasiado, a nadie bastante.

9 Hoy es ya tarde para ponerse a vivir; el sabio empezó ayer.

10 El hombre honesto es siempre un principiante.

11 Créeme, no es de sabios decir: «Viviré». Mañana es ya demasiado tarde: vive hoy.

12 El mal que se oculta parece mayor.

13 Es fácil despreciar la muerte en las adversidades; supone mayor valor saber ser desgraciado.

14 Es sincero el dolor de quien llora en secreto.

15 La que se casa muchas veces, no se casa; es una adúltera dentro de la ley.

16 No puedo vivir contigo ni sin ti.

17 No huelen bien los que siempre huelen bien (Non bene olet, qui bene semper olet).

18 Nada tan importante como callarse.

19 Solamente poseeréis siempre aquellas riquezas que hayáis dado.

20 Si tú eres pobre, Emiliana, siempre serás pobre. Las riquezas sólo alcanzan a los que ya son ricos.

21 Corta es la duración de lo inmoderado.

Marco Aurelio (121-180), *emperador y filósofo romano.*

1 No olvides que el hombre no vive más tiempo que el presente, es decir, un instante. Lo demás, o lo ha vivido o no sabe si lo vivirá. Por lo tanto, es algo muy pequeño el tiempo que el hombre vive; cosa ínfima el rincón de la tierra en que mora; y algo muy reducido la fama que dejará tras de sí, aunque sea más larga.

2 Trata de evitar que tu pensamiento se comporte de manera impropia de un ser dotado de inteligencia.

3 Nada puede constituir un mal cuando está de acuerdo con la naturaleza.

4 Eres un alma tímida que lleva un cadáver.

5 Los hombres han nacido unos para otros. Amaéstralos o sopórtalos.

6 Un instante más y habrás olvidado todo; otro, y todos te habrán olvidado.

7 Más justo es que yo me gobierne por el dictamen de tantos y tan hábiles consejeros, que no el que ellos sigan mi voluntad.

8 Una excelente manera de defenderte de los demás es procurar no parecerte a ellos.

9 Ves tras de ti una eternidad sin fondo, y otra eternidad ante ti. Situado así en el centro, ¿qué diferencia encuentras entre una vida de tres días y otra de tres siglos?

10 El mejor modo de vengar la injuria es no imitar al que la hizo.

11 La existencia de las cosas es un incesante pasar de una forma a otra. Y tú mismo no duras un instante en el mismo estado, sino que vas cambiando y, podríamos decir, disolviéndote. El universo es algo semejante.

12 La injusticia es una impiedad.

13 Parecerse al promontorio sobre el cual sin cesar rompen las olas; él permanece en pie, y a su alrededor muere el burbujeo de la marejada.

14 Para la piedra lanzada al aire no es ningún mal el caer, como tampoco fue un bien el subir.

15 Piensa cuánto más dolorosas son las consecuencias de tu ira que las acciones que la han originado.

16 No admitas nada sin haberlo examinado previamente a fondo y sin haberlo comprendido con claridad.

17 El alma humana se avergüenza de sí misma cuando se deja vencer por el placer o el dolor.

18 No desprecies la muerte, pero acéptala de buen grado, porque forma parte de lo establecido por la naturaleza.

19 Acuérdate también de esto siempre: para vivir felizmente basta con muy poco.

20 Realiza cada una de tus acciones como si fuera la última de tu vida.

21 El ambicioso esconde su propio bien en

los hechos de los demás; el voluptuoso, en las propias pasiones, y el sabio en las propias acciones.

22 Acuérdate en adelante, cada vez que algo te contriste, de recurrir a esta máxima: que la adversidad no es una desgracia, antes bien, el sufrirla con grandeza de ánimo es una dicha.

23 El dolor no puede ser nunca ni insoportable ni de larga duración, a menos que tú lo agrandes a fuerza de imaginación; debes verlo dentro de sus límites naturales.

24 Guárdate de dejar entrever a la mirada de los misántropos, lo que los misántropos dejan entrever a la mirada de los demás hombres.

25 Ten presente que los hombres, hagas lo que hagas, siempre serán los mismos.

26 Mira dentro de ti. Allá está la fuente del bien, que nunca se agotará con tal de que vayas excavando de continuo.

27 Nunca estimes útil para ti lo que un día te forzará a transgredir el pacto, a renunciar al pudor, a odiar a alguien, a mostrarte receloso, a maldecir, a fingir, a desear algo que precisa paredes y cortinas.

28 No obres como si tuvieses que vivir miles de años. La muerte se cierne sobre ti. Mientras vivas, mientras te sea posible, procura ser un hombre de bien.

29 Fracasamos los hombres y sentimos cansancio ante la vida cuando no tenemos un fin al que dirigir todos nuestros esfuerzos y pensamientos.

30 Es de mayor estimación lo poco que el sabio sabe, que lo mucho que el rico tiene.

31 Ningún hombre hay tan afortunado que al morir no tenga a su lado quien se alegre del mal que le sucede.

32 Mi patria y ciudad, como Antonino, es Roma; como hombre, el mundo entero. Por tanto, sólo lo que a estas dos patrias conviene me es útil a mí.

33 Más deseo conservar un solo ciudadano que destruir mil enemigos.

Marcos, San. Véase **Biblia.**

Maret, Henri (1805-1881), *teólogo católico francés.*

1 Nos aburrimos porque nos divertimos demasiado.

2 El que ha sufrido un mal puede olvidarlo, pero el que lo ha hecho no lo olvida jamás.

3 La gran malicia de los unos estriba frecuentemente en la estupidez de los otros.

4 Existen verdades tan evidentes que no hay posibilidad de hacer que penetren en los cerebros.

5 La ausencia de la piedad convierte en mártires a los culpables.

Margarita de Navarra (1492-1549), *reina de Navarra y escritora.*

1 El fuego del amor quema los corazones, sin que éstos puedan darse cuenta.

2 Plaza sitiada que parlamenta, plaza medio conquistada.

3 El fuego del amor quema los corazones, sin que éstos puedan darse cuenta.

María Estuardo (1542-1587), *reina de Escocia.*

1 Gracias; éste será el último trabajo que os ocasiono y el más agradable servicio que me habéis prestado.
(Así dijo María Estuardo al cortesano que le ofreció el brazo para subir al cadalso.)

Mariana, Juan de (1536-1624), *historiador y filósofo español.*

1 Nos casamos sin que influya en la elección de nuestras esposas más que el encanto de la hermosura, o la cuantía de su capital o de su renta, sin advertir que nos hacemos de peor condición que los jumentos y los ganados, para cuya propagación cuidamos de que cubra siempre la hembra un ser de la misma especie, pero de más noble y pura raza.

2 La tiranía, que es la última y peor forma de gobierno... Aun partiendo de buenos principios, cae en todo género de vicios, principalmente en la codicia, en la ferocidad y la avaricia.

3 Crecen con la unión los pequeños imperios; húndense con la discordia los mayores.

4 La ambición es enfermedad incurable: cunde mucho y con nada se contenta.

5 Las raíces de la verdad podrán ser amargas, pero sus frutos son suavísimos.

6 La memoria del agravio dura más que la de las mercedes.

7 La muchedumbre del pueblo alborotado nunca se sabe templar, o temen o espantan, y proceden en sus cosas desaforadamente.

Marías, Julián,
filósofo y ensayista contemporáneo español.

1 Con demasiada frecuencia algunos hombres sacrifican el ser al ser distintos.

Marin, Francisco Luis Claudio Marini,
llamado (1721-1809), *escritor francés.*

1 Los hombres se pavonean de su talento, como las mujeres de su belleza.

2 Indudablemente, es menos difícil morir por un amigo que encontrar un amigo que merezca morir por él.

3 El porvenir es la renta más rica de la imaginación.

Marini, Giambattista (1569-1625),
poeta italiano.

1 De la cuna a la tumba sólo hay un paso.

Maritain, Jacques (1882-1973),
filósofo francés.

1 Nada hay que el hombre desee tanto como una vida heroica; nada hay menos corriente en el hombre que el heroísmo.

2 La tragedia de las democracias modernas es que no han acertado todavía a realizar la democracia.

Marivaux, Pierre Carlet de Chamblain de (1688-1763), *escritor francés.*

1 Una buena mujer, según la mujer, es otra mujer que tiene la bondad de no ser bonita.

2 En general, hay que enderezarse para ser grande: sólo hay que quedarse como se está para ser pequeño.

3 Para ser bueno hay que ser muy bueno.

Marquina, Eduardo (1879-1946),
dramaturgo y poeta español.

1 Crea nuestra fe, muchas veces, la fe que nos rodea.

2 Nuestros yerros... ¡padecerlos!
No, perfecto. – ¡Hombre mortal,
nada! – ¡Tropezar, caer,
y volverte a levantar!–

3 ¡España y yo somos así, señora!

4 ¡Vivir de un único amor;
morir de una sola herida!

5 Las mujeres no pagan
una pena entre mil:
cuanto más tú por ellas,
ellas menos por ti.

Martí, José (1853-1895),
poeta y pensador cubano.

1 ¡Yo soy honrado y tengo miedo!

2 Sólo hay una cosa que he amado con pasión: es la dignidad humana.

320

3 Porque cerremos los ojos, no desaparece de nuestra vista lo que está delante de ella.

4 Las causas mismas que producen la prosperidad, producen la indiferencia.

5 La sátira es el homenaje que la medianía celosa paga siempre al genio.

6 A nada se va con la hipocresía.

7 Cuando los pueblos dejan caer de la mano sus riendas, alguien las recoge y los azota y amarra con ellas, y se sienta en su frente.

8 Debieran los ricos, como los caballos de raza, tener, donde todo el mundo pudiera verlo, el abolengo de la fortuna.

9 El buen vivir y el ligero pensar son cosas gratas y cómodas; pero no bastan a espantar los problemas.

10 El dinero es la mancha del mundo.

11 El lenguaje es humo cuando no sirve de vestido al sentimiento generoso o a la idea eterna.

12 En el presidio de la vida es necesario poner, para que aprendan justicia, a los jueces de la vida. El que juzgue de todo, que lo conozca todo.

13 Jamás sin dolor profundo produjo el hombre obras verdaderamente bellas.

14 La bondad es la flor de la fuerza.

15 La conservación de la propiedad que se puede reponer, importa menos que la conservación o la creación del carácter que ha de producir y mantener la propiedad.

16 La grandeza lastima a los que no son grandes.

17 Los que no creen en la inmortalidad creen en la Historia.

18 La lengua del adulador se clava donde todos la vean.

19 La palabra ha caído en descrédito porque los débiles, los vanos y los ambiciosos han abusado de ella.

20 La palabra no está hecha para cubrir la verdad, sino para decirla.

21 Los pícaros han puesto de moda el burlarse de los que se resisten a ser pícaros.

22 La vida no tiene dolores para quien entiende a tiempo su sentido.

23 ¿Cuándo fue jaca de tiro más hermosa que potro en la dehesa?

24 La vida humana sería una invención repugnante y bárbara, si estuviera limitada a la vida en la tierra.

25 Con los oprimidos había que hacer causa común, para afianzar el sistema opuesto a los intereses y hábitos de mando de los opresores.

26 Nuestra Grecia es preferible a la Grecia que no es nuestra.

27 El lujo venenoso, enemigo de la libertad, pudre al hombre liviano y abre la puerta al extranjero.

28 ¡Muero de soledad, de amor me muero!

29 Sólo perdura, y es para bien, la riqueza que se crea y la libertad que se conquista con las propias manos.

30 Es día de celebrar aquel en que un hombre bueno muere gloriosamente por su patria.

31 El pueblo es ignorante y está dormido. El que llega primero a su puerta canta hermosos versos y lo enardece. Y el pueblo enardecido clama.

32 La gloria y el triunfo no son más que un estímulo al cumplimiento del deber.

33 Con ponerle las manos al paso, no se desvía el rayo de nuestras cabezas.

Martín Descalzo, José Luis,
escritor español contemporáneo.

1 Contemplar una alondra no es un cielo, pero sí un sorbo suficiente de alegría.

Martin du Gard, Roger (1881-1958),
escritor francés.

1 No puedo admitir la violencia ni siquiera contra la violencia.

Martínez, Daniel,
escritor español contemporáneo.

1 Al hombre lo hacen lobo los campos de batalla.

Martínez Ruiz, José. Véase **Azorín.**

Martínez Villergas, Juan (1817-1894),
poeta español.

1 Porque rico y feliz me considero
en teniendo papel, pluma y tintero.

Marwell, Andrés (1621-1678),
poeta inglés.

1 No es libertad ésta donde todos mandan.

Marx, Groucho (1895-1977),
actor cómico norteamericano.

1 Estoy con esa mujer porque me recuerda a usted. Sus ojos me recuerdan a los suyos... su boca... su pelo. Todo me recuerda a usted, excepto usted.

Marx, Karl (1818-1883),
filósofo alemán.

1 Las ideas dominantes de una época siempre fueron sólo las ideas de la clase dominante.

2 Sólo es realidad el mundo comprendido como tal.

3 Los filósofos no han hecho más que interpretar diversamente el mundo; ahora se trata de transformarlo.

4 Se ha acusado a los comunistas de querer abolir la patria, la nacionalidad. Los obreros no tienen patria. No se les puede quitar lo que no tienen.

5 Abolid la explotación del hombre por el hombre y aboliréis la explotación de una nación por otra nación.

6 Dé cada cual, según su capacidad, a cada cual según sus necesidades.

7 La historia de toda sociedad hasta nuestros días es la historia de la lucha de clases.

8 La religión es el opio del pueblo.

Masaryk, Tomás Garrigue (1850-1937),
hombre de estado y escritor checoslovaco.

1 Si la democracia se hace general, la opresión de un pueblo por otro se hace imposible.

Mascall, William (siglo XVIII),
poeta inglés.

1 Recta es la línea del deber; curva es la línea de la belleza. Sigue siempre la línea recta y te seguirá siempre la línea curva.

Mason, W. (1846-1896),
escritor francés.

1 Las ideas son como las mujeres. Cuesta menos alimentar a diez que vestir una sola.

2 La fidelidad es una virtud que ennoblece hasta en la esclavitud.

Massieu, Juan Bautista (1772-1846),
profesor de sordomudos.

1 El agradecimiento es la memoria del corazón.

Massillon, Juan Bautista (1663-1742),
orador sagrado francés.

1 La vanidad manifiesta no es la más hábil ni la más temible.

2 Todo acuerdo entre la mentira y la verdad se obtiene siempre a expensas de la verdad misma.

3 ¿Quieres arrepentirte? Obra contra las leyes de la naturaleza.

Massinger, Felipe (1583-1640),
poeta inglés.

1 Todo país donde se está bien constituye para un hombre honrado el propio país.

2 La suma de cuanto hace feliz a un hombre cabal consiste en la buena elección de una esposa.

3 No es valiente el que hace frente a la muerte, sino el que impávido soporta la desgracia.

4 El oro puede hacer mucho, pero la belleza más.

Masson, Paul (1846-1896),
periodista francés.

1 Los funcionarios son como los libros de una biblioteca: los que están en lugares más altos son los que menos sirven.

2 Hay ciertas personas que jamás se despojan de su orgullo; cuando pasan revista a sus defectos lo hacen a caballo.

3 En virtud de la palabra el hombre es superior al animal; por el silencio se supera a sí mismo.

4 El amor es un arpa eolia que toca sola; el matrimonio es un armonio que no suena más que a fuerza de patadas.

5 El destino del amor, esa pasión trágica, depende tan sólo de un pequeñísimo pliegue del rostro; nace de una sonrisa, anida en un hoyuelo y muere de una arruga.

6 El talento es todo lo contrario del dinero; cuanto menos se tiene más contento se está.

7 En el manuscrito del amor el hombre apunta demasiado y la mujer va tachando lo escrito.

8 La crítica debería desempeñar la función de unas despabiladeras, pero no hacer de apagavelas.

9 La belleza es la llave de los corazones; la coquetería es la ganzúa.

10 La fidelidad es una virtud que ennoblece hasta la esclavitud.

Mateo, San. Véase **Biblia.**

Mathew, Henry,
escritor contemporáneo inglés.

1 Aviso a las personas que estén a punto de casarse: ¡No lo hagáis!

Matos Fragoso, Juan de (s. XVII),
escritor español.

1 Porque si es aire una voz,
y con ella se agasaja,
el ser del aire avariento
no sé que sirva de nada.

2 Es siempre más lo que ignora que lo que sabe el discreto.

Maugham, William Somerset (1874-1965),
escritor británico.

1 Tengo dos principios: si no quieres que te mientan, no preguntes; y es bueno aprovechar la ocasión cuando se presenta.

2 Hay gente que consagra gran parte de sus vidas a evitar las corrientes de aire.

3 La belleza no es un valor absoluto, pero sí

es un valor absoluto que es bello todo lo que nos halaga la sensibilidad.

4 No hay ningún punto en el que los hombres mientan tanto como en sus facultades sexuales. En este terreno todos los hombres hablan como si fueran lo que desearían ser.

5 No hay ninguna mujer que valga nada para el hombre, a menos que el hombre esté enamorado de ella; en este caso, vale todo lo que cuesta.

6 Renunciar a los placeres porque van seguidos de saciedad es tan estúpido como negarse a comer porque el apetito está pronto saciado y una vez satisfecho ya no se tiene hambre.

7 Se tan caballero como quieras mientras las cosas te vayan bien; pero si te van mal, mira lo que te conviene, arremete hacia ello y déjate de caballerosidades.

8 La gente no busca razones para hacer lo que quiere hacer; busca excusas.

9 Sólo el amor y el arte hacen tolerable la existencia.

10 El altruismo sólo significa que muchas veces hay una ventaja en sacrificarse por los demás.

11 La lectura no da sabiduría al hombre; le da únicamente conocimientos.

12 El amor más duradero es el amor no correspondido.

13 El dinero es como un sexto sentido: y sin él no se pueden usar los otros cinco.

14 El prejuicio de la mujer decente es muy curioso. Para ella, vivir correctamente es vivir del dinero que gana otro.

15 Un filósofo es un tipo que sube a una cumbre en busca del sol; encuentra niebla, desciende y explica el magnífico espectáculo que ha visto.

16 Una mujer puede ser tan perversa como se quiera, pero si no es bonita no le servirá de nada.

17 Uno, con la edad, se libra del deseo de hacer las cosas como los demás; y hace tranquilamente y sin miedo lo que le parece a él.

18 Ninguna acción es en sí buena o mala; lo es sólo de acuerdo con los convencionalismos.

19 Es muy difícil descubrir al hombre a través de lo que dice, pues siempre quedan zonas en su interior nunca confesadas ni expresadas.

20 Si otro nos critica y no nos ofendemos el criticón se desorienta.

Maupassant, Guy de (1850-1893), *escritor francés.*

1 La dicha está sólo en la esperanza, en la ilusión sin fin.

2 Un beso legal nunca vale tanto como un beso robado.

3 El patriotismo es el huevo de donde nacen las guerras.

4 Toda mujer está llena de sutilezas y astucias nativas.

Maura y Gamazo, Gabriel (1879-1963), *político y escritor español.*

1 El miedo, que enfrena a los malandrines, no educa a los ciudadanos.

2 Integran la fauna del embuste especies numerosas, desde el donaire hiperbólico a la redomada hipocresía.

3 Para que un ejército se atenga al estricto cumplimiento de sus fines peculiares, es preciso que no invada por su tamaño el área ciudadana, ni resulte expuesto de continuo a las peligrosas sugestiones del ocio castrense.

Maura y Montaner, Antonio (1853-1925), *estadista español.*

1 Un pastor entre riscos, como un rey en su trono, han de tenerse por iguales en su origen y en el fin último de su vida, sometidos a una misma ley.

2 Siempre protesta el que pierde un privilegio o una ventaja, aunque la goce indebidamente.

3 La lógica es la moral del raciocinio.

4 La paz interior se mantiene por la voluntad nacional, no por las bayonetas.

5 La tolerancia significa enterarse cada cual de que tiene frente a sí alguien que es un hermano suyo, quien, con el mismo derecho que él, opina lo contrario, concibe de contraria manera la felicidad pública.

6 Los partidos no son marinería que aguarda en el depósito de un gran puerto, dispuesta a zarpar lo mismo para el Ecuador que para el Polo. Partidos que no saben a dónde van no son dignos de ocupar el poder.

7 Como en España no se usan los plazos hasta el último trimestre, un plazo largo equivale a dejar dormir el asunto hasta el mes que venza.

8 La huelga es el derecho de propiedad sobre el trabajo. La huelga es lícita, como es lícito disponer de nuestros bienes; pero el huelguista no tiene derecho a impedir el trabajo de los otros. El huelguista, dejando el trabajo por su voluntad, es un dimitido. Intentar que no trabajen quienes se prestan a sucederle, es inicuo y es criminal.

Mauriac, François (1885-1970),
poeta francés.

1 Un viejo sólo existe por lo que posee. Desde el momento que no posee nada, se le arrumba con la basura. A esta edad avanzada sólo se puede escoger entre el asilo y la fortuna.

2 El silencio es una felicidad a la que sucumbo siempre.

3 La muerte no nos roba los seres amados. Al contrario, nos los guarda y nos los inmortaliza en el recuerdo. La vida sí que nos los roba muchas veces y definitivamente.

4 Lo más horrible de este mundo es la justicia separada de la caridad.

5 Todos nuestros actos tienen una faz inocente vuelta hacia nosotros y otra faz abominable vuelta hacia el mundo. Pero es tal vez el mundo el que tiene razón.

6 Un mal escritor puede llegar a ser un buen crítico, por la misma razón por la cual un pésimo vino puede llegar a ser un buen vinagre.

7 ¡Cuántas cosas se dicen sólo para llenar el silencio!

8 Muchos hombres ridículos no tienen conocimiento de su apariencia hasta que una mujer los mira. Entonces se ven todos de una pieza, sus vestidos, sus gestos, ellos, y quisieran desaparecer.

9 ¿No oyes una voz que te viene de fuera, como si te hablara en el silencio? No viene de fuera. No vienen de fuera las voces: siempre somos nosotros, que nos hablamos a nosotros mismos.

Maurois, André (1885-1967),
escritor francés.

1 Nos place la franqueza en aquellos que nos quieren bien. La franqueza de los demás se llama insolencia.

2 La mujer exige del hombre ciertas atenciones, y una de las atenciones que exige es que, llegado el caso, se le pierda el respeto.

3 Es difícil crear ideas y fácil crear palabras; de aquí el éxito de los filósofos.

4 Es fácil hacerse admirar cuando se permanece inaccesible.

5 Es preferible una injusticia a un desorden; el desorden es la injusticia misma.

6 A veces, ante la mala manera de ser de los otros, uno se siente orgulloso de ser uno mismo y no otro.

7 Al demostrar a los fanáticos que se equivocan, no hay que olvidar que se quieren equivocar.

8 Cuando las cosas no van bien, nada como cerrar los ojos y evocar intensamente una cosa bella.

9 Ser sincero no es decir todo lo que se piensa, sino no decir nunca lo contrario de lo que se piensa.

10 La enfermedad es a menudo, para los débiles, un medio de vencer.

11 El origen de todos los males es la codicia.

12 Muchos argumentamos tan bien y con tanta fuerza, que convencemos a los demás de aquello de que nosotros no estamos convencidos.

13 Si conociéramos a los demás como nos conocemos a nosotros mismos, sus actos más reprobables nos parecerían dignos de indulgencia.

14 Sólo hay una verdad absoluta: que la verdad es relativa.

15 No hay nada más ridículo que un filósofo casado; aunque haya podido librarse de sus pasiones, no ha podido librarse de su mujer.

16 No hay que detestar que los inferiores nos mientan un poco; a veces es una señal de respeto.

17 Escucho a un adversario con el peligroso deseo de comprenderle.

18 Todos los necios poseen el arte de denigrar. Hemos de aprender a admirar; esto es lo escogido.

19 Tened en cuenta que, en general, mientras el hombre se tortura pensando cuáles serán las reacciones de la mujer amada, ella se tortura pensando cómo es que él tarda tanto en manifestarse.

20 No hay secretos para triunfar. En la práctica todas las teorías se derrumban. Todo se reduce a la suerte y a una larga paciencia.

21 Hay hombres que aman la guerra y el café sólo porque allí van sin la mujer.

22 En los comienzos de un amor, los amantes hablan del porvenir; en su declive, hablan del pasado.

23 La vida es un juego del que nadie puede en un momento retirarse, llevándose las ganancias.

24 Lo que menos deprisa os perdonan los hombres es el mal que ellos dijeron de vosotros.

25 Las familias son como los ejércitos: pueden ponerse a salvo mediante un prudente movimiento de despegue.

26 Los consejos de la vejez son como los rayos del sol de invierno: alumbran, pero no calientan. ¿Cómo queréis que la edad madura persuada a la adolescencia de que el amor es fugaz?

27 Un enamorado absolutamente normal ama, pero no diserta sobre el amor.

28 Un lector apasionado debe tener una biblioteca limitada, y releer cada año los mismos libros.

29 Los hombres soportan ser mandados, e incluso anhelan serlo, con tal que se les mande bien.

30 Los lugares elevados son favorables a la oración.

31 Una primera conversación no es otra cosa que un reconocimiento: hay que estudiar la carta topográfica de un alma, antes de poder circular por ella.

32 Uno de los secretos de la vida es dar fácilmente con el modo de decir lo que se piensa.

33 Hay un arte de contradecir que es la adulación más refinada.

34 Según los hombres una mujer «femenina» es una mujer que es tal como los hombres la quieren y tal como jamás una mujer ha sido.

Maury, Juan María (1772-1845), *filósofo español.*

1 Muy poco cuando me considero, mucho cuando me comparo.

Máximo, Valerio (s. I), *historiador latino.*

1 Las ciudades son un miserable recinto donde se contienen todas las humanas derrotas.

2 El poder más seguro es aquel que sabe imponer la moderación a sus fuerzas.

3 La mujer es audaz en todo cuanto concierne a su amor o a su odio, y dispone de mil ardides para perjudicar, cuando lo desea.

Mayo, Charles (1865-1939),
cirujano norteamericano.

1 Las preocupaciones afectan la circulación, el corazón, las glándulas, todo el sistema nervioso. Jamás he sabido de nadie que haya muerto de exceso de trabajo, pero sí de muchos que han muerto de preocupación.

Mayor Zaragoza, Federico,
científico y político español contemporáneo director general de la Unesco.

1 La ignorancia es la raíz de la falta de libertad.

2 La paz es un empeño que nos concierne a todos.

Mazzarino, Julio (1602-1661),
cardenal y estadista francés.

1 Yo soy humildísimo servidor de los acontecimientos.
(Contestación del cardenal Mazzarino al embajador inglés, quien le había preguntado si estaba por la República o por el pretendiente.)

Mazzini, Giuseppe (1805-1872),
político italiano.

1 Las promesas son olvidadas por los príncipes, pero no por los pueblos.

2 No hay que abolir la propiedad porque hoy es de pocos, es necesario abrir el camino para que muchos puedan adquirirla.

3 La verdad no es el lenguaje del cortesano; solamente surge de labios de aquellos que no confían ni temen de la potencia ajena.

4 La sola alegría pura, sin mezcla de tristeza, que le es permitido al hombre disfrutar en este mundo, es la alegría de la familia.

5 El origen de vuestros deberes está en Dios. La definición de vuestros deberes se encierra en su ley.

6 El pueblo es tumultuoso por costumbre, descontento por miseria y omnipotente por el número.

7 El secreto del poder está en la voluntad.

8 El simple voto de una mayoría no constituye soberanía si se halla en evidente contradicción con las normas morales supremas y cierra deliberadamente los caminos al progreso futuro.

9 El templo más apropiado para obtener las revelaciones de la verdad es un alma pura, ingenua, fervorosa e infatigable.

10 La humanidad es el fin; la nación, el medio. Sin ella, los contempladores ociosos podrían adorar la humanidad; pero constituirla, ni intentarlo.

11 Aprenden más los pueblos con una derrota, que los reyes con un triunfo.

12 Carecer de generosidad después de vencer, rebaja el mérito y los frutos de la victoria.

13 Creemos en un Dios, creador de todo cuanto existe. Pensamiento vivo y absoluto, del que nuestro mundo representa un rayo y el universo una encarnación.

14 ¡Cuán poco adivinan los hombres las condiciones del alma ajena, si no la iluminan —lo que es raro— con los rayos de un amor profundo!

15 La música es la fe de un mundo, del cual la poesía no es sino la alta filosofía.

16 La palabra «acaso» no encierra sentido alguno, y no fue hallada más que para expresar la ignorancia de los hombres sobre ciertas cosas. La vida, en su desarrollo progresivo, revela un designio inteligente.

17 Dios ha concedido la inteligencia a cada uno de vosotros para que la eduquéis con vistas a conocer su Ley.

18 El error constituye una desgracia digna de compasión; pero conocer la verdad y no

acomodar a la misma las acciones representa un delito que condenan el cielo y la tierra.

19 El hombre que es capaz de negar a Dios ante un cielo estrellado, frente al sepulcro de los seres más queridos, en presencia del martirio, es sumamente infeliz o enormemente culpable.

20 Dios existe. No debemos ni queremos probarlo; intentarlo sería una blasfemia, como sería locura el negarlo. Dios existe, porque nosotros existimos. Dios vive en nuestra conciencia, en la conciencia de la humanidad y en el universo que nos rodea. La humanidad ha podido transformar y menospreciar el santo nombre, pero nunca suprimirlo.

Mead, Margaret (1901-1978),
socióloga americana.

1 Mi abuela quiso que yo tuviera una educación; por eso no me envió a la escuela.

Meléndez Valdés, Juan (1754-1817),
poeta español.

1 Siempre maestros de mi vida, siempre fieles amigos (los libros).

Melo, Francisco Manuel de (1611-1667),
escritor portugués.

1 Amor es quien hace y deshace casamientos, unas veces porque falta y otras porque sobra.

2 Tiránicamente desterró la política de los estadistas a la llaneza y a la verdad, haciendo que de ello se formase ciencia.

3 De casamientos sin voluntad nada bueno hay que esperar.

4 Quien desee buenos consejos es que ya no necesita de ellos, porque es tan gran prudencia pedir consejo que creeré que al hombre que sabe pedirlo nunca le hará falta.

5 Para el vasallo afligido viene a ser lo mismo que el gobierno se estrague por malicia que por ignorancia.

6 El vulgo furioso pocas veces para sino en sangre.

7 Es destreza en los políticos encubrir, el miserable, la desconfianza; y el poderoso, la soberbia.

8 Las venganzas de las mujeres son siempre menores que las quejas.

Mena, Juan de (1411-1456),
poeta español.

1 A grandes cautelas, cautelas mayores.

2 Los derechos están en la lanza y toda la culpa sobre los vencidos.

3 Más vale prevenir que no ser prevenidos.

Menandro (340-292 a.C.),
poeta griego.

1 El ocioso, estando sano, es mucho peor que un enfermo, pues come doble y sin fruto.

2 El que avisado para un banquete llega tarde a él o es cojo o no paga escote.

3 Felices los que mueren jóvenes y descienden en el negro refugio de los muertos sin haber conocido las penas de la vida, sin haber tenido tiempo para entrever las añagazas del odio, la dudosa fidelidad de los amigos y los profundos abismos del corazón humano.

4 La bilis me remueves con tu apasionamiento trágico.

5 Bienaventurado el que tiene talento y dinero, porque empleará bien a este último.

6 Quien tiene la voluntad, tiene la fuerza.

7 Aquel a quien los dioses aman muere joven.

8 Las buenas costumbres y no los lujosos atavíos son el mejor adorno de las mujeres.

Mencio (s. IV a.C.),
filósofo chino.

1 No es asunto de la mujer decidir sobre las cosas por sí sola, ya que se halla sujeta a tres obediencias: cuando es joven ha de obedecer a sus padres; una vez casada, al marido, y cuando enviuda, al hijo.

Mencken, Henry L. (1880-1956),
escritor estadounidense.

1 Una celebridad es una persona que es conocida de muchas personas a las que se alegra de no conocer.

2 No existe en la historia humana memoria de un filósofo dichoso.

3 Es un pecado pensar mal de otro, pero rara vez es un error.

4 La injusticia es relativamente fácil de llevar; lo verdaderamente insoportable es la justicia.

5 Un idealista es aquel que, al notar que una rosa huele mejor que una col, concluye que hará una sopa mejor.

Mendelssohn, Moisés (1720-1786),
filósofo alemán.

1 Los grandes genios alcanzan la meta con un paso, mientras los espíritus comunes se deben dejar guiar por una larga serie de silogismos.

Méndez Núñez, Casto (1824-1869),
marino español.

1 Vale más honra sin barcos que barcos sin honra.
(Palabras dichas a quien le aconsejaba no atacar el puerto del Callao, muy fortificado, por entrañar serios peligros de derrota, como así fue.)

Mendoza, Bernardino de (1541-1577),
escritor y diplomático español.

1 Cada año era esposa, pero casada nunca.
(Se refería a la reina Isabel I de Inglaterra, llamada la reina virgen.)

Menéndez y Pelayo, Marcelino (1856-1912),
polígrafo español.

1 Todo elemento de fuerza intelectual se pierde en la infecunda soledad.

2 ¡Cuánto le cuesta al verdadero genio hacerse perdonar su gloria!

3 El celo intemperante es siempre mal consejero.

4 Sólo llegará a adquirir el señorío de la forma el que comience por ser esclavo de ella.

5 Mejor quiero vivir un año trabajando, que veinte sin trabajar.

6 ¡No hay mejor recomendación que el estudio! Yo no tengo ni quiero tener noticias de otras recomendaciones.

7 Hay que escribir como se escribe y se habla en el siglo que se vive.

8 La memoria es el talento de los tontos.

9 Las acciones humanas, cuando son rectas y ajustadas a la ley de Dios, no necesitan apología; cuando no lo son, sería temerario e inmoral empeño el defenderlas.

10 ¡Los griegos son escuela de libertad!

Meng-Tse. Véase Mencio.

Mercier, Louis Sebastien (1740-1814),
literato francés.

1 La moral enseña a moderar las pasiones, a cultivar las virtudes y a reprimir los vicios.

2 El mundo es redondo. Quien no sabe nadar se va al fondo.

Méré, Antoine Gombaud, caballero de
(1610-1684), *escritor francés.*

1 No es cosa buena ser desgraciado, pero bueno es haberlo sido.

2 Todo el mundo razona, pero hay bien pocas personas razonables.

3 Una gran dignidad es una gran esclavitud.

Meredith, Jorge (1828-1909),
poeta inglés.

1 Creo que la mujer será la última cosa que el hombre podrá civilizar.

2 El cinismo es un dandismo intelectual.

3 No hay nada que pueda sufrir el cuerpo que no sirva de provecho para el alma.

4 La más rara bendición de Dios, después de todo, es una mujer buena.

5 La falta de valor es una falta de buen sentido.

6 El que se levanta de la oración con mejores sentimientos, ya ha obtenido una respuesta a sus súplicas.

7 Los sarcasmos no son sino debilidad que encubre rabia.

Mermet, Claude (s. XVI-XVII),
poeta francés.

1 Los amigos de la hora presente son como los melones; hay que probar cincuenta antes de encontrar uno bueno.

Merton, Thomas,
pensador contemporáneo norteamericano.

1 El estrépito, la confusión, el griterío continuo de la sociedad moderna son la expresión visible de sus mayores pecados: su ateísmo, su desesperación. Por eso los cristianos que se asocian a ese ruido, que entran en la Babel de lenguas, se convierten, en cierto modo, en desterrados de la ciudad de Dios.

Metastasio, Pedro Trapassi (1698-1782),
poeta italiano.

1 ... todo placer esperado es mayor que el obtenido.

2 La fortuna y la osadía van casi siempre juntas. (Fortuna ed ardir van spesso insieme.)

3 La fidelidad de los amantes es como el Ave Fénix: que todos hablan de ella, pero nadie sabe dónde está.

4 Si a cada uno el afán interior
se leyese en la frente escrito,
cuántos que envidia hacen
nos causarían piedad.

5 No es grande el dolor, cuando permite el llanto.

6 Quien fía en el rostro mendaz del placer corre hacia el delito y abraza la miseria.

7 La justicia despiadada se convierte en crueldad. Y la piedad sin justicia es debilidad.

8 El que vive enamorado delira, a menudo se lamenta, siempre suspira, y no habla sino de morir.

9 Donde la fuerza no alcance, llegue la astucia.

10 Idénticos delitos tienen diversas consecuencias: a unos los hacen reyes y a otros los llevan a la horca.

11 La maravilla de la ignorancia es hija y madre del saber.

12 No siempre están de acuerdo la boca y el corazón (Non è sempre d'accordo il labro e il cuore).

13 ¿Quién puede vanagloriarse de no tener defectos? Examinando los suyos, aprenda cada uno a perdonar los de los demás.

14 Si a cada uno pudiera leérsele su interior escrito en la frente, muchísimos que causan envidia, darían lástima. Se vería que sus enemigos los llevan dentro, y que toda su felicidad se reduce a parecernos felices a nosotros.

15 Todos somos necesarios a todos: y el más feliz frecuentemente en el más miserable halla algo que esperar o que temer.

16 Toda mujer comprende cuánto valor agrega el pudor a la belleza.

17 Declina el mundo, y empeorando enveje-ce.

18 No se confíe al mar quien tema al viento.

Meyer, Conrado Fernando (1825-1898), *poeta y novelista suizo.*

1 Obsérvalo, cabecita rubia: dolor y placer son dos hermanos inseparables. Ve, ama y sufre.

2 La fuente del sincero arrepentimiento brota en una sagrada profundidad, y sola-mente en la calma solitaria de su origen divino se lavan las manos culpables y se purifican las almas.

Michelet, Jules (1798-1874), *historiador francés.*

1 Si pensaseis en la gran cantidad de tonte-rías que pueden salir de vuestra boca, se-ríais menos pródigos en vuestras palabras.

2 La mujer es el domingo del hombre.

3 La enfermedad trae consigo sentimientos e ideas que no tenemos jamás mientras estamos bien; y nos hace ver mejor mu-chas cosas que la marcha de la vida y la fiebre de la acción nos impedían ver.

4 La voz y la mirada poseen, en la mujer, una potencia singular. Ambas ejercen sobre nosotros, más que su belleza, un encanto irresistible.

5 Todo es solidario de todo, todo está mez-clado a todo.

6 No hay mujer vieja. Toda mujer, a toda edad, si ama, si es buena, da al hombre el momento del infinito.

7 Hasta para someterse hay que ser libre; para darse, hay que pertenecerse.

Middleton, Tomás (1570-1627), *escritor inglés.*

1 La justicia puede dormitar un poco, pero al cabo ve.

2 En la elección de esposa, como en un plan guerrero, equivocarse una sola vez signifi-ca la derrota irreparable.

3 La verdad no necesita el oropel de la retó-rica.

Miguel Angel, Buonarroti (1475-1564), *pintor, escultor y arquitecto italiano.*

1 El amor es el ala que Dios ha dado al hombre para volar hasta él.

2 Con el toque del cincel la piedra cruda y fría se convierte en un molde viviente. Cuanto más se gasta el mármol, más crece la estatua.

Milton, John (1608-1674), *poeta inglés.*

1 Semejante a un rayo de sol, la verdad no puede ser mancillada con ningún toque externo.

2 Para el puro todo es puro; no sólo los alimentos y las bebidas, sino todo género de conocimientos del bien y del mal.

3 No hay que amar la vida, ni odiarla; pero la que vivas, vívela bien, y deja que el cielo te la haga larga o corta.

4 Largo y arduo es el camino que conduce del infierno a la luz.

5 Sus palabras, como tantos criados ágiles y vivaces, se mueven a un solo gesto que haga.

6 La paz tiene sus victorias, no menos re-nombradas que las de la guerra.

7 El que vence por la fuerza, no vence más que a medias a su enemigo.

8 El niño muestra al hombre, como la ma-ñana al día.

9 Un buen libro es la preciosa sangre de un espíritu soberano, embalsamada y custodiada para que viva más allá de la vida.

10 A veces la sociedad es la mejor compañía; un breve retiro exige un dulce retorno.

11 La opinión de los buenos no es sino la ciencia en el actuar.

12 Las sonrisas derivan de la razón, las negamos al bruto y son el alimento del amor.

13 No puedo alabar una virtud fugitiva y cerrada que no se pone en práctica ni halla nunca expresión, que no se decide a salir al exterior para mirar a su adversario.

14 ¡Qué encanto se encierra en la divina filosofía, que no es áspera ni escabrosa, como imaginan los necios, sino armoniosa como la lira de Apolo!

Minchin, J. C., (siglo XIX), *escritor inglés.*

1 En las discusiones políticas, el calor está en razón inversa de la doctrina.

Mingote, Antonio, *humorista español contemporáneo.*

1 Un pesimista es un optimista bien informado.

Miomandre, Francis de (1880-1959), *escritor francés.*

1 La moda es la máscara innumerable de la vida.

2 Durante mucho tiempo creyeron los hombres que para guerrear es necesario lucir esos colores chillones, esos galones, esos cascos altos y erizados de atributos, que hacen creer al adversario que se es, a un tiempo, terrible y desenvuelto. Ahora lo hemos cambiado todo. El kaki y el verde gris amenazan absorber todo el prisma militar. ¿Podrá resistir la guerra este golpe asestado a su prestigio?

3 Una joven mal arreglada parece tener diez años más que su madre, cuando ésta cuida su propia persona. La mitad de las madres conocen esta verdad y obran en consecuencia.

4 Si suprimiéramos de nuestro lenguaje la metáfora, ¿podríamos entendernos?

5 Las mujeres creen sinceramente que se visten para nosotros o para a ellas mismas. La verdad es que se visten solamente para deslumbrarse unas a otras.

6 Una reputación literaria depende más de la moda que de un vestido femenino confeccionado por un gran costurero... y se estropea más de prisa.

Mira de Amescua, Antonio (1574-1644), *dramaturgo español.*

1 Busca el bien; huye del mal,
    [que es la edad corta,
y hay muerte, y hay infierno,
    [hay Dios y hay gloria.

Mirabeau, Víctor Riqueti, marqués de (1715-1789), *economista y escritor francés.*

1 Gobernar con exceso es el mayor peligro para los gobiernos.

2 Los sentimientos y las costumbres que son base de la felicidad pública se forman en el hogar doméstico.

3 El gobierno no se ha hecho para la comodidad y el placer de los que gobiernan.

4 Si quieres lograr éxito en el mundo, mata tu conciencia.

Mirbeau, Octavio (1850-1917), *escritor francés.*

1 ¡Torturas, mortandades, patíbulos: he ahí la historia! La historia es una carnicería. No remováis constantemente todo eso, para interrogar el pasado de noche y sangre. Es hacia el porvenir donde hay que buscar la luz.

Miró, Gabriel (1879-1930),
novelista español.

1 Por ruin que haya sido el pecado, son más ruines los que con él se gozan.

Mistral, Frédéric (1830-1914),
escritor francés.

1 Los árboles de raíces hondas son siempre los que suben más alto.

2 Bueno es ser caritativo, pero vale más matar al diablo que, por exceso de virtud, dejarse matar por él.

Mistral, Gabriela (1889-1957),
escritora chilena.

1 La experiencia es un billete de lotería comprado después del sorteo. No creo en ella.

2 Y el hombre, injusto siempre, ha dicho después que Dios va borrando la bondad de su creación.

3 No hay arte ateo. Aunque no ames al Creador, lo afirmarás creando a su semejanza.

Moctezuma II (1467-1520),
noveno rey de México-Tenochtitlan.

1 Muchos días ha que por nuestras escrituras tenemos de nuestros antepasados noticias que yo ni todos los que en esta tierra habitamos no somos naturales della, sino extranjeros y venidos a ella de partes muy extrañas.

Molière, Juan Bautista Poquelin (1622-1673),
comediógrafo francés.

1 Quien quiere ahogar a su perro, dice que está rabioso.

2 Querer a todos es como no querer a nadie.

3 Oponerse directamente a las opiniones es el medio de echarlo todo a perder.

4 Preciso es reconocer que amor es un gran maestro (Il le faut avouer, l'amour est un grand maitre).

5 Las cosas no valen sino aquello que se las hace valer.

6 Mujer que se somete a vigilancia está medio conquistada.

7 La virtud es el primer título de nobleza; yo no me fijo en el nombre de una persona, sino en sus actos.

8 La improvisación es la verdadera piedra de toque del ingenio.

9 Hay que instruir a la juventud riendo, reprender sus defectos con dulzura y no espantarla con el nombre de la virtud.

10 Hay tantos devotos falsos como tantos falsos valientes.

11 Es una cosa curiosa que todos los grandes hombres tengan siempre un grano de locura en medio de tanta sabiduría.

12 Es necesario creer en alguna cosa en este mundo.

13 El dinero es la llave que abre todas las puertas.

14 El cielo, es verdad, prohíbe ciertas satisfacciones, pero se encuentran con él acomodos.

15 Cuanto más amamos a alguien, menos conviene halagarle.

16 El celoso ama más, pero el otro ama mejor.

17 Aborrezco esos espíritus pusilánimes que empeñándose en prever las últimas consecuencias de las cosas no se atreven nunca a emprender nada.

18 Acierta siempre en el arte de no decir nada con palabras sonoras.

19 Antes de hablar mal de los demás, es preciso mirarse mucho tiempo a sí mismo.

20 El cielo castiga más o menos tarde a los impíos; una mala vida trae una mala muerte.

21 El cielo o la naturaleza hacen que cada

uno de nosotros juzgue cada cosa de manera distinta.

22 Hay mujeres que, como no hacen el amor, creen que todo lo demás les está permitido; esas mujeres se atrincheran altivamente en su melindroso pudor, mirando a todos de arriba abajo, y pretendiendo que todas las buenas cualidades que los demás poseen no valen nada, en comparación de su miserable honor, del que nadie se preocupa.

23 Jamás se ha conquistado un corazón por la fuerza.

24 La mayoría de los hombres no hacen sino sacar partido de la vanidad de los demás.

25 La muerte es el remedio de todos los males; pero no debemos echar mano de este remedio hasta última hora.

26 No veo nada más censurable que un amigo que no nos habla con franqueza.

27 Nosotros no participamos de la gloria de nuestros antepasados más que cuando nos esforzamos en parecernos a ellos.

28 Prefiero vivir en el mundo dos días que mil años en la historia.

29 Todos los discursos son tonterías, si proceden de un hombre oscuro; pero serían palabras exquisitas si las dijese un hombre notable.

30 Todos los hombres son semejantes por las palabras; solamente en sus hechos se descubre que son diferentes.

31 Una mujer inteligente puede faltar a su deber, pero es preciso, por lo menos, que ella lo quiera; la estúpida en cambio puede caer sin quererlo y sin darse cuenta.

32 Un necio sabio es más tonto que un necio ignorante.

33 Todos los vicios de moda pasan por virtudes.

34 Si, por otra parte, poseyeseis cien bellas cualidades, la gente os miraría por el lado más desfavorable.

35 Aquéllos cuya conducta es la más ridícula siempre son los primeros en murmurar de los demás.

36 Esforcémonos en vivir con decencia y de-

jemos a los murmuradores que digan lo que les plazca.

Molina, Tirso de. Véase **Tirso de Molina.**

Mommsen, Theodor (1817-1903),
filólogo alemán.

1 El juicio sobre lo posible y lo imposible es lo que distingue al héroe del aventurero.

2 La semilla que esparcen las naturalezas geniales germina lentamente.

Mondrian, Pedro Cornelio (1872-1944),
pintor holandés.

1 El arte desaparecerá a medida que la vida resulte más equilibrada.

Monescillo, Antolín (1805-1897),
cardenal español.

1 Cuando oigo negar a mi Dios, confieso y creo.

Monroe, James (1758-1831),
político norteamericano.

1 América para los americanos.

Monroe, Marylin (1926-1962),
actriz de cine norteamericana.

1 El sexo forma parte de la naturaleza. Y yo me llevo de maravilla con la naturaleza.

Montagu, María Wortley (1689-1762),
escritora inglesa.

1 En todas partes el hombre es el mismo.

2 La cortesía no cuesta nada y lo obtiene
todo.

3 La naturaleza raramente se equivoca; las
costumbres, siempre.

4 La sátira, como una navaja de afeitar bien
afilada, debería herir con un roce que apenas se sienta ni se vea.

5 Nunca están los hombres más cerca de la
estupidez que cuando se creen sabios.

Montaigne, Miguel de (1533-1592),
filósofo francés.

1 Es imprudencia pensar que la prudencia
humana pueda realizar el oficio de la fortuna.

2 Es ser, pero no vivir, permanecer apegado
y obligado por necesidad a una sola pauta
de vida.

3 Es una locura y una injusticia privar a los
hijos, aún adolescentes, de la familiaridad
de los padres y querer someterlos a una
austeridad desdeñosa, confiando por tal
medio crear la sujeción y la obediencia.

4 Filosofar no es otra cosa que prepararse
para la muerte.

5 Hay que enseñar a los niños a que abo-
rrezcan los vicios de su propia contextura
y hacerles ver su deformidad natural; a
que huyan de tales vicios no sólo en sus
actos, sino sobre todo en su corazón, y
que les sea odioso el mero pensar en ellos,
cualquiera que sea la máscara que lleven.

6 La cobardía es madre de la crueldad.

7 Supone igual tontería llorar porque de
aquí a cien años ya no viviremos, que
llorar porque no vivíamos hace cien años.

8 Buscad una mujer con una gran dote: no
hay deuda pública extranjera que lleve
tanta ruina a las casas.

9 Cien veces cada día nos burlamos de
nuestros mismos defectos al considerar-
los en los demás.

10 Ciertamene, la verdad es una maestra de
escuela, violenta y socarrona. Insinúa en
nosotros, poco a poco, su autoridad; mas
tan pronto como con este humilde
comienzo y ayudada por el tiempo se
siente introducida y segura, nos descubre
de improvisto un rostro que es a la vez
furioso y tiránico, frente al cual no osamos
siquiera levantar los ojos, y la vemos cómo
fuerza en todo momento las leyes de la
naturaleza.

11 Cualquiera puede hablar con verdad;
pero hablar con orden, prudencia y saber,
pocos lo consiguen.

12 Cuando nos falta la razón, hacemos uso
de la experiencia.

13 Cuando yo podría hacerme temer, prefe-
riría hacerme amar.

14 Cuántas cosas que ayer teníamos como
artículos de fe, son fábulas hoy.

15 Tantos millares de hombres enterrados
antes que nosotros nos animan a no temer
el ir a encontrar tan buena compañía en el
otro mundo.

16 Temo que tengamos el apetito mayor que
el vientre, y más curiosidad que capacidad.

17 Debemos sujeción y obediencia a todos
los reyes, en un mismo modo, porque ello
corresponde a su misión; pero la estima,
tanto como el afecto, los debemos solamente a su virtud.

18 Decir de sí mismo menos de lo que se
debe decir es tontería, pero no modestia;
apreciarse menos de lo que en realidad se
vale, es cobardía y pusilanimidad; ninguna virtud se apoya en la falsedad.

19 Toda la sabiduría y todos los discursos del
mundo se resuelven en esto: enseñarnos
a no temer la muerte.

20 Toda otra ciencia es perjudicial a quien no
posee la ciencia de la bondad.

21 Toda persona de honor prefiere antes perder su honor que su conciencia.

22 Solamente trabajamos para llenar la memoria, dejando vacías la inteligencia y la
conciencia.

23 El camino más corto para llegar a la gloria,

sería hacer por la propia conciencia lo que hacemos por la gloria.

24 El espíritu que no tiene un fin prefijado se pierde fácilmente.

25 El gran precio da título al diamante, y la dificultad a la virtud.

26 Prefiero que se me elogie menos, con tal que se me conozca más.

27 Prohibirnos algo es despertarnos el deseo.

28 Si el dolor de cabeza sobreviniese antes de la embriaguez, nos guardaríamos de beber con exceso. Mas el placer, para mejor engañarnos, va por delante y nos oculta su séquito.

29 Que cada uno busque dentro de sí mismo; comprobará que nuestros deseos más íntimos nacen y crecen, en su mayor parte, para daño de los demás.

30 Tan hechos están los hombres a su mísera vida, que no existe ninguna dura condición que dejen de aceptar con tal de seguir viviendo.

31 Una prueba no pequeña de la propia bondad, está en confiar en la bondad de los demás.

32 La curiosidad de conocer las cosas ha sido dada al hombre como un castigo.

33 Para poder juzgar de las cosas más grandes y nobles se necesita poseer un alma que sea también grande y noble.

34 Platón juzga que existe algo impío en investigar con demasiada curiosidad en el conocimiento de Dios y del universo.

35 Por hermoso y gallardo que seáis, si una mujer os rechaza no deduzcáis inmediatamente que ella posea una castidad inviolable; no se podría asegurar que el mozo de mulas deje de tener mayor suerte.

36 A las personas verdaderamente sabias les sucede lo que a las espigas de trigo; mientras están vacías se elevan erectas y altivas, pero tan pronto están llenas de grano comienzan a humillarse y a bajar la cabeza.

37 A quienes me preguntan la razón de mis viajes les contesto que sé bien de qué huyo pero que ignoro lo que busco.

38 Amad a vuestro amigo como si un día tuvieseis que odiarlo.

39 Bien pesado y considerado todo, más cuesta guardar el dinero que adquirirlo.

40 Bueno es frotar y limar nuestro cerebro con otro.

41 La preocupación y los afanes de nuestros padres no tienden sino a llenarnos de ciencia la mente; del juicio y de la virtud no se preocupan en ningún sentido.

42 Con frecuencia nos pasan inadvertidas nuestras propias faltas; mas cuando, advertidos por los demás, no logramos descubrirlas nosotros, es que nuestro juicio no está sano.

43 La vejez pone más arrugas en el espíritu que en la cara.

44 El hombre posee sus bienes por fantasía, y los males, en esencia.

45 Otros forman al hombre; yo le recito.

46 La dificultad u oscuridad del lenguaje es un medio que emplean los sabios, como los que hacen juegos de manos, para no descubrir la inutilidad de su arte, con lo que se da por satisfecha la estupidez humana.

47 La elocuencia es el arte de engañar y de adular.

48 El provecho de los estudios consiste en haber logrado ser mejor y más sabio.

49 La embriaguez, entre las demás cosas, me parece un vicio grosero y brutal.

50 La fortuna no nos hace bien ni mal. Solamente nos ofrece la materia, que nuestra alma, que tiene mayor poder que ella, acomoda y aplica a su gusto, siendo causa y dueña de su condición dichosa o desgraciada.

51 La historia ha conocido tres Sócrates, cinco Platones, ocho Aristóteles, veinte Teodoros; pero pensad en cuántos no ha conocido. ¿Quién impide a mi palafrenero llamarse Pompeyo el Grande?

52 La manera más directa para llegar a la gloria consistiría en hacer por la conciencia lo que hacemos por la gloria.

53 En el lenguaje, la rebusca de frases nuevas

y de palabras poco conocidas, proviene de una ambición escolástica y pueril; ¡ojalá yo pudiera servirme nada más que de aquellas que se emplean en los mercados de París!

54 Encuentro más soportable estar siempre solo, que no poder estarlo nunca.

55 La más desgraciada y frágil de todas las criaturas es el hombre, a la vez que la más orgullosa.

56 Es el miedo a morir, y no el deseo de vivir, lo que nos mantiene, ¡locos de nosotros!, unidos a nuestro cuerpo.

57 La vida sencilla es más agradable, más inocente y más buena.

58 La virtud no consiste en llegar muy arriba, sino en actuar ordenadamente; su grandeza no se ejercita en la grandeza, sino en la mediocridad.

59 La virtud no pretende ser un fin en sí misma; y si alguno adopta a veces su máscara, ella nos la arranca inmediatamente del rostro.

60 Las leyes de la conciencia que nosotros juzgamos nacen de la naturaleza, nacen de la costumbre.

61 Las leyes mantienen su crédito no porque sean justas, sino porque son leyes.

62 Lo primero que hace una mujer cuando quiere que un hombre la alcance es echarse a correr.

63 Los juegos de los muchachos no son tales juegos; antes bien, deben considerarse como sus acciones más serias.

64 Nada es tan fastidioso y repugnante como la abundancia.

65 Nada graba tan fijamente en nuestra memoria alguna cosa como el deseo de olvidarla.

66 Nadie está libre de decir sandeces, lo único grave es decirlas enfáticamente.

67 Donde hay mucha sabiduría hay mucho dolor; quien adquiere ciencia, adquiere a la vez trabajo y tormento.

68 Nadie puede llamarse dichoso antes de morir.

69 Ningún accidente puede hacer que vuelva la cara la virtud viva. Ésta busca los males y el dolor, como su alimento; las amenazas de los tiranos, los martirios y los verdugos la animan y la vivifican.

70 ¿No es maravilla que el azar pueda tanto sobre nosotros, ya que vivimos por azar?

71 No existe lucro ni provecho sino a costa de otro, de modo que en buena cuenta habría que condenar toda clase de ganancias.

72 No existe ningún tiempo presente, porque lo que llamamos presente no es más que el ensamble del futuro con el pasado.

73 No existe ninguna bestia en el mundo que deba temer el hombre más que al hombre.

74 No suelen verse personas, o sucede muy raramente, que al envejecer no huelan a ácido y moho.

75 Nuestra manera de obrar corrientemente consiste en seguir las inclinaciones de nuestro apetito, a derecha, a izquierda, arriba, abajo, según nos empuja el viento de las circunstancias.

76 Nuestro apetito es irresoluto e incierto; no sabe contenerse ni disfrutar de buena manera cosa alguna.

77 Nuestro deseo desprecia y pasa por encima de lo que poseemos para correr en pos de lo que no tenemos.

78 Opino que hay que prestarse a los demás y sólo entregarse a sí mismo.

79 La naturaleza no es más que una poesía enigmática.

80 Para acostumbrarse a la muerte, no hay como acercársele.

81 El que desarraigara en el hombre el conocimiento del dolor, extirparía simultáneamente el conocimiento del placer y, en definitiva, aniquilaría al hombre.

82 El que enseñe a los hombres a morir, les enseñará a vivir.

83 El que llama a Dios en su ayuda mientras está entregado al vicio, obra como el ladronzuelo que reclamara el apoyo de la justicia.

84 El razonamiento produce diversas apariencias. Es un vaso con dos asas, que podemos tomar con la derecha o con la izquierda.

85 Es más fácil acusar a un sexo que excusar al otro.

86 Nosotros no somos tan miserables como viles.

87 La mujer se ruboriza siempre al escuchar lo que, sin embargo, no teme realizar.

88 Nos cuidamos muy poco de ser buenos según Dios; apenas sabríamos serlo según nuestras normas.

89 Yo no me encuentro a mí mismo donde me busco. Me encuentro por sorpresa cuando menos lo espero.

90 La naturaleza puede todo y hace todo.

Montalvo, Juan (1832-1889),
ensayista ecuatoriano.

1 Donde cabe la rivalidad no ha lugar para la virtud.

2 Sin el fundamento de la verdad no hay obra maestra; la base de las grandes cosas es la moral; sin la verdad, la moral no existe.

Montesinos, José Fernández (1897-1972),
investigador y crítico español.

1 Una de las cosas que tiene el arte es que es la única actividad humana que permite descubrir mediterráneos; el Mediterráneo estaba ahí, sí, pero no lo habíamos visto.

Montesquieu, Charles-Louis (1689-1755),
filósofo francés.

1 Las traducciones son como esas monedas de cobre que tienen el mismo valor que las de oro y son de mayor uso entre el pueblo; pero simpre son más débiles y de una aleación inferior.

2 A la mayoría de las gentes prefiero darles la razón en seguida que escucharlas.

3 Estoy enamorado de la amistad.

4 Cuando los hombres están reunidos, pierden el sentimiento de su debilidad.

5 Cuando se quiere cambiar las costumbres y las maneras, no hay que cambiarlas por medio de las leyes.

6 Nunca se ofende más a los hombres que cuando se choca con sus ceremonias y costumbres.

7 Quien lo ve todo, todo lo abrevia.

8 Se encierran algunos locos en un manicomio para hacer creer que los que están fuera son cuerdos.

9 Si solamente nos propusiéramos ser dichosos, pronto se lograría; pero queremos ser más felices que los demás, y ello es casi siempre difícil, porque juzgamos a los otros más dichosos que lo que en realidad son.

10 El estudio ha sido para mí el remedio principal contra los trabajos de la vida; no habiendo tenido nunca un disgusto que una hora de lectura no haya disipado.

11 El hombre de talento está naturalmente inclinado a la crítica, porque ve más cosas que los otros y las ve mejor.

12 El hombre religioso y el ateo hablan continuamente de religión: el uno habla de lo que ama, y el otro de lo que teme.

13 Un gran señor es un hombre que ve al rey, habla con los ministros, tiene honorables antepasados, deudas y pensiones.

14 La justicia de las penas, más que su severidad, lo que consagra es la fuerza de las leyes.

15 La justicia para los demás representa una caridad para nosotros.

16 Parece que las inteligencias de los más grandes hombres se encojan desde el momento en que están reunidas, y que allí donde más sabios hay, existe menos sabiduría.

17 La ley debe ser como la muerte, que no exceptúa a nadie.

18 Máxima admirable: no hablar de las cosas hasta después que estén hechas.

19 Me gustan los campesinos. No son bastante sabios para razonar mal.

20 Me gustaría suprimir las pompas fúnebres. Hay que llorar cuando los hombres nacen y no cuando mueren.

21 Nada pudo imaginarse de peor manera: parecía que la naturaleza había dispuesto que las tonterías de los hombres fueran pasajeras; pero los libros las hacen inmortales.

22 Las leyes inútiles debilitan a las necesarias.

23 Las repúblicas acaban por el lujo; las monarquías por la pobreza.

24 El principio del gobierno democráctico es la virtud.

25 En el derecho público, el acto de justicia más severo es la guerra, porque puede tener como consecuencia destruir la sociedad.

26 Hasta que no haya leído un hombre todos los libros antiguos no hay razón para preferir los nuevos.

27 Hay dos clases de hombres: los que piensan y los que se divierten.

28 Los libros antiguos, para los autores; los nuevos, para los lectores.

29 Hay que conocer el valor del dinero: los pródigos no lo conocen, y los avaros menos aún.

30 He observado, constantemente, que para prosperar en el mundo hay que tener aire de tonto sin serlo.

31 Hemos de convenir que entre los pueblos más civilizados tuvieron siempre las mujeres la autoridad sobre sus maridos. Se decía de los romanos que mandaban sobre todas las naciones, pero que obedecían a sus mujeres.

32 La corrupción de los gobiernos empieza casi siempre por la de sus normas y principios.

33 La sociedad no son los hombres, sino la unión de los hombres.

34 La virtud no es ninguna cosa que debe costarnos fatiga; no debe considerarse nunca como un ejercicio penoso.

35 Siempre me ha parecido que el mejor gobierno es aquel que consigue su objeto con el mínimo esfuerzo; de modo que quien conduce los hombres según mejor conviene a sus inclinaciones, gobierna mejor que cualquier otro.

36 Somos tan ciegos que no sabemos cuándo debemos afligirnos o alegrarnos; por lo general no tenemos más que falsas alegrías o falsas tristezas.

37 Un hombre no es pobre por el hecho de no tener nada, sino cuando no trabaja.

38 Un pueblo defiende siempre más sus costumbres que sus leyes.

39 No existe peor tiranía que la que se ejerce a la sombra de las leyes y con los colores de la justicia.

40 No hay que tratar de conseguir con las leyes lo que podría alcanzarse por las costumbres.

41 Nos parece aumentar nuestra vida cuando podemos encerrarla en la memoria de los demás: es una nueva vida que adquirimos y que nos resulta preciosa.

42 La libertad es el derecho de hacer todo lo que las leyes permiten.

43 La mayor parte de los hombres son más capaces de grandes acciones que de buenas acciones.

44 El único buen libro que tienen los españoles es el que ha hecho ver los ridículos que eran todos los demás.

45 Hombres modestos: vosotros prestáis suavidad y encanto a la vida. Pensáis que nada poseéis, y yo os aseguro que lo tenéis todo. Creéis que no humilláis a nadie, y en verdad humilláis a todos. Cuando os comparo con los hombres soberbios que veo por doquiera, mentalmente los hago descender de su estado, y los hago arrodillar ante vosotros.

46 Un buen legislador se dedica más a la buena moral que a imponer suplicios.

47 La comida mata a medio París. Y la cena, al otro medio.

48 Entiendo por moderación, no la flojedad de espíritu o la cobardía, sino la templanza fundada en la virtud.

49 Ha sido una mala idea: la naturaleza había dispuesto sabiamente que las tonterías de los hombres fuesen pasajeras; y he aquí que los libros las hacen inmortales.

Montgomery, James (1771-1854),
escritor inglés.

1 La oración es el deseo sincero del alma, tácito o manifiesto; el movimiento de un fuego oculto que tiembla en el corazón.

2 Donde reina la justicia, obedecer es ser libre.

3 Un templo de la gloria es la tumba; la muerte es la inmortalidad.

Monti, Vicente (1754-1828),
poeta italiano.

1 Perjudica al justo quien perdona al malvado.

2 O no comenzar una cosa, o llevarla a término.

3 El hombre cobarde muere varias veces antes de morir, el valeroso una sola.

Moor, John (1646-1714),
escritor inglés.

1 La elección de una mujer equivale a sacar por azar una anguila de un saco en el que hay veinte serpientes por cada anguila.

Moore, George (1873-1958),
filósofo británico.

1 El soltero sustituye el sentimiento por la costumbre.

Moore, Thomas (1779-1852),
poeta inglés.

1 Nunca es demasiado tarde para deleitarse, amada mía; el mejor medio para hacer más largos nuestros días, amada mía, consiste en robar unas horas a la noche.

2 Mis únicos libros fueron los ojos de las mujeres; pero solamente me enseñaron locuras.

3 Los hombres, cuando reciben un mal lo escriben sobre un mármol; mas si se trata de un bien, lo escriben en el polvo.

4 Por muy dulces que sean nuestras amistades, nuestras esperanzas y nuestros afectos, la venganza contra un tirano es la cosa más dulce.

5 El cielo sabe cuán gris sería el hilo de nuestra vida si no se hilara con la amistad y el amor.

6 Disfracemos como queramos nuestro cautiverio, es la mujer quien nos gobierna todavía.

7 ¡Pobreza! Tú eres la fuente del arte humano y la gran inspiradora del canto del poeta.

8 No existe en el mundo amargura que el cielo no pueda curar.

Morand, Paul (1889-1976),
literato francés.

1 Salir de viaje es ganar su proceso contra el hábito.

2 No concibo el hexágono (Francia) más que inscrito en la esfera.

3 Viajar es la manera más agradable, menos práctica y más costosa de instruirse; por eso los ingleses han hecho de ello una especialidad.

4 Ella era hermosa como la mujer de otro.

5 Un viaje es, por arte de magia, una vida nueva, con un nacimiento, un crecimiento y una muerte que se nos ofrece dentro de la otra existencia. Procuremos aprovecharlo.

6 Cuando volvemos de un viaje nos pre-

guntamos si es la tierra la que se ha empequeñecido, o somos nosotros quienes hemos crecido.

7 Cuando compréis una maleta no olvidéis que en el curso de un largo viaje se presentará un momento en el que os veréis obligados a llevarla vosotros mismos.

8 El viaje de novios me ha parecido siempre una de tantas comedias de nuestras costumbres. Se casan para fundar un hogar, y la primera cosa que hacen es desertar del mismo.

9 Todavía más que gobernar, viajar es prever. Hasta las grullas se ponen en orden cuando han de partir. Un viaje debe prepararse con método.

10 La velocidad es, sin duda, el único vicio nuevo.

11 Las pasiones, viajes del corazón.

Moratín, Leandro Fernández de (1760-1828), *comediógrafo español.*

1 Muchos adquieren opinión de doctos, no por lo que efectivamente saben, sino por el concepto que forma de ellos la ignorancia de los demás.

2 Tu crítica majadera
de los dramas que escribí,
Pedancio, poco me altera;
más pesadumbre tuviera
si te gustaran a ti.

3 Son muchos los que juzgan,
mas los que aciertan raros.

4 El que socorre la pobreza, evitando a un infeliz la desesperación y los delitos, cumple con su obligación: no hace más.

5 Pues donde amor faltó, la fuerza es vana.

6 La prudente moderación es la virtud del sabio.

7 Pero yo no he buscado dineros, que dineros tengo; he buscado modestia, recogimiento, virtud...

Moratín, Nicolás Fernández de (1737-1780), *poeta español.*

1 Con fortuna cualquiera es virtuoso.

2 En la edad está el misterio.

Moravia, Alberto, *escritor italiano contemporáneo.*

1 La felicidad es tanto más grande cuando menos se la advierte.

2 La cronología es un hecho personal, privado, psicológico.

More, Hannah (1745-1833), *escritora inglesa.*

1 Las bagatelas forman la suma de las cosas humanas, y la mitad de nuestra desgracia deriva de nuestras debilidades.

Moréas, Jean (1856-1910), *poeta francés.*

1 A los ojos de la razón, el dolor más amargo no es otra cosa que una ligera brisa que gime en el cordaje de la nave que se balancea en medio del mar.

Moreno, Miguel (1591-1635), *escritor español.*

1 Sólo es justo que se alabe más que aquel que mucho sabe, al que mucho supo hacer.

Moret y Prendergast, Segismundo (1838-1913), *político español.*

1 ¡Dios mío, cuánto cuesta llegar!

2 El nacimiento, el matrimonio y la muerte no pueden estar sometidos a otra intervención que la del Estado.

3 Vosotros sois vosotros, pero no más que nosotros.
(Respuesta de Moret a la frase de Maura «nosotros somos nosotros».)

Moreto y Cabaña, Agustín (1618-1669),
dramaturgo español.

1   [amor]
Dos corazones heridos
de una misma enfermedad.

2 El vulgo no es más que un ciego preciado de vigilante.

3 Que los bravos sólo dan de comer a la justicia.

4 Sólo vivo en la gloria de mirarte.
Sólo muero en la pena de no verte.

5 Que es efecto muy distinto
el quererse con deseo
o el amarse con cariño.

6 ... es bien grande necedad
el guardar una mujer
que no se quiere guardar.

7 Que las visiones las fabrica el miedo.

8 Siempre tú estés más entero
que bolsa de miserable.

9 Y si lo que tengo yo
me basta para vivir,
si lo que suele sobrar
no se puede poseer,
yo ¿para qué he menester
lo que no puedo gozar?

Mórike, Eduard (1804-1875),
poeta alemán.

1 ¿Qué es, pues, una palabra escrita? Por lo general confunde y hiere más de lo que ilumina y aprovecha.

2 Nunca una persona alegre consoló a nadie.

3 ¡Consuélate! Muchas veces se enderezó lo que estaba torcido; con frecuencia, durante la noche vino un consejo.

4 El hombre guía su coche hacia donde le place, pero entre las ruedas gira insensiblemente la pelota que quiso esquivar.

Morin, Edgar,
escritor francés contemporáneo.

1 Una convicción bien afirmada destruye la información que la desmiente.

Moritz Arndt, Ernst (1769-1860),
poeta alemán.

1 El hombre es capaz de grandes hechos cuando se ha sabido librar de la pereza y siente confianza en que ha de lograr lo que seriamente se propone.

2 Cuanto más independiente quieras ser, en espíritu, tanto más independiente de sus necesidades se hace el cuerpo. Cuanto más fuerte y poderosa desees hacer tu alma, tanto más fuerte y poderoso se hará tu cuerpo.

3 El que se mantiene en calma, retrocede; el que reposa sobre laureles que no recogió, solamente yace sobre una piel de oso más hermosa. Únicamente aquel que aspira a hacer más de lo que se ha hecho podrá hacer lo que sepa.

4 Frente a los hombres, un águila; ante Dios, un gusano: así debes manifestarte en la tempestad de la vida. Solamente aquel que se siente pequeño ante Dios puede ser poderoso ante los hombres.

Morley, Christopher,
escritor contemporáneo estadounidense.

1 Cuando le vendes a uno un libro, no le vendes medio kilo de papel, tinta y cola, sino que le ofreces una nueva vida.

Morley, John (1838-1923),
escritor y político inglés.

1 Los que estudian separadamente la política y la moral no llegarán a comprender
nunca la una ni la otra.

2 La más espantosa idea que nunca haya
corroído a la naturaleza humana es la del
castigo eterno.

3 Escribir cartas es la más deliciosa manera
de perder el tiempo.

4 La evolución no constituye una fuerza,
sino un progreso; no una causa, sino una
ley.

Moro, Tomás. Véase **Tomás Moro, santo.**

Morris, William (1834-1896),
poeta inglés.

1 La ciencia es un precipicio que pocos pueden salvar, mientras que el deber es un
sendero que todos pueden seguir.

2 Hay gentes a las que el solo hecho de
respirar parece dar alegría.

3 La compañía es cielo y la falta de compañía es infierno; compañía es vida y falta de
compañía es muerte, y las acciones que
lleváis a cabo en este mundo las hacéis
por amor a la compañía.

Morrow Lindbergh, Anne,
escritora norteamericana contemporánea.

1 La simplificación de la vida supone prescindir de todo lo superfluo, de convencerse de que son muy pocas las cosas indispensables.

2 Muchos prisioneros de guerra han aprendido, en su prisión, lo poco con lo que se
puede pasar, y han conocido la indecible
paz espiritual que tal simplificación trae
consigo.

Mosca, Giovanni,
escritor italiano contemporáneo.

1 Una mujer peca con un enano y se siente
muy poco arrepentida porque lo considera un pecado pequeño.

2 Sólo los padres auténticos saben lanzar a
sus hijos al aire y recogerlos luego. Ésta es
la mejor prueba de la paternidad.

Mozart, Wolfgang Amadeus (1756-1791),
compositor austriaco.

1 Ahora quisiera oír... el «Réquiem»..., mi
«Réquiem» incompleto... que vosotros os
encargaréis de terminar.
(Últimas palabras de Mozart.)

Multatulí, pseudónimo de **Eduard Douwes
Dekker** (1820-1887), *escritor holandés.*

1 Quien no ha caído nunca no tiene una
idea justa del esfuerzo que hay que hacer
para tenerse en pie.

2 La humildad es la manera de los cobardes
de parecer algo.

3 Dos medias verdades no hacen una verdad.

4 La idea que se comprende inmediatamente, a menudo no merece ser comprendida.

Müller-Oxford, Max (1834-1896),
escritor alemán.

1 El trabajo es el mejor médico del dolor.
En los afanes o en el desengaño, trabaja
obstinadamente: tú mismo podrás experi-
mentarlo.

Müller, J. von (1824-1866),
naturalista alemán.

1 He aquí mi receta infalible contra la triste-

za: dieta, ocupación y limitación de nuestros apetitos.

Müller, Wilhehn (1794-1827),
poeta alemán.

1 Cuando un vicio te abandona, no digas: «lo he abandonado».

2 Los hombres que buscan la paz no la encuentran nunca, porque la paz que buscan la hace huir precipitadamente ante ellos.

3 Es un hombre honrado: deja lo que no puede tomar; no bebe nada de una botella vacía ni suele esconder en su bolsillo ningún reloj de iglesia.

4 Quien solamente posee una moneda falsa, la frota y limpia hasta hacerla brillar; así hacen con sus títulos los hombres nobles que carecen de medios.

Mundt, Th. (1808-1862),
escritor alemán.

1 Con frecuencia los recuerdos son como unos magníficos trapecios de equilibrista con los que se puede saltar sobre el mal presente.

Munthe, Axel (1857-1949),
escritor sueco.

1 La sabiduría podemos aprenderla de otros, la prudencia debemos buscarla en nosotros mismos.

2 Cuanto antes nos percatemos de que nuestro destino está en nosotros mismos, y no en las estrellas, tanto mejor para nosotros.

Murat, Joaquín (1771-1815),
general francés.

1 ¡Soldados, cumplid vuestro deber; apun-

tad al corazón, pero no tiréis a la cara...! (Palabras pronunciadas por Murat ante el pelotón que iba a fusilarle.)

Muratori, L.A. (1672-1750),
historiador italiano.

1 El ocioso raramente es virtuoso. Y no haciendo nada, aprende a hacer el mal.

Murger, Henry (1822-1861),
escritor francés.

1 Todos buscan la felicidad, pero nadie la encuentra; la vida se consume persiguiéndola, para morir sin haberla alcanzado.

Murphy, Arturo (1727-1805),
escritor inglés.

1 Nunca se consideran más felices los ingleses que cuando les decís que están arruinados.

2 La eternidad no es, como creen los hombres, una línea infinita que existe antes y después de nosotros.

3 La alegría es el ingrediente principal en el compuesto de la salud.

Murri, Augusto (1841-1932),
médico italiano.

1 Si podéis curar, curad; si no podéis curar, calmad, y si no podéis calmar, consolad.

Muslih al Din Saadi (siglo XIII),
escritor persa.

1 El hombre, por lo común, sólo sabe reconocer su felicidad en la medida de la desgracia que ha experimentado.

Musset, Alfred de (1810-1857),
poeta francés.

1 Una lágrima es más elocuente que cualquier palabra. Una lágrima tiene sumo
valor: es la hermana de la sonrisa.

2 Orgullo, el más fatal de los consejeros
humanos.

3 No se robaría, a buen seguro, un ochavo
al vecino; sin embargo, en cuanto se puede,
se le roba... la mujer.

4 La hermana de la salud, la alegría. (La
soeur de la santé, la gaieté.)

5 La curiosidad del mal es una enfermedad
infame que nace de todo contacto impu-
ro.

6 El vaso en que bebo no es grande, pero es
mío.

7 El juego es la única pasión que puede
competir con el amor.

8 El hombre es un aprendiz y el dolor es su
maestro; ninguno se conoce a fondo hasta
que ha sufrido.

9 Tened cuidado con el hombre que pide
un perdón. ¡Puede caer tan fácilmente en
la tentación de merecer dos!

10 ¡Dormir! ¡Por fin voy a dormir!
(Postreras palabras de Alfredo de Musset que
era víctima de pertinaces insomnios.)

11 Desprecia al hombre orgulloso que se
avergüence de verter lágrimas.

12 Las canas no hacen más viejo al hombre,
cuyo corazón no tiene edad.

13 Comencé a experimentar aquella verdad
que dice que en todo mal hay siempre
algo bueno, y que, dígase, lo que se quiera, un gran dolor es un gran descanso.

14 A quien todo lo pierde, le queda Dios
todavía.

15 Cuando la pasión arrastra al hombre, la
razón le sigue llorando y advirtiéndole del
peligro.

16 Del hombre que duda al que niega no hay
apenas distancia.

17 ¡Días de trabajo! Son los únicos días que
he vivido.

18 El hombre sólo ha nacido para poseer un
rincón de tierra, para construir su nido y
vivir un día.

19 El olvido, ese viejo remedio de la miseria
humana.

20 El olvido llega al corazón como a los ojos
el sueño.

21 Es una ley casi invariable que los placeres
más exquisitos son los que más caros se
pagan.

22 Todos los hombres son mentirosos, in-
constantes, falsos, habladores, orgullosos
o cobardes, desconfiados o sensuales.
Todas las mujeres son pérfidas, artificio-
sas, vanidosas, curiosas y depravadas, pero,
si algo hay en el mundo santo y sublime,
es la unión de dos de estos seres tan im-
perfectos y horribles.

23 La discusión es una tierra estéril; todo lo
mata.

24 La gloria, esa planta tardía, amante de las
tumbas.

25 La independencia, he aquí el dios de hoy
día (no digo la libertad).

26 La perfección no existe; comprenderla
constituye un triunfo de la inteligencia
humana; ambicionar su posesión representa la más peligrosa de las locuras.

27 Lo malo del amigo es que nos dice las
cosas desagradables a la cara; el enemigo
las dice a nuestras espaldas y, como no
nos enteramos, nada ocurre.

28 Más obliga y más puede un rostro bello
que un hombre armado.

29 No acuséis a las mujeres de ser lo que son;
fuimos nosotros los que las hicimos así,
deshaciendo la obra de la naturaleza siempre que nos fue posible.

30 Se cree en la sangre que corre y se duda de
las lágrimas.

31 Se puede dudar durante veinte años antes
de dar un paso, pero jamás recular cuando
se ha dado el primero.

Mussolini, Benito (1883-1945),
estadista italiano.

1 Somos mediterráneos y nuestro futuro ha sido y será siempre el mar.

2 Nosotros estamos contra la vida cómoda.

3 No es por nada por lo que he escogido como divisa de mi vida la de «vivir en el peligro».

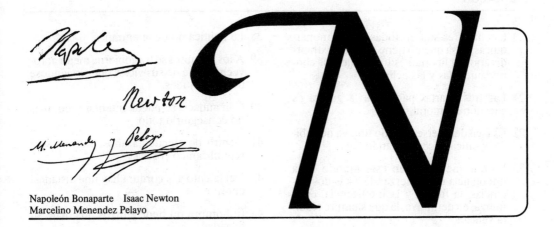

Napoleón Bonaparte   Isaac Newton
Marcelino Menendez Pelayo

Nadaud, Gustavo (1820-1893),
poeta francés.

1 El matrimonio tiene sus delicias; poseer una compañera y vivir emparejados, viendo aumentar este número gracias al amor. Es encantador; pero tiene algo de ergástulo: la perpetuidad.

Napoleón I (1769-1821),
emperador francés.

1 Tan tranquilas son las personas honradas y tan activos los pícaros, que muchas veces es necesario servirse de los segundos.

2 Todo el mundo quiere que los gobiernos sean justos y nadie lo es con los gobiernos.

3 Todo soldado francés lleva en su mochila el bastón de mariscal.

4 Un estadista ha de tener el corazón en la cabeza.

5 Un gran capitán ha de preguntarse varias veces al día: si el enemigo se presenta de frente, por la derecha y por la izquierda, ¿qué habré de hacer?

6 El valor no se puede simular; es una virtud que huye de la hipocresía.

7 En las revoluciones hay dos tipos de personas: los que las hacen y los que se aprovechan de ellas.

8 Nunca emprenderíamos nada si quisiéramos asegurar por anticipado el éxito de nuestra empresa.

9 En toda empresa debemos dar dos tercios a la razón y un tercio al azar; si aumentáis la primera fracción os hacéis pusilánimes; si aumentáis la segunda, seréis temerarios.

10 ¿Qué es historia? Una sencilla fábula que todos hemos aceptado.

11 Quien venza a Inglaterra será el dueño del mundo.

12 Es a la ideología, esta sombría metafísica, a la que debe atribuirse el infortunio de nuestra bella Francia.

13 El necio tiene una gran ventaja sobre el hombre de talento: siempre está satisfecho de sí mismo.

14 El perdón nos sitúa por encima de los que nos insultan.

15 El que solamente practica la virtud movido por la esperanza de conquistar una gran fama se halla muy cerca del vicio.

16 Nada más difícil, pero nada más precioso que el saberse decidir.

17 Nada va bien en un sistema político en el que las palabras contradicen a los hechos.

18 No olvidéis que el dios de la fortuna y el dios de la guerra guían mis pasos.

19 La vida es un ligero sueño que se disipa.

347

20 Las mujeres son en todas partes monárquicas; cosa que no tiene nada de extraordinario. La libertad es una mujer más bonita que ellas y las eclipsa.

21 Las tres cuartas partes de la guerra es cuestión de moral.

22 Es fácil detenerse cuando uno va de subida, y difícil hacerlo cuando baja.

23 Lo que me choca en este mundo es la impotencia de la fuerza; de estas dos potencias, la fuerza y la inteligencia, es la fuerza, en definitiva, la que siempre resulta vencida.

24 A la mayor parte de los que no quieren ser oprimidos no les disgustaría ser opresores.

25 Habría querido establecer que los abogados sólo percibiesen honorarios cuando ganasen los pleitos a ellos confiados.

26 Hay dos clases de fidelidad, la de los perros y la de los gatos: vosotros, señores, tenéis la fidelidad de los gatos que nunca abandonan la casa.

27 ¡He aquí el sol de Austerlitz!

28 He dormido en el lecho de cuatro reyes y me he contagiado en ellos de una enfermedad terrible [la ambición].

29 Imposible no es una palabra francesa.

30 La diplomacia es la política en traje de etiqueta.

31 La fama es un gran ruido: mientras más fuerte se hace, más lejos llega.

32 La imaginación gobierna al género humano.

33 La mejor política es hacer creer a los hombres que son libres.

34 La muerte es un soñar sin ensueños.

35 Una cabeza sin memoria es como una fortaleza sin guarnición.

36 Una mujer bella place a los ojos; una mujer buena agrada al corazón: la primera es una joya; la otra, un tesoro.

37 Voilà un homme! («¡He aquí un hombre!»).
(Exclamación referida a Goethe.)

38 La política no tiene entrañas.

39 A los hombres se les gobierna mejor aprovechándose de sus vicios que sirviéndose de sus virtudes.

40 Con audacia se puede intentar todo; mas no conseguirlo todo.

41 Dentro de cincuenta años, Europa será republicana o cosaca.

42 Del talento a la cordura hay una distancia enorme.

43 El hombre no tiene amigos: los tiene su felicidad.

44 El más peligroso de nuestros consejeros es el amor propio.

45 Los escritorcillos están conmigo; los grandes escritores, enfrente.

46 El medio más seguro de mantener la palabra dada es no darla nunca.

47 El mejor orador del mundo es el éxito.

48 Es un foso que se salva, si hay audacia para intentarlo.

49 Rasca al ruso y encontrarás al cosaco.

50 ¡Soldados! Ninguno de vosotros quiere volver a Francia por otro camino que no sea el del honor. No debemos entrar sino bajo los arcos de triunfo.

51 Soldados, pensad que desde lo alto de estas pirámides cuarenta siglos os contemplan.
(Palabras de Napoleón a su ejército antes de la batalla de las Pirámides (1798).)

52 La ropa sucia en casa se lava.

53 Las batallas contra las mujeres se ganan... huyendo.

54 Los soldados ganan las batallas, y los generales se llevan la honra.

55 En último término, para gobernar, hay que ser militar.

56 Los hombres son cerdos que se alimentan de oro.

57 El mundo es una gran comedia, donde se encuentran diez Tartufos por un Molière.

58 Todo lo que no es natural es imperfecto.

59 Es un mal soldado el que no aspira a ser general.

60 El genio es el arte de ser oportuno.

Narrey, Charles (1825-1892), *literato francés.*

1 Frecuentemente se compara la mujer a la salud, cuyo valor se reconoce tan sólo cuando se ha perdido.

Narváez, Antonio (s. XVIII), *mariscal de campo español.*

1 Gobernar es resistir.

Nassau, Adolph von, *escritor alemán.*

1 El ánimo crea la riqueza: es preferible un hombre sin dinero que el dinero sin un hombre.

Nebrija, Antonio de (h. 1444-1522), *filólogo español.*

1 Siempre la lengua fue compañera del Imperio.

Necker-Sausure, Madame (1766-1841), *literata y educadora francesa.*

1 En nada hay que confiar menos que en la gratitud. El amor no opera movido por el agradecimiento.

Nelson, Horacio (1758-1805), *almirante inglés.*

1 Inglaterra espera que cada hombre cumplirá con su deber.

2 Es un sentimiento malo el de felicitar a uno porque ha muerto otro, pero todos ascendemos por muertes.

3 Todo es secundario, cuando una mujer ocupa nuestro corazón.

4 Para ganar una batalla, "llegar un cuarto de hora antes que el enemigo".

Nepote, Cornelio (94-24 a.C.), *historiador romano.*

1 La maledicencia de muchos consigue destruir la virtud de uno solo.

Nerón, Domicio Claudio (37-68), *emperador romano.*

1 Qualis artifex pereo! (¡Qué artista muere en mí!)

2 Vellem nescire litteras. (Quisiera no saber escribir.)
(Palabras atribuidas por Séneca a Nerón, la primera vez que le fue presentada a la firma una sentencia de muerte.)

Nervo, Amado (1870-1919), *poeta y escritor mexicano.*

1 ¿Por qué aguardas con impaciencia las cosas? Si son inútiles para tu vida, inútil es también aguardarlas. Si son necesarias, ellas vendrán y vendrán a tiempo.

2 Porque el yo que amó y sufrió ya se nos ha muerto... La vida no es más que una serie de muertes de **yoes.**

3 Amigo, los sueños rotos ya no se enmiendan nunca.

4 ¡El alma es un vaso que sólo se llena con eternidad!

5 El amor verdadero hace milagros, porque él mismo es ya el mayor milagro.

6 El clavo se queja del martillo, porque no ve la mano... ¡Cuántas quejas tenemos de los demás tan ilógicas como ésta!

lo dora el sol del recuerdo, ya es gloria, transfiguración y majestad.

7 El dolor es como las nubes; cuando estamos dentro de él sólo vemos gris, un gris tedioso y trágico; pero en cuanto se aleja y

8 El hombre, desde que nace hasta que muere, es una máquina de romper juguetes.

9 La evolución espiritual va de la inconsciencia al éxtasis, a través del dolor.

10 El cuerpo no es más que un medio de volverse temporalmente visible. Todo nacimiento es una aparición.

11 La gente cortesana suele ser dura con sus inferiores, porque instintivamente ejerce represalias de las humillaciones perpetuas a que se ve sometida en los palacios.

12 La idea es el polen luminoso de esa flor divina que se llama la inteligencia. La inspiración lo arranca y el viento de la publicidad lo lleva en sus alas para fecundar almas lejanas y sedientas de saber.

13 ¿Por qué hay en el mundo tantas opiniones como hombres? Porque acaso Dios quiere que su universo sea entendido y visto de infinitas maneras, a fin de que hasta en las mentes humanas conserve su prerrogativa de infinidad.

14 El hombre es un conductor de divinidad: Hay buenos conductores, los genios y los santos. Hay malos conductores, como el vidrio y el caucho para la electricidad: los ricos egoístas e ignorantes, los politicastros...

15 Quienes piden lógica a la vida, se olvidan de que es un sueño; los sueños no tienen lógica: esperemos a despertar...

16 El humorismo es la sonrisa de la literatura, y acaso, acaso el más fino no hace reír, hace sonreír únicamente.

17 La indulgencia nos viene de que nos sentimos capaces de incurrir en los mismos errores ajenos o recordamos haber incurrido en ellos; por eso es propia de los viejos.

18 Resígnate a no haber podido hacer una cosa, mas nunca a no haberla intentado, si vale la pena de intentarla.

19 Si Dios no existiese, el hombre, a través de los siglos, lo habría ya creado a fuerza de pensar en él.

20 La libertad suele ir vestida de harapos; pero aun así, es muy bella, más bella que todas las libreas de oro y plata.

21 La mayor parte de los fracasos nos vienen por querer adelantar la hora de los éxitos...

22 Si eres orgulloso, conviene que ames la soledad: los orgullosos siempre se quedan solos.

23 ... Sí, es cierto: no sólo de pan vive el hombre: también vive de publicidad... ¡Cuántas veces la mejor limosna es un párrafo de gacetilla!

24 Si hay algo que duele más que la ingratitud, es la incomprensión.

25 La noche es una rosa,
mística rosa negra
salpicada de pólenes de plata:
las estrellas.

26 La realidad no es una, es múltiple:
¡Cada hombre tiene su verdad!
No hay dos pares de ojos que vean la misma cosa de la misma manera. Las cosas, por su parte, no son como las vemos.

27 Si no fuera por la penitencia del amor, acabaríamos por creer que nuestros muertos no han existido jamás. De tal manera van con los años alejándose de nosotros, en una perspectiva cada vez más borrosa.

28 Nada más que con dar a las cosas su verdadero nombre, se produciría la revolución moral más tremenda que han visto los siglos.

29 No hay nada más disculpable que la maldad en un tonto, ni nada más triste que la malignidad de un hombre de talento.

30 El miedo es más injusto que la ira.

31 Si no hubiese poetas, artistas, seres contemplativos, a la naturaleza le faltaría algo esencial: le faltaría quien la contemplase con amor.

32 Ciertamente conquistar a una mujer difícil es bella victoria; pero más bella victoria es llegar a no desearla.

33 Si nunca has tenido un gran éxito, no sabes lo que vales: el éxito es la piedra de toque de los caracteres.

34 Cada amigo es el eslabón de una cadena. El hombre de sociedad es el más lamentable esclavo moderno.

35 Lo que muere en nuestros muertos es aquello que de ellos nos separaba, subsistiendo aquello que nos unía en una misma esencia.

36 Si vivir sólo es soñar
hagamos el bien soñando.
Sueña que vives amando,
que es tu solo fin amar
y sueña que, sin cesar,
vas los bienes derramando.

37 El primer signo seguro de vejez es empezar a encontrar el ayer mejor que el hoy:
cómo, a nuestro parecer
cualquier tiempo pasado
fue mejor...

38 El principio de la sabiduría no es el temor de Dios, bueno para siervos espirituales, sino el temor de nuestro yo inferior y el amor a Dios.

39 Sólo hay tres voces dignas de romper el silencio: la de la poesía, la de la música y la del amor.

40 El proverbio persa dijo: «no hieras a la mujer ni con el pétalo de una rosa».
Yo te digo: «no la hieras ni con el pensamiento».

41 Todas las cosas llegan, le hacen a uno daño y se van.

42 Cuando me insultan, pienso con un gran poeta que «la indulgencia es la forma aristocrática del desdén».

43 Cuando mi perro me mira con cariño, leo en sus ojos la tristeza de la futura humanidad...

44 Todo es ilusión, hasta la muerte misma, que es la ilusión, por excelencia, la última ilusión de la vida, como el horizonte sensible es la última ilusión de la vida.

45 Cuando observo el egoísmo frío, casi feroz con que los viejos defienden sus comodidades y su dinero, es cuando más horror me causa envejecer.

46 Dios no es misterioso ni gusta de proponer enigmas. La verdad de las cimas es de una estupenda sencillez, pero aún estamos en los desfiladeros y barrancos, llenos de sombras y de arcanos.

47 Dios no sería capaz de condenar a un alma que no se hubiese antes condenado a sí misma.

48 ¡Cómo no bendecir a Dios, que hizo el dolor..., pero hizo también el tiempo!

49 Con lo que dicen bueno de nosotros y lo malo que murmuran, fórmase el claroscuro del cual resalta nuestro verdadero perfil espiritual.

50 Con los defectos que nuestros amigos íntimos nos atribuyen, el más pequeño de nosotros resultaría de una monstruosa grandeza.

51 Cuando advierto mi inutilidad en el mundo, pienso en aquella tremenda frase de Shakespeare acerca de King Lear, viejo, enfermo y loco: «Ya no hacía más que usurpar a la vida».

52 Cuando alguien me elogia demasiado, pienso como el jesuita ilustre del cuento del Padre Coloma: «Ya el Diablo me lo había dicho antes que tú».

53 Lo que nos hace sufrir nunca es «una tontería»... puesto que nos hace sufrir.

54 Los celos, como la opresión de la muerte, son indicios falsos. La infidelidad de una mujer y la última hora llegan siempre cuando menos lo pensamos.

55 Los coléricos tienen su alma en las manos de los otros. No importa quién puede agitarlos, atormentarlos, enloquecerlos.

56 Los honores, las categorías oficiales, las condecoraciones, los tratamientos han sido hechos para dar relieve a las medianías. A los grandes ingenios les estorban y los vuelven antipáticos. Es absurdo, pues, que un hombre de valer se queje de no poseer lo que es distintivo especial de la mediocridad infatuada.

57 Los ojos de una mujer alcanzan su expresión suprema en una mirada de ternura.

58 Muchas veces, en muchos casos, es una gran piedad no dar esperanzas.

59 El que no espera nada de los hombres es superior a todos los hombres.

60 El que no quiere andar con los hombres, tiene que habérselas con los fantasmas interiores, que intentarán devorarle en la soledad. Pero si los vence es un dios.

61 El signo más evidente de que se ha encontra la verdad, es la paz interior.

62 Hay gentes que no parecen encumbrarse sino para caer de más alto.

63 Hay muchas llamadas faltas que un hombre bueno cometería delante de Dios, pero que se guardaría muy bien de cometer delante de los hombres: porque El sabe... y los hombres no.

64 La felicidad es como las neblinas ligeras: cuando estamos dentro de ella, no la vemos.

65 Todo hombre es el centro del universo. El universo, como el espacio, según la célebre definición, tiene su centro en cada alma, y su circunferencia no está en ninguna.

66 Un hombre tiene tantas fisonomías como ojos le ven, tantas almas como gentes le conocen, el nombre de todo hombre es Legión.

67 Un lobo, un tigre, después de hartos, dejan los restos para sus compañeros. Sólo el hombre, después de harto, niega lo que sobra, a su hermano, y le deja morir de hambre a las puertas de su despensa. Esta actitud es privativamente humana.

68 Una de las más patentes muestras de cobardía humana es el silencio que guarda la mayor parte de la gente cuando se habla mal de un amigo. ¡Qué raro es el que se atreve a defenderlo!

69 Una de las mejores maneras de corregir ciertos defectos es atribuir ostensiblemente, a quienes los tienen, las virtudes contrarias.

70 ¿Vale acaso la pena haber vivido,
para encontrar, después de tantas cosas,
que, sin duda, las horas más hermosas
son las que hemos dormido?

71 Vamos a morir estas horas de deliciosa muerte que se llaman sueño y cuyo solo inconveniente es que despierta uno de ellas.

72 La vida es la interinidad por excelencia.

73 Las almas superiores no tienen miedo más que de una cosa; de cometer una injusticia.

74 Las diversas edades del hombre no son más que diversos géneros de niñez.

75 Lo imprevisto constituye la nobleza de la vida y trae la misteriosa marca de origen de lo invisible.

76 No hay reposo más grande que el de no esperar nada.

77 No te quejes nunca de la incomprensión de los demás. Nadie comprende a nadie totalmente en este mundo; si tal comprensión fuera posible, la identidad se manifestaría en seguida, y cesaría el fenómeno de la separatividad. Las almas están muy lejos unas de otras. Entre las almas se encuentra siempre el universo fenomenal.

78 No te sientes a esperar tu destino; la fatalidad está en el límite de lo que puedes, en los linderos de tu acción, en la frontera de tu actividad viril.

79 No variar nunca es el mayor absurdo.

80 Oír con paciencia es a veces mayor caridad que dar. Muchos infelices se van más encantados de la atención con que escuchamos el relato de sus penas, que de nuestro óbolo.

81 El que sabe callar es siempre el más fuerte.

Nestroy, Juan (1802-1862),
dramaturgo austriaco.

1 El censor es un lápiz convertido en hombre, o un hombre convertido en lápiz.

2 La censura es la menor de dos hermanas ignominiosas: la mayor se llama inquisición.

Newman, J. Henry (1801-1890),
teólogo y escritor inglés.

1 El alpinismo no ha sido creado por los montañeses, sino por los ciudadanos.

2 En un mundo superior puede ser de otra manera; pero aquí abajo, vivir es cambiar, y ser perfecto equivale a haber cambiado muchas veces.

Newton, Isaac (1642-1727),
físico inglés.

1 El orden que reina en las cosas materiales indica que han sido creadas por una voluntad llena de inteligencia.

2 Pensando en ello día y noche (Nocte dieque incubando).

Nicolai, L.H. (1737-1820),
escritor alemán.

1 Ya sabemos lo que es la corte: al que lleva algo, se le abren las puertas, pero el que espera buscar alguna cosa, puede esperar sentado.

Nicole, Pierre (h. 1625-1695),
filósofo y escritor alemán.

1 La impaciencia que nos arrastra a contradecir a los demás no nace sino de que difícilmente soportamos que sus sentimientos difieran de los nuestros.

Nielsen, Erasmus (1809-1884),
filósofo alemán.

1 La naturaleza femenina es como el mar; cede a la presión más ligera y débil, mientras soporta las cargas más pesadas.

Nieto Peña, Roque,
poeta español contemporáneo.

1 España, tope de Roma y del Islam, placenta de América.

Nietzsche, Friedrich W. (1844-1900),
escritor y filósofo alemán.

1 ¿Dices que una buena causa justifica incluso la guerra? Yo contesto: Una buena guerra justifica cualquier causa.

2 Dios ha muerto.
(Así habló Zaratustra.)

3 Durante demasiado tiempo el hombre ha contemplado con malos ojos sus inclinaciones naturales, de modo que éstas han acabado por hermanarse en él con la mala conciencia.

4 El conocimiento a veces perjudica.

5 Cabe censurar al hombre cualquier maldad; pero en la manera de expresarse es prudente despertar su vanidad.

6 El hombre es poco ambicioso; le basta una buena digestión para encontrar la vida agradable.

7 El hombre es una cuerda que se tiende entre el animal y el superhombre: una cuerda sobre un abismo.

8 El matrimonio pone fin a muchas locuras cortas, con una larga estupidez.

9 El mejor escritor será aquel que sienta la vergüenza de serlo.

10 El que se humilla quiere hacerse ensalzar.

11 En algunos la castidad es una virtud, en muchos es casi un vicio.

12 Hay muchas cosas que no quiero saber. La sabiduría pone límites hasta al conocimiento.

13 La mujer es el reposo del guerrero.

14 La ventaja de tener mala memoria consiste en que se goza muchas veces con las mismas cosas.

15 Las calumnias son enfermedades de los demás que se declaran en nuestro cuerpo.

16 Las mismas mujeres guardan siempre en el fondo de toda vanidad personal su impersonal desprecio por «la mujer».

17 Lo que hacemos nunca es comprendido, sino elogiado o censurado.

18 Llamamos Estado al monstruo más frío

que pueda existir. Fríamente miente también, y este embuste va siempre en sus labios: «Yo, el Estado, soy el pueblo».

19 Niego la inmoralidad, pero no que haya una infinidad de hombres que se sienten inmorales.

20 No es la fuerza, sino la duración del sentimiento elevado, lo que hace a los hombres superiores.

21 Por lo general, una madre se quiere más a sí misma en el hijo que al hijo mismo.

22 Predica la fe, hasta que la poseas, y luego la predicarás porque la tienes.

23 Pregunta y respuesta: ¿Qué es lo que aceptan en primer término los pueblos salvajes de los europeos? —El alcohol y el Cristianismo. — ¿Y con qué se arruinan más rápidamente? — Con los narcóticos europeos.

24 ¡Que complaciente, qué afectuoso se muestra todo el mundo con nosotros tan pronto como hacemos lo que hace todo el mundo y nos dejamos llevar como todo el mundo.

25 Sin la música la vida sería una equivocación.

26 Sólo comprendemos las preguntas a las cuales podemos dar contestación.

27 Tengo la creencia de que no hemos nacido solamente para ser felices sino para cumplir con nuestro deber; y considerémonos felices si llegamos a saber dónde se halla nuestro deber.

28 Un hombre que se ríe a carcajadas sobrepasa a todos los animales en vulgaridad.

29 Una vida feliz es imposible. El fin supremo a que debe aspirar un hombre es una carrera heroica.

30 ¿Vas con las mujeres? No olvides el látigo.

31 ¡Vosotros, hombres superiores, aprended a reír!

32 Yo necesito compañeros, pero compañeros vivos; no muertos y cadáveres que tenga que llevar a cuestas por donde vaya.

33 Todo idealismo frente a la necesidad es un engaño.

34 Lo que tiene precio poco valor tiene.

35 Una profesión es el espinazo de la vida.

36 Para poder vivir, el hombre debe poseer la fuerza de romper un pasado y de aniquilarlo; y es preciso que emplee esta fuerza de cuando en cuando.

37 La objetividad y la justicia nada tienen en común.

38 «Yo» y «mi» dialogan con demasiada asiduidad.

39 Se arroja uno al agua con más gusto a salvar al que se ahoga cuando hay delante personas que no se atreven a hacerlo.

40 El imaginativo niega la verdad ante sí mismo. El mentiroso, únicamente ante los demás.

Nievo, Hipólito (1831-1861), *literato italiano.*

1 De igual modo que los pensamientos del tiempo y del espacio se pierden en el infinito, así el hombre de cualquier condición se pierde en la Humanidad. Los frenos del egoísmo, del interés y de la religión no bastan.

2 Donde truena un hecho, ten la certeza de que ha relampagueado una idea.

3 Edad confiada, que todavía no conoce donde está lo imposible.

4 El amor es una hierba espontánea, no una planta de jardín.

5 El secreto que se te revela por casualidad, es más sagrado que el que obtienes en depósito de la confianza de los demás. Este te es confiado por el hombre, y aquél por Dios.

6 Es muy fácil que quien aprecie la vida como un motivo de placer no la considere así en el momento de perderla.

7 Esparta, la domadora de hombres, y Roma, la reina del mundo, educaban desde la cuna al guerrero y al ciudadano; por ello formaron pueblos de ciudadanos y guerreros. Nosotros, que en los niños vemos

juiciosos y holgazanes, tenemos muchedumbres de holgazanes y juiciosos.

8 La conciencia nos asegura que es mejor la generosidad unida a la miseria, que la tacañería cuando estamos satisfechos. En el primer caso sufrimos, pero amamos.

9 La justicia está entre nosotros, sobre nosotros y dentro de nosotros. Nos castiga y nos recompensa. Ella, y solamente ella, es la que nutre las cosas, asegurando la felicidad de los espíritus en el gran espíritu de la humanidad.

10 La juventud es el paraíso de la vida: la alegría es la juventud eterna del ánimo.

11 La razón se hace adulta y envejece; el corazón se mantiene siempre niño.

12 La verdad, por muy pobre y desnuda que aparezca, es más adorable y más santa que la mentira disfrazada y deslumbrante.

13 Las almas tienen un centenar de sentidos para sentir el mal y uno sólo para el bien.

14 Las mujeres son superiores a nosotros. Permitid, sí, esta rotunda afirmación en boca de un viejo que ha visto muchas de ellas. Son superiores a nosotros en la constancia, en el sacrificio, en la fe, en la resignación; mueren mejor que nosotros; son, en suma, superiores a nosotros en las cosas más importantes, en la ciencia práctica de la vida, que, como sabéis, es una carrera hacia la muerte.

15 No deseando nada se posee todo.

16 No sospechéis lo malo. No veáis tampoco demasiado cierto a fuerza de imaginar lo que es dudoso. Los juicios temerarios están prohibidos por la ley del Señor.

17 No te rebeles contra quien te manda; soporta su dureza, no por temor sino por compasión, a fin de que no aumente su pecado.

18 Un pueblo que guarda grandes monumentos en que inspirarse no morirá jamás por completo; moribundo, resurgirá para entregarse a una vida más tranquila y vigorosa que nunca.

Nin, Anaïs (1903-1977),
escritora estadounidense.

1 Cuando se conoce un ser a través de su obra, se tiene la impresión de que vivirá eternamente.

2 Nuestra vida está en gran parte compuesta por sueños. Hay que unirlos a la acción.

Noailles, Condesa de (1876-1933),
poetisa francesa.

1 Cuando el deseo es más grande que el corazón y el placer más rudo y más fuerte que la vida.

Nodier, Charles (1780-1844),
escritor francés.

1 Se ha observado que de todos los animales, los gatos, las moscas y las mujeres son los que pierden más tiempo en acicalarse.

Normand, Jacobo (1848-1931),
literato y poeta francés.

1 Dios es como el viento que pasa: se siente por todas partes y no se ve en ninguna.

2 El miedo al ridículo detiene con frecuencia los más nobles impulsos.

3 La vida nos parece verdaderamente fácil cuando se trata de la del prójimo.

4 Los hombres miran a las mujeres para verlas; las mujeres miran a los hombres para ser vistas.

5 Muchos hombres no viven sino por temor a la muerte.

6 No existen viejos dichosos; solamente hay viejos resignados.

7 Poseerlo todo, para ser feliz, no constituye una razón para serlo en realidad.

North, Sir Thomas (1535-?),
escritor británico.

1 Los hombres que leen mucho y trabajan poco son como las campanas, que suenan para llamar a otros pero que jamás entran en la iglesia ellas mismas.

Nöthig, Theobald (1841-1904),
poeta alemán.

1 Deseamos la felicidad de un año a otro, porque olvidamos facilmente; sólo por la desgracia se nos hace evidente la felicidad que poseemos.

2 No te imagines que la vida es un rayo de sol. Necesitas conformarte pensando que la vida quiere decir sufrimiento, mirar hacia el pasado y ver que solamente ha sido niebla.

Novalis, Friedrich von (1772-1801),
poeta alemán.

1 El egoísmo grosero es el resultado necesario de una limitación mezquina.

2 El pintor pinta especialmente con el ojo. Su arte es el arte de ver regularmente y de manera bella.

3 Es suficiente querer para poder.

4 La libertad es como la fortuna, perjudicial para unos, útil para otros.

5 La muerte es un triunfo sobre sí mismo que, como toda superación del propio ser, nos crea una existencia nueva y más fácil.

6 La naturaleza es una maravillosa ciudad petrificada.

7 La paciencia es de dos especies: una serena soportación de lo que falta y una tranquila soportación de lo excesivo. La verdadera paciencia muestra una gran elasticidad.

8 La vida no debe ser una novela que se nos impone, sino una novela que inventamos.

9 Las enfermedades, sobre todo si son de larga duración, representan un aprendizaje en el arte de vivir y en la educación del carácter.

10 Las mujeres constituyen un secreto amable; pero no está cerrado, sino velado.

11 Las novelas sentimentales corresponden, en el terreno médico, a las enfermedades contagiosas.

12 Los órganos del pensamiento son los órganos sexuales de la naturaleza, los órganos genitales del mundo.

13 Los sermones debieran ser unas asociaciones de inspiraciones divinas y de contemplaciones celestiales.

14 No nos comprenderemos nunca del todo, pero podemos hacer algo mucho mejor que comprendernos.

15 Tampoco es inescrutable el azar; también está regido por un orden.

16 Todo objeto amado es el centro de un paraíso.

17 Un carácter es una voluntad perfectamente cultivada.

18 Un niño es un amor hecho visible.

Núñez, Hernán (1463-1533),
helenista español.

1 La fortuna acrecienta los honores a los que no los merecen.

2 La caridad le enseñará a buscar los más suaves medios.

Núñez de Arce, Gaspar (1834-1903),
poeta español.

1 El rayo y el tirano,
hermanos son. ¡La tempestad los crea!

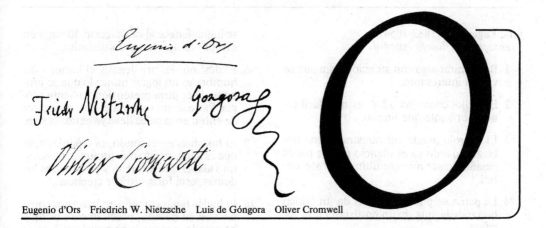

Eugenio d'Ors   Friedrich W. Nietzsche   Luis de Góngora   Oliver Cromwell

Occam, William (1300-1349),
filósofo británico.

1 Defiéndeme con la espada, que yo te defenderé con la pluma.

Oertzen, Georg V. (1829-1896),
escritor alemán.

1 Las tres gracias del alma femenina, a la vez que sus ángeles tutelares son la pureza, la abnegación y la fidelidad.

Oeser, C.,
escritor alemán.

1 La vida dejó de ser alegre y animada para el que ya no es capaz de reír; el que puede reír de todo corazón no puede tener una mala conciencia.

Oesterheld, Erich (s. XIX),
escritor alemán.

1 Las mujeres hermosas son a la vez cielo y abismo: tan a gusto se eleva la mirada hacia ellas, que caemos dentro.

Oettinger, Eduardo María (1802-1872),
literato alemán.

1 El primer amor forma parte de esos venenos que obran con mayor rapidez y para los que no existe ningún antídoto.

O'Neill, Eugène (1888-1953),
dramaturgo estadounidense.

1 Con las personas que no puedes amar, muéstrate siempre amablemente evasivo.

2 El orgullo precede a la caída.

3 Haciendo las cosas a medias, nunca ganaremos nada.

4 Ora por tu fe perdida y te será devuelta.

5 Si se despedaza una mentira, los pedazos son la verdad.

6 Creer en el sentido común es la primera falta de sentido común.

Orosio, Paulo (s. V),
sacerdote y escritor hispanolatino.

1 En medio de la multitud de adversidades es muy difícil la fidelidad a la palabra dada.

357

Ors, Eugenio d' (1882-1954),
ensayista y filósofo español.

1 Basta mirar algo con atención para que se vuelva interesante.

2 El estilo, como las uñas, es más fácil tenerlo brillante que limpio.

3 El sonrojo puede ser nuestra última nobleza, cuando ya el silencio parece haber dejado de ser nuestra última y triste virtud.

4 La patria se puede fiar más de un crítico que trabaja, que de un entusiasta que vocifera.

5 Las leyes son normas, pero también son armas.

6 Se dice que en el término medio está la virtud; lo más probable es que en el término medio se encuentre el tedio.

7 Una dificultad no es sino una oportunidad en traje de trabajo.

Ortega y Gasset, José (1883-1955),
escritor y filósofo español.

1 A ser juez de las cosas voy prefiriendo ser su amante.

2 Con Voltaire a babor y Bossuet a estribor se puede navegar.

3 Cuando se tiene el corazón lleno de un alto empeño, se acaba siempre por buscar los hombres capaces de ejecutarlo.

4 Cuidado con la democracia. Como norma política parece cosa buena. Pero la democracia del pensamiento y del gesto, la democracia del corazón y la costumbre es el más peligroso morbo que puede padecer una sociedad.

5 Decididamente el mundo de la duda es un paisaje marino e inspira al hombre presunciones de naufragio.

6 Dondequiera asistimos al deprimente espectáculo de que los peores, que son los más, se revuelven frenéticamente contra los mejores.

7 El deseo muere automáticamente cuando se logra: fenece al satisfacerse. El amor en cambio es un eterno insatisfecho.

8 El destino —el privilegio y el honor— del hombre es no lograr nunca lo que se propone y ser pura pretensión, viviente utopía. Parte siempre hacia el fracaso y antes de entrar en la pelea lleva ya herida la sien.

9 El hombre, en el fondo, es crédulo, o, lo que es igual, estrato más profundo de nuestra vida, el que sostiene y porta todos los demás, está formado por creencias.

10 El inglés tiene empeño en hacernos constar que su pasado, precisamente porque ha pasado, porque le ha pasado a él, sigue existiendo para él.

11 El libro es algo permanente; al objetivar la memoria, materializándola, la hace en principio limitada y pone los decires de los siglos a la disposición de todo el mundo.

12 El malvado descansa algunas veces; el necio, jamás.

13 El revolucionario no se rebela contra los abusos, sino contra los usos.

14 El verdadero tesoro del hombre es el tesoro de sus errores, la larga experiencia descargada gota a gota en milenios.

15 En el hogar domina siempre el clima que la mujer trae y es. Por mucho «que mande» el hombre, su intervención en la vida familiar es discontinua, periférica y oficial. La casa es lo esencialmente cotidiano, lo continuo, la serie indefinida de los minutos idénticos, el aire habitual que los pulmones tenazmente recogen y devuelven. Este ambiente doméstico emana de la madre y envuelve desde luego a la generación de los hijos.

16 En el progreso de los tiempos, la sociedad se complica y los políticos necesitan ser cada vez más intelectuales, quiérase o no.

17 Es penoso observar que desde hace muchos años, en el periódico, en el sermón y en el mitin, se renuncia desde luego a convencer al infiel y se habla sólo al parroquiano ya convicto.

18 Hacemos ironía siempre que en lugar de decir lo que pensamos fingimos pensar lo que decimos.

19 Hay tantas realidades como puntos de vista. El punto de vista crea el panorama.

20 Las lenguas nos separan e incomunican, no porque sean en cuanto lenguas distintas, sino porque proceden de cuadros mentales diferentes, de sistemas intelectuales —en última instancia—, de filosofías divergentes.

21 La política vacía al hombre de soledad e intimidad, y por eso es la predicación del politicismo integral una de las técnicas que se usan para socializarlo.

22 La vida, toda vida, por lo menos toda vida humana, es imposible sin ideal, o dicho de otra manera, el ideal es un órgano constituyente de la vida.

23 Un individuo, como un pueblo, queda más exactamente definido por sus ideales que por sus realidades. El lograr nuestros propósitos depende de la buena fortuna; pero el aspirar es obra exclusiva de nuestros corazones.

24 Saber que no se sabe constituye tal vez el más difícil y delicado saber.

25 Todo escritor tiene derecho a que busquemos en su obra lo que en ella ha querido poner. Después que hemos descubierto esta voluntad e intención nos será lícito aplaudirla o denostarla. Pero no es lícito censurar a un autor porque no abriga las mismas intenciones estéticas que nosotros tenemos.

26 Para el escritor hay una cuestión de honor intelectual en no escribir nada susceptible de prueba sin poseer antes ésta.

27 Muchos hombres, como los niños, quieren una cosa, pero no sus consecuencias.

28 No hay modo de entender bien al hombre si no se repara en que la matemática brota de la misma raíz que la poesía, del don imaginativo.

29 Lo característico del momento es que el alma vulgar, sabiéndose vulgar, tiene el denuedo de afirmar el derecho a la vulgaridad y lo impone dondequiera.

30 Lo dudoso es una realidad líquida donde el hombre no puede sostenerse y cae. De aquí el «hallarse en un mar de dudas».

31 Lo que llamamos nuestra intimidad no es sino nuestro imaginario mundo, el mundo de nuestras ideas.

32 Ser emperador de sí mismo es la primera condición para imperar a los demás.

33 Sería muy cómodo que bastase dudar de algo para que ante nosotros desapareciese como realidad.

34 Sorprenderse, extrañarse, es comenzar a entender. Es el deporte y el lujo específico del intelectual. Por eso su gesto gremial consiste en mirar el mundo con los ojos dilatados por la extrañeza. Todo en el mundo es extraño y es maravilloso para unas pupilas bien abiertas.

35 Vivimos en sazón de nivelaciones; se nivelan las fortunas, se nivela la cultuta entre las distintas clases sociales, se nivelan los sexos.

36 Y es indudable que la división más radical que cabe hacer en la humanidad, es ésta en dos clases de criaturas: las que se exigen mucho y acumulan sobre sí mismas dificultades y deberes, y las que no se exigen nada especial, sino que para ellas vivir es ser en cada instante lo que ya son, sin esfuerzo de perfección sobre sí mismas, boyas que van a la deriva.

37 Yo soy yo y mis circunstancias.

38 Hay quien ha venido al mundo para enamorarse de una sola mujer y, consecuentemente, no es probable que tropiece con ella.

39 De querer ser a creer que se es ya, va la distancia de lo trágico a lo cómico.

Orwell, George (1903-1950),
escritor inglés.

1 Si la libertad significa algo, es el derecho de decir a los demás lo que no quieren oír.

2 Todos los animales son iguales, pero algunos animales son más iguales que otros.

Ossorio y Bernard, Manuel (1838-1904),
escritor y dramaturgo español.

1 Industria excelente,
que se reduce, y no es cuento,
a saber vender por ciento
lo que se compra por veinte.

2 Pues el insulto es razón
de quien la razón no tiene.

Otway, Thomas (1652-1685),
dramaturgo inglés.

1 Los hombres honrados son unos blandos
y muelles cojines sobre los que los bribones reposan y se ceban.

Ouida (Luisa de la Ramée) (1840-1908),
novelista inglesa.

1 Una murmuración malévola camina
sobre ruedas, y, quien más quien menos,
todos las engrasan un poco mientras corre.

Overbury, Thomas (1581-1613),
poeta inglés.

1 Desdeña todo lo que puedas alcanzar y
prefiere todos los países al propio.

2 Un adulador es la sombra de un necio.

3 Un hipócrita es una píldora dorada compuesta de dos ingredientes naturales: deshonestidad natural y simulación artificial.

Ovidio (43-17 a.C.),
poeta latino.

1 A veces las lágrimas pesan tanto como las
palabras.

2 Algunas heridas se agravan con los remedios que se les aplican. Más valiera no
haberlas tocado.

3 Seré una cautiva que sigue a su vencedor,
no una mujer que sigue a su marido.

4 Antes de morir y recibir sepultura, nadie
puede recibir el calificativo de dichoso.

5 Aquel que huye del pecado, no más que
por estar prohibido, peca.

6 Aquí soy extranjero porque nadie me entiende.

7 Ars est celare artem (El arte es ocultar el
arte).

8 Auctor opus laudat (Cada autor alaba su
propia obra).

9 Bien vive quien sabe vivir en la oscuridad.

10 Con el aplauso y la lisonjera aprobación
del pueblo, cualquier cabeza puede calentarse.

11 Conviene aprender hasta del enemigo.

12 Deprisa o despacio todos nos aproximamos a una sola meta.

13 Dios está en nosotros, y nosotros somos
calentados por su soplo.

14 Doquiera me vuelvo, sólo veo imágenes
de muertos.

15 Dun loquor, hora fugit (Mientras hablo, el
tiempo pasa).

16 El camino más seguro es el de en medio.

17 El reposo restaura las fuerzas del cuerpo y
del espíritu.

18 El tiempo corre, y silenciosamente envejecemos, mientras los día huyen sin que
ningún freno los detenga.

19 En amor no basta atacar, hay que tomar la
plaza.

20 A veces las injurias son provechosas para
los que las han sufrido.

21 Frecuentemente los males agudizan el ingenio.

22 Estarás triste si te hallas solo.

23 Estoy avergonzado de que tales insultos
hayan podido hacérseme, y de que no
haya podido refutarlos.

24 Factum abiit; monimenta manent (El hecho pasa; los recuerdos permanecen).

25 Forma bonum fragile est (Un bien frágil es la belleza).

26 Fortuna caetera mando (Dejo lo demás a la fortuna).

27 Hoy solamente se aprecia el dinero. Las riquezas procuran honores y amigos, en tanto el pobre queda humillado.

28 Huyo de lo que me sigue; voy detrás de lo que huye de mí.

29 Jamás el amor y el pudor van de consuno.

30 La abundancia me hizo pobre.

31 La casualidad siempre es actual; ten echado tu anzuelo. En el remanso donde menos lo esperes, estará tu pez.

32 La conciencia recta se ríe de las mentiras de la fama.

33 La envidia hace parecer más abundantes las mieses de los campos ajenos, y más rico en leche el rebaño vecino.

34 La excesiva grandeza debe siempre infundir temor.

35 La gota horada la piedra, no por su fuerza, sino por su constancia.

36 Los hechos de los mortales nunca escapan a los dioses.

37 La muerte causa menos dolor que la espera de la muerte.

38 La mujer lleva al matrimonio, como dote, los litigios.

39 La mujer que quiere ser amada largo tiempo, desprecie a su enamorado.

40 Las aficiones se convierten en hábitos.

41 Ligero es el peso que se lleva con paciencia.

42 Lo lícito no me es grato; lo prohibido excita mi deseo.

43 Los espíritus frívolos se ganan con frivolidad.

44 Lloro mis males: en el llanto hay una cierta voluptuosidad, y el dolor que se disuelve en lágrimas encuentra un alivio.

45 Mientras fueres feliz, contarás con numerosos amigos; si el tiempo se nublara, te hallarás solo.

46 No es menor virtud conservar lo adquirido, que el ganarlo. En esto el azar tiene gran parte, en aquello todo es obra de la habilidad.

47 No hagas muchos uso de las espuelas y ten la brida sujeta.

48 No os entreguéis por demasiado tiempo a la ira; una ira prolongada engendra el odio.

49 No se puede lograr que retorne el agua que pasó, ni reclamar que vuelva la hora pretérita.

50 O no comiences una cosa, o condúcela a buen fin.

51 Observa que el ocio corrompe el cuerpo de los vagos, como corrompe las aguas que no se mueven.

52 Otorguen o rehúsen, las mujeres se complacen en ser solicitadas.

53 Para no perder, el jugador no cesa nunca de perder.

54 ¿Qué cosa es más dura que una piedra y más blanda que el agua? Y, sin embargo, el agua blanda horada la dura piedra.

55 Se hace leve la carga al que sabe soportarla bien.

56 Si no posees carruaje, camina a pie.

57 Si quieres casarte bien, esposa a una que se te parezca.

58 Siempre nos inclinamos hacia lo que nos está prohibido y deseamos lo que se nos niega.

59 Soporta y persevera; cosas mucho más graves soportaste.

60 Soporta y resiste: ese esfuerzo te será útil un día.

61 Suma virtud es abstenerse incluso de los placeres lícitos.

62 Todo cambia, y nada puede morir.

63 Un dios habita en nosotros; cuando él se agita, llénase de ardor nuestro espíritu.

Este impulso es el que hace germinar las semillas de la celeste inspiración.

64 Un placer sin riesgos nos complace menos.

65 Una mala causa se hace peor tratando de defenderla.

66 Una mujer casta es la que nunca fue solicitada.

67 Video meliora proboque: deteriora sequor. (Veo y apruebo lo mejor, pero sigo lo peor.)

Oxenstierna, Axel de (1583-1654), *estadista y escritor sueco.*

1 Es mejor hacerse que nacer ilustre.

2 Los afeites y el bermellón aderezan el rostro de las mujeres; pero la fortuna es el afeite del hombre.

3 Pasar de la pobreza a la opulencia es tan sólo cambiar de miseria.

4 Un medio infalible para no tener quien nos envidie es el carecer de méritos.

5 Verás, hijo mío, cuán poca prudencia basta para regir al mundo.

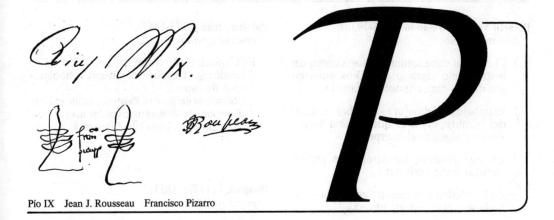

Pío IX   Jean J. Rousseau   Francisco Pizarro

Pablo, San. Véase **Biblia.**

Pablo VI (1897-1978),
papa.

1 ¿Quiénes somos nosotros, capaces de tanto?

2 Hay algo en el hombre que supera al hombre, hay en él un reflejo que tiene algo de misterio, algo de divino.

3 Ningún otro ser por nosotros conocido, ningún animal, aunque sea más fuerte y más perfecto en sus instintos vitales, puede parangonarse con el ser prodigioso que somos nosotros, los hombres.

4 Estas cosas no son causa de sí mismas. Pues entonces, ¿cómo es que existen? ¿Cómo pueden se tan grandes, tan ordenadas, tan bellas, tan unidas?

Padilla, Juan de (1490-1521),
capitán español.

1 Ayer era día de pelear como caballeros, y hoy de morir como cristianos.

Pailleron, Edouard (1834-1899),
literato francés.

1 ¿Amor? Al principio, palabras altisonantes; mientras dura, simples palabritas; después, palabras gruesas.

2 ¿Azar? Es Dios que mantiene el anónimo.

3 ¡Olvidemos! Los jóvenes poseen el don del olvido como los viejos tienen el de recordar.

4 Hay una cosa que a nosotras, las mujeres, nunca nos cansa: el amar y ser amadas.

Paine, Thomas (1737-1809),
escritor y político inglés.

1 Mi patria es el mundo, y mi religión consiste en obrar rectamente.

2 Una mala causa será defendida siempre con malos medios y por hombres malos.

Palacio, Manuel del (1831-1906),
poeta español.

1 Si recto quieres ir, solo camina:
quien se apoya, se inclina.

Palacio Valdés, Armando (1853-1938),
literato español.

1 El escritor debe tomar la pluma como un instrumento sagrado que Dios puso en sus manos para ennoblecer la vida.

2 El trabajo del labrador es el trabajo natural del hombre; el único que aquieta las pasiones y vigoriza el cuerpo.

3 En este mundo, los errores se expían como si fuesen crímenes.

4 En la soledad está nuestra grandeza, pero en la sociedad nuestra eficacia.

5 La oratoria política es el arte de decir vulgaridades con corrección y propiedad.

6 La vida está hecha para obrar, y es tan corta, que si nos obstinamos en razonar cada uno de nuestros pasos, corremos el peligro de quedar inmóviles.

7 La vida no se nos ha dado para ser felices, sino para merecer serlo.

8 Me agradan las mujeres hermosas que se lavan con agua pura, los chistosos que no preparan sus chistes y los literatos que escriben sin pensar en la imprenta.

9 Se nos consiente fabricar escobas con palos, esparto y cuerdas ajenas, pero no robar escobas hechas.

10 Si hay Dios tiene que haber oración; si hay oración tiene que haber religión, y si hay religión tiene que haber culto.

11 Cuando un escritor principia a comerciar con su ingenio, no tarda en suspender los pagos.

12 Desde que se cesa de luchar por ella, la vida ya no tiene sabor.

13 Cuando no tenemos una cruz grande que soportar, nos la fabricamos con dos palitos.

14 Ideas claras, ideas sanas y, sobre todo, vívidas, esto es lo que nos hace falta.

15 Cuando bordeamos un abismo y la noche es tenebrosa, el jinete sabio suelta las riendas y se entrega al instinto del caballo.

Palafox, José (1775-1847),
general español.

1 ¿Capitular? Yo no sé capitular. Yo no sé rendirme. Después de muerto, hablaremos de eso.
(Respuesta del general Palafox, cuando el 22 de diciembre de 1808, el mariscal Moncey le invitó a entregar la ciudad de Zaragoza.)

Pananti, F. (1776-1837),
poeta italiano.

1 El ofendido perdona, pero nunca lo hace el ofensor.

2 Saber gobernar es saber elegir.

3 De nada me hubieran servido los libros si no pudiese prescindir de ellos.

4 Se perdona fácilmente a quien no tiene fuerza para castigar.

5 Es preferible hallar la ingratitud que haber faltado al deber y verse privado de distribuir beneficios.

6 Existe un tipo de celos verdaderamente viles, que consiste en sospechar de la persona amada; hay unos celos delicados, que consisten en desconfiar de sí mismo.

7 Dios creó en la mujer los ojos, las mejillas, los labios y todas las demás cosas dulces y amables; pero no se quiso molestar en cuanto al cerebro y dejó que lo hiciera el diablo.

8 La vida es un libro del que no ha leído más que una sola página quien no haya visto sino su país natal.

9 Las buenas acciones refrescan la sangre y proporcionan sueños felices.

10 Las grandes figuras se parecen a esos molinos construidos sobre las montañas: no dan harina sino los mueve el viento.

11 Las lágrimas se secan mezclándolas.

12 Las mujeres son la sonrisa de la naturaleza: constituyen el sostén de ambos extremos de la vida del hombre, a la vez que el placer en el centro de la vida.

13 No te fíes de la máscara de quien te muestra el rostro demasiado descubierto.

14 Se reprochaba a una dama el ser demasiado orgullosa, y ella respondió: «Soy arrogante, pero no orgullosa». «¿Qué diferencia establecéis entre la arrogancia y el orgullo?» «El orgullo es ofensivo, y la arrogancia, defensiva».

15 Pequeña es la puerta de la fortuna: sólo se pasa por ella agachando la cabeza y la espalda. Los altos cargos se parecen a ciertos árboles, a cuya cima sólo llegan las águilas y los reptiles.

16 ¡Qué desgracia, tener que seguir los pasos de un héroe, ser arrastrado por sus ambiciones y sacrificios, por su vanidad! ¡Qué fatal presente es para el mundo un héroe! Que Dios nos conceda buenos príncipes, pero que al demonio de la guerra no se le ocurra querer convertirse en héroe.

17 Un náufrago arrojado a una isla desierta temía en cada instante ser devorado por las fieras o los caníbales, cuando al ver un patíbulo, sobre el que acababan de atar a un hombre, exclamó: «Gracias al cielo, me encuentro en tierra de hombres civilizados.»

18 Es más hermoso ser engañado por amigos pérfidos que mantener una amistad llena de sospechas y desconfianzas.

19 Es mejor haber sido víctima de un yerro que haberlo cometido.

Panchatantra,
libro sánscrito.

1 Tales son las virtudes de la mujer: un montón de vicios.

2 ¡Cuántas privaciones sufre el hombre que en su necedad sólo desea atesorar riquezas! Con la centésima parte que se impusiera por penitencia, alcanzaría la liberación final.

3 El que, cuando ha caído en desgracia, se contenta con lamentarse locamente, no hace sino aumentar su desventura hasta el fin.

Panikkar, Raimundo,
pensador español contemporáneo.

1 La victoria nunca lleva a la paz.

2 No es suficiente hablar de ágape si luego se traduce en espíritu de cruzada.

3 Los problemas actuales del hombre y no sólo los de la humanidad exigen un pathos, un eros, y un ágape en profundidad.

Panzini, Alfredo (1863-1939),
escritor italiano.

1 El millonario no gozaría nada si le faltase la envidia del pueblo.

2 El sol brilla para todos y no hace pagar sus rayos; y el mismo puñado de tierra nos cubrirá a nosotros como a los conquistadores de la fortuna y de la vida.

3 El verdadero saber es esencialmente armonía.

4 Existen en el mundo cosas ligeras, gayas y misteriosas, que no acertamos a sentir porque son tiranizadas por nuestra guerra humana y por nuestra tristeza.

5 La página abierta de la vida es hermosa; pero es más bella todavía la página sellada.

6 La vida es muy hermosa. Pero, ¡oh ironía del destino!, es bella cuando ya no tenemos conocimiento ni conciencia.

7 ¡Oh, sapientísima tierra! Reabsorbes lo que produciste, si muere, y con ello renuevas las jóvenes primaveras.

8 Cualquier cosa que digas, dila con voz suave, sin acritud. Todo puede tolerarse a la mujer cuando se manifiesta con dulzura.

9 La divina juventud ha creído siempre, y cree aún hoy, que es fácil cambiar el mundo.

10 La fortuna hace como el tahúr en el juego: hace ganar alguna vez, para alentar a los demás.

Papini, Giovanni (1881-1956),
escritor italiano.

1 Si un hombre cualquiera, incluso vulgar, supiese narrar su propia vida, escribiría una de las más grandes novelas que se hayan escrito jamás.

2 Hay gente que no es curiosa, pero no es por virtud, sino por un pecado peor que la curiosidad: por apatía, por dejadez.

3 No hay señal más segura de ánimo pequeño que el estar contento de todo.

4 El amor es como el fuego, que si no se comunica, se apaga.

5 Después de los treinta años se ve verdaderamente lo que se vale, porque se lucha con los más jóvenes. Antes de los treinta años se batalla con los viejos y la empresa es más cómoda.

6 Los libros tienen un aspecto para cada edad en la vida; las palabras son las mismas, pero no las mismas las impresiones a través de los años.

7 El mundo de los sentidos es un engaño. El verdadero mundo no se explora más que con el pensamiento, dentro de sí mismo.

8 Toda imaginación procede del corazón. No se confunda con la fantasía, piedra angular de la insensatez.

Paracelso (1493-1541),
médico suizo.

1 Es un gran todo único la naturaleza, en el que no hay muerte. El mundo entero es un gran ser viviente.

Parini, Giuseppe (1729-1799),
escritor italiano.

1 Y si los duros mortales le vuelven la espalda, él se hace, contra los males, de su constancia escudo y defensa.

2 ¿Qué le está vedado a una alma osada, si tiene vida en sus fuertes miembros?

3 ¡Oh amable caridad, precioso don del

cielo! No hay obra perfecta en el mundo, que no salga de tus manos.

Parra, José Adán de la (s. XVII),
jurisconsulto español.

1 Conocer el camino que lleva y el que puede llevar el enemigo, no es otra cosa que tener vencida la mitad de la batalla.

Pascal, Blas (1623-1662),
pensador francés.

1 La gloria es tan dulce que la amamos, incluso uniéndola a la muerte.

2 La grandeza del hombre es grande en cuanto se reconoce miserable. Un árbol no se considera miserable.

3 Por lo común nos persuaden mejor las razones que uno ha encontrado por sí mismo que las encontradas por los demás.

4 Por muchas riquezas que el hombre posea en este mundo y por grandes que sean la salud y las comodidades de que disfruta, no se siente satisfecho si no cuenta con la estimación de los demás hombres.

5 ¿Qué es el hombre en la naturaleza? Nada, en comparación con el infinito; todo, en relación con la nada; un término medio entre nada y todo.

6 Quien dice agudezas tiene mal carácter.

7 La naturaleza cuenta con muchas perfecciones para mostrarnos que es la imagen de Dios, y muchos defectos, para mostrar que no es la imagen de Él.

8 La naturaleza recomienza incesantemente las mismas cosas, los años, los días, las horas; de este modo se crea una especie de infinito y de eterno.

9 Si los jueces poseyeran la verdadera justicia y los médicos el verdadero arte de curar no tendrían que ponerse birretes ni togas: la majestad de estas ciencias sería bastante venerable por sí misma.

10 Solamente existen dos especies de hom-

bres; los justos que se creen pecadores, y los pecadores que se consideran justos.

11 Un gran mal es hallarse plagado de defectos, pero todavía es peor tenerlos y no querer reconocerlos, ya que ello significa añadir todavía una ilusión voluntaria.

12 Una falsa humildad es orgullo.

13 Y... si he escrito esta carta tan larga, ha sido porque no he tenido tiempo de hacerla más corta.

14 Aceptamos con agrado perder la vida con tal de que se hable de ello.

15 ¡Alegría, alegría! Vivamos plenos de alegría.

16 Buscamos la felicidad y no encontramos más que la miseria y la muerte.

17 La principal enfermedad del hombre es la inquieta curiosidad respecto a las cosas que no puede saber.

18 La verdad es útil a quien la escucha, pero desventajosa a quien la dice porque le hace odioso.

19 Los grandes genios tienen su imperio, su esplendor, su grandeza, su victoria, su brillo y no necesitan las grandezas materiales.

20 Como los hombres no pueden encontrar remedio a la muerte, a la miseria y a la ignorancia, han decidido no pensar nunca en todo ello para ser felices.

21 Los hombres son necesariamente locos, hasta el punto de que no serlo constituiría una locura de otro género.

22 Nada es más insoportable para el hombre como mantenerse en un reposo absoluto, sin pasiones, sin quehacer, sin diversiones y sin aplicación. Entonces siente su nulidad, su abandono, su insuficiencia, su dependencia, su impotencia y su vacío.

23 No habiendo podido lograr que lo justo fuese fuerte, hemos hecho que lo fuerte sea justo.

24 No hay más que dos especies de personas que puedan llamarse razonables: las que sirven a Dios, de todo corazón, porque lo conocen, o las que lo buscan afanosamente, porque no lo conocen.

25 Decir la verdad es útil para aquel a quien se dice, pero es desventajoso para el que la formula, puesto que se hace odiar.

26 No somos más que mentira, duplicidad, contrariedad, y nos ocultamos y disfrazamos ante nosotros mismos.

27 Deseamos conocer la verdad, pero no hallamos en nosotros más que incertidumbre.

28 Es justo que un Dios tan puro no se descubra sino a quienes poseen un corazón purificado.

29 Nuestra naturaleza estriba en el movimiento; el reposo completo es la muerte.

30 Obra y habla como si creyeses y acabarás creyendo.

31 Para medir la virtud de un hombre no hay que mirar sus esfuerzos extraordinarios, sino su vida cotidiana.

32 ¿Deseáis que se piense bien de vosotros? No habléis de ello.

33 Es mucho mejor conocer algo acerca de todo, que todo acerca de una sola cosa. Lo universal es siempre mejor.

34 Es necesario amar solamente a Dios y odiarnos únicamente a nosotros mismos.

35 El corazón tiene razones que la razón desconoce.

36 El egoísta odia la soledad.

37 Poca cosa nos consuela, porque es poco lo que nos aflige.

38 Pocas amistades quedarían en este mundo si uno supiera lo que su amigo dice de él en ausencia suya, aun cuando sus palabras fueran sinceras y desapasionadas.

39 Es propio de la riqueza el ser otorgada generosamente.

40 Existen tres medios de creer: la razón, la costumbre y la inspiración.

41 La costumbre es una segunda naturaleza que destruye la primera.

42 El hombre está siempre dispuesto a negar todo aquello que no comprende.

43 El hombre igualmente es incapaz de ver la nada de donde ha salido y el infinito que le devorará.

44 El hombre, por naturaleza, es crédulo, incrédulo, tímido y temerario.

45 El hombre que no ama a nadie más que a sí, nada odia más que estar solo consigo mismo.

46 El mundo está lleno de buenas máximas: sólo falta aplicarlas.

47 El orgullo y la pereza son las dos fuentes de todos los vicios.

48 El talento extremado suele acusarse de locura, como la carencia extremada del mismo. Solamente es buena la mediocridad.

49 El tiempo cura todos los dolores y todas las querellas, puesto que nosotros cambiamos, dejando de ser lo que antes éramos. Ni el ofensor ni el ofendido son ya los mismos.

50 Es el corazón, y no la razón, el que siente a Dios.

51 Todos los infortunios de los hombres derivan de no saber estarse tranquilos en sus casas.

52 Nuestra alma es echada en el cuerpo en que ella encuentra tiempo, número, dimensión. Ella razona sobre esto y lo llama naturaleza.

53 Nada hay tan placentero como la lucha, pero nunca el triunfo.

54 Cuando se lee demasiado aprisa o demasiado despacio, no se entiende nada.

55 La última cosa que se descubre siempre al escribir un libro es lo que se debía haber colocado en el comienzo.

56 Nada existe tan insoportable para un hombre como el tedio.

57 No es permitido al hombre más equitativo del mundo ser juez de su propia causa.

58 Verdad a este lado de los Pirineos. Error, al contrario.

Pasternak, Boris (1890-1960), *escritor ruso.*

1 El hombre ha nacido para vivir y no para prepararse a vivir.

Patérculo, Cayo Valerio (s. I d.C.), *historiador romano.*

1 Debemos tener en cuenta primero la conciencia y luego después la reputación.

Paulo Julio (entre 180-235), *jurisconsulto romano.*

1 Rechazar la violencia con la violencia está permitido por todas las leyes y por todo derecho.

Pausanias (m. 471 a.C.), *general espartano.*

1 Es necesario que las leyes sean reinas y señoras de los hombres, y no los hombres de las leyes.

Payne, John Howard (1791-1842), *dramaturgo estadounidense.*

1 Aunque vivamos entre placeres y honores, no existe ningún otro lugar como la casa propia, por humilde que sea.

Paz, Octavio, *poeta mexicano contemporáneo.*

1 No digo que vivimos el fin del arte: vivimos el fin de la idea de «arte moderno».

2 La poesía es el punto de intersección entre el poder divino y la libertad humana.

3 Una espiga es todo el trigo.

4 En el hormiguero se anulan las diferencias.

5 El trueno proclama los hechos del relámpago.

6 El agua habla sin cesar y nunca se repite.

7 Las lenguas son visiones del mundo, modos de vivir y convivir con nosotros mismos y con los otros.

8 El fuego del infierno es fuego frío.

9 Disiento de los disidentes.

Peacock, Thomas Love (1785-1866),
novelista y poeta inglés.

1 La costumbre es un pilar en el que se enrosca la opinión pública; el interés constituye el lazo que la ata.

2 El matrimonio puede ser frecuentemente un lago tempestuoso, pero el celibato es siempre un abrevadero lleno de lodo.

3 Un libro que no contiene citas no es, me judice, un verdadero libro.

Pederzani-Weber, J.

1 La vida no comienza hasta el día en que se empieza a amar. A partir de aquel día deberías contar tus recuerdos.

Pedro «el Ermitaño» (h. 1050-1115),
paladín de la 1.ª Cruzada.

1 ¡Dios lo quiere!
(Divisa de los cruzados para libertar los Santos Lugares.)

Peele, George (1558-1598),
poeta inglés.

1 La belleza, la fuerza y la juventud son flores que vemos marchitarse; el deber, la fe y el amor son raíces y siemprevivas.

Péguy, Charles (1873-1914),
escritor francés.

1 Todo partido vive de su mística y muere de su política.

2 Enseñar a leer, tal será el solo y verdadero fin de una educación bien entendida. Que el lector sepa leer, y todo se salvará.

3 Nunca juzgo a un hombre por lo que dice, sino por el tono en que lo dice.

Péladan, Joseph (1859-1918),
escritor francés.

1 Pasiva, apasionada, absoluta, injusta, la mujer admira la grandeza con la sola esperanza de lograr el sacrificio. Quiere a los que son castos, para corromperlos; a los fuertes, para someterlos, y a los independientes, para envilecerlos.

2 No hay nada indiferente en la pasión: se goza con una nadería y se sufre con menos todavía.

Pelet de la Lozère (1785-1871),
escritor francés.

1 El mundo es indulgente para la prodigalidad y malévolo para la economía; prefiere un vicio que le aproveche que una virtud que de nada le sirve.

2 Existen más personas que son desgraciadas por carecer de lo superfluo que por faltarles lo necesario.

3 Escuchad al que dice desatinos sobre los negocios públicos; gracias a él conoceréis la opinión de la mayoría.

4 El agradecimiento que manifestamos por un beneficio que nos ha sido hecho es un título que se quiere vender para obtener otro nuevo.

Pellico, Silvio (1789-1854),
escritor italiano.

1 Solamente el amor a la verdad puede dar

energía al espíritu: el que se complace en desfallecer con la duda, lo humilla.

2 Todo lo que aprendas, procura aprenderlo con la máxima profundidad posible. Los estudios superficiales producen con harta frecuencia hombres mediocres y presuntuosos.

3 Las bendiciones de un padre y de una madre para un hijo agradecido son siempre un sacramento divino.

4 Perdonando una ofensa se puede convertir en amigo a un enemigo, y a un perverso reducirlo en hombre de nobles sentimientos. ¡Cuán consolador y hermoso es este triunfo, y cuánto supera en grandeza a todas las horribles victorias de la venganza!

5 Sin fuerza de ánimo no se posee virtud ninguna ni se cumple ningún deber elevado; incluso para ser piadoso es preciso no ser pusilánime.

6 Lo importante es tener mérito, no tener un mérito compensado por los hombres. Si lo recompensan, va bien; sino, el mérito aumenta conservándolo sin premio.

7 Para creer es preciso querer creer.

8 Triste es el que se hace censor severo de los defectos de sus padres. ¿Dónde comenzaremos a ejercer la caridad, si la recusamos a un padre y a una madre? Exigir para respetarlos que no tengan defectos, que sean la perfección de la humanidad, es soberbia y es injusticia.

9 Cuando hayáis cometido un error, no mintáis para negarlo o atenuarlo. La mentira es una torpe debilidad. Acepta que te has equivocado; en ello hay magnanimidad.

10 Cuando tengas conocimiento de que has cometido un yerro no vaciles en repararlo. Sólo reparándolo tendrás la conciencia tranquila.

11 El hombre no puede sustraerse a la idea del deber; todo le lleva a sentir la importancia de esta idea. El deber va unido inevitablemente a nuestro ser; nos lo advierte la conciencia cuando apenas comenzamos a tener uso de razón.

12 La conciencia del hombre no halla descanso más que con la verdad. El que mien-te, aunque no sea descubierto, tiene el castigo en sí mismo; siente que traiciona un deber y que se degrada.

13 La verdad es Dios. Amar a Dios y amar la verdad es una misma cosa.

14 Sin energía de voluntad y calma de juicio no puede haber justicia, dignidad, ni principio estable.

Pemán, José María (1898-1981),
poeta y dramaturgo español.

1 La virtud que no es modesta raya siempre en ufanía.

2 La voluntad recia y dura,
cuando se empeña, convierte
las montañas en llanura.

3 Las grandes resoluciones
para su mejor acierto
hay que tomarlas al paso
y hay que cumplirlas al vuelo.

4 Ni el rezo estorba al trabajo,
ni el trabajo estorba al rezo.

5 No exaltes tu nadería:
que, entre verdad y falsía,
apenas hay una tilde...
y el ufanarse de humilde
modo es también de ufanía.

6 No existe bien soberano
para los pueblos igual
a este afecto paternal
de un rey prudente y cristiano.

7 No hay virtud más eminente
que el hacer sencillamente
lo que tenemos que hacer.

8 Para el que nada ambiciona,
todo el mundo está en la mano.

9 Que a la gloria, aun siendo gloria
por Cristo, le tengo miedo.

10 Soy más amigo del viento,
señora, que de la brisa...
¡y hay que hacer el bien deprisa,
que el mal no pierde momento!

11 Todo el arte de vivir
con paz y resignación

está en saber alegrarse
con cada rayo de sol...

12 Un hijo es una pregunta
que le hacemos al destino.

13 A una madre se la quiere
siempre con igual cariño:
y a cualquier edad se es niño
cuando una madre se muere.

14 El encanto de las rosas
es que, siendo tan hermosas,
no conocen que lo son.

15 Vida inquieta, frenesí
de la ambición desmedida...
¡Qué mal comprende la vida
el que la comprende así!

16 El que no sabe morir
mientras vive, es vano y loco;
morir cada hora su poco
es el modo de vivir.

17 No quieras saber más ciencia
que esta ciencia del correr,
sin afanes de saber
ni inquietudes de llegar.
¿Qué más destino que *estar*?
¿Qué más oficio que *ser*?

18 ¡La burla graciosa, exige
tener gracia, lo primero!

19 Trenzando juncos y mimbres
se puede trenzar a un tiempo
para la tierra un cestillo
y un rosario para el cielo.

20 Donde reina el orgullo no hay más dios
que uno mismo.

Pemartín, Julián (1901-1966),
político y escritor español.

1 Si quieres saber, te enseño.
Te alivio si sufres daño.
Si estás solo te acompaño.
Me callo si tienes sueño
(Refiriéndolo al libro.)

Penn, William (1644-1718),
religioso y escritor inglés.

1 Tienen derecho a censurar los que tienen
corazón para ayudar.

2 ¡Trabaja! Si no lo necesitas como alimento, lo precisas como medicina.

3 Cada golpe que nuestra ira descarga vendrá a caer seguramente sobre nosotros
mismos.

Pereda, José María de (1833-1906),
novelista español.

1 Créeme, hijo; cuanto menos carga de an-
tojos se saque de esta vida, más andadero
se encuentra el camino de la otra.

2 Malo es el pecado de la petulancia, pero el
de la modestia que raya en sandez es peor.

3 El progreso es fruto natural de la libertad.

4 Los deslices de la lengua se pagan muy
caros.

Pérez, Antonio (1540-1611),
político español.

1 El poder humano no tiene jurisdicción
sobre los pensamientos.

2 Ninguna señal mayor, en la corrupción de
las costumbres, que la multiplicidad de las
leyes.

3 Lágrimas de inocentes pacientes, más peligroso que un diluvio.

4 No todo lo que se teme se conoce, como
no todo lo que se piensa que se conoce se
teme como debería.

5 Hombres hay, y suelen ser los que más
valen, que perdidos son más estimados
que poseídos.

6 Nadie se fíe en méritos de servicios pasados.

7 Los religiosos que permanecen fuera de
sus conventos son como los peces que
están fuera del agua, con la única diferen-

cia que los peces no hicieron votos de clausura.

Pérez de Ayala, Ramón (1880-1962),
escritor español.

1 Gran ciencia es ser feliz, engendrar la alegría, porque sin ella toda existencia es baldía.

2 Sigo juzgando al matrimonio como el mayor disparate, por eso me he casado.

3 Un hombre estúpido se casa creyendo realizar un acto razonable y natural. Cuando se le abren los ojos, ya no hay remedio y se transforma en un desesperado.

4 A mí me fascina lo absurdo, y hacia ello voy, pero a sabiendas.

Pérez de Herrera, Cristóbal (1558-1625),
navegante español.

1 No vi que de muchos dueños haya hacienda bien guardada.

Pérez Galdós, Benito (1843-1920),
escritor español.

1 El dinero lo ganan todos aquellos que con paciencia y fina observación van detrás de los que lo pierden.

2 El mayor encanto de la mujer es la ignorancia.

3 El que vive fuera del presupuesto nacional, vive en el error.

4 Eso es hoy el agricultor castellano: santo condenado y guerrero sin gloria.

5 La belleza de las líneas convierte la carne tibia en el más honesto de los mármoles.

6 Así como de la noche sale el claro día, de la opresión nace la libertad.

7 No es impropio el llanto en las grandes almas; antes bien, indica el consorcio fe-

cundo de la delicadeza de sentimientos con la energía del carácter.

8 El mundo físico es esclavo del mundo ideal y ejecutor ciego de sus planes.

9 Es muy cómodo hablar de las faltas ajenas para que no se fije la vista en las propias.

Pérez Rioja, Antonio,
escritor español contemporáneo.

1 Creemos que el humorismo, en la vida como en el arte, es una actitud comprensiva, sonriente y benévola ante las mezquindades, las torpezas y las ridiculeces de la humanidad.

Periandro de Corinto (s. VI a. C.),
sabio griego.

1 No te conformes con reprender a quienes han cometido un pecado; procura también detener a los que se hallan a punto de cometerlo.

2 ¿Quieres reinar tranquilo? No te rodees de satélites armados. No tengas otra guardia que el amor de tus súbditos.

3 Si llegas a ser desgraciado, ocúltalo para que tus enemigos no se alegren.

Persio (34-62 d. C.),
escritor satírico latino.

1 Es hermoso ser señalado con el dedo y oírse decir «es éste».

2 Mil hombres y mil coros, así también mil gustos; cada cual tiene el suyo, no hay uno para todos.

3 Nada puede nacer de nada y nada puede terminar en nada.

Pertínax, Publio Helvio (126-193),
emperador romano.

1 Prefiero administrar una República pobre con decencia que adquirir riquezas por el camino de la tiranía y el deshonor.

Pessoa, Fernando (1888-1935),
escritor y poeta portugués.

1 Lo que en mí siente está pensando.

2 El mundo es de quien nace para conquistarlo, y no para quien sueña que puede conquistarlo.

Petain, Henri Philippe (1856-1951),
mariscal francés.

1 ¡No pasarán!
(Petain pronunció esta frase, que se popularizó en el mundo entero, en la batalla de Verdun que, en efecto, los alemanes no pudieron superar.)

2 ¡Serán nuestros!
(Estas palabras pasaron a ser la consigna del pueblo francés desde que el mariscal Petain las empleara en una «orden del día».)

Petiet, Augusto Louis (1784-1858),
político francés.

1 Un hombre sin carácter es una nodriza sin leche, un soldado sin armas y un viajero sin dinero.

2 El hombre se casa para retirarse del mundo, y la mujer para entrar en él.

3 Hay que tomar a los hombres como son, y a las mujeres como quieren ser.

4 El hombre es verdaderamente libre cuando no teme y no desea nada.

5 El espíritu servil es un medio para lograr fortuna.

6 La popularidad es como la juventud; una vez ida, no vuelve.

7 Los hombres desean lo que tienen; las mujeres tan sólo las cosas que las demás mujeres poseen.

8 Uno de los mayores males de la ancianidad es el perder la confianza en sí mismo.

Petit-Senn J. (1790-1870),
escritor suizo.

1 Si la hipocresía muriera, la modestia debería ponerse, por lo menos, de medio luto.

2 Quien da hace una buena acción; quien presta, un mal negocio.

Petöfi, Alexander (1823-1849),
poeta húngaro.

1 La experiencia es una cantera riquísima de la que muchos hombres extraen tesoros de vida.

Petrarca, Francisco (1304-1374),
poeta italiano.

1 El hombre sabio cambia de opinión; solamente el necio persiste en su testarudez.

2 El que de otros habla mal, a sí mismo se condena.

3 Un hermoso morir honra toda la vida.

4 Seré cual fui, viviré como he vivido.

5 El que puede decir cómo arde, sufre un fuego pequeño.

6 Los libros llevaron a algunos a la sabiduría y a otros a la locura.

7 Vencida por la costumbre casi se ha perdido nuestra naturaleza en su curso...

8 ¡Ah, ciegos! ¿De qué sirve tanto fatigarse? Todos volvemos a nuestra vieja madre y nuestro nombre apenas si vuelve a encontrarse.

9 Así en la duda dejé la vida mía (Così in dubbio sasciai la vita mia).

10 Cada uno, desde que nace, tiene escrita su suerte en este mundo.

11 A la vida, el fin; y al día alaba la tarde.

Petronio (20-66),
escritor latino.

1 Tal es el señor, tal es el criado.

2 ¿Qué pueden las leyes donde sólo impera el dinero?

3 Mucho se aleja quien de los suyos se aleja.

4 La mente recta tiene por hermana a la pobreza.

5 El médico no es más que un consolador de las almas.

6 Casi todo el mundo hace su papel de comediante.

7 Aun los esclavos son personas y bebieron igual de una misma leche, a pesar de que un mal destino los tiene bajo sí.

8 A nadie ha hecho rico el cultivo del ingenio.

9 Deja el lugar en que vives y busca otras tierras, ¡oh joven!, y se te abrirán horizontes más vastos.

10 Los dioses tienen pies de lana.

11 Ninguno de nosotros se halla libre de pecado.

12 La nieve permanece mucho tiempo en suelos pedregosos, pero muy poco en suelo cultivado.

Pfeffel, Conrad (1736-1809),
poeta alemán.

1 Niños: aprended ahora cuanto podáis. Cuando lleguéis a viejos no aprenderéis nada.

Phelps, E. J. (1804-1878),
escritor inglés.

1 El hombre que no yerra, generalmentnte no hace nada.

Phillips, Wendell (1733-1828),
escritor inglés.

1 Cada hombre encuentra, finalmente, su Waterloo.

Pi y Margall, Francisco (1821-1901),
político español.

1 No condeno en absoluto la guerra. La considero sagrada contra todo género de opresores.

2 La libertad es una condición esencial del hombre. Tocarla es un sacrilegio: es violar su personalidad.

Pibrac, Guido de Facer de (1529-1584),
escritor y político francés.

1 Lo que tú ves del hombre no es precisamente el hombre; es la prisión en que se halla aherrojado, el lecho oscilante en el que duerme un corto sueño.

2 No abarcar más de lo que se puede abrazar; no aspirar a grandes honores; usar los bienes sin desearlos; no desear ni temer la muerte.

3 Se lamenta el hombre de que la vida es demasiado corta, y, sin embargo, no emplea como debería el tiempo de que dispone y que podría bastarle.

Picasso, Pablo Ruiz (1881-1973),
pintor español.

1 Es difícil poner un poco de absoluto en el pantano de las ranas.

2 Cuando me dicen que soy demasiado

viejo para hacer una cosa, procuro hacerla enseguida.

3 No hay, en arte, ni pasado ni futuro. El arte que no está en el presente no será nunca.

4 ¿Qué es el arte? Si lo supiera tendría buen cuidado de no revelarlo.

5 Yo no busco, encuentro.

6 Pintar no es una operación estática, sino una forma de magia concebida como una mediación entre este mundo extraño y hostil, que es el nuestro, y nosotros.

7 El arte es la mentira que nos permite conocer la verdad.

Piccolomini, Eneas Silvio (1405-1464),
humanista sienés, luego papa.

1 El que más sabe, más duda.

Pichler, Adolfo (1819-1900),
poeta alemán.

1 El sol brilla sobre los justos y los injustos; pero también la granizada afecta a justos e injustos.

2 Sin la capacidad para ilusionarnos no existe ningún goce artístico posible.

3 Zumbando te aproximas a las flores y zumbando les chupas la miel; zángano, en ti se ha perdido un crítico.

Pigault-Lebrun, Charles (1753-1835),
novelista francés.

1 Los que hablan bien de las mujeres no las conocen suficientemente; y los que hablan mal de ellas las desconocen por completo.

Pignotti, Lorenzo (1739-1812),
poeta italiano.

1 ¡Desventurados litigantes! Temed, más que al litigio mismo, a los abogados.

2 El que quiera vivir tranquilo que no cuente los que son más dichosos que él, sino los que son más desgraciados.

3 La beldad es algo celestial y quien la mira siente un no sé qué de tierno y dulce que cual serpiente se enrosca calladamente en su corazón; aviva los espíritus refinados y dulcifica los sentidos, pero pronto languidece tan dulce transporte si la belleza es muda y fría y de alma vacía.

4 Los mismo delitos encuentran un destino distinto: éste queda convertido en rey, y a aquél lo ahorcan.

5 Morir deben los plebeyos bribones oscuros, para que los bribones ilustres estén seguros.

Pindar, Peter (1738-1812),
poeta inglés.

1 ¡Oh, mujer, mujer! Delgada o gruesa; aunque por la cara parezcas un ángel, por tu alma eres un gato.

Píndaro (h. 520-442 a. C.),
poeta griego.

1 Aprended a limitar vuestras ambiciones; es un funesto delirio suspirar por lo que no se puede tener.

2 Aprovecha la oportunidad en todas las cosas; no hay mérito mayor.

3 Cuando la fortuna nos muestra una cara más hermosa que nunca, es precisamente cuando se está fraguando la tormenta sobre nuestras cabezas.

4 El día precedente enseña al día que sigue.

5 El hombre que sin demasiadas fatigas ha amasado grandes riquezas puede parecer sabio a los ojos del vulgar ignorante. ¡Tonto! La felicidad no depende de la voluntad de los mortales. Dios es el único

dispensador. Sólo Dios, en su justicia, distribuyendo igualmente el bien y el mal, sabe cuándo hay que elevar al uno y hundir al otro bajo su mano poderosa.

6 Feliz el mortal que, al llegar a los negros confines de la vida, lega a sus hijos una buena fama de sí mismo, que es el más precioso de los bienes. Su muerte es un dulce sueño.

7 La fortuna, que desde la cuna acompaña en todo momento a los mortales, es el árbitro de sus actos.

8 La resignación es un suicidio diario.

9 La saciedad y el ahogo nacieron de la abundancia.

10 Mejor es causar envidia que compasión.

11 Primero es la virtud, luego el renombre. Si ambos obtiene, ¿qué más quiere el hombre?

12 Solamente es un verdadero sabio el hombre que la naturaleza ha instruido con sus lecciones.

13 Tanta es la locura de los pobres mortales que muchas veces desprecian los bienes que pueden disfrutar, y suspiran por alcanzar los lejanos e inaccesibles.

Pío IX (1792-1878),
papa de 1846 a 1878.

1 Non possumus (No podemos).
(Palabras del pontífice para expresar su oposición ante las exigencias de Napoleón III a la cesión de los Estados pontificios a Víctor Manuel.)

Pío X (1835-1914),
papa de 1903 a 1914.

1 Cada uno es señor de hacer lo que le parezca.

2 Ciertos presentimientos que impresionan al alma son, a veces, el presagio de lo que se teme.

3 Desconfía siempre de ti mismo, ama la

vitud de la humildad y tendrás siempre contigo las bendiciones del Cielo...

4 El amo es el esclavo de sus criados y puede llamarse feliz el que no los necesita.

5 La bondad es lo que importa, pues es el bálsamo que pone un poco de suavidad en cualquier amarga llaga.

6 Las espinas, los peligros y las responsabilidades inherentes a los cargos, no compensan el mezquino relumbrón; porque éste se esfuma en cuanto uno piensa en aquello de San Felipe. ¿Y después? ¿Y después? Y después la muerte.

7 Antes de causar un sinsabor estoy dispuesto a cualquier sacrificio.

8 Lo duro no gusta, pero lo melífluo corre el peligro de dar náuseas.

9 Necesito obtener del Cielo la ayuda en medio de las angustias que se multiplican en el gobierrno de la Iglesia.

10 Restaurarlo todo en Cristo.

11 Toma desde el principio las cosas con calma, no pretendas milagros, y el Señor te ayudará.

Pío XI (1857-1939),
papa de 1927 a 1939.

1 Cuando se intenta profanar, con una educación anticristiana, el alma del niño, cuando se arranca de este templo vivo la antorcha de la fe y en su lugar se coloca la falsa luz de un sustitutivo, que no tiene nada que ver con la fe de la cruz, entonces ya está cerca la profanación espiritual.

2 El gran escándalo de nuestro tiempo es que la Iglesia haya perdido a la clase obrera.

3 Quien hace de la raza o del pueblo, del Estado o de sus representantes, la suprema norma de todo, pervierte y falsifica el orden creado e impuesto por Dios.

Pío XII (1876-1958),
papa de 1939 a 1958.

1 Los padres deben ser los primeros amigos de los hijos.

Pirandello, Luigi (1867-1936),
dramaturgo italiano.

1 Los hechos son como los sacos; si están vacíos no pueden tenerse en pie.

2 Si reconocemos que errar es cosa de los hombres, ¿no constituye una crueldad sobrehumana la justicia?

3 Siempre sentimos la necesidad de culpar a otro de nuestros daños y nuestras desventuras.

4 Todos vivimos con la ilusión de que los demás, desde fuera, nos vean como nosotros imaginamos ser desde dentro. Y no es así.

5 El hombre está siempre dispuesto a negar aquello que no comprende.

6 La mujer es más generosa que el hombre, y no mira como éste la belleza exterior solamente.

7 Las mujeres, como los sueños, nunca son como tú las desearías.

Pitaco de Mitilene (649-570 a. C.),
sabio griego.

1 El hombre prudente sabe prevenir el mal; el hombre valeroso lo soporta sin lamentarse.

2 El momento oportuno es una puerta abierta hacia infinitas posibilidades; aprende a conocer este momento.

3 Feliz el rey a quien sus súbditos temen por él, y no de él.

4 Feliz es aquel Estado en el que nunca pueden mandar los bribones.

5 No sabe hablar el que no sabe callar.

6 Si alguna cosa de la conducta del prójimo te causa indignación, procura no hacerla.

7 Si no has aprendido primero a ser mandado y a obedecer, difícilmente aprenderás a mandar.

Pitágoras (h. 570-h. 496 a. C.),
filósofo griego.

1 De cualquier madera no se puede sacar un Mercurio.

2 Dios concedió un par de brazos al hombre para que no se fatigase en ningún momento.

3 El hilo de la vida se aflojaría si no estuviera mojado con algunas lágrimas.

4 La mujer ha de usar sus gracias con tal tacto, que siempre le quede una por descubrir.

5 Las cosas de los amigos son comunes y amistad es igualdad.

6 No aticéis el fuego con una espada.

7 Sea sana tu mesa, y el lujo no aparezca en ella.

8 Dos especies de lágrimas tienen los ojos de la mujer: de verdadero dolor y de despecho.

9 El hombre es mortal por sus temores e inmortal por sus deseos.

Pitigrilli, Dino Segre (1893-1975),
escritor italiano.

1 Un prefacio es aquello que se escribe después del libro, se pone antes y no se lee ni antes ni después.

2 Cartas de recomendación son las que se entregan a un inoportuno para que vaya a importunar a otro.

3 Es feminista la mujer que no ha conseguido tener éxito como mujer y trata de compensarse teniéndolo como hombre.

4 Siempre se halla uno mejor dispuesto a considerar las tonterías y los pormenores sin importancia de los hombres, que las cosas inteligentes y grandes.

5 Escribir bien es el único recurso de los escritores que no tienen nada que decir.

6 No sé por qué se concede mérito al hecho de hacer caer a las mujeres; es mucho más fácil hacerlas caer que sostenerlas de pie.

7 La miseria es una enfermedad que, si no se cura a los treinta, se hace crónica.

Pitt, William (1708-1778),
político inglés.

1 Donde la ley acaba comienza la tiranía.

2 La necesidad constituye una excusa para toda violación de la libertad humana. Es el argumento clásico de los tiranos; es el credo de los esclavos.

Pizarro, Francisco (h. 1475-1541),
conquistador español.

1 Ese clérigo, obispado quiere.

2 Camaradas y amigos, por aquí se va a recoger el fruto de nuestros trabajos, por allá a Panamá, en pobreza y olvido. Testigos sois de que en la necesidad fui el más falto de todo; en la lucha, el primero en el ataque y el último en la retirada.

Pla, Josep (1897-1981),
escritor español.

1 Soy antifeminista porque tengo demasiada buena opinión de las mujeres.

Platen, August Graf von (1796-1835),
poeta alemán.

1 ¡Ah, mujeres! Vuestras lágrimas son un talismán con el que de un modo encantador domináis el mundo: una mujer que llora es santa.

2 Con frecuencia ha dado fruto una broma

donde la seriedad solamente despertaba resistencia.

3 ¿Dónde está la rosa que la amiga llevaba sobre el pecho, y aquel beso que me embriagó? ¿Dónde está? Y aquel hombre que yo era y que hace tiempo cambié por otro Yo, ¿dónde está?

4 Donde ondea la bandera de la verdad siempre está en acecho la superstición.

5 El arte no es ningún criado de las muchedumbres.

6 El pleno goce de la vida se halla solamente en la soledad. ¿Dónde hay dos corazones que se comprendan por completo?

7 Hablad, jóvenes superficiales, con más respeto de los antiguos, porque a ellos debéis todo: habéis aprendido el arte de los griegos, la política de los romanos, y hasta la religión la habéis aprendido solamente de los hebreos.

8 La vejez pondera y mesura; la juventud dice: Es así.

9 Los enamorados no ven en todo el mundo más que a sí mismos; pero se olvidan de que el mundo los ve.

10 No abandones tu embarcación en el mar de la suerte; sigue remando, pero rema con desenvoltura. Y reflexiona una vez más.

11 Observa, escucha, calla. Juzga poco, pregunta mucho.

12 Pensar lo que es verdad, sentir lo que es bello, desear lo que es bueno: en todo esto reconoce el espíritu el fin de la verdad razonable.

13 Que tu arrepentimiento sea voluntad viva, propósito firme. De nada sirve lamentarse y llorar los errores pasados.

14 Siempre se llega a un mismo resultado: que las traducciones resultan en todo caso unos pigmeos si se comparan con las obras originales.

Platón (427-347),
filósofo griego.

1 La ancianidad es un estado de reposo y de libertad: apaga la violencia de las pasiones y, por fin, nos vemos libres de un tropel de furiosos tiranos.

2 Cada uno de nosotros querría ser señor de todos los hombres y, mejor que eso, Dios.

3 La mayoría de los hombres en el poder se vuelven malos.

4 La pobreza no viene por la disminución de las riquezas, sino por la multiplicación de los deseos.

5 Las cosas difíciles son las más hermosas.

6 Mi carácter es tal que sólo me rindo ante la razón.

7 Dios es el principio, el medio y el fin de todos los seres; la Justicia le sigue, siempre pronta a castigar las infracciones de la ley divina. El que quiere ser feliz, debe respetar la Justicia. Pero Dios abandona a sí mismo al que se deja hinchar de orgullo, al que corre tras las riquezas, al que mira sólo las ventajas materiales.

8 Lo que no sé, tampoco creo saberlo.

9 Si no deseas mucho, hasta las cosas pequeñas te parecerán grandes.

10 Una vida a la que falta el examen no merece ser vivida.

11 Yo declaro que la justicia no es otra cosa que la conveniencia del más fuerte.

12 Para el bien de los Estados convendría que los filósofos fueran reyes, o que los reyes fueran filósofos.

13 No hay hombre tan cobarde a quien el amor no haga valiente y aun transforme en héroe.

14 Lo que resulta extraño en ciertos enfermos es que consideran como enemigos mortales a quienes les advierten que si no dejan de comer y de beber con exceso, de vivir en el libertinaje o en el ocio, de nada servirán las pócimas, ni los encantamientos ni los amuletos.

15 Las riquezas constituyen una gran ayuda en la vida, y bajo este aspecto las considero preciosas; gracias a ellas, una gran parte de los que las poseen no se hallan expuesto a engañar a sus semejantes y a mentir.

16 El hombre justo es feliz porque es justo; y el inicuo es desgraciado por ser inicuo.

17 El hombre es un animal bípedo sin plumas.

18 Es bueno repetir dos o tres veces las cosas bellas.

19 La lisonja es la miel y el condimento de todas las relaciones entre los hombres.

20 Si junto a la biblioteca tenéis un pequeño jardín, ya nada os falta.

21 La libertad está en ser dueño de la vida propia, en no depender de nadie en ninguna ocasión, en subordinar la vida sólo a la propia voluntad y en no hacer caso de la riqueza.

Plauto (254-184 a. C.),
comediógrafo latino.

1 No con la edad, sino con el ingenio se adquiere la sabiduría.

2 Procura que tu criado no te aventaje en obrar bien.

3 Los que propalan la calumnia, y los que la escuchan, todos ellos, si valiera mi opinión, debían ser colgados; los propaladores, por la lengua, y los oyentes por las orejas.

4 Es humano equivocarse; pero también es humano perdonar.

5 Es una gran desgracia que un hombre sea demasiado hermoso.

6 He recibido el dinero de la dote: he vendido la autoridad marital.

7 El que ganó dinero pronto, si pronto no lo ahorra, pronto pasará hambre.

8 El que injuria debe esperar ser injuriado.

9 En una mano lleva la piedra, y con la otra muestra el pan.

10 El amor es tan rico en miel como en hiel.

11 El hombre es un lobo para el hombre.

12 El que busca un camino para llegar al mar, que siga río abajo.

13 A cada edad le cae bien una conducta diferente.

14 A cada reina le gusta su rey.

15 Aconsejar es casi ayudar.

16 Buscando las cosas inseguras, perdemos las seguras.

17 Cuando una mujer es morigerada, posee la dote suficiente.

18 Quem dii diligunt, adoléscens móritur. (Aquel a quien los dioses aman, muere joven).

19 Si haces algo, hazlo.

20 Si puedo preservar mi buen nombre, seré suficientemente rico.

21 Si reclamas el dinero prestado, tendrás que de un amigo tu bondad te hizo un enemigo.

22 Mal hombre es aquel que sabe recibir un beneficio y no sabe devolverlo.

23 Mientras vamos en pos de lo incierto, perdemos lo seguro.

24 La diosa Fortuna desbarata ella sola las previsiones de cien sabios.

25 La mujer huele bien cuando no huele a nada.

26 La naturaleza nos genera libres a todos, y por consiguiente es natural el sentimiento de la libertad.

27 La virtud es su propia recompensa.

Plinio el Joven (62-114), *escritor romano*.

1 Acostumbramos a emprender largos viajes y navegar por anchos mares para ver cosas que, cuando las hemos tenido bajo nuestros ojos, olvidamos.

2 Cuando la ocasión es demasido fácil disminuye el deseo de todas las cosas.

3 Del mismo modo que las tierras se culti-van con semillas diversas y variadas, así nuestras mentes con diferentes estudios.

4 El dispendio del túmulo es inútil; nuestra memoria durará, si la hemos merecido.

5 Considero feliz a quien le es dado producir cosas que merecen ser escritas; o escribir cosas dignas de ser leídas. Pero es más feliz el que puede hacer ambas cosas simultáneamente.

6 El primer favor denegado anula todos los anteriores.

7 El deseo languidece en todas las cosas siempre que es fácil conquistarlas.

8 En las bibliotecas hablan las almas inmortales de los muertos.

9 Est natura hominum novitatis avida (La naturaleza humana está avida de novedades).

10 Hay reproches que son elogios.

11 La avidez de las riquezas ha llegado a dominar a los hombres hasta el punto de dar la impresión de que no son ellos quienes poseen las riquezas, sino de ser poseídos por ellas.

12 Es tal la condición humana, que destruiréis el recuerdo de vuestras primeras buenas acciones si no lo sostenéis con otras nuevas; servid cien veces, negaos una, y nadie se acordará más que de vuestra negativa.

13 La guerra no se debe ni temer ni provocar.

14 Hay que leer mucho, pero no muchos libros.

15 Ninguna cosa nos place, cuando la hemos conquistado, como nos gustaba cuando la deseábamos.

16 Los príncipes más aborrecidos son siempre los más adulados.

17 No existe un libro tan malo del que no pueda aprenderse algo.

18 No leer muchas cosas, sino leer pocas con mucha atención.

19 Los votos en efecto se cuentan, no se pesan, ni puede hacerse de otro modo en una asamblea pública, donde nada es tan desigual como la igualdad misma.

20 Por naturaleza, los hombres gustan de cosas nuevas y de viajar.

21 Non multa, sed multum. (No mucho, sino profundamente.)

22 También en el dolor hay una cierta voluptuosidad, especialmente si puedes desahogarlo en el seno de un amigo que te sepa comprender, apreciar y compadecer.

23 No prestamos atención alguna a lo que tenemos ante los ojos; indiferentes a lo que nos rodea, vamos en pos de lo remoto.

24 No son nuestras acciones las que han de correr en pos de la gloria, sino la gloria la que ha de seguirlas.

Plinio el Viejo (27-89),
naturalista latino.

1 Aquellos (los ilustres escritores) de los cuales las almas inmortales hablan en las bibliotecas.

2 En el vino está la verdad. (In vino veritas.)

3 Estas cosas nos muestran claramente el poder de la Naturaleza, que no es más que lo que nosotros llamamos Dios.

4 Muchos temen el deshonor, pocos la conciencia.

5 Nada hay más mísero y a la vez más soberbio que el hombre.

6 Ni un día sin una línea. (Nulla dies sine linea.)

7 No hay falsedad tan insensata que no la apoye algún testigo.

8 No hay placer que, con el tiempo, no resulte enojoso.

9 Pasma ver adónde puede llegar la arrogancia del corazón humano estimulada por el menor éxito.

10 Un tiempo breve si cuentas los años; pero si consideras las vicisitudes, dirías que es un siglo.

11 La contemplación de la naturaleza ha llegado a convencerme que nada de lo que podamos imaginarnos es increíble.

12 La costumbre representa la mejor maestra en todas las cosas.

13 La guerra no debe temerse ni provocarse.

14 Lo único cierto es que nada hay cierto, y que no hay cosa ni más miserable ni más soberbia que el hombre.

15 Muchas cosas se reputan imposibles antes de haberse realizado.

16 Zapatero, no juzgues más arriba de los zapatos.

17 No hay libro, por malo que sea, que no contenga algo aprovechable.

Plotino (h. 203-270),
filósofo griego.

1 El mejor sepulcro y el más suntuoso es la reputación.

2 Si tanto y tanto os lamentáis de este mundo, daos cuenta de que nada os obliga a seguir siendo ciudadanos de él.

Plutarco (46-120),
historiador griego.

1 La bebida sacia la sed, el alimento apaga el deseo de nutrirse; pero la plata y el oro no satisfacen nunca la avaricia.

2 La fortuna no está hecha para los poltrones, y para alcanzarla, antes que mantenerse bien sentado hay que correr tras ella.

3 La gloria, como la luz, es más útil a quienes no sufren sus efectos que a los que son envueltos por ella.

4 La grandeza de alma inspira el desprecio de las riquezas.

5 La muerte de los jóvenes constituye un naufragio; la de los viejos es un atracar en el puerto.

6 La paciencia tiene más poder que la fuerza.

7 La paciencia triunfa en sus empresas

mejor que la misma fuerza; muchas cosas que no podrían vencerse de una sola vez, se conquistan venciéndolas poco a poco.

8 La sabiduría se manifiesta de cuatro maneras respecto a los bienes: en la manera de conseguirlos, de conservarlos, de acrecentarlos y de usarlos bien.

9 Las arañas atrapan a las moscas y dejan huir a las avispas.

10 Los cazadores cazan a las liebres con perros; muchos hombres cazan a los ignorantes con la adulación.

11 Muchas veces las nubes ensombrecen el sol y las pasiones el raciocinio.

12 No busquéis la palabra en los peces ni la virtud en las personas mal educadas.

13 Pega, pero escucha.

14 Tener tiempo es poseer el bien más preciado para aquel que aspira a grandes cosas.

15 Una autoridad que se funda sobre el terror, sobre la violencia y sobre la opresión es, a un tiempo, una vergüenza y una injusticia.

16 De la misma forma que el hierro es comido por el orín, los envidiosos son consumidos por la misma pasión.

17 El ojo del amo engorda al caballo.

18 Hay que exhortar a los jóvenes en tres cosas: a tener templanza en el alma, a guardar silencio y a sentir el pudor.

19 De los hombres aprendemos a hablar. A callar sólo de los dioses.

20 Deberíamos complacer más a quienes nos reprenden que a los que nos adulan; los primeros nos despiertan con un sentimiento de dolor, mientras que los segundos, tratando de agradarnos, en realidad nos debilitan y nos abaten.

21 Dulce es envejecer con el espíritu honesto, como en compañía de un buen amigo.

22 El incienso, para los dioses; la alabanza, para los buenos.

23 Hay que ajustar las leyes a las cosas, más que las cosas a las leyes.

24 El cojo, a la larga, alcanzará al veloz.

25 La principal ventaja de la justicia y de la buena fe es hacer inútil la fuerza.

26 Un jefe debe tener los ojos tan puros como las manos.

27 Tenemos que vivir, y no sólo que existir.

Poe, Edgar Allan (1809-1849),
novelista estadounidense.

1 Cuando un loco parece completamente sensato, es ya el momento, en efecto, de ponerle la camisa de fuerza.

2 La felicidad no está en la ciencia, sino en la adquisición de la ciencia.

3 Porque la tortuga tiene pies seguros, ¿es esta una razón para cortar las alas al águila?

4 Todo lo que vemos o creemos ver no es más que un sueño dentro de otro sueño.

Poema de Mío Cid.

1 «¡Dios, qué buen vassallo, si hobiesse buen señor!»

2 La honra del Cid decrece la nuestra cuanto más crece la suya.

Poincaré, Henri (1854-1912),
matemático francés.

1 Y terminó dándose cuenta que todos los locos eran filósofos, y que todos los filósofos estaban locos.

2 No se debe pensar en el lujo, sino cuando no haya riesgo de perjudicar lo necesario.

Pollock, Channing (1880-),
dramaturgo estadounidense.

1 La felicidad es una estación de parada entre lo poco y lo demasiado.

Pomfret, John (1667-1702),
escritor inglés.

1 Los mejores pueden resbalar y los más cautos caer. Está por encima de los mortales no errar nunca.

2 Ciertamente no hay momentos que no proporcionen más placer que los empleados en estudios agradables y útiles.

3 El que con daño propio realice una noble y generosa acción merece llevar una corona más espléndida que quien haya vencido en mil batallas.

Pontich, E. (1851-),
moralista francés.

1 Una mujer fea pretende hacerse amar tanto más por cuanto sabe que el amor es ciego.

2 Las mujeres creen que hablar con franqueza las haría aparecer como desnudas.

3 Incluso cuando ha logrado emanciparse, siempre tiene la mujer gestos serviles.

4 Cuando las mujeres no hablan es cuando más mienten.

5 Con frecuencia cerramos los ojos para ver más bellas las cosas.

Pope, Alexander (1688-1744),
escritor británico.

1 Que discutan los necios acerca de la forma de gobierno. Aquel que mejor administra es el mejor.

2 El derecho divino de un rey, para gobernar injustamente.

3 Con la gente de mente limitada sucede lo mismo que con las botellas de cuello estrecho. Cuanto menor es su contenido, tanto mayor ruido hacen al vaciarlas.

4 Conócete a ti mismo y no tengas la pretensión de escrutar a Dios. El hombre es el estudio que se ajusta a la humanidad.

5 Se debiera enseñar a los hombres como si no se les enseñase y representarles las cosas que ignoran como cosas olvidadas.

6 Los autores, como las monedas, son más valiosos cuanto más antiguos: es la herrumbre lo que nosotros apreciamos, no el oro.

7 Los tontos admiran; la gente sensata aprueba.

8 No hay oca, por parda que sea, que no encuentre más o menos tarde su ansarón, para compañero.

9 Pues la falta de modestia es falta de sentido.

10 Las palabras inmodestas no admiten defensa, pues la falta de modestia es falta de sentido.

11 El honor y la vergüenza no son inherentes a ninguna condición. Haced lo que os corresponde; en ello consiste el honor.

12 En el mejor de los casos, la mujer es algo contradictorio.

13 Errar es humano; perdonar, divino.

14 Es la educación lo que forma la inteligencia común; tal como se dobla la joven planta, se inclina el árbol.

15 Hablad, incluso estando seguros, aparentando duda.

16 La verdadera facilidad para escribir deriva del arte, no de la casualidad.

17 Todos nosotros no somos sino parte de un prodigioso conjunto, cuyo cuerpo es la naturaleza y cuya alma es Dios.

18 Un partido es la locura de muchos en provecho de unos pocos.

19 Nadie se duele tan poco como un loco.

20 La verdadera facilidad para escribir deriva del arte, no de la casualidad.

21 Son nuestros juicios como nuestros relojes; todos andan diferentes, pero cada uno cree en el suyo.

22 Airarse es vengar las faltas ajenas en nosotros mismos.

Portoriche, G. de (1849-1923),
escritor francés.

1 Fiel. ¡Ay! Esto apenas si hoy es el nombre de un perro.

Posada, Adolfo (1860-1944),
sociólogo español.

1 Ni una sola de las funciones sociales atribuidas al hombre ha dejado de ser desempeñada por mujeres en alguna época de la Historia.

Posidonio (h. 135-h. 50 a. C.),
filósofo sirio, educado en Atenas.

1 Un día del hombre erudito es más largo que un siglo del ignorante.

Powys, John (1872-),
escritor inglés.

1 Nadie, por muy instruido que sea, puede llamarse hombre culto mientras entre sus estudios y su manera de vivir exista un vacío irreductible.

Prat de la Riba, Enrique (1870-1911),
escritor y político español.

1 El cumplimiento constante del deber, en cada momento, cada hora, cada día, un año tras otro, quietamente, oscuramente, en las cosas modestas, en las humildes, en las faenas cotidianas, en la escuela, en la profesión, en el taller, constituye el gran heroísmo: el heroísmo fecundo y provechoso que eleva a los pueblos a las alturas del imperio.

Prati, Giovanni (1814-1884),
poeta italiano.

1 La contemplación del universo muestra al espíritu la palabra que lo revela.

Premontval, André (1716-1764),
filósofo francés.

1 Las bibliotecas son establecimientos farmacéuticos: muchos venenos y pocos remedios.

Prévost, Marcel (1862-1941),
novelista y dramaturgo francés.

1 Cuanto más numerosas son las cosas que quedan para aprender, menos tiempo queda para hacerlo.

2 El hallazgo casual de un buen libro puede cambiar el destino de un alma.

Prim, Juan (1814-1870),
militar y político español.

1 Hoy dormiréis al raso porque vuestras tiendas están allí.

2 ¡O faja o caja!

3 Soldados: podéis abandonar esas mochilas porque son vuestras; pero esta bandera no, porque es de la Patria.

Prior, Matthew (1664-1721),
poeta inglés.

1 Los ejemplos son como las canciones de amor: dicen mucho pero no demuestran nada.

2 La esperanza no es más que el sueño de los que velan.

3 El que es capaz de derramar lágrimas por las personas que se hallan en trance de morir, deberían llorar, por la misma razón, por aquellos que no han nacido.

4 ¡Qué parcial es la voz de la fama!

5 Las espadas conquistan algunos; pero las palabras subyugan a todos.

6 Existe una ignorancia de abecedario que precede a la doctrina, y una ignorancia doctoral que la sigue.

7 Exalta las virtudes de tu mujer; y procura ser un poco ciego ante sus defectos.

8 Es cosa notable que los que más hablan son los que menos tienen que decir.

9 Los que beben siempre no paladean nunca.

Prisciano (s. VI d. C.),
filósofo y gramático mauritano.

1 Célibe quiere decir que lleva vida celeste.

Prisco, Nerazio (s. II d. C.),
jurisconsulto romano.

1 Tres forman colegio.
(Es una máxima jurídica que el *Digesto* atribuye a Nerazio Prisco, y que originariamente quiere decir que una sociedad para estar jurídicamente constituida debe constar al menos de tres individuos.)

Procopio (500-565),
emperador romano.

1 El sufrimiento muy vehemente dispone al hombre a las más perversas determinaciones.

Procter, Adelaide Ann (1825-1864),
poetisa inglesa.

1 Lo pasado y lo futuro no son nada comparados con el severo hoy.

Propercio, Sexto (50-15 a. C.),
poeta latino.

1 En las cosas grandes, el sólo acometerlas honra.

2 Al crear la naturaleza a cada individuo, le aplica cualquier defecto.

Protágoras (481-411 a. C.),
sofista griego.

1 El hombre es la medida de todas las cosas.

2 Sobre todas las cosas pueden hacerse dos afirmaciones exactamente contrarias.

Proudhon, Joseph (1809-1865),
economista y filósofo francés.

1 El derecho es para cada uno la facultad de exigir de los otros el respeto a la dignidad humana en su persona.

2 La más alta perfección de la sociedad se encuentra en la unión del orden y la anarquía.

3 ¡Libertad, encanto de mi vida, sin ti el trabajo es un tormento, y la vida una larga muerte...!

4 La justicia no es, de ningún modo, obra de la ley.

Proust, Marcel (1871-1922),
escritor francés.

1 A partir de cierta edad, bien por amor propio o bien por astucia, las cosas que más deseamos hacemos como que no nos importan.

2 Dejemos las mujeres bonitas a los hombres sin imaginación.

3 La constancia de un hábito se halla generalmente en relación con su absurdidad.

4 Las mujeres prefieren los hombres que las toman sin comprenderlas, a los hombres que las comprenden sin tomarlas.

5 Uno se vuelve moral cuando es desdichado.

Provence, Marcel. Véase **Jouhandeau.**

Proverbios, Libro de los. Véase **Biblia.**

Prudhomme, Luis María (1752-1830),
periodista francés.

1 Los grandes sólo son grandes porque nosotros estamos de rodillas; ¡levantémo-
nos!

Prutz, R. Edouard (1811-1872),
poeta alemán.

1 Tened el valor de ser locos. Ser cuerdos
resulta barato.

Ptah-Hotep (h. 2800 a. C.),
filósofo egipcio.

1 Un discurso recto es más raro que la esmeralda hallada por los esclavos entre los
guijarros del río.

Publio Siro (s. I a. C.),
poeta latino.

1 La absolución del culpable es la condena
del juez.

2 El temor a la muerte es peor que la muerte misma.

3 Generalmente la felicidad tiene un oído
duro.

4 Gobernando mal se pierde autoridad.

5 Antes era un vicio, y ahora se ha convertido en una costumbre.

6 A muchos ha de temer quien es temido
por muchos.

7 Al pobre le faltan muchas cosas; al avaro,
todas.

8 Ama a tus padres, si son buenos, y en caso
contrario, sopórtalos.

9 El llanto del heredero es una risa enmascarada.

10 El malo se hace pésimo cuando finge ser
bueno.

11 El que está contento con lo que tiene,
posee la mayor y más segura riqueza.

12 El que se ha enriquecido rápidamente,
por lo general no es un hombre de bien.

13 El que vence a la ira vence al mayor de los
enemigos.

14 Las mujeres aprendieron a llorar para
mentir.

15 El tímido se llama cauto; el avaro se llama
parco.

16 El vengarse prontamente es delito.

17 Es de sabio temer al enemigo por humilde
que sea.

18 Es doloroso tener que callar cuando se
sienten deseos de hablar.

19 Es imposible ganar sin que otro pierda.

20 Es tontería temer lo que no se puede evitar.

21 Un compañero de viaje que charla con
nosotros hace que nos parezca menos
largo el camino.

22 Un solo ingrato perjudica a todos los infelices.

23 Una condecoración adorna al hombre de
bien y mancha al deshonesto.

24 Una mujer, ama u odia: no existe un término medio.

25 Vence mal el que se arrepiente de haber
vencido.

26 Un compañero alegre te sirve en viaje casi de vehículo.

27 La demasiada familiaridad engendra desprecio.

28 La fama de integridad constituye un segundo patrimonio.

29 La buena reputación es un segundo patrimonio.

30 La casta esposa obedeciendo al marido, manda.

31 Poder perjudicar y no querer hacerlo, es muy meritorio.

32 Preferid obedecer al que ruega que al que manda.

33 Pronto se arrepiente el que juzga apresuradamente.

34 Quien desea poco necesita poco.

35 Quien pierde su fe no puede perder más.

36 Quien sirve con sabiduría, tiene en la mano una parte del mando.

37 Resulta una estupidez querer mandar a los demás sino se sabe mandarse a sí mismo.

38 Señal es de muy miserable suerte el carecer de enemigos.

39 Si soportas los defectos del amigo sin corregirlos, los haces tuyos.

40 Siempre la prudencia falta cuando más se necesita.

41 Siempre vence quien emplea la clemencia.

42 Solamente se libra del peligro aquel que vigila incluso cuando está seguro.

43 Con los defectos de los demás, el sabio corrige los propios.

44 Continuamente vence quien usa de la clemencia.

45 Cuando has dicho de un hombre que es un ingrato has dicho lo peor que cabía decir de él.

46 Da dos veces quien da primero.

47 La suerte hace que se vuelvan tontos aquellos a quienes quiere perder.

48 La taciturnidad de un hombre necio, a menudo es considerada sabiduría.

49 La verdad se pierde en los largos litigios.

50 La virtud no se da por vencida frente a las desventuras.

51 Las mujeres honestas eligen el marido con el alma, no con los ojos.

52 La humildad rompe la dureza del ánimo; como la tensión rompe el arco.

53 La prudencia suele faltar cuando más se la necesita.

54 La suerte es voluble, e inmediatamente pide que le devuelvan las cosas que ha concedido.

55 Los hábitos del hombre forjan su propia fortuna.

56 Mala causa es la que tiene necesidad de compasión.

57 Mandando mal se pierde la autoridad del mando.

58 Mientras pensamos decidir, escapa la ocasión.

59 Nadie puede escapar del amor ni de la muerte.

60 Nadie sabe de lo que es capaz hasta que lo intenta.

61 Oír hablar bien de nosotros constituye un segundo patrimonio.

62 Omne vitium semper habet patrocinium sum. (Todo vicio trae siempre su consiguiente excusa.)

63 Perjudica a los buenos el que impide el castigo de los malos.

64 Dios mira las manos limpias, no las llenas.

65 El hombre muere tantas veces como pierde a cada uno de los suyos.

66 Todo discurso adulador encierra un veneno.

67 El hombre generoso siempre se cree rico.

Pushkin, Aleksandr (1799-1837).
poeta ruso.

1 Lo que buscamos es el fruto prohibido.
Sin él, el paraíso no es para nosotros el
paraíso.

2 Los proverbios son particularmente útiles
en el caso en que por nosotros mismos no
encontramos gran cosa para justificarnos.

3 Es el mundo el que juzga de tus palabras y
tus acciones. Dios tan sólo ve tus intenciones.

4 Inteligencia y no alcurnia hace al jefe.

Puysieux, madame (1720-1798),
novelista francesa.

1 Las grandes alegrías son indiscretas.

2 Es mejor engañarse con todo el mundo
que ser sabio aisladamente.

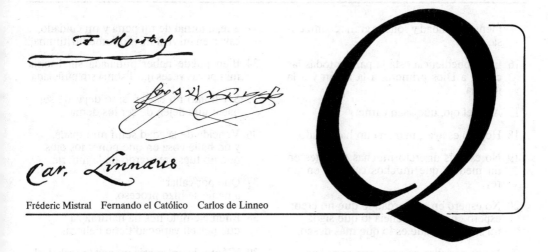

Fréderic Mistral   Fernando el Católico   Carlos de Linneo

Quarles, Francisco (1592-1644),
poeta inglés.

1 Cada día representa una nueva escena: el
   último acto corona la obra.

2 El festín es agradable hasta que llega la
   cuenta.

3 El hombre es el abecé del hombre. No
   existe nadie capaz de comprender a Dios,
   si antes no ha descifrado al hombre.

4 Sé sabiamente mundano, pero no mun-
   danamente sabio.

5 Un hoy vale más que dos mañanas.

Queiroz. Véase **Eça de Queiroz, José María.**

Quevedo y Villegas, Francisco Gómez de
(1580-1645), *escritor y político español.*

1 A los hombres que están desesperados
   cásalos, en lugar de darles sogas;
   morirán poco menos que ahorcados.

2 Lo mucho se vuelve poco con desear otro
   poco más.

3 Los pecados, para aborrecerlos,
   no es menester más que cometerlos.

4 Mal abriga al pobre la costumbre de no
   tener abrigo.

5 Más fácil es escribir contra la soberbia que
   vencerla.

6 Menos mal hacen los delincuentes que un
   mal juez.

7 Miré los muros de la patria mía,
   si un tiempo fuertes, ya desmoronados,
   de la carrera de la edad cansados
   por quien caduca ya su valentía.

8 Muchas veces me hubieran llorado en el
   asno, si hubiera cantado en el potro.

9 Nadie ofrece tanto como el que nada
   piensa cumplir.

10 No es dichoso aquel a quien la fortuna no
    puede dar nada más, sino aquel a quien no
    puede quitar nada.

11 No es filósofo el que sabe donde está el
    tesoro, sino el que trabaja y lo saca.

12 El que me niega lo que no merezco,
    me da advertencia, no me quita nada,
    que en ambición sin méritos premiada,
    más me deshonro yo que me enriquezco.

13 ... y el pueblo doliente llega a recelar
    no le echen gabela sobre el respirar.

14 El que muere no tiene más que morir; y el
    que vive tiene que morir más.

15 El servicio que se recibe del inferior argu-

menta debilidad y solicita gran recompensa.

16 En la obediencia está la paz de todas las cosas; a Dios primero, a la razón y a la justicia.

17 Abre el ojo, que asan carne.

18 Hoy no es ayer; mañana no ha llegado.

19 No es más discreto muchas muertes en un médico que muchos castigos en un rey.

20 No espero en mi verdad lo que no creo;
espero en mi conciencia lo que sigo:
mi salvación, que es lo que más deseo.

21 No he de callar, por más que con el dedo,
ya tocando la boca, ya la frente,
silencio avises o amenaces miedo.

22 Siempre se ha de conservar el temor, mas jamás se le debe mostrar.

23 Vuelve la cara al otro lado por dejar pasar la verdad.

24 Afición es todo lo que vence a la razón.

25 Al enemigo honrado mejor es matarle que injuriarle.

26 Nunca mejora su estado quien muda solamente de lugar y no de vida y de costumbres.

27 Que sólo el que roba triunfa y manda.

28 ¿No ha de haber un espíritu valiente?
¿Siempre se ha de sentir lo que se dice?
¿Nunca se ha de decir lo que se siente?

29 Alguaciles y alfileres prenden todo cuanto agarran.

30 Alma a quien todo un Dios prisión ha
[sido,
venas que humor a tanto fuego han dado,
médulas que han gloriosamente ardido
su cuerpo dejará, no su cuidado;
serán ceniza, mas tendrá sentido,
polvo serán, mas polvo enamorado.

31 Aquel hombre que pierde la honra por el negocio, pierde el negocio y la honra.

32 Arrojar la cara importa,
que el espejo no hay por qué.

33 Azadas son la hora y el momento

que, a jornal de mi pena y mi cuidado,
cavan en mi vivir mi monumento [tumba].

34 Bien puede haber puñalada sin lisonja,
mas pocas veces hay lisonja sin puñalada.

35 Ser tirano no es ser, sino dejar de ser, y hacer que dejen de ser los demás.

36 Vencida de la edad sentí mi espada,
y no hallé cosa en que poner los ojos
que no fuese recuerdo de la muerte.

37 Que por callar
a nadie se hizo proceso.

38 Buen ejemplo nos da naturaleza
que por tal variedad tiene belleza.

39 ¡Cómo de entre mis manos te resbalas!
¡Oh, cómo te deslizas, edad mía!
¡Qué duros pasos traes, oh, muerte fría,
pues con callado pie todo lo igualas!

40 Cualquier instante de la vida humana
es nueva ejecución, con que me advierte
cuán frágil es, cuán mísera, cuán vana.

41 Por resucitar está este Lázaro.
(Frase para significar lo mal que huele una cosa
real o figuradamente)

42 ¡Qué mudos pasos traes, oh muerte fría,
pues con callado pie todo lo igualas!

43 Donde hay poca justicia, es un gran peligro tener razón.

44 El mentir de las estrellas
es muy seguro mentir,
porque ninguno ha de ir
a preguntárselo a ellas.

45 Yo he hecho lo que he podido,
Fortuna lo que ha querido.

46 ¡Fue sueño ayer; mañana será tierra.

47 Has de tratarle, no como quien vive con él, que es necedad, ni como quien vive para él, que es delito; sino como quien no puede vivir sin él.

48 Hijo, esto de ser ladrón no es arte mecánica sino liberal.

49 La cama tenía en el suelo, y dormía siempre de lado por no gastar las sábanas.

50 La enfermedad más peligrosa, después del doctor, es el testamento: más han

muerto porque hicieron testamento, que porque enfermaron.

51 La posesión de la salud es como la de la hacienda, que se goza gastándola, y si no se gasta, no se goza.

52 Poderoso caballero es don Dinero.
(Refrán castellano popularizado por Quevedo.)

53 En la casa donde falta el pan, todos riñen y todos tienen razón.

54 Los favores que preceden a méritos son muchas veces para hacer pruebas de los hombres; para castigo, otras.

55 Cuando la providencia es artillero, no yerra la señal la puntería.

56 Matan los médicos y viven de matar, y la queja cae sobre la dolencia.

Quincey, Tomás de (1785-1859),
escritor inglés.

1 Estoy plenamente seguro de que nada existe parecido a un olvido definitivo; las huellas, una vez impresas en la memoria, son indestructibles.

2 Los amigos son tan peligrosos como los enemigos.

Quintana, Manuel José (1772-1857),
poeta y político español.

1 Crimen fueron del tiempo, y no de España.

2 El don de la invención es de fortuna.

3 ¡Ay, infeliz de la que nace hermosa!

Quintiliano, Marco Fabio (30-95),
historiador latino.

1 En la variedad está el placer.

2 Algunos hablan demasiado, pero sin decirlo todo.

·3 Aquellos que no pueden conducirse al bien con la razón, solamente serán contenidos mediante el miedo.

4 Aunque la ambición sea un vicio, no obstante a menudo es causa de virtud.

5 Con frecuencia, los mismos peligros sirven para salvarnos la vida.

6 Débil es la educación que llamamos indulgente, puesto que destroza todas las fuerzas de la mente y del cuerpo.

7 Del maldiciente al malhechor sólo media la ocasión.

8 El espíritu y el vigor mental hacen elocuentes a los hombres.

9 El embustero ha de poseer una buena memoria.

10 El que pretende pasar por sabio entre los necios, pasa por necio entre los sabios.

11 Ha llegado el fin de todo lo humano, cuando no queda otra cosa que la fe en los intereses materiales.

12 La brevedad es loable cuando no se dice más ni menos de lo necesario.

13 La conciencia vale por mil testigos.

14 La mente se debe formar leyendo intensamente, no leyendo muchas cosas.

15 La providencia ha concedido a los hombres este don: que las cosas honestas son a la vez las más útiles.

16 La saciedad es vecina de los placeres continuos.

17 Las personas felices difícilmente llegan a juzgar debidamente las miserias ajenas.

18 Hay que pedir lo que no es justo, para obtener lo que es justo.

19 Los malos hábitos es más fácil romperlos que enmendarlos.

20 Nada es más peligroso para el hombre, que un súbito cambio de su suerte.

21 No es tan dañoso oír lo superficial como dejar de oír lo necesario.

22 No vivo para comer; sino que como para vivir.

23 Nosotros mismos acortamos nuestro tiempo, perdiéndolo en la inútil labor de las visitas, del parloteo, de los espectáculos y de los convites.

24 Pronto se logra la virtud y la felicidad, si tienes fe.

25 Si tienes fe, hallarás que el camino de la virtud y de la felicidad es muy corto.

Quinto, Curcio Rufo (s. IV d. de C.), *historiador latino.*

1 La amistad entre iguales es la más firme.

2 La precipitación es lenta.

3 Los ríos más profundos son siempre los más silenciosos.

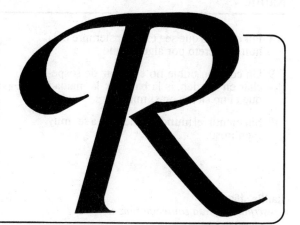

Cardenal Richelieu   Tomás Moro   Rubén Darío

Raabe, Wilhelm (1831-1910),
escritor alemán.

1 ¡Cuán desolado y mísero parecería un trozo de tierra en el que no creciese alguna hierba!

2 El genio deja la huella de sus pasos, y el talento que le sigue pisa dicha huella, pero pisa torcido.

3 El humorismo es un chaleco salvavidas en la corriente de la existencia.

4 Es necesario aparecer un poquito loco ante la gente, para seguir avanzando.

5 Existen cosas, circunstancias, estados y profesiones contra los que el hombre se defiende con las manos y los pies cuando cae en ellos, si bien más tarde los encuentra cortados a su medida una vez que, finalmente, se adaptó a los mismos.

6 Los fuertes ríen raramente en este mundo, pero tampoco muestran con sus lágrimas que nosotros les causamos daño.

7 Se habla demasiado ligeramente de la risa; yo la considero como una de las ocupaciones más serias de la humanidad.

8 Verdaderamente se trata de un mundo deplorable. El amor está agrietado, la reconciliación tiene un agujero, la compasión ha perdido el asa y a la fe le ha faltado la tierra bajo sus pies.

Rabelais, François (1494-1553),
escritor y humanista francés.

1 Ciencia sin conciencia es la ruina del espíritu.

2 El apetito viene comiendo; la sed se va bebiendo.

3 Las comidas largas crean vidas cortas.

4 Mejor escribir de risas que de lágrimas, porque reír es lo propio del hombre.

5 Creedme; cosa divina es prestar; deber es una virtud heroica.

Racine, Jean (1639-1699),
poeta y dramaturgo francés.

1 Con los lobos se aprende a aullar.

2 ¿Es una fe sincera la fe que no actúa?

3 El honor sin dinero no es más que una enfermedad.

4 ¡Insensato quien fía en el porvenir!

5 La enemistad sucede a la amistad defraudada.

6 Los más desgraciados se atreven menos a llorar que los demás.

7 Odiosos aduladores, sois el don más funesto que la cólera pueda hacer a los reyes.

8 Por discreto que sea el amor siempre deja huir el secreto por algún signo.

9 Un corazón noble no es capaz de sospechar en los demás la bajeza y la maldad que él no siente en sí mismo.

10 Sin mentir, el mundo ha llegado a ser muy mentiroso.

Raillie, Joanna,
escritora inglesa contemporánea.

1 En el lugar donde se ha cometido un crimen, el mismo aire se hace espeso y agobiante.

Ramakrishna (1834-1886),
místico hindú.

1 El conocimiento conduce a la unidad como la ignorancia conduce a la diversidad.

2 Dios está en todos los hombres, pero no todos los hombres están en Dios: por eso sufren.

Ramler, William (1725-1798),
poeta alemán.

1 Nada produce mayor placer que engañar al engañador.

2 Para la salvación del mundo debe preferirse un error piadoso, que sostiene, a la fría sabiduría, que destruye.

Ramón y Cajal, Santiago (1852-1934),
histólogo español.

1 Razonar y convencer, ¡qué difícil, largo y trabajoso! ¿Sugestionar? ¡Qué fácil, rápido y barato!

2 En el fondo de cada cabeza juvenil hay un perfecto anarquista y comunista.

3 En el mundo todos vamos de caza por un coto que tiene menos caza que cazadores. Y cada pieza cobrada representa para los demás una esperanza desvanecida.

4 En los ingenios, como en las higueras, el primer fruto es la breva, que suele ser insípida, aparatosa y grande; esperemos para emitir juicio el brote de los higos.

5 ¡Felicísimo país el nuestro, en donde la casaca ministerial, la toga y el blasón no delinquen jamás!

6 ¡Santa fatiga del trabajo! Tú nos traes el sueño reparador, único consuelo del pobre, del perseguido y del postergado.

7 Si quieres dejar algo fuerte, justo y loable, ten la bizarría de escribir como si ningún contemporáneo te hubiera de leer.

8 Sólo el médico y el dramaturgo gozan del raro privilegio de cobrar las desazones que nos dan.

9 ¿Alardeas de carecer de enemigos? Veo que te calumnias. ¿Es que jamás tuviste la entereza de decir la verdad o de realizar un acto de justicia?

10 Hay pocos lazos de amistad tan fuertes que no puedan ser cortados por un cabello de mujer.

11 Hay tres clases de ingratos: los que callan el favor, los que lo cobran y los que lo vengan.

12 Hay un patriotismo infecundo y vano: el orientado hacia el pasado; otro fuerte y activo: el orientado hacia el porvenir. Entre preparar un germen y dorar un esqueleto, ¿quién dudará?

13 La gloria es como la mujer codiciada: la perseguimos si nos desprecia, la desdeñamos si nos prefiere.

14 La mujer es como la mochila del soldado. Sin ella se lucha con desembarazo; pero ¿y al acabar?

15 La mujer posee un argumento más que el hombre: el beso.

16 Ambos, el héroe y el sabio, constituyen los polos de la energía humana, y son igualmente necesarios al progreso y bienestar de los pueblos; pero la trascendencia de sus obras es harto diversa.

17 Casi todos los males de los pueblos e

individuos dimanan de no haber sabido ser prudentes y enérgicos durante un momento histórico, que no volverá jamás.

18 La vida sólo es tolerable en cuanto vale la pena de ser vivida, es decir, en el supuesto de que la balanza de la sensibilidad tenga el platillo del placer más cargado que el del dolor.

19 Como hay talentos refinados por el estudio, hay tontos entontecidos por desuso.

20 Los atletas, los bravos y los espadachines me recuerdan al león, animal fortísimo y arrojado, pero tan poco industrioso, que no sabe construirse un nido como el ave ni una madriguera como el conejo.

21 Los instintos admirablemente previsores de los animales llénanme de ingenua admiración; pero no menos me chocan las inarmonías que de vez en cuando la vida nos ofrece, como acreditando en el Creador extrañas distracciones y complacencias.

22 Muchas de nuestras celebridades oratorias, al verse aplaudidas cuando saben poco del tema, acaban por acostumbrarse a ignorarlo por completo.

23 Nos desdeñamos u odiamos porque no nos comprendemos, y no nos comprendemos porque no nos tomamos el trabajo de estudiarnos.

24 De todas las reacciones posibles ante una injuria, la más hábil y económica es el silencio.

25 El aducador que comienza demasiado pronto a castigar corre el riesgo de no acabar jamás de castigar.

26 El que toma las cosas a broma es siempre vencido por el que las toma en serio.

27 En cuando el alma pierde la aureola juvenil, los generosos torneos por el aplauso son sustituidos por las egoístas competencias del dinero.

28 No perdones a tus hijos, servidores y amigos la primera falta grave, si no quieres ser víctima de la última.

29 O se tienen muchas ideas y pocos amigos, o muchos amigos y pocas ideas.

30 Poco vales si tu muerte no es deseada por muchas personas.

31 Si hay algo en nosotros verdaderamente divino, es la voluntad. Por ella afirmamos la personalidad, templamos el carácter, desafiamos la adversidad, corregimos el cerebro y nos superamos diariamente.

32 Digan lo que quieran los ricos viciosos y los holgazanes, el trabajo agradable y útil resulta todavía la mejor de las distracciones.

33 ¿Cuál es la compañera deseable? Si eres inteligente y apuesto, la más discreta y honesta.

Ramos Carrión, Miguel (1848-1915), *dramaturgo español.*

1 El pensamiento libre
proclamo en alta voz
y muera quien no piense
igual que pienso yo.

Ramsay, Allan (1686-1758),
poeta escocés.

1 Un plato de amor conyugal se enfría pronto.

Ramuz, Charles Ferdinand (1878-1947),
poeta y novelista suizo.

1 No basta huir, hay que huir en la buena dirección.

2 Detesto cierto socialismo porque odia al dinero en vez de despreciarlo.

3 Siento que progreso porque empiezo a no comprender nada de nada.

Randolph, Thomas (1605-1635),
poeta y dramaturgo inglés.

1 Los hombres son más elocuentes que las

mujeres, pero las mujeres poseen un mayor poder de persuasión.

Ranke, Leopold von (1795-1886),
escritor inglés.

1 Mantenerse firme: sería la muerte. Imitar: representa ya una especie de servidumbre. El propio perfeccionamiento y educación: esta es la vida y la libertad.

2 No hay nada más persuasivo para los hombres que el éxito; siempre están dispuestos a doblegarse ante la fortuna y la fama.

Ras y Fernández, Aurelio (1881-?),
escritor español.

1 Un examen atento nos revela que el sabio, el investigador, el filósofo y el artista, valen, no la ausencia de prejuicios, sino por la calidad de los que poseen.

2 Son muchos los Estados en que las autoridades fiscales coinciden en pensar con Luis XV, «después de mí, el diluvio».

3 ¡Cuántas veces el hombre emplea los argumentos más disparatados, no tanto para convencer a los demás, como para convencerse a sí mismos!

4 De todos los fantasmas creados por el hombre, el dinero es el que nos acompaña de una manera más insistente, el que se mezcla con mayor tenacidad en las actividades de nuestra existencia.

5 Entre las diversas actividades del hombre, una de las de tipo de vitalidad más bajo es la burocracia. Por sus caraterísticas peculiares es limitada, monótoma, fría y gris.

6 La calidad media de una masa homogénea de funcionarios baja a medida que va aumentando.

7 La superstición, esa plaga que no hay manera de descartar, es una manifestación morbosa de la necesidad de fantasía, combinada, en ocasiones, con el miedo ante lo desconocido.

8 Los hombres están naturalmente inclina-

dos a creer virtuosos a los demás hombres: ésta es la gran ventaja de los impostores y de los estafadores.

9 No hace falta mucha malicia ni mucha sagacidad para encontrar, en un organismo tan complejo como el del Estado, motivos de censura.

10 Poco fecunda es una idea, si el calor de un sentimiento no la eleva a la categoría de convicción. De ahí la esterilidad de cualquier programa que no sea más que un programa.

Ratisbonne, Louis (1827-1900),
escritor francés.

1 Juntar las manos para rezar bien está. Abrirlas, para dar, es mucho mejor.

Raupack, Ernst (1784-1852),
poeta alemán.

1 El arte bélico de la mujer es de tal guisa, que cuando renuncian a la lucha triunfan.

2 Tiene poder aquel en quien la masa cree.

Ray, John (1628-1705),
naturalista inglés.

1 Ver es creer. Pero sentir es estar seguro.

2 Un necio puede hacer en una hora más preguntas que las que un sabio puede contestar en siete años.

3 ¿Para qué correr cuando has errado de camino?

4 El que combate y huye puede volver a la lucha de nuevo; pero el que resulta muerto en la batalla no se levantará más a combatir.

Raynal, Guillermo (1713-1796),
filósofo e historiador francés.

1 La fuerza de los que gobiernan no es, realmente, más que la fuerza de los que se dejan gobernar.

Rebolledo, Bernardino de (1597-1676),
poeta español.

1 No sabe más el que más cosas sabe, sino el que sabe las que más importan.

2 El poder no da título a dominio sino sólo favor a la justicia.

3 No malogre la fuerza lo que puede por el consejo sólo conseguirse.

Redi, Francesco (1626-1698),
poeta italiano.

1 No son los médicos ni los medicamentos los que cortan las enfermedades y las ahuyentan del cuerpo humano: se debe solamente a la naturaleza y al buen régimen de vida.

Refranero.

1 Hombre cobarde no entra en Palacio.

2 Bellacos hay en casa, madre, y no somos yo ni mi padre.

3 Coger aire con redes, ¿a quién lo veredes?

4 Cuando chilla la sartén, buen día quiere hacer.

5 El entusiasmo hace prosélitos; la candidatura, amigos.

6 En larga jornada, la leve carga es pesada.

7 Franco y generoso es el gallo, que convida a doce gallinas cuando encuentra un grano.

8 Hablar como pocos y sentir como los muchos.

9 Loa al tonto y hazle bailar. Si no es tonto, tonto le harás.

10 Lo que abunda no daña... Y dejaba crecer la grama.

11 Nadar río abajo, no cuesta trabajo. Nadar río arriba, ¡eso sí cuesta fatiga!

12 Cuando el ventero está a la puerta, el diablo está en la venta.

13 De pan ajeno, migar mucho.

14 No hagas ejercicio en cosa que pueda hacerse vicio.

15 O dentro o fuera es mejor que ni dentro ni fuera.

16 Por el asno vengo; que me lo deis, que no me lo deis, de llevarle tengo.

17 Que en este golfo de penas todo es agua y nada es puerto.

18 Quien su caballo no cuida, bien merece ir a pie.

19 Sed mejores y seréis más felices.

20 Donde no hubo despedida, no hay bienvenida.

21 El mal del padre con el hijo va.

22 El que adquiere malas costumbres las tendrá siempre.

23 Sin cruz en el suelo, nadie se va al cielo.

24 ¿Acertar errando? Sucede de cuando en cuando.

25 ¿Soltero y renegado? ¿Qué harías de casado?

26 Alaba el mar, pero no intentes navegar.

27 Gente popular, donde la llevan va.

28 Taberna sin gente, poco vende.

29 Poco hay en los días, después de puesto el sol.

30 Amar al prójimo quiero, pero a mí el primero.

31 Quien va y vuelve buen viaje hace.

32 Vestidos dan honor, que no hijos de emperador.

33 Para el último no hay cuchara.

34 Con hombre que llora y mujer que no llora, ni una hora.

35 Las hermosas, al burdel; y los hermosos, a la horca.

36 Habiendo un hueso entre ellos, no son amigos dos perros.

37 Reinos y dineros no quieren nunca compañeros.

38 Un solo plato no basta para dar de comer a dos ladrones.

39 A Roma lleva de qué comas, que si no llevas, sin comer te quedas.

40 Bien te oliera, rosa, si no fueras espinosa.

41 Al hombre mal encarado dale de lado.

42 Las rubias son sosas, y las morenas graciosas.

43 Al pedir, el ser despedido suele seguir.

44 De casa que amaga ruina, se van los ratones y las golondrinas.

45 Antes faltara al ruiseñor qué cantar, que a la mujer qué parlar.

46 De tanto ir al molino, el burro olvido el camino.

47 Sin clérigo y palomar, ternás limpio tu hogar.

48 Tengamos salud, que los dineros no son lo primero.

49 Por dar sombrerada no se pierde nada.

50 De mis pintadas te reirás, pero de mi dinero no comerás.

51 Quien lo sabe, bien lo hace; quien lo ignora, lo empeora.

Regismanset, Charles (1877-),
poeta y novelista francés.

1 Un hombre lleno de vanidad es siempre un ser vacío.

2 Optimismo, ceguera.

3 Distraerse, frecuentemente no es más que cambiar de aburrimiento.

4 El hombre comparte de grado sus penas con otro: jamás sus alegrías.

5 Atribuimos a la suerte nuestras desgracias, pero nunca nuestra prosperidad.

6 Reflexionando, se aumenta la desgracia y se aminora la felicidad.

7 Somos avaros de nuestro desprecio; es lo mejor que se encierra en nosotros.

Regnard, Jean François (1655-1709),
poeta y novelista francés.

1 Cuanta menos riqueza, menos penas; es poseer un gran bien el saber prescindir de ella.

Régnier, Henri de (1864-1936),
poeta y novelista francés.

1 Raramente las mujeres son amadas como desearían serlo, es decir, por un Dios todopoderoso que les daría todo y no les pediría nada.

2 Si se dice de un individuo que tiene todas las mujeres que quiere, debe entenderse que, de todas las mujeres que desearía, solamente posee a las que le quieren bien.

3 Las mujeres son capaces de todo; y los hombres son capaces de lo que resta.

4 Los hombres saben odiar; las mujeres solamente saben detestar, lo cual es mucho peor.

5 La gloria no vale lo que el perfume de una rosa, y únicamente es eternidad el tiempo en que amamos.

6 Las mujeres guardan el secreto de todas aquellas cosas que saben por sí mismas. Son menos discretas respecto a lo que supieron por los demás.

7 La experiencia no existe en el amor, puesto que en tal caso ya no se amaría.

8 La amistad proporciona el sentimiento de

lo duradero, y el amor, de lo eterno. Es el egoísmo lo que sobrevive a una y otro.

9 En los hombres, como en las mujeres, la vejez representa una especie de descenso de las aguas de la vida. Según los individuos se descubre en ellos un fondo de roca, de arena o de fango.

10 El vino es una especie de afeite interior que embellece por un instante la cara de nuestros pensamientos.

11 El amor es eterno mientras dura.

12 Como dice el proverbio, es necesario hacer girar la lengua siete veces antes de hablar, y luego callarse.

13 Las mujeres solamente recuerdan a los hombres que las hicieron reír; los hombres, sólo a las mujeres que les hicieron llorar.

14 No hay amor sin que se sufra o se haga sufrir.

15 ¡Qué difícil es saber por qué se amó a una mujer que hemos dejado de amar!

16 Si todo el mal que se ha dicho de las mujeres fuera verdad, se hallarían a dos pasos de la perfección.

Régnier, Maturino (1573-1613),
poeta satírico francés.

1 Según el viento, así la vela.

Reichenbach, Heinrich (1793-1879),
naturalista alemán.

1 Hubo una edad de oro cuando no se conocía todavía el oro.

2 La obstinación es el poder de la impotencia, la tenacidad de la debilidad y la fuerza de la molicie.

Remarque, Erich Maria (1889-1970),
escritor alemán.

1 La tolerancia es la hija de la duda.

2 La razón es dada al hombre para hacerle reconocer que no sirve de nada.

Remusat, Madame de (1780-1821),
literata francesa.

1 ¡Pobres mujeres! La que no ama, languidece; la que ama, padece, y la que dejó de amar, se muere.

2 ¡Indulgencia! ¡Conclusión de todas las cosas de este mundo!

Renan, Ernest (1823-1892),
escritor francés.

1 Un hombre consecuente con su sistema de vida es ciertamente un espíritu estrecho.

2 Nuestros ensueños representan la parte mejor y más dulce de nuestra existencia. Es el momento en que cada uno de nosotros alcanza el máximo de personalidad.

3 Lo que constituye una nación no es el hablar una misma lengua o el pertenecer aun mismo grupo etnográfico, sino el haber realizado conjuntamente grandes cosas en el pasado y querer seguir realizándolas en el porvenir.

4 Hay circunstancias en que una mentira es el más santo de los deberes.

5 Las grandes cosas de un pueblo las realiza ordinariamente la minoría.

6 El que obedece es casi siempre mejor que el que manda.

7 El éxito oratorio o literario se debe siempre a la misma causa: la absoluta sinceridad.

Renard, Jules (1864-1910),
literato francés.

1 Toda nuestra crítica consiste en reprochar a los demás el no tener las cualidades que nosotros creemos tener.

2 Es una cuestión de limpieza: hay que cambiar de opinión como de camisa.

3 Un amigo es aquel que adivina siempre el momento en que se le necesita.

4 Un crítico no debe decir más que la verdad. Pero antes también ha de conocerla.

5 El sabio generaliza; el artista individualiza.

6 El desprecio de la mujer por el pensamiento del hombre corresponde al desprecio del hombre por la inteligencia de la mujer.

7 El otro mundo sería muy hermoso si tan sólo fuese como éste, pero corregido.

8 Un hombre enamorado de la verdad no necesita ser poeta ni grande. Es ambas cosas a un tiempo sin perseguirlo.

9 A la sombra de un hombre glorioso hay siempre una mujer que sufre.

10 Si la castidad no es una virtud, es sin embargo ciertamente una fuerza.

11 En arte, no hacer nada como los otros; en moral hacer como todo el mundo.

12 Entre un hombre y una mujer la amistad es tan sólo una pasarela que conduce al amor.

13 Siempre se es buen crítico para alguien: para el autor o para sus amigos.

14 Es cosa fácil, para una mujer, hacerse amar. No necesita ser joven ni hermosa. Le es suficiente tender la mano, de cierto modo, y el hombre pone allí, seguidamente, su corazón.

15 Me divierten las personas que en todo quieren seguir reglas, en una vida como la nuestra en la que todo son excepciones.

16 No se es feliz: nuestra felicidad es el silencio de la desdicha.

17 Cuanto más se lee, menos se imita.

18 Nuestra opinión es el término medio entre lo que decimos al autor y lo que decimos a sus amigos.

19 Ninguna vida es bastante corta para que el aburrimiento no encuentre sitio en ella.

20 Un viaje de uno o dos años al Polo hace famoso a un hombre. Para que un simple artista se cree un nombre son precisos veinte años.

21 Una persona con carácter no tiene buen carácter.

22 No puede existir por una parte la forma, y por la otra el contenido: Un mal estilo es un pensamiento imperfecto.

23 Di de vez en cuando la verdad, a fin de que te crean cuando mientes.

24 El divorcio sería una cosa inútil si el día de la boda, en lugar de poner el anillo en el dedo de la esposa se lo colocaran en la nariz.

25 Amo la soledad, incluso cuando estoy solo.

26 Comer bien, dormir bien, ir adonde se desea, permanecer donde interese, no quejarse nunca y, sobre todo, huir como de la peste, de los principales monumentos de la ciudad.

27 ¿Habéis notado que desde el momento en que se dice a una mujer que es bonita, cree siempre que es verdad?

28 Hay que domar a la vida por la dulzura.

29 Los autores no solamente se limitan a aceptar los elogios, sino que todavía exigen que no se diga más que la verdad. ¿Cómo salir del paso?

30 La alabanza se utiliza como se utiliza el dinero, para que nos sea devuelta con los intereses.

31 La elocuencia: San Andrés, crucificado, predica durante dos días a veinte mil personas. Todos le escuchan cautivados, pero ni uno solo piensa en salvarle.

32 La felicidad consiste en buscarla.

33 La modestia va bien a los grandes hombres; lo difícil es no ser nada y, sin embargo, ser modesto.

34 La verdad es siempre un desencanto. Ahí está el arte para falsificarla.

35 El crítico sólo tiene una defensa: decir la verdad. Una defensa que no le sirve, porque en general no conoce la verdad.

Rettich, Julie,
poetisa alemana contemporánea.

1 Debes dedicarte por completo al arte, pero no a medias; de otro modo no sirves para el arte ni para la vida.

Retz, cardenal de (1613-1679),
escritor francés.

1 Cuando los que mandan pierden la vergüenza, los que obedecen pierden el respeto.

2 En las grandes empresas, el espíritu no es nada sin el corazón.

3 Es necesario cambiar de opinión con gran frecuencia para estar siempre de acuerdo con su partido.

4 Hay defectos que manifiestan un alma hermosa mejor que ciertas virtudes.

5 Los débiles no se doblegan nunca cuando deben hacerlo.

6 Más frecuentemente nos engaña la desconfianza que la confianza.

7 No hay nada que merezca ser alabado tanto como la generosidad, pero no hay que exagerarla.

8 No hay nada sin trabajo. (Non sine labore.)

Rey, Etienne (1879-),
dramaturgo francés.

1 La esperanza no es más que una candidatura para la suerte.

2 La suerte es, en nuestra época de igual-
dad, el más importante factor de desigualdad: por eso nos gusta tanto.

3 La suerte es la sonrisa de lo desconocido.

4 ¿No es a veces la fortuna la más insolente de las aristocracias?

5 No os obstinéis si la suerte se os resiste: ella no simpatiza con los que quieren dominarla. No quiere ser violentada.

6 No se ama hasta que no se sufre.

7 Nos enamoramos de la suerte como de una mujer, bien porque nos rechaza, bien porque se nos entrega.

8 Nuestra suerte es la mala suerte de los demás.

9 Para muchas mujeres, amar a un hombre significa engañar a otro.

10 Sentimos mayor vanidad por nuestra suerte que por nuestros méritos, cuando debería ser lo contrario. Pero, en el fondo, se prefiere mejor creerse protegido por una potencia invisible que reducido a sus propias fuerzas.

11 Suerte es, las más de las veces, el nombre que se aplica al mérito de los demás.

12 Un pillo favorecido por la suerte deja de ser un pillo. Se convierte en un banquero, un político, un administrador, un comerciante: en una palabra, un hombre que ha triunfado.

13 Ante la fortuna de los demás nos cuesta gran trabajo decidirnos entre la envidia y el desdén.

14 Dormid con un oído despierto; muchas veces la fortuna llega con paso furtivo.

15 El amor es la unión de un dueño y un esclavo; nunca de dos seres iguales.

16 El amor rebaja las almas grandes y eleva las pequeñas.

17 El amor y la suerte desconocen la moral: son dos cómplices hechos para entenderse.

18 El odio es siempre más violento en la mujer que en el hombre, porque es el odio de un ser inferior.

19 El pudor es un problema de iluminación.

20 En nuestra época de igualdad la fortuna es
el factor más importante de la desigualdad; he ahí por qué se la quiere tanto.

Reybaud, Louis (1790-1879),
escritor francés.

1 De todos los medios que conducen a la
fortuna, los más seguros son la perseverancia y el trabajo.

Reynolds, Joshua (1723-1792),
pintor y escritor inglés.

1 Son muchos los que yerran, no por la falta
de capacidad de lograr su objeto, sino por
no saber a qué objeto dirigirse.

2 Un simple copista de la naturaleza no
puede jamás producir nada grande.

3 Nadie nos inspiraría una admiración encendida por su virtud si ésta consistiese
solamente en la ausencia del vicio. Se
requiere algo más: hay que rebasar el propio deber y ser un héroe.

4 No es sino una elocuencia mezquina la
que muestra únicamente que el orador
sabe hablar. Las palabras deberían emplearse como medio y no como fin; la
lengua es el instrumento, la persuación es
la obra.

5 Si pudieran enseñarse mediante reglas el
gusto y el genio, no existirían ni el gusto ni
el genio.

6 Las obras que han resistido la prueba de
los siglos, tienen derecho a aquel respeto
y a aquella veneración a los cuales ningún
moderno puede pretender.

7 El arte tiene sus límites, pero la imaginación no los tiene.

8 El gran objeto del estudio consiste en formarse un espíritu que se adapte y ajuste a
toda vocación.

Ricardo III (1452-1485),
rey de Inglaterra.

1 ¡Un caballo! ¡Un caballo! ¡Mi reino por un
caballo!

Ricardo «Corazón de León» (1154-1199),
rey de Inglaterra.

1 Dios y mi derecho.
(Divisa del blasón del rey Ricardo Corazón de
León, caída en desuso en el reinado de Isabel I;
fue restablecida por Jorge I.)

Richelieu, Cardenal (1585-1642),
prelado y estadista francés.

1 Que me den seis líneas escritas por la
mano del hombre más honrado y hallaré
en ellas algún motivo para ahorcarlo.

2 No abandonéis la cima.
(Divisa de Richelieu.)

Richter, Johann-Paul Friedrich (1763-1825),
escritor alemán.

1 Los disgustos son como las nubes de tormenta; parecen negras, muy negras, cuando están lejanas; sobre nuestras cabezas
apenas si son grises.

2 A los hombres les es más fácil halagar que
alabar.

3 A nadie en el mundo —ni siquiera a las
mujeres y a los príncipes— se engaña más
fácilmente que a la conciencia.

4 Cuando oigo preguntar qué se piensa
sobre la voz de Dios, suelo responder con
estas palabras de un viejo alemán, Sebastián Frank: «Dios es un suspiro inexpresa-
ble puesto en el fondo del alma». Unas
palabras hermosas y profundas.

5 Desprecia la vida, si quieres gozarla.

6 Después de la fuerza no hay nada más
grande que su dominio.

7 El grande indestructible milagro es la creencia humana en los milagros.

8 En la más larga paz no se dicen tantas tonterías y tantas mentiras como en la guerra más corta.

9 En las mujeres todo es corazón; hasta la cabeza.

10 Entre los hombres, como entre las manzanas de Borsdorf, no son los mejores los finos, sino los ásperos y con alguna verruga.

11 La guerra es la operación cesárea de la humanidad: violentamente da a luz los espíritus.

12 La guerra es una fortificante cura de hierro de la humanidad.

13 La lágrima de la congoja es solamente una perla de segunda agua, mientras que la lágrima de alegría lo es de primera.

14 La memoria es el único paraíso del que no podemos ser expulsados.

15 La necesidad es la madre de las artes, pero también la abuela de los vicios.

16 La pobreza y la esperanza son madre e hija. Mientras uno se entretiene con la hija, olvida a la madre.

17 La vejez no es triste porque cesen nuestras alegrías, sino porque terminan nuestras esperanzas.

18 La veracidad es menos una rama que una flor de la fuerza moral del hombre.

19 Los hombres se deben dar la mano, y no solamente ser buenos, sino también alegres. La alegría es el estado que colorea y madura los últimos frutos.

20 Los hombres y los pepinos, apenas maduran no sirven para nada.

21 Llevad a la cama a los viejos, donde estén blandos y calientes, y dejadlos gozar así, puesto que más no precisan; procuradles en el diciembre de la vida y en las fiestas de Navidad el correspondiente arbolito: porque también son niños que vuelven a crecer.

22 Muchas veces el matrimonio semeja a dos gotas de grasa que nadan sobre el agua sin amalgamarse.

23 ¡Oh, incomprensible destino! El pobre hombre está siempre con los ojos fijos en su espada afilada. Y cuando tú la desenvainas y la blandes, se recrea cuando silva y corta el aire antes de asestar el golpe.

24 Se asciende la verde montaña de la existencia para llegar a lo alto y morir en las cumbres heladas.

25 Sin sonrisa viene el hombre al mundo, y sin sonrisas se va; solamente fue feliz durante tres fugaces minutos.

26 Tan sólo un corazón mezquino deja de crecer; los grandes corazones se desarrollan incesantemente: aquél lo arrugan los años, mientras que los otros se dilatan con la edad.

27 El que en ocasiones no siente mucho o muy tiernamente, siente indudablemente demasiado poco.

28 He atravesado los universos, penetrado los soles y volado gracias a las vías lácteas a través de los desiertos del cielo, pero no hay ningún dios.

29 La intención de un pecado se traiciona por una prudencia exagerada.

30 La ironía y la inteligencia son hermanas de sangre.

31 Un prefacio debe ser sólo un título más largo.

32 Uno se avergüenza de gozar aún de vida cuando los más grandes hombres la han perdido.

Ridruejo, Dionisio (1912-1975),
escritor español.

1 La lealtad verdadera
es apearse del burro
y desmontar la quimera.

Rietchel, Ernst (1804-1861),
escultor alemán.

1 Lo bello en el arte es siempre verdadero, pero la verdad no siempre es bella.

Rieux, madame de,
escritora francesa contemporánea.

1 Las mujeres prefieren que se las divierta sin amarlas, a que se las ame sin divertirlas.

2 El adulterio es una bancarrota en la que el acreedor queda deshonrado.

Rilke, Rainer Maria (1875-1926),
poeta austriaco.

1 ¿Quién puede describirnos a un niño tal cual es?

2 ¡Esto quiere decir destino!: estar enfrente, y nada más que eso, y siempre enfrente.

Rimbaud, Jean-Arthur (1854-1892),
poeta francés.

1 Es falso decir: yo pienso. Se debería decir: me piensan.

2 Mi superioridad consiste en que no tengo corazón.

Rioja, Francisco de (1583-1659),
poeta español.

1 Un ángulo me basta en mis lares,
un libro y un amigo, un sueño breve,
que no perturben deudas ni pesares.

2 Pura, encendida rosa,
émula de la llama
que sale con el día,
¿cómo naces tan llena de alegría
si sabes que la edad que te da el cielo
es apenas un breve y veloz vuelo?

Ritter, Karl (1779-1859),
geógrafo alemán.

1 Con frecuencia, para comprender una alma afín se necesita solamente un signo externo, una mirada justa, una palabra íntima, para que el igual comprenda al igual.

Rivadeneyra, Pedro de (1527-1611),
jesuita, teólogo y escritor español.

1 ¡Condenad la demasía en las delicias!

2 En queriendo hablar o hacer algo, luego se levantará la mar hasta el cielo y bajará hasta los abismos, y parecerá que nos ha de hundir y tragar.

Rivarol, Conde de (1753-1801),
escritor francés.

1 Un poco de filosofía nos aparta de la religión; pero mucha filosofía nos vuelve a ella.

2 Nos han interesado más los poetas, cuando dieron a los dioses las debilidades humanas, que si hubieran dado a los hombres las perfecciones de los dioses.

3 Es mejor creer en Dios que hablar de Él.

4 Es necesario proponerse ser siempre veraces en todo cuanto se dice, porque, siguiendo invariablemente este plan, nos eleva ante nuestros propios ojos, a la vez que nos hace discretos.

5 La envidia que habla y grita siempre es torpe; lo que debe temerse en verdad es la envidia que calla.

6 La esperanza es un empréstito hecho a la felicidad.

7 La gloria, no siendo más que un rumor, es decir, aire agitado, flota como la atmósfera en torno al globo, y su curso cambia y sopla sin cesar, arrastrando consigo nombre y famas y acabando por dispersarlos.

8 La gramática es el arte de levantar las dificultades de una lengua; pero la palanca no debe ser más pesada que el fardo.

9 La moral es hija de la justicia y de la conciencia: es una religión universal.

10 La mujer devota cree en los devotos; la no

devota, en los filósofos; pero ambas son igualmente crédulas.

11 Las opiniones no se deben combatir sino por medio del raciocinio. A las ideas no se las fusila.

12 Cuando la naturaleza trató de crear un ser que se pareciese al hombre por sus proporciones físicas, y al niño por su moral, resolvió el problema haciendo de la mujer un niño grande.

13 Los filósofos son más anatomistas que médicos; efectúan la disección, pero no curan.

14 Los imbéciles, los campesinos y los salvajes se consideran bastante más lejos de los animales de cuanto cree el filósofo.

15 Orilla del espíritu humano: todo pasa ante el tiempo, y nosotros creemos que es el tiempo el que pasa.

16 Los jóvenes, en presencia de las mujeres, son como ricos vergonzosos, y los viejos, como pobres desvergonzados.

17 Los soberanos no deben olvidar nunca que, como el pueblo es siempre un niño, el gobierno deberá ser padre en todo momento.

18 Nada asombra cuando asombra todo: es la condición de los niños.

19 Nada hay tan espantoso como ser rico sin virtudes.

20 El avaro carece tanto de lo que tiene como de lo que no posee.

21 De cada diez personas que hablan de nosotros, nueve lo hacen desfavorablemente, y con frecuencia, la única persona que habla bien lo dice mal.

22 El amor que vive entre tempestades y crece frecuentemente sumido en perfidias, no resiste siempre la calma de la fidelidad.

23 Es necesario tener el apetito del pobre para gozar la fortuna del rico.

24 El gato no nos acaricia; se acaricia con nosotros.

25 El hombre es el único animal capaz de encender el fuego, y ello le ha dado el imperio del mundo.

26 El hombre modesto tiene a su alcance ganarlo todo, y el orgulloso el perderlo todo; porque la modestia va unida a la generosidad y el orgullo a la envidia.

27 Es una terrible ventaja no haber hecho nada, pero no hay que abusar de ello.

28 No hay más que una sola moral, como no existe sino una sola geometría: son dos palabras que no tienen plural.

29 En general, lo horrible de este mundo es que buscamos con el mismo ardor el hacernos felices y el impedir que lo sean los demás.

30 Hay personas a las que la fortuna no les procura más que miedo de perderla.

31 Por desgracia existen ciertas virtudes que solamente pueden practicar los ricos.

32 Cabe tener suerte sin felicidad, como se puede tener una mujer sin amor.

Robert-Tornow, L.,
escritor alemán.

1 El público es un personaje que lo sabe todo y no sabe nada.

Roberts, Cecil (1894-1976),
escritor británico.

1 La casa perfecta no existe. Los hombres que se hacen construir casas para sí mismos se querellan con sus arquitectos. Los hombres que heredan casas quieren desembarazarse de ellas. Los hombres que compran casas viejas inmediatamente miran de reformarlas.

2 Cuando oigo quejarse a la gente que se conceden honores con excesiva prodigalidad, yo replico que no, que aún se otorgan pocos. Que nos dejen a todos llevar armiño, hojas de fresal, jarreteras, collares, cintas y condecoraciones. El mundo entero es un escenario, y yo soy partidario de los espectáculos bien presentados con tal de que no sean tomados demasiado en serio. Las naciones que han abolido esta amable especie de superstición generalmente tie-

nen que recurrir a la horca y a los máuseres para imponer a las buenas la fraternidad y la igualdad.

3 ... y mi experiencia me dice que los socialistas son la gente menos sociable que pueda haber...

Robespierre, Maximilian (1758-1794),
político francés.

1 En las revoluciones hay días en que es crimen vivir, y es necesario saber entregar la cabeza cuando la piden. ¡Quizá quieran también la mía.
(Proféticas palabras de Robespierre.)

2 Dondequiera se halle un hombre de bien, en cualquier sitio que esté sentado, hay que tenderle la mano y abrazarlo estrechamente.

3 No: la muerte no es un sueño eterno. Borrad de las tumbas esta máxima impía, que cubre con un crespón fúnebre la naturaleza y que es un insulto a la muerte. Es mejor que grabéis estas palabras: «La muerte es el comienzo de la inmortalidad».

4 Nunca se va tan lejos como cuando no se sabe a donde se camina.

Roche, abad de la (1710-1780),
predicador francés.

1 Prometed todo el tiempo que podáis, puesto que la esperanza es más viva que el reconocimiento.

2 No hay menos inconveniente en perdonar a todo el mundo que en no perdonar a nadie.

Rod, Eduardo (1857-1910),
escritor francés.

1 En el fondo de cada alma existen tesoros escondidos que solamente descubre el amor.

2 El amor y el dolor están unidos por una cruel fraternidad. ¿Quién sabe si el dolor no es la fuente viva en que el amor se eterniza?

3 Cuando el amor se eleva hasta lo absoluto y persigue su realización hasta la muerte, sacrifica, tal vez, como la virtud.

Rodenberg, Julius (1831-1914),
poeta y escritor francés.

1 Las mujeres puras se mantienen en la vida como rosas en el follaje oscuro.

Rodero, Florián,
periodista español contemporáneo.

1 Busca la ciencia que más te ayuda a ser hombre.

Rodet, María Teresa. Véase **Geofrin, madame.**

Rodó, José Enrique (1872-1917),
ensayista uruguayo.

1 Una fe o convicción de que sinceramente participas es, en lo más honrado de su carácter, una originalidad que a ti sólo pertenece; porque si las ideas que arraigan en ti con fuerza de pasión, te impregnan el alma con su jugo, tú, a tu vez, las impregnas del jugo de tu alma.

2 Por el camino de la duda mortal no es posible llegar más que a la realidad de la decepción que ella anticipa y de la sombra que ella prefigura.

3 Si nos fuera dado penetrar en el misterioso laboratorio de las almas y se reconstruyera la Historia íntima de las del pasado para encontrar la fórmula de sus definitivos caracteres morales, sería un interesante objeto de estudio determinar la parte que corresponde, entre los factores de la refinada perversidad de Nerón, al germen de su histrionismo monstruoso deposita-

do en el alma de aquel cómico sangriento por la retórica afectada de Séneca.

Rodríguez, Carlos,
escritor contemporáneo español.

1 Tener esperanza no consiste en esperar lo que no es posible.

2 Las penas quitan la felicidad, pero algunos placeres la matan.

3 No existiría la espuma si no hubiera olas.

4 Resulta más fácil soplar el polvo que recogerlo.

5 Sé comedido en tus ambiciones. Piensa que por más camas que tengas en casa, solo puedes dormir en una.

6 Cuando nos equivocamos, decimos que hemos tenido las circunstancias en contra. Cuando alguien acierta, decimos que las ha tenido a favor.

7 Detrás de la máquina quitanieves resulta fácil ir por una carretera nevada.

8 El espejo es un silencioso amigo que nunca miente.

9 El mejor premio a una fidelidad es serle fiel.

10 En un vaso lleno de amor no cabe una gota de egoísmo.

11 Hasta después de haber comido, muchos no creen en Dios.

12 La galantería termina cuando empieza la impertinencia.

13 La soledad almuerza con la tristeza, come con el abatimiento y cena con la desesperación.

14 Al pobre le faltan muchas cosas. Al avaro, más.

15 Si de los otoños hacemos primaveras, el invierno siempre estará lejos.

Rodríguez, Gregorio,
escritor español.

1 No hay peor soberbia que pretender ser tenido por humilde.

2 Quien no parece, perece.

Rojas, Fernando de (1475-1541),
escritor español.

1 Yerro es no creer, y culpa creerlo todo.

2 Es más difícil de sufrir la próspera fortuna que la adversa; que la una no tiene sosiego y la otra tiene consuelo.

3 La mitad está hecha, cuando tienen buen principio las cosas.

4 Miserable cosa es pensar ser maestro el que nunca fue discípulo.

5 No es vencido sino quien creer serlo.

6 A quien dices el secreto das tu libertad.

7 Del pecado, lo peor es la perseverancia.

8 El silencio escuda y suele encubrir la falta de ingenio.

9 No sabes que alivia la pena llorar la causa.

Rojas Zorrilla, Francisco de (1607-1648),
dramaturgo español.

1 Ya queda vengado
quien no se venga pudiendo.

2 Pero en tanto que mi cuello
esté en mis hombros robusto
no he de permitir me agravie
del rey abajo, ninguno.

3 Siempre he oído,
que suele echarse de ver
el amor de la mujer
en la ropa del marido.

Roland, madame (1754-1793),
dama francesa.

1 ¡Oh Libertad, cuántos crímenes se cometen en tu nombre!

2 El comercio más lucrativo ha sido siempre el de vender el placer, la felicidad, la esperanza; y es el comercio de los escritores, de las mujeres, de los sacerdotes y de los reyes.

Rolland, Romain (1866-1944),
literato y dramaturgo francés.

1 Todo lo que toca el amor se salva de la muerte.

2 Nunca es más fuerte el amor que cuando tiene la sensación de dirigirse a una persona que le hará sufrir.

3 Los hombres hacen las obras, pero las mujeres hacen los hombres.

4 No es equivocado llamar a la mujer la mitad del hombre. Porque un hombre casado no es sino la mitad de un hombre.

5 La felicidad consiste en conocer sus propios límites y amarlos.

Rollenhagen, George (1542-1609),
poeta alemán.

1 Prefiero ser pobre e independiente, que rico atado con tus cadenas.

2 La sopa cortesana es para relamerse, pero está sazonada con el miedo.

3 No pasa de ser un pobre ratón el que solamente conoce un agujero para escapar.

4 La falsedad gobierna el mundo entero.

5 A los grandes señores y a las mujeres hermosas hay que servirles gustosamente, pero con escasa confianza.

6 Aunque la rana tomase asiento en un trono de oro volvería a zambullirse de un salto en el charco.

7 El que cree con facilidad, vive fácilmente engañado.

8 En la paz como en la guerra, el triunfo lo proporciona la unión.

9 Feliz el hombre que puede prescindir de los favores de los señores.

Rollin, Charles (1661-1741),
historiador francés.

1 La historia es la luz de los tiempos, la depositaria de los acontecimientos, el testimonio fiel de la verdad, la buena y prudente consejera, la regla para la conducta y las costumbres.

2 El deseo de progresar representa ya un gran progreso.

3 La adulación no es sino un comercio de mentiras que, por un lado, se funda en el interés, y, por otro, en la vanidad.

Romancero

1 Castellanos y leoneses
tienen grandes divisiones.

2 Cuando los reyes se pagan
de falsías halagüeñas,
mal parados van los suyos,
luego el mal les viene cerca.

3 Mensajero, eres amigo,
no mereces culpa, no.

4 Pa misa diba un galán
caminito de la iglesia,
no diba para oír misa
ni pa estar atento a ella,
que diba pa ver las damas
las que están guapas y frescas.

5 El abad que dice la misa
no la puede decir, no,
monacillos que le ayudan
no aciertan a responder, non.
Por decir «amén, amén,»
decían «amor, amor».

6 Rey que no hace justicia
no debía de reinar.

7 Un sueño soñaba anoche,
   soñito del alma mía,
   soñaba con mis amores
   que en mis brazos lo tenía

8 Vestida de verde oscuro
   con rapacejos y franjas,
   y en una franja, este mote:
   «más juicio y menos gracia».

9 Ya me comen, ya me comen
   Por do más pecado había.
   (Viejo romance sobre la muerte del rey Don
   Rodrigo.)

10 Yo no digo mi canción
   sino a quien conmigo va.

Romani, Félix (1788-1865),
poeta italiano.

1 ¡Ah, porque no puedo odiarte, infiel,
   como yo querría! Todavía no has sido
   borrada del todo en mi corazón.

Romanones, conde de (1863-1950),
político español.

1 Fórmulas sencillas para resolver problemas complejos, no las conozco.

2 Los discursos sin contradictor en realidad
   no son discursos, sino sermones; sermo-
   near, es más fácil que discutir, porque es
   sólo dogmatizar.

3 Los sentimentales y los místicos no sirven
   para el ejercicio del poder.

4 Más fácilmente que a una pareja de bueyes se conduce a un pueblo, pero ¡ay del
   conductor si los bueyes recuerdan que
   fueron toros!

5 Si no existieran hijos, yernos y cuñados,
   cuántos disgustos se ahorrarían los jefes
   de Gobierno.

6 Un ministro es sincero cuando desde el
   gobierno lo ve todo color de rosa; y sincero también cuando en la oposición lo ve
   todo negro.

Romero Robledo, Francisco (1838-1906),
político español.

1 En aritmética política dos y dos no son
   jamás cuatro.

Rondelet, Antonio (1823-1893),
escritor francés.

1 No hay que ceder jamás por cansancio a la
   importunidad lo que se negaría según justicia a la súplica.

2 El verdadero escritor no lo pone todo en
   su libro; su obra más esencial se completa
   en el alma de sus lectores.

3 En la vida no existen más que dos partidos
   entre los que se pueda elegir: venderse o
   entregarse.

4 Lo que hace que la ingenuidad sea tan
   graciosa es que no está hecha para durar.

5 No hay cosa más corriente en la vida que
   hacerse insoportable por sus buenas cualidades.

Ronsard, Pierre de (1524-1584),
poeta francés.

1 Vivid, según mi dictado, sin esperar el
   mañana; gozad desde hoy mismo las rosas
   de la vida.

Roosevelt, Franklin Delano (1882-1945),
político estadounidense.

1 Tenemos que ser el gran arsenal de las
   democracias.

2 No nos gusta la guerra, pero estamos metidos en ella y la vamos a hacer con todos
   los recursos de que disponemos.

3 Habla suave, lleva un buen garrote y...
   llegarás lejos.

4 La única cosa que debemos temer es al
   miedo mismo.

Ros de Olano, Antonio (1808-1884),
político y escritor español.

1 Ganamos todas las batallas y perdimos la
campaña.

Rosa, Salvatore (1615-1673),
poeta y pintor italiano.

1 Quien hambriento se sienta a comer y
extenuado se mete en la cama, no tiene
gran necesidad de plumas ni de manjares.

2 Las costumbres que adquirimos en nuestra juventud se arrastran todavía en la ancianidad si no les dedicamos la máxima
atención. No es maravilla que supure más
tarde una llaga que no se atiende y cura:
cambiar una vieja costumbre es cosa dura.

3 Para quienes la pobreza les caló los huesos, la esperanza supone una cataplasma
confortante.

4 A quien nada desea, vence lo poco.

Rosales, Luis,
poeta español contemporáneo.

1 La vida que nos toca vivir es absurda y tan
desazonante y presurosa que no nos deja
tiempo para estudiar y es muy posible que
dentro de unos años ni siquiera nos deje
tiempo para vivir.

Rosebery, Lord (1847-1929),
político y escritor inglés.

1 Pocos discursos que hayan producido un
efecto eléctrico sobre el auditorio pueden
soportar la fotografía sin color de una reproducción impresa.

2 El primer consejo que yo debo dar al partido es hacer tabla rasa de los viejos prejuicios.

Rosegger, Peter (1843-1918),
escritor inglés.

1 No busques al hombre con la linterna,
sino con el corazón, puesto que solamente
abren los hombres su corazón al amor.

2 Lo mejor que cabe hacer en este mundo
es proporcionar alegría a nuestros semejantes.

3 No amo tanto ese patriotismo que empuja
a nuestros hijos al campo de batalla, di-
ciéndoles que allí deben morir, como a
ese otro que les enseña a vivir para la
patria.

4 La sabiduría no nace tanto de la inteligencia como del corazón.

Rossini, Joaquín Antonio (1792-1868),
compositor italiano.

1 No se apure Su Majestad; un rey tiene
derecho a todo, hasta a dar gallos.
(Frase del compositor a Leopoldo de Bélgica
ante la turbación de éste por lo mal que cantaba.)

Rost, Johann Christian (1717-1765),
poeta alemán.

1 A fuerza de súplicas domina la mujer, y,
con órdenes, el hombre: la una, cuando
quiere; el otro, cuando puede.

Rostand, Edmond (1868-1918),
dramaturgo francés.

1 No escrutes con excesiva curiosidad en su
alma: si se miran a fondo, en todas las
mujeres existe algún motivo para dejar de
amarlas.

2 No hagas psicología cuando te domina la
cólera: verías demasiado justamente.

3 Los elogios, si estuviésemos seguros de
merecerlos, nos parecerían siempre suficientes; pero estamos tan ávidos de ellos
porque nos convencen poco.

4 Los yerros de tu esposa no anulan los que tú cometes; se suman a ellos.

5 Cada vez que la paz reina entre vosotros, debéis preguntaros: «¿Cuál ha sido mi última abdicación?»

6 No debe olvidarse que el primer deber, en el matrimonio, consiste en hacerse perdonar el estar allí.

7 Pon un poco de ternura, incluso en el rencor, y un poco de rencor en la ternura.

8 Resulta demasiado larga toda una vida junto a una misma persona: uno de los beneficios del matrimonio es el hacernos sentir su duración.

9 Se mata a un hombre, se es un asesino. Se mata a millones, se es un conquistador. Se los mata a todos, se es un dios.

10 Con tu esposa, más todavía que con tu amigo, deberás vivir como si al día siguiente hubieras de estar en guerra con ella.

11 Se va al matrimonio, como se camina hacia el peligro, por falta de imaginación.

12 No intentes jamás convencerla; nunca podrás convencer a una mujer, y menos todavía a la propia.

13 Después de algunos meses de vida conyugal, se acabaron ya los motivos que no hayan dado lugar a disputas, y las palabras que no hayan desencadenado una batalla.

14 El buen gusto está en el justo medio, como la virtud; entre la tontería del vulgo y la de los elegidos.

15 El matrimonio, como el cautiverio, nos irrita o nos domestica.

16 En la lucha conyugal vence, por lo general, aquel de los dos que menos valor da a la paz.

17 Un buen matrimonio sería aquel en que se olvidase, durante el día, ser amantes, y por la noche, ser esposos.

18 Esa cosa de oro que se llama día. (Cette chose d'or qui s'appelle le jour.)

19 Sin duda, tu mujer es menos terrible que el miedo que le tienes.

20 Hay la misma dificultad en vivir con una persona a la que se quiere, que amar al ser con el que se vive.

21 Te alegrarás casi siempre contigo mismo de haber sabido conservar la sangre fría. Injuriando a las personas, sólo se experimenta una distensión del ánimo ilusoria y pasajera.

22 Todas las veces que cierres tus ojos frente a uno de sus yerros ella queda convencida de que no la has visto, o que no te atreves a reprenderla. La mujer no se siente nunca perdonada, sino temida.

23 Permítete ceder cuando tienes razón, a condición de saber ser intransigente cuando yerras.

24 Si hay un peligro en casarse por amor, no es solamente porque el amor pasa, sino también porque puede ser duradero.

25 Si se da el caso de que eres débil por amor, procura que no se sepa; mejor es que te crean débil por debilidad.

26 Una mujer ve, en su marido, a la vez una fuerza a combatir y una debilidad a proteger.

27 Una persona se halla mal preparada para el matrimonio cuando no se tiene madera de déspota o de esclavo.

Roszak, Theodore,
escritor checo contemporáneo.

1 Si no hay cambio psicológico, una revolución no hace más que reproducir la misma situación con otras personas en el poder.

2 Si todo el mundo amara la naturaleza como San Francisco de Asís, no existirían problemas ecológicos.

3 Una de las mayores causas de desequilibrio en nuestra sociedad proviene de la lucha que los hombres sostienen contra su feminidad y las mujeres contra su masculinidad.

4 Cuanto más científicos nos volvemos, menor es nuestra capacidad de experiencia.

5 La concepción científica de la realidad no es más que una ilusión.

6 ... poesía... el verdadero poder revolucionario capaz de cambiar el mundo.

Rothschild, Mayer Anselmo (1743-1812),
banquero alemán.

1 ¡Pobre! Jamás sabrá lo que es ser joven
porque nació banquero.

Rotrou, Jean de (1609-1650),
poeta francés.

1 No hay nada más elocuente que el llanto
de una mujer; con su debilidad puede
vencerlo todo, y el que consiente en oírla
se halla próximo a darle satisfacción en
cuanto pide.

2 Si aplica la justicia, se le tiene por cruel; si
es blando, por tímido y partidario del vicio;
si entra en guerra, hace desgraciados; si
mantiene la paz, no es generoso; si perdona, es débil; si se venga, le tachan de
bárbaro; si da, es pródigo; si ahorra, es
avaro.

Rousseau, Jean-Jacques (1712-1778),
escritor y filósofo francés.

1 Las injurias son los argumentos de quienes están equivocados.

2 Las leyes son siempre útiles a los que
tienen mucho y perjudiciales a los que no
tienen nada.

3 La experiencia del mundo nos disgusta:
es cosa sabida.

4 La felicidad del hombre aquí en la tierra es
un estado negativo: hay que medirla por
la menor cantidad de males que sufre.

5 La infancia tiene sus propias maneras de
ver, pensar y sentir; nada hay más insensato que pretender sustituirlas por las nuestras.

6 Los consuelos indiscretos exacerban el
dolor.

7 La más antigua de todas las sociedades y
la única natural es la familia.

8 He hallado siempre que un cambio de
ocupación es un descanso.

9 Los que comen mucha carne son por lo
general más crueles y feroces que el resto
de los hombres. La barbarie inglesa es
notoria.

10 Los remordimientos se adormecen en la
prosperidad y se agudizan en los malos
tiempos.

11 Me es difícil imaginar qué clase de bondad puede encerrar un libro que no lleva a
sus lectores hacia el bien.

12 La naturaleza ha hecho al hombre feliz y
bueno, pero la sociedad lo deprava y lo
hace miserable.

13 Creo en la religión todo lo que puedo
comprender, y respeto el resto sin
rechazarlo.

14 No conozco mayor enemigo del hombre
que el que es amigo de todo el mundo.

15 La naturaleza no nos engaña jamás;
somos nosotros siempre los que nos engañamos.

16 La paciencia es una planta amarga cuyos
frutos son dulces.

17 La templanza y el trabajo constituyen los
dos verdaderos médicos del hombre: el
trabajo aguza el apetito y la templanza
impide que abusemos de él.

18 La única parte útil de la medicina es la
higiene, que, por otra parte, es menos una
ciencia que una virtud.

19 La verdadera madre de familia, lejos de
ser una mujer mundana, está recluida en
su hogar como cualquier religiosa en su
convento.

20 La virtud nos resulta difícil por culpa
nuestra; pues si siempre fuéramos sabios,
raramente necesitaríamos ser virtuosos.

21 El hombre, un ser solitario y débil que
apetece la libertad.

22 El hombre es bueno por naturaleza.

23 El hombre ha nacido libre pero vive enca-
denado en todas partes.

24 El más lento en prometer es siempre el más fiel para mantener la palabra dada.

25 El olvido de toda religión conduce al olvido de los deberes del hombre.

26 No resulta tan fácil como se cree el renunciar a la virtud; ella atormenta durante mucho tiempo a los que la abandonan.

27 ¡Qué manía la de un ser tan pasajero como el hombre, empeñándose en mirar siempre a lo lejos, hacia un porvenir que viene tan raramente, y descuidar el momento actual, del que por lo menos estamos seguros; manía tanto más funesta en cuanto aumenta sin cesar con la edad!

28 ¿Queréis inspirar a los jóvenes el amor a las buenas costumbres? En lugar de repetirles incesantemente «sed prudentes», despertad en ellos interés para que lo sean; hacedles sentir todo lo que la prudencia vale y lograréis que la amen.

29 El primer paso hacia el bien es no hacer el mal.

30 Las cartas de amor se escriben empezando sin saber lo que se va a decir, y se terminan sin saber lo que se ha dicho.

31 El que no aborrece suficientemente el vicio no ama bastante la virtud.

32 Es preciso que deis a conocer vuestro talento; tomad un coche e id de puerta en puerta: es así que se adquiere la celebridad. Tened en cuenta que más importa ser charlatán que hábil.

33 Es una previsión muy necesaria comprender que no es posible preverlo todo.

34 Hay en el fondo de las almas un principio innato de justicia y de virtud, desde el que, a pesar de nuestras propias máximas, juzgamos nuestras acciones y las de los otros como buenas o malas, y a este principio doy el nombre de conciencia.

35 ¡Hombre! Estrecha tu existencia en lo más íntimo de tu ser y dejarás de sentirte miserable.

36 Hacer dos oficios es el mejor medio de que ambos salgan mal.

37 Si hay que obedecer a la fuerza no es necesario obedecer por deber.

38 Si nos ofrecieran la inmortalidad en la tierra; ¿quién querría aceptar esta triste dádiva?

39 Si tu causa es justa, procura buscar la conciliación; si tu causa es injusta, acude al litigio.

40 Todo cuanto es malo en el terreno moral lo es asimismo en política.

41 Trabajar constituye un deber indispensable para el hombre social. Rico o pobre, poderoso o débil, todo ciudadano ocioso es un pillo.

42 Un cuerpo débil debilita al espíritu.

43 Una de las ventajas de una buena acción es elevar el alma y predisponerla para realizar otras mejores.

44 No existe un solo individuo que una vez conocido lo verdadero y lo falso, no prefiera la mentira que él halló, a la verdad descubierta por cualquir otro.

45 El honor de un hombre no se halla a merced de los demás; está en él mismo y no en la opinión pública; no se defiende con la espada ni con la rodela, sino mediante una vida íntegra e irreprochable.

46 Quien no aborrece mucho el vicio no ama mucho la virtud.

Roux, Jean (1834-1905),
poeta francés.

1 El héroe, maravilla; pero el hombre, interesa.

2 El malvado tiene dos procedimientos para perjudicar al prójimo: obrando mal y obrando bien.

3 El que comienza a amar menos, ya no ama.

4 En un tiempo la literatura era un arte y las finanzas un oficio; actualmente es todo lo contrario.

5 Hay dos tipos de escritores geniales: los que piensan y los que hacen pensar.

6 La gloria no es, con frecuencia, más que

un rumor que nace, sin saber cómo, y persiste sin saberse por qué.

7 La tontería que nosotros hubiéramos cometido es la que menos perdonamos al prójimo.

8 La vida se pasa deseando lo que no se tiene, y quejándose de cuanto se dejó de tener.

9 Los espíritus delicados sufren mejor un reproche necio que un elogio necio.

10 Nuestra experiencia está compuesta por ilusiones perdidas más que de sabiduría adquirida.

Rowe, Nicholas (1674-1717),
dramaturgo inglés.

1 Cuando se presenta una buena ocasión, es fatal dudar.

Rowley, William (h. 1585-h. 1642),
dramaturgo inglés.

1 La igualdad no constituye una regla en la gramática del amor.

2 La desgracia más grande halla al fin consuelo.

Rubió y Ors, Joaquín (1818-1899),
poeta e historiador español.

1 Sentada en una plana,
cual de esmeralda sobre rica alfombra,
a quien prestan, galana,
su espuma el mar y Montjuich su sombra.
(Oda que el poeta dedicó a la ciudad de Barcelona.)

Rucabado, Ramón (1886-?),
publicista español.

1 El hombre ha de ser un buen administrador de la palabra y del silencio.

2 Si en el espíritu del trabajador preside la paz, el amor a la obra y la conciencia de utilidad social, todos los oficios son bellos oficios.

Rückert, Friedrich (1788-1866),
poeta alemán.

1 No te debe gustar ante todo, en este mundo, lo más hermoso. Para ti lo más hermoso será aquello que más te satisfaga.

2 No te lamentes si en la vida se te frustró alguna esperanza; equivale a haber tenido un mal que, en definitiva, no te afectó.

3 Nunca encuentras satisfacción en lo que posees, porque el corazón te pide siempre más o, si tienes bastante, temes perderlo; en uno y otro caso tienes una espina en el corazón.

4 En vano sigues la huella de lo que se aprendió durante miles de años. De nada te sirve lo que otro aprende para sí; es necesario que lo experimentes tú mismo, de nuevo.

5 Es un adagio antiguo: El mejor sudario es la honestidad, porque envuelve a la muerte con un grato olor.

6 Hay quien imagina ser libre porque no advierte los lazos que le atan.

7 Observad. La gallina no traga una sola gota de agua sin dirigir una mirada hacia el cielo; ni pica grano alguno la paloma sin postrarse hasta rozar el polvo. Lo que estos animales hacen inconscientemente, hazlo tú en conciencia, sin que te avergüences frente a ellos.

8 Perdona a quien da un paso en falso; piensa en que también tú tienes pies y puedes tropezar.

9 Bella es la gota de rocío sobre una brizna de hierba, y no es tan pequeña, ya que puede servir de espejo al grandioso sol.

10 Por la noche nos sentimos más sensatos respecto al día transcurrido, pero nunca lo suficientemente juiciosos para el día venidero.

11 Por muy grande que tú te consideres ante

el conjunto de los demás, no eres nada; no obstante, como parte del todo, aunque como un ínfimo elemento, eres importante.

12 Quien se siente a sus anchas en la propia casa no suele salir a viajar por el mundo. Los numerosos viajes realizados para descubrir tierras demuestran la insatisfacción universal.

13 Como el viento en una jaula, como el agua en una criba, es el buen consejo en los oídos de la locura y del amor.

14 Cuando los pucheros están vacíos a la hora de comer, el marido y la mujer se los tiran a la cabeza.

15 Cuanto más avanzamos, tanto más rica se convierte la vida.

16 Nada te será más peligroso que la adulación; sabes que te engaña y, sin embargo, la crees.

17 Debemos experimentar constantemente, sin que la experiencia termine nunca; pero finalmente falta tiempo para aplicar lo experimentado.

18 Debes dar por tu parte en la misma medida que deseas recibir; si pretendes todo un corazón, darás toda tu vida.

19 No dejes para mañana lo que puedas realizar hoy; porque mañana tendrás que preocuparte por algo nuevo.

20 Las esperanzas se esfuman, una tras otra, pero el corazón sigue esperando siempre; las olas se persiguen y acaban por romperse, pero el mar no se agota. Las olas suben y bajan, y en ello consiste la vida del mar: esperar un día tras otro, es la verdadera vida del corazón.

21 Nada podrá alcanzar quien no alargue el brazo, y el que lo alarga demasiado se lo disloca.

22 Reflexionando un poco se llega a la conclusión de que se puede beber vino por cinco motivos: en primer término, para celebrar una fiesta; después, para calmar la sed; también, para evitar que luego nos sintamos sedientos; luego, para hacer honor a un buen vino; y, finalmente, por cualquier motivo.

23 Haz lo que te sea posible y deja que los demás hagan lo que puedan. A cada trabajo completo corresponde un hombre íntegro.

24 Si haciendo gala de tus artes supiste ganar el favor de los jueces, ¿de qué te sirve cuando no puedes absolverte a ti mismo?

25 Si su aspiración es agradar, las mujeres se hallan a punto de caer.

26 ¡Hijo mío! Dios te ha destinado a este mundo. Cultívalo, y no pretendas paraísos demasiado pronto.

27 Son los sabios quienes llegan a la verdad a través del error; los que insisten en el error son los necios.

28 Una casa de Dios es el estómago vacío del pobre, y quien lo llena, llena también la voluntad de Dios.

29 Del exceso de los placeres nace el sufrimiento; incluso los ojos lloran cuando se ríe intensamente.

30 El águila vuela sola; el cuervo, en bandadas. El necio tiene necesidad de compañía, y el sabio, de soledad.

31 El amor es el más viejo a la vez que el más nuevo y único acontecimiento del mundo.

32 El borde de una copa y los labios: dos escollos de coral en los que naufragan gustosamente los más hábiles nautas.

33 Hijo mío: el sentimiento del honor es una transformación del instinto general de la vida, de la conservación de sí mismo.

34 La ostra enferma porque lleva la perla; y tú da gracias al cielo que te ennoblece con el dolor.

35 La venganza es un placer que dura sólo un día; la generosidad es un sentimiento que te puede hacer feliz eternamente.

36 La verdad está en el vino, es decir: en nuestros tiempos uno debe estar ebrio para tener ganas de decir la verdad.

37 No podrás sustraerte al destino. Pero observa que no mantienes esta creencia porque la angustia te desaliente, sino porque te da más fuerza.

38 No se vive dos veces y, a pesar de ello, ¡qué grande es la cifra de los que no viven en este mundo siquiera una vez!

39 El éxito es visible, pero la intención no siempre es evidente; por ello se juzga la historia de los hombres por el resultado obtenido.

40 Todo error contiene un núcleo de verdad, y cada verdad puede ser una simiente de error.

41 El hombre que comenzó siendo un bribón nunca será un hombre de bien; del vino se hace con facilidad vinagre, pero jamás del vinagre, vino.

42 Un error despejado proporciona una sólida base; de este modo, a través de los errores va creciendo continuamente el tesoro de la verdad.

43 El que miente una vez, generalmente debe habituarse a la mentira, porque necesita siete mentiras para ocultar una sola.

44 En nuestra última morada, el féretro, dejan de existir las preocupaciones domésticas. Tan sólo el que se encierra en dicha fortaleza se encuentra seguro.

45 El que duda consigo mismo no puede resolver las dudas de los demás; sólo la persuasión puede engendrar persuasión. Si no quieres restar toda su fuerza a las enseñanzas es preciso que, por lo menos, creas en ellas mientras las enseñes.

Ruiz, Juan, «arcipreste de Hita»,
(h. 1296–h. 1353), *poeta español.*

1 Non dejes lo ganado por lo que has de ganar.

2 Cuál es el buen amigo por las obras parecerá.

3 El buen decir no cuesta más que la necedad.

4 Guárdate, sobre todo, de mucho vino beber.

Ruiz, Raúl (1947-1987),
escritor español.

1 Como el mar, la vida y la muerte también son azules.

Ruiz Aguilera, Ventura (1820-1881),
poeta español.

1 Para ir de este mundo al otro
atravesamos el mar;
tal vez por eso a la cuna
forma de barco le dan.

2 La casa de mi vecino
dos puertas tiene a dos calles;
cuando el hombre entra por una,
por otra la virtud sale.

Ruiz de Alarcón, Juan (1581-1639),
poeta español.

1 Y jamás aconsejéis
a quien sabe más que vos.

2 Siempre vieron muchos males
los que mucha edad vivieron.

3 Bien dicen que el buen señor
es quien hace buen criado.

4 De no alcanzar no se ofende
quien lo difícil emprende.

5 Del cielo es la inclinación;
el sí o el no todo es mío;
que el hado en el albedrío
no tiene jurisdicción.

6 El vestido pienso yo
que ha de imitar nuestra hechura,
porque, si nos desfigura,
es disfraz, que ornato no.

7 Sólo consiste en obrar
como caballero, el serlo.

8 Una cosa es alcanzar
y otra cosa merecer.

9 En el hombre no hay que ver
la hermosura o gentileza:
Su hermosura es la nobleza,
su gentileza el saber.

10 ... más que cien predicadores
importa un murmurador.

11 Nunca conserva firmes amistades quien
sólo atento va a sus pretensiones.

12 Que la boca mentirosa
incurre en tan torpe mengua,
que solamente en su lengua
es la verdad sospechosa.

13 Amigos, advertid,
que en la guerra es vencedor
más el orden que el valor;
más que la fuerza, el ardid.

14 Es como pimienta el oro,
que al que más come, más pica.

15 El pobre, sin riesgo pasa por delante del
ladrón.

Ruiz Iriarte, Víctor (1912-1982),
comediógrafo español.

1 La sonrisa es el idioma universal de los
hombres inteligentes. Sólo son tristes los
tontos y los delincuentes.

Ruiz Zorrilla, Manuel (1833-1895),
político español.

1 Los españoles, o son católicos, o son racionalistas. Los católicos lo esperan todo
del milagro. Los racionalistas todo lo esperan de la Lotería Nacional.

Rusiñol, Santiago (1861-1931),
pintor y escritor español.

1 Una revolución es el triunfo de los ambiciosos de abajo sobre los medrosos de
arriba.

2 El hombre sin creencias cree al creer que
no las tiene.

3 El juego cumple una alta misión moral.
Sirve para arruinar a los idiotas.

4 Para que la mujer pueda defenderse, la
madre naturaleza, siempre previsora en
todas las cosas, le ha puesto uñas en la
lengua.

5 La cortesía es pura simulación. El hombre, al entrar en un teatro, da el brazo
derecho a una mujer; pero si se declara un
incendio, la pisa para poder salir más deprisa.

6 Cuando a una mujer el luto le favorece,
no le sabe tan mal haberse quedado viuda.

7 Cuando un hombre se cae y los otros no
ríen, mala señal para el que ha caído.

8 Cuando una mujer dice de otra que tiene
el pie grande, mirarle el suyo: seguro que
lo tiene pequeño.

9 Cuantos más enemigos ha tenido un
hombre más gente va a su entierro.

10 Los coleccionistas de antigüedades son
los traperos de los recuerdos.

11 Los curas son los administradores del
alma y el purgatorio la casa de empeños.

12 Los hombres conquistan a las mujeres
para poderlo contar a los amigos. Las mujeres conquistan a los hombres para po-
derlos esconder de las amigas.

13 Los jóvenes se hacen elogiar porque son
jóvenes, y los viejos se hacen venerar porque son viejos; todo es cuestión de calendario.

14 Los que buscan la verdad merecen el castigo de encontrarla.

15 La mujer es como el violín, afina o no,
según quien la toca.

16 Los que llevan condecoraciones son
como las tiendas de poco género que todo
lo exhiben en el escaparate.

17 Si los jueces después del juicio fueran
juzgados, algunos irían a la cárcel.

18 La mujer que quiere imitar al hombre,
que piense que hace tanto mal efecto como
el hombre que imita a la mujer.

19 La mujer quiere tener el pie pequeño y el
hombre la cabeza grande. En tocante a la
vanidad, los extremos se tocan.

20 De todas las formas de engañar a los
demás, la «pose» de dignidad es la que
hace más estragos.

21 Para sentir admiración hacia un sabio es
preciso no entenderlo bien.

22 Muchas veces se condena a un hombre
porque un jurado ha perdido la noche y
está de mal humor.

23 El día que triunfe el obrero lo primero que
harían muchos es dejar de serlo.

24 El escritor que cuida demasiado el estilo

tiene pocas cosas que decir, y aquel que no lo cuida en absoluto más valdría que no dijera nada.

25 La soledad, al morir, es tan desolada, que muchos llamarían a los cuervos para que les hiciesen compañía.

26 Las coronas que se llevan a los difuntos son para que las vean los vivos que quedan.

27 La mujer hermosa es un peligro. La mujer fea es un peligro y una desgracia.

28 Los médicos envían a los enfermos a los balnearios, no para curarlos, sino para quitárselos de delante.

29 A las mujeres les gusta enseñar las piernas y cubrirse la cabeza. A todos les gusta enseñar lo mejor que cree tener.

30 Las mejores cartas de amor las escriben los que no están enamorados.

31 Si cae un niño a un pozo, una madre se tira de cabeza; si es la madre la que cae, el hijo llama a los vecinos para que la salven.

32 Si no pudiesen explicar las enfermedades, habría muchos que no estarían enfermos.

33 Al trabajo le llaman virtud los que no han de trabajar para engañar a los que hacen la faena.

34 Aquel a quien roban el reloj lamenta tanto pasar por tonto, que casi desearía ser el ladrón.

35 Si es verdad, como aseguran, que la propiedad es un robo, el día que todo sea de todos, todos serán ladrones.

36 Cuando un médico ignora lo que tiene el enfermo, pide ayuda a un compañero y cobra doble. Y es que la ignorancia se ha de pagar más cara.

Ruskin, John (1819-1900),
poeta británico.

1 Una inmensa cantidad de casos en la moderna confesión de la culpa, aunque la confesión sea honrada, es tan sólo una morbosa manifestación de egoísmo que se complace del propio mal en lugar de perder la posibilidad de que se centre todo interés sobre sí mismo.

2 Todos los libros pueden dividirse en dos clases: libros del momento, y libros de todo momento.

3 Un hombre de bien no se deshonra trabajando como empleado o jornalero; pero se deshonra si se convierte en un pillo o un ladrón.

4 Si bien es cierto que la justicia absoluta es inaccesible, la que se precisa en la vida cotidiana pueden lograrla quienes la convierten en su fin.

5 Perder de mala manera el dinero constituye generalmente un verdadero delito; pero adquirirlo de mala manera es peor; aunque lo peor de todo es derrocharlo.

6 Las gentes que destruyen sin causa son turbas.

7 Lo que se hace en competencia con otros nunca resulta bello; ni noble, lo que se hace con orgullo.

8 Los hombres deben aprender que no existe degradación en el trabajo manual más duro o más servil y humilde, cuando es honrado.

9 Para el que goza la plena facultad de sus fuerzas, un tranquilo paseo de diez o doce millas al día, es la más divertida manera de viajar.

10 Los más flojos de inteligencia y los más duros de corazón son quienes más se complacen en la variedad y en los cambios.

11 Mientras seáis jóvenes, haréis bien en cuidar de que vuestros corazones no pidan limpieza, porque quizás necesitéis, al lavarlos, retorcerlos también.

12 Ninguna arquitectura es más soberbia que la sencilla.

13 Vida triste, formada de siestas y pellizcos.

14 Dondequiera que una esposa digna vaya, con ella va siempre su hogar. Aunque sobre su cabeza no haya más techo que el cielo, aunque la luciérnaga sea el único fuego que bulla a sus pies entre el césped frío de la noche, el hogar estará siempre donde ella esté.

15 A mí me parece que las verdades más sencillas y necesarias son siempre las últimas que merecen crédito.

16 El ansia y la manía de litigar constituyen unas peligrosas inclinaciones, incluso en los niños; pero son aficiones mortales en los hombres y en las naciones.

17 El gobierno y la cooperación, en todas las cosas, son las leyes de la vida; la anarquía y la lucha son las leyes de la muerte.

18 El principio al cual el gobierno debe su estabilidad, la vida su felicidad, la fe su aceptación, y la creación su continuación, es la obediencia.

19 El que está en posesión de la verdad encuentra en sus palabras el máximo poder de persuasión.

20 El sendero de una mujer buena se halla cubierto de flores; pero éstas crecen detrás, y no delante de sus pasos.

21 La verdad: la única cosa para la cual no hay grados, sino perpetuos desgarrones y rupturas.

22 A unos esclavos se les compra con dinero, a otros con adulación. La moneda empleada en este tráfico es lo menos importante. La señal distintiva de la esclavitud es tener un precio y venderse por él.

23 El trabajo de un hombre en favor del hogar consiste en asegurar el sustento, el progreso y la defensa; por parte de la mujer, garantizar el orden, la comodidad y la amabilidad.

24 Cuando el sermón es bueno no necesita preocuparse de la forma que tiene el púlpito.

25 Cuanto más pienso en ello, tanto más me convenzo de que, ordinariamente, en el fondo de todas las grandes equivocaciones se encuentra el orgullo.

26 Ninguna religión que se haya predicado en esta tierra del universo de Dios proclamó nunca posible salvación para los que venden malas mercancías.

27 No enseñéis a los muchachos ninguna cosa de la que no estéis seguros. Es preferible que ignoren mil verdades, que poner en su corazón una sola mentira.

28 Es imposible santificar los días o la vida no haciendo nada.

29 De ciencia no se debe hablar antes de saber. De arte no se debe hablar antes de hacer. De literatura no se debe hablar antes de pensar.

30 Decir la verdad es como escribir bien: se aprende a fuerza de ejercicio.

31 Ésta es la verdadera naturaleza del hogar: lugar de paz, refugio, no sólo frente a toda ofensa, sino frente a todo miedo, duda y discordia.

32 Habláis de la guadaña del tiempo y de los dientes del tiempo; pero yo os digo que el tiempo carece de guadaña y de dientes; somos nosotros los que roemos como los gusanos..., somos nosotros los que segamos como la guadaña.

33 Hay dos formas de descontento: una activa, y otra indolente y quejumbrosa.

34 Hay una sola manera de ver exactamente las cosas; la de verlas enteramente.

35 Haz justicia a tu hermano y acabarás por amarlo. Pero si eres injusto con él, porque no lo amas, acabarás por odiarlo.

36 La adoración de la naturaleza lleva consigo un tal sentimiento de la presencia y el poder de un gran Espíritu, que el simple razonamiento no puede evocarlo ni controvertirlo.

37 La calidad nunca es un accidente, siempre es el resultado del esfuerzo inteligente.

38 La facultad de degradar las obras divinas es llamada por el hombre su imaginación.

39 La fuerza y la gloria de todas las criaturas y de todas las cosas consiste en su obediencia y no en su libertad.

40 La grandeza no se enseña ni se adquiere: es la expresión del espíritu de un hombre hecho por Dios.

41 La máxima intensidad de la vida se puede alcanzar solamente mediante una virtud más intensa.

42 La mejor oración, al comenzar el día, es desear que no se malgaste el tiempo.

43 La misma baratura de la literatura hace olvidar, aun a la gente educada, que si un

libro es digno de leerse, es digno también de que se le compre.

44 La naturaleza conserva perfectamente cerrado con sello todo lo mejor que ha creado, mientras no se desee verlo con gran respeto.

45 No existen normas ni modelos para la gran obra artística. De otro modo no sería arte, sino fabricación a la medida.

46 La paciencia que sonríe verdaderamente ante la aflicción, por lo general, se mantiene en pie, camina y aun corre; pero raramente permanece inmóvil.

47 La propia esperanza deja de ser una felicidad cuando va acompañada de la impaciencia.

48 La supremacía mental es indivisible; nunca podrá multiplicarse ni podremos rebajarla de precio.

49 Las naciones basan su historia en tres apartados: sus hechos más sobresalientes, su idioma y su arte.

50 No podéis encontrar una mentira; tenéis que fabricarla. Se puede imaginar la falsedad y componerse una falsedad, pero tan sólo la verdad puede ser inventada.

51 Nunca nos impone Dios un deber sin darnos tiempo para cumplirlo.

52 Son muchos los que piensan que les place

hacer mal; sin embargo, nadie gozó realmente practicando el mal desde que Dios hizo el mundo.

53 Yo creo que la primera prueba de un hombre verdaderamente grande es su humildad.

54 Si podemos ganar la libertad, la suerte debe determinarlo; pero ser dignos de ella, debemos determinarlo nosotros: el peor destino que nos puede tocar es el de tenerla sin haberla merecido.

55 La virtud de la imaginación es verdad más esencial que la que se ve en la superficie de las cosas.

Russell, Bertrand (1872-1970),
político y filósofo inglés.

1 Lo que los hombres quieren, de hecho, no es el conocimiento, es la certeza.

2 Los hombres que son desdichados, como los que duermen mal, siempre se enorgullecen de este hecho.

3 Muchos hombres cometen el error de sustituir el conocimiento por la afirmación de que es verdad lo que ellos desean.

4 Nada puede esperarse de una infancia feliz.

José de San Martín   John Ruskin   William Shakespeare

Saadi, Muslih al Din (1193-1290),
poeta persa.

1 Quien no ama a nadie ignora la alegría de vivir.

2 Cuando tienes una noticia que puede afligir a un corazón, calla y deja que otro sea portador de ella.

3 Dos clases de hombres se esfuerzan en vano: quien amontona dinero sin gastarlo, y quien adquiere saber sin aplicarlo.

4 Me lamentaba por no tener calzado, cuando al pasar frente a la puerta de la mezquita de Damasco vi a un hombre al que le faltaban las piernas. Cesé de lamentarme y de murmurar contra el destino.

Saavedra Fajardo, Diego (1584-1648),
escritor español.

1 Viven engañados los príncipes que piensan extinguir con la potencia presente la memoria futura o que su grandeza se extiende a poder dorar las acciones malas.

2 Quien supo sufrir y esperar supo vencer su fortuna.

3 ¿Qué es la elocuencia, vestida de trapos y figuras, sino una falsa apariencia o engaño? Y nos suele persuadir a lo que nos está mal.

4 Quien no duda no puede conocer la verdad.

5 A mucho obliga el que, teniendo valor para hacerse temer, se hace amar.

6 Dudar de la fidelidad hace infieles.

7 El poder absoluto es tiranía; quien le procura, procura su ruina.

8 Entre ellos (los filósofos) eché de menos, como alguno de los filósofos no puso la felicidad del hombre en no escribir, siendo éste uno de los mayores y más importunos trabajos de la vida humana.

9 Los príncipes nacieron poderosos, pero no enseñados.

10 Más reinos derribó la soberbia que la espada; más príncipes se perdieron por sí mismos que por otros.

11 No se teme en los hombres el vicio, porque los hace esclavos; la virtud sí, porque los hace señores.

12 Por las palabras caídas se lee el ánimo.

13 La multitud ni disimula, ni perdona, ni compadece.

14 Gobernarse por lo que dice el vulgo es flaqueza.

15 Se quiebra la furia en lo blando de la arena.

16 La murmuración o es envidia o jactancia propia.

421

Sablé, Magdalena de Souvre, marquesa de (1599-1678), *dama de honor de María de Médicis.*

1 Demasiado descontento consigo mismo es debilidad, mas demasiada satisfacción es necedad.

Sabuco, Oliva (1562-1590), *escritora española.*

1 El magnánimo, cuanto más puede, menos se venga.

Sachs, Hans (1494-1576), *poeta alemán.*

1 Tan pronto como el dinero suena en la bolsa, el alma salta del purgatorio.

2 Cuando una mujer no sabe qué decir, se queja de su criada. Otro tanto hacen las criadas, a su vez. Esto es una costumbre general.

Sade, Donatien-Alphonse-François, marqués de (1740-1814), *escritor francés.*

1 La beneficiencia es más un vicio del orgullo que una verdadera virtud del alma.

2 Dirigíos antes a las pasiones que a las virtudes cuando queráis persuadir a una mujer.

Safo de Lesbos (s. VI a. de C.), *poetisa griega.*

1 Sí, es un mal el morir, pues, si no hubiese sido una desdicha, los dioses mismos habrían muerto.

2 El hombre que tan sólo es hermoso gusta únicamente mientras se mira; pero el hombre sabio y bueno siempre es hermoso.

3 Y, en fin, ¿qué? Yo era una mujer y había amado a un hombre. Era una historia muy

sencilla. No había motivos para hacer aspavientos.

4 Sólo cerrando las puertas detrás de uno se abren ventanas hacia el porvenir.

Sagan, Françoise, *escritora contemporánea francesa.*

1 La felicidad para mí consiste en gozar de buena salud, en dormir sin miedo y despertarme sin angustia.

2 En un cierto momento de la vida se desea un hijo. Quizás, para morir un poco menos cuando se muere.

Sagarra, José María de (1894-1961), *escritor español.*

1 La ciencia y la palabra no descubren el relámpago divino. Inútil es poner los codos en la mesa y tener los ojos fijos en el pergamino.

Sagasta, Práxedes Mateo (1827-1903), *político español.*

1 Después de la muerte de Cánovas, todos los demás políticos podemos llamarnos de tú.

2 Los tronos no son más que instituciones políticas llamadas a satisfacer las necesidades de los pueblos.

Sailer, Juan Miguel (1751-1832), *teólogo alemán.*

1 Sobrecargar la memoria ocasiona los mismos graves daños que el no ejercitarla.

Saint-Exupéry, Antoine de (1900-1944). *escritor francés.*

1 Amar no es mirarse el uno al otro, es mirar juntos en la misma dirección.

2 La derrota puede revelarse como el único camino hacia la resurrección a pesar de sus esperanzas.

3 Frutos y raíces tienen una misma medida común que es el árbol.

4 Obliga a los hombres a construir una torre y los cambiarás en humanos. Pero si quieres que se odien, échales grano.

5 El orden no crea la vida.

Saint-John, Perse (1887-1975), *poeta francés.*

1 La democracia, más que cualquier otro régimen, exige el ejercicio de la autoridad.

2 ¡Desdichados los inciertos y parsimoniosos! Se perece por falta más que por exceso.

3 Cuidado, puede haber una servitud también de la libertad, como hay una servitud de la malicia y de la contradicción.

4 El amor en el mar quema sus barcos.

Saint-Just, Luis Antonio León de (1767-1794), *político francés.*

1 Las oficinas han reemplazado a la monarquía.

2 Los que hacen revoluciones a medias no han hecho más que cavarse la tumba.

3 No se puede reinar inocentemente; la locura de ello es demasiado evidente.

4 Las virtudes feroces hacen las costumbres atroces.

5 El premio de la elocuencia se dará al laconismo.

Saint-Martin, Miguel de (1614-1687), *sacerdote y escritor francés.*

1 La oración es la respiración del alma.

Saint-Pierre, Jacques-Henri Bernardin (1737-1814), *escritor francés.*

1 Las letras son un socorro del cielo. Son rayos de la sabiduría que gobierna el universo, y el hombre, inspirado por un arte celestial, ha sabido transportarlo a la tierra. A semejanza de los rayos solares, nos iluminan, nos alegran y nos dan calor: son un fuego divino.

2 La Naturaleza es grande en las cosas grandes, pero es mayor en las más pequeñas.

Sainte-Beuve, Charles Augustin (1804-1869), *escritor francés.*

1 Casi nunca juzgamos a los demás, sino que juzgamos nuestras propias facultades en los otros.

2 Cuando veáis a un hombre atacado encarnizadamente, con furia, por todo género de hombres y por todos los procedimientos posibles, tened la seguridad de que ese hombre vale mucho.

3 El orgullo de la vida emborracha fácilmente a la juventud. Cada generación, a su hora, está en la cima del árbol de la vida, y desde allí ve todo el paisaje a sus pies, y sobre ella no hay más que el cielo. Se cree la primera y, en efecto, lo es, pero sólo por un momento.

4 El que abusa de un líquido no se mantiene mucho tiempo sólido.

5 La felicidad o la desgracia de la vejez no es, frecuentemente, otra cosa que el resultado de nuestra vida pasada.

6 La vida actual nos conturba de tal modo que de buena fe creemos que nunca hubo nada parecido.

7 Los que poseen el don de la palabra y que son oradores, disponen de un gran instrumento de charlatanismo. Dichosos ellos si no abusan.

8 Si viene el papa, dile que no estoy, si viene mi pobre madre, le ruegas que me espere.

Salaverría, José María (1873-1940), *escritor español.*

1 ¡Cuántas veces el tesón del mártir no suele ser otra cosa que una lacerante forma de soberbia!

2 Valldemosa es un sitio tres veces sagrado: por la religión, por la belleza, por Chopin.

3 Roma sabe demasiado bien que la doctrina pura de Jesús conduce a la renunciación y al nihilismo místico, o a un comunismo aletargador.

Saldaña, Quintiliano (1878-1938), *sociólogo y catedrático español.*

1 No somos responsables de no haber sido Hércules de la voluntad en un momento dado; lo somos de no haber sido cuidadosos siempre.

2 La mujer, el ser más sensible de la creación, cuando es sacudida por la injusticia no llora, se endurece.

Salden, Juan (1584-1654), *historiador inglés.*

1 Los predicadores dicen: haced lo que os digo y no lo que hago.

Salinas, Pedro (1892-1951), *poeta español.*

1 El alfabetismo, o sea, aquel estado en que un ser humano sabe leer, se tiene por una línea fronteriza tan clara y tajante, que divide a la humanidad en dos partes implacablemente distintas.

Salis-Seewis (1762-1834), *poeta alemán.*

1 En este mundo, el pobre corazón azotado por cualquier tempestad, no encuentra la verdadera paz más que cuando cesa de latir.

2 La palma que corona al vencedor germina solamente en las azarosas horas de prueba.

Salm, Constanza María de Theis (1767-1845), *escritora francesa.*

1 Cuando nos hacemos viejos amamos la moral, porque nos hace resaltar el mérito de una serie de privaciones que habían llegado a convertirse, para nosotros, en una necesidad.

2 El espíritu de observación nos eleva sobre los demás hombres hasta el punto de convertirnos en sus jueces naturales.

Salmerón, Nicolás (1857-1908), *político y filósofo español.*

1 Se pierde la virginidad de la fe para adquirir la maternidad de la razón.

Salmos. Véase **Biblia.**

Salustio Crispo, Cayo (s. I a. de C.), *historiador latino.*

1 Vigilando, laborando y meditando todas las cosas prosperan.

2 Poco me satisface aquella ciencia que no ha sabido hacer virtuosos a quienes la profesaron.

3 No es decoroso que quien tiene armas en las manos, busque la salvación en los pies inermes.

4 Las cosas humanas son así: en la victoria

hasta el bellaco se jacta, y en la adversidad hasta los buenos son envilecidos.

5 La elegancia, para las mujeres; a los hombres les conviene el trabajo.

6 La concordia hace crecer a las cosas pequeñas; la discordia arruina las grandes.

7 Anhelar y despreciar las mismas cosas representa la más firme garantía de la amistad.

8 Cada uno es forjador de su propia fortuna.

9 Ciertamente, la fortuna domina todas las cosas, dando a unos la fama y a otros la oscuridad, más según su capricho que según sus méritos.

10 Con la concordia crece lo pequeño; con la discordia se arruina lo más grande.

11 La avaricia pervierte la fidelidad, la honestidad y todas las demás virtudes.

12 La gloria de las riquezas y de la belleza es mudable y frágil; la virtud es clara y eterna.

13 La fortuna todo lo domina; exalta u oscurece todas las cosas, no según la verdad, sino según el capricho.

14 La soberbia es un mal común de los nobles.

15 Poco se protege la honestidad por sí misma.

Samaniego, Félix María de (1745-1801), *escritor español.*

1 A un panal de rica miel
dos mil moscas acudieron,
que por golosas murieron
presas de patas en él.
Otra, dentro de un pastel
enterró su golosina [=gula].
Así, si bien se examina,
los humanos corazones
perecen en las prisiones
del vicio que los domina.

2 Aparta la amistad de la persona
que, si te ve en el riesgo, te abandona.

3 ¡Cuántos chascos se llevan en la vida
los que no miran más que la apariencia!

4 El apetito ciego
a cuántos precipita
que por lograr un nada
un todo sacrifican.

5 Es de suma importancia
tener en los trabajos tolerancia,
pues la impaciencia en la contraria suerte,
es un mal más amargo que la muerte.

6 Es el peor enemigo el que aparenta
no poder causar daño, porque intenta,
inspirando confianza,
asegurar su golpe de venganza.

7 No anheles impaciente el bien futuro:
mira que ni el presente está seguro.

8 Procure ser en todo lo posible
el que ha de reprender, irreprensible.

9 «Tu cabeza es hermosa
pero sin seso».
dijo la zorra al busto
después de olerlo.

10 Si en esto para el ocio y los regalos
al trabajo me atengo y a los palos.

San Martín, José de (1778-1850), *general y político argentino.*

1 El sol que asoma en la cumbre de los Andes va a ser testigo del triunfo de nuestras armas.

2 ¡Hombre! Cuando no puede uno llegar a ser libertador de medio mundo, me parece que se le puede perdonar el ser banquero.

3 La presencia de un militar afortunado, por más desprendimiento que tenga, es temible para los Estados que de nuevo se constituyen.

Sánchez de Bercial, Clemente (1370-1426), *escritor español.*

1 El consejo engañoso
siempre es dañoso.

Sánchez Ferlosio, Rafael,
escritor español contemporáneo.

1 Que los tiempos felices sean en la Historia páginas vacías no quiere decir sino que en ellos no se ejerce ningún proyecto de la dominación, no se cumple ninguna nueva etapa del Progreso.

2 El Futuro se ha vuelto, pues, hoy, tanto en Oriente como en Occidente, el opio de los pueblos.

3 El primero y tal vez el más alto precio que ha habido que pagar por el progreso es, sin duda, el presente.

4 La coartada, totalmente falaz, del desarrollo tecnológico es la de que el continuado progreso y enriquecimiento de los países ricos acabará algún día beneficiando a los países pobres.

5 La cuestión ética por excelencia es justamente desmontar de una vez esta mentalidad contable (...) y que consiste en hacer de la felicidad y el dolor partidas mutuamente reducibles por relación de intercambio.

6 La Historia, el Progreso y el Futuro se vuelven dioses en quienes se pueden confiar en cuanto exigen tributo de sangre, y justamente gracias a exigirlo.

7 ... Nos está totalmente prohibido decir los dioses son malos porque se complacen con el sacrificio.

Sand, George (1804-1876),
novelista francesa.

1 He leído en alguna parte que para amarse perfectamente hay que tener principios semejantes, con gustos opuestos.

2 ¡Ay del hombre que quiere actuar sinceramente en el amor!

3 La coqueta es una mujer que hace por vanidad lo que la cortesana hace por ganar dinero.

4 Las herejías son la gran vitalidad del ideal cristiano.

Sanders, Daniel (1819-1897),
lexicógrafo alemán.

1 Él desearía una mujer que no fuese impertinente; pero todas son hijas de Eva.

Sanial-Dubay, J. (1754-1817),
escritor francés.

1 Si los tontos no son modestos, no es por culpa suya; nada tienen que les permita serlo.

2 Por muy satisfechos que estemos de nosotros mismos, no sabríamos darnos por contentos; la estimación de los demás nos complace más que la nuestra.

3 La mujer no entiende ni sabe servirse de sus intereses de peor manera que cuando quiere ser solamente mujer.

4 Con el comercio de las coquetas sucede como con la lectura de las novelas: no sabemos renunciar a él, a pesar de que no es más que una ficción.

5 Es más difícil hacer durar la admiración que provocarla.

6 Los hombres no aman siempre lo que quieren; las mujeres no siempre quieren lo que aman.

7 Los placeres son como los alimentos: los más sencillos son los que nos causan menos sinsabores.

8 Si el que pretende llegar a ser original no siempre sale airoso, por lo menos es seguro que alcanza el ridículo.

Sansovino, Jacobo Tatti (1479-1570),
escultor italiano.

1 Los embajadores son los ojos y los oídos de los Estados.

Santayana, George (1863-1952),
filósofo estadounidense.

1 Para un hombre que ha cumplido sus de-

beres naturales, la muerte es tan natural y bienvenida como el sueño.

2 Nuestra dignidad reside, no en lo que hacemos, sino en lo que entendemos.

3 Cuando los dioses quieren abatir a alguien en el combate de la vida, empiezan por quitarle el sentido de las consecuencias lógicas; y entonces él mismo se precipita a su ruina.

4 La cultura está entre los cuernos de este dilema: si debe de ser profunda y exquisita, ha de quedar reducida a pocos hombres; si debe hacerse popular, tendrá que ser mezquina.

5 Morir es algo espantoso, del mismo modo que nacer es algo ridículo.

6 Los que no se acuerdan del pasado están condenados a repetirlo.

7 El joven que no llora es un salvaje. El viejo que no ríe es un loco.

8 Para una idea es de muy mal agüero estar de moda, pues esto implica que más adelante estará anticuada para siempre.

9 No hay remedio ni para el nacimiento ni para la muerte. Lo único que nos resta es poder aprovechar el intervalo.

10 Dada la manera de ser del hombre actual, ser conciso equivale a estar inspirado.

Santeuil, Juan de (1630-1697),
escritor francés.

1 Riendo corrige las costumbres.

2 Mata a pocos, pero da de vivir a muchos.

Santiago el Mayor (m. 44 d.C.),
apóstol y patrón de España.

1 La fe sin obras es fe muerta (Fides sine operibus mortua est).

Sanz del Río, Julián (1814-1869),
filósofo español.

1 Dios es la piedra angular que no puede ser removida en nuestro espíritu, sin que retiemble y venga abajo todo el edificio intelectual humano.

Saphir, Moisés (1795-1858),
escritor húngaro.

1 La memoria de las mujeres resulta muy chocante; piensan en el primer amado después de treinta años, mientras que del segundo se olvidan a los tres días.

2 La verdad es una ortiga; el que apenas la roza cree abrasarse; quien la toma firme y decidido, no siente ningún malestar.

3 Las mujeres consideran el matrimonio como una comedia que comienza con la boda; los hombres, como una tragedia que termina con la muerte.

4 Lo primero que saben las mujeres es lo hermosas que son; lo primero que aprenden, es lo fuertes que son; lo primero que experimentan, lo débiles que son; lo primero que olvidan, lo viejas que son, y lo primero que recuerdan de nuevo es que lo han olvidado.

5 Los escritores mueren a disgusto; no querrían legar al cielo con las manos vacías, puesto que el hombre no entra en el cielo si no es por sus buenas obras.

6 Los matrimonios son arreglados en el cielo y concretados en la tierra; por eso es tan grande la diferencia, antes y después del matrimonio, como entre el cielo y la tierra.

7 Llega un momento en que todos te olvidan: parientes, amigos, la mujer amada y, en definitiva, incluso los enemigos; pero nunca los acreedores. Por ello, trata de contraer el mayor número de deudas posible, para seguir viviendo en el recuerdo de las gentes.

8 Comparado con los demás hombres, Holofernes fue feliz; otros, cuando se casan, pierden la cabeza y mantienen a la mujer; al menos Holofernes perdió ambas cosas a un tiempo.

9 Con el chiste sucede como con el dinero; el que lo tiene en abundancia lo derrama en mayor grado de lo que necesita; el que carece de él hace sonar un poco el que le han prestado.

10 Cuanto más numerosos son los abogados, tanto más se prolonga el proceso; cuanto más numerosos son los médicos, tanto más breve es el proceso.

11 ¡Dinero y crédito! Dos cosas raras. Se tiene necesidad del dinero cuando no se posee, y se cuenta con crédito, especialmente cuando no se tiene necesidad de él.

12 El aburrimiento es más viejo que el amor. Cuando Adán estaba solo en el Paraíso, sin la mujer, y no conocía el amor, se aburrió y quedó dormido. El sueño producido por el aburrimiento es poco saludable, y así lo comprendió Adán; durante su sueño nació la mujer, y, al despertar, se encontró casado.

13 El amor es una nada, de la que todo corazón hace un mundo; una nada que lo es todo y un todo que no es nada.

14 El hombre más sensato, cuando ama, se convierte en un loco; la muchacha más estúpida se hace sensata al amar.

15 El matrimonio es la tumba del amor, y la mujer es la cruz que la corona.

16 El primer sueño sosegado de Adán fue a la vez el último. Al despertarse tenía una... mujer.

17 En el matrimonio la mujer toma el apellido del hombre, como un vencedor el nombre de una batalla ganada.

18 Una mujer bella y fiel es algo tan raro como la traducción perfecta de una obra poética. Por lo general, la traducción no es hermosa cuando es fiel, y no es fiel cuando es bella.

19 ¿Por qué las mujeres rara vez miran detrás de sí cuando van de paseo, y los hombres lo hacen siempre? Porque los hombres han oído hablar de Orfeo, quien por haberse vuelto perdió a su mujer.

20 Si los animales poseyeran un lenguaje dirían, sin duda, refiriéndose a ciertos vicios: «Esto es propio de los hombres», de igual forma que los hombres dicen: «Es algo bestial».

21 Muchas personas aman al poeta como quieren al queso; es decir, solamente lo encuentran bueno cuando está lleno de gusanos.

22 Nada es más inexorable que una mujer de edad en lo que respecta a las pasiones de una joven.

23 No hay ser más noble que la mujer; generalmente se adorna pensando en su peor enemiga.

24 Si un personaje importante te promete algo, aprende un oficio y... pon tu confianza en él.

25 Todos deben casarse; no es lícito sustraerse egoístamente a una calamidad general.

Sardou, Victoriano (1831-1908), *escritor francés.*

1 En el matrimonio, cuando se han corrido algunas leguas, el caballero comienza a hacer más lento el paso, una vez visto el paisaje, y esta es precisamente la hora en que la señora, que no ha visto nada, empieza a pasear a gusto.

2 Vuestra política es singularmente simple. A un lado se hallan las personas que todo lo tienen: dinero, honores y cargos. Al otro lado, los que no tienen nada. Los que todo lo encuentran bien y los que todo lo hallan mal. A la derecha, la digestión; a la izquierda, el apetito.

Sarmiento, Domingo Faustino (1811-1888), *escritor y estadista argentino.*

1 No puede perdonarse a la metrópoli que haya hecho a sus hijas del otro lado del mar tan semejantes a ella misma.

2 Aquellos que pacen su pan bajo la férula de cualquier tirano.

3 El detalle de una batalla lo da el que triunfa.

Sartre, Jean-Paul (1905-1980),
filósofo francés.

1 Lo que dice el existencialista es que el cobarde se hace cobarde, el héroe se hace héroe; hay siempre para el cobarde una posibilidad de no ser cobarde y para el héroe la de dejar de ser héroe.

2 Nadie es como otro. Ni mejor ni peor. Es otro. Y si dos están de acuerdo es por un malentendido.

3 Cuando los ricos se hacen la guerra, son los pobres los que mueren.

4 El hombre no es nada más que su proyecto, no existe más que en la medida en que se realiza, no es, por lo tanto, más que el conjunto de sus actos, y nada más que su vida.

5 El papel de los predicadores consiste en tentar a los malos con el bien.

6 Lo más aburrido del mal es que uno se acostumbra.

Satz, Mario,
escritor.

1 La perfección es una pulida colección de errores.

Saurin, Bernardo José (1639-1703),
poeta y dramaturgo francés.

1 ¡Qué larga parece una noche al dolor que vela!

2 La ley del universo es: ¡ay del vencido!

3 La ley permite muchas veces lo que el honor prohíbe.

Savage Landor, Walter (1775-1864),
poeta inglés.

1 Seguramente, la bondad no hace tan felices a los hombres como la felicidad los hace buenos.

2 Quien suele apelar a las citas, o hace ostentación de su saber o duda de sus propias razones. Por otra parte, el que se apoya en las espaldas de otro no camina jamás con gracia, aunque el otro se desenvuelva garbosamente.

3 Yo miro a cualquier miembro de una viejísima familia como lo hago con cualquier otra cosa antigua y le agradezco por ofrecerme una página de novela, de la que posiblemente él nunca supo ni sintió nada.

4 La demora de la justicia significa injusticia.

5 La gratitud no puede brotar en un terreno endurecido por los apremios.

6 La palabra exacta en el lugar preciso nos alivia de la preocupación de contar con la armonía.

7 La paradoja gusta a muchas personas; tiene la apariencia de originalidad, pero generalmente no es sino el talento de los superficiales, de los perversos y de los obstinados.

8 La religión es la hermana mayor de la filosofía.

9 Aquellos que están perfectamente satisfechos se pasan la vida con una mano sobre otra, y no hacen nada; aquellos que no están perfectamente satisfechos son los únicos bienhechores de la humanidad.

10 Cuando la mujer terminó de ser para nosotros absolutamente la misma, poco importa que sea distinta.

11 Cuando un escritor es elogiado en vida más allá de sus merecimientos, puede estar seguro de que en lo porvenir será estimado muy por debajo de ellos.

12 De igual modo que la perla se forma en la oscuridad de su concha, así madura en la tumba toda fama verdaderamente preciosa.

13 El disimulo es una virtud femenina y tan necesaria a la mujer como la religión.

14 El presente, como una nota musical, nada sería si no perteneciese a lo ya pretérito y a lo que ha de venir.

15 El ridículo evita frecuentemente el resen-

timiento, pero hasta ahora el resentimiento nunca ha evitado el ridículo.

16 Los apodos y los zurriagazos, una vez aplicados, no hay medio de quitártelos de encima.

17 Los hombres pueden ser descuidados en la escritura, porque pueden sentir la urgencia de sus negocios; pero yo nunca conocí una mujer sensible y digna de estima que tuviese una escritura desordenada.

18 El verdadero hombre feliz es aquel que sabe distinguir las fronteras entre el deseo y el bienestar, y se mantiene firmemente sobre el terreno más alto.

19 En ciertas ocasiones la prosa puede tolerar una gran dosis de poesía; por otra parte, la poesía decae y se desvanece bajo el peso de una pequeña cantidad de prosa.

20 La abstinencia de los placeres vulgares representa el único medio de merecer y lograr los placeres finos y delicados.

21 Los oyentes y los lectores, escuchan o leen no para saber vuestra opinión, sino para sentir la repetición de la propia.

22 Los que fracasaron como pintores se convierten en barnizadores de cuadros: los que fracasaron como escritores se hacen críticos.

23 Los grandes hombres presentan a veces mayores defectos que los que pueden albergar los pequeños.

24 ¿No sucede en filosofía como en amor? Cuanto más se tiene y menos se habla de él, tanto mejor.

Savonarola, Jerónimo (1452-1498),
predicador italiano.

1 La fuerza no estriba en poseer un gran cuerpo, sino solamente en el espíritu.

2 No existe un animal peor que el hombre carente de ley.

3 La amistad figura entre los bienes mayores y más dulces que pueda poseer el hombre en este mundo.

Say, Jean Baptiste (1767-1832),
escritor y economista francés.

1 Una de las mayores pruebas de mediocridad es no saber reconocer la superioridad de las demás.

2 No deja de ser humillante para el hombre que tenga más ingenio y cultura, pensar que no existe un tonto que no esté dispuesto a enseñarle alguna cosa.

3 Los hombres de todos los tiempos se asemejan unos a otros. La historia es útil, no tanto por lo que leemos del pasado, cuanto porque leemos lo porvenir.

4 Entre un pensador y un erudito hay la misma diferencia que entre un libro y un índice de materias.

Scarron, Paul (1610-1660),
escritor francés.

1 La experiencia enseña que una persona humilde, que sabe dominarse a sí misma hasta el punto de dar las gracias cuando se le niega algo, llegará antes al fin de lo que pretende que aquella otra que se siente ofendida por una repulsa.

Scott, Walter (1771-1832),
escritor británico.

1 ¡Tocad, tocad el clarín, soplad el pífano! A todo el mundo profano proclamad que una intensa hora de vida gloriosa vale un siglo sin nombre.

2 El amor rige sobre el corral, el campo, el bosque y los hombres de este mundo y los santos del más allá; porque el amor es cielo y el cielo, amor.

3 ¿Qué cabe observar en la más vasta descendencia real, en Europa, sino que se remonta hasta un soldado afortunado?

4 A los tímidos y a los vacilantes todas las cosas les resultan imposibles, porque así les parecen.

Scudéry, Madeleine de (1607-1701), *escritora francesa.*

1 No existen otros yerros imperdonables que los de las personas que ya no se aman.

2 El peor de los hombres se sonroja siempre de cualquier cosa; pero hay mujeres que jamás se sonrojan por nada.

3 El mérito de una mujer se mide por su capacidad de amar.

4 A las mujeres les gusta la moda porque toda novedad es siempre un reflejo de la juventud.

Scharrelmann, Enrique Luis (1871-), *escritor y maestro alemán.*

1 Muestra al muchacho, con nuevas e incesantes imágenes, la verdad, la belleza y la bondad, dejando que sea él mismo quien elija. Instintivamente capta lo justo.

2 Generalmente los padres no dan suficiente importancia a las preguntas de sus hijos, y no piensan que en cada una de ellas pugna por manifestarse una vigorosa energía espiritual.

Schefer, Leopoldo (1784-1862), *poeta y cuentista alemán.*

1 Si llegas a un punto en que tienes enemigos, he de alabarte, porque no todos son buenos. Y aunque te lo calles, no sientas vergüenza por tener enemigos. El que no es capaz de soportar a los enemigos no merece tampoco tener amigos. Tus enemigos han de ser los que desean la esclavitud. Tus enemigos deben ser los que temen la verdad, y los que se apartan del derecho, los que rehúyen el honor y los que no tienen amigos.

2 Nada hay que esté solo, nada puede estar en completa soledad; lo que existe, necesita de otro, para ser.

3 La profundidad del sentimiento es bienaventuranza.

4 La máxima felicidad de los mortales será siempre la esperanza. ¡La esperanza!

5 Esperar representa en sí una felicidad. En la esperanza se encierra, centuplicada, la imagen de cuanto tú confías hallar.

6 El hombre no tiene otra finalidad que ser hombre.

7 Mucho hace quien sirve y calla honestamente.

8 Tan sólo hay una cosa en este mundo que sea más hermosa y mejor que la mujer: la madre.

Scheffel, José Víctor (1826-1886), *poeta alemán.*

1 La necesidad enseña también al rey a suplicar.

Scheffler, Johann Véase **Silesio, Angelo.**

Schelling, Friedrich Wilhelm Joseph (1775-1854), *filósofo alemán.*

1 Sé, en el más elevado sentido de la palabra; deja de ser un simple fenómeno; aspira al ser, por ti mismo. Ésta es la suprema exigencia de toda filosofía práctica.

Scherer, Guillermo (1841-1886), *escritor alemán.*

1 Alabar es más difícil que censurar. No obstante, si todos los críticos centraran su ambición en distinguirse en lo difícil, sería una bendición para nuestro arte.

Scherr, Juan (1817-1886), *escritor alemán.*

1 Los rebeldes de ayer son siempre los déspotas de hoy.

2 El amor es para el hombre tan sólo una

fase del desarrollo de su ser; para la mujer es todo en todas las cosas, sustancia vital, cielo e infierno.

Schiller, Friedrich (1759-1805), *escritor alemán.*

1 Solamente la belleza femenina es verdadera reina; donde aparece, domina, y domina solamente porque se muestra.

2 Tan sólo la actividad orientada hacia un determinado fin hace soportable la vida.

3 Temprano ha de ejercitarse quien aspire a convertirse en maestro.

4 Todas las almas fuertes pertenecen a una misma familia.

5 Todas las demás cosas deben; el hombre es el ser que quiere.

6 Todavía no he visto que acabara alegremente ninguno de aquellos hombres sobre los que los dioses derramaron, a manos llenas, sus dones.

7 Triple es el paso del tiempo; vacilante se va acercando el futuro; raudo como una flecha vuela el presente; eternamente en calma queda el pasado.

8 Tu mejor defensa es el corazón de tu pueblo.

9 Un corazón noble se confiesa voluntariamente como vencido por la razón.

10 Únicamente el error es la vida; el saber es la muerte.

11 Vivir quiere decir soñar; ser sabio significa soñar apaciblemente.

12 Honrad a las mujeres. Bordan y tejen rosas celestiales en la vida terrena, trenzando el lazo glorioso del amor.

13 La apariencia gobierna el mundo, y la justicia solamente aparece en la escena.

14 La gloria es el más excelso de todos los bienes de la vida; cuando el cuerpo se ha convertido en polvo, el gran nombre sigue viviendo. ¡Hombre valeroso!: el esplendor de tu gloria se inmortalizará en los cantos; porque la vida terrena se desvanece, mientras los muertos viven siempre.

15 La libertad existe tan sólo en la tierra de los sueños.

16 Entre las muchas cosas feas, la más fea es una lengua afilada.

17 La naturaleza mantiene un eterno lazo con el genio. Lo que el uno promete, la otra lo aporta con certeza.

18 La palabra es libre; la acción, muda, y la obediencia ciega.

19 La vida constituye el único bien del malo.

20 La voluntad hace al hombre grande o pequeño.

21 Lo que tú piensas pertenece a todos; tuyo es tan sólo aquello que sientes.

22 Los bienes de este mundo son engañosos.

23 Los votos deben pesarse, pero no contarse.

24 ¡Multitud vacilante, que todo viento arrastra de un lado para otro! ¡Ay de quien se apoya en este sostén!

25 Nada existe en el mundo que sea insignificante.

26 No es la carne y la sangre, sino el corazón lo que nos hace padres e hijos.

27 No es un hombre quien donde puede alcanzarse un gran beneficio se da por satisfecho ganando una minucia.

28 No hay nada que se halle tan alto que el fuerte no encuentre medio para apoyar la escalera.

29 Obrando bien nutres la planta divina de la humanidad; creando obras bellas, esparces los gérmenes de lo divino.

30 Procuremos no ascender demasiado para no caer desde excesiva altura.

31 ¿Qué es la mayoría? Nada más que un absurdo: la inteligencia ha sido sólo privativa de unos pocos.

32 Que tu sabiduría sea la sabiduría de las canas, pero que tu corazón sea el corazón de la infancia candorosa.

33 Quien desee recoger lágrimas, que siembre amor.

34 Rápidamente se despacha la juventud con

la palabra, cuando es tan difícil de manejar como el corte de un cuchillo.

35 Si quieres conocerte, observa la conducta de los demás. Si quieres comprender a los demás, mira en tu propio corazón.

36 Solamente conoce el amor quien ama sin esperanza.

37 Solamente cuando está maduro cae el fruto de la suerte.

38 Una memoria ejercitada es guía más valioso que el genio y la sensibilidad.

39 ¿Acaso crees ser ya un poeta porque aciertas a creer un verso en una lengua culta que escribe y piensa por ti?

40 Al hombre no le queda más que una tímida elección entre la felicidad de los sentidos y la paz del alma.

41 Cada uno, considerado aisladamente, es suficientemente cuerdo e inteligente; pero tan pronto como forma parte de una muchedumbre, queda convertido en un ser estúpido.

42 Créeme: en tu pecho se encierra la estrella de tu destino. Confía en ti mismo: la resolución es tu Venus. El único demonio que te perjudica es la duda.

43 De todos los bienes de la vida la gloria es el más alto; cuando el cuerpo se ha convertido en polvo, el gran nombre vive todavía. Valeroso, el esplendor de tu gloria será inmortal en el canto; puesto que la vida terrestre desaparece y los muertos viven siempre.

44 Desgraciado el que no habla: sofoca el corazón henchido y acaba por destrozarlo.

45 El amor es la escalera por la que trepamos hasta la semejanza con la divinidad. Nos dirigimos a tan alto fin sin pretensión e incluso inconscientemente.

46 El amor tiene tan sólo un bien, renuncia a todo el resto de la creación y sueña en cualquier desierto creyéndose en el Elíseo.

47 El anillo hace a los matrimonios; y son dos anillos los que forman una cadena.

48 El más rico presente del cielo es la decisión en el instante crítico en que el alma,

oprimida, expresa lo que siente de una manera insólita.

49 El más santo no puede mantenerse en paz cuando no le place al vecino malvado.

50 El mayo de la vida solamente florece una vez, para no volver; para mí acabo la floración.

51 El pueblo debe sacrificarse por su rey; esta es la suerte y la ley del mundo.

52 El que no teme nada no es menos poderoso que quien lo teme todo.

53 El temor debe aletear en torno a la cabeza del hombre feliz, porque la balanza del destino oscila siempre.

54 En el juego de los niños se esconde con frecuencia un sentimiento profundo.

55 En la más angosta cabaña hay espacio para una pareja feliz y enamorada.

56 En la vida se repite todo: lo único que se mantiene eternamente joven es la fantasía; tan sólo aquello que nunca sucedió en lugar alguno no envejece jamás.

57 En lo que parecemos, todos tenemos un juez; en lo que somos, nadie nos juzga.

58 En un círculo estrecho, la mente se restringe; el hombre crece junto con sus grandes fines.

59 En un naufragio, el que está solo se ayuda más fácilmente.

60 Entre la astucia y la desconfianza se mantiene una guerra constante; únicamente hay paz entre la fe y la confianza.

61 Es muy dulce ver llegar la muerte mecido por las plegarias de un hijo.

62 ¡Feliz lactante! Para ti todavía es la cuna un espacio infinito; cuando llegues a ser hombre, te resultará angosto el universo entero.

63 Fuera de la vida quedan abiertos dos caminos: el uno conduce al ideal y el otro a la muerte.

64 Hay unos espíritus de la maldad que ocupan y moran momentáneamente en el corazón indefenso de los hombres.

65 La nación que no arriesga todo por defender su honor no tiene valor alguno.

66 Inmaculada es toda virtud, hasta el momento de la prueba.

Schlegel, August Wilhelm (1767-1846), *escritor alemán.*

1 La profesión del escritor, según se practique, es una infamia, un pasatiempo, un servicio retribuido, un oficio, un arte, una ciencia o una virtud.

2 El humorismo viene a ser como una agudeza del sentimiento. Puede manifestarse conscientemente; pero no es auténtico cuando se percibe el propósito.

Schlegel, Friedrich (1772-1829), *escritor alemán.*

1 Cuanto más se sabe, más se desea aprender. Con el saber crece paralelamente la sensación de no saber o, mejor dicho, de saber que no se sabe.

2 Todo hombre carente de educación es la caricatura de sí mismo.

3 Solamente puede ser artista quien tenga una religión propia y una visión original de lo infinito.

4 Existe una hermosa sinceridad que se abre, como las flores, sólo para exhalar su perfume.

5 Un crítico es un lector rumiante. Por lo tanto, debería tener más de un estómago.

6 Lo que se denomina buena sociedad no es, en su mayor parte, más que un mosaico de caricaturas refinadas.

7 Lo primero en el amor es el sentimiento hacia otra persona; lo supremo, la fe recíproca.

Schleiermacher, Friedrich Ernst Daniel (1768-1834), *filósofo alemán.*

1 No fijes límites a tu amor; no le impongas medida, ni modalidad ni duración. ¿Quién puede requerirlo, siendo tu propiedad? Sus leyes se hallan solamente en ti mismo, ¿quién osaría mandar allí?

2 La paciencia es el arte de esperar.

3 La libertad choca con la libertad y lo que se produce lleva consigo el límite y el signo de la comunidad.

Schmidt, K. (1806-1856), *filósofo alemán.*

1 La costumbre, apoyada por la imitación, constituye el camino en el que el espíritu infantil elabora su alimento que se convertirá en una posesión permanente.

Schmitt-Hartlieb, Max, *escritor alemán.*

1 La hostilidad de muchos padres contra la escuela deriva de sentirse educados a la vez que sus hijos.

Schmitz, Rudiger, *entrenador de fútbol alemán contemporáneo.*

1 La auténtica lucha empieza cuando estás muerto de cansancio. Estás K.O. pero dices O.K.: este es el secreto del triunfo.

Schneider-Arno, J., *escritor alemán.*

1 El amor no sólo convierte al hombre en un ser ciego; también lo hace bueno o malo.

2 El amor es nuestro Gólgota. Nos trae heridas de muerte y redención.

Schönthan, Franz von (1849-1913),
autor dramático austríaco.

1 Nadie sabe tantas cosas malas de nosotros
como sabemos nosotros mismos; y, a pesar
de ello, nadie piensa tan bien de nosotros
como nosotros mismos.

2 La vida familiar más feliz la arrastra... un
viudo sin hijos.

3 Existen daltonistas espirituales, que no
aciertan a distinguir el verde de la esperanza del rojo de la felicidad.

Schopenhauer, Arthur (1788-1860),
filósofo alemán.

1 El valor es, después de la prudencia, una
condición especial a nuestra felicidad.

2 Todo lo que ocurre, desde lo más grande a
lo más pequeño, ocurre necesariamente.

3 Perdonar y olvidar quiere decir arrojar por
la ventana una preciosa experiencia lograda.

4 Para andar por el mundo es conveniente
proveerse de una gran reserva de cautela e
indulgencia; mediante la primera nos pro-
tegemos de los daños y pérdidas, y gracias
a la segunda evitamos las disputas e intrigas.

5 Ni amar ni odiar; esta regla encierra la
mitad de toda la sabiduría.

6 Los amigos se consideran sinceros; los
enemigos lo son: por ello se deben aprovechar sus censuras para conocernos a
nosotros mismos, como se utiliza una
amarga medicina.

7 Los genios extraordinarios raras veces se
abrirán paso durante su vida, porque, en
el fondo, sólo son comprendidos por los
que les son afines.

8 Las religiones son como las luciérnagas;
necesitan las tinieblas para brillar.

9 La felicidad pertenece a los que se bastan
a sí mismos, porque todas las fuentes externas de la felicidad y del goce son, según
la especie, inseguras, defectuosas, pasajeras y sometidas a la casualidad.

10 La gloria rápidamente lograda pronto se
desvanece.

11 La ignorancia no degrada al hombre más
que cuando va acompañada de la riqueza.

12 La injuria es una calumnia abreviada.

13 La libertad de prensa debería ir acompañada de la más severa prohibición del anónimo.

14 La memoria actúa como la placa de una
cámara fotográfica; capta todas las cosas y
nos da una imagen mucho más bella que
el original.

15 La cortesía es al hombre lo que el calor a la
cera.

16 La belleza es una carta abierta de recomendación que nos gana el corazón anti-
cipadamente.

17 El necio corre tras los placeres de la vida y
acaba viéndose engañado; el sabio esqui-
va los males.

18 A la alegría, cuando se presente, debemos
abrirle de par en par todas las puertas,
pues nunca llega a destiempo.

19 Así como la cera que naturalmente es
dura y rígida, se hace, con un poco de
calor, tan blanda y flexible que puede adop-
tar la forma que se desee, de igual modo,
con un poco de cortesía y amabilidad cabe
tratar a los hombres obstinados y hostiles
como el calor a la cera.

20 Cuanto más capaz es un hombre de ser
completamente serio, tanto más cordial-
mente puede reír. Las personas cuya risa
es afectada y forzada son superficiales,
intelectual y moralmente.

21 Del vacío interno brota principalmente la
pasión por las compañías, la distracción,
el placer y el lujo de toda especie, que
conducen a muchos hacia la disipación y,
seguidamente, a la miseria.

22 El dolor es esencial a la vida y no proviene
del exterior, sino que cada uno lo lleva-
mos dentro de nosotros mismos, como
un manantial que no se agota.

23 El entendimiento natural puede suplir a la
cultura, pero ésta nunca puede suplir a
aquél.

24 El ir solo ofrece una doble ventaja: la primera es estar consigo mismo, la segunda es no estar con los demás.

25 El matrimonio es un lazo que la naturaleza nos tiende.

26 El médico ve al hombre en toda su flaqueza; el abogado, en toda su maldad, y el sacerdote, en toda su estupidez.

27 El ser humano es, en el fondo, un animal salvaje y espantoso. Lo conocemos solamente domado y preso por lo que llamamos civilización.

28 En general, la gente suele llamar destino a sus propias tonterías.

29 En general, las nueve décimas partes de nuestra felicidad se fundan en la salud.

30 En nuestros países monogámicos, casarse significa perder la mitad de los derechos propios y doblar los propios deberes.

31 Es más razonable poner de manifiesto la propia inteligencia merced a lo que se calla, que por lo que se dice. Lo primero es un rasgo de prudencia y, lo segundo, de vanidad.

32 Es preciso haber vivido mucho tiempo para reconocer cuán corta es la vida.

33 La modestia es una virtud inventada principalmente para uso de los pícaros.

34 La personalidad del hombre determina por anticipado la medida de su posible fortuna.

35 La riqueza se parece al agua del mar; cuanto más se bebe, más se siente la sed. Otro tanto cabe decir respecto a la gloria.

36 La silla del juez que fallará a la posteridad, en el caso favorable como en el desfavorable, es el justo tribunal de casación de los juicios emitidos por los contemporáneos.

37 La soledad es la suerte de todos los espíritus extraordinarios.

38 La suerte baraja las cartas y nosotros jugamos.

39 La superioridad de la inteligencia conduce a la insociabilidad.

40 La voluntad no sólo es libre, sino omnipotente.

41 Los hombres vulgares han inventado la vida de sociedad, porque les es más fácil soportar a los demás que soportarse a sí mismos.

42 No hay dinero mejor empleado que el que nos han estafado, porque por él hemos adquirido experiencia.

43 No me puedo maravillar de que ciertas personas calumnien a los perros; porque muy a menudo el perro se avergüenza de los hombres.

44 No se puede elegir en el mundo más que entre la soledad y la ordinariez.

45 Por la individualidad del hombre cabe precisar de antemano la medida de su posible felicidad.

46 Predicar moral es cosa fácil; mucho más fácil que ajustar la vida a la moral que se predica.

47 ¿Pretendes disipar el pensamiento y el humor para atraerte el favor de los hombres? Dales algo bueno para comer y beber; y formando muchedumbres correrán tras de ti.

48 Supongamos un individuo que sea joven, hermoso, rico y colmado de honores; cuando se trata de juzgar su grado de felicidad se preguntará si está contento; por el contrario, si está contento, es indiferente que sea joven o viejo, arrogante o jorobado, pobre o rico: es feliz.

49 Las personas vulgares no piensan sino en dejar correr el tiempo; los que poseen algún talento, procuran hacerlo útil.

50 El vulgo es tan ignorante que prefiere antes lo nuevo que lo bueno.

Schubert, Franz (1876-?),
teólogo austríaco.

1 El dolor aguza la inteligencia y fortifica el alma. La alegría nos vuelve frívolos y egoístas.

2 El destino a veces suele cumplirse en pocos segundos, y aquello que durante años se ha buscado nos lo concede un dichoso azar.

Schubert, R. (1878-?),
escritor alemán.

1 A veces nos arriesgamos demasiado cuando ponemos nuestra esperanza vital en un corazón femenino; pero siempre se hace demasiado poco en favor de la propia felicidad si no se busca en el corazón de la mujer.

Schücking, Cristóbal Bernardo Lewin (1814-1883), *escritor alemán.*

1 Dicen que el amor es ciego: no pretendo discutir tal afirmación; pero es indudable que siempre vio dónde había más dinero.

Seferis, Georges (1900-1971),
poeta griego.

1 ¿Que buscas, viejo amigo?
después de tantos años, a qué vienes
con sueños que albergaste
bajo cielos ajenos
muy lejos de tu tierra.

Séguier, Antonio Juan Mateo (1768-1848),
magistrado francés.

1 La corte hace sentencias y no servicios.
(Solemne respuesta de Séguier a propósito de las presiones que un determinado proceso de tendencias políticas daba ocasión al gobierno de Carlos X de influir sobre la magistratura.)

Selden, Juan (1584-1654),
abogado y escritor inglés.

1 Un rey es una cosa que los hombres han hecho en favor de sí mismos, por amor a su tranquilidad.

2 Todo podría discurrir bien en el Estado si cada uno, en el Parlamento, olvidase su propio interés y mirase tan sólo el bien general.

3 No manifestéis jamás vuestras decisiones; cuando llega el momento de lanzar los dados, procurad jugarlos de manera que ganéis la partida que está en juego.

4 Nadie es más sabio por lo que ha aprendido. El espíritu y la sabiduría nacieron con un hombre.

5 Los predicadores dicen: haz lo que digo, no lo que hago.

6 Los errores ajenos proporcionan los medios para descubrir la verdad.

7 La adulación más agradable es tener los mismo gustos que los otros.

8 La cosa más sabia que cabe hacer en estos tiempos es callar.

9 Amamos al que nos condena y corremos tras él para salvarnos.

10 El placer no es otra cosa que la interrupción del dolor, el goce de cualquier cosa que nos turba intensamente antes de tenerla.

11 El que se esfuerza por hacerse distinto de los demás leyendo mucho obtiene esta importantísima ventaja: tener, en cada ocasión o circunstancia, alguna cosa en que entretenerse y consolarse.

12 Eso que representa el gran placer de algunos hombres —el tabaco—, que en principio no podían soportar y del que ahora no pueden prescindir...

13 La glotonería lleva consigo el comer: la embriaguez, el beber; pero no es el comer ni el beber lo que hemos de censurar, sino el exceso.

14 Los que mejor gobiernan son los que menos ruido hacen.

15 Los viejos amigos son los mejores. El rey Jaime solía pedir los zapatos viejos, que eran más cómodos para sus pies.

16 Resulta estúpido decir a un ministro del Señor que no se mezcle en las cosas de este mundo, ya que su ministerio abarca todo lo que alcanza el hombre.

17 Si un hombre hiciese el amor en el tono corriente, su amada no le haría caso; por ello tiene que gemir.

Sem Tob (s. XIV),
poeta español.

1 Por nacer en espino
no val la rosa, cierto
menos, ni el buen vino
por salir del sarmiento.
No val el azor menos
por nacer de mal nido
ni los ejemplos buenos
por los decir judío.

2 Buenos nombres sabemos
en loor del fablar:
¿cuántos malos podemos
afeando el callar?

Sénac de Meilhan, Gabriel (1736-1803),
literato francés.

1 La vida es una pésima tela en la que el
bordado es lo que le da precio.

2 Con frecuencia no nos atamos a la vida
sino a una manera de vivir.

Séneca, Lucio Anneo (s. I d. de J.C.),
escritor latino.

1 A nadie está vedado alcanzar la virtud; a
todos se descubre, a todos admite.

2 Al hombre sabio no se le puede injuriar.

3 Al hombre siempre le conviene la elección de un vestido sencillo.

4 Al que trabaja nunca le parece el día largo.

5 Alaba parcamente; pero sé más parco en
vituperar.

6 Amamos la patria no porque sea grande,
sino porque es nuestra.

7 Aquél que tú lloras por muerto, no ha
hecho más que precederte.

8 Arte primero del que reina, es tener fuerza para soportar la envidia.

9 Aut ridenda omnia aut flenda sunt.
(Todas las cosas, o nos pueden hacer reír
o nos pueden hacer llorar.)

10 Autor del delito es aquel al cual beneficia.

11 Calla tú primero; si quieres que los demás
también callen.

12 Carece de estabilidad todo gobierno en
que falta el pudor y que no tiene en cuenta
el derecho, la honestidad, la piedad y la fe.

13 Compra solamente lo necesario, no lo
conveniente. Lo innecesario, aunque cueste sólo un céntimo, es caro.

14 ¡Con cuánta niebla nos envuelve las mentes una gran felicidad!

15 Cosa inicua es no tender la mano al caído.

16 Cosa laudable es mandar con dulzura a
los servidores.

17 Cuando un mal es inevitable, lo mejor es
sufrirlo con el menor daño posible.

18 Cuando una parte del todo cae, lo que
queda no está seguro.

19 Cuanto eleva la fortuna, lo eleva para
derrocarlo más tarde.

20 Cuanto estudies durará lo que vivas.

21 De ningún bien se goza la posesión sin un
compañero.

22 De una cosa mala no puede derivarse
nada bueno.

23 De las honras y las deshonras que vengan
del vulgo, haz la misma cuenta: no te
entristezcas por éstas ni te alegres por
aquéllas.

24 Debemos imitar las abejas: separar las distintas cosas que hemos sacado de las diversas lecturas: y, después, con atención
de nuestro ingenio y de la mente, reunir
aquellas cosas en un todo armónico.

25 Decir lo que sentimos; sentir lo que decimos; concordar las palabras con la vida.

26 Desde que los sabios han comenzado a
aparecer, los buenos se han eclipsado.
(Postquam docti prodierunt, boni desunt.)

27 Todo poder excesivo dura poco.

28 Despreciar las injurias es cosa propia de
los espíritus nobles.

29 Desventurado aquel que se inquieta
siempre por el porvenir.

30 El cabalgar, el viajar y el mudar de lugar, recrean el ánimo.

31 El camino de la doctrina es largo: breve y eficaz, el del ejemplo.

32 El colmo de la infelicidad es temer algo, cuando nada se espera ya.

33 El conocer el pecado es principio de salvación.

34 El crimen puede estar encubierto, pero no seguro.

35 El destino guía a quien de grado le sigue; al díscolo lo arrastra.

36 El día ese, que temes como el último de tu vida, es el de tu nacimiento a la eternidad.

37 No he nacido para un solo rincón. Mi patria es todo el mundo.

38 El dinero incita a la discordia, trastorna las ciudades y el mundo entero con las guerras, fomenta los engaños y los delitos entre los hombres que son hermanos y corrompe a los viejos.

39 El dolor de una herida es igual en los cuerpos grandes que en los pequeños.

40 El engaño y la astucia sólo son propios de los débiles.

41 El estudio para aprender a bien vivir dura toda la vida.

42 Todo concluye, pero nada perece.

43 El gobierno más difícil es el gobierno de sí mismo.

44 El hombre más poderoso es el que es dueño de sí mismo.

45 El juez honesto condena las cosas reprochables, pero no odia.

46 El juicio de los hombres entendidos descubre por las cosas claras las oscuras, por las pequeñas las grandes, por las próximas las remotas y por las parciales la totalidad.

47 El lenguaje de la verdad debe ser simple y sin artificios.

48 El lenguaje es el espejo del alma: cual es la vida, tal el hablar.

49 El mayor fruto del pudor es el ser tenida por púdica.

50 El mayor imperio es el imperio de uno mismo.

51 El mejor remedio contra la ira es la demora.

52 El ocio, si no va acompañado del estudio, es la muerte y sepultura en la vida del hombre.

53 El oro prueba a los metales, la miseria al hombre fuerte.

54 El premio de una buena acción es haberla hecho.

55 El que puede socorrer al que va a perecer y no le socorre, lo mata.

56 El que rebasa la mesura se halla en peligro de desbordarse.

57 El que rehuye el esfuerzo no es fuerte ni valeroso.

58 El que sabe valerse de un vaso de arcilla como si fuera de plata, es un gran hombre; y no lo es menos el que sabe valerse de un vaso de plata como si fuese de arcilla.

59 El que se arrepiente de haber pecado es casi inocente.

60 El que se aviene con la pobreza es rico.

61 El que se vanagloria de su linaje, alaba lo ajeno.

62 El que teme demasiado a los odios ajenos, no es apto para gobernar.

63 Ni es grande ningún mal, si es el último.

64 El que vive en el ocio sin la confortación de las bellas letras, está como muerto, es un sepultado en vida.

65 El reposo sin el estudio de las letras es muerte y sepultura de los vivos.

66 El sabio no se deja dominar por el entusiasmo cuando le sonríe la fortuna ni abatir por las adversidades.

67 El tiempo descubre la verdad.

68 El valor languidece cuando no tiene rivales.

69 El verdadero fruto de nuestras obras consiste en haber obrado honestamente; y

ningún premio digno de las virtudes puede estar fuera de ellas.

70 El verdadero placer no nace más que de la conciencia de las virtudes.

71 El vulgo es el peor intérprete de la verdad.

72 Elige por maestro aquel a quien admires, más por lo que en él vieres que por lo que escuchares de sus labios.

73 En la desgracia conviene tomar algún camino atrevido.

74 En la tormenta es donde se conoce al buen piloto.

75 En todo gran talento hay siempre un poco de locura.

76 En todo hombre bueno habita Dios.

77 Entre las restantes debilidades de la naturaleza humana es la ceguera mental la que induce al hombre a errar, y no sólo por fuerza, sino también por amor.

78 Entre tantos cambios de las cosas humanas, sólo la muerte es segura; no obstante, todos se lamentan de una cosa que no engaña a nadie.

79 Es a menudo más conveniente disimular un insulto que vengarlo.

80 Es digno de alabanza el hacer, no lo que es lícito, sino lo que es nuestro deber.

81 Es inestable el gobierno en el que falta la vergüenza, ni se tiene en cuenta el derecho, la honestidad, la piedad, la fe.

82 Es natural que nos causen más asombro las cosas que nunca hemos visto, que las grandes cosas.

83 Es inicuo no tender la mano a quien ha caído.

84 Es mayor el deseo de conocer las cosas ignotas que volver a ver las conocidas.

85 El perro ladra cuando encuentra un desconocido. Todo hombre queda anonadado cuando se encuentra con la virtud.

86 Es necesario que vivas para los demás, si quieres vivir por ti.

87 Es preciso mantenerse no sólo atento sino vigilante para aprovechar la ocasión, que pasa rápida.

88 Es preferible aprender cosas inútiles que no aprender nada.

89 Es propio del culpable el tener miedo.

90 Es rey quien nada teme, y rey quien nada desea; cada cual puede regalarse con este reino.

91 Es tan grande el placer que se experimenta al encontrar un hombre agradecido, que vale la pena arriesgarse a encontrar uno ingrato.

92 Es torpe decir una cosa y pensar otra; pero todavía es peor escribir una cosa cuando el ánimo te dicta otra distinta.

93 Es un gran consuelo pensar que el mal que sufres todos lo han sufrido antes y todos lo sufrirán.

94 Es vicio de la juventud no poder vencer los ímpetus violentos del corazón.

95 Ése que tu lloras por haber muerto no ha hecho más que precederte.

96 Estar sujeto a sí mismo es la más penosa esclavitud.

97 Frágil es el recuerdo de los beneficios; tenaz el de las injurias.

98 Gran parte de la bondad consiste en querer ser bueno.

99 Grande debe ser la elocuencia cuando gusta a los adversarios.

100 ¿Hay algo más necio que no aprender por no haber aprendido antes? El estudio es una escuela que admite a los hombres de cualquier edad. Mientras uno es ignorante, siempre es tiempo de aprender.

101 Hay ciertas cosas que, para saberlas bien, no basta haberlas aprendido.

102 Hay un cierto decoro hasta en el dolor, y quien es sabio debe guardarlo.

103 ¡Cuán despreciable es el hombre si no sabe superar los problemas que le plantea su propia naturaleza!

104 Homo, sacra res homini. (El hombre, cosa sagrada para el hombre.)

105 Toda máxima favorable debe rumiarse con frecuencia y manejarse a menudo, de manera que no solamente la conozcamos, sino que la practiquemos.

106 Importa mucho más lo que tú pienses de ti mismo que lo que los otros opinen de ti.

107 In unoquoque virorum bonorum habitat Deus. (Dios habita en cada uno de los hombres de bien.)

108 Ingrato es quien niega el beneficio recibido; ingrato quien no lo restituye; pero de todos, el más ingrato es quien lo olvida.

109 Jamás hubo un gran talento sin un poco de locura.

110 Jamás se descubriría nada si nos considerásemos satisfechos con las cosas descubiertas.

111 La amistad siempre es provechosa; el amor a veces hiere.

112 La buena suerte libra a muchos del castigo, pero a nadie le libra del miedo.

113 La constante presencia del peligro hace que nos despreocupemos del mismo.

114 La desconfianza llama al engaño.

115 La diligencia es una gran ayuda para el que posee un mediocre ingenio.

116 La felicidad que no se modera se destruye a sí misma.

117 La filosofía no rechaza ni prefiere a nadie; ilumina a todos.

118 La fortuna puede quitar las riquezas, no el ánimo.

119 La fortuna sale a nuestro encuentro no menos veces que nosotros al de ella.

120 La fortuna teme a los valientes y oprime a los pusilánimes.

121 La justicia manda muchas cosas que no están escritas en las tablas de la ley.

122 La ley debe mandar, no polemizar.

123 La ley debe ser concisa, a fin de que los inexpertos puedan recordarla fácilmente.

124 La maldad se bebe la mayor parte de su propio veneno.

125 Toda virtud se funda en la medida.

126 La mayor parte de los hombres no se ofende con el pecado, sino con el pecador.

127 La mejor medida para el dinero es aquella que no deja caer en la pobreza ni permite alejarse mucho de ella.

128 La muerte no es un bien ni un mal, porque para ser bien o mal es indispensable ser algo.

129 La naturaleza nos da el germen de la ciencia, pero no la ciencia. (Ésta tenemos que procurárnosla con el estudio.)

130 La paz es conveniente al vencedor y necesaria al vencido.

131 La perfecta virtud huye de la vista de los hombres y está escondida.

132 La paga de la virtud en sola la virtud consiste.

133 La primera regla del arte de reinar es saber sufrir el odio ajeno.

134 La primera y mayor pena del pecador es el haber pecado.

135 La recompensa de una buena acción es haberla hecho.

136 La temeridad se esconde bajo el nombre de valor.

137 La verdad es siempre la misma en todas sus partes.

138 La vida es como una escuela de gladiadores: convivir y pelear.

139 La vida es como una leyenda: no que sea larga, sino que sea bien narrada, es lo que importa.

140 La vida es corta; pero a juzgar por la obra de los que han sabido trabajar bien, es larga.

141 La virtud no consiste, como tú crees, en temer la vida, sino en hacer frente a las adversidades y no huir ante ellas.

142 Largo es el camino de la enseñanza por medio de teorías; breve y eficaz por medio de ejemplos.

143 Lo que antes fueron vicios, ahora son costumbres.

144 Lo que fue duro de padecer es dulce de recordar.

145 Lo que la razón no consigue, lo alcanza a menudo el tiempo.

146 Lo que las leyes no vedan, puede vedarlo el pudor.

147 Lo que no puedas corregir o evitar, conviene soportarlo con paciencia.

148 Los desdichados creen con facilidad aquello que ansían.

149 La memoria es como los libros que quedan mucho tiempo envueltos en el polvo, que necesitan manejarse de tiempo en tiempo; es menester, por decirlo así, sacudir las hojas, a fin de encontrarlas en buen estado, en caso necesario.

150 Los hombres mientras enseñan, aprenden.

151 Los honores y las injurias que provienen del vulgo han de tenerse en la misma cuenta; no te alegres de los unos ni te ofendas con las otras.

152 Los odios ocultos son peores que los manifiestos.

153 Los placeres moderados aflojan la tensión del espíritu y lo templan.

154 Los pequeños dolores son locuaces; los grandes callan estupefactos.

155 Los verdaderos bienes, sólidos y eternos, son aquellos que da la razón.

156 Los vicios que se manifiestan son los más ligeros: los más peligrosos son aquellos que se esconden bajo la capa de virtud.

157 Mal ha vivido quien no sabe morir bien.

158 Mayor soy, y para mayores cosas nací que para ser esclavo de mi cuerpo.

159 Membra sumus corporis magni. (Somos miembros de un gran cuerpo.)

160 Mienten los que dicen que no notan que Dios exista, pues aunque esto lo digan de día, cuando llega la noche y están solos, dudan.

161 Morir más temprano o más tarde es cosa de poca importancia; lo que importa es morir bien o mal. Morir bien, por otra parte, es huir del peligro de vivir mal.

162 Nada es más contrario a la curación que el cambiar frecuentemente de remedios.

163 Nada es más útil para nosotros que el vivir tranquilos, y el hablar poco con los demás, y mucho con nosotros mismos.

164 Nada vale un trabajo hecho contra voluntad.

165 El vicio tiene mil formas, un solo resultado: el hombre se distingue a sí mismo.

166 Nadie es jamás tan viejo que después de un día no espere otro.

167 Nadie es verdaderamente libre si es esclavo de su propio cuerpo.

168 Nadie ha podido conservar nunca el poder, durante mucho tiempo, con la violencia.

169 Nadie puede imaginar cosa alguna que, para el gobernante, sea más digna que la clemencia.

170 Nadie puede llevar la máscara mucho tiempo.

171 Natural es que nos causen más admiración las cosas nuevas que las grandes.

172 Naturam voca, fatum fortunamque: omnia eiusdem Dei nomina sunt.

173 Ninguna cosa hay tan adversa, en la que el alma justa no encuentre algún consuelo.

174 Ninguna gran tempestad perdura; las tormentas, cuanto más violentas son, menos duran.

175 No aprendemos gracias a la escuela, sino gracias a la vida.

176 No es que la vida sea breve; somos nosotros que la hacemos tal.

177 No existe cosa alguna que no pueda ser vencida por una labor asidua y por un cuidado diligente y atento.

178 No hay avaricia sin pena, aunque ya ella sea, de por sí, pena bastante.

179 La mayor desgracia es ser presa del temor, cuando ya nada queda que esperar.

180 La filosofía exige frugalidad, no penalidad.

181 No hay hombre fuerte y valeroso que eluda la fatiga.

182 No hay mayor causa de llanto que el no poder llorar.

183 No hay nada que favorezca más al enfermo que el ser curado por un médico de su confianza.

184 No hay nada tan difícil y arduo, que la mente humana no pueda vencer, y que la continua meditación no haga suya.

185 No hay ninguna cosa buena que no tenga su base en la razón.

186 No hay servidumbre más vergonzosa que la voluntaria.

187 No hubo jamás gran ingenio sin un poco de locura.

188 No importa qué, sino cómo sufras.

189 No nací en un rincón remoto; mi patria es el mundo entero.

190 No puede subsistir la filosofía sin la virtud, ni virtud sin filosofía. La filosofía es el estudio de la virtud, y, por tanto, es virtud en sí misma.

191 No puedes escapar a la necesidad, pero puedes vencerla.

192 No puedo decirte quiénes me irritan más, si los que quieren que no sepamos nada o los que ni siquiera nos dejan ignorar.

193 No se descubriría jamás nada si nos diésemos por satisfechos con las cosas descubiertas.

194 No tienes por qué creer que la felicidad de unos debe basarse en la desdicha de otros.

195 Nunca bien se disfruta sin compañía.

196 Nunca es poco lo que es bastante; nunca es bastante lo que es mucho.

197 Nunca hizo rico al hombre el dinero, porque solamente le sirve para aumentar su codicia.

198 Nunca se dio el caso de que un gobierno inicuo durase largo tiempo.

199 Nunca será feliz aquel a quien atormente la felicidad de otro.

200 Nuestro defecto es aprender más por la escuela que por la vida.

201 El mérito has de hallarlo en ti mismo.

202 Para mucha gente el haber conseguido riquezas no ha sido el fin de las penas, sino solamente un cambio de penas.

203 Parte de la curación está en la voluntad de sanar.

204 Perdona siempre a los demás, nunca a ti mismo.

205 Piensa en lo bello que es morir a tiempo, y cuánto ha perjudicado a muchos el haber vivido demasiado.

206 Plus sonat quam valet. (Suena más que vale.)

207 Quae fuerunt vitia mores sunt. (Lo que fueron vicios, son costumbres hoy.)

208 ¡Qué cosa más miserable es el hombre, si no se eleva por encima de las cosas humanas!

209 ¿Queréis saber lo que espero de la virtud? La virtud misma. Porque ningún premio puede tener ésta mejor que la virtud.

210 Quien es esclavo de su cuerpo, no es verdaderamente libre.

211 Quien más disfruta de sus riquezas es aquel que menos necesita de ellas.

212 Quien mira demasiado las cosas ajenas no goza de las propias.

213 Quien no calla el hecho, no callará a su autor.

214 Quien pretende llegar a un sitio determinado, emprenda un solo camino y déjese de tantear muchos a un tiempo. Pues esto último no es caminar, sino andar vagabundo.

215 Quien pudiéndolo hacer no impide que se cometa un crimen, lo estimula.

216 Quien se halla de acuerdo con la pobreza es rico.

217 Quisiera no saber escribir.

218 Reinar sobre sí mismo es el reinado más glorioso.

219 Remedio de las injurias es el perdón.

220 Sabed que cuando uno es amigo de sí mismo, lo es también de todo el mundo.

221 Saber más que los otros es fácil; lo difícil es saber algo mejor que los otros.

222 Sé el primero en callar, si quieres que los demás callen.

223 Sé esclavo del saber, si quieres ser verdaderamente libre.

224 Se necesita poseer un espíritu fuerte para conservar la moderación cuando todo fracasa.

225 Se precisa toda la vida para aprender a vivir; y, lo que es más extraño todavía, se necesita toda la vida para aprender a morir.

226 Sea ésta la regla de nuestra vida: decir lo que sentimos; sentir lo que decimos; en suma, que la palabra vaya de acuerdo con los hechos.

227 Sean tus agudezas sin mordacidad, tus bromas sin vileza, tu risa sin carcajadas, tu voz sin alboroto, tu andar sin atropello.

228 Si echas mano del día de hoy, dependerás menos del de mañana.

229 Si lo que haces es honesto, todos lo saben; pero si lo que haces es malo ¿qué importa que los otros no lo sepan, si lo sabes tú?

330 Si no queréis temer nada, pensad que todas las cosas son de temer.

231 Si quieres que tu secreto sea guardado, guárdalo tú mismo.

232 Si vis amari, ama. (Si quieres ser amado, ama.)

233 Solamente pensamos en la virtud cuando no tenemos otra cosa que hacer.

234 Sólo hay sufrimientos para el alma que se inquieta por el futuro.

235 Sólo la virtud ofrece un goce continuo, seguro.

236 Suena más que vale.

237 Supone un gran alivio pensar que el mal que sufres lo han padecido otros antes que tú, y que todos lo sufrirán.

238 También existe en el dolor un cierto decoro: quien es sabio lo debe mantener.

239 Tantos criados, tantos enemigos.

240 ¿Te maravilla que las enfermedades sean numerosas? Cuenta los cocineros.

241 Toda la vida humana no es más que un viaje hacia la muerte.

242 Todas las artes son una imitación de la naturaleza.

243 Todo concluye, pero nada perece.

244 Todos los días morimos, porque cada día se pierde una parte de nuestra vida; y también cuando crecemos disminuye la vida.

245 Un delito bien preparado y con éxito, se llama virtud.

246 Una discusión prolongada es un laberinto en el que la verdad siempre se pierde.

247 Una gran fortuna es una gran servidumbre.

248 Vive con los hombres como si Dios te mirase; habla con Dios como si los hombres te oyesen.

249 Vivir es luchar.

250 Si quieres vivir feliz, no te importe que te crean tonto.

Septimio Severo, Lucio (146-211),
emperador romano.

1 Lo he sido todo y de nada me sirve.

2 Laboremus! (¡Trabajemos!)
(Sobria consigna del emperador, quien a sus sesenta y cinco años se estimulaba con ella al trabajo.)

Sergé, Abbé (1626-1694),
escritor religioso francés.

1 Es maravilloso que quienes no han tenido

un Dios en vida deseen uno a la hora de morir.

2 Lo inverosímil es el mayor enemigo que tiene la verdad.

Setanti, Joaquín (siglos XVI-XVII),
escritor español.

1 Muy poco sabe del mundo el que se admira y se queja fácilmente.

2 No puede llamarse dichoso el que va subiendo, por muy levantado que esté, sino el que ha parado en parte segura pudiendo subir más.

3 De los hombres desagradecidos no se puede esperar cosa buena, porque la ingratitud es calidad de ánimo villano que precia más el interés que la honra.

4 Déjese el cristiano de buscar senderos peligrosos, pues por el camino real de la virtud se puede llegar a la cumbre de la grandeza humana.

5 Es mejor estar entre locos que cerca de un necio.

6 Hemos de esperar buenos sucesos, mas no tener confianza en ellos; porque la Fortuna es varia y no se deja regir por razón ni por fuerza.

7 Las lágrimas son la palabra del alma.

8 Los grandes habladores no son buenos conversantes, porque en ganando la mano, no dejan hacer lance a otros.

9 Cuando son muchos los que mandan, son pocos los que obedecen, y así todo va perdido.

10 Donde faltan hombres de valor, todo lo dificultoso se da por imposible, y de pura flojedad no se emprende cosa buena.

11 Al que para subir te da la mano, bésasela a cada paso.

Settembrini, Luis (1813-1877),
escritor italiano.

1 Sin una gran abnegación, sin un gran espíritu y sin poesía no cabe ser un buen soldado, ni un buen sacerdote, ni maestro o educador de los hombres.

2 ¿Quién triunfa en la guerra? El que posee un gran principio a sostener.

3 En este mundo se cosecha lo que se siembra; quien siembra lágrimas, recoge lágrimas; el que traiciona, será traicionado.

4 Muchas veces hallarás en tu vida que un buen libro es mejor amigo que un hombre.

5 No es gran hombre quien sabe mucho, sino quien ha meditado mucho.

6 No hay cosa que más envilezca al hombre que la mentira; vicio feo, vicio vil, vicio abominable, vicio de los esclavos, de los espías, de los infames.

7 El hombre honesto y de bien no actúa nunca en secreto ni se avergüenza jamás de lo que hace.

8 El maestro es una persona sagrada que nos da la sabiduría, que es la más preciosa de todas las riquezas; el padre nos da la vida corporal; el maestro nos da la vida del alma.

Seume, Juan Godofredo (1763-1810),
literato alemán.

1 Si tan sólo una décima parte de los hombres fuera medianamente cuerda, cabría esperar que dominara la razón.

2 No es el predicar a la humanidad lo que encierra un valor, sino el obrar. Tanto peor si se habla mucho y se obra poco.

3 No esperes nada, ni temas nada en este mundo, y serás feliz, tan feliz como puede serlo el hombre; porque la felicidad inmutable y firme, incluso honrada por el silencio respetuoso de la envidia, no florece en ningún ser humano.

4 Quien se dedica exclusivamente a leer los libros está medio perdido para la vida práctica.

5 Donde no hay justicia no hay libertad, y donde no hay libertad no hay justicia.

6 La música es la llave del corazón femenino.

7 Nada hay más corriente en el mundo que engañar y ser engañado.

Severo, Alejandro. Véase **Alejandro Severo.**

Sévigne, Marie de Rabutin Chantal, marquesa de (1626-1696), *escritora francesa.*

1 No hay nadie que no sea peligroso para alguien.

2 Cuanto más conozco a los hombres, más admiro a los perros.

3 Hay palabras que suben como el humo, y otras que caen como la lluvia.

4 Las infidelidades se perdonan, pero no se olvidan.

Sexto Aurelio Víctor (s. IV), *historiador latino.*

1 En las cosas grandes, el sólo acometerlas honra. (In magnis et voluisse sat est.)

Shaftesbury, Anthony Ashley Cooper, conde de (1671-1713), *ensayista británico.*

1 Hay una especie de melancolía que acompaña siempre al entusiasmo.

Shakerley, Maimion, *escritor inglés contemporáneo.*

1 Los vicios de los grandes hombres se consideran virtudes.

Shakespeare, William (1564-1616), *dramaturgo y poeta británico.*

1 Pero si es un pecado desear el honor, yo soy el alma más perversa de este mundo.

2 El destino es el que baraja las cartas, pero nosotros somos los que jugamos.

3 Presta el oído a todos y a pocos la voz.

4 ¿Qué dice Quinapalus? «Más vale un necio chistoso que un chiste necio.»

5 La llama fogosa y precipitada del vicio no puede durar mucho tiempo, pues los fuegos violentos se consumen pronto.

6 Podría estar encerrado en una cáscara de nuez y tenerme por rey infinito con tal de no tener malos sueños.

7 El amor es ciego y los enamorados no pueden ver las graciosas locuras que cometen.

8 El aprendizaje es un simple apéndice de nosotros mismos; dondequiera que estemos, está también nuestro aprendizaje.

9 El buen vino es una jovial criatura, si se usa debidamente.

10 El criado de Varrón: «Tú no eres completamente necio». El necio: «Pero tampoco eres tú completamente sabio. Lo que me sobra a mí de tontería, te falta a ti de espíritu».

11 Porque a fin de cuentas, la verdad es la verdad.

12 El que ha sido robado y no carece de lo que se le quitó, si no lo sabe es como si no hubiera sido robado.

13 El que roba mi bolsa me quita una bagatela; es cualquier cosa y no es nada. El dinero era mío, fue suyo y había sido esclavo de otros mil; pero el que me sustrae el honor, me despoja de algo que a él no le enriquece, a la vez que me empobrece por completo.

14 La virtud misma conviértese en vicio mal aplicada, y en ocasiones el vicio se dignifica por la acción.

15 El hombre que no tiene música en sí mismo, ni es conmovido por la armonía de dulces sonidos, es capaz de traiciones, insidias y expolios.

16 El instinto es una gran cosa; yo era cobarde por instinto.

17 El mal que hacen los hombres les sobrevive; el bien es a menudo sepultado con sus huesos.

18 El orgulloso se devora a sí mismo.

19 El placer y la actividad hacen que el tiempo parezca breve.

20 El oro vale más que veinte oradores.

21 El que no tiene dinero, medios y paz, carece de tres buenos amigos.

22 ¿Qué es más levantado para el espíritu: sufrir los golpes y dardos de la fortuna, o tomar las armas contra un piélago de calamidades y, haciéndolas frente, acabar con ellas?

23 Quien se complace en ser adulado es digno del adulador.

24 Sabemos lo que somos, pero no sabemos lo que podemos ser.

25 Sé casto como el hielo y puro como la nieve, pero no escaparás a la calumnia.

26 Sea como fuere lo que pienses, yo creo que lo mejor sería siempre usar de buenas palabras.

27 Sed fuego para el fuego, amenazad al que amenaza, haced frente al horror fanfarrón.

28 Ser o no ser, ésta es la cuestión.

29 ¡Palabras! ¡palabras! ¡palabras!

30 El silencio representa el más perfecto heraldo de la alegría; yo sería poco feliz si pudiera decir cuánto.

31 El soldado es un hombre; la vida no tiene más que un palmo de larga; dejad ahora que el soldado beba.

32 El tejido de nuestra vida está hecho con un hilo mixto, bueno y malo.

33 El temer lo peor es con frecuencia el medio de remediarlo.

34 El último, no el menor.

35 El valor no consiste en vengarse, sino en soportar la injuria.

36 En realidad es valeroso el que es capaz de sufrir sabiamente.

37 Es mejor una pequeña reprimenda que un gran disgusto.

38 Es una desdicha de nuestra época que los locos sirvan a los ciegos de lazarillos.

39 Estamos hechos de una misma materia que los sueños y nuestra pequeña vida termina durmiendo.

40 Excelente cosa es tener la fuerza de un gigante; pero usar de ella como un gigante es propia de un tirano.

41 Guarda a tu amigo bajo la llave de tu propia vida.

42 Hay en los cielos y en la tierra, Horacio, más que lo que sueña tu filosofía.

43 He oído hablar de vuestras pinturas, incluso con cierta exactitud. Dios os ha concedido una cara y vos hacéis de ella otra distinta.

44 Hemos venido a este mundo como hermanos; caminemos, pues, dándonos la mano y no uno delante de otro.

45 La aflicción hace de una hora diez.

46 La brevedad es el alma del chiste.

47 La compasión es la virtud de las leyes, y tan sólo los tiranos la usan cruelmente.

48 La compasión está por encima del poder real y tiene su trono en el corazón de los reyes; es un atributo del propio Dios; el poder terrenal se muestra muy semejante a Dios cuando la piedad suaviza la justicia.

49 La costumbre puede cambiar el sello de la naturaleza.

50 La democracia sustituye el nombramiento hecho por una minoría corrompida, por la elección hecha merced a una mayoría incompetente.

51 La duda prudente es reputada como la antorcha del sabio.

52 La dulce leche de la adversidad, la filosofía.

53 La escena postrera, aquella que da término a esta singular y memorable historia, es la segunda infancia y el olvido absolu-

to... Sin dientes, sin vista, sin gusto, sin nada.

54 La esclavitud tiene la voz ronca y no puede hablar en voz alta.

55 Palabras sin pensamientos no van al cielo.

56 La fealdad es menos horrible en un demonio que en una mujer.

57 La felicidad de una chanza está en la oreja del que escucha, pero nunca en la lengua del que la dice.

58 La gloria es como un círculo en el agua, que no cesa nunca de extenderse hasta que, finalmente, se pierde en la nada.

59 La gran honestidad, señor mío, vive como una mendicante en una mísera casa, como la perla en una ostra inmunda.

60 La ignorancia es la maldición de Dios; el saber es el ala que nos permite volar hacia el cielo.

61 La lealtad tiene un corazón tranquilo.

62 La lujuria en acción es el abandono del alma en un desierto de vergüenza.

63 La mejor parte del valor es la discreción.

64 La misma virtud se torna vicio, cuando se aplica mal.

65 Los dioses son justos, y hacen de nuestros vicios deleitosos los instrumentos para flagelarnos.

66 La mujer ligera hace al marido pesado.

67 Sí, todos pueden dominar una pena, pero no quien la sufre.

68 Si a cada cual se tratase como se merece, ¿quién evitaría los zurriagazos?

69 La prosperidad es el más seguro lazo de amor.

70 La verdadera esperanza es rauda y vuela con alas de golondrina; crea dioses y reyes, y eleva al trono a las más humildes criaturas.

71 Si el dinero va por delante, todos los caminos están abiertos.

72 Si existieran razones en mayor abundancia que hay zarzamoras, yo no daría la razón a ninguno.

73 Si todo el año fuera de alegre vacación, divertirse resultaría más enojoso que trabajar.

74 Solamente hay tinieblas en la ignorancia.

75 Su voz era suave, gentil y baja: una cosa exquisita en la mujer.

76 Suave corre el agua donde la corriente es profunda.

77 Tercer pescador: «—Maestro, desearía saber cómo pueden vivir los peces en el mar». Primer pescador: «—Como los hombres en la tierra: los grandes se comen a los pequeños».

78 Tú sabes que el invierno amansa al hombre, a la mujer y a la bestia.

79 ¡Un caballo! ¡Un caballo! ¡Mi reino por un caballo!

80 Un corazón apesadumbrado no se sirve de un lenguaje humilde.

81 Un corazón sin mácula difícilmente se asusta.

82 Un fuego se consume con la llama de otro fuego; un sufrimiento se aminora con el sentimiento de otro dolor.

83 La vida es aburrida, como un relato dicho dos veces, que atormenta el oído sordo de un hombre amodorrado.

84 La vida puede prolongarse con la medicina; pero la muerte se adueñará también del médico.

85 Las blasfemias más violentas son paja para el fuego que hay en la sangre.

86 Las cubas vacías hacen más ruido.

87 Las empresas extraordinarias son imposibles para los que miden las dificultades según la apreciación general, imaginando que lo que otras veces sucedió, no pueda suceder de nuevo.

88 Las valiosas presas convierten en ladrones a los hombres honrados.

89 Lo bueno es bueno aunque carezca de nombre; lo vil es siempre vil.

90 Los cobardes mueren muchas veces antes de que llegue su hora; el valiente saborea la muerte una sola vez.

91 Los desgraciados no tienen otra medicina que la esperanza.

92 Los espíritus atrevidos se encaraman prontamente a las cimas.

93 Los hombres cierran sus puertas ante el sol que declina.

94 Los hombres de pocas palabras son los mejores.

95 Los hombres han ido muriendo de vez en cuando; los gusanos se los comieron, aunque no por amor.

96 Los puñales, cuando no están en la mano, pueden estar en las palabras.

97 A mayor talento, en la mujer, más indocilidad.

98 Los que defienden mucho su pellejo triunfan en raras ocasiones.

99 Los que no saben gobernar, que obedezcan.

100 Los recursos que pedimos al cielo, se hallan muchas veces en nuestras manos.

101 Los vicios de los hombres se graban en bronce, y sus virtudes en el agua.

102 A menudo nuestro corazón se corrompe a través del oído.

103 Me satisfaría que tú y yo supiésemos dónde comprar esta mercancía de la buena opinión.

104 Uno puede sonreír, sonreír y ser un infame.

105 Mendigo como soy, también soy pobre en agradecimientos.

106 Nada anima tanto al pecado como la piedad.

107 Vale más ser despreciado y saberlo, que vivir adulado tenido siempre en desprecio.

108 ¡Ah! ¡Qué estúpida es la honestidad! Y la confianza, su hermana, es una damisela bastante simple.

109 Anunciad un mensaje agradable con cien lenguas a la vez; pero dejad que las malas noticias se revelen por sí propias al descargar el golpe.

110 Nada más elocuente que la acción.

111 No acoses demasiado al hombre caído.

112 No basta hablar, hay que hablar veraz.

113 No basta levantar al débil, hay que sostenerlo después.

114 No digamos mentiras; mentir no conviene más que a los comerciantes.

115 No enciendas tanto la hoguera contra tu enemigo que alcance a quemarte.

116 Aunque la autoridad sea un oso testarudo, con frecuencia se consigue amarrarlo por el hocico, a fuerza de oro. Mostrad el interior de vuestro bolsillo al alcance de su mano.

117 ¿No es doloroso que de la piel de un inocente cordero se haga un pergamino? ¿Y que este pergamino, garrapateado, deba arruinar a un hombre?

118 No, es una calumnia cuyo corte es más agudo que la espada, cuya lengua tiene más veneno que todos los gusanos del Nilo.

119 No existe vicio alguno tan simple que no adopte cualquier apariencia de virtud en sus cualidades externas.

120 No existe nada bueno o malo si no se trata de hacer bien o mal.

121 No existen otras tinieblas fuera de la ignorancia.

122 ¡Ay, señor! Ser honrado, tal como va el mundo, es tanto como ser escogido entre diez mil.

123 De hora en hora maduramos y maduramos, y luego, de hora en hora también, pudrimos y pudrimos... y aquí se acaba el cuento.

124 No hay nada bueno ni malo si el pensamiento no lo hace tal.

125 ¡Cuán amargo es mirar la felicidad a través de los ojos ajenos!

126 ¡Cuán desgraciados son aquellos que no tienen paciencia! ¿Qué herida se ha curado nunca en un instante?

127 No hay nobleza más antigua que la del jardinero y la del sepulturero; son ellos

quienes mantienen viva la profesión de Adán.

128 ¡Cuán sujetos nos hallamos a este vicio de la mentira, nosotros los hombres!

129 Cuando afirmé que moriría soltero es que no pensaba vivir hasta que me casara.

130 No hay otras tinieblas que las de la ignorancia.

131 Necesitamos conquistar, por nuestras existencias virtuosas, la corona de un nuevo mundo, ya que nuestras horas profanas nos han arrebatado la de éste.

132 La virginidad es un mueble que pierde su lustre en almacén; mientras más se la guarda, menos vale.

133 Yo dejaré a mi hijo mis acciones virtuosas, y valga al cielo que mi padre no hubiese dejado nada más, pues el resto se sostiene a un precio tal que produce más preocupaciones que su posesión alegría.

134 Un cetro arrebatado por una mano que no conoce ley ha de mantenerse tan violentamente como se ha conseguido.

135 Sed los verdaderos amigos de vuestro país y proceded con moderación en las reivindicaciones que buscáis por la violencia.

136 No hay fundamento sólido construido sobre la sangre, ni vida asegurada obtenida por la muerte de otros.

137 ¡Oh, tú, invisible espíritu del vino, si no tienes otro nombre con el que puedas ser convencido, deja que te llamemos demonio!

138 Una débil llama toma cuerpo al soplo del menor vientecillo, pero el huracán extingue de raíz un incendio.

139 La vida no es más que una sombra que cruza. Un pobre comediante que se pavonea y resuelve durante su hora en la escena del mundo, y que pasa luego al olvido; es un cuento referido por un idiota, con gran ruido y pasión, y que nada significa.

140 Cuando este cuerpo poseía un espíritu, le resultaba demasiado estrecho un reino; pero ahora, dos pasos de esta vil tierra le bastan.

141 No la encontraréis nunca sin que replique, a menos que le falte la lengua.

142 No tratéis de guiar al que pretende elegir por sí su propio camino.

143 Dios os dio una casa y vosotros os fabricáis otra distinta.

144 Una victoria vale por dos cuando el vencedor regresa al hogar con las filas completas.

145 Cuando la hermosura es el abogado, todos los otros oradores enmudecen.

146 Sea tu vestido tan costoso cuanto tus facultades lo permitan, pero no afectado en su hechura; rico, no extravagante; porque el traje dice por lo común quién es el sujeto.

147 Cuando son dos a cabalgar en un caballo, uno de ambos tiene que ir detrás.

148 Nunca existió un filósofo que pudiese soportar pacientemente el dolor de muelas.

149 Cuando viene la desgracia, nunca llega sola, sino a batallones.

150 Daría gustoso mil estadios de mar por un acre de tierra estéril y calcinada, por un campo de aliagas, por cualquier cosa.

151 Ocurra lo que ocurra, aun en el día más borrascoso las horas y el tiempo pasan.

152 ¡Oh, cielos! Si el hombre fuera constante sería perfecto.

153 No hay cifra que pueda hacer que la verdad sea más o menos verdadera.

154 ¡Oh, padre, qué infierno de brujería se esconde en la pequeña órbita de una sola lágrima!

155 ¡Oh, poderoso amor! En ciertos aspectos haces del hombre una bestia y en otros a una bestia la conviertes en un hombre.

156 ¡Oh, qué hermosa apariencia tiene la falsedad!

157 La prudencia puede detener un momento lo que no es capaz de impedir para siempre; pues, en un arrebato, los consejos a menudo no hacen sino aguzar nuestra pasión, queriendo embotarla.

Shaw, George Bernard (1856-1950),
dramaturgo irlandés.

1 Por regla general, el limpio de cuerpo también lo es de alma.

2 La gente común no ora, sólo pide.

3 La gente se cansa de todo, y en primer término de lo que más le gusta.

4 ¿Qué hombre inteligente, si le dieran a escoger entre vivir sin rosas o vivir sin berzas no correría a asegurar las berzas?

5 Sálveme Dios de las posesivas mujeres mediterráneas.

6 La justicia estriba en la imparcialidad y sólo pueden ser imparciales los extraños.

7 Ser valiente es una forma de ser estúpido.

8 Si empezáramos a avergonzarnos de nosotros mismos no tendríamos tiempo para hacer otro cosa en la vida.

9 La santidad es el único camino por el cual se puede llegar a ser famoso sin hacer nada.

10 La timidez es la causa de que haya tan pocos amoríos en el mundo. ¡Qué no daría usted por no tener miedo, por no tener vergüenza!

11 La volubilidad de la mujer a quien amo es sólo comparable a la infernal constancia de las mujeres que me aman.

12 Libertad significa responsabilidad; por eso le tienen tanto miedo la mayoría de los hombres.

13 A todo el mundo le molesta que otro, cuya vida e ideas no puede aprobar, esté de acuerdo con él.

14 —¿Es usted un hombre honrado o un granuja?
—Hombre, mitad y mitad, como todo el mundo.

15 ¡Una vida entera de felicidad! Ningún ser viviente podría soportarla. Sería un verdadero infierno en la tierra.

16 Granjearse protecciones representa todo el arte de la vida; un hombre no puede hacer carrera sin contar con protecciones.

17 Hay hombres capaces de sentir y hasta de sentir delicadamente e incapaces de exteriorizar los sentimientos.

18 La democracia sustituye el nombramiento hecho por una minoría corrompida, por la elección debida a una mayoría incompetente.

19 Aunque soy hombre de letras, no debéis suponer que no he intentado ganarme la vida honradamente.

20 Solamente hay una religión, aunque sus versiones sean ciento.

21 En este mundo no hay autoridad infalible; pero es necesario que alguien tenga la última palabra.

22 Es fácil, terriblemente fácil, hacer tambalear la confianza de un hombre en sí mismo. Aprovecharse de esta ventaja para conmover el espíritu de una persona es una labor diabólica.

23 Es muy fácil ser respetable cuando no se tiene oportunidad para ser otra cosa.

24 El sacrificio propio nos deja en disposición de sacrificar a los demás sin sonrojarnos.

25 Lo que realmente halaga a una persona es el considerarla digna de adulación.

26 No tenemos derecho a gozar de felicidad si no la creamos en torno nuestro, de la misma manera que no lo tenemos a consumir la riqueza sin producirla.

27 Los señores pueden tener amigos en la perrera o en la cuadra, pero no en la cocina.

28 Me temo que debemos hacer honesto el mundo antes de poder decir honestamente a nuestros hijos que la honestidad es la mejor política.

29 Es peligroso ser sincero, a menos que a la vez seas un estúpido.

30 Casi todo el mundo puede hacer cualquier cosa, cuando no hay más remedio que hacerla.

31 Creo que un soldado nunca piensa.

32 Cuando, en este mundo, un hombre tiene algo que decir, la dificultad no está en hacérselo decir, sino en evitar que lo diga demasiado a menudo.

33 Cuando hay dinero que dar, él lo da. Cuando hay que negarlo, lo niego yo.

34 Un general estúpido puede ganar batallas cuando el general enemigo es más estúpido todavía.

35 Cuando leas una biografía, ten presente que la verdad nunca es publicable.

36 Cuando un hombre estúpido hace algo que le avergüenza, siempre dice que cumple su deber.

37 Cuando un hombre mata a un tigre, lo llaman deporte; cuando el tigre mata al hombre, lo llaman ferocidad.

38 Del mismo modo que no tenemos derecho a consumir riqueza sin producirla, tampoco lo tenemos a consumir felicidad sin producirla.

39 Dichoso es el que tiene una profesión que coincide con su afición.

40 No es posible ser un especialista puro sin ser un perfecto idiota.

41 Adviérteme de todos mis defectos como de hombre a hombre. Yo puedo sufrir todo menos la adulación.

42 El hombre ambiciona dos cosas: la primera tener casa propia donde vivir; la segunda tener un automóvil para alejarse de la casa.

43 No hay ninguna satisfacción en ahorcar a un hombre que no se oponga a ello.

44 El hombre puede escalar las más altas cumbres, pero no puede mantenerse en ellas mucho tiempo.

45 La esclavitud humana ha llegado a su punto culminante en nuestra época bajo la forma de trabajo libremente asalariado.

46 La estadística es una ciencia que demuestra que si mi vecino tiene dos automóviles y yo ninguno, los dos tenemos un automóvil.

47 El mundo sólo da algo cuando se le puede quitar a la fuerza.

48 El que puede hace. El que no puede, enseña.

49 No resistas nunca a la tentación. Pruébalo todo y acógete firmemente a lo bueno.

50 Muchas mujeres coquetean con un hombre porque es inofensivo, pero se cansan de él por la misma razón.

51 Nunca una mujer debe casarse con el hombre de quien está enamorada, pues esto equivale a hacer de ella una perfecta esclava.

52 Para practicar la virtud es indispensable una renta suficiente.

53 ¡Mucho cuidado con el hombre que no os devuelve la bofetada!

54 ¡Pobres de nosotros si todo el mundo hiciera siempre lo que se debe hacer!

55 Una alma es algo muy caro de mantener. Mucho más que un automóvil. El alma consume muchas cosas. Consume música, cuadros, libros, montañas, lagos, trajes bonitos y gente agradable con quien estar. No se puede tener todo ello sin dinero. Por eso nuestras almas están terriblemente hambrientas.

56 No contemos el dinero ganado; ya hemos perdido bastante tiempo ganándolo.

57 El vicio es desgaste de la vida.

58 No es realmente fácil ser algo, excepto ser vulgar.

Shelley, Percy Bysshe (1972-1822), *poeta británico.*

1 La poesía hace aparecer los objetos familiares como si no lo fuesen.

2 La poesía nos obliga a sentir aquello que percibimos y a imaginar aquello que conocemos.

3 Los ancianos son tercos y hacen su capricho.

4 ¿Qué es el amor? ¿Preguntáis al que vive, qué es la vida? ¿Preguntáis al que adora, quién es Dios?

5 Son esclavos todos los que sirven para cosas malas.

6 El hombre que quiere ser hombre debe atender al gobierno de sí mismo. En ello debe ser supremo y establecer el propio trono de su voluntad vencida, apagar la

anarquía de las esperanzas y de los temores: ser exclusivamente él solo.

7 El orgullo humano sabe inventar los nombres más serios para ocultar su propia ignorancia.

8 Existe una inefable elocuencia en el viento y una melodía en el discurrir de los arroyos y en el murmullo de las cañas que hay en sus orillas, que por su inconcebible relación con algo encerrado en nuestro ánimo arrastra a los espíritus a una danza de éxtasis desatado.

9 La guerra es el juego para el estadista, la dicha del sacerdote, la burla del abogado y la profesión del asesino mercenario.

10 La poesía es un espejo que torna hermoso hasta aquello que es deforme.

Shenstone, Guillermo (1714-1763), *poeta inglés.*

1 Un hombre posee, en general, las buenas o malas cualidades que le atribuye la humanidad.

2 Un avaro llega a ser rico aparentando ser pobre; un derrochador se hace pobre a fuerza de parecer rico.

3 Se ha visto que las leyes son mallas de tal contextura, que los pequeños se deslizan a través de ellas, los grandes las rasgan y sólo los de tamaño mediano quedan presos en ellos.

4 Ni el hebreo, ni el árabe, ni el copto, ni el siríaco ni siquiera el chino me parecen tan difíciles de entender como el lenguaje del renegado.

5 Los hombres celosos no hacen sino ostentar el poder de su credo, mientras que los juiciosos muestran los fundamentos.

6 El chiste es la pupila refractora del discernimiento.

7 Todo buen poeta encierra un crítico; el caso inverso no rige.

8 Es una gran coincidencia que los mismos vicios que dilapidan la fortuna de un hombre arruinen generalmente su salud, de forma que una cosa no pueda sobrevivir a la otra.

9 Las frases prolijas en una composición breve son como las grandes estancias en una casa minúscula.

10 Los escritores superficiales, como los topos, muchas veces se imaginan que andan por las profundidades, cuando en realidad se hallan próximos a la superficie.

11 Me dijo adios tan dulcemente, que creí que me invitaba a volver.

Sheridan, Richard Brinsley Butler (1751-1816), *escritor irlandés.*

1 Una biblioteca circulante, en una ciudad, es como un árbol, siempre verde, de diabólica doctrina.

2 Triunfar sobre nosotros mismos constituye la única conquista en la que no interviene la suerte. En la batalla, la suerte puede arrebatarte el laurel o ponerlo sobre tu cabeza; pero con la lucha contigo mismo sé decidido; el impulso de la virtud te traerá la victoria.

3 Nada suscita el temor como la belleza perfecta; a su vez, hay algo que consuela y anima en la fealdad.

4 Cuando la ingratitud tiende el dardo de la ofensa, la herida es doblemente peligrosa.

5 Los periódicos, señor, son los más ruines... licenciosos... abominables e infernales... No es que yo los lea. Tomé la decisión de no leer uno solo.

6 Tal como se presenta, la disputa es muy graciosa; pero si intentamos explicarla no haremos más que estropearla.

Shorthouse, José Enrique (1834-1908), *novelista inglés.*

1 Todos los credos y todas las opiniones no son más que meros resultados de la oportunidad y del temperamento.

2 Cuando hayáis vivido más tiempo en este mundo y sobrevivido a las ardientes y agradables ilusiones de la juventud, hallaréis que vuestro amor y piedad por el pueblo se decuplican, y que vuestra admiración y apego a cualquier partido u opinión política desaparecen por completo.

Sidney, Philip (1554-1586), *novelista y ensayista británico.*

1 Un no, nunca es, en boca de una mujer, una negación.

2 Se puede ser poeta sin hacer versos, y versificador, sin poesía.

3 ¡Ven, oh sueño! Nudo seguro de la paz, asilo encantado del espíritu, bálsamo de la lucha, riqueza del pobre; liberación del prisionero, juez imparcial de los poderosos y de los humildes.

4 No están jamás solos los que están acompañados de nobles pensamientos.

5 La única desventaja de un corazón honesto es la credulidad.

6 La alegría tiene en sí un alborozo permanente o presente; la risotada tiene tan sólo un cosquilleo molesto.

7 El trato íntimo disminuye el respeto.

8 En los labios de una mujer no existe la negación.

9 Nada se acaba antes de haberse intentado todos los procedimientos.

10 No existe nadie que de repente sea extraordinariamente bueno o extraordinariamente malo.

Siéyes, Manuel José, conde de (1748-1836), *sacerdote, político y escritor francés.*

1 ¡Quieren ser libres y no saben ser justos!

Silesius, Angelus (1624-1677), *filósofo alemán.*

1 La mayor de las maravillas es indudablemente el hombre. Él puede ser, según lo que haga, dios o demonio.

2 La soledad es necesaria; pero es preciso no ser vulgar, porque, dondequiera estés, podrás hallarte como en un desierto.

3 El amor reciente burbujea como el vino joven; cuanto más envejece, tanto más tranquilo será.

4 El mundo es una palestra; nadie alcanza la guirnalda ni la corona si no lucha con gloria y honor.

5 El que corre sin amor no llega al cielo. Va saltando de un sitio a otro como un fuego fatuo.

Silvela y Le-Villeuze, Francisco (1845-1905), *político y escritor español.*

1 Ellos [los eruditos] saben todo lo que no nos importa.

Simmel, Jorge (1858-1918), *sociólogo y filósofo alemán.*

1 Todo el mundo conviene en que las mujeres son mucho más fieles que los hombres, comenzando por su adhesión inquebrantable a los viejos objetos propios o de personas queridas, a los «recuerdos» materiales o espirituales.

2 ... para el hombre, la casa es más bien un fragmento de la vida, mientras que para la mujer la casa significa la vida entera, plasmada a modo doméstico.

3 Los gestos peculiares de las mujeres revelan en cierta forma exterior la peculiaridad del alma femenina. Por eso el ritmo interno de la mujer se ha objetivado siempre en la danza, cuyas formas tradicionales dejan amplio margen para la impulsividad individual, para la gracia y singularidad de los movimientos.

4 No hay otro arte en donde la labor a realizar se compenetre y una más estrecha-

mente con la personalidad total del artista. La actividad del comediante constituye la forma típica de esa integral inmersión de la personalidad toda en la obra o fenómeno artístico.

Sinatra, Frank,
cantante y actor norteamericano contemporáneo.

1 Para tener éxito hay que tener amigos; pero para tener mucho éxito hay que tener enemigos.

Sinclair, Upton (1878-1968),
novelista estadounidense.

1 Las tierras pertenecen a sus dueños, pero el paisaje es de quien sabe apreciarlo.

Sismondi, Juan Carlos Leonardo, de
(1773-1842), *historiador y economista suizo.*

1 La libertad es un vino generoso que transtorna los cerebros débiles, sólo una larga costumbre nos prepara para soportarla en fuertes dosis.

Sixto V (1541-1590),
papa de 1585 a 1590.

1 Dejadlos murmurar, pues nos dejan mandar.

2 Canonizaría sin inconveniente alguno a la mujer cuyo marido nunca se hubiese quejado de ella.

Smiles, Samuel (1812-1904),
médico y escritor escocés.

1 No hay ley, por rigurosa que sea, que pueda hacer activo al perezoso; al disipador, previsor y al ebrio, sobrio.

2 El comercio prueba el carácter.

3 Más cordura nos enseñan nuestros fracasos que nuestros éxitos. A menudo descubrimos qué es lo que nos acarreará el triunfo, después de hallar lo que nos apartaría de él y me atrevo a decir que, probablemente, quien nunca cometió una equivocación, jamás hizo ningún descubrimiento.

4 El camino mejor para hacer muchas cosas es no hacer sino una a la vez.

Smith, Adam (1723-1790),
filósofo y economista escocés.

1 La inclinación al cambio, al trueque y a la permuta de una cosa por otra es común a todos los hombres, y no se encuentra en ninguna otra raza de animales.

2 La ciencia es el gran antídoto contra el veneno del entusiasmo y de la superstición.

Smith, Horace (1779-1840),
escritor británico.

1 La caridad comienza en nosotros mismos y la mayor parte de las veces termina donde comenzó.

Smith, Sydney (1771-1845),
teólogo y publicista británico.

1 Se conoce al que es caritativo por medios muy distintos de las suscripcionenes benéficas.

2 No hay amueblamiento más encantador que los libros, aunque no los abráis jamás, y no leáis nunca una sola palabra.

3 Los franceses dicen que hay tres sexos: hombres, mujeres y sacerdotes.

4 La pobreza no deshonra a nadie, pero es horriblemente molesta.

5 Evitad la deshonra, pero no busquéis la gloria. No hay nada tan costoso como la gloria.

6 El mejor régimen alimenticio para nosotros, a fin de cuentas, es la alabanza.

7 El hombre que dedica su vida a las actividades del entendimiento, se habitúa a una clase de placeres que nada tienen de reprochables.

8 El vestido cubre el cuerpo mortal y lo adorna; asimismo, el estilo es el vehículo del espíritu.

9 Hay muy pocos que no prefieran ser odiados a ser objeto de risa.

10 La guerra es natural en las mujeres como en los hombres... por lo menos contra el propio sexo.

11 No tengo preferencia alguna por el campo. Me parece una tumba muy saludable.

Smith, W. C. (1824-1887),
escritor político británico.

1 Limpiar el polvo, remendar, servir: nada es grande ni pequeño; nada es bajo o fastidioso. El amor lo santificará todo.

Smollet, Tobias George (1721-1771),
novelista británico.

1 Aprecio el viejo adagio que dice que nosotros, los marineros, ganamos dinero arrastrando una vida de perros y que lo gastamos como unos asnos.

2 El que viaja por mar puede tener una amada en cada puerto; pero debería huir de la mujer como lo haría de unas arenas movedizas.

3 El verdadero patriotismo no pertenece a ningún partido.

4 Penosa ceremonia es recibir y devolver visitas.

5 Por mi parte creo que la mitad de la nación está loca y la otra mitad no está muy sana.

Sócrates (h. 469-309 a.C.),
filósofo griego.

1 Sólo sé que no sé nada.

2 Conócete a ti mismo.

3 ¿Si me hubiese pegado una coz un asno, le denunciaría?

4 Las penas de la vida deben consolarnos de la muerte.

5 No es maravilla que hablen mal, porque nunca aprendieron a hablar bien.

6 Toda discusión sobre la música debe tener por objeto el amor a lo bello.

Sófocles (496-405 a. de C.),
poeta trágico griego.

1 Todo son ruidos para quien tiene miedo.

2 Siempre se repite la misma historia: cada individuo no piensa más que en sí mismo.

3 Quien lleva consigo a la justicia tiene derecho a vanagloriarse.

4 Por los grandes perjuicios que ocasionan a las personas orgullosas, las palabras altaneras les enseñan, aunque demasiado tarde, a ser sabios.

5 Ocasiones hay en que la justicia misma produce entuertos.

6 Un Estado en el que quedan impunes la insolencia y la libertad de obrar cada cual a su antojo, tened por seguro que acaba por hundirse en el abismo.

7 No es posible conocer el alma, los sentimientos ni los pensamientos de un hombre hasta que lo hayáis visto actuar como poderoso y aplicar las leyes.

8 La mayor de las alegrías es la que no se esperaba.

9 En ninguna ciudad tendrían las leyes la

fuerza que deben tener, si no fuesen sostenidas por el temor.

10 El que es bueno en la familia es también buen ciudadano.

11 Las cosas de los dioses pueden morir, pero jamás los dioses.

12 Al hombre perverso se le conoce en un solo día; para conocer al hombre justo hace falta tiempo.

13 El orgullo engendra al tirano. El orgullo, cuando inútilmente ha llegado a acumular imprudencias y excesos, remontándose sobre el más alto pináculo, se precipita en un abismo de males, del que no hay posibilidad de salir.

14 El saber es la parte principal de la felicidad.

15 El yerro es cosa común a todos los hombres; pero cuando ha cometido un fallo, el sabio repara el daño que ha hecho y no se mantiene inmutable. La obstinación engendra todo género de males.

16 El silencio es el mejor adorno de la mujer.

17 La más hermosa de todas las obras humanas consiste en ser útil al prójimo.

18 Hay muchos portentos, pero nada hay más portentoso que el hombre.

19 El demasiado silencio es cosa grave.

20 Los hijos son las anclas que atan a la vida a las madres.

21 La vida más dulce es la de no pensar en nada.

22 Si la fortuna se enoja contra alguno, por sabio que sea, terminará por devolverle el juicio.

23 Todo aquel que sea un excelente administrador de los propios negocios será asimismo un excelente administrador de los asuntos del Estado.

24 Timeo hominem unius libri. (Temo al hombre de un solo libro.)

25 No hay tesoro más grande para el hombre que una inteligencia llena de saber.

26 El amor gusta de pasar la noche reclinado en las suaves mejillas de las muchachas.

Soler, Bartolomé (1894-1975),
novelista y dramaturgo español.

1 No ríen los que carecen de caletre para entender las gracias.

Solís y Rivadeneira, Antonio de (1610-1668),
historiador y poeta español.

1 Algunas veces se descuida el entendimiento, para que se divierta la esperanza con lo que sueña la imaginación.

2 Pocas veces falta el ingenio a la maldad.

3 Ordenóse de sacerdote el discretísimo don Antonio de Solís; y a poco tiempo del nuevo estado, estando una tarde con el duque de Medinaceli, y conde de Oropesa, altercando los dos con dictámenes opuestos, dijo el de Medina: Y sobre esto, ¿qué dice el señor don Antonio? A lo que respondió: Yo, señor, digo misa.

Solón (640-560 a. de C.),
político y escritor griego.

1 Un Estado es bien gobernado cuando los ciudadanos obedecen a los magistrados, y éstos a las leyes.

2 Todos los ciudadanos son miembros de un mismo cuerpo, y cuando uno de ellos es herido, todos deben sentirse ofendidos.

3 Los cortesanos se parecen a esas fichas que sirven para contar: cambian de valor según quien las emplea.

4 Las leyes son semejantes a las telas de araña; detienen a lo débil y liguero y son deshechas y traspasadas por lo fuerte y poderoso.

5 Guárdate bien de decir todo lo que sabes.

6 ... Es que el pueblo ha de obedecer mejor a sus dirigentes, cuando no se le deja demasiada libertad ni se le impone demasiada violencia. Porque un exceso que tiene por secuela un bienestar exuberante, crea en los hombres carentes de la comprensión debida, la indisciplina...

7 Feliz es la casa que no debe sus riquezas a la injusticia, que las conserva sin mala fe, y cuyos gastos no dan lugar a posibles arrepentimientos.

8 No te des prisa en ganar nuevos amigos ni por abandonar los que tienes.

Somerville, Guillermo (1675-1742),
poeta británico.

1 Un penique ahorrado es un penique ganado.

2 Sus lágrimas, sus promesas, son todo un engaño, porque la mujer se ama solamente a sí misma.

Sommery, Mlle. de (1711-1790),
escritora francesa.

1 Si hay tantas mujeres que acaban mal es porque no se les enseñó a estar solas.

2 La amistad no puede vivir sin la estima; y ésta es una de las muchas ventajas que tiene sobre el amor.

3 Es una ofensa que se hace al marido descuidarse cuando se está a solas con él y hacerle esperar para estar presentable cuando se recibe gente.

4 El espíritu es como el talento: más vale carecer de él por completo que no poseerlo suficientemente.

5 El marido que ya no deja margen para que su mujer le desee, está perdido.

6 Un espíritu selecto no puede ofrecer a su bienhechor un testimonio más seguro de su reconocimiento que pidiéndole nuevos beneficios.

Sonlages, G.,
escritor francés contemporáneo.

1 Una cicatriz mal disimulada, una mancha roja en la garganta, demasiado vello en las piernas, son, para la virtud de una mujer, más seguros guardianes que la honestidad, los grandes principios y la religión.

South, Robert (1634-1716),
teólogo británico.

1 La palabra fue concedida a los hombres corrientes para que dijeran cuanto pensasen, pero a los sabios para ocultarlo.

2 La generalidad de la humanidad está entera y absolutamente gobernada por las palabras y por los nombres.

Southey, Robert (1774-1843),
poeta británico.

1 No suelo juzgar al hombre por sus principios; sería tanto como juzgar al camaleón por su color, o al mirlo americano por su canto.

2 Ningún lazo une tan estrechamente dos corazones humanos como la compañía en el dolor.

3 Los vencidos no tienen amigos.

4 La rabia de la intolerancia es el más loco y peligroso de los vicios, porque nos engaña con la apariencia de la virtud.

5 El abismo del tiempo es tenebroso, pero se nos han concedido las suficientes luces para guiar nuestros pasos.

Spencer, Heriberto (1840-1903),
filósofo británico.

1 Todos clamamos contra los prejuicios: y sin embargo nadie está exento de ellos.

2 Tiempo: lo que los hombres siempre tratan de matar, pero que acaba por matarlos.

3 Si constituye un deber respetar los derechos de los demás, es también un deber mantener los propios.

4 Nadie puede ser perfectamente libre si no son libres todos; nadie será perfectamen-

te moral si todos no son morales; nadie puede ser perfectamente feliz si la felicidad no alcanza a todos.

5 Los preceptos oídos con frecuencia y poco observados pierden la poca eficacia que tienen a fuerza de ser repetidos.

6 Las reglas de la naturaleza no tienen excepciones.

7 La ciencia es el conocimiento organizado.

8 A fin de cuentas, la opinión está determinada por los sentimientos, pero no por la inteligencia.

9 El culto de los héroes siempre es más intenso donde menos se respeta la libertad humana.

10 El derecho divino de los reyes significa el derecho divino de cualquiera que puede ascender a la cima.

11 El progreso no es un accidente, es una necesidad, una parte de la naturaleza.

12 Es la mente lo que hace el bien o el mal, la miseria o la felicidad, la riqueza o la pobreza.

13 Es preciso llegar a profundizar en la propia ignorancia sobre cualquier asunto para descubrir cuán poco sabemos de los demás.

14 La educación tiene por objeto la formación del carácter.

15 La forma republicana es la forma de gobierno más elevada; pero precisamente por ello exige el tipo más elevado de la naturaleza humana, tipo que ahora no existe en parte alguna.

16 La sociedad existe para el beneficio de sus componentes; no los componentes para el beneficio de la sociedad.

17 Lo prudente es suponer que nadie tiene completamente razón, ni nadie deja de tenerla por completo.

18 Nuestras vidas son abreviadas universalmente por la ignorancia.

19 Solamente cuando el genio aparece enlazado con la ciencia pueden esperarse los mejores resultados.

20 Todo delito impune engendra una familia de delincuencias.

Spengler, Oswaldo (1880-1936), *filósofo alemán.*

1 Cuando uno se lava las manos es cuando se ven las cosas más claras.

2 El niño enlaza el pasado con el futuro.

3 Todos los revolucionarios habían adoptado antes una profesión en la que fracasaron; este fracaso es la premisa psíquica del revolucionario de profesión.

Spielhagen, Federico (1829-1911), *novelista alemán.*

1 Una juventud sin alegría es con frecuencia un melancólico prólogo de la vejez desolada del misántropo.

Spinoza, Baruch (1632-1677), *filósofo racionalista holandés.*

1 He procurado diligentemente no reírme de las acciones humanas, ni llorarlas, ni abominar de ellas, sino comprenderlas.

2 Nada es tan útil al hombre que el hombre.

3 La beatitud no es el premio de la virtud, sino la virtud misma.

4 Los hombres se equivocan al creerse libres, y esta opinión consiste sólo en que son conscientes de sus acciones e ignoran las causas que las determinan.

Spurgeon, Carlos Haddon (1834-1897), *predicador británico.*

1 Un necio puede muy bien ganar dinero, pero sólo un sabio gastárselo.

Staël, Madame de (1766-1817),
escritora francesa.

1 Rezar juntos, en cualquier lengua, siguiendo cualquier rito, constituye la más conmovedora fraternidad de esperanza y de simpatía que los hombres puedan convenir en este mundo.

2 La figura de una mujer, cualquiera que sea la fuerza o la extensión de su espíritu, representa siempre un obstáculo o un apoyo en la historia de su vida.

3 Es fácil ser mujer cuando se es insensible.

4 El comprender todas las cosas le hace a uno más indulgente.

5 Conocer a otra persona perfectamente sería objeto de estudio para una vida entera. ¿Qué es lo que se entiende por conocer a los hombres? Conocerlos, entra en lo posible; pero comprenderlos, solamente puede hacerlo Dios.

6 El dolor siempre cumple lo que promete.

7 Quien no sabe fingir no sabe vivir.

Stahl, Arthur (1820-1877),
novelista alemán.

1 El dominio de sí mismo constituye el primer paso para dominar a los demás.

2 Cuando más se hace un negocio del matrimonio, tanto más se entierra la familia y con ella el orden burgués.

Stalin, José (1879-1953),
político ruso.

1 Siempre he pensado que en la era de la victoria del socialismo en el mundo entero, cuando se afirme definitivamente y domine las costumbres, todas las lenguas nacionales deberán necesariamente fundirse en un solo idioma común, que no ha de ser, naturalmente, ni el ruso ni el alemán, sino una lengua nueva.

2 No está excluida la posibilidad de que sea Rusia el país que franquee el camino del Socialismo. Hay que desterrar la idea caduca de que sólo Europa puede mostrarnos ese camino. Existe un marxismo dogmático y otro creador. Yo me sitúo en el terreno de este último.

Starkey, Tomás Alberto (1872-?),
médico y escritor británico.

1 El saber, sin virtud, es pernicioso y pestilente.

Stassart, Goswin José Agustin de (1780-1854),
político y escritor belga.

1 Nos avergonzamos de reconocer todo cuanto debemos al azar: entre todos los benefactores, el azar es el que recoge más ingratitudes.

2 Los cortesanos son como los gatos, que se encariñan más con la casa que con el dueño.

3 La gloria es como la cocina: no conviene ver las manipulaciones preparatorias.

Stedmann, Edmundo Clarence (1833-1908),
escritor y poeta estadounidense.

1 La excentricidad no es una prueba de genio; y el artista debe acordarse de que la originalidad consiste no sólo en hacer las cosas de diferente manera, sino también en hacerlas mejor.

Steele, Richard (1672-1729),
escritor irlandés.

1 Un hombre no puede tener en otro individuo una idea de la perfección si nunca la sintió en sí mismo.

2 Solamente es grande quien no da importancia al aplauso de la multitud y hace caso omiso de su favor.

3 Según se dice, siempre estamos haciendo alguna cosa para la posteridad; a mí me satisfaría ver cómo la posteridad hace algo por nosotros.

4 Libertad... la felicidad de los hombres que viven sometidos a unas leyes hechas por ellos mismos, con su consentimiento personal y el de sus representantes.

5 La mejor compañía es la formada por cinco personas.

6 La lectura es para el espíritu lo que la gimnasia para el cuerpo.

7 Contemplarla representa un freno inmediato para toda mala conducta; y amarla es una educación liberal.

8 El hombre de humilde condición que hace todo cuanto puede es más heroico que el que deja de realizar una buena acción cualquiera que puede llevarse a cabo en la grandeza.

Stendhal, Marie Henri Beyle (1783-1843), *novelista francés.*

1 Únicamente existe un modo para lograr más fidelidad de las mujeres, en el matrimonio: conceder la libertad a las jóvenes, y el divorcio a los casados.

2 Hay algo que jamás alabamos en los muertos, y es la causa de todas las demás alabanzas que hacemos de ellos; el que estén muertos.

3 La belleza no es más que la promesa de la dicha.

4 No es ser opulento lo que hace la felicidad, sino llegar a la opulencia.

5 Amo la fuerza, y de la fuerza que amo, una hormiga puede mostrar tanta como un elefante.

6 Cuanto más se agrada generalmente, menos se agrada profundamente.

7 No existe nada que odien más los mediocres que la superioridad de talento: ésta es, en nuestros días, la verdadera fuente del odio.

8 El amor es como la fiebre. Nace y se extin-

gue sin que la voluntad intervenga en lo más mínimo.

9 El amor es la sola pasión que se paga con una moneda que ella misma se acuña.

10 Para conocer al hombre basta estudiarse a sí mismo; para conocer a los hombres se precisa vivir en medio de ellos.

11 El hombre que escribe confusamente no puede acariciar ninguna ilusión: o se engaña, o trata de engañar a los demás.

12 Para gozar íntimamente y para amar se necesita la soledad; mas para salir airoso se precisa vivir en el mundo.

13 El mal gusto consiste en confundir la moda, que no vive más que de los cambios, con la belleza duradera.

14 El pueblo español es el último pueblo europeo con carácter.

15 ¿Qué importan las hipocresías de algunos sacerdotes? ¿Pueden quitar algo a la verdad y a la sublimidad de la idea de Dios?

16 Se dice que la reputación es la opinión de la mayoría; pero si esta mayoría es necia, ¿es preciso que haga, a mi vez, necedades? No; basta abstenerse, con frecuencia, de las cosas razonables.

17 Solamente se blasfema a los dioses.

18 Solamente son uniones legítimas las debidas a una verdadera pasión.

19 En materia de amor se duda con frecuencia de lo que más se cree.

20 Es necesario ser muy desconfiados, puesto que la generalidad de los hombres lo merece; pero bueno será procurar que la desconfianza no se aperciba.

21 Es tan real la diferencia que existe entre la infidelidad de los dos sexos, que una mujer apasionada puede perdonar una infidelidad, pero ello resulta imposible para el hombre.

22 Sólo la imaginación escapa siempre a la saciedad.

23 Tanto vale el hombre, tanto vale el puesto.

24 ¿Tiene méritos un hombre, a vuestro entender? Poned obstáculos a todo lo que se

propone hacer. Si el mérito es real, sabrá abatir o salvar los obstáculos.

25 Un hijo es un acreedor dado por la naturaleza.

26 Todo fin moral, es decir, el interés en el artista, mata la obra de arte.

27 El pro y el contra se encuentran en cada nación.

Sterbini, César (1784-1831),
filósofo y poeta italiano.

1 La calumnia es un vientecillo, una brisa bastante gentil que insensible, sutil, ligeramente, suavemente comienza a susurrar.

Stern, Daniel. Véase **Agoul, María de Flavigny, condesa de.**

Sterne, Laurence (1713-1768),
escritor británico.

1 Solamente los espíritus valerosos saben la manera de perdonar. Un ser vil no perdona nunca; no está en su naturaleza.

2 Según dijo Sancho Panza, la bendición de Dios corresponde al primero que inventó esta cosa automática que llamamos sueño, que nos envuelve como en un manto.

3 La muerte abre las puertas de la fama y cierra tras de sí las puertas de la envidia.

4 Dios atempera el viento para el cordero trasquilado.

5 El espíritu acusador que voló al cielo con el peso de la blasfemia, se sonrojó al referirla; y el ángel que la escribió dejó caer una lágrima sobre la palabra, borrándola para siempre.

Stevenson, Robert Lewis (1850-1894),
poeta y novelista británico.

1 Vale más asegurar un interés que ganar mil libras esterlinas.

2 Todos viven de vender algo.

3 Tanta prisa tenemos por hacer, escribir, amontonar bienes y dejar oír nuestra voz en el silencio burlón de la eternidad, que olvidamos la única cosa de la que las demás no son sino partes: vivir.

4 Siempre he sospechado que el gusto público es un producto híbrido de la afectación y del dogmatismo.

5 Podéis hacer lo que gustéis: si se pone a un moderno hombre de negocios en el Edén, proporcionándole un elixir de larga vida... continuará con una tendencia en su corazón: su hábito de trabajo.

6 Odio al cinismo más que odio al mismo diablo, a menos que ambos no sean más que una misma cosa.

7 Nuestro cometido en la vida no consiste en triunfar, sino en caer continuamente, con espíritu sereno.

8 Jóvenes y viejos hacemos conjuntamente nuestra última travesía.

9 La política es, tal vez, la única profesión para la que no se considera necesaria ninguna preparación.

10 Los celos, generalmente, son consecuencia del amor; os guste o no, como queráis; pero es así.

11 Una finalidad en la vida es la única fortuna digna de ser buscada; y no hay que buscarla en tierras extrañas, sino en el propio corazón.

12 No existe un deber que descuidemos tanto como el deber de ser felices.

13 El primer deber de un hombre es hablar; ésta es su principal razón de vivir.

14 El hombre es una criatura que no sólo vive de pan, sino en primer término de símbolos.

15 El escolar posee un agudo sentido del humorismo. Aprendió a conocer y a admirar a los héroes, en los libros, pero re-

chaza el reconocer lo heroico en uno de
sus contemporáneos.

16 El cementerio puede ser la antecámara
del cielo; pero hemos de admitir que es en
sí un desagradable y repugnante vestíbulo, por hermosa que pueda ser la vida a
que nos lleva.

17 Cada uno tiene un punto sano en cualquier parte.

18 No hay pipada que pueda parangonarse
con la que se fuma después de llegar a
buen fin la jornada; la fragancia del tabaco
es algo digno de recordarse; tan seca y
aromática, tan plena y tal delicada.

19 No pido otra cosa: el cielo sobre mí, y el
camino bajo mis pies.

20 ¡Qué cosa tan vacía y triste es eso que se
llama popularidad!

21 Que un hombre hable durante largo tiempo y hallará creyentes.

22 Ser lo que somos y convertirnos en lo que
somos capaces de ser, es la única finalidad
de la vida.

23 Mi memoria es muy buena para olvidar.

24 El único fin de la vida consiste en ser lo
que somos, y llegar a ser lo que somos
capaces de ser.

Storm, Teodoro (1817-1888),
poeta y novelista alemán.

1 El amor es como una canción de cuna: te
adormece amablemente, pero, apenas te
duermes, cesa el canto. Y al despertar te
encuentras solo.

Strassburg, Gottfried von (s. XII),
poeta épico alemán.

1 El corazón humano se parece a una nave
que, sin anclas, cruza el mar. ¡Qué difícilmente encuentran ambos su ruta cuando
el viento sopla!

Stravinsky, Igor Fedorovich (1882-1971),
compositor ruso.

1 La imaginación no es solamente la madre
del capricho, sino también la sirvienta y
proveedora de la voluntad creadora.

Strindberg, August (1849-1912),
escritor sueco.

1 No se puede tener otra tarea en cuanto a
la vida que la de conservarla hasta morir.

2 La verdad es siempre desvergonzada.

3 Si el caballo conociese su fuerza, ¿sería
bastante loco para aceptar el yugo, como
lo hace? Pero si se vuelve sensato y se
escapa, entonces se dirá que está loco...

4 ¡Qué candor, creer en la castidad del
amor!

5 Los hijos son educados como si debiesen
ser hijos toda la vida, sin que se piense en
absoluto que se convertiran en padres.

6 No es la victoria lo que yo quería, sino la
lucha.

Strobach, F. von (s. XVIII),
escritor alemán.

1 Suele decirse que las mujeres son curiosas. En un caso dejan de serlo: nunca
preguntan al hombre de dónde trae el
dinero que ellas necesitan.

Stuart Mill, John (1806-1873),
economista y filósofo inglés.

1 Todos los esfuerzos del Estado para influir en el modo de pensar de los ciudadanos sobre temas discutibles son pernicio-
sos.

2 Opinamos que no debería escribirse poé-
ticamente lo que no fuera exquisito. En
prosa cabe decir todo lo que viene a cuento; en poesía sólo lo que es digno de ser
dicho mejor que en prosa.

3 La disciplina es más poderosa que los números; la disciplina, es decir, la perfecta cooperación, es un atributo de la civilización.

4 La única finalidad por la cual el poder puede ser ejercido con pleno derecho sobre miembros de una comunidad civilizada contra su voluntad es la de evitar que perjudique a lo demás.

5 Es una máxima bien firme, que los más lógicos pensadores comprendieron que en las mayorías se esconde siempre el error.

6 El mejor estado de la naturaleza humana es aquel en que no habiendo ningún pobre, nadie desea ser más rico.

7 En una pequeña compañía, donde cada uno conoce a otro, ejerce su máxima influencia saludable la opinión pública bien dirigida.

8 La originalidad es la única cosa cuya utilidad no pueden comprender los espíritus vulgares.

9 Lo que forma el carácter no es lo que un niño o una niña puede repetir de memoria, sino lo que ellos aprendieron a amar y admirar.

10 No existe una mejor prueba del progreso de la civilización que la del progreso de la cooperación.

11 Todo lo que oprime la individualidad es despotismo, cualquiera que sea el nombre que le demos.

12 Lo que mata la individualidad es el despotismo, sea cualquiera el nombre que se le dé.

13 Más vale ser un hombre insatisfecho que un cerdo feliz.

14 Todas las cosas buenas que existen son fruto de la originalidad.

15 El valor de un estado no es otra cosa que el valor de los individuos que lo componen.

Sueness,
cardenal belga contemporáneo.

1 El desastre del SIDA nos abre los ojos a la epidemia moral engendrada por la libertad sexual desatada que ha invadido nuestras costumbres, cual río desbordado.

2 Cristo, camino de curación, de resurgir moral y de salvación.

Suetonio, Cayo Tranquilo (h. 75-160),
historiador romano.

1 Salve, emperador, los que van a morir te saludan.

2 Me odian, pero me temen.

3 En un Estado verdaderamente libre, el pensamiento y la palabra deben ser libres.

4 El buen pastor debe esquilar sus ovejas, no despellejarlas.

5 Amigos, he perdido el día.

6 Apresúrate lentamente.

7 Una zorra cambia de pelo, no de carácter.

Swetchine, Ana Sofía Soymonoff de (1782-1857), *escritora rusa.*

1 Una mujer que no ha sido hermosa no ha sido nunca joven.

2 ¿Qué hace falta para ser indulgente? Mucha rectitud de criterio y un poco de piedad en el corazón.

3 ¡Cuántas gentes hay que, como los perros, parecen buscar un dueño!

4 El coraje que tuvimos constituye a menudo la mejor parte de lo que tenemos.

5 En el desorden de una vida corrompida, la fe es como la vieja lámpara que ardía en las tumbas.

6 En el fondo de la vida no hay más que lo que allí metemos.

7 Esperamos que puede suceder cualquier

cosa, y nunca estamos prevenidos para nada.

8 ¿Qué significa resignarse? Quiere decir poner a Dios entre sí y el dolor.

9 Hay personas que no hablan más que de ellas mismas; pero lo hacen para pensar en sí constantemente.

10 Las cadenas que más nos oprimen son las que menos pesan.

11 Los años no hacen personas sabias; solamente hacen viejos.

12 Los viajes constituyen la parte frívola en la vida de las personas serias y la parte seria de los seres frívolos.

13 Nunca se perdona bastante, pero se olvida demasiado.

Swift, Jonathan (1667-1745),
escritor irlandés.

1 Todo el mundo quisiera vivir largo tiempo, pero nadie querría ser viejo.

2 Los naturalistas observan que una pulga lleva encima otras pulgas más pequeñas que le atormentan, y éstas sufren a otras todavía menores, continuando así hasta el infinito.

3 Cuando un verdadero genio aparece en el mundo, lo reconocéis por el signo de que todos los tontos se unen contra él.

4 Ningún hombre sabio deseó nunca ser más joven.

5 En este mundo no hay más que una sola constante: la inconstancia.

6 Es antigua máxima en las escuelas que la adulación es el alimento de los necios: sin embargo, de cuando en cuando los hombres sensatos condescienden a probar un poco.

7 Las dos máximas de todo hombre importante en la corte son: guardar siempre la compostura y no guardar nunca su palabra.

8 Las leyes son como telarañas que atrapan a los mosquitos pero dejan pasar a las avispas y los abejorros.

9 «Libertas et natale solum». Bellas palabras, en verdad. Me gustaría saber dónde las robaste.

10 Los hombres que vivieron y murieron sin conquistar un renombre son los principales héroes en la lista sagrada de la gloria.

11 Nunca está menos solo un sabio que cuando se halla solo.

12 Aquel que hace crecer dos espigas de trigo o dos briznas de hierba en un pedazo de tierra donde sólo había una, presta un servicio más esencial a su país que la raza entera de todos los políticos reunidos.

13 Los mejores médicos del mundo son: el doctor Dieta, el doctor Reposo y el doctor Alegría.

14 Un hombre no debería avergonzarse jamás de confesar que se ha equivocado, que equivale a decir, en otras palabras, que hoy es más sabio de lo que fue ayer.

15 Verdaderamente fue un valiente el primero que comió una ostra.

16 Cada uno desea vivir largos años, pero nadie quiere ser viejo.

17 Poseemos suficiente religión para hacernos odiar, pero no la precisa para hacernos amar los unos a los otros.

18 ¡Señor! Querría saber quién fue el estúpido que inventó el beso.

19 Siempre se dibuja a los elefantes más pequeños que al natural, pero las pulgas siempre más grandes.

20 Cuando el diablo está satisfecho es buena persona.

21 Cuando los hombres se tornan virtuosos en la vejez, no hacen sino sacrificar a Dios las sobras de lo sacrificado al diablo.

22 Son pocos los que están bien preparados para brillar en sociedad; pero está al alcance de la mayoría el hacerse agradables.

Swinburne, Algernon, Charles (1837-1909),
poeta británico.

1 Hablar con sencillez es preferible a la excesiva agudeza.

2 El mundo no tiene una flor en región alguna, ni perla en ningún rincón del mar, semejante a un niño sentado en las rodillas de su madre.

3 Donde no hay hijos falta el cielo.

4 El destino es un mar sin riberas.

5 El bien le dijo al mal: «¡Hermano mío!».

Sybel, Enrique de (1817-1895),
historiador alemán.

1 En la fortuna y en la desgracia, en la gloria o en la amargura, cada nación recibe exactamente lo que merece.

Sylva, Carmen (1843-1916),
seudónimo literario de la reina Isabel de Rumania.

1 El amor exige; la amistad concede.

Charles-Marie Talleirand   Marqués de Mirabeau   Leon Tolstoi

Tácito (h. 55-h. 120), *historiador latino.*

1 Los beneficios se agradecen cuando pueden ser correspondidos; por el contrario, si son demasiado grandes, en lugar de reconocimiento despiertan odio.

2 La oratoria es la hija de leche de la licencia, a la cual los necios daban el nombre de libertad.

3 La pasión de la gloria es la última de que se despojan los sabios.

4 En un Estado corrompido se hacen muchísimas leyes.

5 Es más santo y respetuoso creer ciegamente en Dios que intentar profundizar el misterio.

6 Es un vicio de la malicia humana alabar siempre las cosas antiguas y aborrecer las cosas actuales.

7 Los traidores son odiados incluso por aquellos a quienes sirven.

8 No ha existido nadie que ejerciera bien un poder conquistado con maldad.

9 No hay cosa que la mujer, perdida la honestidad, no haga.

10 No hay que fiarse nunca de un poder excesivo.

11 Para los que desean mandar no existe un término medio entre la cúspide y el abismo.

12 El respeto es mayor desde lejos.

13 En la amistad de los príncipes, los cortesanos conservan más bien la apariencia que la seguridad.

14 En las fortunas modestas, los peligros son menores.

15 La peor especie de enemigos es la de los aduladores.

16 En las guerras sucede que todos se vanaglorian de haber contribuido a la victoria, mientras que se atribuye la culpa de las derrotas a uno solo.

17 En un espíritu corrompido no cabe el honor.

18 La posteridad concede a cada uno el honor que le corresponde.

19 La precipitación confina con el miedo; la demora se halla más próxima a la constancia.

20 La prosperidad somete a una dura prueba a las almas, porque hace soportables las miserias; pero la felicidad las corrompe.

21 Los que se lamentan más, son los que sufren menos.

22 La sinceridad y la generosidad, si no están templadas por la moderación, conducen a la ruina.

23 Sucede en los proyectos desgraciados que siempre la mejor oportunidad es la que ya ha pasado.

24 Un gobierno democrático está próximo a la libertad, el de pocos está próximo a la tiranía.

25 Aquellos que más se lamentan son los que sufren menos.

26 Corresponde a las mujeres llorar, y a los hombres, recordar.

27 El odio entre parientes es más profundo.

28 El poder no está nunca seguro cuando es excesivo.

29 Persiguiendo a un escritor se aumenta su prestigio.

30 Por la debilidad de la naturaleza humana, los remedios son siempre más lentos que los males.

31 ¡Rara felicidad la de los tiempos en que es permitido pensar lo que se quiere, y decir lo que se piensa!

32 Si las dejas obrar a su gusto, las mujeres son crueles, ambiciosas y ávidas de mando.

33 Índole propia del hombre es aborrecer a aquel a quien hizo daño.

34 Irritarse por una injuria es casi reconocer que se merece; al despreciarla queda sin valor.

35 La excesiva bondad mengua la autoridad; la severidad mengua el amor.

36 La felicidad convierte al hombre en un ser perezoso.

37 La fidelidad comprada siempre es sospechosa y, generalmente, de corta duración.

38 La fortuna no puede depararnos mejor suerte que sembrar la discordia entre nuestros enemigos.

39 La veneración crece con la distancia.

40 Libertad y otros nombres pomposos, se adoptan como pretextos; no existió nunca ningún hombre que habiendo querido dominar sobre la esclavitud ajena no haya usurpado estos nombres.

41 El vulgo es indolente, y toda su audacia es sólo palabrería.

42 Nada grande ni generoso entra en un corazón corrompido por las voluptuosidades.

43 Por buena tiene esta vida quien no la conoce.

44 Comienza harto temprano a gozar de la victoria el que se asegura de no perder.

45 En las épocas prósperas, aun los grandes generales hacen cosas extravagantes.

46 La separación aumenta el prestigio.

Tagore, Rabindranath (1861-1941),
poeta hindú.

1 Si lloras porque se ha puesto el sol, las lágrimas no te dejarán ver las estrellas.

2 Si te dignas guardarme a tu lado en el camino del peligro y de la osadía, si me permites que comparta contigo los grandes deberes de tu vida, conocerás mi verdadero ser.

3 Tu risa, mujer, es la música de la fuente de la vida.

4 Un día hemos de saber que la muerte no podrá robarnos nada de lo que nuestra alma ganó, porque el tesoro del alma es también suyo.

5 Un entendimiento todo lógica es como un cuchillo de hoja sola, que hiere la mano del dueño.

6 Van los pensamientos por mi mente, como bandadas de pájaros por el cielo. ¡Qué bien oigo sus alas!

7 Vivimos en el mundo cuando le amamos.

8 Y ese que tanto habla está completamente hueco; ya sabes que el cántaro vacío es el que más suena.

9 Agradece a la llama su luz, pero no olvides el pie del candil que, constante y paciente, la sostiene en la sombra.

10 ¡Ay, amigo mío! ¡Qué terrible momento aquel en que un hombre es engañado por

su corazón! El deseo ciego se hace su evangelio, y su fantasía usurpa el trono augusto de sus dioses...

11 Creando se encuentra Dios a sí mismo.

12 Cuando sonrió el hombre, el mundo le amó. Cuando rió, le tuvo miedo.

13 Cuando somos grandes en humildad, estamos más cerca de lo grande.

14 El canal se complace pensando que los ríos no existen sino para traerle agua.

15 El cuño de la muerte da valor a la moneda de la vida, y hace posible comprar con la vida lo que es verdaderamente precioso.

16 En la perspectiva del corazón ¡qué vagamente inmensa nos parece la distancia!

17 El vestido de los hechos aprieta demasiado a la verdad. ¡Cuánto más holgada está vestida de ficciones!

18 Engarza en oro las alas del pájaro y nunca más volará al cielo.

19 Hemos sido llamados al concierto de este mundo para tocar de la mejor manera posible nuestro instrumento.

20 El tesoro de la castidad viene de la abundancia del amor.

21 Hierbecilla, tus pasos son pequeñitos, pero bajo tu pie, tienes esclava a la tierra.

22 El perrito faldero sospecha que todo el universo conspira para cogerle el sitio.

23 La actividad del ocio es trabajo, y el mar en calma palpita todo de olas.

24 El hacha del leñador pidió su mango al árbol, y el árbol se lo dio.

25 La calumnia se muere de cansancio bailando en la punta de las lenguas. No la hieras al corazón, que coge fuerzas.

26 La cascada canta: cuando llego a mi libertad, encuentro mi canción.

27 El entendimiento agudo y sin grandeza, lo pincha todo, pero nada mueve.

28 La hoja, cuando ama, se transforma en flor; la flor, cuando ama, se convierte en fruto.

29 La mentira es la verdad mal leída y mal acentuada.

30 Es fácil hablar claro cuando no va a decirse toda la verdad.

31 Escalé la cima de la fama y no hallé albergue alguno en su altura estéril.

32 ¡Gracias, Señor, porque no soy rueda del poder, porque soy uno de los que él aplasta!

33 El gorrión tiene lástima del pavo real, cargado así de su cola.

34 «¡He perdido mi gotita de rocío»!, dice la flor al cielo del amanecer, que ha perdido todas sus estrellas.

35 El humo se jacta con el aire, y la ceniza con la tierra, de ser hermanos del fuego.

36 Cuando vas de un lado a otro, mujer, con los afanes de la casa, canta tu cuerpo como una fuente montés entre las piedras.

37 El pájaro quisiera ser nube. La nube, pájaro.

38 Dios dice al hombre: «Te lastimo porque te curo, te castigo porque te amo.»

39 El pensamiento se come sus propias palabras, y así crece.

40 Dios espera hasta que el hombre se hace niño de nuevo en la sabiduría.

41 El bien puede resistir derrotas; el mal, no.

42 Amor, cuando tu mano trae roja la lámpara del dolor, ¡qué bien te veo la cara, y cómo comprendo que eres la felicidad!

43 El bienhechor llama a la puerta, pero el que ama la encuentra de par en par.

44 La religión es una esencia, pero diversa en sus formas, como una es el agua, y, sin embargo, las orillas la limitan y la guardan, distinta para cada pueblo.

45 La vida no es más que la continua maravilla de existir.

46 Breve es el placer, como una gota de rocío, y mientras ríe, se muere. La pena, en cambio, es larga y permanece...

47 La vida se nos da, y la merecemos dándola.

48 Cada niño, al nacer, nos trae el mensaje de que Dios no ha perdido aún la esperanza en los hombres.

49 La raíz escondida no pide premio alguno por llenar de frutos las ramas.

50 El poder cree que las convulsiones de sus víctimas son de ingratitud.

51 La muerte es de la vida igual que el nacer; como el andar está lo mismo en el alzar el pie, que en el volverlo a la tierra.

52 El río de la verdad va por cauces de mentiras.

53 La música siente lo infinito en el aire, la pintura en la tierra. La poesía lo siente en la tierra y en el aire, porque su palabra tiene el sentido que camina y la melodía que vuela.

54 El silencio lleva en sí tu voz, como el nido la música de sus pájaros dormidos.

55 Leemos el mundo al revés y nos lamentamos de no comprender nada.

56 La niebla, tocando el corazón de los montes, les arranca, como si fuera el amor, sorpresas de hermosura.

57 El que se ocupa demasiado en hacer el bien, no tiene tiempo de ser bueno.

58 La noche abre en secreto las flores, y deja al día que se lleve el agradecimiento.

59 La patria no es la tierra. Los hombres que la tierra nutre son la patria.

60 Leemos mal el mundo, y decimos luego que nos engaña.

61 Lo falso, por mucho que crezca en poderío, nunca puede elevarse a la verdad.

62 Lo que en realidad somos, ninguno de nosotros lo ve; lo que vemos es nuestra sombra.

63 Lo que termina agotándose no es más que muerte; el finalizar perfecto está en lo infinito.

64 Menudos pensamientos míos, ¡con qué rumor de hojas suspiráis vuestra alegría en mi imaginación!

65 El hombre, cuando es animal, es peor que el animal.

66 El hombre que ha de mendigar amor es el más miserable de todos los mendigos.

67 La alabanza me avergüenza, porque la mendigo en secreto.

68 No hay más que una historia: la historia del hombre. Todas las historias nacionales no son más que capítulos de esta historia mayor.

69 La belleza nos es dulce porque el ritmo voluble de su danza es el de nuestras vidas. La sabiduría nos es cara porque no tenemos tiempo de completarla. En lo eterno todo está hecho y concluido, pero las flores de la ilusión terrena son eternamente frescas, gracias a la muerte.
Hermano, recuerda esto y alégrate.

70 No porque arranques sus hojas a la flor, cogerás su hermosura.

71 El hombre se entra en la multitud por ahogar el clamor de su propio silencio.

72 No soy yo quien escoge lo mejor, que ello me escoge a mí.

73 Los hombres son crueles, pero el hombre es bueno.

74 Los que lo tienen todo, y no a Ti, Señor, se ríen de aquellos que no tienen nada sino a Ti.

75 No temáis nunca al instante, dice la voz de lo eterno.

76 Nuestros nombres son como luz que fosforece de noche sobre el mar, que muere luego sin dejar huella.

77 Para quien lo sabe amar, el mundo se quita su careta de infinito. Se hace tan pequeño como una canción, como un beso de lo eterno.

78 «Mi corazón es joyero de tu beso», dijo la nube de ocaso al sol.

79 ¡Mírala en el polvo, la pobre flor que quiso ser mariposa!

80 Mujer, tú rodeas el corazón del mundo, como el mar a la tierra, con el abismo de tus lágrimas.

81 ¡Nadie da gracias al cauce seco del río por su pasado!

82 No admito que la verdad esté de parte de

quien grita más, y me avergüenzo de una institución que necesita de la fuerza para vivir.

83 No es tarea fácil dirigir a los hombres; empujarlos, en cambio, es muy sencillo.

84 Precioso es el don de la fruta, dulce el de la flor; pero yo quisiera poder regalar el de la hoja, esa humilde amistad de su sombra.

85 ¿Qué llama invisible de oscuridad es esta cuyas chispas son las estrellas?

86 ¡Qué vergüenza la de Dios, cuando los prósperos se jactan de su especial beneficio!

87 Me sonreíste y me hablaste de nadillas. ¡Y yo sentía que toda mi esperanza de tanto tiempo había sido expresamente para eso!

88 Si cierras la puerta a todos los errores, dejarás fuera la verdad.

89 Sumergí el cáliz de mi corazón en esta hora, y lo he levantado lleno de amor.

90 Tengan los muertos la inmortalidad de la fama, pero sea para los vivos la del amor.

91 Tú me mandas cartas de amor en la luna, dijo la noche al sol. Mis lágrimas te responden en la hierba.

92 Las mujeres son como los ríos: fuerzas nutritivas mientras discurren por sus cauces; poderío destructor cuando se desbordan.

93 La vida nos ha sido dada, pero sólo se merece dándola.

94 Las palabras van al corazón, cuando han salido del corazón.

95 El que convierte sus armas en dioses será vencido cuando éstos ganen.

96 Cuando está lleno el corazón, no corren las palabras.

Taine, Hippolyte (1828-1893), *historiador francés.*

1 Un sistema no nos satisface porque lo juzgamos verdadero, sino que lo consideramos verdadero porque nos satisface.

2 Se estudian tres semanas, se aman tres meses, se pelean tres años, se toleran treinta años; y los hijos vuelta a empezar.

3 No es con una idea como se levanta a un hombre, sino con un sentimiento.

4 En el mundo existen cuatro clases de personas: los amantes, los ambiciosos, los observadores y los imbéciles. Estos últimos son los más felices.

5 El hijo de estas [de las clases aristocráticas] debe a su fortuna y condición el estar muy por encima de las tentaciones vulgares.

6 El hombre honesto miente en París diez veces al día; la mujer honesta, veinte veces diarias, y el hombre de gran mundo, cien veces cada día. No ha sido posible contar nunca las veces que miente una mujer mundana.

7 El adulterio es la curiosidad de los placeres ajenos.

8 El corazón no conoce las extrañas semillas que lleva dentro de sí; algunos de estos granos, que tienen un aspecto mezquino e inofensivo, solamente necesitan hallar aire y alimento para transformarse en una excrecencia venenosa y una vegetación colosal.

9 El hambre produce poemas inmortales. La abundancia únicamente indigestiones y torpezas.

Tales de Mileto (h. 624-h. 547 a. de C.), *sabio y filósofo griego.*

1 Cuida tus palabras, que ellas no levanten jamás un muro entre ti y los que contigo viven.

2 Feliz la familia que sin poseer grandes riquezas no sufre sin embargo la pobreza.

3 La esperanza representa el único bien que es común a todos los hombres, e incluso los que no sienten ninguna la tienen todavía.

4 Muchas palabras nunca indican mucha sabiduría.

5 Nunca gobernarás bien a los demás, si no empiezas por gobernarte bien a ti mismo.

6 Si buscas una buena solución y no la encuentras, consulta al tiempo; el tiempo es la máxima sabiduría.

7 Si la belleza de tu rostro te abre las puertas, la belleza de tus costumbres te las mantendrá abiertas.

Talmud,
codificación, comentarios y explicaciones de las tradiciones orales judías.

1 Si la piedra cae sobre el cántaro, desdichado cántaro; si el cántaro cae sobre la piedra, desdichado cántaro; de cualquier manera es siempre el cántaro quien sufre.

2 Quien es piadoso con los crueles acaba por ser cruel con los piadosos.

3 No arrojes piedras en la fuente de la que has bebido.

4 La sociedad y la familia se parecen al arco de un palacio: quitas una piedra y todo se derrumba.

5 Feliz el hombre que acaba su vida tan puro como nació.

6 Es mejor figurar entre los perseguidos que entre los perseguidores.

7 El pobre hace más bien al rico aceptando su caridad, de lo que el rico hace al pobre al ofrecerla.

8 El mundo se halla desgraciadamente a merced de los necios.

9 Dios no llama sino al corazón.

10 Dios ama a tres clases de hombres: a aquel que no se enoja; a aquel que no renuncia a su libertad, y a aquel que no guarda rencor.

11 Cuando se hace el bien es preciso hacerlo alegremente.

12 Aunque no fuese más que por un solo justo, el mundo merecería haber sido creado.

13 ¡Ay de la generación cuyos jueces merecen ser juzgados!

14 Cuando el vino entra, el secreto sale.

15 Cuando un ladrón ya no encuentra ocasión de robar, se cree un hombre honrado.

16 Dios hace sufrir a los que ama.

17 El hombre será medido con la misma medida que él acostumbra usar.

18 El mundo solamente se mantiene por el aliento de los niños.

19 El sabio es superior al rey. Un sabio que muere no puede ser sustituido, mientras que al morir el rey todos son capaces de ocupar su puesto.

20 Es necesario bendecir a Dios, tanto por el mal como por el bien.

21 La paz es para el mundo lo que la levadura para la masa.

22 Los justos prometen poco y hacen mucho; los impíos, por el contrario, prometen demasiado y no hacen nada.

23 No juzgues a tu prójimo antes de encontrarte en su lugar.

24 Quien no añade nada a sus conocimientos, los disminuye. El que no procura instruirse es indigno de vivir.

25 La limpieza viene de Dios, pero la grasa no.

Talleyrand, Carlos Mauricio (1754-1838),
hombre de Estado francés.

1 No ha habido ningún Imperio que no se haya fundado en lo maravilloso. Y aquí lo maravilloso es la verdad.

2 Servidor fiel, pero reservándome de mudar el amo.

3 Es el principio del fin.

4 El café debe ser caliente como el infierno, negro como el diablo, puro como un ángel, y dulce como el amor.

5 El comercio más lucrativo consistiría en

comprar los individuos por lo que valen, y volverlos a vender por lo que creen valer.

6 Mucha sensibilidad crea desdicha, y poca sensibilidad, crímenes.

7 Sólo el que ha vivido antes de la revolución sabe lo dulce que puede ser la vida.

Tamayo y Baus, Manuel (1829-1898), *dramaturgo español.*

1 Sólo cree saber bastante el que no sabe nada.

2 Que siempre fue la horrenda tiranía férreo coloso en pedestal de barro.

3 La piedra filosofal, buscada en vano por los alquimistas, ha sido al fin hallada por los tramposos; la piedra filosofal es el dinero ajeno.

4 Los envidiosos ven los defectos. Miremos nosotros únicamente las bellezas.

5 Los malvados se burlan en público de los hombres de bien, y en secreto los respetan y envidian.

6 Para tener honor no hay más remedio que deshonrarse con un crimen.

7 Todo el que manda es tirano a los ojos de todos los que quisieran mandar. Regla general: en el poder se invoca siempre el orden; en la oposición se invoca siempre la libertad.

8 Tendremos la estimación de los hombres de bien... ¡Bobería! Ya no estamos en los tiempos de don Quijote.

Tannery, Jules (1848-1910), *filósofo francés.*

1 No es sorprendente que la experiencia nos sirva de tan poco provecho; como cambiamos cada día, eso que llamamos experiencia es la experiencia de otro que dejamos de ser.

2 ¡Cómo debe aburrirse un individuo que jamás cambia de costumbres!

3 La breve duración de la vida crea una cierta igualdad entre los hombres; no permite a los inteligentes que tomen una gran ventaja sobre los demás.

4 Es extraordinario hallar un sabio que no sea escéptico; ¡un hombre que conoce tan pocas cosas y que sabe el porqué, sabe tan poco de las mismas!

Tao-Te-Chin (s. V a. C.), *libro filosófico chino.*

1 El odio nunca cesa con odio, el odio cesa con amor. Porque el que lucha con amor gana la batalla.

Tarchetti, U. (1841-1869), *poeta italiano.*

1 Los hombres realmente grandes no pueden dudar de una existencia futura, porque sienten en sí mismos la propia inmortalidad.

2 El escepticismo no constituye una propiedad de los espíritus elevados sino de las inteligencias limitadas y orgullosas.

Tardieu, Emilio, *psicólogo francés contemporáneo.*

1 La vida en familia es como un viaje largo por mar, que nunca acaba; ya se sabe el proverbio: «A medida que avanza la travesía, se agrían los caracteres.»

2 El aburrimiento es el demonio de la mujer.

Tarquino (m. 494 a. C.), *rey de Roma.*

1 He conocido los amigos verdaderos en el tiempo que no pueden mis favores agradecer sus finezas.

Tarradellas, Josep,
político contemporáneo español.

1 Ja soc aqui! (Ya estoy aquí.)
(Frase lapidaria pronunciada ante la muchedumbre barcelonesa que le esperaba, tras 40
años de exilio político, como presidente de la
Generalitat.)

Tasso, Torcuato (1544-1595),
poeta italiano.

1 ...instinto de la mente humana es que el
hombre desea aquello que más se le veda.

2 A rey malvado, peor consejero (a re mal-
vagio, consiglier peggiore).

3 De los vuelos altos y repentinos, cerca
suelen estar hondos abismos.

4 La fama que os transporta a un dulce
ensueño a vosotros orgullosos mortales, y
parece tan hermosa, es un eco, un sueño,
más bien que un sueño una sombra que a
cada viento se diluye y escapa.

Tate, Nahum (1652-1715),
poeta inglés.

1 La amistad es el privilegio de los ciudadanos privados; puesto que los infelices
poderosos no conocen tan grande dulzura.

Tavera, cardenal (1472-1545),
prelado y político español.

1 Si a la oveja que da lana y leche se le quita
la piel, nada le quedará que dar ni servirá
ya de provecho.

Tawney,
escritor inglés contemporáneo.

1 Como esos filósofos eran también prudentes, no dijeron qué grado de igualdad
pueden desear los hombres prudentes.

2 Criticar la desigualdad y desear la igualdad no es, como a veces se sugiere, abrigar
la ilusión romántica de que los hombres
sean iguales en carácter y en inteligencia.

Taylor, Jeremías (1613-1667),
teólogo inglés.

1 El mundo no conoce nada de sus más
grandes hombres.

2 Un hermano no es siempre un amigo.

3 En este mundo no hay felicidad que no
traiga un contrapeso de desgracias, ni dicha
que llegue a tanta altura que no sea en-
sombrecida por las calamidades.

4 Ríe y engorda.

5 En la mayoría de los hombres, la conciencia es la opinión anticipada de los demás.

Teilhard de Chardin, Pierre (1881-1955),
filósofo jesuita francés.

1 Todo lo que sube, converge.

2 Una luz radiante de un brillo insólito ilu-
minó las cimas más lejanas, apagando los
primeros rayos del sol naciente; luego, un
formidable estremecimiento.

3 Cuando el hombre y la mujer se aman
para marchar hacia arriba y hacia adelante, se enciende por segunda vez el fuego
de la tierra.

Temístocles (514-449 a. C.),
general ateniense.

1 El canto que mejor alaba es el que más
agrada.

2 Aquel que sea dueño del mar lo será tarde
o temprano del Imperio.

3 Pega, pero escucha.

Tennyson, Alfred (1809-1892),
poeta inglés.

1 Los hombres difieren, a lo sumo, como el cielo y la tierra; pero las mujeres, las peores y las mejores, como el cielo y el infierno.

2 El propósito que ata demasiado estrechamente, se quiebra por lo más flojo.

3 ¡Oh, esa eterna falta de dinero que atormenta a los hombres públicos!

4 No sabemos ser corteses mutuamente durante una hora; cuchicheamos, hacemos insinuaciones y reímos entre dientes, complacidos de la vergüenza del hermano.

5 El hombre es un cazador; la pieza es la mujer.

6 Creedme; existe más fe en una duda honrada, que en el cincuenta por ciento de las creencias.

7 ¡Ah! ¿Cuándo llegará el día en que el bien será general y norma de cada uno, cuándo la paz universal será como un rayo de luz sobre la tierra y como un sendero luminoso a través del mar?

8 El hombre, para el campo, y la mujer para el hogar; el hombre, para la espada, y ella, para la aguja; el hombre, con la cabeza, y la mujer, con el corazón; el hombre, para mandar, y la mujer, para obedecer; todo el resto es confusión.

9 Yo soy una parte de todo aquello que encontré.

10 Es mejor haber amado y perdido, que jamás haber amado.

11 Nada nació, nada morirá, todo cambiará.

12 No se burla nunca, porque las burlas son el vaho que exhalan los corazones pequeños.

13 Una mentira que sea una gran mentira puede ser combatida inmediatamente; pero no es fácil combatir una mentira que tiene una parte de verdad.

14 Un trono vacilante es hielo sobre mar de verano.

Teócrito (h. 300 a. C.),
poeta griego.

1 La mujer está hecha así: ligera y voluble, os rehúye si la amáis, y os ama si la rehuís.

2 La necesidad es el estímulo de las artes: solamente ella obliga a que los hombres trabajen.

3 Bella es la rosa, pero su belleza dura una sola mañana; otro tanto le ocurre a la fragante violeta. El candor de la nieve y del lirio se apaga demasiado pronto. ¡Ay, que la belleza humana pasa de tal modo, sin posible retorno!

Teodosio (346-395),
emperador romano.

1 Para la vida eterna sólo se comercian las buenas obras: si las enfardelamos, amigos, hallaremos crecida ganancia; y advertid que ningún cadáver queda pobre, si el alma va rica.

Teofrasto (372-287 a. C.),
filósofo griego.

1 El orgullo es una pasión por la cual, de todas las cosas que en el mundo existen, solamente se estima a sí mismo.

Teognidas (s. VI a. C.),
poeta griego.

1 El alma del hombre sabio es constante; lucha con igual valor contra la desgracia como frente a la prosperidad.

2 El más feliz de los mortales es aquel que hace hablar menos de sí.

3 Es cosa fácil convertir a un hombre honrado en un bribón; pero ¿quién será capaz de convertir a un bribón en un hombre honrado?

4 La riqueza es la única virtud que reconocen las masas.

475

5 Medita por lo menos tres o cuatro veces un proyecto, antes de realizarlo. Siempre hay que arrepentirse de todo cuanto se hace con precipitación.

6 Nadie puede llevar a la otra vida sus riquezas superfluas; con éstas no es posible evitar la muerte, ni las enfermedades ni la triste vejez.

7 No es necesario comunicar indiferentemente a todos los amigos el propio secreto; pocos son dignos de guardar este precioso depósito. Cuanto mayores son las cosas que emprendo, tanto más pequeño es el número de aquellos a quienes las confío.

8 No fundes nunca tu gloria sobre las riquezas o sobre el poder: ello no te representa mérito alguno, puesto que te fueron concedidas por la fortuna.

9 Perdí toda mi fortuna por haber sido excesivamente confiado; gracias a la desconfianza logré salvar, al menos, los restos. Pero resulta sumamente difícil no excederse en la desconfianza ni en la confianza.

10 Pobre, pero virtuoso, veo cómo los perversos nadan en la prosperidad, y aunque gocen de sus bienes, no desearía cambiarme por ninguno de ellos. Soy dueño de dar por cierta mi virtud; ellos no podrían precisar su fortuna.

11 Preferirás la pobreza, dentro de la justicia, a la abundancia procurada mediante la iniquidad.

12 Un corazón doble es más peligroso en un amigo que en un enemigo.

13 Una mujer joven para un viejo es como una barca que no obedece al timón ni retiene al ancla.

Terencio (194-159 a. C.),
poeta latino.

1 A menudo te ocurrirá decir, cuando dos hacen la misma cosa: Lo que éste puede hacer impunemente, no es lícito al otro.

2 Cuando se goza buena salud es fácil dar consejos a los enfermos.

3 Desde el momento que no puedes lo que quieres, procura querer lo que te sea posible.

4 Homo sum: humani nihil a me alienum puto. (Soy hombre, y nada humano me es indiferente.)

5 Soy un hombre y no creo ser extraño a lo que es peculiar del hombre.

6 La vejez es, por sí misma, una enfermedad.

7 Las riñas de los amantes son renovación del amor.

8 No es posible decir una sola cosa que no haya sido dicha anteriormente.

9 Sabiduría no es ver sólo aquello que está ante nuestros pies, sino también intuir las cosas lejanas en el espacio y en el tiempo.

10 Tantos hombres, tantos pareceres.

11 Según andan las costumbres, si alguien te paga lo que te debe, puedes considerarlo un gran favor.

12 No hay cosa, por fácil que sea, que no parezca difícil cuando se hace contra voluntad.

13 Mientras se acicalan y se peinan pasa un año.

14 Ningún hombre digno pedirá que se le agradezca aquello que nada le cuesta.

15 Mala cosa es tener un lobo cogido por las orejas, pues no sabes cómo soltarlo ni cómo continuar aguantándolo.

16 Las cosas valen lo que vale el corazón del que las posee: son bienes para quienes saben usar bien de ellas, males para quienes hacen mal uso.

17 La condescendencia genera los amigos, la verdad genera el odio.

18 Si se ha de encarrilar a los hijos por la vía del mal, creo más útil el pudor y la liberalidad que la cobardía.

19 Exceso en nada. Esta norma la considero de la mayor utilidad en la vida.

20 Cuando el ánimo está en suspenso, un ligero impulso lo hace inclinarse acá o allá.

21 Callan: es alabanza suficiente.

22 A mi entender, incurre en gran desvarío el que cree establecer mejor y durante más tiempo su autoridad con la fuerza, al par que con el consentimiento.

Teresa de Jesús, Santa (1515-1582),
religiosa y escritora española.

1 Vivo sin vivir en mí
Y tan alta vida espero
Que muero porque no muero.

2 Una mala noche, en una mala posada [la vida].

3 Por experiencia he visto, dejando lo que en muchas partes he leído, el gran bien que es para un alma no salir de la obediencia.

4 La tierra que no es labrada llevará abrojos y espinas aunque sea fértil; así el entendimiento del hombre.

5 Dadme un cuarto de hora de oración y os daré el cielo.

6 Aunque las mujeres no somos buenas para el consejo, algunas veces acertamos.

7 El amor jamás está ocioso, y si no adelantamos es mala señal.

8 Esta fuerza tiene el amor si es perfecto, que olvidamos nuestro contento por contentar a quien amamos.

9 Nada te turbe,
nada te espante,
todo se pasa;
Dios no se muda,
la paciencia
todo lo alcanza:
quien a Dios tiene
nada le falta;
Sólo Dios basta.

10 Porque este cuerpo tiene una falta; que mientras más le regalan, más necesidades descubre.

11 Venga ya la dulce muerte,
el morir venga ligero,
que muero porque no muero.

12 En cada cosita que Dios crió hay más de lo que se entiende, aunque sea una hormiguita.

13 Nada se aprende sin un poco de trabajo.

14 Habla a todos con alegría moderada.

Tertuliano (h. 155-h. 222),
escritor latino.

1 Vuestra crueldad es nuestra gloria.

2 Piensa antes en sonrojar al culpable que en derramar su sangre.

3 La mujer es la puerta del infierno.

4 Es cierto porque es imposible. (Certum est, quia impossibile est.)

5 El tiempo todo lo descubre.

6 Cuanto más nos persiguen, más crecemos: simiente de cristianos es su sangre.

7 Non est religionis cogere religionem. (No es propio de la religión obligar por fuerza a aceptar la religión.)

Thackeray, William Makepeace (1811-1863),
escritor inglés.

1 Ser bella es suficiente. Si una mujer puede hacer esto bien, ¿quién osará exigirle más?

2 Madre es el nombre de Dios en el corazón y en los labios de los niños.

3 La gentileza es muy indigesta; no conviene a los estómagos orgullosos.

4 Indudablemente, los malos son malos; se extravían y caen, alcanzando el castigo merecido; pero, ¿qué podría decirse del mal cometido por los que son muy virtuosos?

5 El mundo es un espejo que a cada uno refleja la imagen de su propia cara.

6 El libro de la lógica femenina está completamente borrado por las lágrimas; la justicia, en la corte de las mujeres, aparece arrebatada por la pasión.

7 El buen humor es el mejor traje que puede lucirse en sociedad.

8 Existen ciertas bajezas que son demasiado bajas incluso para el hombre; la mujer, la mujer amable solitaria, puede arriesgarse a cometerlas.

9 Los títulos están abolidos; y la república americana rebosa de personas que los pretenden y los llevan.

10 ¡Oh, vanidad de vanidades! ¡Qué caprichosos son los decretos del destino, cuán débiles son los mismos sabios y qué pequeños son los que se llaman grandes!

11 Sin duda, es mejor amar sabiamente; pero amar estúpidamente es preferible a no poder amar de ningún modo.

12 Una buena mujer de su casa es necesariamente una vanidosa.

13 Una madre joven, ¿no constituye uno de los más dulces espectáculos de la vida?

Thiaudière, Edmundo (1837-1930),
escritor francés.

1 Aunque sea justificada, la felicidad es un privilegio.

2 Cuanto más amplia es una inteligencia, tanto más sufre con su limitación.

3 El hombre y la mujer se entregan uno a otro, se desprenden, emprenden, reprenden y sorprenden, pero no se comprenden.

4 En la amistad, como en el amor, ¡cuánto abundan las ternuras postizas!

5 Las venturas más dulces para el alma son las que nos llegan sin esperarlas.

6 Luchar para comer es duro; pero luchar para dominar es ridículo.

7 No os atéis en política a ningún partido. Todos son malos.

8 Soy del parecer que la civilización se ha preocupado más de refinar los vicios que de perfeccionar la virtud.

9 Tales electores, tales elegidos. Si los se-

gundos son malos es que los primeros son peores.

Thiers, Adolphe (1797-1877),
historiador francés.

1 Es preciso no entregar jamás la patria a un hombre, sea quien sea y cualesquiera que sean las circunstancias.

Thom, H.,
escritor alemán contemporáneo.

1 A los veinte años la doncella se pregunta: ¿Cómo es? A los treinta: ¿Quién es? A los cincuenta: ¿Dónde está?

2 Las muchachas son como los frutos, que mordisqueados pierden su valor.

Thomson, James (1700-1748),
poeta inglés.

1 El laurel no crece nunca para la frente del holgazán; la fama no es hija de la indolencia.

2 La vida es un sueño en el sueño eterno de la muerte.

3 ¡Tarea deliciosa! Educar el tierno pensamiento y enseñar a los jóvenes el procedimiento de tirar bombas.

Thoreau, Henry David (1817-1862),
escritor y poeta estadounidense.

1 Un grano de oro puede conquistar mucho, pero no tanto como un grano de sabiduría.

2 No encontré jamás un compañero más sociable que la soledad.

3 La experiencia está en los dedos y en la cabeza. El corazón no tiene experiencia.

4 He venido a este mundo no para hacer de

él ante todo un lugar donde se viva bien, sino para vivir.

5 Es más deseable cultivar el respeto al bien que el respeto a la ley.

6 Bajo un gobierno que encarcela injustamente, el lugar del hombre justo es también la cárcel.

7 Antes que el amor, que el dinero, que la gloria, dadme la verdad.

8 Sólo hay un remedio para el amor: amar más.

9 Casi todos los hombres saben ganar dinero, pero no hay ni uno entre un millón que sepa gastarlo. Quien lo supiera no lo hubiera ganado nunca.

Thurelon, Gabriel, conde de Oxenstierna (1750-1818), *poeta sueco.*

1 Los médicos son más prudentes que los pintores; aquellos disimulan su ignorancia con tres o cuatro pies de tierra, y éstos la exponen a la vista de todo el mundo.

2 Las cortes de los príncipes son verdaderas arcas de Noé; se encuentran en ella toda clase de animales.

Tibulo, Albio (h. 54-h. 18 a. C.), *poeta latino.*

1 La crédula esperanza alimenta la vida y dice constantemente que el mañana será mejor.

2 El que tiene tristeza en el corazón es difícil que la pueda disimular.

Tiedge, Cristóbal (1752-1841), *poeta alemán.*

1 Continúa navegando tranquilo, aunque se rompa el palo mayor; Dios es tu guía, no lo olvides.

2 El hombre lleva dentro de sí el mundo de

la libertad; la virtud es la hija divina de la libertad.

3 Te colme la felicidad o te abrume el sufrimiento, el corazón necesita un segundo corazón. La alegría compartida es doble alegría, y el dolor repartido es medio dolor.

Tillier, Claude (1801-1844), *novelista francés.*

1 Apenas tenemos tiempo para decir a una mujer: «Te amo»; al segundo beso, es una vieja decrépita.

2 Detrás de todos vuestros placeres se halla el dolor; sois como ratas glotonas que el dolor atrae con un trozo de tocino bien oliente. Exclamáis: «¡Oh, qué rosa más bella!», y la rosa os pincha; «¡Oh, qué hermoso fruto!», pero en su interior hay una avispa y el fruto os muerde.

3 Dad a un hombre una buena salud, un buen apetito y llevad su alma a una somnolencia perpetua; se convertirá en el más feliz de los mortales. Desarrollar su inteligencia representa sembrar espinas en su vida.

4 El hombre es el artesano de todas las miserias que le afligen; los goces que él se procura no valen la cuarta parte del trabajo que se da para adquirirlos.

5 El hombre es una máquina hecha para sufrir: sólo tiene cinco sentidos para gozar; mientras el dolor lo alcanza por toda la superficie de su cuerpo: en cualquier punto que se pinche, sangra; no tenéis un nervio, un músculo, un tendón que no pueda haceros gritar de dolor.

6 El hombre es el artífice de sus propias miserias; los placeres que él se fabrica no valen la cuarta parte de lo que le cuestan sus afanes por conseguirlos.

7 El hombre que no sufre es una máquina mal construida, una criatura que nació prematuramente, un inválido moral, un aborto de la naturaleza.

8 El que no pone un poco de filosofía en medio de las miserias de este mundo, es un hombre que camina con la cabeza descubierta en medio de un aguacero. En

cambio, el filósofo dispone de un buen paraguas que le protege del temporal.

9 El rico posee un palacio en la ciudad y un castillo en el campo; pero, ¿qué importa el castillo cuando el amo está en el palacio, ni el palacio cuando se halla en el castillo? ¿Qué importa que su mansión cuente con veinte habitaciones si no puede estar más que en una sola a la vez? Su parque le pertenece menos que a los pájaros que allí hacen sus nidos y a los insectos que zumban entre las hojas.

10 He leído, no sé dónde, que Dios hizo el corazón de los reyes; mas un perro se lo llevó. Y no queriendo recomenzar su labor, puso una piedra en lugar del corazón. Esto me parece bastante verosímil.

11 Sea buena o mala, todo individuo se acostumbra a su situación o estado. El cojo ya no se acuerda de que va con muletas ni el rico de que tiene caballos y carroza.

12 Ser amado representa más que ser rico, puesto que quiere decir ser dichoso.

13 ¿Qué es vivir? Levantarse, acostarse, desayunar, comer y recomenzar al día siguiente. Cuando hace cuarenta años que se hace otro tanto, la cosa comienza a hacerse insípida.

Tirso de Molina (1584-1648),
dramaturgo español.

1 Carta sin firma es libelo
que contra sí mismo hace
quien no osa poner su nombre,
por confesar que es infame.

2 En las promesas almíbar,
y en el cumplimiento acíbar.

3 No hay cosa más provechosa como un discreto mentir.

4 Por lo que tiene de fuego
suele apagarse el amor.

5 Que es víbora enfurecida
despreciada una mujer.

6 Que no hay mujer que sea buena,
si ve que piensan que es mala.

7 Que todo lo que es hurtado
dicen que sabe mejor.

8 Todo es mentira en la corte,
todo es verdad en los campos.

9 A una verdad añaden muchos ceros.

10 Deje palabras quien ama,
que sin obras todas vuelan;
porque palabras y plumas
dicen que el viento las lleva.

11 La clemencia siempre nace
del valor y la victoria,
porque es la venganza infame.

12 No hay para un hidalgo pecho
cosa más dura y pesada
como el ver necesidades
y no poder remediarlas.

13 ¡Qué bien comparó el amigo
a la hormiga un cortesano,
que sólo sale en verano
a las eras cuando hay trigo!

14 Que no el tener cofres llenos
la riqueza en pie mantiene;
que no es rico el que más tiene,
sino el que ha menester menos.

15 Que quien ama, jura y miente.

16 Que quien en pluma fía cobra en viento.

Tissot, Víctor (1845-1917),
escritor suizo.

1 Decidme: ¿Cuál es el camino que debe tomarse para llegar a la fortuna? —Es bien fácil; tomad a la derecha, tomad a la izquierda, tomad de todas partes.

Tito Livio (h. 60 a. C.-17 d. C.),
historiador romano.

1 El miedo se halla siempre dispuesto a ver las cosas más feas de lo que son.

2 El uso corrige las leyes.

3 La mente peca, no el cuerpo; y allí donde faltó la intención, no puede haber culpa.

4 La multitud tiene esta naturaleza, que sirve humildemente o se las da de amo insolentemente; no sabe ni despreciar ni poseer la justa libertad.

5 El miedo de los demás incrementa la audacia.

6 Las luchas entre los partidos son y serán siempre, para los pueblos, bastante más perjudiciales que las guerras, el hambre, la peste y cualquier otra ira divina.

7 Legum corrector usus. (Las costumbres correctoras de las leyes.)

8 Los hombres son más sensibles al dolor que a los placeres.

9 Más vale tarde que nunca. (Potius sero quam numquam.)

10 Ningún crimen tiene fundamentos razonables.

11 Ninguna ley puede contentar a todos.

12 No sentimos de las calamidades públicas sino aquello que atañe a nuestros asuntos privados.

13 No tomes de la tierra, no acabes con lo mejor de ella, déjale algo en tu corazón.

14 No vale la pena ni de afirmar ni de negar estas cosas. Atengámonos a lo que se cuenta.

15 Siempre el último socorro parece haber sido el causante de la victoria.

16 Quien se apresura demasiado termina más tarde.

17 Sea dicho sin injuria.

18 Todo trabajo resulta más ligero con la costumbre.

19 Casi siempre sucede que la parte mayor vence a la mejor.

20 Cualquier esfuerzo resulta más ligero con el hábito.

21 Cuanto menor es el miedo, tanto menor es el peligro.

22 El tiempo calma la ira.

23 En un país libre tienen más poder las leyes que los hombres.

24 Es mejor y más segura una paz cierta que una victoria esperada.

25 La fatiga y el placer, distintos por naturaleza, están unidos entre sí por un natural ligamen.

Tobías, Libro de. Véase **Biblia.**

Tolstoi, Leon (1828-1910),
novelista ruso.

1 Toda reforma impuesta por la violencia no corregirá nada el mal: el buen juicio no necesita de la violencia.

2 Nunca reconocieron los pobres ni aceptarán jamás que sea justo el que unos disfruten continuamente y los otros pasen hambre y sufran sin tregua.

3 Toda la instrucción posible se adquiere con la vida y no con la escuela.

4 No cometáis ninguna acción que sea contraria al amor.

5 No hay más que un modo de ser felices: vivir para los demás.

6 La verdad debe imponerse sin violencia.

7 La ley es como la veleta de un viejo campanario, que varía según sopla el viento.

8 La compasión es una de las más hermosas facultades del alma humana.

9 La condición esencial para la felicidad del ser humano es el trabajo.

10 ¡Jóvenes! Cualquiera que sea vuestra fe, creed, creed siempre.

11 Todas las guerras, incluso las menos duras, con sus secuelas, la destrucción, las revueltas, los saqueos, las rapiñas, los extravíos y las matanzas, sin otra excusa que la necesidad o la legitimidad, con la exaltación de las gestas militares, con el amor a la bandera y a la patria, con las fingidas atenciones a los heridos, pervierten en un solo año más gentes que los millares de saqueos, incendios y homicidios cometi-

dos durante un siglo por personas aisladas, víctimas de la pasión.

12 Es más fácil escribir diez volúmenes de principios filosóficos que poner en práctica uno sólo de estos principios.

13 Un hombre puede ignorar que tiene una religión, como puede ignorar que tiene un corazón; pero sin religión, como sin corazón, el hombre no puede existir.

14 El único significado de la vida consiste en ayudar a que se establezca el reino de Dios.

15 Es más fácil dictar leyes que gobernar.

16 El que hace sufrir al prójimo se perjudica a sí mismo. El que ayuda a los demás, se ayuda a sí mismo.

17 El hombre quiere, no porque sea interés suyo amar una cosa con preferencia a otra, sino porque el amor es la esencia de su alma y no puede dejar de amar.

18 El dinero es un mal en sí mismo.

19 Todas las felicidades se parecen, pero cada desgracia tiene una fisonomía especial.

20 Uno imagina con frecuencia que la belleza es sinónimo del bien. Una mujer bella dice estupideces y uno cree oír cosas inteligentes. Ella se conduce como una tonta y uno sólo advierte su gesto hechizador. Y si ella no dice estupideces ni se conduce como una tonta, nos parece una maravilla de inteligencia y bondad.

21 Dios existe; pero no hay prisa alguna en hacerlo saber.

22 Dentro de algunos siglos, la historia de esto que llamamos la actividad científica del progreso, será para las generaciones venideras un motivo de gran hilaridad y de conmiseración.

23 De igual modo que una vela enciende a otra, y así llegan a brillar millares de ellas, así enciende un corazón a otro y se iluminan miles de corazones.

24 Antes de dar al pueblo sacerdotes, soldados, jueces, médicos y profesores, convendría saber si, por casualidad, no se muere de hambre.

25 El bienestar del hombre consiste en el amor, como el de la planta deriva de la luz.

26 El principio y el fin de todas las cosas reside en el corazón del hombre.

27 El secreto de la felicidad no consiste en hacer siempre lo que se quiere, sino en querer siempre lo que se hace.

28 En el amor entre un hombre y una mujer se alcanza siempre un momento en el que este amor llega a su apogeo; entonces no hay nada de reflejo o de sensual, convirtiéndose en pureza moral.

29 Es valeroso quien teme lo que debe temerse y no teme lo que no debe temerse.

30 La bondad no concuerda con la bondad; se concilia con el orgullo, con la astucia y con la crueldad.

31 La felicidad no depende de los acontecimientos externos, sino de la manera como los consideramos: un hombre habituado a soportar el dolor no puede ser feliz.

32 La vida conyugal es una barca que lleva dos persona en medio de un mar tormentoso; si uno de los dos hace algún movimiento brusco, la barca se hundirá.

33 Las grandes obras de arte no son grandes sino porque son accesibles y comprensibles para todos.

34 Las mujeres son las que crean la opinión pública.

35 Madres: sois vosotras las que tenéis en vuestras manos la salvación del mundo.

36 No obréis mal, y el mal no existirá.

37 No se puede ser bueno a medias.

38 No se vive sin fe. La fe es el conocimiento del significado que encierra la vida humana. La fe es la fuerza vital. Si el hombre vive es porque cree en alguna cosa.

39 Para conquistar el poder se necesita amarlo. Ahora bien, la ambición no anda de acuerdo con la bondad, sino solamente con el engaño y con la violencia. Por ello no son los mejores, sino los peores, los que siempre disfrutaron y siguen disfrutando el poder.

Tomás de Aquino, Santo (1225-1274),
teólogo y filósofo italiano.

1 Teme al hombre que sólo conoce un libro.

2 Siempre hay que seguir un buen consejo, aunque nos venga del enemigo.

3 El intelecto significa una íntima penetración de la verdad; la razón, investigación y discurso.

4 La justicia elimina los obstáculos para la paz.

Tomás Moro, Santo (1478-1535),
canciller y humanista inglés.

1 Sería lástima que la cortasen, ella que jamás ha hecho traición a nadie.
(Palabras de Tomás Moro en el cadalso. Fue decapitado por oponerse siempre a las arbitrariedades de Enrique VIII en materia religiosa.)

2 Todo hombre tiene, por ley de la naturaleza, el derecho de derrochar la porción de la tierra que sea necesaria para su subsistencia.

Tommaseo, Niccolò (1802-1874),
escritor italiano.

1 Podrá decirse que la educación responde a su fin cuando la educación doméstica y la pública se vean enlazadas sabiamente.

2 Lo que hace peligroso el conversar con una mujer bella es que en su rostro cada movimiento parece un gesto amoroso.

3 No siempre yerra el que se irrita; el vil nunca monta en cólera.

4 La verdad es como la luz: una y diversa. Es como la naturaleza: una y fecunda. Es como Dios: uno e inmenso.

5 La gratitud es una virtud más propia de los míseros que de los afortunados.

6 La espera del placer es, tal vez, más atormentadora que el miedo.

7 La belleza de las cosas, más que la utilidad, nos eleva el alma a Dios.

8 Estudiad, estudiad, estudiad: llegaréis a ser mediocres. Amad, amad, amad: seréis grandes.

9 El hombre que no ha sufrido, no sabe compadecer.

10 El hombre que no fue educado por el dolor sigue siendo siempre niño.

11 El dolor es más vario, más inspirador y más innovador que la alegría.

12 Dad el consejo a tiempo y daréis pocos.

13 El matrimonio es como la muerte: pocos llegan a él preparados.

14 La ambición de los siervos es más violenta que la de los señores.

15 La condición de mujer casada, que tantas mujeres y maridos suelen considerar como el fin y misión de la vida, no es sino un medio y una preparación para el ministerio materno.

16 La ira ofusca la mente, pero hace transparente el corazón.

Topfer, Rodolphe (1799-1846),
escritor suizo.

1 Soy de opinión que los malvados son siempre menos fuertes para hacer daño, cuando, en vez de aguardarlos, nos encaramos osadamente con ellos.

Torre, Francisco de la (s. XVI),
poeta español.

1 Solamente el hombre ríe,
y ningún otro animal,
él solo ríe, y ninguno
tiene más de qué llorar.

Torrejón, Andrés (1736-?),
alcalde de Móstoles.

1 La patria está en peligro. Madrid perece víctima de la perfidia francesa. ¡Españoles, acudid a salvarla!

Torres, Juan de (s. XVI),
jesuita y escritor español.

1 Hay muchos viejos blancos de cabello y verdes de seso.

Torres, Ricardo, «Bombita» (1879-1936),
torero español.

1 Vete a esperarme a la enfermería, que voy en seguida.
(Frase pronunciada por el torero a un amigo antes de entrar a matar un toro quedado y reservón, profecía que se cumplió.)

Toulet, Paul-Jean (1867-1920),
poeta francés.

1 Un poco de esplendor, un poco de polvo; ¿es un héroe o una mariposa?

2 Procura conocerte: de seguro te amarás menos; y a conocer a los demás: entonces los querrás más.

3 Los niños están siempre ebrios: ebrios de vivir.

4 El amor y la icteria son más graves con la edad.

5 El amor es como ciertos hoteles en los que todo el lujo está en el vestíbulo.

6 La mujer raramente nos perdona ser celosos; pero no nos perdonaría jamás si no lo fuéramos.

7 Los hombres incorruptibles son, tal vez, como los billetes de banco de un millón, que es difícil cambiarlos.

8 Si un pueblo tiene el gobierno que merece, ¿cuándo mereceremos no tener ninguno?

Tournier, Antoine (1847-1906),
escritor francés.

1 Si las mujeres fueran verdaderamente sinceras en su amor por el marido y en el temor de agradar a los demás, se afearían cuando salen de casa y se embellecerían para quedarse en el hogar.

2 Para gobernar a los hombres, hay que conocerlos, despreciarlos y amarlos.

3 Es en la escuela donde se comienza a dejar de ser uno mismo.

4 El amor fecundo es el único desafío que podemos hacer a la muerte.

5 Cuando los hermosos ojos femeninos están velados por las lágrimas es el hombre el que deja de ver claro.

6 En compañía de las mujeres, el hombre más delicado adquiere todavía mayor delicadeza.

7 En la comedia del amor los enfados son unos descansos que preparan el acto siguiente.

8 Entre las personas honestas, las promesas se consideran como deudas, y entre los políticos son cebos.

9 Es necesario ser bueno, no por amor a los otros, sino para estar en paz consigo mismo.

10 Los políticos practican la política como las mujeres públicas practican el amor: por oficio.

11 No existe nada más interesante que la conversación de dos amantes que permanecen callados.

12 Si el desprecio alivia con frecuencia, no consuela nunca.

Trapassi, Pedro. Véase **Metastasio.**

Triana, Rodrigo de (s. XV),
marino español.

1 ¡Tierra!
(Grito de este marinero al ver, por primera vez, tierra después de casi dos meses y medio de navegación que significó el descubrimiento de América.)

Triepel, Gertrud,
escritora alemana contemporánea.

1 Sea verano o invierno, el corazón tiene un calendario distinto; lo largo y lo breve del día lo mide según su alegría o su tristeza.

Triller, Dan W. (s. XIX),
escritor alemán.

1 Quien es dócil modestamente llega muy lejos; la terquedad no puede prometerse ninguna cosa buena; lo que no se dobla termina por romperse.

Trimberg, Hugo von (s. XIV),
poeta alemán.

1 Los dedos del hombre están separados, para dar y no para guardar.

Triolet, Elsa (1896-1970),
escritora rusa.

1 Crear es tan difícil como ser libre.

2 Las barricadas sólo tienen dos lados.

3 Siempre y nunca, es tan largo el uno como el otro.

Trotsky, Lev (1879-1940),
revolucionario ruso.

1 Mientras los perversos monos sin cola llamados hombres forman ejércitos y luchan entre sí, los mandos seguirán situando a sus soldados en la eventualidad de una muerte posible delante o de una muerte cierta detrás.

2 La calumnia no puede ser una fuerza, más que si corresponde a una necesidad histórica.

Tucídides (h. 465-h. 402 a. C.),
historiador griego.

1 Poned la dicha en la libertad, la libertad en la valentía.

2 En la guerra, la ocasión no espera.

3 Bajo el nombre de democracia, era de hecho el primer hombre quien gobernaba.

Tuke, Daniel Hack (1827-1895),
filósofo inglés

1 Es un loco el que por fuerza o astucia cree cambiar el curso del pensamiento de una mujer.

Tupper, Martin (1810-1889),
escritor inglés.

1 El error es una planta resistente: florece en cualquier terreno.

Turati, Victorio (1857-1923),
literato italiano.

1 La violencia es miedo de las ideas de los demás, y poca fe en las propias.

Türch, E. (s. XIX),
escritor alemán.

1 El mayor desinterés coincide con la mayor independencia; puesto que precisamente quien es tan desinteresado que no tiene en cuenta egoístamente sus problemas personales es al mismo tiempo más independiente que nadie, porque no deja dominarse por ningún interés personal.

Turena, Vizconde de (1611-1675),
mariscal de Francia.

1 Es preciso haber sido derrotado dos o tres veces para poder ser algo.

Turgueniev, Iván (1818-1883),
escritor ruso.

1 Quien ama tiene el derecho de reprochar, de corregir.

2 La piedad sin orgullo sólo pertenece a la mujer.

3 Ya puedes dar de comer al lobo, siempre mira hacia el lado del bosque.

4 Los débiles no terminan nunca nada, esperan siempre el fin.

5 Un buen químico es veinte veces más útil que el mejor poeta.

Tusser, Thomas (1524-1580),
escritor inglés.

1 Una puerta sin cerradura es un cebo para cualquier pillo.

Twain, Mark (1835-1910),
escritor estadounidense.

1 Se puede andar con una pistola cargada; se puede andar con una pistola descargada; pero no se puede andar con una pistola que no se sabe si está cargada o descargada.

2 ¿No tenemos de nuestra parte a todos los necios de la ciudad? ¿Y no es ésta una aplastante mayoría en cualquier ciudad?

3 La buena educación consiste en ocultar el mucho bien que pensamos de nosotros y lo poco bien que pensamos del otro.

4 Hay tres clases de mentiras: las mentiras, las malditas mentiras y las estadísticas.

5 Es mejor ser un joven abejorro que una vieja ave del paraíso.

6 En la duda, di la verdad.

7 El cerebro del hombre está hecho de tal manera que no puede crear nada en absoluto; solamente puede usar material ya existente.

8 Cumplamos la tarea de vivir de tal modo que cuando muramos, incluso el de la funeraria lo sienta.

9 Un clásico es algo que todo el mundo quisiera haber leído y que nadie quiere leer.

10 Cuando estés irritado, cuenta hasta diez; cuando estés muy irritado, suelta tacos.

11 En cuanto a los adjetivos, en la duda suprímelos.

12 El ruido no prueba nada... Hay gallinas que cacarean como si hubiesen puesto en vez de un huevo, un asteroide.

13 Hay dos ocasiones en la vida en las que el hombre no debería jugar: cuando no tiene dinero propio para ello y cuando juega su propio dinero.

14 Puedo vivir durante dos meses de un cumplido de amabilidad.

15 Nada necesita tanto ser reformado como las costumbres ajenas.

16 Si un hombre ha nacido con un carácter no dotado para la felicidad, nada le puede hacer feliz; si ha nacido para ser feliz, nada le puede hacer desgraciado.

17 Sé virtuoso y te tendrán por excéntrico.

Ludwig von Beethoven   Walter Scott   Luis XIV

U

Udall, Nicholas (1505-1556),
escritor inglés.

1 La alegría prolonga la vida y trae salud.

Ulpiano, Domicio (?-228),
jurista latino.

1 No hay dinero que pueda pagar la libertad.

2 Volenti non fit iniuria. (No se injuria a quien se quiere.)

3 Es lícito repeler la fuerza con la fuerza.

Unamuno, Miguel de (1864-1936),
escritor español.

1 ¡Y dichoso aquel que logra hacer de su casa o de la morada en que su oficio se cumple, otro cuerpo más para su espíritu!

2 Cada uno ha de formarse y reformarse y transformarse su propio dialecto individual y regional, su propio idioma —idioma quiere decir propiedad— dentro del idioma común, y enriquecerse de él y enriquecerlo enriqueciéndose.

3 Con maderas de recuerdos armamos la esperanzas.

4 Corral de muertos, entre pobres tapias hechas también de barro,
pobre corral donde la hoz no siega,
sólo una cruz en el desierto campo
señala tu destino.

5 Y quien pretenda apoyarse en la supuesta opinión de esa mayoría puramente numérica —iba a decir puramente animal, y no en el mal sentido de la palabra—, y en ella funde su derecho a imponerse arrogantemente, ése es el verdadero demagogo.

6 Hay gente tan llena de sentido común, que no le queda el más pequeño rincón para el sentido propio.

7 Creo en Dios como creo en mis amigos, por sentir el aliento de su cariño y su mano invisible e intangible que me trae y me lleva.

8 Hay que lograr que a uno se le lea con atención; el derecho a la atención es lo que hay que conquistar.

9 ¡Hay un deber tan sólo,
y es el perdón!

10 Creo que para enriquecer el idioma, mejor que ir a pescar en viejos librotes de antiguos escritores vocablos hoy muertos, es sacar de las entrañas del idioma mismo, del habla popular, voces y giros que en ellas viven, tanto más cuanto que de ordinario los más de los arcaísmos perduran como provincialismos hoy.

11 Yo, amigo mío, no me defiendo jamás,

ataco. No quiro escudo que me embaraza y estorba; no quiero más que espada.

12 La envidia es hija de la superficialidad mental y de falta de grandes preocupaciones íntimas.

13 ¡La envidia! Esta es la terrible plaga de nuestras sociedades; esta es la íntima gangrena del alma española.

14 Yo he buscado siempre agitar y, a lo sumo sugerir, más que instruir. No vendo pan, sino levadura o fermento.

15 Cualquier idea sirve al fanático, y en nombre de todas se han cometido crímenes.

16 Cuando cae sobre un pueblo la preocupación política parece como que todas las demás actividades espirituales, y, sobre todo, las más elevadas, sufren una especie de parada y estancamiento.

17 ¡Desdichado del hombre que se aburre si tiene que permanecer solo unos días en medio de la campiña libre! ¡Desdichado es el hombre que no puede prescindir del ruido y el trajín de sus próximos!, porque este tal no se ha encontrado a sí mismo, ni ha sabido siquiera buscarse, ni se ve sino reflejado en los demás.

18 ¡Desgraciados los pueblos en que florece la lujuria! Serán, al cabo, subyugados irremisiblemente por aquellos otros que, después de reproducirse normalmente, supieron reservar sus energías corporales y espirituales para fines más altos que el de dar satisfacción a la carne estúpida, para el altísimo fin de educar en libertad, en verdad y en nobleza a sus hijos.

19 Lo único malo de la mujer propia es que no hay más remedio que hablar alguna vez en serio con ella.

20 Los únicos escritores perfectamente impersonales son los que carecen de toda personalidad, y entre ellos los puros eruditos y los meros informadores.

21 No creemos sino lo que esperamos, ni esperamos sino lo que creemos.

22 El cielo de la fama no es muy grande, y cuantos más en él entren a menos toca cada uno de ellos.

23 No creo en más revolución que en la interior, en la personal,en el culto a la verdad.

24 La fe se mantiene resolviendo dudas y volviendo a resolver las que de la resolución de las anteriores hubieran surgido.

25 La filosofía responde a la necesidad de formarnos una concepción unitaria y total del mundo y de la vida, y como consecuencia de esa concepción, un sentimiento que engendre una actitud íntima y hasta una acción.

26 La Historia no existe; sólo existen historias.

27 No des a nadie lo que te pida, sino lo que entiendas que necesita; y soporta luego la ingratitud.

28 El decoro es la seriedad de los que están vacíos por dentro.

29 Agradecemos más el que se nos encomie el talento con que defendemos una causa, que no el que se reconozca la verdad o bondad de ella.

30 El periodismo mata la literatura.

31 A un pueblo no se le convence sino de aquello de que quiere convencerse; cuando creemos haberle dado una idea nueva, si la recibe, es que se la hemos sacado de las entrañas de su propio pensamiento, donde la tenía sin darse él mismo cuenta de ella.

32 Alguien tiene que hacerlo. ¿Por qué tú? Alguien tiene que hacerlo ¿Por qué no yo?

33 Lo más triste de todo es que solemos comprar la consecuencia a precio de la sinceridad, y que, a trueque de aparecer ante los demás como les hicimos esperar que apareceríamos, nos hacemos traición a nosotros mismos. Ser consecuente suele significar, las más de las veces, ser hipócrita. Y esto llega a envenenar las fuentes mismas de la vida moral íntima.

34 No es divinamente humano sacrificarse en aras de las ideas, sino que lo es sacrificarlas a nosotros, porque el que discurre vale más que lo discurrido, y soy yo, viva apariencia, superior a mis ideas, apariencias de apariencia, sombras de sombra.

35 No es obligación del escritor ponerse al alcance del público, sino obligación del público ponerse al alcance del escritor.

36 La lengua es el receptáculo de la experiencia de un pueblo y el sedimento de su pensar; en los hondos repliegues de sus metáforas (y lo son la inmensa mayoría de los vocablos) ha ido dejando sus huellas el espíritu colectivo del pueblo, como en los terrenos geológicos el proceso de la fauna viva.

37 La lengua no es la envoltura del pensamiento, sino el pensamiento mismo.

38 El oro, que es instrumento de cambio, lo tomamos como fin, y para acumularlo vivimos miserablemente. Y la cultura no es más que oro, instrumento de cambio. ¡Dichoso quien con ella compra su felicidad perdurable!

39 La locura, la verdadera locura, nos está haciendo mucha falta, a ver si nos cura de esta peste del sentido común que nos tiene a cada uno ahogado el propio.

40 La mayoría de los hombres se conocen bastante bien y, si les molesta que les echen en cara sus defectos, es porque ellos ya se los han echado antes.

41 La mayoría de los que presumen de cambiar de ideas, nunca las han tenido.

42 La misión de la ciencia es catalogar el mundo para volverlo a Dios en orden.

43 No es raro encontrarse con ladrones que predican contra el robo para que los demás no les hagan la competencia.

44 No hay desgracia mayor que la del hombre que llega a creerse inteligente porque tuvo fortuna en sus negocios.

45 El que tiene fe en sí mismo no necesita que los demás crean en él.

46 No hay soberbia como la soberbia de aquellos que no pueden atribuir a su propio mérito, sino al azar del nacimiento, las preeminencias de que gozan.

47 No podemos decir a los acreedores que nos perdonen, como perdonamos nosotros a nuestros deudores, porque un acreedor no es perfecto como nuestro Padre que está en los Cielos.

48 La mujer es el verdadero principio de continuidad de un pueblo, el arca de sus más preciadas y más profundas tradiciones.

49 La novedad de hoy es la rutina de mañana.

50 Pobre corral de muertos entre tapias hechas del mismo barro, sólo una cruz distingue tu destino en la desierta soledad del campo.

51 La pasión es como el dolor, y como el dolor, crea su objeto. Es más fácil al fuego hallar combustible que al combustible fuego.

52 La peor intolerancia es la de eso que llaman razón.

53 ... lengua en que a Cervantes Dios le dio el Evangelio del *Quijote*.

54 El trabajo es el único consuelo práctico de haber nacido.

55 En todas partes, pero sobre todo donde la fiebre del negocio hace estragos, hay que aprender a respetar a los haraganes. Lo son para que otros puedan darse el gusto de trabajar.

56 Es que nuestras mejores y más propias ideas, molla de nuestro espíritu, nos vienen, como la fruta alimenticia, de la visión del mundo que tenemos delante, aunque luego, con los jugos de la lógica, la transformemos en quimo ideal, de que sacamos el quilo que nos sustenta.

57 Lo primero que un ciudadano necesita tener es civismo, y no puede haber patria, verdadera patria, donde los ciudadanos no se preocupan de los problemas políticos.

58 Lo que cansa y se estudia a disgusto se aprende mal.

59 Lo que siento es una verdad, tan verdad por lo menos como lo que veo, oigo y se me demuestra.

60 Porque el campo libre es una lección de moral, de piedad, de serenidad, de humildad, de resignación, de amor. El campo nos ama, pero nos ama sin fiebre ni frenesí, sin violencia. Y en el campo se ahogan nuestras dos semillas ciudadanas o sociales más malignas, que son la de la vanidad y la de la envidia.

61 Porque en nada como en la burla se conoce la maldad humana y el demonio es el gran burlador, el emperador y padre de

los burladores todos. Y si la risa puede llegar a ser santa y liberadora y, en fin, buena, no es ella risa de burla, sino risa de contento.

62 Eso de que por más gritar se tenga más razón, resulta, de hecho, una tontería.

63 «¿Qué ideas profesas?» No; qué ideas profesas, no, sino: ¿cómo eres?, ¿cómo vives? El modo como uno vive da verdad a sus ideas, y no éstas a su vida. ¡Desgraciado del que necesite ideas para fundamentar su vida!

64 ... Estas clases que pasean el cuerpo en automóvil y el espíritu en carreta.

65 Esto de ponerse a escribir [exclamaba una tarde Unamuno entre sus íntimos], no precisamente porque se haya encontrado asunto, sino para encontrarlo, es una de las necesidades más terribles a que se ven expuestos los escritores fabricantes de héroes, y héroes, por lo tanto, ellos mismos.

66 Quiero bulto y no sombra de inmortalidad.

67 Hablo mucho de mí porque soy el hombre que tengo más a mano.

68 Hasta cuando la mujer tiene menos inteligencia, tiene más sentido común que el hombre.

69 Sí, Dios es mi yo infinito y eterno, y en El y por El soy, vivo y me muero. Mejor que buscarse a sí es buscar a Dios en sí mismo. Y cuando andamos dentro nuestro a la busca de Dios, ¿no es acaso que nos anda Dios buscando? Pues que le buscas, alma, es que El te busca y le encontraste.

70 Soñar no es esperar.

71 Hay algo de dulce y sosegador, y sobre todo de sabio, de muy sabio, en eso que los hombres de mundo llaman aburrirse.

72 Hay gente que subraya tanto lo que dice, que podría decirse de ella que habla siempre en bastardilla.

73 Una de las ventajas de no ser feliz es que se puede desear la felicidad.

74 La fe no es creer lo que no vimos, sino creer lo que no vemos.

75 Venceréis pero no convenceréis.

76 ¡Que inventen ellos!

Undset, Sigrid (1882-1949), *escritora noruega.*

1 Algunos aman las flores y los animales porque son incapaces de entenderse con sus semejantes.

Unger, Joseph (1882-1949), *escritor alemán.*

1 ¡Cuántas veces no lava una mano la otra y quedan las dos sucias!

2 Un bello paisaje, una hermosa jornada, un libro selecto... ¿Qué más necesitáis para ser felices? El sol de la vida resplandece desde dentro.

Urbano VIII (1568-1644), *papa de 1623 a 1644.*

1 Lo que no hicieron los bárbaros, lo hicieron los Barberini.

Urrea, Ximénez de (1503-1565), *escritor español.*

1 El dinero dobla el tormento y aumenta la codicia a quien lo tiene después de adquirido más que cuando lo busca.

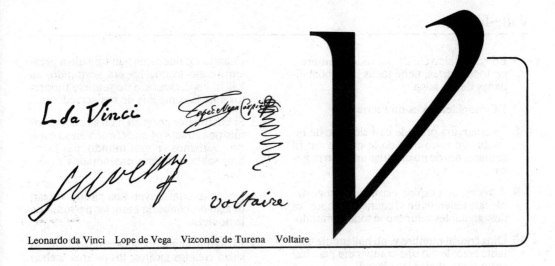

Leonardo da Vinci   Lope de Vega   Vizconde de Turena   Voltaire

Valdés, Juan de (1499-1541),
escritor español.

1 Hay que escribir como se habla, pero es menester hablar bien.

Valera, Juan (1824-1905),
escritor español.

1 No es soberbia la persona, es soberbia la idea.

2 Nada hay más indefinible que el chiste.

3 Lo bueno debe estar siempre de moda.

4 Aunque una nación sea grande y tenga historia gloriosa, la ignorancia y la servidumbre hacen que el pueblo olvide dicha historia y pierda el patriotismo.

5 La esperanza, esa flor de primavera.

6 La injuria que no ha de ser bien vengada ha de ser disimulada.

7 Lo cierto es que la creencia de esto que llaman ahora cursi está en el exagerado temor de parecerlo.

Valerio, Cayo (s. I d. C.),
poeta romano.

1 Con las acciones generosas se fortalece el

ánimo y se hace éste más audaz para seguir por el camino emprendido.

Valerio, Máximo (s. I d. C.),
historiador latino.

1 La frugalidad es casi madre de la buena salud.

2 La necesidad es un eficacísimo remedio para robustecer la humana flaqueza.

Valéry, Paul (1871-1945),
poeta francés.

1 Unos tienen ingenio para hacer cosas bellas, otros para dar a entender que las cosas que hacen son bellas. Son dos ingenios diversos, pero ambos eficaces.

2 Una dificultad es una luz, una dificultad invencible es un sol.

3 Todo el que participa en una discusión defiende dos cosas: una tesis y a sí mismo.

4 Teme a la verdad como al fuego, del que tiene las mismas propiedades.

5 Sólo los hombres para los cuales la familia es sagrada pueden tener un criterio acertado para criticar al Estado.

6 Lo que ha sido creído por todos siempre y en todas partes, tiene todas las probabilidades de ser falso.

7 La estupidez no es mi fuerte.

8 La amargura procede casi siempre de no recibir un poco más de lo que se da. El sentimiento de no efectuar un buen negocio.

9 A veces, una espina clavada e insoportable que tenemos en el cuerpo nos hace ser desagradables y duros con todo el mundo.

10 Dios creó al hombre y, no hallándole bastante solo, le dio una compañera para hacerle sentir mejor la soledad.

11 Hay que ser ligero como el ave y no como la pluma.

12 La conciencia reina pero no gobierna.

13 La piel es lo más profundo que hay en el hombre.

14 La verdad se representa desnuda; pero debajo de la piel sangra.

15 Un Estado es tanto más fuerte cuanto puede consentir en su seno lo que actúa en contra suya.

16 Los libros tienen los mismos enemigos que el hombre: el fuego, la humedad, los bichos, el tiempo; y su propio contenido.

Valle-Inclán, Ramón María del (1866-1936), *escritor español.*

1 El vino alegre huele a manzana
y tiene aquella color galana
que tiene la boca de una aldeana.

2 ... siempre he creído que la bondad de las mujeres es todavía más efímera que su hermosura.

Vanburgh, John (1664-1726), *dramaturgo inglés.*

1 Una mujer despreciada no conoce límites para su cólera.

2 Cuando los deudores han tomado a préstamo todo lo que les era permitido, se hallan en disposición de sentirse timoratos ante la compañía de sus acreedores.

3 Si las mujeres poseyeran en su cuerpo los mismos atractivos que reúnen en su espíritu, veríamos en este mundo más hombres sabios y menos enamorados y poetas.

4 Los celos constituyen una pasión vulgar; es algo desconocido entre las personas de la nobleza.

5 El orgullo engendra la necesidad, la necesidad crea los pícaros, los pícaros acaban en la horca, y quien gana es el diablo.

Vanderem, Fernand (1865-1939), *escritor francés.*

1 ¿Para qué sirve el pensador? Para proporcionar pensamientos a los que no piensan. Lo cual es tanto como afirmar que la industria del pensamiento será siempre próspera.

2 No existe ninguna receta para alcanzar el éxito, como no la hay para ganar en la Bolsa, en la ruleta o en las carreras.

3 La atención sostenida que exige la obra de arte resulta imposible si se ve distraída constantemente por la preocupación de las dos comidas o por la visita de los acreedores.

4 El código condena, por fraude, a los curanderos, a los adivinos y a las echadoras de cartas. ¿Por qué, pues, se deja el campo libre a los filósofos, que sin saber más que aquellos afirman tanto, si no más?

5 El hambre hace que el lobo salga del bosque, y el escritor, del arte.

6 La poesía es la más peligrosa de las artes, porque el poeta no puede escoger más que entre lo sublime y lo ridículo.

Varrón, Marco Terencio (116-27 a. C.), *historiador latino.*

1 Un cargo es una carga.

2 Entre las buenas mieses no falta nunca alguna espiga mala, ni entre las malas alguna espiga buena.

3 El que asegura saber hacerlo todo no sabe hacer nada.

4 Los peces grandes se comen a los peces pequeños.

5 Dios nos dio los campos, el arte humano edificó ciudades.

Vasconcelos, José (1881-1959),
escritor y político mexicano.

1 A veces, obedecer requiere más energía que desobedecer.

Vaughan, Henry (1621-1695),
poeta inglés.

1 César habría muerto para el mundo de los hombres si su espada no hubiera sido redimida por su pluma.

Vauvenargues, marqués de (1715-1747),
moralista francés.

1 Todos los hombres nacen sinceros y mueren mentirosos.

2 Si es cierto que no se puede destruir el vicio, la habilidad de aquellos que gobiernan consiste en hacerlo concurrir al bien público.

3 Para un hombre activo, el mundo es lo que debe ser, es decir, fértil en obstáculos.

4 Los malos admíranse siempre de encontrar alguna ingeniosidad entre los buenos.

5 Los consejos fáciles de poner en práctica son los más útiles.

6 La costumbre lo es todo, incluso en el amor.

7 El comercio es la escuela del engaño.

8 Damos un nuevo giro a un pensamiento, de la misma forma que volvemos un traje para servirnos de él varias veces.

9 El arte de agradar es el arte de engañar.

10 Comerciar con el honor no enriquece.

11 Apeteceríamos menos el aprecio de los hombres, si estuviéramos más seguros de ser dignos de él.

12 Es preciso que la ley sea severa y los hombres, indulgentes.

13 La claridad es el ornamento de los pensamientos profundos.

14 Los grandes pensamientos vienen del corazón.

15 No es verdad que se haya hecho fortuna cuando no se sabe disfrutar de ella.

16 Si existen algunas ciencias que no satisfacen sino una curiosidad vana, que no vuelven a los hombres ni más virtuosos ni más amables y que apenas guardan relación con nuestros intereses y deberes, esas ciencias deben ser las últimas que hayamos de estudiar, aunque, por otro lado, será bueno no descuidarlas absolutamente.

17 Todo se puede temer, todo se puede esperar de los hombres y del tiempo.

18 La nobleza es la preferencia del honor al interés; la bajeza, la preferencia del interés al honor.

19 Ni la ignorancia es falta de talento, ni la sabiduría es prueba de genio.

20 Para ejecutar grandes cosas, hay que vivir como si no se hubiera de morir jamás.

Vázquez de Mella, Juan (1861-1928),
escritor español.

1 Los pueblos se enlazan con la muerte el mismo día en que se divorcian de su historia.

2 La libertad es un medio y los medios no resuelven los problemas; los resuelven los fines, que son sus amos.

Veber, Pierre (1869-1942),
comediógrafo francés.

1 Una mujer confiesa toda la verdad a Dios, casi toda la verdad a su confesor, la mitad de la verdad a su amigo y la vigésima parte de la verdad al hombre que ama. Ya veis lo que queda para el que no quiere.

2 La susceptibilidad es un residuo de la vanidad; el orgullo la ignora.

3 La gran fuerza de Dios consiste en permitir que se le ataque.

4 La falta de ánimo es la excusa de los imbéciles.

Vegas, Fray Damián (siglo XVI),
poeta español.

1 Aunque el cuerpo a tiempo muere, el alma por siempre vive.

2 Alma, di, ¿qué desatino
es el tuyo en dar de mano,
por el delito mundano,
el bien eterno y divino?

Vegecio, Flavio Renato (s. IV),
escritor latino.

1 Más aprovecha a menudo el lugar que la fuerza.

Veit, David,
escritor alemán contemporáneo.

1 El que desconoce la desgracia no aprende a captar ni a detener la fortuna.

Vélez de Guevara, Luis (1579-1644),
poeta y dramaturgo español.

1 La perfecta hora de comer es, para el rico, cuando tiene ganas; y para el pobre, cuando tiene de qué.

2 Es la ignorancia inventora
y amiga de cosas nuevas.

3 La luna de la sierra
linda es, y morena.

Venizelos, Eleutherios (1864-1936),
político griego.

1 Los ingleses pierden todas las batallas salvo la última.

Veraheren, Émile (1855-1916),
poeta belga.

1 Un Dios conocido deja de ser un Dios.

2 Las palabras no sirven para otra cosa que para vaciar las ideas de todo cuanto contienen de profundo y verdadero.

3 La inteligencia fue concedida al hombre para dudar.

4 Hombre, enfrentarse a todo es mejor que comprenderlo todo: la vida es para subir y no para bajar.

Verlaine, Paul (1844-1896),
poeta francés.

1 Los largos sollozos de los violines de otoño hieren mi corazón con una lánguida monotonía.

2 Despótico, y recortándose en el espacio la mole brutal de sus torres octógonas, yergue el Escorial su orgullo de granito.

3 Toma a la elocuencia y retuércele el pescuezo.

Verri, Alejandro (1741-1816),
escritor italiano.

1 Los que dicen cosas grandes y verdaderas empleando una palabra insegura corren un gran riesgo de no ser escuchados.

2 Un joven, y tal vez un hombre sin errores, me es muy sospechoso; el que no es capaz de tener defectos no es tampoco capaz de poseer humanamente grandes virtudes.

Vespasiano, Tito Flavio (s. I d. C.), *emperador romano.*

1 Un emperador debe morir de pie.

2 No huele mal...
(Frase del emperador Vespasiano, contestando a los que le censuraban cobrar tributo sobre unos urinarios que hizo instalar, oliendo unas monedas recaudadas por dicho tributo.)

Vierordt, Heinrich (1855-1902), *poeta alemán.*

1 Títulos, honores y favores humanos: todo, todo ello no es más que un pálido vaho; la única porción de fortuna es la felicidad familiar.

Vigny, Alfredo de (1791-1863), *novelista y poeta francés.*

1 Amo demasiado a Dios para temer al diablo.

2 Celebraría que un diputado, antes de subir a la tribuna, hiciese un examen de conciencia y se preguntase: «¿Es pura mi intención, exenta de egoísmo, carente de miedo y consagrada íntegramente a la humanidad? ¿Me hallo en estado de gracia ante mi nación? Sí. Entonces, puedo subir y hablar».

3 Condiciones necesarias para formar un estadista: tener una firmeza de conciencia y de rectitud a toda prueba, garantizada por una vida irreprochable.

4 Cuando se habla de sí mismo, la mejor musa es la franqueza.

5 El ciudadano verdaderamente libre es el que no depende del gobierno y que no recibe nada de él.

6 El corazón tiene la forma de urna. Es un vaso sagrado totalmente lleno de secretos.

7 El día en que no exista entre los hombres ni el entusiasmo ni el amor ni la adoración ni la abnegación, deberemos excavar un pozo que llegue al centro de la tierra, poner allí quinientos barriles de pólvora y hacer que estalle como una bomba en el firmamento.

8 El gobierno menos malo es aquel que hace menos ostentación, que se hace sentir menos y que resulta menos caro.

9 El hombre fuerte crea los acontecimientos, y el débil soporta lo que el destino le impone.

10 El honor es la poesía del deber.

11 El sacrificio es lo más hermoso que en el mundo existe.

12 El único momento hermoso de una obra es aquel en que se escribe.

13 La esperanza es la fuente de todas nuestras cobardías.

14 La esperanza es la mayor de todas nuestras locuras.

15 La gloria probablemente no se siente después de muerto, y en vida se nota muy poco.

16 La gran enfermedad de nuestro mundo: el aburrimiento.

17 La humanidad pronuncia un interminable discurso del que cada hombre ilustre es una idea.

18 La mujer es demasiado libre. Todos sus vicios vienen de su libertad, del lugar que ocupan en su vida, que es harto grande, y de su ocio.

19 La prensa es una boca forzada a estar siempre abierta y a hablar siempre. Por eso, no es de extrañar que digan muchas más cosas de las necesarias, y que divaguen y se desborden.

20 Mientras exista un ejército será necesario rendir honor a la obediencia. Pero un ejército es una cosa deplorable.

21 No existe un hombre que tenga derecho a despreciar a los hombres.

22 No hubo nunca orden ni libertad en parte alguna, y jamás se cesó de anhelar uno y otra.

23 No se debe sentir amor ni odio hacia los hombres que gobiernan. Tendremos para ellos los mismos sentimientos que para nuestro cochero: todo se reduce a que conduzcan bien o a que conduzcan mal.

24 Sobre la losa funeraria crece el árbol de la fama. (Sur la pierre des morts croît l'arbre de grandeur.)

25 Sólo el silencio es grande; todo lo demás es debilidad.

26 Todos los crímenes y los vicios tienen como origen la debilidad; por ello no merecen más que compasión.

27 Ya que no podemos sustraernos a la miseria común, no la dupliquemos a fuerza de querellas interminables.

28 El cristianismo es un camaleón eterno, se transforma sin cesar.

Villaespesa, Francisco (1879-1936), *poeta y dramaturgo español.*

1 Que nunca tu sonora juventud tenga ocaso y que el amor y el arte arrojen a tu paso un manojo de rosas y un ramo de laurel.

2 ¡Que enmudezcan nuestras lenguas y empiecen a hablar las manos!

3 ¡No hay burlas con el amor, que la burla de un instante cuesta siglos de dolor!

4 El café, néctar de dioses, ha de ser, para ser bueno, ardiente como tus ojos, negro como tus cabellos, tan puro como tu alma, tan dulce como tus besos.

5 El amor es como un río. ¡A medida que es más grande va metiendo menos ruido!

6 Es nuestra suerte demasiado ingrata... ¡Morir asesinados en la sombra sin conocer la mano que nos mata!

7 Hacer con loco empeño del ensueño la vida y de la vida ensueño.

8 ¡Las armas son lo de menos porque con la misma espada un criminal asesina y un héroe salva su patria!

9 No hay nada nuevo en el mundo... Todas las cosas han sido, son y volverán a ser por los siglos de los siglos...

10 Huye de murmuraciones, porque el veneno más malo no es el que vierten las víboras, sino el que sueltan los labios.

11 Nada es barato ni caro, todo es igual en la vida... Las cosas valen tan sólo lo que cuesta conseguirlas.

12 ¡El presente es como un puente tendido entre dos abismos: el futuro que no existe y el pasado que se ha ido!

13 ¡Y es el tiempo el que se queda nosotros los que pasamos!

14 ¡Siendo de dos una tristeza, ya no es tristeza, es alegría!

15 ¡Una piedra tuerce un río: a veces, una palabra puede torcer un destino!

Villamediana, conde de (1582-1622), *poeta español.*

1 Siempre tiene razón el sufrimiento.

2 Sólo es servir, servir sin ser premiado.

3 ... Sus piedras dan envidia y celos al esplendor de la latina historia.

Villegas, Manuel de (1589-1669), *escritor español.*

1 Yo vi sobre un tomillo quejarse un pajarillo viendo su nido amado,

de quien era caudillo,
de un labrador robado.

Villiers de l'Isle Adam (1838-1889),
escritor francés.

1 El mundo está compuesto, en su mayoría, por necios y bribones.

2 La volubilidad forma parte del encanto femenino.

3 Hay siempre algo bueno en la locura humana.

Vinci, Leonardo de (1452-1519),
científico, escritor y pintor italiano.

1 Si es posible, debe hacerse reír hasta los muertos.

2 Si estás solo serás absolutamente dueño de ti mismo, y si estás acompañado con un solo camarada serás tu dueño a medias, y tanto menos cuanto mayor sea la indiscreción de su trato.

3 Supone tanto vilipendio la mentira, que si ella afirmase grandes cosas de Dios, restaría gracia a la deidad; y es tan excelsa la verdad, que si alabase cosas ínfimas las ennoblecería.

4 Tema el perjuicio el que se guíe del consejo de los jóvenes.

5 El que siembra virtudes recoge fama.

6 La amenaza es el arma del amenazado.

7 No constituye un gran talento el de quien se entrega constantemente a una sola cosa y, al ponerla en práctica, no la realiza bien.

8 Todos nuestros conocimientos tienen como principio el sentimiento.

9 Así como el hierro se enmohece cuando no se le hace trabajar, y el agua se corrompe y con el frío se hiela, de igual manera el talento se echa a perder sin el ejercicio.

10 Comienza por estudiar la ciencia y sigue después la práctica nacida de dicha ciencia.

11 La vida bien empleada es larga.

12 No hay cosa que más nos engañe que nuestro juicio.

13 No se puede poseer una señoría mayor ni menor que la de sí mismo.

14 ¡Oh, miseria humana: de cuántas cosas te haces esclava por dinero!

15 Quien no castiga el mal, ordena que se haga.

16 Como la animosidad pone la vida en peligro, el miedo es una causa de seguridad.

17 Cosa bella mortal pasa y no dura.

18 El vino consumido por el borracho, en el mismo bebedor se venga.

19 En último extremo, la verdad no se oculta; no vale la simulación.

20 Es digno de compasión el alumno que no aventaja a su maestro.

21 Quien poco piensa, mucho yerra.

22 Los ambiciosos que no se contentan con los beneficios de la vida tienen como penitencia que ellos mismos se destrocen esa existencia y que no alcancen la utilidad y la belleza del mundo.

23 Existe algo que, cuanta mayor necesidad se tiene de ello, más se rechaza; es el consejo, que oyen de mala gana los que más lo pecisan, es decir, los ignorantes.

24 La adquisición de algunas ideas es siempre útil para la inteligencia, porque permitirá desterrar las cosas inútiles y reservar las buenas. Porque ninguna cosa se puede amar ni odiar, si antes no se tiene una idea de la misma.

25 La naturaleza benigna provee de manera que doquiera halles algo que aprender.

26 El hombre es capaz de un gran discurso, cuya mayor parte es vacío y falso; los animales se expresan en pequeña escala, pero su discurso es útil y verdadero. Es preferible una extrema brevedad que una gran mentira.

27 No hay cosa más temible que la mala fama. Esta mala reputación tiene como fuente los vicios.

28 No se puede poseer una señoría mayor ni menor que la de sí mismo.

29 ¡El que no aprecia la vida no la merece!

30 El que está fijo en una estrella no se vuelve.

Virgilio (h. 70-19 a. C.),
poeta latino.

1 Un gran trabajo vence todas las cosas.

2 Trahit sua quemque voluptas. (Cada uno se deja llevar por su capricho.)

3 Tenerisque meos incidere amores arboribus. (Grabando mis amores en la tierna corteza de los árboles.)

4 Si es permitido comparar lo pequeño con lo grande.

5 Salve, tierra saturnia, gran madre de trigo y de hombres.

6 Rara vez sabemos de lo que somos capaces hasta que nos ponemos a ello.

7 Permanece firme en tu pensamiento, y deja correr inútilmente las lágrimas.

8 Para el que dejó de tener esperanza la desesperación es un remedio.

9 ¡Oh, cuánto el labrador fuera dichoso si los bienes preciara de su estado!

10 No te fíes demasiado del color de las cosas.

11 Mens agitat molem. (El espíritu mueve la materia.)

12 La experiencia de la desgracia me enseña a socorrer a los desgraciados.

13 Fugit irreparabile tempus. (Huye el tiempo para no volver.)

14 El amor vence todas las cosas, y nosotros nos sometemos al amor.

15 ¡De tanta importancia era el fundar el pueblo romano!

16 Callaron todos, tirios y troyanos.
(Verso de Virgilio con el que se da a entender que estaban todos pendientes con la boca abierta escuchando lo que alguien cuenta o declara.)

17 Bella, horrida bella. (Guerras, horrendas guerras.)

18 Así, vosotras, abejas, hacéis la miel y no para vosotras.

19 Ab uno disce omnes. (Por uno sólo júzguese a los demás.)

20 Aunque tuviera cien bocas y cien lenguas, y mi voz fuese de hierro, no podría enumerar todas las formas del crimen.

21 El amor triunfa en todo.

22 El destino encontrará el camino.

23 El hambre es mala consejera.

24 El niño reconoce a su madre por la sonrisa.

25 El sueño, hermano de la muerte.

26 Entre la hierba se esconde la serpiente.

27 ¿Hasta dónde no impulsas al corazón humano, oh maldita sed de oro?

28 La bajada del infierno es muy fácil.
(Se usa para significar que la caída en el mal es muy fácil; pero que el retroceder y remontarse a las superiores regiones del bien es lo difícil y laborioso.)

29 La fortuna favorece a los audaces.

30 La mujer es cosa inconstante y mudable.

31 La única esperanza de los vencidos es no tener ninguna.

32 Omnia non possumus omnes. (No todos lo podemos todo.)

33 Persevera, y espera un mañana mejor.

34 Pequeño es el campo del trabajo, pero no es pequeña la gloria.

35 Se puede porque se cree poder.

36 Sua cuique deus fit dira cupido. (Cada cual hace un dios de su ardiente deseo.)

37 Timeo danaos et dona ferentes. (Desconfío de los griegos incluso cuando hacen regalos.)

38 Todos somos traicionados por nuestro propio placer.

39 Y cobra fuerzas andando.

40 ¡Qué felices serían los campesinos, si supieran que son felices!

41 Podrás decir que yo, nacido libre y poco afortunado, he desplumado alas más grandes que lo que era mi nido.

Vitoria, Francisco de (1486-1546),
teólogo y catedrático español.

1 Donde no hay dificultad, no es necesaria la virtud.

2 Gran parte de la prudencia consiste en saber consultar.

3 Mayor firmeza da la fe que toda autoridad humana.

4 No hay acto tan bueno que no pueda convertirse en pecado, si se hace cuando no debe hacerse.

5 El precepto de amar a Dios sólo se cumple cuando se practican las restantes virtudes.

6 Los esposos han de ser amados con más intensidad que los padres, pero éstos han de ser más reverenciados.

Victor, Hugo de San (1097-1141),
escritor ascético italiano.

1 La soberbia me quita a Dios; la envidia, al prójimo, y la ira, a mí mismo.

Vives, Luis (1492-1540),
humanista español.

1 Tan perjudicial es desdeñar las reglas como ceñirse a ellas con exceso.

2 Nada tan fácil ni tan útil como escuchar mucho.

3 No hay espejo que mejor refleje la imagen del hombre, que sus palabras.

4 Las conversaciones malas corrompen las buenas costumbres.

5 Si te acostumbras a abrir las orejas a lisonjas y a cebarte en ellas, jamás oirás verdad.

6 A la mujer que desechó el pudor, no creas que le quede nada.

7 Deben ser las leyes benignas para el débil, enérgicas para el fuerte, implacables para el contumaz, según exigen las dotes de un eximio gobernante.

8 No hay ley alguna tan recta, que no trate el hombre de torcerla para satisfacer sus apetitos.

9 No importa que el arma con que se acomete a otro sea el acero o la pluma, mientras sea la misma la intención, pues a menudo se hiere más con la palabra o el escrito que con la espada; ésta atraviesa el cuerpo; aquélla, el alma.

10 Gran maestro de errores, el pueblo.

11 En toda clase de vicios, excepto el orgullo, pueden coexistir la paz y la concordia.

12 Lo que se compra al precio de muchos ruegos es demasiado caro.

13 Nada contribuye tanto a una grande instrucción como escribir mucho; hay que echar a perder mucha tinta y mucho papel.

14 No esperes que tu amigo venga a descubrirte su necesidad; ayúdale antes.

15 Fatiga alguna vez el amor, mas nunca mata.

16 Desventurado el hombre que no tiene quien le amoneste cuando tiene necesidad de ello.

17 Quien escribe tiene antes que leer mucho, meditar, ensayar y corregir, pero publicar muy poco; la proporción entre estos actos debe ser, a nuestro juicio la siguiente: La lectura, como cinco; la reflexión, como cuatro; el escribir, como tres; las enmiendas reducirán lo anterior a dos partes, y de éstas, una es la que debe salir a la publicidad.

18 Si quieres ser tenido por docto, trabaja para serlo. No hay otro camino tan breve como éste; de la misma manera que no alcanzarás ser reputado por bueno más rápidamente, que portándote como tal.

19 La fuente de la vida es el corazón.

20 Es propio del varón sabio, luego de haber dispuesto lo que está en su mano con toda la posible industria y diligencia, de mostrarse resignado con lo que le diere la fortuna.

21 Virtud llamo dar a Dios y a los hombres aquello que debemos.

22 La virtud nunca daña a nadie.

23 No hay deleite en el mundo que se pueda comparar con el que se toma en hablar y conversar con un hombre sabio y bien hablado.

24 Nuestra naturaleza se va hacia el mal cuesta abajo, mas el camino de la virtud es cuesta arriba y es muy alto.

25 El que se hace amigo de un mal sujeto ha de esperar que esta amistad le reportará otras amistades peores.

Vogelweiden, Walter von (h. 1180-h. 1240), *poeta alemán.*

1 Cuidad de la lengua, sobre todo vosotros, los jóvenes. Echad el cerrojo a la puerta y no dejéis escapar ninguna palabra inconveniente.

Voiture, Vicente (1597-1648), *escritor francés.*

1 Por lo común, la fortuna vende harto caro lo que parece regalarnos.

Voltaire (1694-1778), *filósofo, poeta y dramaturgo francés.*

1 Un minuto de felicidad vale más que mil años de gloria.

2 ¡Así se escribe la historia!

3 La política mayor consiste en ser virtuoso.

4 La tolerancia es tan necesaria en política como en religión; lo único intolerante es el orgullo.

5 Estamos de acuerdo respecto a dos o tres puntos que podemos comprender, y discutimos acerca de dos o tres mil puntos que no comprendemos.

6 Estamos todos amasados de debilidades y de errores; perdonémonos recíprocamente nuestras tonterías: esta es la primera ley de la naturaleza.

7 He conocido mortales que son inferiores a nosotros; he visto otros que son muy superiores; pero también topé con algunos que no tenían más deseos que verdaderas necesidades y más necesidades que satisfacciones.

8 ¡Inexplicables humanos! ¿Cómo podéis reunir tanta bajeza y grandeza, tantas virtudes y crímenes?

9 La amistad de un gran hombre es un don de los dioses (L'amitié d'un grand homme est un bienfait des dieux).

10 El trabajo aleja de nosotros tres grandes males: el tedio, el vicio y la miseria.

11 Todo mal viene con alas y huye cojeando.

12 Las discusiones metafísicas se parecen a los globos llenos de aire; cuando revientan las vejigas, sale el aire y no queda nada.

13 ¿Qué es la política sino el arte de mentir deliberadamente?

14 Una de las mayores desgracias de las gentes honradas es que son cobardes.

15 Una falsa ciencia hace ateos; una verdadera ciencia prosterna el hombre ante la divinidad.

16 Toda verdad, como todo mérito, tiene por enemigos a los contemporáneos.

17 Y el rico, y el pobre, el débil y el fuerte sufren igual los dolores de la muerte.

18 Todas las contradicciones se dan cita en el corazón de las mujeres.

19 Quien desconfía, invita a que se le traicione.

20 Quien no es más que justo es duro.

21 El que teme la pobreza no es digno de la opulancia.

22 Los grandes pesares son el fruto de nuestra desenfrenada avaricia.

23 Bien poco se ha perdido cuando se mantiene el honor.

24 Cada uno besa temblando la mano que nos encadena.

25 Calumniad, calumniad, que algo quedará.

26 Cambiad de placeres, pero no cambiéis de amigos.

27 El hombre ha nacido para vivir entre las convulsiones de la inquietud o en el letargo del tedio.

28 El orgullo de los mediocres consiste en hablar siempre de sí mismos; el orgullo de los grandes hombres es no hablar nunca de ellos.

29 Cualquiera se ofusca, y el menos imprudente es aquel que se arrepiente primero.

30 Decir todo lo que se sabe es el mejor medio de causar hastío.

31 El arte de lisonjear dio origen al arte de agradar.

32 El placer de gobernar debe de ser enorme, puesto que tantas gentes se mezclan en ello tan a gusto.

33 Quien no tiene la inteligencia de su edad, tiene toda la desgracia.

34 Quien sirve bien a su patria no necesita antepasados.

35 Se pretende que uno es menos desgraciado cuando no es el único a sufrir.

36 No se puede desear lo que no se conoce.

37 El ejemplo corrige mejor que las reprimendas.

38 El éxito fue siempre un hijo de la audacia.

39 El fruto de mi trabajo debe ser para mí.

40 No tenéis más que observar una veleta: gira lo mismo cuando sopla un suave céfiro, como cuando la azota el violento viento del norte: de ahí el hombre.

41 El tiempo es justiciero y pone todas las cosas en su sitio.

42 No trates nunca de imponer la autoridad donde sólo se trata de la razón.

43 Nuestro peor enemigo es el aburrimiento.

44 Pero perdonar sus virtudes a los enemigos es un gran milagro que nunca se realiza.

45 Los hombres nos hallamos abocados a equivocarnos en nuestras empresas; dedico la mañana a trazar proyectos, y el día entero a hacer tonterías.

46 Los médicos meten drogas que no conocen en un cuerpo que conocen todavía menos.

47 Apenas hemos comenzado a instruirnos un poco, la muerte nos sorprende antes de que tengamos experiencia.

48 El primer rey fue un soldado afortunado.

49 La dificultad vencida, de cualquier género que sea, constituye una gran parte de mérito. No se hacen grandes cosas sin grandes fatigas.

50 El que acierta a limitar sus deseos siempre es bastante rico.

51 El que comunica un secreto ajeno es un traidor; el que dice un secreto propio es un necio.

52 El que inventó la lanzadera fue más útil a la humanidad que el que descubrió las ideas innatas.

53 Yo no sé cómo pienso, ni cómo vivo, ni cómo siento, ni cómo existo.

54 Así, en todos los tiempos, nuestros señores los leones han firmado sus tratados a costa de los corderos.

55 Los pequeños arroyos son transparentes porque son poco profundos.

56 El que se venga después de la victoria es indigno de vencer.

57 Se repite una tontería, y a fuerza de repetirla se acaba por estar persuadido de ella.

58 Mal obedecen los labios cuando el corazón murmura.

59 Me gustan poco los héroes; hacen demasiado ruido.

60 Muy raramente son los hombres dignos de gobernarse a sí mismos.

61 Una gravedad continua no es más que la máscara de la mediocridad.

62 Si Dios no existiese habría que inventarlo.

63 Siempre la felicidad nos espera en algún sitio, pero a condición de que no vayamos a buscarla.

64 Todo va bien en el mejor de los mundos posibles.

65 Todos los estilos son buenos, excepto el aburrido.

66 El trabajo es con frecuencia el padre del placer.

67 La gloria es la única recompensa de aquellos que sirven al público, la única digna de las almas nobles.

68 En general, los hombres son necios, ingratos, celosos y ávidos del bien ajeno, abusando de su superioridad cuando son fuertes, y convirtiéndose en pícaros cuando son débiles.

69 Esta vida es un sueño y la muerte el despertar.

70 Todos marchamos descarriados; el menos imprudente es aquel que más pronto llega a arrepentirse.

71 Todos sufrimos; pero el hablar nos alivia.

72 Un gran secreto del goce de la vida consiste en abandonar el placer, manteniendo así la posibilidad de volverlo a gozar.

73 Un hombre ahorcado para nada es bueno.

74 La historia de los grandes acontecimientos del mundo apenas es más que la historia de sus crímenes.

75 El secreto de aburrir a la gente consiste en decirlo todo.

76 Todas las grandezas de este mundo no valen lo que un buen amigo.

77 La historia no es más que una exposición de crímenes y de desgracias.

78 La imaginación es la loca de la casa.

79 La injusticia lleva a la independencia.

80 La parte más filosófica de la historia es hacer conocer las tonterías cometidas por los hombres.

81 El sentido común no es tan común.

82 La pasión de dominar es la más terrible de todas las enfermedades del espíritu humano.

83 La poesía es necesaria al hombre. Quien no ama la poesía posee un espíritu seco y pesado; los versos son, en realidad, la música del alma.

84 Un hombre de espíritu y de buen sentido decía en cierta ocasión refiriéndose a un gran doctor: es necesario que ese hombre sea un gran ignorante, puesto que contesta a todo cuanto se le pregunta.

85 Lo que denominamos azar no es ni puede ser más que la causa ignorada de un efecto conocido.

86 Los hombres argumentan; la naturaleza opera.

87 No es el amor lo que hace volverse ciego, sino el amor propio.

88 Debemos distinguir entre hablar para engañar, y callar para mantener reserva.

Vulpius, Christian Auguste (1762-1827), *literato alemán.*

1 El corrector es un buen hombre, que muchas veces hace de víctima propiciatoria o burro de carga de los escritores, como lo es el apuntador para los actores.

2 Un escritor es un pobre diablo, que no sabe guardar sus tesoros para sí, y hace, compensado con la ingratitud, partícipes a los demás.

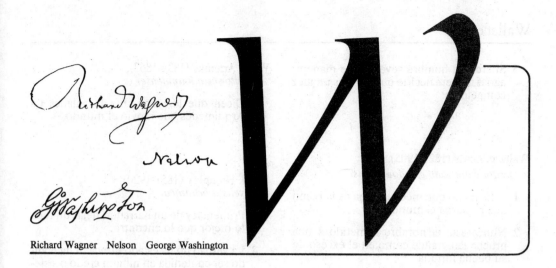

Richard Wagner   Nelson   George Washington

Wagner, Ricardo (1813-1883),
compositor dramático alemán.

1 Sólo la vulgaridad es feliz, pero lo noble no se eleva más que en el dolor.

2 Si mañana no enloquecéis todos, mi obra habrá fracasado.
(Palabras de Wagner el día antes del estreno de *Parsifal*.)

3 Sólo el entusiasta sacrifica su persona y sirve una idea.

Walpole, Robert (1676-1745),
hombre de estado inglés.

1 ¡Hasta qué punto, en ocasiones, nos hace estremecer y reír la historia!

2 Cada hombre tiene su precio.

3 La gratitud de los que esperan un empleo es un vivo sentimiento de favores futuros.

4 ¡Oh! No hay que leer la historia, porque lo que yo soy debe ser falso.

5 El rostro de Inglaterra es tan hermoso que no creo que Arcadia fuera ni la mitad de rural de mi país; se encontraba situada en zona cálida y por ello le faltaba el césped de nuestros prados.

Waltari, Mika,
novelista finlandés contemporáneo.

1 El único pecado real es la traición: conocer una verdad y ser falso para con ella.

2 Compra sólo el trigo que veas con tus ojos, no el que todavía está por germinar.

3 En toda negociación, el hombre honrado está destinado a llevar la peor parte, mientras que la picardía y la mala fe se apuntan los tantos.

Walton, Isaac (1593-1683),
literato británico.

1 De la pesca se puede decir lo que el doctor Boteler manifestó respecto de las fresas: Indudablemente Dios habría podido crear una fresa mejor, pero no lo hizo; y si se me permitiese dar mi opinión, diría que Dios no ha podido crear una distracción más tranquila, quieta e inocente que la pesca.

2 La pesca es casi como la poesía; es necesario nacer pescador.

3 Me satisface la alegría que no hace que un amigo se sonroje de otro a la mañana siguiente.

4 Recuerdo lo que solía decir uno de mis amigos: que los negocios de todos no son de ninguno.

5 Si eres un hombre severo y de maneras agrias, deberé decirte que no eres un juez competente.

Wallace, Lewis (1827-1905),
escritor y abogado estadounidense.

1 ... La mano que mece la cuna es la mano que gobierna el mundo.

2 Nunca está el hombre sometido a una prueba tan grande como en el exceso de su buena fortuna.

Wanbungh, J. (s. XVIII),
escritor británico.

1 La conciencia culpable hace cobardes a los hombres.

Wander, W. (siglo XIX),
literato alemán.

1 Cada vez que llega un santo nuevo, nos olvidamos del viejo.

Wang, Ngan-Che (1021-1086),
pensador y reformador chino.

1 Tu ojo no puede ver sus propias pestañas. No eres capaz de ver tu propia falta. Distingues lo que está lejos e ignoras lo que está cerca de ti.

Warburton, William (1698-1779),
teólogo británico.

1 Entusiasmo es aquel estado de ánimo en el cual la imaginación ha triunfado sobre el raciocinio.

Ward, Artemus (1834-1867),
escritor estadounidense.

1 Dicen que la prensa fue la palanca de Arquímedes que movió el mundo.

Ward, Humphry (1851-1920),
novelista británica.

1 Primera ley de un narrador: dejar un relato mejor que lo encontró.

2 La verdad no ha estado nunca ni ha podido ser contenida en ningún credo o sistema.

Warens, Luisa Leonor de la Tour du Pil, baronesa de (1700-1762),
dama suiza protectora de Rousseau.

1 Envilecer al alumno mediante el castigo significa disponerlo a ser un mal sujeto.

2 Son muchas las personas que leen, pero demasiado pocas las que saben leer.

Washington, George (1732-1799),
político y militar estadounidense.

1 Perseverar en el cumplimiento del deber y guardar silencio es la mejor respuesta a la calumnia.

2 Cuando comienza a echar raíces la libertad, es una planta de rápido desarrollo.

3 Estar preparados para la guerra es uno de los métodos más eficaces para guardar la paz.

Wasserman, Jakob (1873-1934),
novelista alemán.

1 Da mucha fuerza cumplir con el deber entre otros que no lo cumplen, aunque se trate de un deber establecido de mutuo acuerdo.

2 Es preciso ser orgulloso. Nadie tiene dere-

cho a arrogarse privilegios fundados en su tarea interior. Nadie tiene derecho a admirar su propia imagen.

3 El conocimiento acobarda, y la voluntad sólo puede empujarnos incesantemente hacia adelante en la media luz del crepúsculo.

4 Después de todo ¿tan importante es vivir? En todo caso, lo único realmente importante consiste en saber de qué es el precio la vida, pues bien puede existir algo mejor que ella.

Watkyns, Roland (s. XVII),
poeta británico.

1 La conciencia culpable teme, incluso cuando no siente miedo, y espera que detrás de cada matorral haya un oso en acecho.

Watson, Guillermo (1858-1935),
poeta británico.

1 La sed de saber y de comprender, una grande y viva insatisfacción, estos son los mejores bienes de la vida.

Watts, Alan (1797-1864),
poeta británico.

1 No se puede ser realmente intelectual si no se deja de pensar de vez en cuando.

2 Nada hay más inhumano que las relaciones humanas basadas en la moral.

3 No es el pasado lo que forma nuestro presente, sino el presente lo que da significado a nuestro pasado.

Watts, J. (1674-1748),
político y filósofo británico.

1 Una oveja sarnosa infecta el rebaño y lo envenena todo.

2 La vida es una larga tragedia; este mundo es el escenario.

Weber, K. J. (1767-1834),
escritor alemán.

1 Un libro que no merece la pena de leerse dos veces, tampoco es digno de ser leído una sola vez.

2 El joven disfruta del presente menos de lo que disfrutan los viejos de su pasado, especialmente si fue hermoso.

3 Deudas de honor: una expresión en la que el honor está terriblemente mal empleado.

4 Cuando se desea violentamente una cosa, suele llegar.

5 El arte más difícil es el arte de gobernar.

6 La música es el verdadero lenguaje universal.

7 La moda es femenina, es hembra, y por tanto, caprichosa.

Webster, Daniel (1782-1852),
político norteamericano.

1 No hay nada que sea tan poderoso como la verdad; y, con frecuencia, no hay nada más extraño.

2 El mismo motivo que empuja al vicario a recurrir al tribunal reclamando la décima del cerdo es la que arrastra a los príncipes a devastar toda una región y, con los cañones, a convertir en ruinas bellas ciudades.

3 Dios concede solamente la libertad a los que la aman y se hallan siempre dispuestos a guardarla y defenderla.

Webster, John (h. 1575-1638),
dramaturgo y poeta británico.

1 La gloria, como la luciérnaga, brilla a cierta distancia; mas vista muy de cerca ni da luz ni calor.

505

2 Los juramentos de amor son como los votos de los marinos: se les olvida, pasada la tormenta.

Weech, Federico (1837-1905), *historiador alemán.*

1 El valor de un don no está en lo que damos, sino en la forma de darlo. Solamente ennoblece la beneficencia el verdadero amor al prójimo.

Weil, Simone (1909-1943), *escritora francesa.*

1 Sólo el equilibrio destruye y anula la fuerza. El orden social no puede ser sino un desequilibrio de fuerzas.

2 Para que tu mano derecha ignore lo que hace la izquierda, habrá que esconderla de la conciencia.

3 No poseemos nada en el mundo —pues el azar puede quitárnoslo todo— sino el poder de decir yo.

4 Yo también soy distinta de lo que imagino ser: y saberlo es el perdón.

5 El yo no es sino la sombra del pecado que intercepta la luz de Dios, y que tomamos por su ser.

Weisweiler, Hennes, *entrenador de fútbol alemán contemporáneo.*

1 Muéstrame un segundón contento y yo te mostraré un eterno perdedor.

Wellington, Arthur Colley Wellesley, duque de (1769-1852), *general y político inglés.*

1 Guerreros del mundo civilizado: Aprended a serlo de los individuos del cuarto ejército español que tengo la dicha de mandar.

2 La batalla de Waterloo fue ganada en los campos de deporte de Eton.

3 Soldados: Estáis bien mantenidos. Así, el que falte a su deber será ahorcado.

4 Únicamente una batalla perdida puede ser más triste que una batalla vencida.

Wells, Herbert George (1866-1946), *novelista y sociólogo británico.*

1 El camino para medrar en la posición social está y estará siempre sembrado de amistades rotas.

2 Hagan socialistas y lograrán el socialismo.

3 Nuestra verdadera nacionalidad es la humanidad.

Werfel, Franz (1890-1945), *poeta, novelista y dramaturgo austriaco.*

1 El yo del hombre escapa a sí mismo. Es la imagen de la divinidad dentro de nuestra pequeña persona; es el único Dios más elemental e inmediato que podemos percibir.

Wernicke, Cristián (1661-1725), *poeta alemán.*

1 El necio aplica todas sus energías a la venganza; el perdón es la venganza de la sabiduría.

Wesley, John (1703-1791), *teólogo y predicador inglés.*

1 El destino del poeta se muestra en este emblema: pidió pan y recibió una piedra.

2 La limpieza se halla verdaderamente próxima a la santidad.

3 La pasión y el prejuicio gobiernan el mundo, pero bajo el nombre de la razón.

West, Mae (1893-1980),
actriz cinematográfica estadounidense.

1 Cuando soy buena, soy buena; cuando soy mala, soy mucho mejor.

West, Morris,
escritor australiano contemporáneo.

1 Un burócrata cumple su deber de las nueve a la una. Ya no hace nada más.

2 Ejemplo es la lección que todos los hombres pueden estudiar.

Whateley, Richard (1787-1863),
economista y eclesiástico.

1 Predicad, no porque tengáis que decir cualquier cosa, sino porque tenéis una cosa por decir.

2 Todos desean ardientemente tener la verdad de su parte; muy pocos el estar de parte de la verdad.

3 La honestidad representa la mejor política, pero quien obra de acuerdo con este principio no es un hombre honrado.

4 Nosotros debemos velar como si todo dependiese de nuestra atención, y debemos rezar como si nada dependiese de ello.

5 Pierde una hora por la mañana y estarás buscándola todo el día.

Whipple, Edwin Percy (1819-1886),
crítico estadounidense.

1 El buen humor es, en la mayoría de las personas alegres, el feliz y satisfactorio resultado de una tenaz disciplina.

2 La ironía es un insulto lanzado bajo la forma de un cumplido.

Whistler, Jacobo (1834-1903),
pintor y escritor norteamericano.

1 Decir a un pintor que la naturaleza debe captarse tal como es, equivale a decir a un pianista que se siente encima del piano.

2 El «único rasgo de la naturaleza que hace emparentar al mundo entero...», que llama en voz alta y espera la respuesta de cada uno... esta única simpatía inexpresada que compenetra a la humanidad, es la vulgaridad.

Whitehead, Guillermo (1715-1785),
poeta británico.

1 La dilación es cobardía; y la duda, desesperación.

2 Toda virtud se halla siempre entre dos vicios.

Whitman, Walt (1819-1862),
poeta estadounidense.

1 En los rostros de los hombres y de las mujeres veo a Dios.

2 ¡La literatura está llena de aromas!

3 Si existe algo sagrado, el cuerpo humano lo es.

4 Nadie, ni siquiera Dios, es más grande para uno que uno mismo.

Whittier, John Greenleaf (1807-1892),
poeta y prosista estadounidense.

1 De la muerte de lo viejo nace lo nuevo, y de la putrefacción de los credos nace la verdad:

2 El hombre es odio, pero Dios es amor.

3 Quien siembra un campo, cultiva una flor o planta un árbol es quien tiene más mérito.

4 Feliz debe ser el Estado cuyo jefe atiende más a los rumores de los pobres que a las lisonjas de los ricos.

Wieland, Christoph Martin (1733-1813),
escritor alemán.

1 Basta tener abundante dinero para comprar el mundo: una llave de oro que abre todas las cerraduras.

2 ¿Deseas mantenerte sobrio entre los que se embriagan? ¿Con qué fin? Para que ellos te consideren el único borracho.

3 El animal busca su sustento, cava un cobijo o se construye un nido; un instinto ciego le empuja hacia el mantenimiento de su especie. Duerme y muere. ¿Hace algo más que esto la mayoría de los hombres?

4 El tiempo, el gran consolador, tiene el bálsamo verdadero para cada herida del alma, por profunda que sea.

5 Una locura que me entusiasma la prefiero a una verdad que me abate.

6 ¿Hay algo de que pueda uno convencerse más fácilmente que del amor? Una mirada, un beso equivalen a cien artículos de fe.

7 Toda voluntad que se obstina continuamente en alcanzar lo inalcanzable, y en hacer posible lo imposible, logra en el arte y en la vida un irresistible poder.

Wiggin, Kate Douglas (1859-1923),
escritora norteamericana.

1 La infancia es una eterna promesa que nadie mantiene.

Wilcox, Ella Wheeler (1855-1919),
escritora estadounidense.

1 La espléndida insatisfacción de Dios por el caos hizo el mundo; y de la insatisfacción del hombre se deriva el mejor progreso del mundo.

2 Ninguna cuestión queda nunca concluida hasta que se concluye bien.

3 Reís, y el mundo ríe con vosotros; lloráis, y seréis solos a llorar: puesto que este bueno y viejo mundo debe tomar prestada la alegría, que de penas ya tiene bastante con las suyas.

Wilde, Oscar (1854-1900),
escritor irlandés.

1 Un poco de sinceridad es una cosa peligrosa; y en gran escala, es absolutamente fatal.

2 A mí dadme lo superfluo, que lo necesario todo el mundo puede tenerlo.

3 Una idea que no es peligrosa no merece ser idea.

4 A mí me gustan los hombres que tienen un futuro y las mujeres que tienen un pasado.

5 Aconsejar economía a los pobres es a la vez grotesco e insultante. Es como aconsejar que coma menos al que se está muriendo de hambre.

6 No tener secretos para con la propia mujer es la única manera de evitar que ella los descubra.

7 Nunca el consejo del pobre, por bueno que sea, es admitido.

8 Admiro a los hombres que han pasado de los setenta; siempre ofrecen a las mujeres un amor para toda la vida.

9 Antes del impresionismo no había sombras azules.

10 Con la libertad, las flores, los libros y la luna, ¿quién no sería perfectamente feliz?

11 Considero la vida una cosa demasiado importante para no hablar nunca de ella en serio.

12 En los mejores días del Arte no existieron críticos de Arte.

13 Para cuantos conocen la historia, la desobediencia es la virtud original del hombre. Mediante la desobediencia se ha realizado el progreso: con la desobediencia y la rebelión.

14 El arte no puede pretender ser popular. Es el público quien debe esforzarse para ser artístico.

15 El camino de las paradojas es el camino de la verdad.

16 En este mundo sólo hay dos tragedias. Una, no conseguir lo que se quiere; otra, conseguirlo. Esta última es la verdadera tragedia.

17 En tanto se considere perversa la guerra, ésta mantendrá siempre su encanto. Cuando se la considere una cosa vulgar, cesará de ser simpática.

18 Cualquiera puede hacer historia; pero sólo un gran hombre puede escribirla.

19 Cualquiera puede simpatizar con las penas de un amigo; simpatizar con sus éxitos requiere una naturaleza delicadísima.

20 Si un hombre vive su vida de artista, su cerebro es su corazón.

21 Es curioso este juego del matrimonio; la mujer tiene siempre las mejores cartas y siempre pierde la partida.

22 Es mucho más difícil hablar de una cosa que hacerla.

23 Es muy difícil no ser injusto con lo que uno ama.

24 Si un novelista es tan vil que toma de la realidad sus personajes, debería fingir, por lo menos, que son creaciones, en lugar de alardear de haberlos copiado.

25 Experiencia es el nombre que todos dan a sus propios errores.

26 Cuando alguna persona hace alguna cosa soberanamente estúpida, siempre lo hace por los más nobles motivos.

27 Todo importa en arte, menos el asunto.

28 Siempre es una necedad dar consejos, pero dar un buen consejo es absolutamente fatal.

29 Solamente hay dos especies de mujeres: las que no se acicalan y las que se pintan.

30 La conversación debería rozarlo todo, pero no concentrarse en nada.

31 La crítica teatral inglesa contemporánea todavía no ha tenido un solo éxito, a pesar de asistir a todos los estrenos.

32 La educación es una cosa admirable, pero conviene recordar de vez en cuando que no puede enseñarse nada de lo que merece ser conocido.

33 El deber es lo que esperamos que hagan los demás.

34 La experiencia es un nombre que cada cual aplica a sus propios errores.

35 La historia de la mujer es la historia de la peor clase de tiranías que el mundo ha conocido. La tiranía del débil sobre el fuerte.. La única tiranía duradera.

36 La maledicencia es una costumbre monstruosa que tiene la gente de decir, detrás de uno, lo que es absolutamente cierto.

37 La muerte es la única cosa que me aterra siempre. La odio. Hoy se puede sobrevivir a todo menos a ella.

38 Todo retrato pintado con alma, es un retrato más que del modelo, del artista.

39 La mujer ha nacido para ser amada, no para ser comprendida.

40 La naturaleza humana cambia: he aquí lo único que se sabe de ella.

41 La tragedia del pobre es que no puede permitirse nada más que la abnegación.

42 Cuando los dioses quieren castigarnos, responden a nuestras plegarias.

43 La única diferencia que hay entre un capricho y una pasión eterna es que el capricho... dura más tiempo.

44 La única especie de mentira absolutamente irreprochable es la de mentir por el simple gusto de mentir.

45 La única forma de librarse de una tentación es ceder a ella.

46 Sólo las paradojas son ciertas.

47 El drama de la vejez no consiste en ser viejo, sino en haber sido joven.

48 Las mujeres tratan a los hombres exactamente como la humanidad trata a sus dioses; les adoran y están siempre molestándoles con alguna petición.

49 El egoísmo no consiste en vivir como uno

cree que ha de vivir, sino en exigir a los demás que vivan como uno.

50 El hombre puede creer en lo imposible, pero no creerá nunca en lo improbable.

51 Sólo los mediocres y las solteronas consideran agravio el ser incomprendidos.

52 Toda autoridad es absolutamente degradante.

53 Una mujer no siempre es feliz con el hombre que ama; pero siempre es desdichada con el que no ama.

54 Las preguntas nunca son indiscretas. Suelen serlo a veces las contestaciones.

55 Londres tiene harta niebla y gente seria. No sabría decir si la niebla produce la gente seria, o si es la gente seria la que produce la niebla.

56 Los buenos consejos que me dan sólo me sirven para traspasarlos a otros.

57 Los hombres, dada su vanidad, pretenden ser el primer amor de una mujer. Las mujeres, dado su sentido práctico, prefieren ser el último amor de un hombre.

58 Los intelectuales son una gente terrible que, debido a algún percance de sus mocedades, se ven obligados a trabajar con el cerebro.

59 Los niños comienzan por amar a sus padres. Cuando ya son crecidos, los juzgan, y algunas veces, hasta les perdonan.

60 Nada tan peligroso como ser demasiado moderno; se corre el peligro de quedar súbitamente anticuado.

61 Ningún gran artista ve las cosas como son en realidad. Si las viese así, dejaría de ser artista.

62 No existen más que dos reglas para escribir: tener algo que decir y decirlo bien.

63 No hay diligencia bastante en la selección de los propios enemigos.

64 No hay más pecado que el de la estupidez.

65 Cuando se está enamorado comienza uno por engañarse a sí mismo y acaba por engañar a los demás. Esto es lo que el mundo llama una novela.

66 Cuando somos dichosos, somos siempre buenos; pero cuando somos buenos, no somos siempre dichosos.

67 Cuando un hombre se casa por segunda vez, es porque adoraba a su primera mujer.

68 Yo puedo resistir a todo, menos a la tentación.

69 Después de una buena comida se puede perdonar a todos, hasta a los propios parientes.

70 Un cigarrillo es el tipo perfecto de un placer perfecto. Posee exquisitez y nos deja insatisfechos. ¿Qué más se puede pedir?

71 Un hombre moralista es, por regla general, un hipócrita; una mujer moralista es, invariablemente, fea.

72 Un mapamundi donde no figura el país Utopía, no merece siquiera una mirada.

73 No hay nada como el cariño de una mujer casada. Es una cosa de que ningún marido tiene la menor idea.

74 Formar parte de la sociedad es un fastidio, pero estar excluido de ella es una tragedia.

75 Hay que elegir a los amigos por su elegancia y su belleza; a los simples camaradas por su manera de ser, y a los enemigos por su inteligencia.

76 El matrimonio es el único tema en el cual todas las mujeres están de acuerdo y todos los hombres en desacuerdo.

77 El mundo es un teatro, pero la obra tiene un reparto deplorable.

78 El mundo se ha reído siempre de sus propias tragedias, como único medio de soportarlas.

79 El progreso es la realización de las utopías.

80 El que acierta a ver los dos aspectos de una cuestión es un hombre que no ve absolutamente nada.

81 Los que mueren por una causa noble nunca quedan frustrados.

82 Él sabía cuál era el momento psicológico oportuno en que no decir nada.

83 El único deber que tenemos con la historia es el de escribirla de nuevo.

84 ¿Cuál es la diferencia entre periodismo y literatura? El periodismo es ilegible, y la literatura no se lee. Eso es todo.

85 Cualquier hombre puede llegar a ser feliz con una mujer, con tal que no la ame.

86 ¿Qué es un cínico? Uno que conoce el precio de todas las cosas y el valor de ninguna.

87 El único equilibrio del matrimonio es que proporciona iguales decepciones al marido que a la mujer.

88 El verdadero misterio del mundo es lo visible, no lo invisible.

89 Se debería estar siempre enamorado. Por esta razón uno no debería casarse nunca.

90 Ser bueno es mucho más fácil que ser hermoso.

91 En el matrimonio se puede ser absolutamente feliz; pero la felicidad de un hombre casado depende de las personas con las que no se ha casado.

92 En el mundo común de los hechos, los malos no son castigados, ni los buenos recompensados. El éxito se lo llevan los fuertes y el fracaso los débiles.

93 Los libros que el mundo llama inmorales son los que le muestran su propia vergüenza.

94 El vulgo es prodigiosamente tolerante. Todo lo perdona, menos el genio.

95 El fin de la vida es el propio desenvolvimiento.

96 Realizar la propia naturaleza perfectamente, esto es lo que debemos hacer.

97 El supremo vicio es la estrechez del espíritu.

98 Dad una careta a un hombre y os dirá la verdad.

99 El mejor remedio para hacer buenos a los niños es hacerlos felices.

Wildenbruch, Ernesto (1845-1909), *escritor alemán.*

1 Cuando la patria se halla en juego, no existen derechos para ninguno, sino solamente deberes.

2 Quien no aprende nada de los niños, es cierto que nada aprenderá de los mayores.

Wilder, Thornton (1897-1975), *novelista y dramaturgo estadounidense.*

1 Los cretinos como usted no merecen vivir en un país libre. Necesitan una mano dura que no les deje pensar por su cuenta.

2 Es difícil dejar de convertirse en la persona que los demás creen que uno es.

3 Únicamente una soledad existe en el mundo: la de los más grandes jefes y de los más grandes poetas.

4 Siempre me ha resultado difícil ser condescendiente con quienes se desprecian o condenan a sí mismos.

Wilson, Roberto Thomas (1777-1849), *general y escritor británico.*

1 Cuesta más vengar las injurias que soportarlas.

2 Nuestra conducta es la única prueba de la sinceridad de nuestro corazón.

Wilson, Thomas Woodrow (1856-1924), *estadista y escritor norteamericano.*

1 No se puede amar al prójimo con el estómago vacío.

2 El fin de la elocuencia es la persuasión.

3 Debemos salvar al mundo para la democracia.

William, William Carlos (1883-1963),
poeta estadounidense.

1 Un mundo nuevo no es más que un nuevo modo de pensar.

Williams, Tennessee,
escritor estadounidense contemporáneo.

1 Europa no es más que una subasta.

2 Personalmente aprecio mucho a los escritores que se muestran preocupados por el problema social. Pero yo tengo más que decir en el tema «corazón» que en el tema «política».

3 Nada de lo que es vivo dura bastante tiempo para ser tomado en serio.

Wirchow, Rudolf (1821-1902),
escritor alemán.

1 El primer paso de la cultura fue el conceder a los extrajeros el derecho a la hospitalidad.

Woolf, Virginia (1882-1941),
novelista británica.

1 La vida es un sueño; el despertar es lo que nos mata.

2 Un solo don: conocer a las personas por instinto.

3 Ninguno de nosotros está completo en él solo.

4 Nada debería recibir un nombre, por temor a que ese nombre mismo lo transforme.

Wordsworth, William (1770-1850),
poeta británico.

1 En el denigrarse hay una voluptuosidad.

2 La aquiescencia es poder; la fe, el alma de la acción.

3 La flor más pequeña, al abrirse, despierta en mí frecuentemente pensamientos demasiado profundos que me atormentan.

4 No hay ni puede haber una diferencia esencial entre el lenguaje en prosa y la composición métrica.

5 Respetamos la estructura corpórea del hombre por ser la morada de un alma que no solamente es racional sino también inmortal.

6 Solamente juzga rectamente el que pesa, compara y, en la austera sentencia que dicta su voz, no abandona nunca la caridad.

7 Todas las cosas son menos terribles de lo que parecen.

8 Todo gran escritor original debe, en la medida de su importancia y originalidad, crear o imponer el gusto literario con el cual sus escritos han de ser saboreados.

Wotton, Henry (1568-1639),
diplomático y literato británico.

1 Un embajador es una persona honesta que se envía a mentir al extranjero, para el bienestar común.

Cristóbal Colón   José Zorrilla   Luis Vélez de Guevara

Xammar, Luis Fabio (1911-1947),
poeta peruano.

1 Hoy hemos rodeado nuestra mesa
con un abrazo bueno;
y en el centro hemos puesto nuestras
|vidas
y también nuestros sueños.

2 Por encima de todos los rumores
que nos invitan, siento
el abrazo fraterno.

3 Y somos como ayer.

4 Era dulce y adolescente como paloma en
primavera.

5 Vivía tan sencilla en sus quince años de
pálido color dorado.

6 Un perfume tenue y desconocido forma-
ba el marco de su figura.

7 Sí, su risa era como esas olas que blanda-
mente se recuestan sobre la playa.

8 Pensaba en ella como se piensa en el
cielo, en la paloma o en una sonata antigua.

9 Sus ojos eran límpidos y de oro vegetal de
ancha aureola.

Xenócrates (406-314 a. C.),
filósofo griego.

1 —¿Por qué llevas los cabellos colgando
sobre la frente?
—Para que pueda detenerme el que me
encuentre.
—¿Y tu nuca, en cambio, por qué es calva?
—Porque, cuando corro, no me dejo coger
por nadie que me siga.

Ximénez de Urrea, Pedro Manuel
(h. 1486-h. 1536),*poeta español.*

1 Tus beldades me cautiva,
que te veo muy lozana,
hermosa zaragozana.

513

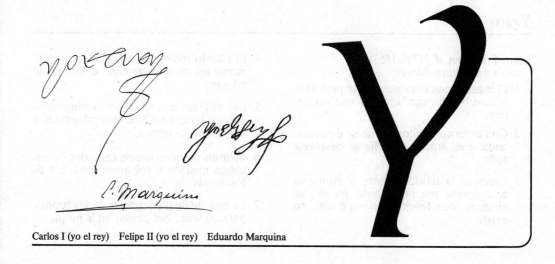

Carlos I (yo el rey)   Felipe II (yo el rey)   Eduardo Marquina

Yevtushenko, Evgueni.
poeta ruso contemporáneo.

1 La vida es un arco iris que incluye el negro.

Young, Edward (1683-1765),
poeta inglés.

1 A los treinta años el hombre sospecha que es un necio. Lo sabe a los cuarenta años, y procede a reformar su programa; a los cincuenta, censura su deplorable retraso y se esfuerza en resolver sus prudentes designios con toda la magnanimidad de su pensamiento. Resuelve, y torna a resolver, pero en definitiva muere lo mismo.

2 Así como la hoja de afeitar se afila mejor con aceite, de igual forma el espíritu se hace más sutil con la cortesía. La carencia de filo se manifiesta en la ofensa; ambos hacen sufrir menos si están cuidadosamente afilados.

3 Cada noche morimos y cada mañana volvemos a nacer: cada día es una vida.

4 Con la fama crece, en justa proporción, la envidia; el hombre que representa un carácter siempre tiene enemigos.

5 De noche, un ateo casi cree en Dios.

6 El aplazamiento es el ladrón del tiempo.

7 Fabrica demasiado bajo quien fabrica bajo las estrellas.

8 La fe tiende un puente entre éste y el otro mundo.

9 Los pigmeos son siempre pigmeos, aunque suban a los Alpes, y las pirámides son pirámides aun en los valles.

10 Nuestro nacimiento no es sino el comienzo de nuestra muerte.

11 Sed sabios hoy: todo aplazamiento es una locura.

12 Un solo César vive: cientos son olvidados.

13 Una mujer desvergonzada es el peor de los hombres.

14 Todos nacemos originales y morimos copias.

Ythier, John (1884-1920),
escritor francés.

1 Es una locura amar, a menos que se ame con locura.

2 No pongas a tu amigo ante la alternativa de optar entre ti y su condecoración.

Yuang, Ling. Véase **Lyng Yuang.**

Yzarn-Freissinet, d' (1770-1857),
escritor y político francés.

1 El ingenio nos sirve solamente para aburrirnos mucho con aquellos que no tienen.

2 Con un poco de filosofía no se desprecia nada: con mucha filosofía se desprecia todo.

3 Creer en la felicidad hasta el punto de preocuparse por perseguirla: en ello se encierra toda felicidad, porque otra no existe.

4 El talento solamente nos sirve para enojarnos en abundancia con los que no lo poseen.

5 Las mujeres que se creen incomprendidas son las que los hombres comprenden mejor que las demás.

6 Salimos de nuestra casa cansados de nosotros mismos y volvemos cansados de los demás.

7 La muerte de los demás se olvida pronto, para no tener que pensar en la propia.

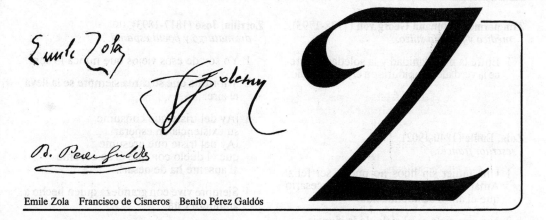

Emile Zola   Francisco de Cisneros   Benito Pérez Galdós

Zabaleta, Juan de (1610-1670),
escritor español.

1 Los maldicientes son bien oídos, pero mirados con desprecio.

Zamacois, Michel (1866-1955),
dramaturgo y poeta francés.

1 La prudencia es el miedo caminando de puntillas.

2 Das la impresión de creer que el universo gravita en torno al sol; pero bien sabes que lo hace a tu alrededor.

3 El amor no es ciego, sino présbita; la prueba está en que no comienza a distinguir los defectos hasta que se aleja.

Zamora, Antonio de (h. 1660-1728),
dramaturgo español.

1 Mortal, advierte, que aunque
de Dios el castigo tarde,
no hay plazo que no se cumpla
ni deuda que no se pague.

Zangwill, Israel (1864-1926),
dramaturgo inglés.

1 La moral fue creada para el hombre, pero no el hombre para la moral.

2 El egoísmo es el único ateísmo verdadero; el anhelo y el desinterés, la única religión verdadera.

3 Coronémonos con capullos de rosas, antes de que se marchiten.

Zárate, Fernando de (s. XVII),
escritor español.

1 Debemos más dar hombres a los cargos, que dar cargos a los hombres.

Zenón de Elea (n. h. 490 a. C.),
filósofo griego.

1 Recordad que la naturaleza nos ha dado dos oídos y una sola boca, para enseñarnos que vale más oír que hablar.

2 Dichosa la ciudad donde se admira menos la hermosura de los edificios que las virtudes de sus habitantes.

3 La voz es la flor de la belleza.

Zimmermann, Johann Georg von (1728-1795), *médico y filósofo suizo.*

1 Entre la mundanidad y la soledad, aparece la verdadera sabiduría en el justo medio.

Zola, Émile (1840-1902), *escritor francés.*

1 Una mujer sin hijos no puede ser feliz. Amar no representa nada; es necesario que el amor sea bendecido.

2 Nuestro siglo es el siglo de la ciencia.

3 Saber a dónde se quiere ir está muy bien; pero además hay que mostrar que se va.

4 ¡Qué bribones las personas honradas!

5 La verdad esta en marcha; ya nada puede detenerla.

Zoosmann, Ricardo (1863-1934), *literato alemán.*

1 Muchos hombres prefieren un gran sacrificio a una pequeña incomodidad.

2 Corre la fortuna de una puerta y otra y llama tímidamente, diciendo: «¿Quién me abre?». El más necio es precisamente quien abre la puerta. La fortuna se ríe exclamando: «Me quedo en tu casa».

3 La virtud es, con frecuencia, tan sólo un temor al comentario de las gentes o un temor a la ley.

Zoroastro (s. VII a. C.), *religioso fundador del mazdeísmo.*

1 El mejor y más grande rey es aquel que hace la tierra más fértil.

2 La verdad no es una planta de la tierra.

Zorrilla, José (1817-1893), *dramaturgo y poeta español.*

1 Yo soy de esos viejos que nunca lo son.

2 Y fortuna que se canta siempre se la lleva el aire.

3 ¡Ay del triste que consume
su existencia en esperar!
¡Ay del triste que presume
que el duelo con que él se abrume
al ausente ha de pesar!

4 Siempre vive con grandeza quien hecho a grandeza está.

5 Un punto de contrición
da a un alma la salvación.

6 Tanto mudan a los hombres
fortuna, poder y tiempo.

7 Primero, seré buen padre:
buen caballero, después.

8 Riñó la naturaleza
un día con la moral,
la moral quedó debajo,
no se ha vuelto a levantar.

9 Con oro nada hay que falle.

Zschokke, Daniel (1771-1848), *escritor alemán.*

1 Una prueba: ¿Por cuántos eres apreciado? ¿Cuántas personas te quieren y con cuánta fidelidad? Así puedes hacerte una idea de tu propio valer.

2 Es infinitamente más hermoso dejarse engañar diez veces, que perder una vez la fe en la humanidad.

3 La debilidad del hombre consiste en estar siempre rodeado de apetitos; su ilusión cotidiana estriba en hallar más atrayentes las horas del pasado y del porvenir que las del presente.

4 No hay nada que encadene más al hogar, a la patria y a la humanidad que un feliz matrimonio. El soltero no pertenece a nadie, es un ciudadano del mundo, un judío errante sin reposo, siempre en camino y sin un fin determinado.

5 Quien funda todo valor en su apariencia externa, confiesa con ello que hace caso omiso de todo elevado valor interno o que lo perdió ya.

6 El amor y la veneración no pueden ser impuestos por las leyes; tienen que ser conquistados.

Zuckmayer, Carl (1896-1977),
escritor alemán.

1 La mitad de la vida es suerte, la otra disciplina; y ésta es decisoria ya que, sin disciplina, no se sabría por dónde empezar con la suerte.

Zumárraga, Fray Juan de (1468-1548),
arzobispo de México.

1 Tales somos cuales son nuestras pláticas y conversaciones.

Zweig, Stefan (1881-1942),
novelista austríaco.

1 Sabemos que en el hombre existe la esperanza de un estado mejor, pero no sabemos si este estado mejor existe. Tampoco sabemos si el estado actual es malo, pues quizá lo único que lo hace parecer malo es la esperanza de otro estado mejor.

2 La medida más segura de toda fuerza es la resistencia que vence.

3 Escribir libros históricos es una tarea agradable, sobre todo si se hace como Sthendhal, o sea, copiándolo todo de otros libros y aderezándolo con unas cuantas anécdotas y chistes; éste ya es un placer que se aproxima a lo espiritual.

4 El que espera demostración de valor de los demás sólo podrá conseguirlo ofreciendo un ejemplo valeroso.

5 Hay una muerte antes de expirar y una vida más allá de la existencia. La muerte no señala el límite de la vida sino sólo señala el término del efecto; vivir es crear.

Mis frases seleccionadas

Mis frases seleccionadas

Mis frases seleccionadas

Mis frases seleccionadas

Mis frases seleccionadas

Mis frases seleccionadas

Mis frases seleccionadas

Mis frases seleccionadas

Mis frases seleccionadas

Mis frases seleccionadas

Mis frases seleccionadas

Mis frases seleccionadas

Mis frases seleccionadas

Mis frases seleccionadas

Mis frases seleccionadas

Mis frases seleccionadas